这是一部教人如何面对人生、事业、家庭的百科全书，
更是一把收获幸福、走向成功、开启财富大门的金钥匙。

洛克菲勒给儿女的
一生忠告

(美) 约翰·洛克菲勒 —————— 著

青 萍　白晓波 —————— 编著

云南出版集团

云南人民出版社

图书在版编目（CIP）数据

洛克菲勒给儿女的一生忠告 / (美) 约翰·洛克菲勒
著；青萍，白晓波编著. -- 昆明：云南人民出版社，
2019.6

ISBN 978-7-222-18333-9

Ⅰ.①洛… Ⅱ.①约… ②青… ③白… Ⅲ.①家庭教
育 – 经验 – 美国 Ⅳ.① G789.712

中国版本图书馆 CIP 数据核字（2019）第 090088 号

责任编辑：王绍来　李　睿
封面设计：韩立强
责任校对：陈艳芳
责任印刷：代隆参

洛克菲勒给儿女的一生忠告

(美) 约翰·洛克菲勒　著　　青萍　白晓波　编著

出版　　云南出版集团　云南人民出版社
发行　　云南人民出版社
社址　　昆明市环城西路 609 号
邮编　　650034
网址　　www.ynpph.com.cn
E-mail　ynrms@sina.com
开本　　889mm × 1194mm　1/32
印张　　22
字数　　580 千
版次　　2019 年 9 月第 1 版第 1 次印刷
印刷　　北京德富泰印务有限公司
书号　　ISBN 978-7-222-18333-9
定价　　39.80 元

如有图书质量及相关问题请与我社联系
审校部电话：0871-64164626　印制科电话：0871-64191534

前言
PREFACE

　　当你翻开美国近现代史时，会不可避免地看到洛克菲勒这个姓氏。标准石油公司、洛克菲勒基金会、大通银行、现代艺术博物馆、洛克菲勒中心、芝加哥大学、洛克菲勒大学……他的影响力渗透到美国的政治、经济、教育、文化等各个方面。

　　约翰·D.洛克菲勒，1839年出生于美国纽约，1937年逝世于佛罗里达州。他出身贫寒，但冷静、精明，富有远见，凭借自己独有的魄力和手段，白手起家，从一个每周只拿5美元的簿记员，一步一步地建立了令世人瞩目的石油帝国，被世界公认为"石油大王"。他是地球上的第一位亿万富翁、美国最著名的企业王朝的创建人。他成功地造就了美国历史上一个独特的时代，被誉为"窥见上帝秘密的人"。

　　洛克菲勒不仅是一位成功的商人，一位充满智慧的创造者，还是一位慈祥、教子有方的父亲。他知道，能带给孩子一生幸福的不是金钱，而是精神上的富足和良好的生活习性。洛克菲勒去世后，他的儿女把他的一些私人信件捐献给了美国博物馆，在这些信件当中，洛克菲勒向儿女们毫无保留地传授了他对人生独特的感悟和智慧，而洛克菲勒的成功正是源自于此。他给予了儿女们很多的忠告，在学习、工作、交友、处理人际关系等方面给予儿女许多深刻的教诲，在投资理财、获取成功方面提出了许多中肯的指导……

　　本书提取了洛克菲勒给儿女的忠告中的语言精髓和思想精

华，包含洛克菲勒给儿女的人生忠告、洛克菲勒给儿女的财富忠告、洛克菲勒给儿女的处世忠告、洛克菲勒给儿女的事业忠告、洛克菲勒给儿女的生活忠告等五个篇章共 218 条忠告，将他在其 98 年的峥嵘岁月中事业成功、家庭幸福、富可敌国的秘诀娓娓道来。这些简单的忠告句句都是金玉良言，不仅使洛克菲勒家族的后人受益，同时也能指引很多处于迷茫中的人。

如果你正为未来担忧，如果你还在埋怨运气不好，如果你渴望改变自己的命运，本书会告诉你，运气是靠自己策划的；如果你现在事业成功，拥有大把金钱，它会告诉你怎样花钱会更有价值……洛克菲勒特有的智慧不仅可以帮你解决生活中的难题，更可以教会你如何面对财富，如何让自己在复杂的社会中永远不迷失自己。当你严格地按照他的忠告去做，你将以健康、积极的心态投入到你的学习、生活和事业中，并会取得非常大的进步。向优秀的人学习，你将是个优秀的人；向成功的人学习，你将是个成功的人。

这是一部教人如何面对人生、事业、家庭的百科全书，教会我们正确地看待命运，微笑着迎接苦难，智慧地与人相处，积极地贡献社会。这本书倾注了一个父亲对儿女最真挚、最坦诚的关爱，读罢此书，你会发现，这是一个父亲给孩子们的最有价值的财富。

目录 /
CONTENTS

洛克菲勒给儿女的人生忠告

洛克菲勒给儿女的财富忠告

洛克菲勒给儿女的处世忠告

洛克菲勒给儿女的生活忠告

洛克菲勒给儿女
的人生忠告

────── 第一章 ──────

不期待成功的人生就是在等待失败

忠告1: 命运不完全由出身决定

　　每个人的人生起点不尽相同，但这并不意味着，其人生的最后结果就被出身定型。在这个世界上，永远不存在穷富世袭，有的只是"我奋斗，我成功"的真理。我坚信，我们的命运由我们自己的行动决定，而绝对不是完全由我们的出身决定。

——洛克菲勒

　　约翰·D.洛克菲勒小的时候，家境十分贫寒，又加上一次次的搬迁，日子十分不安稳。在保存下来的洛克菲勒出生地照片上，人们可以清楚看到的是一幢简陋的木板房，周围是光秃秃的山坡和灰蒙蒙的天空。房子仿佛是用两节货车车厢拼凑在一起的，很是粗陋，唯一能使画面有点生气的就是搭在其中一个房门上的凉篷。"我敢肯定没有谁家的孩子比他们更可怜，"洛克菲勒的一位邻居说，"他们一年四季身上穿的衣服总是破破烂烂的，一副又脏又饿的样子，很让人同情。"

　　洛克菲勒和弟弟妹妹们一起睡在楼上一间连墙泥都没有的屋子里，冬天只能靠着与厨房相连的烟筒取暖；房子太过简陋，雪花和寒风会从墙缝径直往屋里灌进来。在黎明前的黑暗里，洛克菲勒常常被伐木工的砍树声或者雪橇在雪地上滑行时的咯吱声惊醒。清晨时分，母亲就会站在楼梯口喊身为长子的洛克菲勒："儿子，该起床了，是时候挤牛奶了！"年少的洛克菲勒尽管还没有睡醒，但是总是不迟疑地走向谷仓。在昏暗而寒冷的谷仓里，他常常站在奶牛刚刚让出来的那块热乎地方，好让凉冰的双脚暖和一下。

1855 年 8 月，美国的克利夫兰依旧暑热难当，年方 16 岁的洛克菲勒就开始四处求职。这个少年踌躇满志地翻开全城的工商企业名录，从中挑拣知名度高的公司。他求职的公司大多位于繁华的弗莱茨区。洛克菲勒很有一种"初生牛犊不怕虎"的劲头，每到一家企业，张口就要见老板。这些人当然是见不着的，他便直截了当地对老板的助手说："我会记账，想找个事情做！"

已经 6 个星期了，找工作的事情似乎颇为不顺，洛克菲勒屡屡碰壁，但是他并不气馁，每天早上 8 点，身着黑色高领衣裤、系着黑领带的他准时离开住处，去赴每一个预约的面试。他走遍了克利里兰全城的知名公司，情况似乎越来越糟糕。

直到 1855 年 9 月 26 日的一天，他走进一家从事农产品运输代理的公司，老板看了他写的字之后对他说："留下来试试吧。"洛克菲勒脱下外衣马上开始工作，工资的事提也没提。他过了三个月才收到第一笔补发的微薄的报酬，周薪 5 美元。这就是洛克菲勒的第一份工作，是他自己都记不清被拒绝多少次后得到的工作。洛克菲勒以此为开端，在这家公司勤勤恳恳地工作，磨炼了自己的意志，为以后的创业奠定了基础。

洛克菲勒曾经对儿子说过："我小时候家境贫寒，记得我刚上中学时所用的书都是好心的邻居给买的。我的人生起点也只是一个周薪只有 5 美元的簿记员，但是经过不懈的努力奋斗，我却建立了一个令无数人艳羡的石油王国。"

在很多人看来，这似乎是天赐的幸运，无可复制的传奇。但是洛克菲勒认为这是对他持之以恒、积极奋斗的回报，是命运之神对他艰苦付出的奖赏。洛克菲勒时刻给子女灌输自立、自强的思想。他告诉他们在商界很多人都曾经因为穷困缺少机会，但后来都经过自己的努力奋斗白手起家，开创了一代伟业。

洛克菲勒一生有 5 个子女，其中唯一的儿子小约翰后来继承了洛克菲勒的大部分财产。但是在小约翰和姐姐们小时候，洛克菲勒有意识地不让子女知道自己是个富人。他担心如果孩子们知道已经坐拥如此庞大的家产后就会腐化堕落，失去节俭与奋斗的美好品质。"我不能用财富埋葬我心爱的孩子，愚蠢地让他们成为不思进取，只知道依赖父母的果实的无能者。"

当然他不吝啬帮助自己的孩子。在小约翰从学校毕业后，洛克菲勒就让他进了百老汇大街 26 号的标准石油公司纽约总部——老约翰的办事处做了自己的助理。用老约翰自己的话说就是："我期望你在不远的将来就能卓尔不群，并胜我一筹。我决定将你留在我身边，无非是想让你的事业生涯有个高起点，让你无须艰难跋涉便可享有迅速腾达的机会。"洛克菲勒强调，拥有巨额的家产和高的起点，没有什么值得骄傲的。洛克菲勒曾经做过这样一个比喻：我们这个世界就如同一座高山，当你的父母生活在山顶上时，注定你不会生活在山脚下；当你的父母生活在山脚下时，注定你不会生活在山顶上。在多数情况下，父母的位置决定了孩子的人生起点。

每个人的人生起点不尽相同，但这并不意味着其人生的最后结果就被出身定型。在这个世界上，永远不存在穷富世袭，有的只是"我奋斗，我成功"的真理。洛克菲勒坚信，每个人的命运都由自己的行动决定，而绝对不是完全由出身决定。

当时美国麻省的一项统计数字说，17 个有钱人家的孩子里面，竟然没有一个在离开这个世界的时候还是富翁。当时美国社会上也有一个广为流传的故事：

在美国费城的一个小酒吧里，有一群人聚会。其中一位客人谈起某位百万富翁，心生羡慕地说："他是白手起家的百万富翁啊，可真了不起。""是啊，"旁边一位比较精明的先生回答说，

"他继承了两千万的家产，然后通过他的'努力'，他把这笔钱变成了一百万。"

这是讽刺富家子弟无能的故事，听到这个故事的人多半会哈哈大笑，但是洛克菲勒却唏嘘不已。他毫不掩饰地说："这是一个令人沮丧的故事。"

19世纪的很多继承人与其父辈或祖辈的作为大相径庭，他们只热衷于寻欢作乐，穷奢极欲，日食万钱，直到巨额家产被挥霍干净。洛克菲勒对于自己的子女不无忧虑，他告诫儿子说："今天这个社会，富家子弟正处在一种不进则退的窘境之中，他们中的很多人注定要受人同情和怜悯，甚至要下地狱。"他反复叮嘱孩子们，机会永远不会平等，但是结果却有可能平等，一定要踏实努力地奋斗。

小约翰显然没有辜负父亲对自己的期望，他一生始终遵循这一家训，身体力行，克勤克俭，使家庭和睦兴旺。他不断壮大着父亲的事业，并对慈善事业做出了巨大贡献，维护了家族的声誉。

编者手记

人生的起点有可能影响结果，但不会决定结果。能力、态度、性格、抱负、手段、经验和运气等因素，在我们的人生中扮演着极为重要的角色。大多数人都没有一个高的起点，有的只是平凡的家庭、平常的学历，但是这些人中却不乏成功者。即使暂时输在了人生的起跑线上，只要在冲向终点的过程中努力坚持，不放弃，终会有成功的可能。要有追求胜利的意志，并为此做好准备。起点低并不可怕，能笑到最后的才是真正的胜利者。

忠告2：每个人都是自己思想的产物

信心的大小决定了成就的大小。

每个人都是他自己思想的产物。他所想的目标越小，可以预见的是，他得到的成就也就越小；所想的目标越大，赢得的成功也就越大。

——洛克菲勒

信心的大小决定了成就的大小。庸庸碌碌、得过且过的人，自认为做不成什么大事，所以他们仅能得到很少的报酬。他们相信无法创造伟大的壮举，他们便真的不能。他们认为自己人微言轻，所做的每一件事也显得无足轻重。久而久之，连他们的言行举止也会表现得缺乏自信。如果他们不能将自信抬高，就只能在自我评估中萎缩，变得愈来愈渺小。而且他们怎么看待自己，也会使别人怎么看待他们，于是这种人在众人的眼光下又会变得更加渺小。

洛克菲勒从一个贫寒的孩子成长为石油王国的巨子，这和他理性的思考、强烈的自信有很大关系。洛克菲勒曾经给儿子约翰写信说道："难道我们没有实现伟大抱负的智慧吗？当然不是！最实用的成功智慧早已写在《圣经》之中，那就是'坚定不移的信心足可撼动山峦'。可为什么还有那么多失败者呢？我想那是因为真正相信自己能够撼动山峦的人不多，结果，真正做到的人也自然不多。"这无疑是洛克菲勒事业成功的秘诀之一。

有一次，洛克菲勒的女儿伊丽莎白因为怀疑自己的能力而要放弃更高的职位时，洛克菲勒严肃地说："伊尼，你知道我最不喜欢逃兵了，而你现在正打算逃走，我不理解你为什么不请求参加下一任的竞选。为了获得现在的负责交易副经理的职位，你已经付出很大的努力，有时甚至牺牲了家庭生活，为此，你们夫妻俩都很好地克服了困难。你有这么好的家庭，对你的经营才干人人都给予高度的评价。至今为止，你一直以优异的成绩一步一步地往上升，现在只剩下最后一步，为什么要放弃晋升最高的职位这一目标呢？"

"我担心自己没有资格，自己没有足够的精力胜任该工作。"伊丽莎白无奈地说。

"就任总经理无疑是一场大挑战，可是你已经习惯挑战了。在这点上，你没有什么值得害怕的因素。概括地说，总经理的职责和以前一样，就是在人事、组织及损益计算上发挥你的才能。只不过是规模大了一些。在这一方面你还有什么没有经历过的呢？我常常给你引用梭罗的话：'最可怕就是恐怖心理。'此刻你不觉得应该重温这句话吗？"

"可是，爸爸，我真的很累。"伊丽莎白疲倦地说，"为了工作我已经牺牲了太多的快乐。"

洛克菲勒温和地看着女儿："伊尼，我认为在管理人员中特别优秀的人是一个星期用四天时间与职员、顾客、银行家、研究者、政府官员等精神百倍地进行有关经营企业的经验交流，还有一天，他们会用来思考。思考才是你最重要的工作。"洛克菲勒认为女儿放弃更高职位的理由很牵强："我觉得这不是退出竞争的有力理由，劳神的原因——及其解毒剂——一切都在于人。多挑选一个能接受任务并有才能完成任务的职员，你就会减少这一份劳神。我反复强调过合作以及合作带来的相应效果的重要性。"

听到这里，伊丽莎白陷入了沉默中。

在洛克菲勒看来，伊丽莎白之所以对工作感到力不从心是因为没有给自己确定一个更高的目标，并围绕这个目标充分地思考，坚定地自信。

研究、分析一些成功商人的奋斗经历的时候，就会发现这些商人都有一个共同点，那就是在事业刚刚起步的时候肯定有充分信任自己能力的坚强信心。并且他们的自信心很大，大到任何艰难险阻都不足以使他们怀疑、恐惧以及退缩。洛克菲勒经常毫不谦虚地称赞自己的自信："在我刚刚出来寻找工作的时候，我就认为我将来一定可以成功，结果我真的成功了，这就是信心的作用。"

几乎每一个人都希望有一天能登上成功顶峰，享受随之而来的成功的果实。但是绝大多数人偏偏都不具备必需的信心与决心，他们也无法达到顶峰。也因为这些人不相信能够到达，以致找不到登上巅峰的途径。也因为他们即使具备必胜的信心、坚定的信念，可是在攀登的过程中没有动脑思考，没有寻求最佳路径，那么他们在行进的过程中必定疲惫不堪，最终有可能因为体力不支而半途而废。

但是，有少部分人真的相信他们总有一天会成功。他们抱着"我就要登上巅峰"的心态来进行各项工作，并且凭着坚强的信心和聪明的头脑实现目标。"我以为我就是他们其中的一员。当我还是一个穷小子的时候，我就自信我一定会成为天下最富有的人，强烈的自信激励我想出各种可行的计划、方法、手段和技巧，一步步攀上了石油王国的顶峰。"洛克菲勒不无自豪地说。

久经商场历练，洛克菲勒曾经和许多生意场上失败的人进行过谈话。据他说，失败者们总是有无数的理由和借口。那些人常常会说："老实说，我并不认为这件事情行得通。""在开始之前我就已经感到很不安了。""这件事情做不成我已经早预料到了。"

洛克菲勒曾经这样教导不自信的女儿："以'我试试看，但我觉得不会有什么结果'的态度行事，毫无疑问最后一定会招致失败。'不信'是消极的力量。当你心中不能确定甚至产生怀疑时，你就会想出各种理由来支持你的'不信'。怀疑、不信、潜意识里的失败倾向，以及不是很想成功，都是失败的主因。心中存有怀疑，就会失败。相信会胜利，就必定会成功。"

编者手记 ·····

"做一棵会思考的芦苇"，做一个有思想的人，正如洛克菲勒所说的："每个人都是自己思想的产物。"思想、思考对一个人的成长、发展有着十分重要的作用。但是需要注意的是，用我们的思想为未来做好规划后要着手实施，不要让思想仅仅停留在脑子里，否则一切只是镜中月、水中花。

忠告3：希望从贪心开始

那些虚伪的人，总视贪心为恶魔。但在我看来，打开我们贪心之锁，并不同于打开潘多拉盒子。释放出无时无刻不在跳动的贪心，就等于释放出了我们生命的潜能。

——洛克菲勒

在我们的生活中估计没有哪个人愿意自己被人形容为"贪心"，这是一个十足的贬义词。我们会形容一个对物欲永不知足的人"贪得无厌"。贪得无厌的确不是一件好事，但是适度的贪心则是很有必要的。贪心并不是十恶不赦，更不是大敌，相反，它是成功的朋友。事实上，适度地贪心并非是件坏事，如果我们一点都不贪心的话，那么，人类就不会发展，社会就不会进步；如果不贪心，永远安于现状的话，或许至今人类还住在山洞里，围着兽皮，用石头敲坚果呢。

洛克菲勒从不否认自己是个贪心的人，并且认为贪心大有必要。他曾经在给儿子的信中这样说道："很多人都曾问我同一个问题：'洛克菲勒先生，是什么支持你走上了财富之巅？'我不能表露真实心声，因为贪心为人们所不齿。然而事实上，支撑我成为一代巨富的支架，就是我唤起了我的贪心，并让它不断地膨胀。""我由一个周薪只有5美元的簿记员到今天美国最富有的人，是贪心让我实现了这个奇迹。贪心是推动我创造财富的力量，正如它是推动社会演进的强大动力一样。"洛克菲勒的贪心似乎与生俱来：

约翰·D.洛克菲勒的父亲威廉·艾弗里·洛克菲勒声名狼藉，被人描述为"一个低俗放荡、流浪四方、劣迹斑斑的药贩子"。甚至有一次犯罪，为躲避刑罚的处罚不得不到处躲藏。1883年，为安全和生计考虑，洛克菲勒的父亲"大个子比尔"把家迁到了克利夫兰一所十分简陋的住宅里。那是一处繁华发达之地，流动人口大，当局很难准确掌握这儿的户籍情况。把家安顿妥帖之后，威廉·艾弗里·洛克菲勒便又外出了。

那一年，约翰·D.洛克菲勒还不满15周岁。克利里兰这个滨河的商港对这位少年很有诱惑力。商船云集，白帆轻扬，还出现了螺旋桨轮船，这在当时是一个很大的新闻。在年少的洛克菲勒眼中，一切都那么新奇。洛克菲勒放学后，独自一个人来到码头看热闹，那里似乎有他看不够的风景。在肮脏的码头，装卸工人像牛马一样吃力地装卸货物，商人们则站在一边趾高气扬地吆喝着一群群衣着破烂的苦力。洛克菲勒聚精会神地注视着熙熙攘攘的人流，静静地倾听着四周发出的轮船汽笛声，若有所思。这时候，他的一个同学悄悄地走近他的身旁，拍了拍他的肩膀：

"喂，约翰，你将来想干什么？"

"我嘛，我要成为一个拥有10万美元的阔佬，你相信吗？我一定会成功的。"他的同学听了洛克菲勒的话，瞪大了眼睛。10万美元对于他们来说无疑是一个天文数字。看着洛克菲勒身上破破烂烂的衣裳，他的同学暗暗想："好一个不自量力的家伙！"然而事实证明，洛克菲勒后来的资产远远超过了10万美元。

洛克菲勒在事业上的卓越成就至今无人可以比拟，他是美国商业史上第一个亿万富翁。他开创了史无前例的联合事业——托拉斯。这个极易聚集财富的结构使标准石油公司两年后成为全世界最大的石油集团企业，洛克菲勒本人也成了蜚声海内外的"石油大王"。洛克菲勒的财富每年几乎呈几何级数上升，这笔巨大的资本从零开始后，沿着一条直线攀升。

财富聚到一种极限时，也许就变成了一种罪恶，当时社会上的人们都在大肆宣传洛克菲勒的野心与贪婪，洛克菲勒家族的崛起在某种意义上说来是巧取豪夺的发迹典型。洛克菲勒当时似乎是一个名声扫地的人，人们认为他是一个"十恶不赦的罪人""当今最大的罪犯"，报纸上的漫画最为形象地把他描绘成一个"长脚伪君子"——这个伪君子用一只手向讨乞的人施舍几枚硬币，另一只手在窃取成袋的黄金。美国社会对洛克菲勒的仇视情绪可见一斑。

1905年初，在美国波士顿的牧师集会上，人们得知，公理会教友们在积极招募基督教战士，并把他们派到落后的地区传教，以此拯救"邪恶的世界"，这是一笔耗资巨大的活动。慷慨解囊者为数不少，其中要算洛克菲勒最大方了。他一次向国外布道团理事会捐资10万美元。教友们不但没有为他祈祷，也没有为他唱赞美诗，还有人在会场上发出愤怒的吼声，一位牧师跳到讲坛上发言，要求长老们把洛克菲勒这笔捐款退回去，他们异口同声他说："我们不要这笔比垃圾还肮脏的钱……"

公理会教友华盛顿·格拉登牧师的情绪特别激动，他责问道："洛克菲勒的钱干净吗？我们明明知道是他的捐赠，我们收下了，这岂不是同流合污吗？要知道这种不义之财简直是一种欧洲中世纪的强盗贵族的掠夺，既冷酷无情又不仁不义，这是一种罪恶。在这种残忍的掠夺中，国家产业遭到破坏，证券变成了一张废纸，拥有微薄家业的人几乎被弄得家破人亡。我们大家不得不动魄惊心地看到，这一切都成全了这些百万富翁，任凭他们宰割上帝的儿女们，这是人世间最可怕的事，这些人变成了一头怪兽……"

洛克菲勒毫不理会社会上的流言蜚语，依然壮大着自己的事业。他对子女说："不需要搭理那些说我贪心的人。"对于他来说，贪心没有什么丢脸的。他甚至很享受这个在别人看来似乎并不太美妙的"颂扬"——贪心。他曾这样阐述过贪心："没有不贪心的人。如果你有一颗橄榄，你就会想拥有一整棵的橄榄树。我行走于人世已近八十年，我见过不会吃牛排的人，却没有见过一个不贪心的人，尤其是在商界，功利、拜金的背后只印着一个词语，那就是贪心。我相信，在未来，不贪心的人仍将是地球上的稀有者。谁会停止对美好事物的追求和占有呢？"

洛克菲勒对众人鄙视的"贪心"有独到的见解。他认为贪心的潜台词，就是我要，我要的更多，最好是独占！这是每个人都有的心理。就如为政者会说，我要掌权，我要由州长再做总统；经商者会说，我要赚钱，我要赚更多的钱；为人父母者会说，我希望我的儿子能有所成就，永远过着富足、幸福的生活……诸如此类，不一而足。只是囿于道德、尊严，顾及脸面，人们才将贪心紧紧地遮掩起来，才使得贪心成为禁忌的观念。说到贪心，洛克菲勒总是能提到在他读商业学校时，他的一位老师曾经说的话："贪心没有什么不好，我认为贪心是件好事，人人都可以贪心。从贪心开始，才会有希望！"

他鼓励儿子贪心："如果你要想创造财富成就，创造非凡的人生，我的感受已不是'贪心是件好事'能够加以概括，而是贪心大有必要！"

洛克菲勒在与山姆·安德鲁斯合办石油公司之初，他的贪心就在膨胀，每天晚上在睡觉前，他都会勉励自己：我要成为克利里兰最大的炼油商，让流淌的油溪化成一捆捆的钞票，我要让每一个念头都服从于利益动机，帮我成为石油之王。在最初的那段日子里，洛克菲勒事必躬亲，为了这个伟大的梦想，终日忙碌。他指挥炼油，组织铁路运输，苦思冥想如何节省成本，如何扩大石油副产品市场。

经过商场的打磨后，洛克菲勒更深地体会到，自然界不是仁慈、无私的地方，而是强者为王、适者生存的天地。如果自己不贪心，就会被其他贪心的人吃掉。他越发觉得成功就是看谁有强烈的贪心，谁具有这种力量，谁就能焕发并施展出自己的全部力量，尽力而为，超越自己。"我每一个前进的步伐都能让我感受到贪心的力量！贪心不仅能让一个人的能力发挥到极致，也逼得他献出一切，排除所有障碍，全力前进。"

"贪心是魔鬼""贪心的人不道德",在我们的生活里,贪心似乎是一件很不光彩的事情。其实在道德约束内的贪心是激发我们不断进步的动力。在法律、道德约束内的贪心其实是一种优秀的品质,是一种对人生的追求。贪心的人不安于现状,势必会努力完善自己,为达成目标努力奋进。适度的贪心会激励人们走向成功。

忠告4: 不期望成功,就是在等待失败

用成功的信念取代失败的念头。

——洛克菲勒

羊皮卷中有这样的教诲:"我为成功而生,不为失败而活;我为胜利而来,不为失败而活;我要欢呼庆祝,不要啜泣哀诉。"

一手建立了举世瞩目的石油王国,拥有亿万资产,家庭和睦,洛克菲勒的人生无疑是成功的。很多人羡慕、嫉妒他的成功。他的成功甚至招来了某些人的诅咒与谩骂:"这个恶毒的家伙,真不知道他的钱财是从哪来的!""这样的成功只属于极少数人,他的运气好罢了……"然而这些艳羡者们也只是止步于羡慕与嫉妒,从来不想自己要做个成功者,那么等待他们的只能是失败。

其实,成功的大门对任何人都是敞开着的。关键是你是否期待成功,如果连自己都不期待,不相信能成功,那么这个人就注定只能在成功的门外徘徊,也就只有做失败者。

1855年9月26日一直被洛克菲勒当作自己的生日来庆祝。那一天,他在休伊特—塔特尔商行找到了第一份工作——记账员。尽管只是简单记账,但是洛克菲勒却付出了异乎寻常的认真和努力。他时常告诫自己"数字就是钱,我不能有丝毫马虎","不能出差错,我可不想一直做记账员。"刚开始的时候,洛克菲勒拿着每周5美元的工资。

凭借刻苦、认真、努力的优秀品质，三年后，洛克菲勒的年薪增到了 600 美元。在当时看来，这已经是一份不错的收入了。但是洛克菲勒并不满足，他对自己说："难道我这么辛苦努力才值600 美元，我应得到的远比这个数目要多……"他不停地思索："这是对我不合理的压榨。"他还有更深的忧虑，担心自己会被埋没。

　　思考之后他向老板休伊特提出了加薪的要求。商行老板拒绝了，因为在他看来，600 美元对一个年轻人来说，已经算是不错的待遇了。遭遇拒绝后，洛克菲勒果断地从商行辞职。显然，600 美元的年薪离他想要的成功相差太远。他意识到只是给别人打工，将永远达不到他给自己制定的目标。

　　有一天，他信誓旦旦地对自己说："要自己办公司，当老板。"年纪尚轻的洛克菲勒终于用行动实现了对自己的诺言。离开原来的单位后，洛克菲勒和一位老朋友莫里斯·克拉克开办了一家公司，即克拉克—洛克菲勒商行。这是一个有历史意义的名字，这是洛克菲勒家族中第一次用家族的名字命名的合营商号。从此以后，洛克菲勒当上了自己的老板。洛克菲勒翻开了人生新的篇章。

　　洛克菲勒做所有事情想的都是此事能否让自己更成功，他的生活、工作态度总是积极向上的，他认为自己肯定有更大的价值，他需要更加广阔的空间，因此他能够得到更大的回报。他相信他能处理艰巨的任务，他就真的能做到。洛克菲勒从不怀疑自己成功的能力，他一直在期待着自己的成功。

　　"照亮我的道路、不断给我勇气、让我积极面对生活的理想，这种支撑我的东西就是信心。"洛克菲勒在任何时候，都不忘增强信心，为自己呐喊助威。洛克菲勒曾经对儿子小约翰说："当我面临困境时，想到的是'我会赢'，而不是'我可能会输'。当我与人竞争时，我想到的是'我跟他们一样好'，而不是'我无法跟他们相比'。机会出现时，我想到的是'我能做到'，而不是'我不能做到'。"

日久天长，这个公司却面临着竞争和危机。洛克菲勒和克拉克不能协调，由于意见分歧和经营不善，产生了 10 万美元的巨额亏损。一贯沉默寡言、埋头做事的洛克菲勒发言了，他非常恼火：因为他的合伙人克拉克在扩大业务渠道方面太保守了，丧失了许多难逢的机遇。二人协商后决定将公司拍卖给出价最高的人。出价最高的人将取得从事石油生意的业务，另一方只能保留代理商行的业务，且以个人经营为主。

1865 年 2 月 2 日是洛克菲勒又一个难以忘却的日子，他说，这一天决定了他终生的大业。洛克菲勒后来把这场惊心动魄的拍卖会讲述给儿子听：公司从五百元开拍，但很快就攀升到几千元，而后又慢慢爬到五万元，这个价格已经超出了我对炼油厂的预估价值。但竞拍价格一直在上涨，开始突破六万，接着飙升到七万。这时我开始恐惧，我担心自己是否能买下这个公司——一个由我亲手缔造的企业，是否出得起那么多钱。但我很快镇静下来，我闪电般地告诫自己："不要畏惧，既然下了决心，就要勇往直前！"竞争对手报价七万两千元，我毫不迟疑，报价七万两千五百元。这时，克拉克先生站起来，大喊："我不再加了，约翰，它归你了！"每次回忆起来，洛克菲勒总是感慨万千："我当时是镇定自若的，我抱着必胜的绝对信心，我估计了最后的结局，也预测了未来的发展。"这时的洛克菲勒只有 26 岁。

每个人迈向成功的第一个步骤，也是不可或缺的基本步骤，就是要相信自己，要相信自己一定能够成功。要让关键性的想法"我会成功"支配我们的各种思考过程。成功的信念会激发我们的心智和勇气去创造出获得成功的计划。失败的意念正好相反，它往往会驱使我们去想一些导致失败的念头。

积极的自我暗示，是对某种事物的有力、积极的叙述，这是使我们正在想象的事物坚定和持久的表达方式。进行肯定的练习，能让我们开始用一些积极的思想和概念来替代我们过去陈旧的、否定性的思维模式，这是一种强有力的技巧，一种能在短时间内改变我们对生活的态度和期望的技巧。积极的心态能够催人上进，激发人潜在的力量。时刻鼓励自己，给自己积极的暗示，有助于我们走出困境，保持积极进取的精神。

洛克菲勒传授给儿女自我暗示的方法：你要定期提醒自己，你比你想象的还要好。成功的人并不是超人。成功不需要超人的智力，不是看运气，也没有什么神秘之处。成功者是一个平凡的人，只不过他相信自己、肯定自己的所作所为。

编者手记

拥有积极的心态，才能拥有积极的人生，洛克菲勒积极的心理暗示助他走向了成功。积极的心理暗示往往能唤醒人的潜在能量，提升人生境界。很多时候人之所以不成功，是因为他们不"想"成功，只要敢"想"，就没有什么不可以。

自我暗示对于我们的生活如此重要。因此，每天清晨不妨告诉自己今天会有个好心情；每当有重大选择和决定的时候，暗示自己的选择和决策是明智的。选择积极的自我暗示，等于选择幸福生活，选择与成功人生为伴。

忠告5：结束只是开始

每一个伟大的成功者，都是用一个个小的成功把自己堆砌上去的，他们用结束欢庆梦想的实现，又用结束欢送新梦上路，这是每一个创造了伟大成就的人的品质。

——洛克菲勒

安德鲁·卡内基是享有盛誉的"钢铁大王"，是商业界的巨人，也是洛克菲勒最为强劲的竞争对手之一。洛克菲勒曾经评价说："我还是比较欣赏这个常与我竞争的家伙，因为他勤奋、雄心勃勃，像个不知疲倦的铁汉，总将前进视为他第一、第二、第三重要的事情。"当卡内基被问及成功的秘诀时，记者得到的答案是：结束只是开始。这句话一直为洛克菲勒所津津乐道。

在洛克菲勒给儿子的家信中他戏谑道："真让人难以置信，这个铁匠竟会说出如此精辟的话语。我相信这个仅由三个单词组成的短句，很快就会远播出去，或许卡内基先生也会因此得个商界哲学家的头衔。"

洛克菲勒对"结束只是开始"的解释是：成功是一个不断繁衍的过程，他把成功的过程形象地比作为母牛生产的过程："一个多产的母牛，当它生下一个牛崽之后，马上又怀上了另一个牛崽，如此往复，生生不息。"结束不会令人悲伤，只会让人对生活更加充满希望。结束是一段路程的最后一站，又是新梦想的开始。每一个伟大的成功者，都是用一个个小的成功把自己堆砌起来的，梦想实现了，他们用结束来欢庆，然后用结束送新的梦想上路。这样，梦想会不断被实现，人生就会越来越成功。

在成功的过程中，和过去作别固然重要，但是更为关键的是如何开始新的梦想。对此，这位商业巨子给出了以下策略。

第一个策略：一开始就要下定决心，关注竞争状况和竞争者的资源。这也就是我们中国人所说的：知己知彼，百战不殆。在开启新的梦想，从事新的事业时，要了解整个状况之前，不应该采取初步行动，成功的第一步是了解达成目标所需要的资源在哪里，数量有多少。

洛克菲勒离开了曾经待了三年多的公司，放弃在别人眼中待遇优厚的工资并不是一时的心血来潮。他对自己的工资一直不满意，但是却等到美国经济摆脱1857年危机后才提出辞职。这是有原因的。洛克菲勒日常的工作就是负责公司账目。洛克菲勒似乎先天就对账目很敏感，从公司的账目上他敏锐地感觉到公司因为这次经济萧条而濒临破产。洛克菲勒不会在一个没有前途的企业里混日子，一旦时机成熟，便会有所行动，结束这份没有前途的工作。他向休伊特提出把工资涨到800美元。老板却表示自己的出价不可能高于700美元。就在洛克菲勒寻求新的开始的时候，恰好一个诱人的机会出现了！洛克菲勒的朋友莫里斯·克拉克，一个大洛克菲勒10岁的英国人，供职于默文大街上的一家农产品事务所。他们在读书时是同学，都住在切舍尔大街。两人商量未来的发展方向，最后决定投资农产品。在事业的起步阶段，他们各自需要投资2000美元。但是洛克菲勒的积蓄，离这笔大数目还相差很远，最后洛克菲勒不得不以10%的利息向父亲借贷。告别了年薪600美元的工作，18岁的洛克菲勒开始经营自己的生意。

那时候离开薪金丰厚的职位，在别人看来是一种愚蠢的行为，一个年仅18岁的小伙子，放着优厚的待遇不要，竟然要去自己开公司，这无疑是胡闹。但是洛克菲勒决意辞职，因为他要一个新的开始，去实现他伟大的梦想。他已经积累了足够的经验，学会了做生意的基本技能，掌握了记账、管理财务等业务。这位商业天才不会打无准备之仗。做任何事情都要提前做好充分的准备，对对手有充分的了解，从而保证胜利必将属于自己。当你做好了充分的准备，机会来临时你就能轻松抓住；如果你没有做好准备，不管任何机会都不会是你的。凡事做好准备，每一天都可以很轻松地达到目标。所有成功的人，都是凡事有准备的人。

第二个策略：研究和检讨对手的情况，然后善用这种知识，以形成自己的优势。了解对手的优点、弱点、做事的风格和性格特点，总能让洛克菲勒在竞争中拥有优势。

当洛克菲勒刚开始涉足采矿业时，卡内基颇不以为然。他甚至在很多场合讥笑洛克菲勒的愚蠢："洛克菲勒那个家伙对钢铁业一窍不通，他注定会是全美国最为失败的投资者，等着看吧！"卡内基认为矿石随处可找，价格又十分低廉："他不知道美国有多少这种石头，这个笨家伙。"面对质疑和讥笑洛克菲勒全然不在乎，他明白自己想要什么，他要控制美国的采矿业，他清醒地知道：只要控制了采矿业，无论卡内基的炼钢厂多么强大，最终都会变为一堆废铁。事实证明，洛克菲勒成功了，他控制了铁矿业，成了全美最大的铁矿生产商，一下子就取得了支配地位，同时获得了和卡内基分庭抗礼的资格。这时候，卡内基如坐针毡，不得不向洛克菲勒求和。

第三个策略：你必须拥有正确的心态。从一开始，你就必须下定决心，不获成功绝不罢休。拥有绝对的信息似乎是洛克菲勒无往不胜的利器。但是，洛克菲勒所说的"好心态"不仅仅是要自信，也不仅仅是我们传统意义上认为的乐观、积极等。他口中的"好心态"是指这表示你必须在道德的限制下，表现得积极无情，因为这种态度直接来自残酷无情的竞争目标。"既然决心追求胜利，就必须全力以赴。也只有全力以赴才能取得辉煌的成就。在竞争开始时更应如此。"对于洛克菲勒这些话的理解，说得好听一点，这是努力取得早期的优势，希望建立独占的地位；说得难听一点，付出努力取得优势就等于是削弱别人的机会。

在每一个梦想的初始阶段，最重要的是追求胜利的决心。没有追求胜利的态度，其他所做的一切如关注竞争状况和了解对手都将是徒劳。"获得知识、保持控制力、评价竞争状况，正是帮助你建立信心，协助你达成追求胜利最高目标的东西。"洛克菲勒对儿子说道。

编者手记 ....

成功是一个不断繁衍的过程，成功的人生是由一个个成功堆砌而成的，在生活中的每一步中都要小心翼翼，积极争取每一次的胜利。结束不会遗憾，相反它充满希望，因为那是新的梦、新的成功的开始。通过洛克菲勒的经历与言谈，我们可以知道，成功需要具有必胜的信心、精心的准备和理智的情感。

第二章

碰运气的人总是碰不到运气

忠告6： 人不能靠天赐的运气活着

　　我承认，就像人不能没有金钱一样，人不能没有运气。但是，要想有所作为就不能只是等待运气光顾。我的信条是：我不依赖天赐的运气，但我靠策划运气平步青云。

——洛克菲勒

　　生活中总有许多人抱怨自己没好运气，从此自暴自弃，但实际上每个人都有成功的潜质，正如拿破仑所言："世上没有废物，只是放错了地方。"只要选对一条适合自己的路，坚持下去，自强不息，就一定能成功。在成功的过程中不能等运气，现实生活中，永远不会发生天上掉馅饼的情况。"碰运气""撞运气""等运气"，抱有这种侥幸心理的人必将与真正的好运失之交臂。因为运气不是天赐的，运气与成功都是需要设计的。

　　洛克菲勒的亲家赛勒斯·麦考密克是美国大名鼎鼎的收割机发明家兼国际收割机公司的创始人。1834年他研制的一台收割机获得了专利，3年之后开始小批量制造，1847年在伊利诺伊州芝加哥市建立工厂，开始大规模生产收割机。洛克菲勒曾经称赞他："老麦考密克拥有一颗能制造运气的脑袋，知道如何将收割机变成收割钞票的镰刀。"

在 19 世纪，美国农民的购买力非常低，虽然市场上已经有很多种收割机，但是农民却苦于没钱购买。作为收割机的发明者之一，农具生产商赛勒斯·麦考密克面临着收割机难以推广的局面。正在生意陷入尴尬之时，聪明的麦考密克突然想出了一个巧妙的方法，那就是改变原有的购买方式。

麦考密克让农民用未来的收入来支付购买收割机的费用，而不需要依靠过去的积蓄，这就是分期付款，这是一种全新的购买方式。

赛勒斯·麦考密克与洛克菲勒一样，都是野心勃勃且具有生意才能的商业巨子。他用收割机解放了美国农民，同时也把自己送入了美国最富有者的行列，他得到了很高的赞誉，被称为"对世界最有贡献的人"。但总是有人把麦考密克的成功归结于运气。麦考密克说："运气是设计的残余物质。"洛克菲勒对这句话很是欣赏，后来他甚至把这句话作为成功信条告诉了自己的儿子小约翰。洛克菲勒说道："麦考密克是一个真正洞悉了运气的真谛并打开了运气大门的天才。"

"运气是设计的残余物质"，这句话听起来的确让人费解，它是指运气是策划和策略的结果？还是指运气是策划之后剩余的东西呢？洛克菲勒的解释是，这两种意义都存在，换句话说，我们创造自己的运气，我们的任何行动都不可能把运气完全消除，运气是策划过程中难以摆脱的福音。麦考密克洞悉了运气的真谛，打开了幸运之门。所以，麦考密克的收割机能行销全球，成为"日不落"产品，实属意料之中。运气喜欢在某些时刻撤退，为的是要你以坚韧的努力把它重新召回。

然而现实生活中，很难找到像麦考密克先生那样善于策划运气的人，也很难找到不相信运气的人和不误解运气的人。大多人都在抱怨：我运气为什么总是这样差？那些能力不如我的人为什么干得总比我好？为什么我诸事这么不顺利？难道我天生注定没有获得成功的运气？这些抱怨的人不明白运气不是上天注定的而是靠自己策划的。

　　我们常用"万事如意""一切顺利"等词语来表达祝福，但我们也要清醒地认识到，那只是一个美好的祝愿而已，真正的生活不如意之事常常发生。我们不可能保证事事顺心，但是我们可以设法让事情朝顺利的方向发展，而不是抱有侥幸心理，这样的人生既没有发展也没有希望。即使是运气好，大获成功，人生也不会有光彩。抱着侥幸心理的行为本身就是不光彩、不磊落的，因此得到的东西不论是什么，都不能展现在世上，只能摆放在阴暗的地方。以侥幸心理来赌人生是贸然的行为，它比把人生寄托在一个冒险的行为更虚幻。依靠侥幸心理是无法实现美好人生的；依靠侥幸心理来获得财富也是不可能的事情。即使遇上了好运气，侥幸变成了现实，这样的人也只会沉浸在深渊里；侥幸没有成为现实，他则将人生消耗在仰望天花板的事情上。洛克菲勒在商界的强劲竞争对手摩根曾经说过："不能参与赌博，如果你丢了本钱，你就会想找回它；如果你赢了点钱，你还会想再赚点。最终，你将会成为一个身无分文的人。"

　　不要认为不经思考、准备就可以实现美好的愿望。天底下没有免费的午餐，不要期待不劳而获，每个人都得为自己埋单。

　　洛克菲勒曾经这样告诫过儿子："在凡夫俗子的眼里，运气永远是与生俱来的，只要发现有人在职务上得到升迁、在商海中势如破竹，或在某一领域内取得成功，他们就会很随便甚至用轻蔑的口气说：'这个人的运气真好，是好运帮了他！'这种人永远不能窥见一个让自己赖以成功的伟大真理：每个人都是他自己命运的设计师和建筑师。"

　　完美的计划、精心的准备都能成功地影响运气。洛克菲勒在石油界颇不景气的情况下，没有随波逐流，更没有停止脚步哀叹自己的时运不济，而是采取了变竞争为合作的方法，将很多濒临倒闭的企业联合起来，在此基础上逐渐建立起一个令全世界人们瞩目的石油帝国。对于此事，洛克菲勒曾经骄傲地说："今天想来，我真是幸运……我策划出了我的运气。"人生没有无往不利的好运气，只有无往不利的新思考和好眼光。真正的成功者会用最积极的思考、自信乐观的态度去驾驭自己的人生。

在这个世界上，相信没有几个人不相信运气，几乎每个人都曾经默默等待、期待过好运气的降临，但是等到的往往都是失望。洛克菲勒的话让我们明白，是我们曲解了运气的意义，真正的好运气是通过努力策划出来的，等是永远得不到的。成功凭借的不是天赐的运气，真正的成功者不相信运气，他们只相信自己为成功做出的努力。不要被运气的假象所欺骗，要在生活中学会策划，引导自己的好运气。

忠告7：好奇的人能够发现运气

驰骋商海，对每一个人来说，都是生活提供给他的最伟大的历险活动。

——洛克菲勒

有人说："我不知道世界上是谁第一个发现了水，但肯定不是鱼。因为它一直生活在水中，所以始终无法感觉水的存在。"其实人类社会也存在同样的道理。由于受到传统思维方式的限制，很多可以创新的地方一直在我们的身边，却被我们视而不见或盲目地排斥在外，遏制了创新本身的发展空间。现代社会是创新的社会，只有那些敢于创新的人才能在激烈的竞争中脱颖而出，才能不断地延伸和拓展职业空间，才能在一定的职业环境和条件下更好地生存与发展，才能在创业的道路上有更多的创造。

在一个时期，美国石油业遇到了空前的困难。炼油商们各自为战，利欲熏心，结果引发了毁灭性的竞争。这种竞争对消费者来说当然是件好事，但油价下跌对炼油商来说却是个灾难，那时候绝大多数炼油商做的都是亏本生意，一个个跌入破产的泥潭。

洛克菲勒的事业似乎也遇到了阻碍。在石油业以及洛克菲勒以前的职业生涯中，这样的情形是前所未有的。在别人都对此束手无策时，洛克菲勒决心改变这种情况。他要创建一种新的方式，改变自己被动的境地。虽然面对未来有太多的不确定，但是强烈的好奇心敦促他尽快想出解决的办法，打破这种局面。通过研究，他清醒地意识到：要想重新攫取利益并将钱永远地赚下去，就必须驯服这个行业，他要让大家理智地做生意。这在别人看来，几乎是不可能的，这是一条别人从未走过的路，很多人都曾劝他放弃。但是越是困难，未知的因素越多，就越激发洛克菲勒的好奇心。他敏锐地感觉到，机会来了，于是做了一个大胆的决定：收置所有的炼油业务，并把它们牢牢握在手中。洛克菲勒要控制石油市场。

洛克菲勒彻底研究形势并评估了自己的力量，决定将大本营克利夫兰作为他发动石油工业战争的第一战场，等到征服那里的二十几家竞争对手之后，再迅速行动，开辟第二战场，直至将那些对手全部征服，建立石油业和新秩序。

一个富有好奇心的人能够保持旺盛的求知欲，在获得知识的过程中体验乐趣，这种乐趣又会激励他不知疲倦地去探究未知的领域，促进其智力的发展。好奇心就像是性能优秀的赛车引擎，保证赛车勇往直前，在激烈的竞争中遥遥领先。好奇心与生俱来，但是随着时间的流逝，人们的好奇心往往也在不断消逝。好奇是知识的萌芽，是活力的保证，是一切创造的动力。居里夫人曾经说过："好奇心是学者的第一美德。"不仅对于学者来说，好奇心是一种美德，对于商人、平凡人来说，好奇心也是一种必不可缺的素质。缺乏好奇心就会对世界上的许多未知的事物不去探究，从而失去很多宝贵的机会。

很多年后，洛克菲勒对自己的儿子小约翰说："要在获取利益的猎场上成为好猎手，你需要勤于思考、谨慎行事，能够看到事物中一切可能存在的危险和机遇，同时又要像一个棋手那样研究所有可能危及你霸主地位的各种战略。"洛克菲勒为收购对手做了充分的准备,却迟迟没有动手,他在寻求最佳的出击时机。在他的计划开始实施前,石油业已经一片混乱,境况江河日下,克利夫兰 90% 的炼油商已经快被日益剧烈的竞争压垮,如果不把厂子卖掉,他们就只能眼睁睁地看着自己走向灭亡。洛克菲勒选择在这个时候收购他的竞争对手。

这在众人看来是一种很不道德的行为。面对外界的谩骂和质疑,洛克菲勒始终不理解油商们为何对他如此敌视,甚至恨之入骨,他觉得很莫名其妙,因为他认为与其压垮和挤垮这些可怜人们,还不如负责任地收购他们的财产,这对他们来说应该是一件好事。社会上的谩骂并没有让洛克菲勒退缩,他甚至不惜与自己的弟弟反目。

伟大的发明家爱迪生是洛克菲勒非常钦佩的一个人。对于爱迪生的好奇心和探索精神,洛克菲勒由衷地赞叹。他经常给自己的孩子们讲述爱迪生成长的故事,用来鼓励孩子们要对事物有好奇心。

1847 年,爱迪生出生在美国俄亥俄州米兰市的一个商人家庭里。很小的时候,爱迪生就表现出了强烈的好奇心和非凡的钻研精神,只要遇到弄不明白的事,他就拽住大人的衣角问个不停,很多时候很招人烦。

一天,他看到家里的母鸡正在孵蛋,就跑去问母亲:"母鸡为什么要趴在鸡蛋上呢?"母亲回答说:"孩子,那是鸡妈妈在孵小鸡呢!"吃晚饭的时候,家里人发现爱迪生还没回来,就急忙去找。大街小巷、左邻右舍都找遍了,可就是没有他的踪影。谁也没想到,最终竟在鸡窝里把他找到了。原来,他正蹲在鸡窝里,把许多鸡蛋放在屁股下面孵小鸡呢!家里人哭笑不得。当然最后爱迪生没能孵出小鸡。

还有一次,爱迪生看到肥皂泡在天上飞,就想:既然肥皂泡能飞,那么人为什么不能飞呢?于是找来洗衣粉给小伙伴吃,试图让他们也像肥皂泡一样飞到天上去。结果，几个小伙伴差点儿丧命，爱迪生因此被父亲狠揍了一顿。

爱迪生在学校学习的时间很少，他一生只读过3个多月的书，然而，他却比那些读过很多书的孩子更有成就。由于始终保持着旺盛的好奇心，爱迪生一直在搞些小规模的发明创造。十三四岁的时候，他就发明了无线电收发报技术。他曾在斯特拉得福铁路分局当过夜班报务员，那段期间，按照局里规定，夜班报务员不管有事无事，到晚上9点后，每小时必须向车务主任发送一次讯号。为了能够较好地休息，爱迪生设计了一个电报机，用来自动按时拍发讯号。这就是电报机的雏形。此后，他又几次对电报机进行改进，最终研制出一架新式的发报机。

爱迪生被人们尊称为"发明大王"，他的一生，仅是专利局登记过的发明就有1328种。一个只读过3个月书的人，怎么会有这么多发明创造呢？是什么激发他产生了创造的欲望呢？答案只有两个字：好奇！

不仅科学家、艺术家、作家需要好奇心，普通人同样需要好奇心，不经意的发现，就可以意外地改变人们的生活。

洛克菲勒对未知的未来充满了探索的好奇心，因此他能抓住一个又一个的机遇，获得一次次的成功。洛克菲勒曾经给子女讲过这样一个故事：一个青年在参观画展时看到一个雕像，它的脸被长发遮盖，腿上长了翅膀。他好奇地问雕塑家那是什么，雕塑家告诉他，这雕像叫好运之神。因为当她走近人们的时候，很少有人能看清她的真面目，而她腿上之所以长了翅膀，那是因为她消逝得非常快，一旦离去就很难再追上。

有人说："上帝高深莫测，但他并无恶意。"所以，上帝给予人类无数成功的好运，良机无处不在，无奈却总被人错过。每一个机遇都像稍纵即逝的流星，眨眼之间便会消失踪影。如果想抓住机遇的尾巴，就要提前做好准备，哪怕是万分之一的机会，也要拼尽全力去把握。在成功的道路上，有的人不喜尝试，不愿意走别人没有走过的路，遇到艰辛或绕道而行，或望而却步，他们常与机遇无缘。而另一些人，总是很有耐性，尝试着解决难题。不怕吃千般苦，历万道岭，结果恰恰是他们能抓住难得的好运。

好运不是一个温文尔雅的来客，它并不会戴着白领带、穿着燕尾服、头顶高帽、登门拜访你。它对任何人都是公正的。它能悄悄地来到所有人的身边。有的人却麻木呆滞，使煮熟的"鸭子"逃之夭夭；有的人却眼疾手快，将机遇迎来做客。

编者手记 ·································

生活中，我们一直把"两耳不闻窗外事"当作至理名言，然而，当今社会我们更提倡的却是"两耳多闻窗外事"。我们如果能"两耳多闻窗外事"，多些好奇心，努力地去钻研探索，就一定可以创造出更多的成绩。一个人多一点儿好奇心是没有什么坏处的。好奇是一种特别的心理状态，它有一股强烈的喜悦和动力，使人始终处于精神旺盛的状态。好奇心强的人对许多东西都抱着乐于接触，并试着从中体验乐趣的态度，他们还喜欢钻研和探索新事物。正因为如此，他们常常知道一些别人不知道的东西，自然也能从中发现一些别人发现不了的机遇，所以也能取得别人无法取得的成功。

忠告8：好的计划能够左右运气

我相信好的计划会左右运气，甚至在任何情况下，都能成功地影响运气。

——洛克菲勒

洛克菲勒反复告诉子女运气需要策划，有好的计划才会有好的运气。他在给儿子约翰的信中说："要想让我们的好运气持续下去，我们必须要精心策划运气，而策划运气，需要好的计划，好的计划一定是好的设计，好的设计一定能够发挥作用。""你需要知道，在构思好的设计时，要首先考虑两个基本条件，第一个条件是知道自己的目标，比如你要做什么，甚至你要成为什么样的人；第二个条件是知道自己拥有什么资源，如地位、金钱、人际关系，乃至能力。"

世界一流效率提升大师博恩·崔西说："成功最重要的是知道自己究竟想要什么。成功的首要因素是制定一套明确、具体而且可以衡量的目标和计划。"他认为成功就是目标的达成，其他都是这句话的注解。在他看来目标是一切计划的前提，但是洛克菲勒的观点似乎与众不同。洛克菲勒的解释是这两个基本条件的顺序是可以改变的。"你可能先有一个构想、一个目标，才开始寻找适于这些资源的目标。还可以把它们混合一处，形成第三和第四种方法，例如拥有某种目标和某种资源，为实现目标，你必须选择性地创造一些资源，也可能拥有一些资源和某个目标，你必须根据这些资源，提高或降低目标。"根据资源调整目标或根据目标调整资源之后，就有了一个基础——可以据以构思设计的结构，剩下的东西就是用手段与时间去填充，接下来，好运气就会来临了。

小约翰是洛克菲勒唯一的儿子，洛克菲勒对他寄予了很高的希望。在很长的一段时间内，洛克菲勒都通过书信与儿子交流，给他一些忠告以免他遭受不必要的失败。"你需要记住，我的儿子，设计运气，就是设计人生。所以在你等待运气的时候，你要知道如何引导运气。"对于那场收购竞争对手的兼并战，洛克菲勒回想起来总是很得意，他很乐意将这个故事讲给子女听。

洛克菲勒在那场没有硝烟的战争中所选择的第一个征服目标不是不堪一击的小公司，而是最强劲的对手克拉克—佩恩公司。这家公司在克利夫兰很有名望，而且野心勃勃，并且和洛克菲勒的想法一样，他们也想要吞并洛克菲勒的炼油厂，这是颇具雄心的洛克菲勒所不容许的。在克拉克—佩恩公司做出行动之前，洛克菲勒决定先下手为强，他主动约见克拉克—佩恩公司最大的股东，也是他中学时代的老朋友，奥利弗·佩恩。洛克菲勒告诉他

"石油业混乱、低迷的时代该结束了，为保护无数家庭赖以生存的石油行业，我要建立一个庞大、高绩效的石油公司"，并邀请他入伙。洛克菲勒的计划打动了佩恩，最后他们同意以40万美元的价格出售公司。这个价格远远高于克拉克—佩恩公司的本来价格，但是洛克菲勒并没有拒绝他们，因为吃掉克拉克—佩恩公司对他来说有着非同寻常的意义。那就是：洛克菲勒将取得世界最大炼油商的地位，将为迅速把克利夫兰的炼油商捏合在一起充当强力先锋。

由于做了充分的准备，进行了周密的计划，洛克菲勒的行动有条不紊地进行。他的招数十分奏效。在收购克拉克—佩恩公司后不到两个月的时间里，就有二十二家竞争对手归于洛克菲勒的标准石油公司的麾下。洛克菲勒成了那场收购战的大赢家。而这无疑又给了洛克菲勒势不可挡的动力，在此后三年时间里，他连续征服了费城、匹兹堡、巴尔的摩的炼油商，成了全美炼油业的唯一主人。

几乎每个人都会感叹洛克菲勒的好运，但是这些运气并非凭空而来的，它们来自一个个几乎完美的计划，是这些好的计划左右了运气，帮助洛克菲勒一步步地走向成功。命运的主人不是运气，而是自己，在命运面前我们可以决定谁是坐骑，谁是骑师。好运气的人与运气不佳者的差别就在于，好运的人会采取聪明的方法埋头建立周密的计划、创造机会，从而获得机会，而运气欠佳的人总是仰头期待天上掉馅饼，那么它们等到的多半是失望与失败。

目标是制订计划必不可少的要素。洛克菲勒教给子女制定目标的方法：

首先，把你最想要的东西，用一句话清楚地写下来；当你得到或完成你想要的事物，你就成功了。

其次，写出明确的计划，如何达成这个目标，清楚地写出你要怎么做。

再次，订出完成既定目标明确的时间表。

最后，牢记你所写的东西，每天复述几遍。

除此之外，还要明白目标的实现过程中，既有有利条件，也有不利条件，你必须认真分析，从而利用有利条件，克服不利条件，通过认识这些主客观条件去制订实现目标的计划。同时你要了解制订计划、达到目标的过程中自己所必须具备的素质、能力、条件等，找出限制目标实现的阻碍，如性格上的缺陷、情感过于轻浮、做事缺乏头脑等。这些都是阻止你前进步伐的绊脚石，你必须先要看清楚，正视它们，才能达到使梦想与现实的完美统一的层次。

"套模式将引导你与无形的伙伴结合，让他替你除去途中的障碍，带来你梦寐以求的有利机会。持续进行这些步骤，你就不会因为别人的怀疑而动摇。"

任何事情都不会偶然发生，都一定是有原因的，包括个人的成功。明确的目标让"不可能"这句话失去作用，它是所有成功的起点。一心一意地专注于你的目标，才能确保成功。思考并且规划你想要追求的目标，完全不去理会任何干扰。这就是所有成功的人所遵循的公式。

编者手记

很多成功人士的经验告诉我们，做任何事情之前都要进行充分准备，制订周密的计划。俗话说"不打无准备之仗"，凡事"预则立"，对所有想获得成功的人，几乎就是不变的定律。机会只给有准备的人，不做充足的准备，当机会来临时就不能及时抓住，那时候悔之晚矣。学会提前做准备，那么我们每一天都可以很轻松地达到你的目标。

计划要具备开放性

> 我不是刻板固执、按部就班、以简单方式来解决问题的垂钓
> 者，我是能够创造多种选择，直至挑选出最能创造商业利益的渔夫。
>
> ——洛克菲勒

洛克菲勒的儿子小洛克菲勒曾经立志要考上哈佛，在哈佛继续深造。这是他年少时的一个梦想。他对未来的人生规划、打算都是建立在考上哈佛大学的基础之上的。但是后来，小洛克菲勒没能考上梦寐以求的大学，他的心情十分沮丧。

下班回到家，没有看到儿子，洛克菲勒问身边的女仆："约翰呢？"

奴仆回答："他已经把自己闷在房里好几天了，太太都急坏了。"

"哦，是吗？"洛克菲勒毫无表情地走向小洛克菲勒的房间，轻轻敲了敲门，"约翰，开一下门好吧？有什么事爸爸会帮你的。"

小洛克菲勒慢吞吞地打开门，垂头丧气地说："我没考上哈佛的事情，您都知道了？"

在工作中不苟言笑的洛克菲勒此刻慈爱地笑着说："还没到世界末日呢，儿子，我们到里面谈好吗？"小洛克菲勒点点头。

"老实说，大家说这几天你不太好接近。你把自己称为脑袋迟钝的地地道道的失败者。听到你感叹，人生已像陶瓷一样摔得粉碎，我很着急。陶瓷碎了就不能再使用了，因为碎片不能复原。可是，你有意义的人生只不过刚刚开始。"

沉浸在伤心难过中的小洛克菲勒似乎听不进父亲的话："可是考不上哈佛，已经完全打乱了我对于未来的计划，我不知道以后该怎么办！"

洛克菲勒笑了："考不上一直想进的大学，的确是一种很大的打击。也许你很难接受这个事实，这是你人生中的第一次失败的经历。在这一方面，你要坚强，必须要习惯于失望，因为失望和

喜悦都是人生的一部分。但更重要的是今后，如果每当你的期望落空的时候，你不把它看作是暂时的后退，或必须克服的一种考验，而仍然像这样，把它看作是毫无理由的失败的话，你会承受不起这种失望的。这一点希望你应该铭记在心上。

"此外，你要知道，不论你的计划多么美妙，但是它和现实总是有差距，你不能指望现实生活完全按照你的计划来。这个世界是不断变化的，如果你的计划不能随之改变，那么恐怕你今后会经常陷入失望的境地了。"洛克菲勒仍然微笑着，"儿子，计划应该具备开放性，我们要根据事情的变化随时调整我们的计划，这样的计划才会有用。考不上哈佛这件事情已经是既定的事实了，那么现在你要做的就是重新做出你的计划，让计划适应现在的状况，并指导你以后的行动。现在就开始吧。"小洛克菲勒这次似乎明白了父亲的话，他感觉自己的父亲很睿智，三言两语就能替自己解开心中的结。

洛克菲勒建议道："美国还有好几所设有你想学专业的大学，立刻与其他大学联系，你看怎么样？你想学经营管理，别的大学和你第一志愿的大学用的是完全一样的教科书，虽然教学阵容不一样，但对你将来影响最大的不是学生时代偶然碰上的一个教授，而是你本人，一定不要丧失自己人生的主动权。"

小洛克菲勒似乎从失望中摆脱出来，不好意思地对父亲说道："对不起，让您和妈妈担心了。我现在就去搜集相关大学的资料！"

经过对比，小洛克菲勒一度想要进另外一所知名大学深造，但是仔细打听后，听说那所大学校风很差，其中混杂了好大一批不务正业、不思进取的学生，小洛克菲勒又犹豫了。恰好这时，洛氏家族的老朋友威廉被洛克菲勒安排到芝加哥大学当校长。小洛克菲勒经与这位学识渊博又德高望重的学者商量之后，决定进一所规模较小的大学。在缜密考虑之后，他选中了布朗大学。对于像他这种在性格上和世界观上都极为保守的人来说，布朗大学的确很适合。威廉校长和洛氏一家人都深表赞同，认为这是一项明智的选择。从布朗大学毕业时，小洛克菲勒已经成为能够荣获"菲·贝塔·卡帕联谊会"钥匙的优秀学生。经过在布朗大学的锻炼，小洛克菲勒在人生的道路上逐步成熟起来。

小洛克菲勒把所有对于未来的设想都建立在了能考上哈佛的计划上，在得知考不上哈佛后之所以如此沮丧，很大程度上是因为他制订的计划不具有开放性。他没有考虑到实际有可能发生的情况，如此才陷入尴尬的境地。

"凡事预则立，不预则废"，有计划是一件好事，但是强调计划，并不是要一个死板的一成不变的计划，当现实状况发生改变时，如果计划不随之改变，那么计划不仅不能起到应有的指导作用，还会阻碍实际行动。

我们的世界每时每刻都是在变化的，对于需要面对生活变化的人们而言，改变在我们的周围、在我们的身上发生得实在太快了，所以当我们给未来制订计划时，需要给自己的计划留出上下浮动的空间，以便计划能随着事情的变化而改进。

编者手记 ....

很多人都说没有计划的人生是个空壳，其实没有灵活的计划的人生也是个空壳。因为我们的未来充满了未知，死板的计划适应不了充满变动的将来，只有制订具有开放性的计划，才能灵活应变生活中发生的事情。当变化、困境来临时，我们才不至于惊慌失措，陷入孤立无援的境地。

忠告 10：细节中有大机遇

机会往往隐藏在细节之中。如果你忽视这些细节，或是超脱细节，把这种"杂事"授权给别人去做，就等于至少忽视了你事业经营的一半重要责任。

——洛克菲勒

大事情都是小细节累积而成的。西方一位伟人说过：上帝与细节同在。从一声鸟鸣中，你可以听见春天的脚步，从一片浓荫中你可以感知夏天的心情，从一片枫叶中你可以认识秋天的颜色，从一朵雪花中你可以体味冬天的温度。细节充斥着我们的生活，细节也改变着我们的生活。我们注意到，生活中注重细节的人，生活品质往往更高；工作中注重细节的人，工作往往完成得更出色。洛克菲勒是一个公认的严谨认真、注重细节的人。在几十年的商战中，他不断从各种不被人注意的细节中寻求机遇，终于成就时代霸业。洛克菲勒不仅自己严谨细致，而且要求自己的员工也如此。

有一次洛克菲勒的公司招聘，有三个年轻人到公司参加面试。公司主管出了一道题目：假定公司派你到某工厂采购 2000 支铅笔，那么你需要从公司带去多少钱？

第一名年轻人轻松地说："采购 2000 支铅笔可能要 100 美元，其他费用就算 20 美元吧，总共是 120 美元！"主管没有表态。

第二名年轻人说是 110 美元。对此，他解释道："2000 支铅笔需要 100 美元左右，另外可能需要用 10 美元左右。"主管同样未知可否。

最后轮到第三位年轻人。他说需要 113.86 美元，听到他报出如此精确的数字，主管的眼睛亮了一下。

第三个年轻人说："铅笔每支 5 美分，2 000 支是 100 美元。从公司到这个工厂，乘汽车来回票价 4.8 美元，午餐费 2 美元，从工厂到汽车站为半英里，请搬运工人需要 1.5 美元……因此，总费用为 113.86 美元。"这名细心的年轻人自然被录用了。

成功者之所以能成功，是因为他与别人共处相同的环境时，别人漫不经心，他们却能从中细心地发现自己的目标，最后成就自己的梦想。善于抓住隐藏在生活中的细节，对于平日司空见惯的东西，不妨换个角度去想想，也许成功的机遇就这样来到了你身边。

洛克菲勒虽然身家数百亿，但是他却是出名的节俭，他的节俭体现在工作、生活中的每一个细节上。洛克菲勒在办公室用的纸张正反面都要加以利用，皮鞋更是精心保养，一双鞋能穿十年以上，而且洛克菲勒有时刻记账的习惯，他账本不离身，对于每一笔花费都会清清楚楚地记录下来。1880年6月5日的账单是这样的："早晨，外出吃了一个汉堡包，喝了一杯可乐，花去3美元；下午去看望朋友，买鲜花一束花费9美元；黄昏给朋友寄贺卡花去3美分。"洛克菲勒常常跑到一个个房间里去关掉不需要的灯，机器设备在报废换新之前，往往要一修再修；送给他的大小账单，他都要一一亲自过目审核。洛克菲勒家的采购员都只能照市价付款，一文不多。举凡粮食、肥料、燃料等大宗货物，全是分批买进，按批发价付款。洛克菲勒及其家族都认为，这样做绝不是吝啬小气，而是做人的道德。

细节是一种习惯的积累，是一种眼光，一种智慧。细节是一种长期的准备，从而获得的一种机遇。细节也是成就完美的基础！一个人如果具备许多细小的优良素质，最终一定会为自己带来成功的幸运机会。

严谨踏实的工作作风和与生俱来的才智使洛克菲勒似乎注定取得成功。洛克菲勒曾经的合作伙伴克拉克认为约翰不难相处，但是"太过严格，他简直细致到了极点，一丝一毫的细节也不放过。倘若有人欠我们1分钱，他一定会要回来；倘若我们欠客户1分钱，他也要奉还"。

据洛克菲勒的员工说，经常可以看到洛克菲勒背着手在厂里来回溜达，任何时间、任何地方都随时可能出现他的身影，他对最细小的环节都严格要求。看到有人正在打扫无人顾及的角落，就会微笑道："这就对了，即使没有人可以看到。"洛克菲勒的一个弟弟威廉也是很注重细节的人，洛克菲勒常常向人炫耀："我的弟弟年轻有为，是个很成功的商人！"即使在多年之后，他还一再向人提及弟弟的一个轶事。当年还是簿记员的威廉在半夜醒来时想起货单上出了一个差错，一时间心急如焚，等不及天亮便跑到湖边的仓库进行修改，好让货船携带正确无误的单据按时起程。1865 年 9 月，威廉开始与哥哥一起从事炼油生意。由于做事谨慎，又具有头脑，威廉的生意做得很好。洛克菲勒认为弟弟的成功很大一部分要归功于他对细节的重视，对工作的谨慎。

成功的机会无处不在、无时不有，遍布于每一个细节之中。不论在我们的生活中、工作中还是学习中，细节都无处不在，只有注意细节、重视细节、把握细节的人，才更有可能抓住成功的机会。细节就像人体的细胞一样举足轻重，谁能把握住细节，谁就能悄悄成功，于无声处响惊雷，在细节中见真知。从细节中往往可以找到成功人生的突破口。

编者手记 ···

在忙忙碌碌中度日，我们都很容易犯下忽略细节的错误。我们总觉得人生何其漫长、追求的事业何其伟大，很多时候我们会用"成大事者不拘小节"这样的话来安慰自己，为自己疏忽了细节而寻找理由。我们的初衷是为了追求伟大才放弃了对细节的重视。遗憾的是我们没有意识到，任何伟大事业的成功都是由无数个不起眼的细节积累而成的。不注重细节的观念使得我们无数次与成功失之交臂。

忠告 11：细节成就完美

成功的人士往往极其注重小事和琐事，并且特别喜好在细节上练功夫，注重细节能更接近完美。

——洛克菲勒

从一个小细节可以洞悉一个人的内心世界，以及其行为准则。注重细节本身是一种良好的习惯，折射着一个人的人格魅力。从一件小事可以看出一个人能力的高低，无论世界如何变化无常，关注细节，做生活中的有心人和细心人是永远不会吃亏的。诺贝尔曾经说过："要想获得成功，应当事事从小处着手。"

决定成败的往往是一些看似无关紧要的细节，从这些细节能体现出一个人的人格教养和内涵。

在一段时间里石油开采和加工业的竞争越来越激烈，从而出现了一系列的问题：生产过剩、供过于求、产品质量低劣、石油市场陷入混乱。当时炼油业的厂商不顾质量地盲目大量生产石油，石油的价格从20美元跌至0.1美元1桶。油价不稳定，很多生产商都宣告破产。由于当时的竞争对手只注重"量"，而忽视了"质"，洛克菲勒决定从提高石油的质量入手，稳定石油的价格。通过观察，洛克菲勒发现当时市场上用来照明的石油，点燃后烟尘滚滚，给使用者带来了很大的麻烦。发现这一细节后，洛克菲勒马上命令生产一种质量较高的、点燃时没有烟尘的煤油。因为具有这一优点，洛克菲勒的产品销路很好，很受百姓的欢迎。产品达到市场后，他还会让店主当众点燃自己生产的优质煤油灯，同时还点上几盏烟尘缭绕的煤油灯，让购买者自己对比。除此之外，洛克菲勒还想出了一个促销的办法。他下令工厂制造了几百万盏样式新颖的煤油灯，规定凡购买本公司煤油的人都可以免费得到一盏这样的煤油灯，美国民众很喜欢这样的馈赠，纷纷购买这种煤油。洛克菲勒的钱包越来越鼓了。值得一提的是，后来这种灯和新型煤油一起遍布全美国，打进了欧洲和中国的市场。上了年纪的中国老百姓，至今仍记得起"美孚油"和"美孚灯"。时间一长，人们习惯成自然了，把一切煤油灯都叫"美孚灯"。

注重细节让洛克菲勒的事业更加完美，他曾经说他制造的油灯是"照亮亚洲的光明之灯"。这当然得归功于洛克菲勒那细致的工作态度和灵活的大脑。成功者之所以成功，是因为他们能从别人忽略的细节中看到机会，并能抓住机会成就自己。

天下大事，必做于细。在某些情况下确实可以决定成败，耐心做好每一个平凡的细节，你就有机会先于别人走向成功。

对于现在所做的事情，我们要给予百分之百的关注，这样才能够把工作做好。关注工作中的细节，将每一个细微之处做到最好。养成注重细节的习惯，不仅可以让我们脚踏实地地做事，还能够培养自己的责任感。实际上，每天的工作就是展现你不平凡的最好机会。商店的售货员将每一件商品擦得干干净净，公交车司机让自己的车保持整洁，书店的营业员把书架上的书摆得整整齐齐，这样的小事，如果能够天天坚持，就会变成习惯。当你习惯了在自己的工作中把每一个细节做得尽善尽美的时候，你就是在为自己的前途储存更多的资本，你也能够更快地达到目标。

小洛克菲勒曾经给儿子们讲过这样一个故事，以告诉他们工作中应该注意细节。

有一位世界著名的雕塑家，他的作品以形象逼真、富有内涵著称。有一天，他的一个朋友去他的工作室拜访他。令朋友感到奇怪的是，自从上次来参观到现在他都一直忙于这一件雕塑的创作，而迄今还有一部分仍未完成，要知道这可经过很长时间啦。朋友不禁向雕塑家询问。雕塑家一边用手指着雕塑一边认真地说："这个地方，仍需要再润色一下，让它看起来更细腻、夺目，这样整个面部的表情会因它光彩的增加而更柔和。"他又用手指了一下说，"看到这里了吗？这块肌肉也会显得强健有力。"端详了一下后，雕塑家接着说："嘴唇部分的线条还应该修改一下，这样会更富有表情。"朋友听了雕塑家的解释，仍然觉得很疑惑："您所说的这些相对于这座雕像来说，好像都是些琐碎之处，它们在这个雕像中并不是那么引人注目，我想没有几个人会注意到您所说的这些的。"雕塑家正色回答道："情形也许如此，但是你一定要知道，也正是你所说的这些琐碎的、不引人注目的细小之处才使整个作品趋于完美。对于一件作品，完美的细小之处可不是件小事情！"

那些优秀的、成就非凡的人，总是于细微之处用心，在细微之处着力。因为正是有这些毫不起眼的小事的完成，才保证了以后大事的成功。20世纪最伟大的建筑大师之一密斯·凡·德罗在被要求用一句话来描述自己成功的原因时也说过："魔鬼藏于细节之中。"生活、工作中的细节看上去毫不引人注意，却恰恰是一个人生活、工作态度的最好证明。那些百分之百关注现在的所做事情的人，认真对待身边的每一个细节，将每件事情做到尽善尽美。也正是这样的工作态度，才使他们获得了成长和发展的机会。

100件事情，如果99件事情做好了，一件事情未做好，而这一件事就有可能对某一公司、单位及个人产生100%的影响。在数学上，"100-1"等于99，而在企业经营上，"100-1"却等于0。水温升到99℃，还不是开水，其价值有限；若再添一把火，在99℃的基础上再升高1℃，就会使水沸腾，并产生大量水蒸气来开动机器，从而获得巨大的经济效益。一百次决策，有一次失败了，可能让企业关门；一百件产品，有一件不合格，可能失去整个市场；一百个员工，有一个背叛公司，可能让公司蒙受无法估量的损失；一百次经济预测，有一次失误，可能让企业破产……

编者手记

在我们的工作中，总有一些看上去无关紧要的小事，但正是这些小事能够决定我们的成败，因为正是对待小事上的一丝不苟能够使我们养成良好的工作习惯，从而为我们的职业生涯开创出更广阔的天地。必须充分重视每一个细节，唯有细节到位，把小事做好成功才会有坚实的基础。从某种意义上讲，细节是对一个人综合素质最真实的考察，也是区别于他人的特点。很多时候，正是细节显出的奇特效果，使你在激烈的竞争中脱颖而出，成为人人羡慕的佼佼者。

第三章

柔软的天鹅绒上，无法磨砺刀刃

忠告 12： 透过黑暗才能看到光明

一次失败并不能说明什么，失败更不会在你的脑门上贴上无能者的标签。

我把失败当作一杯烈酒，咽下去的是苦涩，吐出来的却是精神。

——洛克菲勒

小洛克菲勒生意上出了差错，损失了一大笔钱。为此，小洛克菲勒总是闷闷不乐，得知儿子的情形，洛克菲勒提笔给儿子写信："你近来的情绪过于低落，这种表现让我感到非常难过。我能真切地感受到，你还在为那笔让你赔进很多钱的投资而感到耻辱和羞愧，因此终日闷闷不乐、忧心忡忡。其实，这大可不必，一次失败并不能说明什么，失败更不会在你的脑门上贴上无能者的标签。"

小洛克菲勒一直生长在父亲的庇护下，他有着最丰富的物质资源，周围环绕着一大批优秀的人才，他想不明白：在这么优越的条件下自己为什么还会失败。而父亲是白手起家，却能缔造一次次的成功，他有着深深的羞愧感。洛克菲勒觉察到了他的想法，给他说了这样一个故事。

很久之前，有个渔夫有着一流的捕鱼技术，被人们尊称为"渔王"。依靠捕鱼所得的钱，"渔王"积累了一大笔财富。在以捕鱼为生的人们中，老渔夫的声望很高。

可是即使拥有财富和声誉，年老的"渔王"却一点儿也不快活。原来是他有三个儿子，可是每个儿子的捕鱼技术都极其一般。

于是他经常向人倾诉心中的苦恼："我真想不明白，我捕鱼的技术这么好，我的儿子们的技术为什么这么差？这样下去，我怎么放心把家业交给他们呢？

"要知道，我从他们懂事起就传授捕鱼技术给他们，从最基本的东西教起，告诉他们怎样织网最容易捕捉到鱼，怎样划船最不会惊动鱼，怎样下网最容易捕到鱼。

"他们长大了，我又教他们怎样识潮汐、辨鱼汛……凡是我多年辛辛苦苦总结出来的经验，我都毫无保留地传授给他们，可是他们的捕鱼技术竟然赶不上技术比我差的其他渔民的儿子！"

一位路人听了他的诉说后，问："你一直手把手地教他们吗？"

"是的，为了让他们学会一流的捕鱼技术，我教得很仔细、很有耐心。"

"他们一直跟随着你吗？"

"是的，为了让他们少走弯路，我一直让他们跟着我学。"

路人说："这样说来，你的错误就很明显了。你只是传授给了他们技术，却没有传授给他们教训，对于才能来说，没有教训与没有经验一样，都不能使人成大器。"

洛克菲勒告诉儿子，他现在经历的失败，正好可以给他的人生储备经验教训，这是一笔宝贵的财富。他在信中写道："乐观起来，我的儿子。你需要知道，在这个世界上，任何一个人的人生都不可能自始至终地保持顺利；相反，却要时刻与失败比邻而居。"也许正因为这个世界上有太多无奈的失败，追求卓越才变得魅力十足。人们对成功竞相追逐，甚至不惜以生命为代价。但即便如此，失败还是无可避免。洛克菲勒没有像故事中的老渔夫一样只是传授成功的经验，他给儿子讲了自己在生意上曾经遭受的困境：

在洛克菲勒创业初期，他和克拉克合伙开办的公司克拉克—洛克菲勒公司的经营似乎很顺利。对于初涉生意圈的洛克菲勒来说，成功似乎来得太快、太容易了。看到五大湖区一带的农产品运量每日激增，洛克菲勒和克拉克抓紧时间大量买进卖出。在洛克菲勒雄心勃勃、跪下来诚心祈求上帝保佑他的新公司一路顺风之时，一场灾难性的风暴袭击了他们，那时候，公司刚开张两个月。当时克拉克—洛克菲勒公司刚刚签订了一笔合同，要购进一大批豆子。这本来是一笔绝妙的生意，可以从中大赚一把，但没有想到一场突然"来访"的霜冻击碎了洛克菲勒的美梦，到手的豆子毁了一半，更加糟糕的是，有些可恶的供货商还在里面掺加了沙土和细小的豆叶、豆秸，洛克菲勒恨透了这些有失德行的供货商。"那注定是一笔要做砸了的生意。但我知道，我不能沮丧，更不能沉浸在失败的痛苦当中，否则，我就会离我的目标越来越远。"那笔生意失败之后，洛克菲勒不得不再次向他的父亲比尔借债，尽管他当时很不情愿这么做。而且，为使自己在经营上胜人一筹，洛克菲勒还告诉他的合伙人克拉克先生，必须通过报纸广告宣传自己，让潜在客户知道，克拉克—洛克菲勒公司能够提供大笔的预付款，并能提前供应大量的农产品。到了年底，洛克菲勒的公司纯利润已经达到了可观的 4400 美元，在经历过巨大的困难后，还能有如此的成绩，实在令人惊叹。

在遭遇挫折的打击后，洛克菲勒仍然能取得成功，这要归功于他异于常人的胆识和勤奋。他在信中对小洛克菲勒说："结果让人非常满意，胆识加勤奋拯救了我们，那一年我们非但没有受'豆子事件'的影响，反而让我们赚到了一笔可观的纯利。""我把失败当作一杯烈酒，咽下去的是苦涩，吐出来的却是精神。"洛克菲勒用睿智的话语向儿子传递着成功的奥秘。

编者手记 ·········

面对挫折，我们不应该有畏惧的心理，而应该心平气和地发现问题、解决问题，面对现实，创造未来。从挫折中，我们明白了生活来之不易，从而对每一点收获都很珍惜，成功是经过多次磨炼而成的，所以我们应该好好珍惜。遇到挫折，我们只要相信自己，才会有勇气去迎接挑战，才不会在困难和挫折面前打退堂鼓。学会面对挫折，也是生命的一种馈赠，因为人们真正奋起，往往起于挫折之后。

忠告 13: 黎明之前总是最黑暗的

重要的不是去造就我们人生的客观变故，而是我们如何去应付这些变故，构筑各自的人生，不能被命运阻挡道路。处于困境的时候，你要与命运挑战，拒绝失败。

——洛克菲勒

人的一生中，大多不会一帆风顺，难免会遭受这样或那样的挫折和不幸。而成功者和失败者非常重要的区别就是：失败者总是把挫折当成失败，在每次挫折面前都会动摇胜利的信念；成功者则从不言败，在一次又一次的挫折面前，总是会对自己说："我不是失败了，而是没有成功。"一个人在失利后如果继续努力，那么他今天的失利就是暂时的；相反，如果他失去了再战斗的勇气，那就真的输了。当然暂时失利后会有一段难过的日子，在这段日子里人们会觉得悲观、沮丧，开始怀疑自己的能力与价值。目光狭隘的人就会觉得世界末日到了，终日萎靡，而富有眼光的人则会认为这只不过是黎明前的黑暗罢了。他们会想：黎明前最黑暗的时刻我都经历了，那么还有什么可以惧怕的呢？

洛克菲勒疼爱的儿子小洛克菲勒遭受到考不上理想大学的打击后，萎靡不振，整日将自己关在房里，这令洛克菲勒和夫人很担心。小洛克菲勒生性腼腆，本来就不爱说话，这下更加沉默寡言了。

洛克菲勒认为自己有必要和儿子好好谈谈了。"有许多年轻人现在碰到和你完全一样的障碍，放弃了自己所希望的人生追求。他们泄气地说，命运太残酷了，从而渐渐变得胆小，这是很遗憾的。重要的不是去造就我们人生的客观变故，而是我们如何去应付这些变故，构筑各自的人生，不能被命运阻挡道路。"洛克菲勒慈爱地注视着儿子，继续说道，"处于困境的时候，你要与命运挑战，拒绝失败。当然，死心是很容易的，许多人在日常生活中已证实了这一点。可是，这些人大概都不是像你所希望的如同参天大树威风凛凛地昂首阔步的人。"

生命是一次次的蜕变过程。唯有经历各种各样的折磨，才能拓展生命的宽度。通过一次又一次与各种折磨握手，历经反反复复的较量，人生的阅历就在这个过程中日积月累，不断丰富。

"拒绝失败的人如果被一个地方拒之门外，他们会继续敲下一扇门，一次接着一次，直到有接纳他们的地方。在年轻的时候就学会这一点的人，必定在不久的将来会获得极大的成功。"洛克菲勒的话似乎很有效用，儿子终于肯走出房门了，洛克菲勒对自己的劝服效果很满意。

洛克菲勒告诫儿子，不可能每一个人都成为国王或女皇，这是我们无能为力的，但如果有积极应付人生波折的思想准备，其他希望几乎都在我们双手够得着的范围内。"我要胜利，我要胜利，我要胜利！要这样反复地对自己说。不久，你的思想会自动地指挥下一次应该采取的行动，拿出必要的决策。"

成功之前的决策总是很困难的，但是如果做好这一点，成功离我们也就不远了。也就是我们常说的"黎明前的黑暗最黑暗"。洛克菲勒还建议儿子咨询一下身边的成功人士，他们是怎样才能建立那种"地位"的。"他们会告诉你关于忍耐力、挑战和常常为了达到目标所必须采取的迂回路线。"

最后小洛克菲勒虽然未能进入他理想的大学，但是，他却因此选择了一所更适合他的大学，在大学里，小洛克菲勒不断进步，个性更加完善。从这个角度来说，考不上理想的一流大学，对于小洛克菲勒来说并不是一件坏事情。"只要从你心里去掉'失败'，今后不要在你心里存在'失败'就行了。"从此小洛克菲勒牢记父亲的教导。他时常在想：在人生的岔道口面前，若你踏上了一条平坦的大道，你可能会拥有一个舒适而享乐的青春，但你可能失去一个很好的历练机会；若你走上的是一条坎坷泥泞的小路，你也不必太过悲伤难过，因为泥泞的小路上有别人看不到的风景、体会不到的快乐，此时人生的真谛也许就会被你打开。

以后每当遇到困难，小洛克菲勒总能想起父亲的话："通过痛苦的磨难，你才能变得更加坚强。"他常常想起自己16岁时曾经身患神经衰弱症，终日惶恐畏缩，谨小慎微，生怕做错什么事似的。精神抑郁烦闷，反过来影响了肢体的健康。看到儿子给病魔折磨得骨瘦如柴，浑然无力，洛克菲勒夫妇心急如焚，马上为儿子办理了休学，并把他送到老家的庄园养病。

庄园里，鸟语花香，小洛克菲勒过得很快乐。他在家乡的主要工作就是专心致志地耙集树叶、砍伐树木和锯断木头。在冬天，小洛克菲勒把大部分时间都消磨在饱受风霜雨雪的冰冻枫林中，在那里割取树汁，熬制枫糖。他会收集树叶做标本，观察动物习性。有一天他发现一只蝴蝶的幼虫在地上艰难的蠕动，小洛克菲勒知道不久之后，这个丑陋的虫子会羽化成一只美丽的蝴蝶，在空中蹁跹起舞。看着那娇嫩的身躯艰难地挣脱茧子的束缚，他不禁动了恻隐之心，他拿来剪刀将茧的洞口剪大，他想：这样蝴蝶就可以轻松爬出来了。可是令他没有想到的是，接受了他的帮助的蝴蝶，只能在地上笨拙地爬行，再也飞不起来了！

这无疑给小洛克菲勒上了很好的一课：人成长的过程恰似蝴蝶的破茧过程，在痛苦的挣扎中，意志得到磨炼，力量得到加强，心智得到提高，生命在痛苦中得到升华。当你从痛苦中走出来时，就会发现，你已经拥有了飞翔的力量。如果你没有经受挫折，也许你就会像那些受到"帮助"的蝴蝶一样，萎缩了双翼，平庸一生。

拿破仑曾说过这样一句话：最困难之时，就是离成功不远之日。面对挫折，自强者终会知道这是人生路上必须搬开的绊脚石，更能从中体验到战胜困难、超越自我的快乐。奥斯特洛夫斯基说："人的生命似洪水在奔腾，不遇着岛屿和暗礁，难以激起美丽的浪花。"挫折就像一块石头，对弱者来说是绊脚石，使你停步不前，对强者来说却是垫脚石，它会让你站得更高。

忠告 14：没有不幸经历是一种不幸

人人都厌恶失败，然而，一旦避免失败变成你做事的动机，你就走上了怠惰无力之路。这非常可怕，甚至是种灾难。因为这预示着你可能会丧失原本可能有的机会。

——洛克菲勒

小洛克菲勒刚刚踏上工作岗位的时候，曾经向他的父亲洛克菲勒借过一笔年利为六厘的钱，为他自己和三姐阿尔塔在交易所开立一个保证金账户户头进行投资，然后由两人分享利润。

接连的几次小投资，小洛克菲勒都得到了回报，尝到了几次小小的甜头后，他很开心。在此之后，小洛克菲勒就对投资放松了警惕。不久之后碰到了一位名叫戴维·拉马尔的投资人。拉马尔知道小洛克菲勒是大名鼎鼎洛克菲勒的儿子且年纪轻轻，便用"工业方面某些重要的秘密情报"为诱饵，谎称美国皮革公司的股票即将暴涨，以迎合小约翰急不可耐地想显示个人经商能耐的虚荣心理。涉世未深的小洛克菲勒果然上钩，他狠狠地对此进行投资——把能买进的美国皮革公司的股票统统吃了下来。想不到这些股票都是属于拉马尔名下的，等到小洛克菲勒胡乱抢购他的股票而促成行情上涨时，这个后来以"华尔街之狼"的恶名而获利的拉马尔却又到处兜售，把他所有的股票全都脱手了。小洛克菲勒这才发现自己上当受骗，总共损失了100多万美元。

对事业刚刚起步的小洛克菲勒来说，100多万美元确实是一笔不小的数字，而这里面还有他的三姐阿尔塔的钱。尽管他很沮丧不安，可是不得不壮起胆子，跑去向老洛克菲勒诉说这番惨痛的教训。洛克菲勒听完儿子的话后，掉过头来，只简单地说了一句："好了，约翰，别着急，我会帮助你渡过这一难关的。"虽然后来事情解决了，洛克菲勒却没有忘记利用这个机会教授儿子成功的经验。

洛克菲勒对儿子说："人人都厌恶失败，然而，一旦避免失败变成你做事的动机，你就走上了怠惰无力之路。这非常可怕，甚至是种灾难。因为这预示着你可能会丧失原本可能有的机会。"

他还告诫儿子约翰和女儿阿尔塔说："不要把失败归结为那个叫戴维·拉马尔的家伙。要知道机会是稀少的东西，人们因机会而发迹、富有，看看那些穷人你就知道，他们不是无能的蠢材，他们也不是不努力，他们是苦于没有机会。""你们需要知道，我们生活在弱肉强食的丛林之中，在这里你不是吃人就是被别人吃掉，逃避风险几乎就是放弃成功；而如果你利用了机会，那别人的机会就相应减少了，这样能更好地保全自己。"每个人在前进的道路上都难免磕磕碰碰，因为每一次都是一段新的经历，跌倒受伤也是不可避免的。只要再遇见相同的问题时，能够吸取上次的教训，那么你就是好样的，而上一次所受的苦、花费的精力也都是有价值的。

洛克菲勒的座右铭是：人始终要保持活力，保持坚强，不论遭遇怎样的失败与挫折，这是我唯一能做的事情。他非常明白，做什么事情才会让自己感到快乐，什么东西值得自己为之效命。根本的期望，就像清洁工用手中的扫把，扫尽成功路上所有的垃圾。

人们往往把外界的折磨看作人生中纯粹消极的、应该完全否定的东西。当然，外界的折磨不同于主动冒险，冒险有一种挑战的快感，而我们忍受折磨总是迫不得已的。但是，人生中的折磨总是完全消极的吗？中国人有句话叫"吃一堑，长一智"，由此可以得知，那些挫折和横逆的折磨对人生不但不是消极的，还是一种促进你成长的积极因素。如果一路都是坦途，就很容易消磨人的意志，这样就很容易陷入平凡。

如果你现在还在遭受这样那样的折磨，你就该庆幸，因为命运给了你战胜自我、升华自我的机会。换一种眼光来看待这些折磨吧，感谢那些在工作和生活上折磨你的人，你就会获得幸福。唯有以这种态度面对人生，才能获得真正的成功。

挫折是一笔宝贵的财富。成功学大师卡耐基告诫人们，挫折是在所难免的，重要的不是绝对避免挫折，而是要在面对挫折时采取积极进取的态度。

有本事的人之所以是有本事的人，是因为他们通过失败得到智慧。在一个地方摔倒了，没什么大不了的，因为你对那里不熟而且没有经验，所以才会这样，拍拍尘土，重新站起来就好了。一个聪明的人，会记住这样的教训，下一次经过的时候就会有准备。但是人生的路上，每一段路程都是不同的，不会有一模一样的困难在前方等着你。但是幸运的是，你已经有了之前的经历，你比以前成熟了，所以面对相似的困难，你会多几分把握。

如果一个人好了伤疤忘了痛，在同一个地方摔倒两次，那么他也可能在那里摔倒第三次。一个有心人绝不会让同样的错误反复纠缠自己。只有这样，之前的挫折才会成为人生的财富，要知道，只有那些善于吸取经验教训的人才能最终走向成功。人不是喜欢困难所以才和它打交道，而是既然碰上了，就非打交道不可。如果不想被它打败，就必须勇敢地作战才行。经受这一次惨痛的教训之后，小洛克菲勒这才竭力摆脱一切世俗琐事而专心致志于"天国"的事业。他似乎是"将门有种"，不仅不畏缩不前，反而顽强出击，显示出自己卓尔不群的非凡品质。

日本学者大隈重信说:"诸君必然会失败,且频频失败,或许会有所成功,但失败比成功多。勿为失败而灰心,你必须克服失败。"所以,不必畏惧,因为每个人都会遇见挫折和失败。通常,遇到走不通的路,我们会绕道而行,但这是在能到达目的地的情况下。如果只有一条路,怎么办呢? 如果这条路上遍布荆棘,那你就得把自己磨炼成一把锋利的刀,给自己劈出一条成功之路。

忠告15: 挑战逆境,是通往成功最明智的方向

没有挑战就没有成功,不要因为一次失败就停下脚步,战胜自己,你就是最大的胜者!

——洛克菲勒

1870 年对于美国来说,是个不景气的年头,铁路货车总的装运量不断下降。那些受到经济不景气影响的铁路老板,为了解决其困难,着手寻求为自由市场所能提供的更为有利的解决方法。他们设想:既然他们能够同最大的炼油商们合伙经营,分享利润,也就没必要忍受这种正在消耗着金钱竞争的局面了。摸透了铁路老板们的心理的洛克菲勒,便趁机秘密与铁路老板们敲定了一个方案。这个方案对外打出了一个不惹人注目的招牌——南方改良公司。

该方案规定铁路公司,包括宾夕法尼亚和伊利铁路公司,将与各主要炼油商们联合起来,为他们的共同利益来计划安排石油的流通问题。运费将提高,但参加这个方案的成员则可以享受运费回扣,可以得到补偿。在 1871 年的整个冬天,这个方案以极其隐蔽的方式进行着。以洛克菲勒为首的炼油商们风尘仆仆,多次到纽约去与斯科特、威廉·范德比尔特、杰伊·古尔德以及其他一些铁路老板们举行秘密的最高级会议。由于在南方改良公司

的 2000 股中，洛克菲勒及其兄弟威廉·弗拉格勒占了 1180 股，这使得美孚石油公司在这个公司中享有的权利比其他任何一个股东都要多。洛克菲勒把这个方案视为一种手段，借以消灭美孚石油公司在克利夫兰的竞争对手。

这个阴谋进行了差不多三个月，不料走漏了风声，石油区顿时一片惊慌。人们通宵达旦地举行会议，举着火炬游行，向立法者递交长达 93 英尺长的请愿书，对铁路公司经理发出了恐吓电报。产油商们更是联合起来，他们大声疾呼、威胁、恐吓，直到与洛克菲勒串通一气的铁路老板们让步，并不得不解散南方改良公司。洛克菲勒和他的美孚公司似乎受到了沉重的打击。然而，当石油区的人们从兴奋中清醒过来，环顾四周时，却惊得目瞪口呆。他们发现，克利里兰的炼油设备已经掌握在美孚公司手里了。1880 年，整个美国生产出来的石油，竟有 95% 出自洛克菲勒之手。

即使周围的环境让你处在绝望之中，还是应该藏起绝望，努力来改变看似无法改变的处境，用你的坚定去打开通往希望的大门，任何时候，都不能丢失扭转绝境的信心与勇气，为自己争取命运的转折。不论困难的大小，当你真的着手去解决的时候，会发现，其实并没有那么可怕。当困境出现时，要尽最大努力去解决，退一步说，就算战胜不了，也只是回到原地而已。因此，不如试着面对吧！世界上的任何事物都有其价值，失败也一样。失败并不是故意捣乱我们的生活，而是挑剔我们身上的不足，帮助我们走上成功之路。

美国现代成人教育之父、著名心理学家卡耐基说，障碍与失败，是通往成功的两块最稳靠的垫脚石。确实如此，成功往往是从失败中孕育出来的。这个世界上能够一帆风顺走向成功的人少之又少，大多数成功人士都是经过摸爬打滚才探索到正确之路的。实践是检验真理的唯一标准，检验的结果或者是成功，或者是失败，但是它们并不是完全对立的。成功也许会让你一时头脑发热，不知道自己身在何处，但失败不会欺骗任何人。它把你丢在冷冷的水中让你清醒，让你看清自己和成功之间的距离有多少、中间又有多少陡坡和险路，而自己原来哪里是正确的、哪里是错误的。所以，不要畏惧失败，它是我们的良师益友，它毫不留情地揭露我们的不足与短处。

洛克菲勒曾说："对一般人而言，失败很难使他们坚持下去，而成功则容易继续下去。但在勇敢的人那里是个例外，他们会利用种种挫折和失败，来驱使他更进一步。因为他们有钢铁般的毅力，正如林肯先生曾经说过的一句话："你无法在天鹅绒上磨砺剃刀。"罗曼·罗兰说："天才免不了有障碍，因为障碍会创造天才。""受苦的人，没有悲观的权利。"已经受苦了，为什么没有悲观的权利呢？因为受苦的人，必须克服困境，悲伤和哭泣只会加重伤痛，所以不但不能悲观，而且要比别人更积极。在冰天雪地中历险的人都知道，凡是在途中说"我撑不下去了，让我躺下来喘口气"的同伴，很快就会死亡，因为当他不再走、不再动时，他的体温就会迅速降低，接着很快就会被冻死。在人生的战场上，如果失去了跌倒以后再爬起来的勇气，我们就会彻底失败。成功是指最终实现了目标，但并不意味着不曾受到挫折。

挫折纵然无情，却给人无尽的砥砺；不幸固然残忍，却能使人趋于顽强。坎坷和泥泞，不足以停滞前行的步履，挫折中同样浇铸着辉煌，即使是一段阳光和坦途，也需要有奋进的决心和勇气。人生，就是这样，不断总结失败的经验，最终走向成功，这是亘古不变的真理。做事可以失败，但做人不能失败。做事失败，可以从头再来，做人失败，只能永远趴下。

编者手记

诸事顺利，人生一路坦途，这几乎是人人都会渴望的。人们经常会祈祷："请让我事事如意，永远让我处在顺境之中吧！"这只能是一个美好的不能实现的愿望了。世上的事都是在矛盾中求得平衡的。逆境与磨难当然也不会因为我们的不喜爱而消失。逆境并不可怕，可怕的是因为惧怕逆境而退缩不前，这才是令我们失败的真正原因，只要我们能够不懈地奋斗，勇敢地挑战逆境，所有磨难都是会被克服的。

忠告16： 只要不成为习惯，失败并非一件坏事

害怕失败就不敢冒险，不敢冒险就会错失眼前的机会。所以，为了避免丧失机会、保住竞争的资格，我们为失败与挫折埋单是值得的！

——洛克菲勒

洛克菲勒担心刚刚经历生意失利的小洛克菲勒会因此而一蹶不振，或者今后做事畏首畏尾。所以洛克菲勒一直告诉小洛克菲勒，要正确看待失败，更不应该因为一次的失败而动摇了成功的决心。"害怕失败就不敢冒险，不敢冒险就会错失眼前的机会。所以，我的儿子，为了避免丧失机会、保住竞争的资格，我们为失败与挫折埋单是值得的！"

失败无所谓大小，当你坦然面对、认真应对的时候你会发现，其实失败并没有那么可怕。试着面对吧，失败固然令人难过，但是它也有其价值。其实失败并不像人们通常所认为的那样，是来破坏我们的情绪，扰乱我们的生活的。失败是帮我们寻找自身的不足，让我们更加全面地认识自己，从而更快地走上成功之路。

在洛克菲勒看来，最可怕的不是失败本身，而是因为经历失败后就胆小如鼠，不敢抓住眼前的机会。洛克菲勒是个看重也善于抓住眼前机会的人，他认为机会是稀少的东西，人们因机会而发迹、富有。他告诫儿子："亲爱的儿子，你需要知道，在这个充满激烈竞争的社会，如果你不试图赢得胜利，那么你就会被其他人打败，没有人会怜悯你的失败。不要试图逃避风险，如果逃避

你也是在放弃成功的机会。"

世界上大多数人都不愿意去冒险。他们平平庸庸地挤在平坦的大路上，小心谨慎地走着，以为这样就可以平平安安、轻轻松松地过一生，但他们永远也领略不到人生奇异的风情。这些人要在拥挤的人群里争食，说不定，某一天没有争到食物，还要挨冻受饿，这难道不是一种风险吗？而且这还是一种难以逃避的风险，还是一种越来越无力改善现状的风险。就像温室里的花草，当某天寒流袭来时，最早冻死的便是这些没经过风雨的花草。所以，生命从本质上说就是一次探险。不是主动地迎接风险的挑战，便是被动地等待风险的降临，冒险总比墨守成规让你更有机会出人头地。任何事情的圆满结局都是等不来的，必须用行动促成其实现。要打破平庸，就得敢冒一定的风险，虽然有时候免不了失败，但这种失败同样具有不可磨灭的价值，其价值就体现在后来的成功之中。

洛克菲勒公司有一名员工，升为公司新产品部经理后的第一件事，就是要开发研制一种新产品。然而，这种新产品的试制失败了，这位员工心里很忐忑，心想这下非要被老板"炒鱿鱼"不可。这位经理被召去见洛克菲勒，然而，他受到了意想不到的接待。"你就是那位让我的公司赔了一笔大钱的人吗？"洛克菲勒问道，"好，我倒要向你表示祝贺。你能犯错误，说明你勇于冒险。如果你缺乏这种冒险精神，我的公司就不会有发展了。"数年之后，这位犯错误的经理成了公司的总经理，他仍然牢记着洛克菲勒的这句话："具备冒险精神，实际上是一个员工思考能力和人格魅力的体现。"生活中我们只有把冒险精神投入工作中去，你的老板才更会感觉到你的努力和对公司的贡献。一个人的才华和能力只有通过冒险，通过克服一道道难关，才能展现出来。而安于现状、不思进取的人，没有危机感的人，不愿参与竞争和拼搏的人，他们得到的奖赏肯定不是成功，而是彻头彻尾的失败。

洛克菲勒有一个著名的关于成功的公式，他曾把这个公式传授给小洛克菲勒：梦想＋失败＋挑战＝成功。对于这个公式，洛克菲勒深信不疑，他希望儿子也能理解其中的奥妙。洛克菲勒并不否认失败会给人带来伤害，他认为失败有它的杀伤力，它会打击人的意志力，使人变得萎靡，对未来失去希望。

物质上的损失算不了什么，但是如果你宣布精神破产，你就会输掉一切。小洛克菲勒牢记父亲的话："你需要知道，人的事业就如同浪潮，如果你踩到浪头，功名随之而来；而一旦错失，则终其一生都将受困于浅滩与悲哀。失败是一种学习经历，你可让它变成墓碑，也可以让它变成垫脚石。"敢于挑战，才更有可能成功。失败没有什么可怕，可怕的是因为一时的失败而停止前进的步伐。勇往直前，才能迈向成功。

失败是迈向更高地位的开始。用洛克菲勒的话说："我今天的地位，是踩着失败的螺旋阶梯升上来的，是在失败中崛起的。我是一个聪明的'失败者'，我知道向失败学习，从失败的经验中汲取成功的因素，用自己不曾想到的手段，去开创新事业。所以我想说，只要不变成习惯，失败是件好事。"

编者手记

我们的生活中，总是有一些人把眼光拘泥于挫折的痛感之上，这样就很难抽出时间来想一想自己的下一步该如何努力，最后如何成功。一个拳击运动员说："当你的左眼被打伤时，右眼还睁得大大的，才能够看清楚敌人，才能够有机会击败对手。如果右眼同时闭上，那么不但右眼也要挨拳，恐怕连命都难保！"拳击就是这样，即使面对对手无比强劲的攻击，你还要睁大眼睛面对受伤的感觉，如果不是这样的话，一定会败得很惨。我们的人生又何尝不是这样呢？

忠告 17：用微笑面对苦难，苦难也将报以微笑

> 每个人都有历尽沧桑和饱受无情打击的时候，却很少有人能像林肯那样百折不挠。
>
> ——洛克菲勒

美国前总统林肯是为数不多的为洛克菲勒所钦佩的人。他曾多次表达自己对林肯先生的敬意："在我心中，不屈不挠的林肯永远是无惧困难的化身。""林肯的一生就是化挫折为胜利的伟大见证。"在林肯百年诞辰之际，洛克菲勒曾给儿子写了一封信，信中高度赞扬了林肯：

今天是伟大的一天！

今天，美利坚合众国举国上下怀着一种特有的感念之情，来纪念那颗伟大而又罕有的灵魂——无愧于上帝与人类的已故总统亚伯拉罕·林肯先生。我相信林肯受之无愧。

在我真实的记忆中，没有谁能比林肯更伟大。他书写了一段成功而又令人动容的美国历史，他用不屈不挠的精神与勇气以及宽厚仁爱的心，使四百万最卑下的黑奴获得解放，同时击碎了二千七百万另一肤色的美国公民灵魂上的枷锁，结束了因种族仇恨而使灵魂堕落、扭曲和狭隘的罪恶历史。他化解了国家被毁灭的灾难，将一切不同语言、宗教、肤色和种族组合成为一个崭新的国家。美利坚合众国因他获得了自由，因他而幸运地踏上了正直公平的康庄大道。

林肯是上一个世纪最伟大的英雄，今天，在他百年诞辰之际，举国上下追思他为美国所做的一切，就是一个最好的证明。

最令洛克菲勒佩服的是林肯具有超乎寻常的执着的决心和勇气。他认为纪念林肯的最好方式就是效仿林肯，让林肯永不放弃的精神光照美国。

林肯一生的奋斗故事让洛克菲勒很受感动与启发，他曾经多

次给自己的子女讲林肯总统的故事，以此来激励他们不怕失败，永不止步。下面就是被洛克菲勒讲了多次的故事。

1816年，因为家境贫寒，全家人被赶出了居住的地方，他必须工作以抚养他们。

1831年，第一次经商失败。

1832年，竞选州议员——但落选了！

1833年，向朋友借钱经商，但年底就破产了，接下来他花了16年时间，才把债还清。

1835年，离结婚还差几个月的时候，未婚妻不幸去世。他心力交瘁，数月卧床不起。

1836年，他得了神经衰弱症。

1838年，争取成为州议员的发言人——没有成功。

1846年，再次参加国会大选——这次当选了！前往华盛顿特区，表现可圈可点。

1848年，寻求国会议员连任——失败了！

1849年，想在自己的州内担任土地局长的工作——被拒绝了！

1856年，在共和党的全国代表大会上争取副总统的提名——得票不到100张。

1858年，再度竞选美国参议员——再度落败。

1860年，当选美国总统。

洛克菲勒曾经动情地说："每个人都有历尽沧桑和饱受无情打击的时候，却很少有人能像林肯那样百折不挠。每次竞选失败过后，林肯都会激励自己：这不过是滑了一跤而已，并不是死了爬不起来了。这些词汇是克服困难的力量，更是林肯终于享有盛名的利器。"

洛克菲勒说："除非你放弃，否则世界不存在任何可以打败你的人。"

功成名就是一连串的奋斗。那些伟大的人物，几乎都受过一连串的无情打击，他们每个人都险些宣布投降，但是他们还是选择了坚持到底，因此终于获得了辉煌的成就。

没有不经过失败就获得成功的幸运儿，重要的是不要因失败而变成一位懦夫。如果我们尽了最大努力仍然与成功失之交臂，那么我们唯一要做的就是吸取教训，力求在接下来的努力中表现得更好。

洛克菲勒曾经坦率地说："我无心与林肯总统比较，但我自认拥有些许与他同样的精神，我痛恨生意失败、亏损金钱，但是比起这个，更让我关心的是，因为害怕失败而在以后的生意中变成缩手缩脚的懦夫。如果真是那样，那我的损失就更大了。"

对大多数人而言，遭受失败的打击后就很难再坚持下去，相反，如果取得成功，那就会更加大胆地向前。但在很多成功人士那里是个例外，他们不会被种种困难和失败打倒，相反会利用它们变得更加坚强。因为他们有钢铁般的毅力。

生活不会按人的意愿来行驶，生活听不到我们的声音。而挫折也没有想象的那样可怕。"不幸是一种财富。"事实证明，一个很少经历挫折的人，在以后的人生之路中会因为不适应激烈的竞争和复杂多变的社会而深感痛苦。相反饱受挫折的人呢，会因为经历过挫折的磨砺之后，愈加勇敢、坚强。遭遇挫折并不可怕，可怕的是没有面对挫折的勇气。挫折像是我们的老朋友，虽然有时会跟我们开开玩笑，但正是它让我们的心更强壮。

不论什么样的挫折，都不应该阻挡我们继续前进的勇气。维特革斯坦说："勇气是通往天堂之途，懦弱往往叩开地狱之门。"懦弱是人性中勇敢品质的"腐蚀剂"，时时威胁着我们的心灵。只有在生命中注入勇气，才能帮助你斩断前进途中缠绕在腿脚上的蔓草和荆棘。一个永不丧失勇气的人是永远不会被打败的。就像弥尔顿说的：即使土地丧失了，那有什么关系？即使所有的东西都丧失了，但不可被征服的志愿和勇气是永远不会屈服的。勇气这种滋补剂是世界上最好的精神药物。如果你以一种充满希望、充满自信的精神生活，如果你能展现出自己的勇气——任何事情都不能阻挡你向前进。你可能遇到的任何失败，都只是暂时性的，你必定会取得胜利。

编者手记 ·······························

　　人的一生中，谁都不可能一帆风顺，问题是看你怎样去将自己扶起来。假如你曾跌倒过100次，那么，若你在101次中成功了，你就真的赢了。人的一生，就像一趟旅行，沿途有数不尽的坎坷泥泞，但也有看不完的春花秋月。如果我们的一颗心总是被灰暗的风尘所覆盖，干涸了心泉、黯淡了目光、失去了生机、丧失了斗志，人生轨迹岂能美好？当苦难来临时，用微笑面对，那么生活也会以微笑回报我们。

第四章

命运之神只为行动埋单

忠告 18：行动决定结果

　　我一直相信，机会是靠争取得来的。再好的构想都存在缺陷，即使是再普通不过的计划，只要你确实执行并且继续发展，所取得的效果都会比半途而废的好计划要好得多，因为前者会贯彻始终，而后者却前功尽弃。

——洛克菲勒

　　或许很多人都会先决定目的地，并且带好地图，才会出远门。然而，众多人当中，大约只有极少数人清楚自己一生要的是什么，有可行的计划达成目标，并且可以马上行动，坚持到底。这些人几乎都是各行各业中的领导者——没有虚度此生的成功者。令人疑惑的是，这些人和其他庸庸碌碌的人比起来，机会都一样多。那为什么有的人能取得辉煌的成就，有的人却一生碌碌无为呢？

　　洛克菲勒开玩笑似的对孩子们说："聪明人说的话总能让我记得很牢。有位聪明人说得好，'教育涵盖了许多方面，但是他本身不教你任何一面'。这位聪明人向我们展示了一条真理：如果你不采取行动，世界上最实用、最美丽、最可行的哲学也无法行得通。"

洛克菲勒一直都相信，机会是靠争取得来的。他说，再好的构想都存在缺陷，即使是再普通不过的计划，只要你确实执行并且继续发展，所取得的效果都会比半途而废的好计划要好得多，因为前者会贯彻始终，而后者却前功尽弃。

当大女儿伊丽莎白工作中不知道该如何做时，洛克菲勒曾经讲过这样一番道理：人生就像一片玉米地，里面硕果累累，但是玉米地中却生长着各种杂草荆棘，甚至还有大大小小、或明或暗的陷阱。我们每个人都在和自己的对手进行着一场有趣的比赛：看谁最早穿越玉米地到达神秘的对岸，同时，他手中的玉米又最多。在这场有趣的活动中，速度、效益与安全成为关键所在。生活中所有事情都像这样一场比赛，若想摘到更多的玉米，唯有不断地自我超越，而超越自我就是对目前该做的事情精益求精，把自己的能力发挥到极致，争取最大化的行动效益。在这个过程中，精神力量往往如催化剂一般，促进行动力的充分发挥。

洛克菲勒的大女儿伊丽莎白精明干练，洛克菲勒很是欣赏，经常把她和小洛克菲勒叫到身边聊天。有一天洛克菲勒说起这样一个故事：有三个要好的年轻人结伴出行，寻找发财机会，走了很久来到一个偏僻的小镇，他们发现了一种又红又大、味道香甜的苹果。由于地处山区，信息、交通等都不发达，这种优质苹果仅在当地销售，尽管售价非常便宜，也鲜有人问津。第一个年轻人一看，机会来了，立刻倾其所有，购买了10吨最好的苹果，运回家乡，以比原价高几倍的价格出售，这样往返数次，他成了家乡第一个富人。

第二个年轻人用了一半的钱，购买了100颗最好的苹果苗运回家乡，他承包了一片山，把山上全部种上果苗，整整3年时间，他精心看护果树，浇水灌溉，但是期间没有一分钱的收入。

第三个年轻人找到果园的主人，用手指指着果树下面，说："我想买些泥土。"主人一愣，接着摇摇头说："不，泥土不能卖。卖了还怎么长果树呢？"这个年轻人弯腰在地上捧起满满一把泥土，恳求说："我只要几把土，要多少钱都行！"主人看着他，笑了："好吧，这几把土送给你了。"他带着几把泥土和身上的钱返回家乡，把泥土送到农业科技研究所，化验分析出泥土的各种成分、湿度等。然后，他承包了一片荒山，用整整3年的时间，开垦、培育出与那把泥土一样的土壤。然后，他在上面栽种了苹果树苗。

"你们猜结果会怎样？"洛克菲勒笑着问孩子们。小洛克菲勒抢先答道："第一个年轻人的未来太没有保障，总体来说，应该是第三个年轻人的做法最对吧。"伊丽莎白赞同地点点头："应该是这个样子的吧，爸爸？"

故事的结果是，10年过去了，这三位结伴外出寻求发财机会的年轻人命运迥然不同。第一位购买苹果的年轻人现在每年依然还要购买苹果，运回来销售，但是因为当地信息和交通已经很发达，竞争者太多，所以赚的钱越来越少，运气不好的时候还会亏钱。第二位购买树苗的年轻人早已拥有自己的果园，但是因为土壤的不同，长出来的苹果有些逊色，但是仍然可以赚到相当的利润。第三位购买泥土的年轻人，他种植的苹果果大味美，和山区的苹果相比不相上下，加上自己的果园地理位置优越，交通便利，每年秋天引来无数购买者，总能卖到最好的价格。

洛克菲勒总结道："从这三个年轻人的经历里，我们可以看到，三个人面临着同样的机遇，同样采取了行动，不过行动的差异导致了结果的不同。"

做多做少并不是衡量成功与否的标尺，行动的效率才是最有意义的标准。每个行动的力量，不是强大就是软弱；而当每个行动都变得强大有力时，你就能让自己变得富有。所以，在行动之前，请先仔细地思考，因为精神的力量和行动效率成正比。在做每一件事情的时候，无论这件事多么微不足道、多么平淡无奇，都必须以认真严谨的态度对待，每天都要把当天的事情做完，而且以高效率的方式做完。

洛克菲勒曾经一针见血地指出：看看那些庸庸碌碌的普通人，你就会发现，他们都在被动地活着，他们说的远比做的多，甚至只说不做。但他们几乎个个都是找借口的行家，他们会找各种借口来拖延，直到最后他们证明这件事不应该、没有能力去做或已经来不及了为止。

编者手记

行动不一定会有好的结果，但不行动一定不会有好结果。无论你如何思考，无论你思考了什么，也不论你思考的水平有多高，都不可能通过思考获得结果。执行能力，它永远只能从行动中获得，执行最基本、最本质的东西，就是这么简单：想要结果，首先要行动。没有行动，一切都只能是零。

忠告 19：计划不能代替行动

成功没有秘诀，要在人生中取得正面结果，有过人的聪明智慧和一技之长自然好，没有也无须沮丧，只要肯积极行动，你就会越来越接近成功。

——洛克菲勒

不做计划的人常常消极地应付工作，这种人在工作中常常处于被动的地位；做计划的则是有意识地支配工作，处于主动的地位并提高工作效率。事前做好计划固然重要，但并不是说只有计划做得滴水不漏就万事大吉了。要知道，计划永远不代替行动。

拿破仑说过："想得好是聪明，计划得好更聪明，做得好是最聪明。"苏联的著名军事家克雷洛夫说："现实是此岸，理想是彼岸，中间隔着湍急的河流，行动则是架在川上的桥梁。"我们应该知道，任何成就的取得，取决采取了多少行动，而不是取决制订了多少计划，以及你的计划是否足够完美。

有思想的人无疑是有魅力的人。人的思想具有磁力，它能够通过宇宙间神奇的引力发现深藏在山谷中的宝藏。但是，我们不要指望它在发现金矿之后，还能自行进行开采、提炼，甚至铸造出金币，而后还自动地滚落进我们的口袋。这无异于痴人说梦了。

洛克菲勒的很多朋友总爱吹捧他是个主动做事、自动自发的行动者。而洛克菲勒本人很乐意这样的吹捧，他说："因为我没有辜负它。积极行动是我身上的另一个标识，我从不喜欢纸上谈兵。因为我知道，没有行动就没有结果，世界上没有哪一件东西不是由一个个想法付诸实施所得来的。"

行动是将思想化为现实的捷径，一张地图，无论内容多么翔实，比例多么精确，也永远不可能带着观看者周游世界；严明的法规条文，无论多么神圣，永远不可能防止罪恶的滋生；凝结智慧的宝典，永远不可能缔造财富。只有行动才能使地图、法规、宝典、梦想、计划、目标具有现实意义。

如果你认为自己的主意很好，就去试一试！唯有试一试，才能够将宇宙间的能量转化为财富。洛克菲勒在一次聚会上听到一个朋友讲了一件真实发生在自己身上的事情，洛克菲勒觉得很有教育意义，回到家后就把故事讲给了自己的孩子们。

安妮是一个可爱的小姑娘，可是她有一个坏习惯，那就是她每做一件事时，都把大部分时间放在思考上，而不是马上行动。吉姆和安妮住在同一个村子里，他有一家水果店，里面出售像本地产的草莓这类水果。

一天，吉姆对贫穷的安妮说："你想挣点钱吗？""当然想，"她回答，"我一直想要一条新裙子，可家里买不起。""好的，安妮。"吉姆说，"格林家的牧场里有很多长势很好的黑草莓，他们允许所有人去摘。你去摘了以后把它们都卖给我，一夸脱我给你13美分。"

安妮听说可以挣钱，非常高兴。于是她迅速跑回家，拿上一个篮子，准备马上就去摘草莓。这时，她不由自主地想到，能先算一下采 5 夸脱草莓可以挣多少钱比较好。于是她拿出一支笔和一块小木板，计算结果是 65 美分。"要是能采 12 夸脱呢？"她计算着，"那我又能赚多少呢？""上帝呀！"她得出答案，"我能得到 1 美元 56 美分呢。"

安妮接着算下去，要是她采了 50、100、200 夸脱，吉姆先生会给她多少钱。她将不少时间花费在这些计算上，一下子已经到了中午吃饭的时间，她只得下午再去采草莓了。

安妮吃过午饭后，急急忙忙地拿起篮子向牧场赶去。而许多附近的孩子在午饭前就到了那儿，他们快把好的草莓都摘光了，可怜的小安妮最终只采到了一夸脱草莓。

给孩子们讲完故事，洛克菲勒严肃地说："很多人都承认，没有智慧作为基础的知识是没用的，但更令人沮丧的是即使空有知识和智慧，如果没有行动，一切仍属空谈。"的确，一个实干者胜过一百个空想家。有些人总是觉得自己能力过人，但是他的能力从未被估量过，我们也不能凭任何先例而判定他能做什么，因为他曾尝试过的是那么少。

"孩子们，你们要知道行动与充分准备其实可视为物体的两面。人生必须适可而止。做太多的准备却迟迟不去行动，最后只会徒然浪费时间。换句话说，事事必须有节制，我们不能落入不断演练、计划的圈套，而必须承认现实：不论计划有多周详，我们仍然不可能准确预测最后的解决方案。"洛克菲勒家族的孩子们乖乖地听着父亲的教导，"我当然不否认计划非常重要，计划是获得有利结果的第一步，但计划并非行动，也无法代替行动。就如同打高尔夫球一样，如果没有打过第一洞，便无法到达第二洞。行动解决一切。没有行动，什么都不会发生。我们无论如何也买不到万无一失的保险，但我们可以做到的是下定决心去实行我们的计划。"

在后来给小洛克菲勒的信中，洛克菲勒再次强调："人们用来判断你的能力的真正基础，不是你脑子里装了多少东西，而是你的行动。""人们都信任脚踏实地的人，他们都会想：这个人敢说敢做，一定知道怎么做最好。我还没听过有人因为没有打扰别人、没有采取行动或要等别人下令才做事而受到赞扬的。那些在工商界、政府、军队中的领袖，都是很能干又肯干的人、百分之百主动的人。那些站在场外袖手旁观的人永远当不成领导人物。"

洛克菲勒无疑是一个善于计划、敢于行动的人，他想要自己当老板，于是辞掉了年薪丰厚的工作，马上和克拉克合作开办自己的公司，后来果断地进入石油业，果断地和克拉克散伙……很强的行动力推动了洛克菲勒事业的发展。

创业者都是行动家，因为行动能说明一切，行动能证明一切。很多人也有创业的冲动，却不能付诸行动，他们认为要把一切都算计好了，保证万无一失才能行动。的确，做任何事都会有风险，然而不做更有风险，等待还有机会风险。保证万无一失其实是给懒惰找借口。还有很多人，认为创业需要等条件成熟了再去做，可是什么时候候算是条件成熟呢？等有足够的资本，还是有足够的经验？要知道，机遇不会等你条件成熟了才来。

有些人总是幻想能发大财，天天梦想出人头地，可就是不愿踏踏实实地学，踏踏实实地干，结果只能是竹篮子打水一场空。古希腊哲学家德谟克利特说："只靠一张嘴来谈理想而丝毫不实干的人，是虚伪和假仁假义的。"唯有做到思想与行动二者合一，才有可能让梦境实现。

忠告20：行动不能由运气来决定

是的，每个人在决定一件大事时，心里都会或多或少有些担心、恐惧，都会面对到底要不要做的困扰。但"行动派"会用决心燃起心灵的火花，想出各种办法来完成他们的心愿，更有勇气克服种种困难。

——洛克菲勒

洛克菲勒总结到：缺乏行动的人，都有一个坏习惯，那就是喜欢维持现状，拒绝改变。他认为这是一种深具欺骗和自我毁灭效果的坏习惯，我们赖以生存的这个社会一直处在不断变化之中，正如月亮有阴晴圆缺，人生有跌宕起伏，世界上没有一成不变的东西。但是人们往往犯这样一个错误：当周围的一切都在改变时，自己因为内心的恐惧而拒绝改变。这些拒绝改变的人或许并不是因为对现状感到满足，而是因为他们害怕改变，不敢冒险行动，改变现状。他们担心一旦做出改变，或许连现在拥有的都会失去。洛克菲勒觉得这样的人即使处在一事无成的悲惨处境，也是不值得人们去同情的。

行动不能等待、抱怨运气。要迎着晨光实干，而不要对着晚霞抱怨。你的行动能够给每一天增添亮色，而你的抱怨则会遮蔽晚霞原有的灿烂。遇到困难的时候，行动远比抱怨有用得多。

洛克菲勒的标准石油公司曾经有两名职员，工作一段时间后，她们的名字都出现在裁员名单上时，两个人的不同行为成就了两种命运。

露西和密娜达都是标准石油公司内勤部办公室的职员，有一天她们被通知一个月之后必须离岗，这对两个年轻姑娘来说，都是一个沉重的打击。第二天上班时，露西的情绪依旧很消沉，但是委屈却让她难以平静下来。她不敢去和上司理论，只能不住地向同事抱怨："为什么要把我裁掉呢？我一直在尽最大的努力工作。这对我来说太不公平了！"同事们都很同情她，不住地安慰她。当第三天、第四天，露西依然不停地抱怨时，同事们开始感到厌烦了，却不得不装作认真倾听的样子。而露西只顾着发牢骚，以至于连她的分内工作也耽误了。而密娜达在裁员名单公布后，虽然哭了一晚上，但第二天一上班，她就和以往一样开始了一天的工作。当关系比较好的同事悄悄安慰她时，她除了表达感谢，还在诚恳地自我反省："一定是我某些地方做得还不够，所以，这最后的一个月里，我一定要更加努力地工作，这是一个很好地让自己反思的机会。"所以，在离职之前的一个月中，她仍然每天非常勤快地打字复印，随叫随到，坚守在她的岗位上。一个月后，露西如期下岗，而密娜达却被从裁员名单中删除，留了下来。内勤部的主任当众传达了洛克菲勒的话："密娜达的岗位，谁也无可替代，密娜达这样的员工，公司永远不会嫌多！"

有所作为是生活中的最高境界。而抱怨则是无所作为，是逃避责任，是放弃义务，是自甘沉沦。不管我们遇到了什么境况，喋喋不休地抱怨注定于事无补，甚至还会把事情弄得更糟。所以，不妨用实际的行动来打破正在桎梏你的藩篱，用行动为你的抱怨画上一个完美的休止符。

洛克菲勒的大女儿伊丽莎白在巴黎新产品博览会上，踌躇满志地要夺得产品专卖权，但因她的决定晚了1小时而痛失良机。

伊丽莎白把原因归结为：事发突然，自己运气不好。欧洲的这个公司如此匆忙地指定美国代理店，并没有事先告诉她。她原本以为可以在时间上充分考虑之后再做出必要的决定。洛克菲勒听说公司在欧洲新产品专卖权的竞争中落后了，感到很遗憾，他尤其感到遗憾的是伊丽莎白失利的具体情况。可以打个形象的比喻，他们是在跑道内侧的有利线路上跑，占最先进入决胜点的优势，但由于伊丽莎白的重要决定晚下了一步，就在最后冲刺的关键时刻使胜利落空了。

尽管对失去的这笔生意很痛心，洛克菲勒还是在电话里安慰女儿说："亲爱的女儿，不要着急，不管怎样，你已经尽力了。不过我只是想对你说，从事商业的人常见的重大缺点之一就是缺乏迅速、果断的判断力。如果放任缓慢的意志和决定，其时间的浪费和低效率会给公司带来极大的损失。"

听了父亲的话，电话另外一段的伊丽莎白因为觉得愧对父亲而沮丧。洛克菲勒继续劝慰女儿说："是的，每个人在决定一件大事时，心里都会或多或少有些担心、恐惧，都会面对到底要不要做的困扰。但'行动派'会用决心燃起心灵的火花，想出各种办法来完成他们的心愿，更有勇气克服种种困难。"

很多缺乏行动的人大都很天真，喜欢坐等事情自然发生。他们天真地以为，别人会关心他们的事。事实上，除了自己以外，别人对他们不大感兴趣，人们只对自己的事情感兴趣。例如一桩生意，我们获利比重越高，就要越主动采取行动，因为成败与别人的关系不大，他们不会在乎的。这时候，我们最好把它推一把，如果我们怠惰、退缩，坐等别人采取主动来推动事情的话，结果必定会令人失望。

行动才能发现机遇，才能发现自己的构想与实践的距离，没有行动就无法检验你的想法，就无法寻找到发展的契机。我们处在多变的时代，机遇更应该在变动中追求，所谓以变制变就是这个道理。洛克菲勒是典型的行动派，他知道行动会带自己发现神秘，找到解决问题的办法；他们也是坚定的叛逆者，他们毫不犹豫地选择过另一种生活，并努力用行动去证明。

直到如今，很多人仍然只是羡慕洛克菲勒的好运，却很少注意到他善于抓住机会并迅速行动的能力。很多事，做与不做，存在着质的差别，仅仅有想法，那就绝不是一个真正的成功者。

编者手记 ·····

的确，命运之权操之在己。不论什么时候，都不要忘了，自己才是最可靠的，遇事要相信自己有能力解决并且尝试着去解决。等待运气降临是愚蠢的，运气需要创造，创造运气是一种技能，是我们对待自己所掌控的生活的一种态度。我们只需在自己的行为中做出一点特定的改变，你就能吸引更多的好运气。生活中有些事情不是我们能掌控的，但是也有很多事情在我们掌握之中。所以我们要转化这些可以控制的事情，使它们变成我们的优势，这样我们才能成为积极的生活者，做生活的主人。

忠告 21：拖延只会让困难变得更加巨大

世界上没有哪一件东西不是由一个个想法付诸实施所得来的。人只要活着，就必须考虑行动。

——洛克菲勒

很多人骨子里都有个坏毛病，喜欢搁着今天的事不做，而想留待明天再做，而在拖延中所耗去的时间、精力，实际上已经足够将那件事做好。对一位成功者而言，拖延也许是最具破坏性，也是最危险的恶习，它使你丧失了主动的进取心。一旦开始遇事拖拉，你就很容易再次拖延，直到它们变成一种根深蒂固的恶习。拖延会让生命大打折扣，而且它还具有积累性。想要克服这个坏习惯，必须随时准备行动，因为只有你的行为，才能决定你的价值。

19 世纪 70 年代，在石油业混乱的日子里，标准石油公司是在经济战线的前沿运作，那是一个新的、无人开垦的领域。当时美国社会的那些小报记者们将石油行业的早年岁月理想化了，描绘成某种形式的企业伊甸园。事实上，当时的情形极其残酷。价格波动剧烈，生产情况非常不稳定，石油供应时而充裕，时而荒缺。炼油厂和生产商们有的能一夜暴富，当然更多的是一夜之间就破产关张。洛克菲勒可不是个浪漫主义者，他认为当时的局面投机性太强，目光太浅显，浪费太严重，他认为行业衰退的罪魁祸首是炼油业的过度发展，进而导致毁灭性的竞争。要想让这个行业重新变得有利可图并实现持续发展，就必须给它制定一套规则。规则制定者无法从经济学教科书里找到现场答案，只能依靠自己找出解决之道。洛克菲勒开始构想一个庞大的卡特尔，希望以此削减过剩的行业产能、稳定石油产品价格和优化石油业结构。因此他着手要用残酷的方式予以纠正。想到这里，他就马上采取了行动，收购兼并对手的炼油厂，统一石油市场，开始"变竞争为合作"的计划。

当时社会对洛克菲勒一片声讨之声，很多人宣称标准石油公司骗取寡妇鳏夫遗产、爆炸竞争对手的炼油厂、不择手段地毁灭竞争对手。然而事情的另一个真相是，洛克菲勒的公司在交易当中，比其他的很多竞争对手都更受人敬重。在合并诉讼过程中，标准石油公司向与其竞争的炼油厂提供的报价，相对较高。然而这也给洛克菲勒带来了隐患，因为标准石油公司的收购价格高，竞争对手常常为了赚取这部分收购价而重新入市开张。洛克菲勒为竞争对手的这种持续的"讹诈"行为叫苦不迭，但是洛克菲勒并没有因为这些困难而拖延实施自己的计划，相反，他加紧步伐，在不懈的努力下，他终于控制了石油市场，使市场有序地发展。

生活中因为拖延而错失了行动的最佳时机的实例比比皆是。人们总是因为拖延而失去更多的机遇。可是明知道这个道理，却仍然犯有同样的错误，就是因为这些人的心理惰性，是因为他们还不明白这样一个道理：心情愉快或热情高涨时，很多事情变可以轻松完成。当机立断常常可以避免做事情的乏味和无趣。拖延则通常意味着逃避，其结果往往就是不了了之。做事情就像春天播种一样，如果没有在适当的季节行动，以后就不可能有所收获。无论夏天有多长，也无法将春天被耽搁的事情加以完成。某颗星的运转即使仅仅晚了一秒，也会使整个宇宙陷入混乱，后果不可想象。

生命很快就过去了，一个时机从不会出现两次，必须当机立断，不然就会永远失去。理想和现实并不遥远。如果下定决心立刻去做，就能抓住机会让希望实现。拖延不仅无助于问题的解决，而且还会让问题变得越来越糟。那些遇事拖延的人只会让自己处处陷入被动，即便是机会到了面前，他们也抓不住。

关于机会，洛克菲勒曾经说："从一开始，我就设法预测会出现什么机会，当它出现的时候，我会像狮子一样扑向它。"

而现实是，理想的机会很少自动上门，但常常有很多还算好的机会，尽管它不尽理想，尚有不足之处，但这绝对远胜过完全没有机会。如果犹豫不决，只能使机会稍纵即逝。犹豫不决的人，在机遇面前，没有果断力，没有信心，他们的一生也就注定要平庸。成功者之所以能成功就在于他们能迅速地做出决定，并且不会经常变更；而失败的人做决定时往往很慢，且经常变更决定的内容。

每个人都有失去自信、怀疑自己能力的时候，尤其是在逆境中的时候。但真正懂得行动艺术的人，却可以用坚强的毅力克服它，会告诉自己每个人都有失败的时候，有失败得很惨的时候，会告诉自己不论事前做了多少准备、思考多久，真正着手做的时候，都难免会犯错误。然而被动的人，并不把失败视为学习和成长的机会，却总在告诫自己：或许我真的不行了，以致失去了积极参与未来的行动。遇事要果断地采取行动，一切的失败，都可以从拖延、犹豫不决和恐惧中找到一些答案。

犹豫不决，只能使我们的行动受到无限期的拖延，最终使我们什么都做不了，根本谈不上成功，结果是只能望洋兴叹。

机遇的产生和利用，都与主、客观条件有关，而主观条件则更为重要。一个能当机立断的人，一个有主见、善决断的人，在面对重大事件时，他绝不会方寸大乱，落伍于时代，绝不会为任何事物所阻碍。他们具有高超的判断力和坚强的决心，他们生来就是要做高尚事业的，他们明察善断，能轻易获得成功。他们总是言出必行，事情做完还有余裕。他们对自己的运气很有把握，所以能以更大的信心去创造辉煌。

生活中，如果你发现了已经来临的机会，那么千万不要犹豫，应该果断地采取行动，努力抓住眼前的机会，那么收获就会伴随而来。

任何莫名的踌躇、犹豫和毫无主见、优柔寡断，都将使我们的才干和智慧受到莫大的损失。而那些意志坚决的人，在任何困难挫折面前，都不会改变他的立场和决定，他们会为了自己的目标果断地采取行动，不犹豫，不拖延。千万不要让拖延变成自己懒惰的习惯，拖延的行为一旦养成习惯，就会对我们的成功之路有诸多阻碍。对有追求的人来说，拖延是一种罪过，令一个人变得平庸的不是客观环境，而是主观行为，要想有所成就，从今天起改掉自己拖延的习惯吧。

忠告22：实践一个想法，远比一千个空想更有意义

在我们这个世界上从来不缺少有想法、有主意的人，但懂得成功地将一个好主意付诸实现比在家空想出一千个好主意要有价值得多的人却很少。

——洛克菲勒

洛克菲勒不赞成把一个计划做得非常完美、滴水不漏后才采取行动，他不相信世界上存在完美，他说："我们追求完美，但是人类的事情没有一件绝对完美，只有接近完美。等到所有条件都完美以后才去做，只能永远等下去，并将机会拱手让给他人。"

那些要等到所有事情都已经准备妥当才出发的人，将永远也离不开家。要想变成"我现在就去做"的那种人，就是停止一切白日梦，时时想到现在，从现在就开始做。诸如"明天""下礼拜""将来"之类的句子，跟"永远不可能做到"意义相同。洛克菲勒曾经对诸事追求完美的女儿说："很多人都是自己使自己变成一个被动者的，他们想等到所有的条件都十全十美，也就是时机对了以后才行动。人生随时都是机会，但是几乎没有十全十美的。那些被动的人平庸一辈子，恰恰是因为他们一定要等到每一件事情都百分之百的有利、万无一失以后才去做。这是傻瓜的做

法。我们必须向生命妥协，相信手上的正是目前需要的机会，才会将自己挡在陷入行动前永远痴痴等待的泥沼之外。"

生活中，每个人都有灵光一现的时候，有的人把握住了，通过快速而果断的行动，最终获得了成功；而有的人虽然有好的想法，却始终毫无所得。只有真正实践了的想法才是有价值的，没有实践仅有意图是不可能有所成就的。

洛克菲勒从很小的时候就很注重参加社会实践，在他读中学的时候经常利用假期参加社会实践活动。几乎每年暑假期间洛克菲勒都在当地的码头运输公司实习，这对于他后来的成长，事业的壮大，那是十分宝贵的经验。

有一年夏天，工厂里只剩下最脏、最累的活，这些活没有人愿意干，洛克菲勒咬牙坚持了下来，这个工作需要每天工作 8 小时，一周工作 6 天。这对于年纪尚轻的洛克菲勒来说，显然不是一件容易的事情。

这次的工作，让洛克菲勒受益颇多，他透彻地理解了两件事情：第一，有的人终其一生都必须从事这种又苦又累且报酬又低的工作；第二，这些人将一生中的宝贵时间都耗费在条件艰苦的环境之下。这使洛克菲勒深受触动，他下定决心：誓不与这种人为伍。在他今后的一生中，他都带着这样的决心一步步地努力奋斗。

没有行动，就永远没有发言权，更不会有体会。任何成就都源于行动，还是那句话：行动不一定会成功，但是不采取行动就绝对不会成功。只想不做，只能眼睁睁地看着机会从面前溜走。

很多人都相信心想事成，但洛克菲勒却将其视为谎言。他幽默地说："好主意一毛钱能买一打。""最初的想法只是一连串行动的起步，接下来需要第二阶段的准备、计划和第三阶段的行动。在我们这个世界上从来不缺少有想法有主意的人，但懂得成功地将一个好主意付诸实现比在家空想出一千个好主意要有价值得多的人却很少。"为了论证他的观点，洛克菲勒说起这样一件事情：

一个秋日的早晨，一个年轻人登门拜访一位著名的老诗人。他自称是一个诗歌爱好者，自己从很小的时候就开始进行诗歌创作，但由于自己身处穷乡僻壤，一直得不到名师的指点。因仰慕老诗人的大名，于是千里迢迢来拜会名家。

　　这个年轻的小伙子虽然出身贫寒，但谈吐优雅、气度不凡，两人相谈甚欢。临走时，青年诗人留下了薄薄的几页诗稿。

　　看了诗稿，老人对他的才华大为赞赏，认为他是个可塑之才，于是决定帮助这个年轻人实现自己的梦想。于是，他们开始了频繁的书信来往。老人常常向别人推荐年轻人寄来的诗稿，这个年轻人渐渐有了些名气。

　　后来，这位年轻诗人再也没有给老人寄诗稿来，信却越写越长，奇思异想层出不穷。老人开始感到不安，在这位年轻人身上，他发现了一种危险的倾向。

　　不久，老人去信邀请这位青年诗人前来参加一个文学聚会。在聚会上，老人问："后来为什么不给我寄稿子了？"

　　"我在写一部长篇史诗。"

　　"你的抒情诗写得很出色，为什么要中断呢？"

　　"要成为一个大诗人就必须写长篇史诗，小打小闹是毫无意义的。"

　　"你认为你以前的那些作品都是小打小闹吗？"

　　"是的，我是个大诗人，我必须写大作品。"

　　"也许你是对的。你是个很有才华的人，我希望能尽早读到你的大作品。"

　　"谢谢，我已经完成了一部，很快就会公之于世。"

　　在聚会上，这位年轻诗人大出风头。他逢人便谈他的伟大作品，看上去才华横溢、锐气逼人。虽然谁也没有读过他的大作品，但几乎每个人都认为他必成大器。

　　年轻人继续给老人写信，但渐渐地再也不提起他的大作品。信越写越短，语气也越来越沮丧，直到有一天，他终于在信中承认，长时间以来他什么都没写，以前所谓的大作品根本就是子虚乌有之事，完全是他的空想。

他在信中写道："很久以来我就渴望成为一个大作家，周围所有的人都认为我是个有才华、有前途的人，我自己也这么认为。我曾经写过一些诗，并有幸获得了阁下您的赞赏，我深感荣幸。使我深感苦恼的是，自此以后，我再也写不出任何东西了。我脑子里有很多想法，但是我却没办法把它们写出来。在想象中，我感觉自己和历史上的大诗人是齐驱并驾的——包括尊贵的阁下您，我甚至觉得自己已经登上了诗歌界的王位。"在信件的末尾，年轻人写了这样一句话："尊贵的阁下，请您原谅我这个狂妄无知的乡下小子……"从此后，老人再也没有收到这位青年诗人的来信。

很多时候，我们就像故事中的年轻诗人一样，缺少的不是想法，而是缺少冒险的勇气和实现目标的动力。虽然年轻诗人心中有无数灵感，但是他陶醉于那虚幻的名声，不肯拿起笔来将那些美丽的诗句写在纸上。

回首自己成功的创业之路，洛克菲勒不无感触地说："人生中最令人感到挫折的，莫过于想做的事太多，结果不但没有足够的时间去做，反而想到每件事的步骤繁多，而被做不到的情绪所震慑，以致一事无成。我们必须承认，时间有限，任何人都无法做完所有的事情。"

"不要迟疑，不要等待，用积极的心态去行动，你就能达到理想的境地。"心动，不能离开去行动。所以，如果说心动像一块火石，那么行动就是一片铜板，只有两者碰撞，才能迸发出成功的火花。只有心动而没有行动，只不过是白日做梦，绝不会有所收获。就像洛克菲勒告诫儿子所说的："人生就是一场伟大的战役，为了胜利，你需要行动，再行动，永远行动！这样，你的安全就能得到保障。"

　　每个人都有各种各样的梦想，而且每一个梦想听起来都十分美妙，如果仅仅热衷于口头的高谈阔论，那么梦想将永远不会实现。有了梦想就要立刻采取行动，抓紧生命里的每一分钟，不让光阴耗费在蹉跎中，踏踏实实地去把想法变成行动，才更有可能取得成功。心动不如行动，心动更要行动！光有梦想是不够的，必须付诸行动，否则到头来也只是竹篮打水一场空。早一刻行动，就可能早一刻成功！

　　梦想是成功的起跑线，决心则是起跑时的枪声。行动犹如跑步者全力的奔驰，唯有坚持到最后一秒的人，方能获得成功的锦标。如果此刻你已经拥有了梦想，还是少说几句，把精力用在行动上，这样你就会早日成功。而缺乏决心与实际行动，梦想会逐渐萎缩，种种消极与不可能的思想衍生，甚至于就此不敢再存任何梦想，过着随遇而安、乐于知命的平庸生活。这也是为何成功者总是占少数的原因。

————— 第五章 —————

成功和失败都源于习惯

忠告 23：习惯的力量足以影响成败

　　我能拥有巨额财富，原因不在于智商。有些聪明人也会做一些阻碍自己发挥全部功效的事情，原因就在于习惯、性格和心态。
　　　　　　　　　　　　　　　　　　　　——洛克菲勒

　　习惯的力量是强大的，它对我们的人生之路有很大的影响，它是人生无价的财富和资本。事实上，已经失败的人和已经成功的人之间，唯一不同之处在于他们有不同的习惯。良好的习惯，是一切成功的钥匙。坏的习惯，是通向失败的路。因此，要遵守的第一个法则就是：要养成良好的习惯，全心全力去实行。

　　习惯真是一种顽强而巨大的力量，它甚至可以主宰人生。延续一些不好的旧习惯，会让人成为生活的奴隶。往往正是我们不知不觉中养成的坏习惯，成为我们获得幸福与事业成功的大敌。为了获得幸福和事业成功，我们应该坚决摒弃那些坏习惯，致力于好习惯的培养和完善。

　　洛克菲勒是一个有着良好生活习惯的人，他说："那些桌上总是堆满文件的人会发现，把桌上的杂物清理干净，只保留与目前工作有关的物品会更有利于开展工作，也不易出错，它还更会成为迈向高效率工作的关键。"

"天堂的第一法则是秩序。"在商界和生活中秩序也同样应是第一法则。但实情却并非如此，只要我们稍加留心就会发现，在很多人的办公桌上老是堆满了乱七八糟的文件和资料，可对其中的有些文件一连几周可能都不会瞧上一眼。洛克菲勒的一位朋友曾经炫耀似的告诉他，他的秘书有一天为他清理办公桌的时候，竟意外地找到了一年前失踪的那台打字机。洛克菲勒对这位朋友的邋遢习惯很反感。"习惯的链条在重到断裂之前，它轻得难以觉察。"洛克菲勒认为，如果办公桌上乱七八糟地堆满了各种信件、报告和备忘录，这会严重影响一个人的情绪和工作质量。

一个时常担忧很多事待办却没时间处理的人，不仅会觉得紧张和疲倦，还容易患上高血压、心脏病和胃溃疡之类的疾病。但是，如果能坚持做到像清理桌面、只关注目前要处理的工作等这样简单的方法，就能避免这一切的发生。

洛克菲勒的小女儿伊迪斯有段时间总是处于紧张、焦虑的情绪中，看起来烦躁不安。洛克菲勒给她预约了心理医生。当伊迪斯向医师诉说病情的时候，医院打来了电话。这位医师丝毫没有拖延，马上做出了处理。挂上电话不久，电话铃又响了，又是一件急事，颇费了医师一番口舌来解释。接着，又有位同事进来询问有关一位重病患者的事情。等处理完后，这位医生向伊迪斯表示歉意时，伊迪斯却精神愉快，脸上洋溢着一种十分理解似的轻松表情，她说："不用道歉，医师，在这十分钟里，我终于清楚自己哪里出毛病了。我得回去改变一下工作习惯……但是，在我临走之前，能不能让我参观一下你的办公桌？"

医生感到有些奇怪，还是拉开自己桌子的抽屉，伊迪斯看到里面除了一些办公用具外，没有任何东西。"请您告诉我，你要处理的东西都放在什么地方？"伊迪斯问。"全部处理了。"医生回答。"那么，有待回复的信件呢？""都回复过了。"医生告诉他，"不积压信件是我的习惯。我一收到信，便交代秘书及时处理。"过了一段时间之后，伊迪斯邀请这位医师到她的办公室参观。令医生吃惊的是，她的情况大大有改观。"在我去找您治疗之前我有三张办公桌，"伊迪斯说道，"有待处理的东西到处都堆满了。跟你谈过之后，我一回来就清理了所有的报告和旧文件。现在，我只留下一张办公桌，文件一来便及时处理，不会再有堆积如山的待办事件让我感到紧张烦忧了。最奇怪的是，我的紧张、焦虑和郁闷已不治自愈了，我不再觉得身体有什么不舒服啦！"

你可曾留意过成功者与平庸者的不同？两者的迥异之处往往在于各自的生活和工作习惯。很大程度上，正是不同的习惯造就了不同的人生。你的种种习惯，或使你止步不前，或使你激流勇进。

马上处理手头的事情并不难，难的是养成一种不拖延、不敷衍的习惯。日常工作和生活中，如果你养成了尽职尽责、今日事今日毕的好习惯，那就无异于为将来的成功埋下了一粒饱满的种子，一旦机会出现，这颗种子就会在我们的人生土壤中破土而出、苗壮成长，最终成长为一棵参天大树。但是如果你养成了轻视工作、马马虎虎的习惯，以及对手头工作敷衍了事、糊弄的态度，终其一生你都会活得不尽如人意，离你想要的成功总有着无法逾越的距离。

洛克菲勒说："我能拥有巨额财富，原因不在于智商。有些聪明人也会做一些阻碍自己发挥全部功效的事情，原因就在于习惯、性格和心态。"很多成功人士都非常看重习惯的作用和影响。习惯真的很重要，好的习惯使人立于不败之地，坏的习惯却足以毁掉人的一生。

每个人都应该培养立即行动的习惯，这就要求我们遇事积极主动，与散漫的恶习做斗争。培养行动的习惯，不需要特殊的聪明智慧或专门的技巧，只需要努力耕耘，让好习惯在生活中开花结果即可。

有句话叫"习惯成自然"，当一个人将陋习也当成自然时，他必将走向失败。有些人习惯衣衫不整、头发凌乱地出入公众场合，或是打扮怪异，夺人眼球，丝毫不在乎周围那些惊讶的眼光；有些人习惯迟到、消极怠工，在所有人心中，他早已成了自由散漫、吊儿郎当，没有工作责任心的代名词；有些人习惯诸多借口，无论别人提出的批评多么富有建设性，他都会搬出一大堆理由辩驳，推卸责任，他给人的印象就是胸襟狭窄、刚愎自用……若一个人习惯于依赖别人，从来不敢提出自己的见解，人云亦云，拾人牙慧，又有谁能够放心地对他委以重任，安排他独当一面？于是，当有些人将陋习视为自然的时候，他将会品尝到自酿的苦果。

忠告24：习惯起作用时，理性往往会大打折扣

习惯有如绳索，我们每天纺织一根绳索，最后它粗大得无法折断。习惯的绳索不是带领我们到高峰就是引领我们到低谷，这得看好习惯或坏习惯了。坏习惯能摆布我们、左右成败，它很容易养成，但却很难伺候。好习惯很难养成，但很容易维持下去。

——洛克菲勒

人往往服从于习惯，而不管是否合理与正确。人是一种习惯性的动物。无论我们是否愿意，习惯总是无孔不入，渗透在我们生活的方方面面。现在有人提出这样一种说法："像经济学家那样思考。"经研究发现，经济学家与一般人的思考不同，对同一问题、同一事件，经济学家得出的结论与一般人得出的结论往往偏差很大，甚至完全相反。像经济学家那样思考，意味着更多的理性和智慧。

洛克菲勒告诉儿子，习惯一旦养成，不管这个习惯是好还是坏，都会时刻影响着我们。这些习惯还会让我们不能理性地思考。

习惯对人们有着巨大的影响，因为它是一贯的，在不知不觉中，经年累月地影响着人的行为，影响着工作的效率，左右着最终的成败。行为心理学的研究结果表明，一个人一天的行为中大约只有 5% 是属于非习惯性的，而剩下的 95% 的行为都是习惯性的。当习惯起作用时，人的理性就会大打折扣。一般来说，3 周以上的重复会形成习惯，3 个月以上的重复会形成稳定的习惯，即同一个动作重复 3 周就会变成习惯性动作，重复 3 个月以上就会形成稳定的习惯。所以，习惯完全能够决定一个人的成功与否。习惯已经潜移默化地影响了我们生活中的每件事。有这样一项研究成果提示我们：习惯的力量是惊人的，在习惯面前，理想往往不堪一击。"命好不如习惯好"，习惯悄悄改变一个人的命运，也悄悄地改变一个企业、一个民族、一个国家的命运。

好习惯的养成有益于人的一生，而坏习惯的养成会使成功寸步难行。洛克菲勒告诉他的孩子们一定要戒除坏习惯。那么哪些是坏习惯呢？洛克菲勒列举了工作和生活中常见的一些坏习惯，希望自己的孩子们能引以为戒，克服坏习惯，养成好习惯。这些常见的坏习惯有：

（1）总爱迟到，做事拖沓，效率低下；

（2）爱抱怨，爱找借口，不敢承担责任；

（3）没有主见，不能独当一面；

（4）言而无信，不守承诺；

（5）铺张浪费，奢华无度，不守时。

这是洛克菲勒极为厌恶的习惯，如果改正了这些坏习惯，再加强好习惯的养成，他认为，这样的人最终肯定会取得属于自己的成功。因为习惯成自然，习惯最稳定、最持久，"随风潜入夜，润物细无声"，其力量是难以估量的，最终起到"滴水穿石"的效果。

只要形成习惯，它就会对人有很强的约束力，习惯通过一再地重复，由细线变成粗线，再变成绳索；再经过强化重复的动作，绳索又变成链子；最后，定型成了不可迁移的个性。

人类时时刻刻都在无意识中培养习惯，这是人的天性。仔细想一想，我们平时正在培养哪种习惯？因为我们都受习惯潜移默化的影响，都要臣服于习惯之下，最终，习惯可能为我们效力，也可能变成懒散的习惯、看连续剧的习惯、喝酒的习惯以及其他各种各样的习惯，而这些习惯有时要束缚、控制我们大量的时间，扯住我们的后腿，使我们一事无成。

一些无聊的习惯占用的时间越多，留给我们自己可利用的时间就越少。所谓"江山易改，本性难移"，这些习惯了的习惯就像我们身上的病毒，慢慢吞噬着我们的精力与生命。洛克菲勒的大女儿伊丽莎白刚开始参加工作的时候，经常向父亲抱怨："实在是太忙了""哪里有时间""我快被逼疯了"，就是这些习惯造成的恶果。洛克菲勒知道女儿已经被习惯束缚，成为习惯的奴隶。当她遇到任何事情时，都想把它嵌进习惯的框框中，这样是不会产生新想法、新思路的。于是，洛克菲勒对女儿说了这样一番话："你需要养成良好的做事习惯，要知道习惯有如绳索，我们每天纺织一根绳索，最后它粗大得无法折断。习惯的绳索不是带领我们到高峰就是引领我们到低谷，这得看好习惯或坏习惯了。坏习惯能摆布我们，左右成败，它很容易养成，但却很难伺候。好习惯很难养成，但很容易维持下去。"

这时的习惯就像寄生在我们大脑里的肿瘤，阻止我们思考与创新。如果任何事都具有习惯性，渐渐地，就会失去探索和寻求更好方法的欲望，这时习惯就成了惰性的别名，更别提会产生什么高效的行动。所以，习惯有时是很可怕的东西。习惯对人类的影响远远超过大多数人的理解。人类行为有 95% 是通过习惯做出的。

正如一位哲人所说："首先，我们培养习惯；后来，习惯塑造我们。"在我们的生活中，我们要不断地培养良好的习惯。洛克菲勒认为，培养良好的习惯就是培养成功。良好的习惯是人在其神经系统中存放的道德资本，这个资本不断增值，而人在整个一生中就享受着它的利息。让我们每一个人都不断地在自己的道德银行中存放"良好习惯"这笔财富，并让它不断增值，从而完善人生，提高生命质量。

编者手记 ···

人的品德基本上是由习惯组成。有这种说法：思想决定行动，行动决定习惯，习惯决定品德，品德决定命运。习惯对我们的生活有着绝对的影响，因为它是一贯的。不知不觉中，经年累月影响着我们的品德，暴露出我们的本性，左右着我们的成败。我们细心一看，不难发现，成功的人似乎永远在成功，而失败的人似乎永远也在失败。这是什么原因呢？这都是"习惯"两个字在起作用。一个人习惯于每天晨跑，他就会几十年如一日地跑；一个人习惯于懒惰，他就会无事可做地四处瞎溜达；一个人习惯于勤奋，他就会克服一切困难，从而所向披靡。成功也是一样。

忠告 25：播下一种习惯，收获一种人生

我从不相信失败是成功之母，我相信信心是成功之父。胜利是一种习惯，失败也是一种习惯。如果想成功，就得取得持续性的胜利。我不喜欢取得一定量的胜利，我要的是持续性胜利，只有这样我才能成为强者。信心激发了我成功的动力。

——洛克菲勒

"播种行为，就收获习惯；播种习惯，就收获性格；播种性格，就会收获命运。"习惯的力量是巨大的，人一旦养成习惯，就会自觉地在这个轨道上运行。在生命的过程中，只有不断地"一日三省吾身"，不断地剔除那些妨碍我们走向完善的荆棘，我们才能有康庄大道可走，才能不断地缩小与成功的差距，直至获得成功。我们一定要有良好的行为习惯，为将来的成功人生奠定

良好的基础。

反省是一种认识自己的方法。人不仅在失败的时候要反省，平时也要常常反思。在每晚熄灭蜡烛之前，回想这一天每时每刻的言行，认真反思这一天来经历的所有的事情。当一个人自己有勇气劝诫自己、原谅自己时，也就不害怕面对自己任何的错误了。错误并不可怕，教训并不是愚蠢与悲伤的同义语。如果你读过《圣经》就会知道，上帝要求人们学会反省。

好的习惯主要依赖于人的自我约束，或者说是依靠人对自我欲望的否定。好习惯不容易养成，可坏习惯却容易得多，一旦养成坏习惯，它们就会像杂草一样，随时随地都能肆意生长，同时它也阻碍了美德之花的成长，使一片美丽的园地变成一片荒芜。那些恶劣的习惯一朝播种，往往 10 年都难以清除。

洛克菲勒是一个拥有良好行为习惯的人。退休隐居后有规律地安排生活，他的生活规律得令人惊奇，多少年来他一直恪守"一寸光阴一寸金"的箴言。他每天早晨 6 点半起床，7 点到 8 点看报纸，8 点到 8 点半吃早餐，8 点 30 分到 8 点 45 分与他人聊天，8 点 45 分到 10 点，处理一些个人事务，10 点到 12 点打高尔夫球，12 点到下午 1 点 15 分洗澡、休息，1 点 15 分到 3 点用午餐并玩玩数字游戏，3 点到 5 点乘私人汽车外出兜风，5 点到 7 点休息并听秘书读读报上开心的新闻，7 点吃晚饭，8 点到 10 点继续玩数字游戏或听听音乐，10 点准时上床就寝。

有人曾经问小洛克菲勒："您觉得您的父亲洛克菲勒先生能够长寿的秘诀是什么？"小洛克菲勒毫不犹豫地答道："习惯，是好的生活习惯。"

习惯的力量是一种使所有生物和所有事物都臣服在环境影响之下的法则。这个法则可能会对你有利，也可能对你不利，结果如何全看你的选择而定。

当你运用这一法则时，连同积极心态一起应用，所产生的力量是巨大的，而这就是你思考、致富或实现任何你所希望的事情的根本驱动。对于一个有上进心的人来说，一旦你有了好习惯，它一定会给你带来巨大的收益，而且可能超出你的想象。

小洛克菲勒有五个儿子，他们分别是：约翰、纳尔逊、劳伦斯、温斯罗普和戴维。他的第四个儿子温斯罗普有一段时间，很是叛逆，养成了很不好的习惯。为了帮助儿子破除恶习，小洛克菲勒想了这样一个方法，而按照这个方法做的温斯罗普竟然在一个月内渐渐改变了恶习。这个办法如下：

选择适当时间。事不宜迟，想改变习惯而又一再拖延，就会更加害怕失败。在较为轻松的日子，所下的决心即使面临考验也较易应付，因此选择的月份应没有亲朋好友来你家小住，也没有太多限期完成的工作待办。不要选择年底之前，年底既要准备过节，又要赶办年终的工作，不免忙碌紧张，那种压力只会使恶习加深，令人故态复萌。

运用意愿力而非意志力。习惯所以形成，是因为潜意识把这种行为跟愉快、慰藉或满足联系起来。潜意识不属于理性思考的范畴，而是情绪活动的中心。"这种习惯会毁掉你的一生。"理智这样说，潜意识却不理会，它"害怕"放弃令它得到安慰的习惯。运用理智对抗潜意识，简直难以制胜，因此，要戒掉恶习，意志力不及意愿力有效。

找个替代品。培养一种新的好习惯，那么破除坏习惯就会容易得多。有两种好习惯特别有助于戒除大部分的坏习惯。第一种是采用一个有营养和调节得宜的食谱。情绪不稳定使人更依赖坏习惯所带来的慰藉，防止因不良饮食习惯而造成血糖时升时降，有助于稳定情绪。第二种是经常做适度运动。这不仅能促进身体健康，也会刺激脑啡肽——脑内一种天然类吗啡化学物质的产生。近年来科学研究指出，缓步跑的人所以感受到自然产生的奔跑快感，全是脑啡肽的作用。

按部就班。一旦决定改变习惯，就拟定每日的目标。要切合实际，善于利用目标的吸引力。如果目标太大，就把它化整为零。

达到一项小目标时不妨自我奖励一下，借以加强目标的吸引力。

切勿气馁。成功值得奖励，但失败也不必惩罚。在改变习惯的时间内如果偶有失误，不要引咎自责或放弃，一次失误不见得是故态复萌。人们往往认为，重拾坏习惯的强烈愿望如果不能达到，终会成为破坏力量。然而只要转移注意力，即使是几分钟，那种愿望也会消散，而自制力则会因此加强。避免重染旧习比最初戒掉时更困难。但是如果你把新习惯维持得越久，就越不会重蹈覆辙。

温斯罗普后来当了两届阿肯色州州长，有着非凡的领导才能，可以说他的成功是和养成的良好习惯分不开的，这得益于他的父亲小洛克菲勒。

编者手记

培养一种好的习惯其实并不难。只要自己用心去做，当习惯养成，你就会发现它能给你带来很多的惊喜。好习惯会使成功不期而至。一个人习惯的养成是在环境的影响下多年积累的，要想在短时间内迅速改变都不现实。而作为富人的巴菲特早已经意识到习惯的力量。他强调习惯就是因为他从自己的习惯中已经取得了成功。如果不是因为他多年养成对投资的习惯性好奇，他是不会一如既往去坚持的。

忠告26：卓越不是单一的举动，而是一种习惯

任何一个人一旦养成习惯，不管是好或坏，习惯就一直占有了他。

——洛克菲勒

所谓的卓越是这样的："我们每一个人都是由自己一再重复的行为所铸造的。因而卓越不是一种行为，它是一种习惯。"洛克菲勒的母亲伊莱扎·戴维森是一位很贤惠的妇人，她敬畏上帝，一言一行均按《圣经》上说的去做。在洛克菲勒小的时候，父亲

常年不在家，是母亲在艰苦的条件下一手把他们带大的。尽管伊莱扎生性温和善良，但是对孩子们的教育却很严格。她很注重对孩子们行为习惯的培养，为让孩子们认识到良好习惯的重要性，伊莱扎曾经给孩子们讲过这样一个故事，多年之后，洛克菲勒都对这个故事念念不忘。

　　森林里长着一棵古老的松树，一株蔓藤发现了它，便一个劲地缠绕在它的身上，向上攀缘。蔓藤只用了很短的时间，便爬到了松树的顶端，蔓藤觉得自己在空中舞弄腰肢、袅袅婷婷的样子好看极了。再看看被缠住的老松树，粗糙的树皮，笨拙的枝丫，永远只有一个姿势，难看死了。蔓藤嘲笑松树说："你不觉得自己很悲哀吗？身段呆板，模样丑陋，不能开出美丽的花，也没有漂亮的叶子。你瞧瞧我，生长迅速，有花有叶，妩媚多姿，赏心悦目。"

　　松树听了蔓藤的话说："我不后悔，也许我的姿势不够漂亮，但我能永葆挺拔向上的姿势。"冬天到了，大雪覆盖了森林，山上很多长得茂盛的树，都被雪压得变了形，至于那株盛气凌人的蔓藤，也早被大雪冻死了。第二年春天，松树又开始了新一轮的挺拔。一只猴子路过这里，惊讶地发现，松树是这座山里唯一活下来的大树。它忙问松树："在这么恶劣的环境下，你是怎么生存下来的呢？"松树说："我每天想的是，要让优秀成为一种习惯。"无论时光怎样流逝，松树永远保持着一种向上的姿势，是挺拔向上的习惯铸就了它的优秀。当优秀成为一种习惯，那么还有什么做不到的呢？

　　这个故事对洛克菲勒的触动很大，多少年来，他的心里一直铭记着一句话——让优秀成为习惯。不论是从刚开始时的小职员，还是到后来享有盛誉的"石油大王"，洛克菲勒一直是第一个到达办公室，最后一个下班，他对工作的态度认真、谨慎。他一直以"让优秀成为习惯"的信念时刻鞭策着自己。"要做一件事，就要把它做到最好，否则还不如什么都不做！"他总是这样对自己的下属说。在公司里，他对自己的要求最为严格，所以他的工作也是最出色的。

洛克菲勒曾经问儿子："是不是觉得优秀离你很遥远？你是不是觉得自己只有在某些时候才优秀？那是因为优秀还没有成为你的习惯。"

机会总是青睐那些让优秀成为习惯的人，因为他们从来不会辜负机会对自己的垂青；老板喜欢那些让优秀成为习惯的人，因为他们从来不会辜负老板对自己的信任。

卓越的人在遇到问题时首先想到的是要创新、要找方法，因为只有这样，才能够在工作中取得更大的成绩，才能够为企业带来丰厚的利润，才能奠定自己不败的职场地位。抬头，总会仰慕别人的成功；低头，便能改善自己的不足。让优秀成为习惯，不论做什么事都斗志昂扬，都以最高的标准要求自己，都付出最大的努力。

身体是取得卓越的本钱，好的生活习惯能够让我们拥有健康的身体、良好的心态，这样才能面对生活的各种挑战。洛克菲勒不断地强调：好习惯养成得越多，驾驭自己的能力越强。洛克菲勒活了98岁，在他有生之年，他才思敏锐。洛克菲勒少年时代，其父就对他说："孩子，要以我为前车之鉴，我干的事你都不要效仿！"原来，他父亲喜欢乱吃东西，喝很多的酒，且整天抽烟，又不爱活动。洛克菲勒听从父亲的教导，从小养成了良好的生活习惯，不吸烟，不喝酒。后来，洛克菲勒功成名就，财富如潮水般地涌来，但他仍然毫不奢侈。饮食多样化，从不挑食、偏食，并且以清淡为主，膳食通常是黑面包、通心粉、可可菜、小扁豆、鸡蛋等。在服装方面，洛克菲勒也是讲究整洁、舒适、方便，从不追求华丽，不赶时髦。

洛克菲勒在谈到良好生活习惯时说："卫生并不能治疗疾病，但能防止疾病，如果一个人过着合理的生活，安排适当的食物，就不至于生病。如果能够数十年地坚持身心锻炼，保持乐观主义的态度，就一定能延年益寿，并且获得事业上的成功。"

一个人的身心健康是先天遗传因素与后天生活方式共同来决定的。一项研究表明：每个人健康长寿的60%是取决于自己，15%是取决于遗传因素，10%是取决于社会因素，8%是取决于医疗条件，7%是取决于气候的影响。也就是说，长寿的主动权掌握在自己的手中。每个人健康长寿的60%，取决于自己，这就说明人可以自己驾驭自己。所谓"取决于自己"，主要是指人的生活方式和习惯，某种长期的行为方式和生活习惯，会使遗传因素产生变异。受生活方式和习惯的影响，健康者能变成病夫，病夫也能变成健康者。因为健康来自好的生活习惯，疾病来自不好的生活习惯。

如果人们能自觉地养成良好的生活方式和习惯，同危害身心健康的不良生活习惯、疾病以及衰老进行斗争，不断地调整心理和肌体平衡，使自己的生活方式和习惯符合卫生保健的要求，提高综合性自我保健能力，就能达到身心健康和益寿延年的目的。

编者手记

古龙先生说："一个人的习惯，往往是别人都知道，而自己却是唯一不知道的人。"培根说："习惯真是一种顽强而巨大的力量，它可以主宰人生。因此，人自幼就应该通过完美的教育，去建立一种好的习惯。"当习惯一旦养成之后，它就像在模型中硬化了的水泥块——很难打破了。习惯的养成有如纺纱，一开始只是一条细细的丝线，随着我们不断地重复相同的行为，就好像在原来那条丝线上不断缠上一条又一条丝线，最后它便成了一条粗绳，把我们的思想和行为给缠得死死的。习惯形成性格，性格决定命运，它可以主宰人生。

忠告 27： 习惯是一个人思想与行为的领导者

习惯真是一种顽强而巨大的力量，它可以主宰人的一生，因此，人从年轻的时候起就应该通过教育培养一种良好的习惯。

——洛克菲勒

习惯是慢慢养成的，不管我们有没有意识到，这些习惯对我们的成功无疑构成了潜在的助力与威胁，因此，好习惯要保持，坏习惯要坚定地祛除。因为习惯能影响我们的思想，干扰我们的决定。为了取得成功，我们要做出适当的改变，做习惯的主人，而不是由习惯主宰我们的人生。特别是在知识经济年代，外界总是瞬息万变，原来已经形成的一些习惯可能造成你适应不了社会，如不及时调整或改变，势必对成功带来不利影响。

改变是不容易的，因为对一贯的做法已经很自在、很舒服，所以，人都有一种本能的抗拒改变的倾向。但是，阻碍成功、妨碍前进的坏习惯必须改掉，理智的做法就是正视改变、迎接改变、接受改变。

洛克菲勒有一位事业很成功的朋友，但是这位朋友有一个令洛克菲勒很厌恶的习惯，那就是抽烟，并且烟瘾很大。几乎不论什么时候看见他，都会发现他手里夹着香烟。但是某一天后，洛克菲勒发现，这位嗜烟如命的朋友竟然不抽烟了。在一次宴会上，这位朋友向洛克菲勒讲述了自己戒烟的经过。

在一次出差中，他开车经过一个偏僻的地方，由于下雨，他只能在一个小城的旅馆停了下来。吃过晚饭，疲惫的他很快就进入了梦乡。

午夜时分，他睡醒了，就想抽一根烟。打开灯后，他很自然地伸手去抓桌上的烟盒，不料里面却是空的。他下了床，搜寻衣服口袋，一无所获。他又搜索行李，希望能发现他无意中留下的一包烟，结果又失望了。这时候，旅馆的餐厅、酒吧早已关门，他唯一希望得到香烟的办法是穿上衣服，走出去，到几条街外的火车站去买，因为他的汽车停在距旅馆有一段距离的车房里。

越是没有烟，想抽的欲望就越大。他脱下睡衣，穿好了出门的衣服，在伸手去拿雨衣的时候，他突然停住了。他问自己："我这是在干什么？"他站在那儿想，一个所谓相当成功且具有思想的人，一个自以为有足够理智对别人下命令的人，竟要在三更半夜离开旅馆，冒着大雨走过几条街，仅仅是为了得到一支烟！习惯的力量竟如此惊人。

没多会儿，他下定了决心，把那个空烟盒揉成一团扔进了纸篓，脱下衣服换上睡衣回到了床上，带着一种解脱甚至是胜利的感觉，几分钟就进入了梦乡。从那以后，他再也没有抽过香烟。后来，他工作越来越出色，事业越来越成功。

洛克菲勒的这位朋友是一位非常成功的商人，但是他也会因为抽烟的习惯而六神无主，习惯的力量不得不让人惊叹。习惯会迷惑我们的头脑，使人失去理智。可以说，习惯是一个人思想与行为的领导者，每个人都是习惯的产物，我们的生活和工作都遵循我们自身所养成的习惯。有一句话很经典："习惯若不是最好的仆人，它便是最坏的主人。"不要被旧有的习惯所束缚，而停止探索成功的步伐。

洛克菲勒曾经给儿女们讲过这样一个故事：

有一只叫作吉米的小象，它很小的时候就被人圈养了，鼻子被一根链条拴在了木桩上。刚被拴上不久，吉米就想挣脱铁链去看自己的朋友，可是令吉米没有想到的是，由于用力过猛，鼻子被挣得很痛，甚至还流了很多血。吉米痛得哭了："没想到这铁链拴得这么牢，看来我是没有办法挣脱这条铁链了！"半年后，吉米在一个地方待烦了，就想出去走走，一挣链条，鼻子又疼痛难忍，它对自己说："我差点忘了，我是挣脱不开这条链条的，还是算了吧。"经过两次失败后，吉米已经习惯性地认为自己是永远不可能挣脱这条铁链了，他告诉自己："我会永远被困在这里了，死心吧。"吉米从小象吉米长到大象吉米，直到老死在铁链旁，它都再也没有尝试过挣脱铁链。殊不知，随着成长，它的体力在不断增加，再加上那条铁链已经锈迹斑斑，吉米要挣脱铁链是一件很容易的事。

洛克菲勒语重心长地对儿女们说："习惯决定了这头象一生碌碌无为。""习惯真是一种顽强而巨大的力量，它可以主宰人的一生，因此，人从年轻的时候起就应该通过教育培养一种良好的习惯。"

养成"打破习惯"的习惯，如此一来，每次看事物都是用新的眼睛去看新的世界，即使是旧的世界，都可以发现新鲜事。在现实中，有许多问题、情况是我们过去遇到过或是别人遇到过的，所以我们习惯按照常规的思路去解决。不错，经验的确能帮助我们省去许多麻烦，但是同样也会让我们陷入思维定式，其实有许多思路都能解决问题，甚至有的思路更快更好，只是因为我们不熟悉，没有采用过，只是因为我们习惯于用某种思路去解决困难，所以我们固执地认为除了这种思路，我们根本无路可走。

习惯是一种长期形成的思维方式、处世态度。人们往往会不自觉地服从自己的习惯，不论是好习惯还是坏习惯，都是如此。习惯使我们自动地为自己限定一个范围，即使有这样那样的情况出现，也不愿挪动一下身体，变通一下思路。不要被坏习惯影响，努力做习惯的主人，让它为我们的成功幸福之路服务。

编者手记

跳出你的习惯，你会发现眼前豁然开朗；摆脱坏习惯，你会发现很多难解的结一下子松动了；养成"打破习惯"的习惯，你将在生活中发现新的天地。

第六章

人的绝大部分能力来自专注

忠告 28：专注是成功的征兆

如果一个人将他的时间和精力全部用在一个方向、一个目标上，他就会成功。

——洛克菲勒

阳光照在我们身上时，我们只会感到温暖；而当它穿过凸透镜迎面而来时，却变得犀利而不可视。一个用心不专的人往往一事无成；而一个人把他所有的精力凝聚成一点时，他会成为一把所向披靡的利刃，战无不胜。用心不专是一个人生活中的大忌，一事无成是用心不专产生的恶果。歌德说："一个人不能骑两匹马，骑上这匹，就会丢掉那匹。聪明人会把分散精力的事情置之度外，专心致志地学一门知识，学一门就要把它学好。"俗话说，天下的麻雀是捉不尽的，一只手也抓不住两只鳖。自古以来，人不能在同一时间内，既能抬头望天又可以俯首看地，左手画方，右手画圆。所以说，不能专心便一事无成。

洛克菲勒做事专心、认真，他只对自己感兴趣的事情投入，对其他一些他认为没有意义的事情一般不放在心上。他身为世界巨富，却没有游艇，没有豪华汽车，没有私人俱乐部。他有着非常公式化的生活圈子。在公司忙碌一天，下班后就按时回家，休息日上高尔夫球场，去教堂。睡觉之前，他还会把账簿翻出来，一遍又一遍地检查每项开支的正误。

有一天，洛克菲勒和一位朋友驱车沿着一条幽静的乡村公路行驶。只见一个少年坐在马拉雪橇上吹口哨，看起来十分悠闲自得。看了一会儿洛克菲勒突然对他的朋友说："这个孩子长大了将一事无成。"朋友听了，感到十分迷惑，莫非洛克菲勒懂星相术，正在给这个孩子看面相？洛克菲勒后来告诉自己的朋友说："他根本没有在干自己的正经事，他忘了自己是在赶马拉雪橇，现在就这样，将来他会延误大事的。"

我们的身边肯定有许多庸人，那么他们为什么会学无专长，一生碌碌无为？仔细观察，你会发现庸人的突出缺点就是难以专心致志。他们做任何事情都不能竭尽全力，像凿井，他们花了许多时间和精力开凿许多浅井，却不会花同样的时间和精力去凿一口深井，所以，他们最终喝不到甘甜的井水。

有一项研究表明，成功大多来自对目标坚持专注的态度。影响成就最重要的决定性因素，就是对进取目标的态度，也就是做重要决定时，要经过短期利益和长期利益的角逐。洛克菲勒说："有远见的人注定比短视近利的人更容易胜出。长远思考有助于作短程决定。"培养长远的目标专注意识，就可以想象出未来10年或20年理想人生的梦想，拟出朝目标前进的计划，然后问自己："我现在必须做什么才能创造我真正想要的未来？"

想对长远的目标做到专注，关键在于乐于"牺牲"现在。愿意牺牲眼前的享受，以求长远的成功和保障，才能拥有幸福和成功。如果只顾眼前行乐，把赚到的一切都挥霍一空，甚至寅吃卯粮，就注定一辈子为成功烦恼，到头来一无所成。如果仔细观察一下那些成功人士的成功史，你就不难发现，他们的成功有很大的因素取决于他们宏远的目光和对目标的专注。

任何人无论做任何一件事，只要能够做到专注，就可以最大限度地释放出自己的能量，并把自己取得成功的可能性提高到最大。著名的效率提升大师博恩·崔西有一个著名的论断："一次做好一件事的人比同时涉猎多个领域的人要好得多。"洛克菲勒将自己一生的成就归功于"在一定时期内不遗余力地做一件事"这一信条的实践。他认为高效工作的第一要素就是专注。他说："能够将你的身体和心智的能量，锲而不舍地运用在同一个问题上而不感到厌倦的能力就是专注。对于大多数人来说，每天都要做许多事，而我只做一件事。如果一个人将他的时间和精力都用在一个方向、一个目标上，他就会成功。"

专注的力量是非常强大的。任何人，在做事情时如果能一直保持专注的状态，那么无疑会提高自己做事情的效率，最大限度地发挥自己的能量。但必须指出的是，专注并不能保证成功，因为一个人做一件事的成败会受到很多因素的影响。

编者手记

成就大事的人都不会把精力同时集中在几件事情上，而只是关注其中之一。手里做着一件事，心里又想着另一件事，这只能让每件事情都做不好。黑格尔说："那些什么事情都想做的人，其实什么也不能做。一个人在特定的环境内，如果欲有所成，必须专注于一件事，而不分散他的精力在多方面。"人的精力是有限的，要取得事半功倍的成就，必须集中精力，一次只做一件事。

忠告 29：专注于自己要做的每一件事情

我相信才智平平的人，如果有乐观积极与合作的处世态度，将会比一个才智杰出却悲观消极并且不愿合作的人，赚得更多的金钱，赢得更多的尊敬，并获得更大的成功。

——洛克菲勒

在给儿子小洛克菲勒的信中，洛克菲勒说道："一个人不论他面对的是烦琐的小事、艰巨的任务还是重要的计划，只要他执着热忱地去完成，成果会远胜于聪颖但是懒散的人。因为，专注与执着占了一个人百分之九十五的能力。"把你的心思专注在一个地方。

有一次家庭聚会的时候，洛克菲勒的夫人曾说过这样一个故事：

一个人找到智者约瑟，看到约瑟正在树上摘苹果。"尊敬的约瑟，我有一个问题要问你。"这个人喊。"我现在不能下树回答你的问题，因为我今天受雇于这里的庄园主，我的时间是属于他的。"约瑟因为在树上说了拒绝回答问题的一句话，影响了摘苹果，收工之后主动向庄园主提出扣下一点工钱。

洛克菲勒夫人总结道，生命虽然各有长短，有人长命百岁，有人年幼之时夭折，但不管怎样，每个人都有其宝贵的一生。这一生，每个人只有一次。因此，人必须珍惜自己难得的一生，在这有限的人生中实现自己的愿望，专注于自己要做的每件事情。

当然，人各有志，在不同社会、不同背景、不同时期，人的志向是会发生变化的。洛克菲勒家族的孩子们普遍都能从小怀志，确立自己人生的奋斗目标。正因为这样，洛克菲勒家族的很多人都能集中人生有限的时间和力量去攻克一个目标，所以成功率比别人高。

长时间全身心投入到一件事情中，的确不是一件容易的事情，这需要自我控制。有一次，洛克菲勒公司的某个部门要招聘一个职位。招聘广告是这样的："招聘：一个能自我克制的男士。""自我克制"这个术语引起了争论，这引起了众多人的思考，自然也引来了众多求职者。每个求职者都要经过一个特别的考试。一名叫欧文的年轻人也来应聘，他忐忑地等待着，终于，该他出场了。

"能阅读吗？"

"能，先生。"

"你能读一读这一段吗？"招聘人员把一张报纸放在卡特的

面前。

"可以，先生。"

"你能一刻不停顿地朗读吗？"

"可以，先生。"

"很好，跟我来。"负责招聘的工作人员把欧文带到他的私人办公室，然后把门关上。他把那张报纸送到欧文手上，上面印着欧文答应不停顿地读完的那一段文字。

阅读刚一开始，招聘人员就放出 6 只可爱的小狗，小狗跑到欧文的脚边，在欧文的脚边玩耍打闹，甚至撕咬欧文的裤脚，这太过分了。许多应聘者都忍不住要看这些小狗，视线离开了阅读材料，因此而被淘汰。但是，欧文始终没有忘记自己的角色，在排在他前面的 70 个人失败之后，他不受诱惑一口气读完了材料。

洛克菲勒公司的招聘人员很高兴，他问欧文："你在读材料的时候注意到你脚边的小狗了吗？"欧文答道："对，先生。"

"我想你应该知道它们的存在，对吗？"

"对，先生。"

"那么，为什么你不看一看它们？"

"因为我告诉过你我要不停顿地读完这一段。"

"你总是遵守你的诺言吗？"

"的确是，我总是努力地去做，先生。"

这时，按照洛克菲勒要求进行招聘的工作人员高兴地说道："你就是我们想要的人。"

专注于你所要做的事情就是成功的第一大要素，年轻人只有善于克制自己，把精力投入到工作和学习中去，完成自己的职责，才有成功的希望。做事必须将所有精力投入到一点上，三心二意，只能一事无成。正如俗话说的："你要想把天下的麻雀捉尽，结果会一只也捉不到。"最悲哀的情形，莫过于心神离散；最大的病态，莫过于反复无常。

专注是成功的要诀之一，多一分专注，就多一分天才。想改变困境的你，必须多一点专注。人一心一意地做事情，或许比八面玲珑的显得死板，也不一定被很多人所看好。但是，一个人如果想在一生中有所成就，改变不利的现状，不妨一心一意多一点，"一根筋"往往能为你带来意想不到的成功。

专注来自淡泊和宁静。一个人在为工作和事业奋斗的过程中，困难和挫折在所难免，孤独和寂寞也在所难免。面对这些情况时，要能做到不受干扰、专注如一，关键是保持淡泊和宁静。经验表明，对一件事情，专注一时者众，而始终专注者寡。这其中的一个重要原因就在于，一般人很难长期耐得住寂寞、经得起考验。任何一个成功者的背后，都有着坚持不懈的执着追求和艰苦劳动。

一个人生活在社会中，面对纷繁复杂的世界，要想成就一番事业，就必须努力克服各种消极因素的影响。一个人如果总是瞻前顾后，左思右想，就永远不可能取得成功。

编者手记

世界上很多人之所以失败，并不是因为他们的脑子不够聪明，学问不够高深，能力不够强大，而是他们不能专注于自己手头的事情，能而不专，是对自己优势的极大浪费。很多时候这些人在抱怨自己一事无成，埋怨命运不公，永远不知道问题的症结在哪，这是最为可悲的。如果驱除心中的杂念，执着于眼前最需要投入精力的事情，那每个人都会有意外的收获。

忠告30：克服影响注意力集中的障碍

一心一意地专注于自己的工作，是每一位有志进取人士想获得成功所不可或缺的品质。

——洛克菲勒

"天才，首先是注意力。"注意力集中，做事专注对我们来说是一件十分重要的事。保持良好的注意力，是大脑进行感知、记忆、思维等认识活动的基本条件。在我们的学习过程中，注意力是打开我们心灵的门户，而且是唯一的门户。门开得越大，我们学到的东西就越多，但是一旦注意力涣散了或无法集中，心灵的门户就关闭了，一切有用的信息都无法进入。

　　每个人的精力和时间都是有限的，不能在一心多用的同时做好很多事情，人如果能够专心致志，那么什么事情办不到呢？聪明的人懂得专注的重要性，他们做事的时候，坚决不让自己的精力分散开来。只有这样，人才能坚持于一件事而终取得成功。"集中注意力"听起来似乎很简单，而真正做起来还是有难度的，因为这要求我们专心，不受外界的干扰。

　　洛克菲勒的女儿伊丽莎白曾经对母亲讲过这样一件事情。

　　距离伊丽莎白住处很近的一所公园里，有一个在当地很有名望的主教在花园里虔诚地祷告。就在这时候，一名心慌意乱的女士跑过来，她刚会走路的孩子不见了，她焦急地去寻找。由于她的心情太过急切，并没有注意到跪在那里祈祷的主教，结果在他身上绊了一跤后，半句道歉的话也未说，就走了。

　　主教被那位女士踩了一脚后，心中很不高兴。就在他将要祈祷完时，那位女士找到了小孩，高高兴兴地走回来。一看到主教满面怒容地站在那里，她不禁吃了一惊。主教看着一头雾水的女士说："您可不可以解释一下刚才的行为？"女士回答说："对不起，主教，我刚才一心惦念着孩子的安危，所以没有注意到您在那里。当时，您不是正在祈祷吗？您所祈祷的对象，不是比我的孩子还要珍贵千万倍吗？您怎么还会注意到我呢？"听了这些话主教低头不语。

　　在现实生活中，我们的确常常会被一些事物干扰，以至于无法专注于眼前的事，这让我们注意力涣散，做事效率低下。注意力分散，主要表现为无法将心理活动指向某一具体事物，或者是无法将全部精力集中到这一事物上来，而且也无法抑制对无关事物的注意。做事情不专注，时间长了，容易造成心理压力过大，而造成高度的紧张和焦虑，从而导致了注意力无法集中的障碍。另外，还有可能造成睡眠不足，大脑得不到充分休息，天长日久，人就会处在一种精神萎靡的状态。

在正常情况下，注意力使我们的心理活动朝向某一事物，有选择地接受某些信息，而抑制其他活动和其他信息，并集中全部的心理能量用于所指向的事物。所以说，良好的注意力会提高我们工作与学习的效率。做事情专注就得集中注意力，这首先要求我们有好的睡眠习惯，睡眠可以让我们的机体充分休息，其次要做些放松训练，学习自我减压。一旦开始做一件事情，就要迅速地集中自己的注意力，这是一种才能。

注意力不集中，就不能专注于眼前的事，就会胡思乱想，把时间都耗费在没有任何意义的胡思乱想上。

常用克制方法有：一是假物法，就是利用身边的人或事物提醒自己，自己正在干什么，以防走神。还有感官刺激法：在中国古代就有头悬梁、锥刺股的说法。当然我们不必这么做，在疲劳的时候搓热双掌，然后轻轻地按住眼睛部位，接着轻轻拍打双颊，并且反复向上揉搓，这样可以让我们恢复部分体力，放松心情。再就是运用运动法。这是很多人都经历过的一种克服注意力不集中的方法。人们发现，在人体进行一定量的活动后，大脑思维更容易进入工作状态。于是就有人提出了劳逸结合来对待学习和工作。还有很重要的一点是要发现自己工作或做事的兴趣所在。人只有在做自己感兴趣的事情时精神才会高度集中。爱迪生在实验室里可以两天两夜不睡觉，可是一听音乐便会呼呼大睡。可见，注意力与兴趣有着直接的关系。兴趣越大的事情，对人的刺激越大，兴奋程度就高，注意力也就更容易集中。洛克菲勒说："善于排除外界因素的干扰，也是我们提高注意力的一个重要方面。"他为我们提供了两种可供选择的办法：一种是闹中取静；一种是闭门谢客。一心一意地专注于自己的工作，几乎是每一个成功人士必备的品质。当你能够专注地做每一件事时，成功也就指日可待了。

集中注意力还应该注意，一次不要同时关注多件事情。一个人的精力和时间本来是很有限的，如果选不准目标，到处乱闯，只能任时光匆匆溜掉。如果想取得突破性的进展，就该像学打靶一样，迅速瞄准目标；像激光一样，把精力聚于一束。

编者手记

能够时刻专注有效地工作是一个人提升工作效能的最佳方法。只靠忙并不能保证取得良好的效果，只有善于把握重点，能够时刻忙在点子上的人才能够取得好的结果，成为工作和辛勤劳动的受益者。中国有个成语叫作"碌碌无为"。"碌碌"，忙得不可开交，但却是"无为"，这是很多职场人士存在的一种情况。其实，瞎忙就像放入一条轨道中身不由己的一个物件，一个被抽打而转动的陀螺，它陷入这种状态而不清楚自己在干些什么。没有明确的方向，如一只无头苍蝇，忙不到点子上，总在做无用功。这样的忙，有什么用呢？

忠告 31：别让细节妨碍专注的热情

专注是一种精神状态，是整个灵魂与所从事的工作全部融合的境界。

——洛克菲勒

细节具有非凡的魅力，它存在于我们生活中的一切行为里。我们说过的每一句话，做过的每一件事，一举手一投足，全部都由细节构成。细节的重要性不言而喻，但是如果把过多的精力放在细枝末节，而忽略了对整体的专注，这样工作的整体效果肯定会不尽人意。过度重视细节会形成本末倒置，严重影响工作的成效，这是一种错误的工作方法。

娜拉是洛克菲勒某个下属的秘书，长得很清秀，而且勤奋、忠诚、热情、努力，有着远大的梦想。但是，她工作七八年了，工作似乎一直没什么起色。上班的时候，她一边工作一边抱怨工作条件不好，客户信誉不好，行业不景气，老板不认真，自己多么倒霉……好友拜托的事别忘记了，晚上去赴宴穿什么衣服……她被自己折磨得又累又烦，什么都不能专心做好。她的工作决定她有很多琐碎的工作要做，而且每件事情都要做得细致而周到，她被工作中的细节要求搞得焦头烂额，她越来越不快乐了，每天都沉陷在忧郁、惊恐、不安的情绪中。时间一长，她的工作状况更加糟糕了，同时，她的坏情绪也给别人带去了很大的困扰，最后这位美丽的秘书被洛克菲勒的公司开除了。

其实，对于细节要有正确的态度，有些细节会让我们的工作、生活更加完美。但是过分注重细节，却会妨碍我们注意力的集中。比如在办公桌上放一盆小花，这会让人心情舒畅，有助于工作，这样的小细节会让生活更有情趣。但是如果当你坐下准备工作的时候，你突然觉得地面不够干净，桌面似乎有点脏，电脑屏幕亮度似乎有点不够……一直注意这些，那么你就很难把注意力集中到手头应该干的事情上了。

我们身边有很多这样的人，看起来很勤奋、很努力，但是工作就是没有成效，归结原因，那是因为他们的心不能踏踏实实地专注于自己的生活与工作，好高骛远，心思飘忽、烦躁、不安，又乱又忙。如果一个人在上班的时候，脑子还在挂念今天晚上有什么球赛，或者回味着昨晚的狂欢，甚至考虑着怎样完成另外一份工作，周末去哪游玩，那这个人就连最基本的专注都做不到，根本就没有什么爱岗敬业好谈，也更不可能有"专与精"了，那么只能在混乱和无助中了结自己的职业生涯。

小洛克菲勒说："假如想实现自己的人生价值，却把精力分散到许多事情上，这样的人是不会成功的。""要知道，没有任何一个获得成功的人不是把他所有的精力都集中于一个特定的事情上的。而专注于某个目标，并全身心投入的人，往往会创造出工作的奇迹。"

歌德说："无论从事什么样的工作，只要你具备了一颗专注的心，一定会有所成就。"

看看那些职场上取得成功的人，他们不仅养成了专注工作的习惯，还把专注地工作看作是自己的使命。很多企业都是将做事是否专注作为衡量一个人敬业态度的标准之一，一些企业文化里面所提倡的"干一行，专一行"就是要求员工在工作中能够做到专注、全身心投入，这也是员工务实和敬业精神的主要体现。只有把专注当作工作的使命去努力完成，并逐步养成专注工作的好习惯，你的工作才会出效率，也会变得更加富有乐趣。

一心一意地专注于自己的工作，是每一位职业人士获取成功所不可或缺的品质，当我们能够这样专注地做每一件事时，成功也就快要来临了。

如果我们能认真到忘我的程度，就会体会所从事事情的乐趣，就能克服困难，达到他人无法达到的境界，并获得相应的回报。毫不保留，有多少力出多少力，正是专注的表现。不论你的工作报酬是高是低，你都应该保持这种良好的工作作风。每个人都应该把自己看成是一名杰出的艺术家，而不是一个平庸的工匠，应该带着热情和信心去工作，在工作中享受由专注、创造所带来的深深的喜悦。

专注是工作的最高境界，做到了，也就离完美更近了一步。

编者手记

"十年磨一剑"，专注能够保证工作效率得到最大的发挥，为了专心做好一件事，必须远离那些使你分散注意力的事情，集中精力选准主攻目标，专心致志地去做好你要做的事，这样才可能取得成功。如果大多数人集中精力专注于一件事情，他们都能把这件事做得很好。当你的内在心灵将焦点集中在特定目标上，你会不由自主地朝此目标前进，然后以比较宽容的想法去看待其他事情。你会看淡一些不相干的事情，在不必要的事情上减少注意力。你看待事情时总是会想想这与你的目标是否一致。

忠告 32：专注于自己的工作，成功自然到来

成功来自你对自己真正热爱和擅长的事业的专注，而非来自对每一件偶然事情的挑战。

——洛克菲勒

洛克菲勒工作异常专注，常常废寝忘食。他的下属们去上班的时候，经常可以看到洛克菲勒早就来到办公室，一大清早就趴在办公桌上查看各种资料、账簿，在办公桌前一待就是几小时甚至一天。他的很多同事、朋友都搞不懂，洛克菲勒已经这么富有了，是什么可以吸引他连续工作这么长时间呢。有一次，洛克菲勒亲戚家的一个孩子苦恼地对洛克菲勒说："我不知疲劳地把自己的全部精力都花在我爱好的事业上，结果却收效甚微。这是怎么回事？"洛克菲勒点头说："看来你是位献身科学的有志青年。"这个年轻人说："是啊！我爱科学，可我也爱经商，对音乐和美术我也感兴趣。我把时间全都用上了。"

洛克菲勒笑了笑，说："把你的精力集中到一件事情上试试，那样你或许更容易取得成功。"欲成就大事的人，往往会专注于所从事的事情，紧紧抓住事情的关键，攻其难点和重点，实现质的飞跃，成就一番事业。不要埋怨自己不够聪明，身体不够健壮，在专一的用心面前，智慧的大脑、优势的体格节节败退！

专注能够保证工作效率得到最大的发挥，想要专心地从事一件事情，就要远离那些扰乱你心智的事物，把自己的注意力全部集中到手头的事情上，认真地去做，这是提高做事效率的必胜法宝。

从心理学的角度来说，专注之所以能够产生力量，主要是因

为它首先是符合人的思维习惯和心理特点的。著名的思维研究专家、全球著名畅销书作家德·波诺曾经在自己的《六顶思考帽》当中谈到过一个有趣的实验：让他的实验者在大街上观察一分钟内过往某一个路口的车辆，并要求他记录下这一分钟内过往车辆当中黄色汽车的数量，等到实验者观察完毕并把答案递交上来之后，他又让实验者回忆一下刚才经过路口的黑色汽车的数量，结果没有一位实验者能够回答上来。如此看来，在大多数情况下，一个人的注意力只能集中在一件事情上，如果有人一定要同时思考或者是关注几件事情的话，他最终很可能得不到任何真正准确的结果。心理学家们发现，如果一个人能够在工作的过程当中保持精力高度集中，他的心理能量就能够更加集中地投入到正在进行的思维活动当中，从而使思维在特定的问题上处于最佳激活状态，最终使人脑能够高效地进行信息加工和问题解决。一个人，假如想实现自己的人生价值，却把有限的精力分散到吃喝玩乐等一些不相关的事情上，这样是很难实现自己的目标的。要知道，没有任何一个获得成功的人不是把所有的精力都集中于一个特定的事情上。专注于某个目标，一如既往地投入往往会在工作中创造奇迹。

美国心理学家盖里·斯莫尔博士相信，导致人们工作结果差异的往往是这些人在工作时的注意力集中状态，而不是简单的智力因素。只有专注地去做一件事，你的工作才会变得更有效率，你也更能乐于工作，而且还更容易获得成功。世界500强企业都有一个共同点：只做一件事，做好一件事。物流运递类第一名是UPS公司，它发展到今天也只做了一件事——用最快的速度把包裹送到客户手中。只做了一件事，UPS就把业务做到了全世界。世界第一强、零售业的"老大"——沃尔玛自始至终只做零售；通用汽车公司，一百多年来也是只做汽车与配件。很多著名的大企业、大集团公司，都是集中所有力量，取得一个行业的垄断和领先地位，再不断地做科研，使自己的技术无法被同行业的竞争者所超越，从而取得巨额利润。

　　没有人能够用一支箭射下一串雁。着力选择一个进攻的突破点，全力以赴地进行冲击，让你的思想和行动都朝着一个目标努力。放弃过多的欲望，专注于一个大目标，这才是通向成功的途径。

　　世界上无数的失败者之所以没有成功，主要不是因为他们才干不够，而是因为他们不能集中精力、不能全力以赴地去做适当的工作。他们让自己的大好精力毫无目标地东浪费一点、西消耗一些，而他们自己从未觉悟到这一问题。

编者手记

　　无论是谁，如果不趁年富力强的黄金时代去养成自己集中精力的好习惯，那么他以后一定不会有什么大的成就。世界上最大的浪费，就是一个人把宝贵的精力无谓地分散到许多不同的事情上，然后浪费掉。一个人的时间有限、能力有限、资源有限，想要样样都精、门门都通，绝不可能办到，因此如果你想在一个方面做出什么成就，就一定要牢记这条法则。现代社会的竞争日趋激烈，我们必须专心一致，对自己的工作全力以赴，这样才能做到得心应手，让事业结出美丽丰硕的果实。

第七章

只能做第一名

忠告 33：第二名和最后一名没什么区别

对我来说，第二名和最后一名没有什么两样。

——洛克菲勒

如果有人问你："世界上最高的山峰是哪一座？"相信很多人都会毫不犹豫地回答："珠穆朗玛峰。"但是如果继续问世界上第二高的山峰是哪座，估计就会有很多人回答不出来。"谁是第一个登上月球的人？"还是有很多人会坚定地回答"阿姆斯特朗"，但是有多少人会记得历史上第二个登上月球的人？尽管第二个人只比阿姆斯特朗晚了几分钟，但是就是这区区几分钟，让历史永远铭记了"阿姆斯特朗"这个名字，而另外一个人的名字几乎被人遗忘。

洛克菲勒说过，做世界上最富有的人是他一生为之努力的目标。即使在非常贫寒的岁月里，他也一刻不停地追寻、坚持着自己的梦想，他经常说这样一句话来鼓励自己：对我来说，第二名跟最后一名没有什么两样。当我们真正地理解这句话后就能明白洛克菲勒占据石油工业统治地位是多么自然的事。洛克菲勒结束了自己的第一份工作之后，和克拉克开办了有生以来的第一家公司，克拉克—洛克菲勒公司。在公司的后来运营中，洛克菲勒决定放手大干了，可他的合作者克拉克这时却举棋不定，不敢冒风险。两个人在石油业务的决策上发生了严重分歧，这严重阻碍了公司的发展，处于克拉克压制下的洛克菲勒感到自己被束缚住了手脚，影响了自己的大业。于是，他决定和克拉克分道扬镳。分手后，他把公司改名为"洛克菲勒—安德鲁斯公司"，满怀希望地干起了他的石油事业。洛克菲勒迅速扩充了他的炼油设备，日产油量增至500桶，年销售额也超出了100万美元。洛克菲勒的公司成了克利夫兰最大的一家炼油公司，并成立了标准石油公司。

1865年洛克菲勒初进石油业时，克利夫兰有55家炼油厂，到1870年标准石油公司成立时只有26家生存下来，1872年底标准石油公司就控股了26家中的21家。已经再也没有谁能够束缚洛克菲勒，使他停止成功的步伐。

第一名和第二名差距很大，"第一"永远闪耀着令人羡慕的光环，表面上看和第一相差无几的"第二名"与默默无闻者没有本质上的差别。

俗话说："胜者为王，败者为寇！"特别是在强者云集的社会中，那些除第一名之外的所有人都将是第一名的陪衬和装点，所以第一名永远是智者的首选。

曾经有人在大学教室做过这样一个实验，悄悄观察每一个走进教室的人，看一下大家是怎么选择座位的吧：绝大多数人会习惯于往后走，选择最后的几排座位，那些看起来不起眼的位置常常会成为多数人的首选。通常的情况是，整个教室的人数就会呈现出从后往前逐渐减少的状况。

心理学家分析，这是缺乏信心的一种表现，人们总是希望自己不要太显眼。

洛克菲勒和大多数人不一样，不论参加什么会议，听取什么报告，他总是愿意坐前排。敢于坐前排的人相信自己是最优秀的，这不仅是一种做事做人的心态，更是自信的一种表现。

如果你是一位缺乏自信的人，那么，请不要因为自己的缺点而苦恼不堪，更不要忌惮别人的眼光。只要做到任何事情都争第一，就会使你的视野更广阔。

无论何时何地，都要永远坐第一排，做一流的事情。不要委曲求全，甘当第二，否则你将就此止步。渴望取得更大成功的你，最好相信自己是独一无二的，要知道，没有什么高不可攀的山，没有什么不可超越的困难。给自己确定一个目标，抱着永做第一的心态，并将它作为你的座右铭，那么你最后的收获将更大。

如果不想着更高的目标，不想取得更大的成就，那么必将落后，被成功抛弃。洛克菲勒常常告诫自己："你的前程就系于一天天过去的日子，你的人生终点是全美首富，你距离那里还很远很远，你要继续为自己努力。"

洛克菲勒不止一次地对刚踏上社会的小洛克菲勒说："我们每一个人都生活在希望之中，但我更多的是生活在目标的实现过程中。我的人生目标就是要成为第一，这也是我设法制定并努力遵守的人生规划，我所付出的所有努力和行动，都忠于我的人生目标与人生规则。"

其实，一个人的成功很大程度上取决于他是否做什么都力求做到最好，都力争做到位。成功者总是在工作中对自己高标准，严要求，力争第一，追求完美。而正是将一件件的小事都做到了位，积累起来便是成功。洛克菲勒在决定做一件事之前要问自己四个问题：我有没有独特的才华做这件事？我有没有热情去做这件事？这件事对我有好处吗？这件事对其他人、整个行业有好处吗？如果这四个问题的答案都是"是"，那么他认为自己的方向是正确的，就会全身心投入进去，无论遇到什么困难都不会退缩，那么他就会拥有更多的"第一"。

编者手记

"只争第一，不做第二"是一种信心与勇气。一个想要成功的人需要有这种气魄。但是现实中为什么会有那么多人不会获得成功？就是因为他们总是不敢进行新的尝试。不要以为他人没有做过的事就不值得去尝试，别人没有做过的事肯定存在着风险。有些时候，不是你没有能力去做，而是你不相信自己可以做到。这个世界上，没有什么不可能。

忠告 34：卓越是一步一步实现的

当然，成就伟大的机会并不像尼亚加拉大瀑布那样倾泻而下，而是慢慢地一次一滴。伟大与接近伟大之间的差异就是要你领悟到，如果你期望伟大，你必须每天朝着目标努力。

——洛克菲勒

一次，当年龄尚小的小女儿问洛克菲勒怎样才能成为一个伟大的人时，洛克菲勒说："伟大的人生就是征服卓越的过程，我们必须向这个目标前进，不怕痛苦，态度坚决，准备在漫长的道路上跌跤。"他慈爱地看着女儿，温和地说，"别想一下就造出大海，必须先由小河川开始。"

一个人刚刚参加工作的时候，各种烦恼和压力，会像山一样地压来，因为你是新手，没有经验，很多事情自然处理不好。但是，大多数老板是只看结果，不看过程，根本不听你的原因和解释。打落的牙齿只有吞到自己的肚子里，默默地消化掉。

不过，你一定要咬牙挺住，不要抱怨，更不要怨天尤人。因为这一切的困难很快就会过去。正如任何人的经验，都是从教训中积累出来的一样，时间会帮你的忙。要知道，没有人生来就优秀，卓越是一步一步实现的。

周末的产业界人士晚餐会照例举行。洛克菲勒将大女儿伊丽莎白和儿子小洛克菲勒都带去了。女儿似乎对这种场合应付自如，可是儿子小洛克菲勒是第一次参加这种聚会，显得手足无措。

洛克菲勒注意到了儿子的不自然，悄悄走过去说："约翰，跟我出去透透风吧。"出去之后，洛克菲勒问道："第一次参加这种社交，是不是很不适应？"

"嗯，真有点不适应呢。"小洛克菲勒承认道。

洛克菲勒笑着说："我非常高兴你愿意加入商界，在这里大展宏图。这个世界有很多精彩，尤其是对你们年轻人来说。你对金钱的热情之高涨，已渐渐浮出水面。诚然，假如你因此而发现了适合自己的活动领域，是会生活得很幸福的。问题就出在这个'假如'身上！商界是一个复杂而又宽广的世界，同时又是一个随时有人破产倒闭、随时有人因过度的压力而一蹶不振的世界。有鉴于此，最好从现在开始，马上制订今后 10 年内周密的训练计划，以避开每天都在等待着你的许多陷阱，尽量多加小心。这样你才可以不断变得更加优秀，从而实现你伟大的梦想。

"事业就像一只容易破碎的花瓶，在完整无缺时美丽无瑕，而一旦损坏便覆水难收，一去不再。为此山姆·巴德拉留下了这样的名言：'在起跳之前瞧瞧前面，播下的种子该收割了。'"

"嗯，爸爸，我知道不能马上成功，可是要想成为一个成功的人，我应当怎样一步步地去做呢？"小洛克菲勒问道。

洛克菲勒缓缓地答道："你现在进入公司，至少学习五年到十年，要成为熟练的经营人员，就必须勤学不倦。不过，为考试而一味埋头苦学是不可取的。你想熟练掌握我们的经营方法，至少要花去 5 年时间，熟悉顾客、工作场地、从业人员、经营阵容、外部力量的调整、内部力量的整合。到了这一阶段，你的人生应该算是比较成功了，当然你还会有进步的空间。"

一听需要那么长的时间，小洛克菲勒着急了："爸爸，我已经很用功很努力了，而且我大学的成绩也很好，我想我用不了那么长时间的。""不，孩子，每个人都需要时间的磨砺，只有经过时间的打磨、困难的磨炼，你才能像宝石一样，才能实现你的卓越。"

要想取得卓越的成就，就要不断地自我超越。"超越别人的人，不能算是真正的优秀；超越从前的自我，才是真正优秀的人。"

在生活中，有些人成就不大，不在于智力不够，而在于没有克服自己心理上的弱点和谬见；只有不断向自己挑战，认真克服自己的心理障碍，才能取得更大的成功。许多人不敢超越自我，常常是因为自卑心理在作怪。自卑心理可能产生在任何年龄段和各种各样的人身上，比如说，德才平平，生命仍未闪现出辉煌与亮丽，往往容易产生看破红尘的感叹和"流水落花春去也"的无奈，以至于把悲观失望当成了人生的主调；经过奋力拼搏，工作有了成绩，事业上创造了辉煌，但总担心风光不再，容易产生前途渺茫、怨天尤人的哀叹；随着年龄的增长，时间的流逝，往往容易哀怨岁月的无情和生发出红日偏西的无奈……这种自卑心理是压抑自我的沉重精神枷锁，是一种消极、不良的心境。它消磨人的意志，软化人的信念，淡化人的追求，使人锐气钝化，畏缩不前，从自我怀疑、自我否定开始，以自我埋没自我消沉告终，使人陷入悲观哀怨的深渊不能自拔，从而离成功的道路越来越远。

如果因为缺乏自信而不敢自我超越，那么很有可能永远都不能实现卓越。

强调实现卓越需要一个过程，但是在这个过程中，死板地努力，没有效率，不经大脑地工作，同样也实现不了卓越。小洛克菲勒永远记住了父亲的话："盲目地埋头苦干，很有可能在付出艰辛的努力后一无所获，这在生活当中是很常见的。但是如果不把工作视为替老板做苦力，而视为替自己将来工作，现在的努力是将来成功的阶梯。""亲爱的约翰，给自己当老板的感觉真是棒极了，简直无以言喻。当然，我不能总沉浸在年仅18岁就跻身贸易代理商行列的得意之中，我告诫自己：自己的未来就在于眼前不断逝去的时间里，我离自己的梦想还很远，所以我要为实现梦想付出更多的努力。"

　　一个从来不想超越自己的人，永远不会有更高品质的人生。现在有很多人对工作都抱着"只要称职就足够了"的态度，他们认为没有必要做到最好。然而，恰恰是这样的想法，让他们永远无法得到老板的青睐，永远难以获得提升自己的机会，永远也无法达到一个新的人生高度。还有一些人在他们自己平凡的岗位上，做出了非凡的成绩。他们比别人投入更多的心力，他们不满足于 60 分的状态，把工作做到出色，那么现在微不足道的岗位就是他们追求卓越的起点，他们会越来越优秀。卓越需要一个过程，所以，不必着急，不必气馁，每天的完美会成就今后的完美。

忠告35：成功就是将简单的事情反复做

如果我们能够一丝不苟地反复去做，再简单的事情也不简单。

——洛克菲勒

　　坚持做好小事是每个人取得成功的基础。

　　小洛克菲勒在上学的时候，他的老师曾经给班里的学生讲起这样一件事情。在另外一个国家，有一个没什么文化的年轻农民，来到一个小镇，找到了一份为镇政府看门的工作。他在这个门卫的岗位一直工作了六十多年，他一生没有离开过这个小镇，也没有再换过工作。可能是因为工作太清闲，他又太年轻，他有点忍受不了这份孤独与寂寞，他得找点事情干来打发时间。反复斟酌后，他选择了又费时又费工的打磨镜片当自己的业余爱好。就这样，他磨呀磨，一磨就是六十多年。这六十多年来，他是那样的专注和细致，每天重复着简单而又单调的动作，就是这些简单的动作让他的技术越来越好，甚至已经超过专业技师了，他磨出的复合镜片的放大倍数，比专业技师的都要高。

　　借着他研磨的镜片，他终于发现了当时科技尚未知晓的另一个广阔的世界——微生物世界。从此，他声名大振，只有初中文化的他，被授予了他看来是高深莫测的巴黎科学院院士的头衔。就连英国女王都到小镇拜会过他。创造这个奇迹的小人物，就是科学史上非常著名的、活了九十岁的荷兰科学家万·列文虎克，他用心把手中的每一个玻璃片磨好，用尽毕生的心血，致力于每一个平淡无奇的细节的完善，终于他在他的细节里看到了他的上帝，科学也在他的细节里看到了自己更广阔的前景。

"任何一张纸，无论多大尺寸，都不可能被对折超过9次"，把一张纸反复对折，这听起来是个简单到无聊的任务，然而，每一位听到这个论断的人起初都难以相信，亲自尝试之后仍觉得不可思议，因为这个数字太小了，折纸这个动作太简单了，简单到没有谁认为重复做会有什么困难。但是没有想到，即使这么简单的一个动作，要想反复做下去都有令人难以想象的困难。

还是纸的问题，拿一张纸，假设这张纸有足够长度、足够坚韧的纸，以至于它可以被无限地折叠，那么把一张1毫米厚的纸对折51次，厚度会达到多少？有人猜得有1米高吧，有人猜有五层楼那么高，甚至还有人猜有月亮到地球那么远，这些答案对吗？月亮到地球的距离有点遥远了吧，要知道那可有足足38万公里啊，实际上，答案是——2.25亿公里，比太阳到地球的距离还要远将近一亿公里！又是一个让人不可思议的数字。

简单重复9次难倒所有的人，渺小重复51次会有那么骇人的高度……奇迹就这样发生了，联想到我们的日常生活，没有谁的成功是突然而成的，每个人的成功都来源于长时间的积聚。再简单的事情能够一丝不苟地反复去做，就已不再是简单的重复，而是不断地飞跃和突破，是战胜自我、重塑自我的升华。

一切偶然都是必然，有开始、有坚持，就一定有结果，环环相扣的扎实积累就可以在某一时刻突然焕发出惊人的能量，从滑动到滚动，从量变到质变，从默默无闻到叱咤风云。

洛克菲勒有着非常清醒的头脑，对数字和账簿异常敏感，他认为，真正的成功都是复利所致，比如在金钱的积聚方面，如果一个人在 20 岁时以一万元投资，保证每年的复合增长率是 35%，50 年后，他就可以拥有数百亿元的资产。不管当初的起点有多低，只要能保证不断增长，那么终究会获得一笔巨大的令人瞠目结舌的收益。因此，不要羡慕别人聪明的头脑和良好的机遇，因为我们每个人都具有成功的潜质，不论手边的事情多么的简单和单调，都要认真做好，这是开启成功的钥匙。

将一件简单的事情重复做，考验人的耐心与执著，现实中很多人都会被简单的平凡事所打败。生活中最悲惨的事情莫过于看到这样的情形：起初，一些雄心勃勃的人满怀希望地开始他们的职业旅程，可是真正进入到工作中才发现，眼前的工作是那么的枯燥乏味，于是，得过且过，再也没有什么进取心，对手头的工作充满不满与抱怨，自然对工作也就不用心。虽然对工作不满又不想试图改变现状，由于缺乏足够的进取心，他们在工作中没有付出 100% 的努力，也就很难有任何更好、更具建设性的想法或行动，最终只能做一个终日默默无闻的人。

洛克菲勒说："如果每个人都能够尽到自己的本分，尽力完成自己应该做的事情，那么总有一天，你能够随心所欲地从事自己想要做的事情。"不论什么行业、什么工作，既然值得做，就应该做到最好。成功学家格兰特纳说："如果你有自己系鞋带的能力，你就有上天摘星星的机会。"当我们选择了一份工作的时候，其实也是选择了一种生活方式：我们可以选择粗糙地完成手头的工作，这样比较轻松，却给别人带来了无尽的麻烦，也可以选择把工作做得完美，赢得大家的赏识与尊重。

既然做了一件事，就要把它做成功，抱怨你的工作或薪水并不能使你成功，务必要把焦点放在尽可能做出最好成绩的努力上。要成功，要做出骄人的成绩，要成就事业、创造财富，就必须最大限度地发挥自己的才能，使出全副力量，尽最大努力把事情做好。所谓"谋事在人，成事在天"的本质，应该是"谋事在人，成事亦在人"。一屋不扫，何以扫天下？如果你连基本的事情都不能尽可能地完美，那还有什么资格要求更具有挑战性的工作呢？不论自己从事的工作是否重要，都要积极进取、追求完美、精益求精，这样的人才更容易出人头地。"要学会和自己较劲"，和自己较劲的人，拥有了不懈的动力，凭借这样的动力，才能够不断提升自己，全力以赴将工作做到最好，坚韧而执着，这就为改变自己的命运提供了更多的机会，人生也就离成功更近了。

编者手记

每个人都有自己的职位，每个人都有自己的做事准则。医生的职责是救死扶伤，军人的职责是保卫祖国，教师的职责是培育人才，工人的职责是生产合格的产品……社会上每个人的位置不同，职责也有所差异，但不同的位置对每个人却有一个最起码的做事要求，那就是做事做到位，要做就做到最好，否则就不做。职务、事情无大小，不论什么事情只要我们投入百分之百的热情，反复地认真做，就会发现小事里也会蕴藏着巨大的成功。

忠告 36：进步永不止步

人人都想成功，但大部分人都只是希望自己成功，而他们的意愿不是那么强烈，这种人一旦在需要付出代价时，就会退而求其次或者干脆放弃。

——洛克菲勒

当我们被赋予一项重任时，千万不要满足于得过且过的表现或尽职尽责的心态，要做就做到尽善尽美。在追求进步方面，不要做到适可而止，一定要做到永不懈怠；在知识能力方面，不要满足于一知半解，一定要做到精益求精——只有如此，才能确保自己能够高标准地完成别人交给我们的任务，不给别人增添麻烦。

很多人或许能做到尽职尽责，但是却仅仅满足于这点，缺乏一点主动性和创造力。真正优秀的人不仅会把工作做到尽善尽美，而且会在做事的过程中，不断学习，不断进步，这也就使自己超越了平凡，走向了卓越。

伊丽莎白在她所在的部门任经理，她有一个叫皮特的下属。他在工作中成长得很快，这引起了伊丽莎白的注意，伊丽莎白想提拔他，让他担任更重要的职位，于是她向周围的人了解皮特的情况。皮特出生在一个贫困的工薪阶层家庭中，因为经济困难，他刚刚高中毕业便不得不放弃去大学深造的机会。刚开始他到一家百货公司去打工。虽然每周只有 5 美元的薪水，他仍然很珍惜这个来之不易的机会，每天都在工作中不断地学习，努力充实自己，想办法把自己的工作做得更好一些。经过仔细观察，他发现无论有多么劳累，主管每次都要认真地检查那些进口的商品账单。由于那些账单都是用法文和德文书写的，他便开始在每天上班的过程中仔细研究那些账单，并努力钻研与这些商务有关的法文和德文。不长时间之后，皮特就掌握了这些语言。有一天，他看到主管十分疲惫，但仍不得不仔细核查那些账单时便主动要求帮助主管检查。由于皮特一直在学习，早有准备，他自然干得相当出色。从那以后，检查账单的工作便由皮特接手了。皮特很快就适应了新的工作，并且找出了很多更为简便的工作方法，大大提高了工作效率。后来不知道什么原因，那家百货公司关门了，皮特又到伊丽莎白的公司工作，所做的都是很底层的。但是即使是很小的事情，皮特也做得津津有味，他对工作上手很快，学习能力强，而且总有很多好点子。尽管，皮特的学历不高、工作经验也不丰富，但是伊丽莎白还是决定提拔他。后来的事实证明，皮特确实是一个不可多得的人才。伊丽莎白评价他说："你是我发现的为数不多的每天都要求自己进步、日益把工作做得更加完善的人。"

进步没有止境，不论你多么有能力，事情总能做得更好，每个人都有进步的空间。每个人时时刻刻都要高标准、严要求，在工作中精益求精，把工作做到尽善尽美，这样才能赢得老板青睐，获得发展的机会。一位资深的职业咨询师说过："你是否能够让自己在公司中不断得到成长，这完全取决于你自己。如果你仅仅满足于现在的表现，凡事都做到'差不多'或者'将就'的程度，那你在公司的地位永远都不能变得更加重要，因为你根本就没有做出重要的成绩。"

没有最好，只有更好。这是一句值得每个人铭记一生的格言。不要认为自己已经做得够好了。如果你将自己定位于称职，就不会再上升一个层次；如果你将自己定位于卓越，那么你一定能找到方法让自己做得更好。

在职场中，普遍存在着这样一种人，他们认为自己什么都做了。当任务完成得不理想时，他们习惯说："我已经做得够好了。""我已经很努力了，已经不需要再进步了。"工作中习惯于说自己"做得够好了"的人是对工作的不负责任，也是对自己的不负责任。每个人的身上都蕴含着无限的潜能，如果你能在心中给自己定一个较高的标准，激励自己不断超越自我，那么你就能摆脱平庸，走向成功。

任何事情，只要你用认真的态度去对待，它就能变得更好，有些事老是做得不够好，觉得自己只能停留在这一水平了，那只是因为你没有真正用心而已。对于大多数人来说，没有什么比拥有不满足"够好的了"的态度更能帮助他们在自己的生涯中获得成功了。没有人会因为我们具有"想要成为将军"的雄心而拒绝或冷淡我们，那些不求上进的人，才是令人最反感的。

"好好学习，天天向上"几乎是被说滥了的一句话，可是有多少人真正了解其中的含义？学习不难，难的是好好学、用心学。进步也不是做不到，但是可贵的是天天进步。每天进步一点点，经过天长日久地积累，就是了不起的成长。不论什么时候，都不要以为自己做得足够好了，一个总是以为自己做得够好了的人，往往会觉得只要能保持住现在的状态就已经足够了。这样的人忽略了一个事实，那就是不敢挑战自我、不敢接受新任务，只会做自己力所能及的事情，最后只能与成功无缘，一直过着得过且过的日子。

那种"我要做得更好"的愿望实现后的喜悦，是那些做一天和尚撞一天钟的人永远也领略不到的。只要我们相信自己可以做得更好，你就一定能做到，关键还在于，一定要改变我们的态度！当把不断进步变成一种习惯时，就能从中学到更多的知识，积累更多的经验，就能从全身心投入工作的过程中找到快乐。有无数人因为养成了轻视工作、马马虎虎的习惯，做事情敷衍，态度不认真，这样的人终其一生都处于社会底层。

忠告 37： 先做好追随者的角色

在成为大人物前，必须先做好追随者的角色。

——洛克菲勒

洛克菲勒在传授小洛克菲勒交友经验时说："在我们的周围，人人平等，但并不是每个人都相同。有些消极保守，有些则积极进取。在曾与我共事的人当中，有的只是满足于解决温饱之忧，而有的则胸怀大志，想让自己的地位变得举足轻重，他们当然知道，在成为大人物前，必须先扮演好追随者的角色。"

的确，在我们能成为大人物之前，一定要扮演好追随者的角色。洛克菲勒虽然后来一手创建了举世瞩目的石油帝国，但是在此之前，洛克菲勒也是在努力地扮演着追随者的角色。

众所周知，洛克菲勒的长相并不太英俊，棱角分明的前额下面长着一对莫测高深的小眼睛，脸上除了严肃几乎没有其他表情。即使是在 23 岁这样青春的一个年纪，过早的成熟让他看起来有些老气横秋。

克拉克—洛克菲勒公司其实并不大，它看起来就是一个小店。洛克菲勒最早的合伙人克拉克，要比他大十多岁。克拉克是来自英国威尔士的移民，他为人十分高傲，爱摆老资格，并且十分喜欢教训人。和别人谈话时，他经常会谈论英国目前怎样怎样，欧洲的市场如何，依仗自己年长和一定的社会地位，总是在洛克菲勒面前摆出一副国际人士的样子。"没说的，英国和欧洲的情况我很了解，不懂世故的你只要跟着我就行了。""你现在还年轻，这其中的道理你不懂。"克拉克说道。

洛克菲勒向来讨厌自己被当作小孩子，他越来越受不了克拉克那副优越的神情。但是以洛克菲勒当时的处境看，他没有足够的经济实力，没有积攒足够的经验与人脉，为了发展事业，和克拉克合作似乎是别无选择。为了刚刚起步的事业，洛克菲勒对克拉克的颐指气使默默忍受，甘愿在公司里屈居第二。后来公司又加入了一个新的合伙人——安德鲁斯。由于安德鲁斯带来了大量的资金，而且他的社会影响力似乎更高一些。于是公司的名称被改为安德鲁斯—克拉克公司。尽管洛克菲勒对此感到不满和耻辱，但是以他当时的状况，他没有能力和他的合伙人们抗衡，在开创事业之初，他必须先扮演好追随者的角色。但是他坚信：有一天他会完全脱离别人的束缚，还会去主宰别人。事实证明，他完全做到了。共事没有多久，克拉克先生便乖乖地把自己平时颐指气使惯了的领导权，拱手让给了洛克菲勒。

能笑到最后的才是真正的胜利者，后发制人不仅仅是后来居上，而是本身就有实力，故意隐忍，在最适合、最恰当的时候猛然爆发，一举击败对手，取得胜利。商场之上的争夺同样险象环生，要想取胜，除了实力，还要用智谋。

商场如战场，尽管没有硝烟，但有时似乎比有硝烟的战争更惨烈。商战中，争夺的不是生死但却是同样至关重要的利益。在这里，有的人强势、锋芒毕露，震得对手一个个胆战心惊；有的人却收起羽翼，"甘为人后"，似乎是个胸无大志的人。没过多久，最初强势的人被他人群起而攻之，有的就此没落；"甘为人后"的人却在不声不响中慢慢崛起，创造了自己的辉煌。

不仅仅是在商场中，日常生活中也同样如此。有时为了保存实力，要学会韬光养晦，将自己的才华隐藏起来，伺机而动。在没有能力与对方正面竞争的情况下，暂时保存自己的实力，然后养精蓄锐，等待时机，出奇制胜。生活中，我们的对手往往实力雄厚。但是占有优势的他们总是很傲、很狂，自认为自己是天下第一。面对这样的状况，暂时不要宣泄你的愤怒，学会隐忍。千万不可在他们面前露出你的实力或者潜力，要使其欲与你竞争一番的思想慢慢放松下来，麻痹其思想，最终才能抓住机会，成就自己。

有人总结出这样一套生活哲学：在没有能力做第一的情况下，要紧紧跟在排名首位的后面做老二。先隐藏不动，蓄势待发，瞄准机会冲刺第一；或是不愿做"出头鸟"，挂在后面搭个便车。没有人会甘居第二，老二也只是个过渡。正所谓"螳螂捕蝉，黄雀在后"，甘当"老二"、能当"老二"就是做黄雀。很多商人对此颇有感触。他们辛勤地开拓市场，而销售额一旦见好，又生后顾之忧。为什么？因为这个时候，必然有其他人跟上，既是后发制人，更以实力制人。

当然，做追随者并不是说盲目地追随，不思进取地盲从。在扮演追随者角色的时候，要将"成为第一"作为自己的奋斗目标。如果一味地从众，一味地屈服，个人就不愿开动脑筋，也就不可能有所创新。其实，人在考虑自己的决定时，一定要客观地分析可能产生的结果，不必完全依赖外界因素，也不要盲目地迎合别人。不要顾忌别人是什么样子的人，要按照自己的意愿担任各种角色。做适合自己的工作，扮演自己能够适应的角色，这才是成功的基础。盲从是对人生不负责的一种表现，盲从者从不愿意挑起思考、开创的重任。当今社会上充满了形形色色的追随者和模仿者，他们大都是盲目跟从者，总是喜欢依照他人的足迹行走，沿着他人的思路思考。他们认为，走别人走过的路可让自己省心省力，是走向成功、创造卓越人生的一条捷径。殊不知，"模仿乃是死，创造才是生"。对任何人来说，只知道一味模仿是一件很愚蠢的事，是创造的劲敌。它会使我们的心灵枯竭，没有动力；它会阻碍我们取得成功。总之，要知道追随不是盲从，只是"要成为第一"的过渡，是获取更大成功的必要准备。

编者手记 ————

　　如果在商场中你的实力不够雄厚，不足以与行业老大竞争时，那还是要安心扮演好"老二"的角色。先发制人固然可以取得主动权，而"步人后尘"者也不应视为落伍者。特别是对于事业刚刚起步的人来说，他们在开发新产品时，由于受到资金、技术、市场等诸多因素的制约，新产品开发步履维艰，很难在短期内形成规模、产生效益，解决问题的最好办法就是紧跟领跑者。如果不顾自身的实际能力，也拼命地往前冲，就难免因为新产品开发没有形成气候，投入市场后存在这样那样的缺点，结果自掘坟墓，使自己处于困境当中。

第八章

人生最有价值的投资是时间

忠告 38: 时间比金钱更有价值

金钱花光了还可以再赚，而时间流逝了就再也不会回来。金钱可以从别人那里借，可是时间不能借。没有什么比时间更重要。

——洛克菲勒

有人说过这样一段话："投入多少不能用金钱来衡量，而是要用时间来计算。而且在时间和金钱这两项资产中，时间是最宝贵的。"当我们意识到时间的宝贵和时间亦有价格的那一刻开始，我们将变得更富有。但是我们周围有很多人，想通过节俭来储蓄更多的钱，为此他们浪费了很多时间。例如周末打折的商场里，人山人海，很多购物的人，他们花了很多小时仅仅就是为了节约几块钱。他们可能节约了一点点钱，但却浪费了很多的时间。

洛克菲勒是一个十分重视时间的人，他对孩子们最严格的要求是遵守时间。由于他过分强调时间，孩子们有时会因此而变得焦躁不安。洛克菲勒的女秘书记得小洛克菲勒经常以秒为单位仔细计算从电报室到二楼书房的时间。女秘书回忆说："从那以后，当孩子们正在听我念故事而又快要上课时，便由小约翰拿着表负责时间。一旦他站起来，不论故事念到哪都到此为止，姐姐们该跟着他去上课了！"

洛克菲勒对孩子们说:"穷人用金钱衡量价值,而富人用时间衡量价值。"洛克菲勒仅仅把钱看作一种交易的媒介。对他来说,金钱本身没有多大的价值,他总是想用金钱去换点有价值的东西。

"变富的计划的关键是价值。而且,很多人都认为价值是用金钱来计算的。实际上,价值是要用时间来计算的,因为时间比金钱更重要。"很多人都想致富或去做富人进行的投资,但他们都不愿意投资时间。这就是为什么一百个美国人中只有三个富人的原因,而这三个人中还有一个人是因为继承遗产而富有的。

时间的价值就像金钱的价值一样:完全体现在如何使用上。舍不得花费时间去获取更多的幸福,去使更多的人幸福的人,就是虚度年华。

对任何人而言,生命只有一次,而人生也不过是时间的累积。如果我们让今天的时光白白流逝,就等于毁掉人生最后一页。所以,我们要好好珍惜现在的分分秒秒,因为它们将一去不复返。我们不能把时间存入银行,可以随时取用。时间无影无形,让我们无法抓住。不论多么伟大的数学家都无法准确计算出时间的价值,因为它的价值不可估量。

时间就是生命本身,时间也是独一无二的,对每个人来说都是只有一次的宝贵资源。每个人的人生旅途都是在时间长河中开始的,每个人的生命都是随着时间的推移而发展的。只有那些能够把握时间、会利用时间的人,才能最早接近成功的终点。

生命总是在不经意间悄悄溜走,如果不去主动抓住它,它永远不会停留。它平等地属于每一个人,所有人在时间面前没有高低贵贱之分。时间能够给人带来无数的奇迹,但是你必须用心去把握。时间在某一方面如同金钱,愈是懂得利用的人,愈感觉它的价值;愈是贫穷的人,愈感觉它的可贵。问题是当我们富有时,往往不知如何利用而任意挥霍,真正需求的时候,却已经所余无几了。莎士比亚曾说:"时间是无声的脚步,是不会因为我们有许多事情要处理而稍停片刻的。"时间是公正的，因为不论富人或穷人，男人或女人，聪明或不聪明的，摆在你面前的时间，每天都是 24 小时，总统和乞丐的生命都是同一单位；时间又是很偏心的，那是因为有人懂得珍惜，有人暴殄天物。对时间的挥霍是一种最大的浪费，人生没有回头的路可走，我们无法回过头去找到我们曾经无意之中浪费掉的哪怕是一分钟的光阴。

浪费掉的时间就永远失去了，我们永远无法追回，但是，如果学会科学地把握时间、追求效率，在适当的时间内做完应该做的事情，而不是杂乱无章，只做你刚好遇到的事情。计划中的事情做得越多，效率也就越高，也就更能够掌握时间。没有人能够选择你遇到的每一件事情，但是，大多数的时间你都有所选择，这些是你要尽量完成的。

洛克菲勒对儿子说："'珍惜时间和金钱。'我一直以为这是一则凝聚着伟大智慧的箴言。我相信绝大多数的人都会喜欢它，但他们却难以将其变成自己的思想信念和价值信条，并永远融入自己的血液中。然而，在很多人那里，时间是他们的敌人，他们消磨它，抹杀它；但如果谁偷走了他们的时间，他们又会大发雷霆，因为时间毕竟是金钱，重要的是：时间还是生命。遗憾的是，他们就是不知道如何利用时间。"

"一寸光阴一寸金"，我们都深知时间的重要性，可又不得不无谓地浪费掉很多宝贵的时间。真像人们通常说的那样"没办法"吗？其实不然，关键是很多人没有真正掌握控制时间和利用时间的艺术。由于每一天都只有一次，所以，没有所谓"失去的"日子，也没有更多的时间供你挥霍。有时你也许会想，就在例行的事务中混下去，打发光阴，消磨时间。但是没有任何一天是"多余"意义上的徒劳，也没有哪一天可以如此糟糕地度过。千万不要睡懒觉，要平静和崇敬地度过每一天，让自己生活得精彩。

浪费时间是一种坏习惯，要戒掉这个坏习惯，需要付出一定的努力。我们应立即着手寻找你浪费时间的习惯。当找出自己浪费时间的恶习后，把你一定得避免的坏习惯列在清单上，用命令式的语气写下自己该根除的恶习。每当你看到这张清单时，就会不断地提醒自己要避免这些恶习。同时，要把自己浪费时间的行为矫正好。过不了多久，你就会发现自己有很大的进步，可以在更短的时间内做完更多事情。

忠告 39： 时间的价值体现在如何使用

几乎人人都知道，构筑幸福生活、实现伟大抱负，这一切美好愿望的实现与否都与如何利用时间密切相关。

——洛克菲勒

成功者往往懂得计划时间。时间的价值非比寻常，它与我们的发展和成功关系非常密切。同样的工作时间、同样的工作量，为什么有时候我们总不能像别人那样在第一时间完成？计划时间，就是要制定目标，使自己明白自己是如何利用时间的。

洛克菲勒说："要利用好自己的时间，最重要的是我们对每一天甚至是每一刻都做好计划，思考自己应该思考什么，并采取怎样的行动。计划是我们按照每天情况去如何生活的依据，它能显示什么是可行的。要制订完美的计划，首先要确认自己想要什么；还有，每项计划都要有措施，并要监督成果。""能付诸行动、有成果的计划才是有价值的计划。当然，创造力、自发精神和信念可以化不可能为可能，并突破计划的限制，所以，不要让计划成为桎梏自己的枷锁。"

摩根是当时的金融大王，也是洛克菲勒强有力的竞争对手，在商场上两人一次次交锋。洛克菲勒对摩根的评价是："十分傲慢，自视甚高，不把人看在眼里。我瞅着他，平心而论，我历来弄不明白，为什么一个人会对自己有这么一种高大的感觉。"当时美国上流社会是这样描绘二人的差别与关系的："从个性上说来，摩根傲气凌人，刚愎自用，一心想当支配人的角色，不愿与当代头面人物平起平坐……而洛克菲勒则为人稳重，有自制力，生性淡泊，不愿引起公众的注意。他不喜欢摩根的那种阔佬气派：豪华生活方式，在游艇、艺术珍品和私人藏书上大手大脚；兴趣多方面多层次，生活则如贵族似的绚丽夺目。两人相遇，犹如烈火遇见洪水，水火难容，互不理解。"

但是，有一点洛克菲勒对摩根赞赏有加，那就是他能不浪费一点时间，他认为在美国金融界与人接洽生意能以最少时间产生最大效率的人，非金融大王摩根莫属。

摩根每天上午9点30分准时进入办公室，下午5点回家。有人对摩根的资本进行了计算后说，他每分钟的收入是20美元，但摩根认为不止这些。所以，除了与生意上有特别关系的人商谈外，他与人谈话绝不超过5分钟。

通常，摩根总是在一间很大的办公室里，与许多员工一起工作，他不是一个人待在房间里工作。摩根会随时指挥他手下的员工，按照他的计划去行事。如果你走进他那间大办公室，是很容易见到他的，但如果你没有重要的事情，他是绝对不会欢迎你的。

摩根能够准确地判断出一个人来接洽的到底是什么事。当你对他说话时，一切转弯抹角的方法都会失去效力，他能够立刻判断出你的真实意图。这种卓越的判断力使摩根节省了许多宝贵的时间。

时间弥足珍贵。人的一生中，有三分之一的时间要用来睡觉，三分之一的时间用来做其他的事情，真正用来工作的只有三分之一的时间。我们假设人生共有70年：人的一生中站立的时间最长，在不知不觉中站了30年；睡卧的时间居第二位——23年；可人用于工作的时间总共才10～12年；人补充能量的时间竟是工作时间的一半———一生中要在饭桌上度过6年；人一生用于交谈的时间需要2年……算一算我们的时间，我们就会发现很多触目惊心的数字。我们的一生究竟拥有多少时间，我们已经度过了多少时间，我们的剩余时间还有多少，我们还有成功的可能吗？我们是否打算一辈子都这样下去？那么，我们应该怎样充分而又合理地利用时间呢？

要想赢取时间，首先要学会善用零碎与余暇时间。"时间就像海绵里的水，只要愿挤，总还是有的。"实际上正是如此。有人这样算过一笔账：如果每天临睡前挤出15分钟看书，假如一个中等水平的读者读一本一般性的书，每分钟能读300字，15分钟就能读4500字，一个月是126000字，1年的阅读量可以达到1512000字。而书籍的篇幅从60000字到100000字不等，平均起来大约75000字。每天读一刻钟，一年就可以读20本书，这个数目是相当可观的，远远超过了世界上人均年阅读量，而且这并不难实现。

同样，如果你觉得自己缺乏思考问题的空闲时间，不妨试着坚持每天睡前挤出十几分钟的时间，一旦形成了习惯，长期坚持下去就很容易了。除了认真用好余暇时间之外，我们还应该学会善用零碎时间。比如，在车上时，在等待时，可学习，可思考，可简短地计划下一个行动，等等。把零碎时间用来从事零碎的工作，从而最大限度地提高工作效率。充分利用零碎时间，短期内也许没有什么明显的效果，但积年累月，将会有惊人的成效。

再就是同时处理，提高效率。比如我们可以边锻炼边听广播。

作为领导者，还要学会授权，不要事必躬亲。一个人如果什么事都自己去做的话，暂且不说并非每件事他都能做，仅所用的时间就占去他大部分光阴。所以说，要想有更多属于自己的时间，就必须学会授权。授权，是一个人事业成功之道。它使每个人感到受重视，被信任，进而使他们有责任心，有参与感，这样整个团体同心合作，人人都能发挥所长，组织才有活力，事业才会有所建树。无论在什么时代，一个杰出的领导者必定是一个高明的授权人，充分授权是领导群体的最佳手段。

编者手记

在我们的一生中，除去吃饭、睡觉，可用来工作的时间少之又少，如何用这短暂的时间来取得成功呢？那就需要我们好好利用时间，制订计划并切实付诸实施。

忠告 40：无法管理时间，那什么也管理不了

时间是最宝贵的资源，不懂时间管理，那就什么也无法管理。

——洛克菲勒

歌德曾经说过："我们都拥有足够的时间，只是要好好善加利用。一个人如果不能有效利用有限的时间，就会被时间俘虏，成为时间的奴隶。一旦在时间面前成为弱者，他将永远是一个弱者。因为放弃时间的人，同样也会被时间放弃。"洛克菲勒认为只有了解时间并善于管理时间的人，才是卓有成效的领导者。他认为管理时间必须会计划时间、简化工作以及授权于人。

洛克菲勒家族的人时间观念都很强，他们不允许丝毫的时间被浪费。洛克菲勒的孙子劳伦斯也是一个很会管理时间的人，并且要求自己的子女恪守、珍惜时间。他常常给孩子们讲起偶然间听到的一个音乐家的故事。

有一个年轻的音乐爱好者，他生就一副好嗓子，对他来说，成为一个音乐家是他一生最大的目标。因此，只要有多余时间，他就把它用在音乐创作上。

这位年轻人经常向一位年老的音乐家请教，老音乐家了解年轻人对音乐的执着。然而，面对那遥远的音乐界及整个美国陌生

的唱片市场，老音乐家也无计可施。

有一次闲聊，老音乐家突然问："想象你5年后在做什么？"年轻人还来不及回答，他又说，"别急，你先仔细想想，完全想好，确定了再告诉我。"想了想后，年轻人开始说："第一，5年后，我希望自己能有一张唱片在市场上发行，而这张唱片很受大众欢迎；第二，5年后，我要能天天与一些世界一流的音乐家一起工作。"

老音乐家听完后说："好，既然你已经确定了，我们就把这个目标倒过来看。如果第五年，你有一张唱片在市场上，那么第四年，一定要跟一家唱片公司签约。那么第三年，一定要有一个完整的作品，可以拿给很多很多的唱片公司听，对不对？那么第二年，一定要有很棒的作品开始录音了。那么第一年，就一定要把你所有要准备录音的作品全部编曲，排练好。那么第六个月，就是要把那些没有完成的作品修饰好，然后让你自己可以一一筛选。那么第一个月，就是要把目前这几首曲子完工。那么第一个礼拜，就是要先列出一个清单，排出哪些曲子需要修改，哪些需要完工。"

老音乐家一口气说完，停顿了一下，然后接着说："你看，一个完整的计划已经有了，现在你所要做的，就是充分利用时间，并按照这个计划去认真地准备每一步，一项一项地去完成，这样到了第五年，你的目标就实现了。"说来也怪，恰好在第五年，年轻人的唱片开始在北美畅销起来，他一天24小时几乎全部都忙着与一些顶尖的音乐高手在一起工作。运用逆向思维，目标倒推，将你的时间完全置于目标中，会取得最大化绩效，帮你制定更加适合的时间计划表。很多人都没有想过，制定目标，给自己计划时间，有多么重要。我们总是抱怨当今社会竞争激烈，然而，我们是否想到，给自己的生活制订一个详尽的计划，并且不断地充分按照计划的要求去执行呢？我们把时间浪费在没有用的争吵、抱怨、牢骚中，唯一缺少的就是管理自己的时间，制订自己的计划。为什么别人可以在同样的时间内做出成就，我们却还在庸庸度日，碌碌无为呢？行动起来吧，给自己目标。

现在满大街都是步履匆匆的人，他们每天忙得不可开交，总是行色匆匆，总是有做不完的工作、开不完的会、吃不完的宴席。为什么会出现这种情况呢？这是因为很多人根本没分清楚哪些事情该做，哪些事情不必做，哪些事情纯粹是在浪费时间。所以，要想取得更大的成就，就必须剔除那些浪费时间的事情，简化你的时间，让你的时间做最有用、最有价值的事。

只有善于把握时间的人，才能走向成功。洛克菲勒经过多年的观察和工作经验，认为讲效能的管理者非常注意管理自己的时间。因为时间是个人最重要也是最基础的资源。然而很多人并不认为浪费时间就是在增加成本。其实，关于时间的认识是最基本的，每个人的时间都是有限的且具有不可逆性。因此，我们能做的只能是珍惜时间，并使之产生最大的效能。

珍惜每一分钟，最大化时间的价值，几乎是每一位成功者必修的一课。学会有机的管理时间，才能保证做事的效率，提高生活的质量。被人们称为时间管理大师的哈林·史密斯曾经提出过"神奇三小时"的概念。他鼓励人们早睡早起，每天早上早早起床，这样可以比别人更早开始新的一天，在时间上就能跑到别人的前面。利用每天早上 5 ~ 8 点的"神奇的三小时"，你可不受任何人和事干扰地做一些自己想做的事。每天早起三小时就是在与时间竞争，你必须讲求恒心，养成早起的习惯，以后你会受益无穷。

对每个成功的人来说，时间管理是很重要的一环。时间是最重要的资产，每一分每一秒逝去之后再也不会回头，关键是如何有效地利用你的时间。

编者手记

我们要做时间的主人，我们应该高效率地运用每时每刻。我们必须重视时间的价值。拿破仑·希尔指出，利用好时间是非常重要的，一天的时间如果不好好规划一下，就会白白浪费掉，就会消失得无影无踪，我们就会一无所获。光阴，对所有人来说都是转瞬即逝，必须爱惜。我们只有爱惜时间，努力学习才能有所得，如果我们浪费自己的时间，那么我们到头来只会一无所有。珍惜时间的人，往往更加刻苦努力地学习。

忠告 41： 节约时间等于延长有效生命

金钱能够储蓄，而时间不能储蓄。金钱可以从别人那里借，而时间不能借。人生这个银行里还剩下多少时间也无从知道。因此，时间更重要。

——洛克菲勒

"你热爱生命吗？那么别浪费时间，因为时间是组成生命的材料。"生命中没有任何一天是多余的，所以没有供我们浪费的时间。

昨天，是张作废的支票；明天是尚未兑现的期票；只有今天才是现金，有流通性的价值之物。如何延长我们的生命，增加人生的价值，创造更多的财富呢？让我们来设想一下，假如今天是我们生命中的最后一天，我们会怎么办？我们又该如何利用这最后、最宝贵的一天呢？

洛克菲勒的小女儿伊迪斯发觉自己起床越来越早，睡觉越来越晚，只不过是为了应付日常生活所需。伊迪斯是贤妻良母，在工作中也颇有建树，但是她却总是感到不够时间做完该做的事。伊迪斯于是和她的丈夫哈罗德·福勒·麦考密寻求简化生活之道。伊迪斯说："我们必须先确定人生哪些事情最重要。"他们知道，应该多腾出点时间与孩子们在一起，也要多做些运动，饮食均衡，多与朋友来往。

夫妇二人决定从此过朴素的生活，购物时会考虑是否有需要。"我还是很勤快，不同的是现在我能完全支配自己的时间，"伊迪斯说，"我现在可以腾出时间带孩子游玩。过去我因为精神紧张，常常头痛，现在头痛消失了。我们简化生活，抛弃了那些浪费时间的杂事，其实获益更多。""我现在觉得自己有足够的时间做足够多的事情，仿佛我的生命被延长了。"

"人不会死于工作过度，而会死于浪费和忧虑。"是的，死于浪费精力。那些人之所以忧虑，就因为他们的工作好像永远也做不完。

时间的脚步是无声的。冬去春来，稍不留意，时间就从我们的身边悄悄溜走。它不会给延误时间的人以任何宽恕，也不会因任何人的苦苦哀求而停留片刻。有时时间是无情的，对于挥霍它的人，时间会夺走他的青春让他一事无成；有时，时间又是有情的，对于珍惜它的人，它馈赠以无穷的智慧和财富。

时间就像是一只装满水的水桶，如果水桶的底部有一个小洞，水很快就会漏光。虽然它会流很长的时间，但这和我们直接把水倒掉的结果是一样的。一个人要想在短暂的人生中有所成就，就应该珍惜时间，只有你不轻视时间，不虚度光阴，你才能得到时间给你的巨大回报。

一场大病复原后，洛克菲勒在一次和朋友的宴会上，听到这样一个故事，并且大受启发，自此他的心里不再全部被工作占据，他开始发展自己的个人爱好，打高尔夫球，侍弄植物。那究竟是什么样的故事让洛克菲勒发生了这么重大的变化呢？

吉姆和大卫一起去医院看病，他们都是鼻子不舒服。在忐忑地等待化验结果期间，吉姆说如果是癌，立即去旅行。大卫也有同样的打算。

结果出来了，吉姆得的是鼻癌，大卫长的是鼻息肉，吉姆很快离开了医院，大卫留在医院继续治疗。吉姆的计划是：去一趟埃及和希腊，以金字塔为背影拍一张照片，在希腊参观一下苏格拉底雕像；读完莎士比亚的所有作品……

他是这样计划的：我的一生有很多梦想，有的实现了，有的由于种种原因，没有实现。现在上帝给我的时间不多了，为了没有遗憾地离开这个世界，我打算用生命的最后几年去实现剩下的愿望。不久之后，吉姆就去了埃及和希腊。现在吉姆正在实现他出一本书的夙愿。

一天，大卫在报上看到吉姆写的一篇有关生命的文章，于是打电话去问吉姆的病情。吉姆说："我真的无法想象，要不是这场病，我的生命该是多么糟糕。是它提醒了我，去做自己想做的事，去实现自己想去实现的梦想。现在我才体会到什么是真正的生命和人生。你都不知道这段时间过得有多充实快乐，你生活得也挺好吧？"

大卫什么都没说，只是悄悄挂掉了电话。他早就忘记了曾经要出去旅游的事情了。

人生在世，每个人都不可避免地会走向生命的尽头，有的人走得快，有的人走得慢。而走得快的人，为了把自己未完的事情做完，不再让生命留下遗憾，而活出了精彩的人生。而走得慢的人，总是想着自己还有足够的时间去实现自己的人生目标，一拖再拖，直到最后仍然没有完成，碌碌无为地度过了自己平庸的一生。

如果把每一天都当成生命里的最后一天，会发现原来一切皆在掌握之中。

假如我们把每天都当作生命的最后一天来度过，是不是就不会有那么多误解和遗憾？

假如我们把每天都当作生命的最后一天来度过，是不是彼此就会多一些包容和谅解？假如我们把每天都当作生命的最后一天来度过，是不是我们的人生会如夏花般灿烂？

但实际上，没有人会把每一天当作最后一天来度过，所以我们的生活中会有争吵和争吵过后的沉默；会因误解而彼此留下遗憾；会因不够包容而不愿谅解；因为虚度光阴而平庸了一生。而正因为我们没有把每一天当作最后一天来度过，我们越来越沉默甚至失去了争吵的力气；正因为我们没有把每一天当作最后一天来度过，误解之后的遗憾会让我们抱憾终生；也正因为如此才不愿意包容和谅解，让彼此之间的爱流逝在生命的岁月里；所以我们说笑着随意地挥霍着时间。

所以若是果真把每一天都当作生命的最后一天去度过，我们的生活应该是怎样的多彩和充实！我们会发现生活原来是那么美，阳光很温暖，天空很蓝，人们很和善，我们的梦想实现起来也是那么容易。珍惜时间，节约时间，能延长我们的有效生命。不要追求世间不存在的长生不老，要追求的是让生命更有价值。

编者手记

学会管理自己的时间，必须尽量少做浪费时间的事。我们每个人都有简洁的生活，浪费精力的事情既损害了我们的生命质量，也降低了我们的工作效能。作为管理者，应该时刻警醒，什么事是我们应该做的，什么事浪费我们的精力，然后选择重要的事去完成。

第九章

在任何阶段都要充实自己的心灵

忠告 42：心灵同样需要粮食

就像我们有身体上的食欲一样，我们也有精神上的食欲。

——洛克菲勒

　　洛克菲勒说，每个人都有精神上的食欲，这就如同我们身体上的食欲一样，但许多人却常常以没有时间为借口，忍心让自己的心灵忍受饥饿的痛苦。他们只在意外或偶然的情况下才去充实一下自己的头脑，但却时刻不忘满足他们脖子以下的需求。

　　当洛克菲勒不满自己唯一的孙女巴布斯有许多恶劣的行为，例如厌恶晨祷，她甚至偷偷吸烟上瘾，又拒不听从父亲的规劝，不同意戒烟。此外，她还玷辱家族名声，成为 1925 年小报上的大字标题新闻，说她因在河滨大道上开快车，时速 27 英里，结果受到传讯。有一天洛克菲勒让孙女陪自己散步，对她说了这些话：

　　"我们所处的时代，几乎人人都在无限制地满足脖子以下的需求却忽视脖子以上的。事实上，你会经常听到有人说漏吃一顿午餐是件大事，却听不到这样一种声音：最后一次满足心灵饥渴是在什么时候。难道我们每个人都精神富足吗？显然不是。"巴布斯显然不知道祖父想说什么，茫然地看着苍老的祖父。

洛克菲勒似乎没有注意到孙女的茫然，继续说道："在我们这个世界上，精神匮乏的人随处可见，那些生活在沮丧、消极、失败、忧郁中的人，他们都迫切需要精神的滋养和灵感的召唤，但他们几乎全都排斥充实他们的心灵的机会，任由心灵黯淡无光。""亲爱的孩子，你需要更多的东西来充盈你的内心。"巴布斯瞬间羞红了脸，她知道这是祖父对她的一些行为提出警告了。

　　"如果空虚的头脑能像空虚的肚子一样，要填满一些东西才能让主人满足的话，那该有多好。可惜，没有这么便宜的事情，人们反要接受心灵空虚的惩罚。"洛克菲勒在一条长椅上坐下来，"心灵是我们每个人真正的家园，我们是好是坏都取决于她的抚育。因为进入这个家园的每一件东西都有一种效用，都会有所创造，为你的未来做准备，或者会有所毁灭，降低你未来可能的生命成就。例如积极。""积极？"巴布斯瞪大了眼睛。"是啊，孩子，你难道没有听到过这样一个故事吗？"接着，洛克菲勒又缓缓地讲起了故事。

　　两个小桶一同被吊在井口上。其中一个整天很快乐，而另外一个却总是很忧愁。有一天，快乐的小桶问忧愁的小桶："你看起来似乎闷闷不乐，发生什么不好的事情了吗？"忧愁的小桶回答："我常在想，我们的工作根本就是徒劳，没什么意思。每次都是这样，装满水上去，又被倒空了下来。每一天都觉得自己在虚度生命，仿佛连灵魂都慢慢地枯竭，你难道不这样认为吗？"

　　快乐小桶轻松地说："我不这么觉得，我一直想：我们每次都是空空地来，装得满满的回去，再将这满满的水送给他人分享，我觉得自己活得很有价值，活得很快乐！"

　　显然这是一种境界——决定以积极的态度来应对这个纷繁复杂、顺逆起伏的世界。一旦达成这种境界，即使遇到消极的情况，我们也能使心灵自动地做出积极的反应。为达到这种境界，我们只有充实、洁净我们的心灵。

　　积极的力量是巨大的，如果我们的心是暖的，那么在自己眼前出现的一切都是灿烂的阳光、晶莹的露珠、五彩缤纷的落英和随风飘散的白云，一切都变得那么惬意和甜美，无论生活有多么的清苦和艰辛，都会感受到天堂般的快乐。心若冷了，再炽热的烈火也无法给这个世界带来一丝的温暖，我们的眼中也充斥着无边的黑暗、冰封的雪谷、残花败絮般的凄凉。所以，细细地倾听来自心灵的声音，就能从心灵的舒展开合中获取力量。

每一天，都并非虚度，如果你努力地向充实靠拢；每一天，灵魂都会得到丰富，如果你从来不恣意纵容自我。当那个悲观的小水桶日复一日地用空洞的眼神抬头望天时，天是空的，灵魂也在衰老之中；而另一只乐观的小桶，则用快乐填满了自己的生活，每一天都新鲜生动。

生命是短暂的，在这短暂的生命里会有许多需要选择的事情，例如一个事物是善的还是恶的，一个行为是不是应该去做，是走左边那条路还是右边的那条。其实，就在这些简简单单的选择中，你的生命轨迹已经逐渐地成形。过早地衰老还是永远保持年轻，都在你的一念之间。

洛克菲勒说："人的心灵的行为，以供应它的事物为根据。我相信，放进心灵中的事物对我的未来非常重要。所以问题显然是：我们要怎样喂养我们的心灵——找什么时间去补充什么精神食粮。"

洛克菲勒不仅要求孙女注重随时补充精神食粮，他曾经给儿子小洛克菲勒专门写过一封信强调丰盈心灵的重要性："亲爱的约翰，你是否听到过这样一件事情，伐木者的产量会下降，那是因为他没有抽出时间来磨他的斧头？我们花钱以及大量时间，去修饰脑袋的外表，刮胡须、理头发，我们有没有必要花同样的时间和金钱，来对我们脑袋的内部进行装饰呢？答案是肯定的，而且可以做到。"

事实上，精神食粮随处可得，我们可以选择读一本好书，看一部经典的电影，多和优秀的人交谈，善于自省。这些都会让我们学会既聪明又谦逊，既谦逊又聪明。

编者手记

保持虔诚的精神和友善的行为，在生活中汲取营养，在贡献中快乐，这样的清醒是多么难得。在清醒的时候，再看见那些关于衰老或者空虚的烦恼，就会像是在看一场梦，云烟过眼，天朗风清。无论做什么，都要给灵魂以给养，使它永远保持旺盛的生命力。若能如此，即使人生并没有创造出奇迹，也会拥有属于自己的精彩。

忠告 43: 心灵垃圾需要定时清理

让心灵之光照耀我们前进的路。

——洛克菲勒

每个人的一生都像一次奇异的充满未知的旅行，路途或许遍布荆棘，泥泞坎坷，也或许是阳光大道，鸟语花香。不管怎么样这都是我们自己独特的经历，如果我们的心灵被杂草挤满，那就无暇装进鲜花与美景，就会垂头丧气，毫无生机，这样的人生注定不会美好。

心理学家曾指出：人是最会制造垃圾污染自己的动物之一。清洁工每天早上都要清理人们制造的成堆的垃圾，这些有形的垃圾容易清理，而人们内心诸如烦恼、欲望、忧愁、痛苦等无形的垃圾却不那么容易清理了。

我们在装修房子的时候，总是会小心谨慎地制订详细的方案，研究每一个细节，墙壁的颜色，地板的质地，吊灯的造型，都是不可忽视的部分。我们为自己的家园精心选择了最好的建材。但是在建设精神家园的时候，我们却太粗心了。虽然精神家园比物质家园重要得多，但是很多人却出于各种原因不肯多费心思。

那些类似恐惧、烦恼、焦虑、不安等消极念头一旦成为精神家园的建材，那么它们便可能发霉、腐烂，我们的心灵世界就岌岌可危了。所以，为了保持心灵家园的纯洁，我们必须选择勇敢、乐观、积极的思想，并且及时进行"精神扫除"。清扫心灵不像日常生活中扫地那样简单，它充满着心灵的挣扎与痛苦。不过，我们可以告诉自己：每天扫一点，每一次的清扫，并不表示这就是最后一次。而且，没有人规定你一次必须扫完。但你至少要经常清扫，及时丢弃或扫掉拖累你心灵的东西。

除此之外还有一个更有效的方法，那就是用美德来充盈我们的心灵空间，让垃圾再无容身之处。

洛克菲勒十分看重优秀的心灵品质，他说："让心灵之光照耀我们前进的道路。"有一次在和同事闲聊的时候，他说起这样一个故事。

有一位了不起的哲学家，他带着他的一群学生周游各国，几年间，他们几乎游历了所有的国家，拜访了所有有学问的人，他们归国后，个个满腹经纶。在进城之前，哲学家在郊外的一片草地上坐下来，对他的学生说："经过这么多年的游历，你们都已是饱学之士，现在学业就要结束了，我们上最后一课吧！"

学生们围着哲学家坐了下来，哲学家问："现在我们坐在什么地方？"弟子们答："旷野里。"哲学家又问："旷野里长着什么？"弟子们说："长满杂草。"

哲学家微笑着说："对，旷野里长满杂草，我最后要问的就是你们会如何除掉这些杂草。"学生们很不解，老师怎么会在最后一课问这么简单的一个问题呢。

一个学生首先开口说："很简单，只需要一把铲子。"哲学家点点头。

另一个学生接着说："用火烧是一种更省力的方法。"哲学家微笑了一下。

第三个学生说："撒上石灰就会除掉所有的杂草。"

又有一个学生说："斩草除根，只要把根挖出来就行了。"

等学生们把想法说完，哲学家站了起来，说："最后一堂课就到这里了，你们回去后，按照各自的方法除去一片杂草，一年后再来相聚。"

一年后，他们都来了，不过原来相聚的地方已不再是杂草丛生，它变成了一片长满谷子的庄稼地。

洛克菲勒总结到：如果我们想让自己的心灵世界再无纷扰，唯一的方法就是用好的品格占据它，不给心灵毒瘤滋生以任何空间。雄辩家约翰·高夫曾在费城的某个讲台上大声呼吁："每个人都应当保持自己人生档案的清白。"

如果一个人的心灵是不纯洁的，你很难设想他的思想是纯洁的，他的谈话和他整个的生活是纯洁的。透明纯净的性格其价值是无法估量的。但是生活在复杂的现代社会，心灵很容易受沾染，"如果我教导你要通过与世隔绝来保持自身的纯洁的话，"洛克菲勒给儿子这样写道，"那么，我就是一个糟糕透顶的老师。我们不需要那种与世隔绝的纯洁，我们需要的是那种在纷繁复杂的世界里保持的高尚纯洁。即便是身处最恶劣的环境之中，也要像出淤泥而不染的芙蓉，开出最美丽纯洁的花朵，虽然她长于蕴藏着死亡腐败的淤泥中，但是她却姿态高洁，一尘不染。"

卡耐基说："永远要记住，你的心灵就是你一生的宝藏，你要不断地挖掘它。"当我们抬头仰望夜里的星空，我们就会感受到自己是浩瀚而和谐的宇宙一部分，感到愉快与自由。当我们低下头来审视自己的心灵时，我们就能体验和分辨人性的卑劣和尊贵，道德良知会驱使我们对抗鄙俗和邪恶，追求平凡而伟大的人生。

我们都活在自己的心灵中，都活在以自我为中心的情感中，自我的精神情感也会随外界的干扰而变化，心灵的运作使我们与外界空间有了广袤的沟通通道，我们不能不对心灵的无限自由度熟视无睹或不闻不问。

一个人，在尘世间走得太久了，心灵无可避免地会沾染上尘埃，使原来洁净的心灵受到污染和蒙蔽。的确，对一个未知的开始，而你又不确定哪些是你想要的。所以，不要害怕自己选择了错误的东西，但一旦发现错误，一定要及时修正，清除心中的杂质，让自己纯净的心灵重新显现。

编者手记

时下有不少人很舍得花时间、花钱物来美化自己的仪表，穿金戴银，涂脂抹粉，极力为之，却忘了透视自己的灵魂，对落满败叶、布满污垢、长满斑点甚至毒瘤的心灵漠然视之。通过净化心灵，我们会越来越觉得整个生命越来越轻松，而我们的需求却越来越少，我们的执着会慢慢没了踪影，我们会觉得我们有无限的能量，永远是年轻的生命，我们会越来越靠近那伟大的神性。净化心灵吧，因为心灵本身也会在她受污染时向你发出信号，她会使你心情很糟，如果你不希望这样，那就继续努力，延续你灵性升华的朝圣之旅吧。

忠告 44：避免成为欲望的奴隶

引领人们爬向高峰的动力，是一种定期滋润与强化心灵，因而日趋旺盛的驱动力。那些拥有成功人生的人，无疑都能体认到，高峰有很多空间，但是没有足够的空间供人坐下停留。他们了解，心灵像身体一样，必须定期供给营养才行，身体、心理与精神方面的营养，都要分别照顾到。

——洛克菲勒

塞涅卡曾说："如果你不能对现在的一切感到满足，那么纵使让你拥有全世界，你也会伤心。"

有一次，洛克菲勒和儿子小洛克菲勒在院子里捕麻雀。洛克菲勒教儿子用一种捕猎机，它像一只箱子，用木棍支起，木棍上系着的绳子一直接到他们隐蔽的花丛中。麻雀受撒下的粮食的诱惑，一路啄食，就会进入箱子，只要一拉绳子就大功告成了。

支好箱子藏起不久，就有一群麻雀就飞来了，数数有九只。大概是饿久了的缘故，不一会儿就有六只麻雀走进了箱子。洛克菲勒示意儿子可以拉绳子了，但是小洛克菲勒却小声说："过会儿，等那三只也进入箱子再拉绳。"等了一会儿，那三只非但没进去，反而又走出两只麻雀。洛克菲勒又提醒道："现在你可以拉绳子了。"小洛克菲勒有点后悔了，说："这次只要再有一只进去马上就拉绳子。"可是令他没有想到的是，又有三只麻雀走了出来，小洛克菲勒有点慌了。洛克菲勒在身后轻声说："亲爱的儿子，如果你现在拉绳子，你还能得到一只麻雀，拉绳子吧。"小洛克菲勒很不甘心："应该还会回来一两只的。"然而，当仅剩的那只麻雀吃饱后也离开了。一只鸟都没有逮到，小洛克菲勒很沮丧。洛克菲勒摸摸儿子的头，语重心长地说："人的欲望无穷无尽，机会却转瞬即逝。欲望太多反而会让你失去更多，儿子，你需要学会克制欲望。"

贪婪是欲望无止境的一种表现，它让人永不知足。永不知足是一种病态，其病因多是对权力、地位、金钱之类的贪婪而引发的。这种病态如果继续发展下去，就是贪得无厌，其结局是利欲熏心，自我毁灭。小洛克菲勒就是因为贪婪，想得到更多的东西，最后却把现在所拥有的也失掉了。

洛克菲勒告诫洛克菲勒家族的孩子们："对金钱和对它所代表的欲望的追求，乃是一种必须加以控制的冲动。"这一家教，从小洛克菲勒青年时期以来就没有改变多少，而为使对金钱欲消减的处方也依然如故。这个处方便是账簿。小洛克菲勒的儿子戴维总是非常认真地从事记账工作，这是他的父亲和祖父做过的事情。他自己也曾这样做过，因此他的子女们也要记他们这一代的"甲种账册"。

古希腊哲学家科蒂说："一个人生活上的快乐，应该来自尽可能少的对外来事物的依赖。"这个世界物欲太无穷，而人生却太有限。一个人要想贪占天下所有的东西，灾难就要来了。做人必须要想透，人生一定要顿悟。一个人要顺其自然地、平淡地看待物质的享受，得之无喜色，失之无悔色。什么都想得到的人，结果可能什么都得不到，甚至连自己已经拥有的也会失去。一个平淡对待自己生活的人，可能会意外地得到惊喜。

洛克菲勒当时所处的美国社会流传着这样一个故事：有一个人想得到一块土地，国王就对他说："清早，你从这里往外跑，跑一段就插个旗杆，只要你在太阳落山前赶回来，插上旗杆的土地就都归你。"那人听了高兴得不得了，就开始拼命地飞跑，边跑边想："我一定跑远点，这样我就可以得到更多的土地了。"太阳都已经偏西了，他还不知足。太阳落山前，他是跑回来了，但人已精疲力竭，一跟头摔倒后就再也没有起来。于是有人挖了个坑，就地埋了他。牧师在给这个人做祈祷的时候说："一个人要多少土地呢？就这么大。"

在洛克菲勒50岁的时候生过一场大病，这场重病几乎使洛克菲勒丧命。他的主治医生曾经用这个故事开导他："洛克菲勒先生，我们辛辛苦苦地奔波劳碌，最终的结局不都是只剩下埋葬我们身体的那点土地吗？"许多人想得到更多的东西，却把现在所拥有的也失去了。这可以说是对得不偿失最好的解释了。

人是欲望的动物，所以永远得不到满足，不停地为自己攫取，最后终于沦为私欲的奴隶，把自己的心灵变成了地狱。而当一个人的人生走向终点时，他才发现，人是不会从他已拥有的东西中得到乐趣的，而另外一些东西却总是以一种魔力引诱着人去追逐，失去理智也在所不辞。于是世界上成千上万的人带着这些东西走向坟墓，悲哀而无奈。

人人都有欲望，都想过美满幸福的生活，都希望丰衣足食，这是人之常情。但是，如果把这种欲望变成不正当的欲求，变成无止境的贪婪，那我们就无形中成了欲望的奴隶了。在欲望的支配下，我们不得不为了权力、为了地位、为了金钱而削尖了脑袋向里钻。我们常常感到自己非常累，但是仍觉得不满足，因为在我们看来，很多人比自己的生活更富足，很多人的权力比自己大。所以我们别无出路，只能硬着头皮往前冲，在无奈中透支着体力、精力与生命。长此以往，我们会成为欲望的奴隶，被欲望驱使，这样的人生必将苦不堪言。

编者手记

　　被欲望沉沉地压着，我们终有一天会筋疲力尽，静下心来想一想：有什么目标真的非让我们实现不可，又有什么东西值得我们用宝贵的生命去换取？朋友，让我们斩除过多的欲望吧，将一切欲望减少再减少，从而让真实的欲求浮现。

　　人生短暂几十年，赤条条来，又赤条条去，何必物欲太强，贪占身外之物？"身外物，不奢恋"是思悟后的清醒，它不但是超越世俗的大智大勇，也是放眼未来的豁达襟怀。谁能做到这一点，谁就会遇事想得开，放得下，活得轻松，过得自在。

忠告45： 有节制的快乐才是真正的快乐

　　财产越多，好梦越少；妻子越多，安宁越少；女仆越多，贞洁越少；男仆越多，治安越乱。

——洛克菲勒

　　洛克菲勒家族自从洛克菲勒的父亲比尔开始就有记账的习惯，因为他们觉得记账能有节制地花钱，是约束自己的好方法。从孩子们很小的时候，洛克菲勒就开始培养他们记账的习惯。他要求他的孩子们在每天睡觉时必须记下今天的每一笔开销，无论是买玩具还是买铅笔，都要如实地一一记录。洛克菲勒每天晚上都要查看孩子们的记录，无论孩子们买什么，他都要询问为什么要这些东西，让孩子们作一个合理的解释。

　　如果孩子们的记录清楚、真实而且解释得有理由，洛克菲勒觉得很满意，那他就会奖赏孩子们5美分。如果他觉得不好就警告他们，如果再这样就从下次的零用钱中扣5美分。

洛克菲勒的这种询问孩子花钱动机，但是绝对不干涉的政策，让孩子们很高兴，他们都争着把自己记录整齐的账本，给父亲检查，并进一步让父亲指导什么地方要改善。

洛克菲勒经常告诉孩子们，要学会过有节制的生活，他在厨房里摆放了6个杯子，杯上写着每个孩子的姓名，里面装的是孩子们一周用的方糖。如果哪个孩子贪吃了杯子里的糖，那么，等到别人喝咖啡放方糖的时候，他则只有喝苦咖啡了。如果想要得到糖，那就只有到下周等父母的发放了。

经过这样的几次训练，孩子们都知道了有节制地生活是有好处的，而随便浪费自己的东西，用完了，就只有等着尝苦味了。他们明白了，如果不加节制地生活，虽然一时痛快了，可是总有苦日子要过。

小洛克菲勒有一天同五个儿子探讨"什么才是真正的快乐"这一话题时，说了这样一个故事：有一艘船在航行途中遇到了强烈的暴风雨，偏离了航向。到次日早晨，风平浪静了，人们发现前面不远处有一个从未见过的美丽的岛屿。船便驶进海湾，抛下锚，等待正确的风向，在此处作短暂的休息。

从甲板上望去，岛上鲜花盛开，树上挂满了令人垂涎的果子，一大片美丽的绿荫，还可以听见小鸟动听的歌声，实在是难得一见的人间美景。于是，船上的旅客分成五组。第一组旅客，因担心正好出现顺风而错过起航时机，便不管岛上如何美丽，他们都不去看一眼，只是静静地待在船上；第二组旅客急急忙忙登上小岛，快速地观赏了一遍盛景，立刻回来；第三组旅客也上岛游玩，但由于停留时间过长，在刚好吹起顺风时急忙赶回，好多人都把东西落在了岛上，回到船上后慌忙占据座位；第四组旅客一边游玩，一边观察船帆是否扬起，而且认为船长不会丢下他们把船开走，故而一直停留在岛上，直到起锚时才慌忙爬上船来，时间太紧，很多人你争我抢地往船上爬，为此很多人受了伤；第五组旅客留恋于美丽的风光，没能在船起锚前回来，结果被留在岛上。悲剧的是有的被猛兽吃掉，有的误食毒果生病而死。

小洛克菲勒认为，第一组对人生的快乐一点也不体会，人生缺少乐趣，这样的人生枯燥而无味；第三组、第四组人由于过于贪恋和匆忙，吃了很多苦头；第五组人就更加愚蠢了，不加节制地游玩，而忘了按时返回船上，等待他们的只能是悲剧。实际上只有第二组人既享受了少许快乐，又没有忘记自己的使命，这是最聪明的一组。

虽然小洛克菲勒总是被工作占据大部分时间，但是他仍然认为享受人生乐趣是人类的特权和义务。整洁的办公室、温馨的家、贤惠的妻子、聪明的儿女，这些都会使他感到心情愉快，工作中也是效率倍增。小洛克菲勒并不赞成他的孩子们死板地学习与工作。他注重培养儿女们的兴趣，鼓励他们走近大自然。

小洛克菲勒怀有对大自然无比深厚、历久不衰的热爱。他认为树木、山丘、河川和花卉，都随着四季的更迭而荣枯交替，启示着上帝的精巧构图美。作为一位父亲，他想方设法要把这种感情和观念浸透在自己儿女的心坎里。星期天，他不准儿女们做任何其他事，亲自带领他们在森林中或者荒岛上做长距离远足，让孩子们亲身领会一棵棵乔木或一簇簇灌林的怡情悦性，实地观赏早春蓓蕾的疏神达思。在大自然的天工之美中，父子的心距似乎大大地缩短了。

小洛克菲勒经常给孩子们解释，如何才是正确地爱护大自然。不论骑车和赶车，都要爱护一草一木，珍惜一山一水，其目的总在于教导孩子们维护四周环境的自然美，尽可能少地更动上帝的精美构图。

当然，小洛克菲勒并不一味地纵容儿女们吃喝玩乐，而是要求他们在做好本职工作的前提下享受生活。事实证明，小洛克菲勒的教育方法是十分有效的。他的五个儿子一个女儿都有着不错的成就。

有节制的快乐才是真正的快乐，如果不能自制，不加节制，那么原本的快乐甚至会变成不思进取的堕落。生活中需要自制，但是这似乎并不是一件容易的事情。

在生活中，很多道理我们都懂，可我们总是管不好自己。歌德曾告诫人们：不论做任何事情，自制都至关重要。自我节制、自我约束，是一种控制能力，尤其是控制人们的性格和欲望，一旦失控，就可能随心所欲，结局必将一败涂地，不可收拾。

世界上，唯有自己最可怕，也唯有自己最难以对付。在日常生活中，时时提醒自己要自制，也可以有意识地培养自制精神。比如，针对你自身性格上的某一缺点或不良习惯，限定一个时间期限，集中纠正，这样效果比较好。千万不要纵容自己，为自己找借口，对自己严格一点儿，时间长了，自制便成为一种习惯、一种生活方式，你的人格也会因此变得更完美。

忠告46：坚持学习就不会迷失自我

越有求知的欲望，学习就越会成为一件乐事。

——洛克菲勒

改变自己的唯一途径就是努力学习，通过学习你可以提高自己的能力，从而改变外在的处境与地位。"欲胜人者必先自胜。"一个对知识和技能马马虎虎、不把精力放在自己身上的人，失败是必然的。那么怎样才能学习知识与技能，怎样才能战胜自我呢？答案很简单，那就是努力学习。

在一次与小洛克菲勒闲聊的时候，洛克菲勒说："儿子，你把学习理解得太片面了。

"在正规学校教育的范围内，抱着一颗求知的好奇心去对待学业是必要的。越有求知的欲望，就越会觉得学习是一件快乐的事情。你的同学们之中，恐怕有不少人只顾着对教师或教育制度等表示不满，而把关键的学习置之脑后。要知道，教育制度自从我学生时代起已经30余年也没有太大改变，大部分的施教者不会变更。不要盲目随着你的那些同学对教育制度发牢骚，倒不如好好学习吧。

"学习的课程不应只限于商业经营的专门课程，知识面宽广的人至少在社会中是很珍贵的。拓宽你的视野、培养明察世间一切的智慧之门，并使你很快成为优秀的经营人员的课程，数不胜数。政治学、历史、地理、天文学等都是其中很小的一部分。

"英国著名作家约翰·德雷登说过，世上所有的一切都有它的价值。我完全赞同他的观点，为此我奉劝你，每年开始一门新的学问的研究，这样你的视野会更加广阔，你的人生观会变得更新，至少会跟以前有所不同。当你最终进入某一领域的产业，或者当你在商界矿区内的曲折崎岖的小道上前进时，以前所学的一丁点知识将会显出的重要性是你难以想象的。"

"那么我怎样在大学里学习呢？"小洛克菲勒若有所悟，"斯坦福大学的师资力量还是相当不错的，我想这对我掌握必要的理论和知识将大有裨益。""确实是这样。"洛克菲勒点头说。

"在大学里，还可以掌握与领会弗朗西斯·培根的成功秘诀。他的理念是：读书使人富有；交谈使人机敏；写作使人沉静。这些能力的组合对瞄准冠军的人来说，是绝对不可缺少的三件法宝。经常读书以培养写作能力，跟很多人推心置腹地交谈，这样当你满足地离开大学时，你就完全做好了进入社会的准备，我自己也是按照这一方式打好基础的。顺便再添一句，我从不认为以前所学的一切不再有任何作用，人总是在边学习边成长的。"

生活中每个人都容易被物欲所迷惑，坚持学习能让我们更睿智，不被迷惑，不被诱惑。

只有不断用心学习，才能达到持续更新、持续发展的高境界。有很多成功者，时时都扩充自己的学识与经验，从不浪费时间，凡是与他们的事业有关的信息，他们都会积极地学习、吸收，纳为己用，这些是他们成功的秘诀所在。不断努力学习逐步积累起来的学识与经验，是成就事业的资本，它将使你终生受用。你要储存这些资本，就必须集中精力、毫不懈怠、长年累月地去做。"少壮不努力，老大徒伤悲"，要抓紧时间刻苦学习，不要让你的人生充满空虚和遗憾。

不要以为学习只是学生时代要干的事情。学习永远对我们有很大的好处。工作充电可以让我们的知识与实际业务相互结合。学生时代总抱怨学习的知识过于空泛无用，但在职进修就不同了，因为工作一段时间之后，就会发现自己需要的工作力有哪些，应该补充的部分是什么。有了明确的目标再进行充电，能够更有效地增加自身的知识，而且充电之后，可以更从容地面对工作，也有比较多的获得提升的机会。在工作一段时间之后，有的人甚至愿意放弃目前看似美好的工作，只为了追求更多的知识，那是因为工作可以让人看清楚自己的需求，其实这样的牺牲一定值得，因为在进修之后，迎接你的可能是更好的工作机会。

人们处于知识经济蓬勃发展的历史阶段，知识迅速更新，组织结构日渐扁平化，组织要提高绩效，所有的人，都必须学会学习、善于学习、坚持学习。学习，是人的一生中最重要的投资之一，也是伴随终身的最有效、最划算、最安全的投资之一。古人尚且懂得学习"是一本万利的投资"，尚且懂得"良田万顷，不如薄技在身"的道理，我们更应该以此为鉴，坚持学习。富兰克林说过："花钱求学习，是一本万利的投资，如果有谁能把所有的钱都装进脑袋中，那就绝对没有人能把它拿走了！"

很多人都认为自己学过的东西是不会消失的，只要保有它们，就不愁吃不到饭。但在进步的社会中，三天不学习，你就贬值了。

学习能力，不仅是每个人的成功之母，而且也是每个企业的成功基石。

很多人都认为自己学过的东西是不会消失的，在生活节奏日益加快的现代社会，知识的更新不断加快，显然这种想法是错误的。"学如逆水行舟，不进则退"，如果不及时学习充电，我们就会落伍，被时代所抛弃。古语常说"谦虚使人进步"，谦是一种礼貌，一种礼节上的心态；虚是一种空杯心态，把自己归零去学习。

第十章

梦想起飞于正确的人生计划

忠告 47：凡事要看得远一点

凡事都要看得远一点。你迈出第一步的时候，心中必须装着第二步——这几乎是我一生的经验。

——洛克菲勒

第二次世界大战的硝烟刚刚散尽时，以美英法为首的战胜国们几经磋商，决定在美国纽约成立一个协调处理世界事务的联合国。这个总部要建在繁华的城市里才好，可是在任何一座繁华城市里购买建立庞大楼宇的土地都是需要一大笔资金的，而刚刚起步的联合国总部的资金极为有限，各国首脑为此事伤透了脑筋。

听到这一消息后，洛克菲勒家族经商议，便马上果断出资870万美元，在纽约买下一块地皮，并将这块地皮无条件地赠予联合国。同时，洛克菲勒家族亦将毗连这块地皮的大面积地皮全部买下。

这条消息传出后，美国许多财团主和地产商都纷纷嘲笑说，简直是把钱当成一文不值的白纸白送。他们不明白，一向精明的洛克菲勒怎么会做出这么愚蠢的决定。当时甚至有人断言说：如果这样经营下去，不出十年，洛克菲勒家族就会破产。

但是出乎所有人的意料，联合国大楼刚刚建成完工，与它相邻四周的地价便立刻飙升起来，相当于捐赠款数十倍、近百倍的巨额财富源源不尽地涌进了洛克菲勒家族财团。这让当初那些嘲笑他们的商人追悔莫及。

洛克菲勒家族的捐款，并不是纯粹意义上的捐款，而是一种眼光独到的长远投资。他的头一两步棋，人们通常猜不到用意何在。他的真实意图总是在事情快有了结果的时候，人们才恍然大悟，可是事情已经完结了。

未来是现在的延伸，未来是现在人创造出来的，所以每一个人都可以通过现在看看大多数人在做什么，找出未来可能会有什么走向。

所以，一个人有没有长远的眼光，有没有在成功面前多考虑几步，这往往是成功与否的分界线。当人们向洛克菲勒询问获得巨大成功的经验时，洛克菲勒总说道，那就是他能看得比别人更远。他指出远见虽然是一种看不见的素质，但它却影响着商人们的成败。对于优秀的商人来说，远见告诉人们可能会得到什么东西，远见召唤人们去行动。

现实生活中，人们在做一件事时，往往会成为"近视眼"，即目光短浅，只顾眼前利益，不顾长远利益。

20世纪30年代，美国有一位很上进的年轻人，他特别想发财，一天到晚想着自己怎样才能成为百万富翁、亿万富翁。于是，他登门请教当时富豪榜排名第一的美孚石油公司总裁洛克菲勒。

刚好那天洛克菲勒家里的用人放假了，于是洛克菲勒拿出一个西瓜来招待这位年轻人。他把西瓜切成了大小不等的3块，对年轻人说："如果这3块西瓜代表你以后可能得到的不同利益，你如何选择？"

年轻人不假思索地说："当然是最大的那块！"说着他拿起那3块西瓜中最大的一块，吃了起来。洛克菲勒则选择了其中最小的一块吃了起来。就在年轻人还在吃着那块最大的西瓜时，洛克菲勒已经吃完了那块最小的西瓜，随手又拿起了另外那块，冲着年轻人哈哈大笑，之后又把第二块西瓜也吃完了。

这时，年轻人一下子就明白了其中的道理。这3块西瓜里，虽然年轻人拿的那块最大，但是洛克菲勒吃的两小块加起来，可比年轻人吃的那一块大多了。他心里暗暗佩服洛克菲勒。

吃完西瓜，洛克菲勒跟小伙子讲起了自己成长与发财的经历。最后，洛克菲勒对年轻人说："要想成功，就不要被眼前的小利迷惑，目光要长远一点，这样才能取得更大的成功。"在很多时候，当我们发现眼前的利益时，我们就会利欲熏心，不加思考、毫不犹豫地选择这个利益而放弃其他，却没有想到，远处的风景更美好。

"两弊相衡取其轻，两利相权取其重"，趋利避害，这才是成功者的大格局。人类实际上是非常聪明的，可是，我们在面对利益诱惑时又常常是不理性的。到底是什么原因使自以为聪明的人变得比动物还愚蠢呢？社会当中的每个人都可能会罗列出一系列的理由，然而，真正的、同时也是唯一的原因就是：贪欲。贪欲，使简单变得复杂，使轻松变得沉重，使人身陷泥淖而不能自拔。

因此，人不要自以为是，不要自诩聪明，需要用理智克服自身的劣根性，驾驭自己的贪欲。实际上，如果我们能够放弃眼前的私利，就一定能认清那些潜在的危险。对于每个人来说，想要获得更大的发展，就要有长远的战略眼光，要经受得住眼前的诱惑。只有放弃眼前的蝇头小利，才能获得更长远的发展。

"要看到整个森林，不要盯在一棵小树上。"我们在看问题的时候，要从长远处着眼，切忌鼠目寸光。缺乏远见的人可能会被等待着他们的未来弄得目瞪口呆，变化之风会把他们刮得满天飞。他们不知道自己会落在哪个角落，等待他们的又是什么。如果你有远见，那么你实现目标的机会将会大大增加。一个成功的人，必然是一个具有长远眼光的人。用锐利的眼光洞察现实，预见未来的发展方向，就能使你摆脱困境，赢得胜利。

美国商界有句名言："愚者赚今朝，智者赚明天。"每个人都希望自己有一番作为，尤其是希望有大的发展，取得辉煌的成就，那么就一定要有"风物长宜放眼量"的远大目光，不能安于现状，只盯着眼前的蝇头小利。

做人做事要用敏锐的眼光洞察现实，要用前瞻性的思维预测未来的发展方向；要敢于尝试，学会思考，善于创新，培养创造性思维；要把目光放长远些，淡泊明志，宁静致远。只有如此，才能克服现实中的种种难题，成为一个拥有大格局的人。

忠告48：计划是获得有利结果的第一步

全面检查一次，再决定哪一项计划最好。

——洛克菲勒

在美国社会曾经流传着这样一个笑话：在美国的某个乡村，住着一个老人，他有三个儿子，大儿子和二儿子都在城里工作，很多年没有回家了，老人只有和小儿子一起相依为命。突然有一天，一个人找到老人，对他说："尊敬的老人家，我想把你的小儿子带到城里去工作。"老头气愤地说："不行，绝对不行，你滚出去吧！"这个人说："如果我在城里给你的儿子找个对象，可以吗？"老头摇摇头："不行，我不会让他进城的，你快滚出去吧！"这个人又说："如果我给你儿子找的对象，也就是你未来的儿媳妇是洛克菲勒的女儿呢？"老头想了又想，终于被让儿子当"洛克菲勒的女婿"这件事情说动了。

过了几天，这个人找到了美国首富、石油大王洛克菲勒，对他说："尊敬的洛克菲勒先生，我想给你的女儿找个对象。"洛克菲勒说："我女儿的婚事还轮不到你来掺和，快滚出去吧！"这人又说："如果我给你女儿找的对象，也就是你未来的女婿是世界银行的副总裁，你觉得可以吗？"考虑之后，洛克菲勒就同意了。

又过了几天，这个人找到了世界银行总裁，对他说："尊敬的总裁先生，你应该马上任命一个副总裁！"总裁先生摇着头说："不可能，这里这么多副总裁，我为什么还要任命一个副总裁呢，而且必须马上？"他说："如果你任命的这个副总裁是洛克菲勒的女婿，可以吗？"总裁先生当然没有意见。

虽然这只是一个笑话，但是无疑是一个很绝美的计划。要想取得一个圆满的结果，心中一定要有明确的目标、详尽的计划。人生计划，绝非一蹴而就，它是一个不断积累的过程。而一个个量化的具体计划，就是人生成功旅途上的里程碑、停靠站。每一个"站点"都是一次评估、一次安慰、一次鼓励、一次加油。

计划是为目标服务的。在制订计划之前一定要明确自己的目标。不要太理想化，把计划的目标定得过高，或者把计划的进程排得过满，因为如果计划中的一些步骤由于能力或者客观条件等原因无法落实，就会打击我们做事的信心，而且，一个环节的计划没有完成，会直接影响下一个环节的事，一级一级地影响下去，整个计划的大厦就会像多米诺骨牌一样，轰然倒塌。计划也不能太低，如果目标过低，根本不用集中全部精力努力就能完成，那么会直接导致时间的浪费，也会使人在内心里放松对自己的要求，影响做事的效率。

所以，想释放自己的潜能，将计划转变为现实的能量不是一件容易的事情。完美的心灵规划要实现量化，才能对成功有益，能否量化，是计划与空想的分水岭。计划还必须实在，应该在可以达得到的范围内，不要遥不可及，千万不要认为自己应该或能够在一天里建造一座罗马城。

洛克菲勒与夫人坐在台下，激动地听着女儿伊丽莎白抑扬顿挫的毕业演讲。圣路易中学是一所历史悠久的私立中学，能代表这所中学几千名优秀毕业生发言是十分荣耀的事情。即使伊丽莎白已经足够优秀，但是对于未来仍然是充满了困惑。洛克菲勒又想起那句古老的谚语："年轻人总是生活在虚幻的雨季中，其实一切都会雨过天晴。"所以在女儿演讲完毕后，洛克菲勒和夫人和伊丽莎白进行了一次认真的谈话。

伊丽莎白问父亲："爸爸，你说我10年后会干什么？"

洛克菲勒略一沉思，微笑着说："亲爱的女儿，其实有这种苦恼的人不仅仅是你，面临着这一重大抉择的年轻人多半都和你一样感到不安。这一困惑时期，历来都使年轻人感到苦恼。

"作为集体社会，很遗憾我们没有尽到责任，没能使你们这个年龄层的人很有把握地决定自己未来的职业，没有为你们提供十分可靠的、确实起到作用的信息。对工学领域里几十个不同的方面模糊不清，怎么能当工程师呢？"

洛克菲勒的夫人朱利在旁边微笑着听着丈夫精彩的言论。

"伊丽莎白，对于现在的你来说，10年以后还是遥远的未来，但可以预测一下10年以后的你做什么工作才感到幸福、满足。在作这样长期打算的时候，可先制作一个有吸引力的职业表，然后综合考虑其他方面的因素。"洛克菲勒继续说道，"在关于以后想做的事情方面，如果我能帮助你的话，就和你一起把你的白日梦压缩成两三个，经过讨论后，再对每个职业订出参观现场的计划。"

"我想我已经有了一个初步的计划，谢谢爸爸、妈妈！"伊丽莎白抚了一下长发，灿烂地一笑。

"最后，请让我再说一句，别忘了，你现在虽然正面临着一个沉闷、严肃、需要果断下决定的时期，但它同时又是一生中最快乐、最富有理想的时期。你今后要按照自己的理想安排自己的人生，做你所希望做的事情。希望你能静下来考虑一下，愿你做一个飞向蓝天的梦。"洛克菲勒望着女儿充满朝气的面庞，轻柔而严肃地说。

实际上，生活的意义之一在于计划，计划每一天、每一时、每一刻，做好全局部署，使自己知道下一刻应该做什么以及如何采取行动，最重要的是在计划和行动之初就已经进行了全面的思考。

要实现人生的理想，必不可少的就是"计划"，洛克菲勒说："在计划形成时，其结果也应在计划之内。"计划是获得好结果的第一步，要想有一个完美的人生，从现在就要开始你的计划。

智者能够在计划之初预想下一步，再下一步，直至最后一步，甚至能将所有可能性都考虑在这个可预计的范围之内，做到有章可循，有责可应，而不是走一步看一步，没有全局观念。所以智者注定会先胜一筹，这是智慧的结晶，更是计划的高明之处。从现在开始制订我们人生的详细计划，并且在行动之前要预见其结果，按照我们的理想，安排我们的人生，做自己最想做的事情，这样的人生才会更加完美。

忠告 49：没有万无一失的计划

如果你想知道既冒险又不招致失败的技巧，你只需要记住一句话：大胆筹划，小心实施。

——洛克菲勒

世界上不存在完美，根本就没有万无一失的计划。那些你认为完美的计划有时还会阻碍我们进步。的确，几乎万无一失的计划无疑帮助我们获得优秀的结果。但是，作为一个完美的计划者我们可能无法注意到其隐藏的一面。是的，作为计划者并且对细节拥有锐利的眼光使我们更优秀，但是，听起来讽刺的是，完美的计划一直在阻碍我们做到最好。

洛克菲勒一直反对制订出完美计划后才行动。因为他认为事情每时都在发生变动，每件事情都有太多的未知，所以世界上根本就不存在万无一失的计划。看似万无一失的计划会让实施者变得很低效。我们等待"完美"时刻的到来是在耽搁时间。我们对所有东西"完美"的欲望令我们将项目过于复杂化。一个简单的任务可能变得无法分配，甚至在潜意识里达到吓人的程度。这样的后果是我们一直在拖延，等待"完美"的时刻再开始。而"完美"时刻到来之时已为时太晚。

此外，对于计划的过分依赖会让我们在问题出现前开始猜测问题并想出各种解决方案。我们变得痴迷于提前应付问题。结果是，大部分问题从来不会出现或是根本不重要，这就会浪费我们大量的时间和精力。

很多人在制订出万无一失的计划之前迟迟不敢做出行动，完美的计划者为了获得"完美"而变得神经质且拒绝接受任何不完美的东西。在此过程中，他们因此而迷失了重点，过分注重计划反而忽视了现实。

有一次洛克菲勒带儿子到北部山区打猎，在山林里洛克菲勒对儿子说："约翰，要勇敢一点，见到猎物，不要犹豫，很多事情都不会像你预想的那样。""约翰，看到山林与河水，我不禁想起我同马克打高尔夫的时候，他说过的一个故事，还是挺有意思的。"接着，洛克菲勒又兴奋地讲起了故事。

幽静的山林中，一条河流在静静地淌。有一只苍蝇在河面上方飞旋，几乎是贴着水面了，离河面仅差几厘米。水下有一条游动的小鱼，它在想：如果苍蝇再飞下来两厘米，我很轻松地就可以跳起来吃掉它了，它的眼睛紧紧盯着苍蝇。岸边灌木丛里藏着一只熊，它心里想着：如果苍蝇飞下来两厘米，河里的那条呆鱼就会跳起来吃掉它，而只要这条鱼一跳出水面，就可以冲过去享受鱼的美味了。有意思的是，在河流附近，一个猎人正躲在高高的草丛里静静地看着这一幕，想着：如果苍蝇下降两厘米，小鱼就会跳起来吃掉它，熊就会跑过去抓住鱼，而我就可以一枪击中那只熊，这真是很大的一个猎物呢。出人意料的是，在岸上的一个洞口处，有一只老鼠。它也有自己的小算盘：如果猎人站出来向熊射击，而我就有了足够的时间去拿走他袋子里的奶酪。故事还没完，在离老鼠洞很远的一棵树上方蹲着一只小花猫，它计划着：如果那只老鼠离开洞口去偷奶酪，那样我就以最快的速度冲过去，抓住它。故事中的主角们都在心里暗暗谋划着。

突然苍蝇下降了两厘米，早有预谋的它们立刻按原先的计划行动起来。鱼跳起来吃掉了苍蝇，熊冲出来一口将鱼吞进了肚子，猎人站起来向熊射击。然而一声枪响，打破了所有的宁静，老鼠吓得忘记了奶酪，而猫也忽然失去了平衡，从树上掉了下来。

不论自己原本的计划多么完美，都会有意想不到的"枪响"。

说完故事，洛克菲勒继续对儿子说："约翰，你要像我当年我彻底研究了形势并评估了自己的力量，决定将大本营克利夫兰作为我发动石油工业战争的第一战场一样，果断而迅速。"洛克菲勒对当年曾经在商场上打的那场兼并仗一直津津乐道，他觉得自己拯救了当时江河日下的石油行业。

做好人生设计，固然很重要，因为人生的计划能很好地指导我们走向成功。但是一定不要让"万无一失"的计划困住我们前进的步伐。

编者手记

人一生中会做无数次的设计，但如果最大的设计——人生设计没做好，那将是最大的失败。设计会使我们的人生更加完善，而完善的人生一直都是我们所追求的。但是对于计划，太过于追求完美与万无一失，反而会让我们犹豫不决，错失良机。所以想好了就去做，不要形成对完美计划的依赖，世间不存在完美，完美的计划甚至会让人变得懒惰。

忠告 50: 明确目标能激发动力

> 我采取的一切行动都是忠于我的伟大梦想和为实现这一梦想而不断实现的各个目标。
>
> ——洛克菲勒

每一个奋斗成才的人，无疑都会有一个选择、确定目标的问题。正如空气、阳光之于生命那样，人生须臾不能离开目标的引导。

有了目标，人们才会下定决心攻占事业高地；有了目标，深藏在内心的力量才会找到"用武之地"。若没有目标，你就无法采取真正的实际行动，自然与成功无缘。

洛克菲勒曾经总结过拥有明确目标的重要性。首先，心中拥有目标，给人生存的勇气，在困苦艰难之际赋予我们坚忍不拔的毅力。有了具体目标的人很少有挫折感。因为比起伟大的目标来说，人生途中的波折就是微不足道的了。所以说，拥有科学的目标可以优化人生进程。

其次，由于目标事物存在脑海某处，所以即使我们从事别的工作，潜意识里依然暗自思量图谋对策，遂在不觉之间接近目标，终于梦想成真。拥有目标的人成大功、立大业的概率，无疑要比缺乏志向的人高。目标激励人心，产生活动能源。

再次，实现目标好比攀登阶梯一般，循序渐进为宜，尽管前途险阻重重，也要自我勉励，不断努力。当时认为不可能做到的事情，往往几年之后，出乎意料地简单达成了。确立了目标，就不会在意与之不相关的烦恼，不会与一些不相关的小麻烦斤斤计较，这会使你变得豁达、开朗。因为人的注意力是很有限的，一旦全身心地为自己的目标而努力，去冥思苦想时，其他的事情是很难在其脑子里停留的，这个道理极其明显。如果你对自己所盼望的生活没有清楚的概念，又怎能实现呢？如果你不知道自己理想的环境是什么，又怎能创造出它呢？如果你不知自己的箭靶位置，又怎能射中它呢？务必要记得，我们的头脑得有清楚而明确的信号，才能引导我们到自己想要去的地方。

人由于缺失目标而空虚、无聊，生活也像无头苍蝇一样到处漂流，没有方向。

在四子温斯罗普和小儿子戴维还很小的时候，小洛克菲勒常常带着自己的三个大的儿子——约翰、纳尔逊和劳伦斯出去打猎。小洛克菲勒是一个热爱大自然的人，他总是利用打猎的机会让孩子们领略大自然的美好。有一次，小洛克菲勒又带着他的三个儿子去打猎。他们来到森林。

"你看到了什么呢？"父亲问约翰。

"我看到了猎枪、猎物，还有无边的林木。"约翰回答。

小洛克菲勒摇摇头没说话。

"纳尔逊，你看到了什么？"

"我看到爸爸、大哥、弟弟，猎枪、猎物还有无边的林木。"纳尔逊聪明地回答。

小洛克菲勒还是没有点头。

"劳伦斯你看到的也和哥哥们一样吗？"小洛克菲勒继续问道。

"我只看到了满山的猎物。"劳伦斯坚定地回答。

"答对了。"小洛克菲勒高兴地点点头说。劳伦斯答对了，是因为劳伦斯看到了目标，而且看到清晰的目标，目标就是方向，也是行动的推动力。

目标是获得成功的基石，是成功路上的里程碑。目标能给你一个看得见的靶子，你一步一个脚印去实现这些目标，就会有成就感，就会更加信心百倍，向成功挺进。

目标是所有奋斗者幸福的起点，是指路明灯，没有目标就没有坚定的方向，没有目标的行动也只能一步步走向灭亡。每个人都有一定的目标，这种目标决定着他的努力和判断的方向。没有明确的目标，没有目标的努力，显然如竹篮打水，终将一无所有。

目标是一种持久的热望，是一种深藏于心底的潜意识。它能长时间调动你的创造激情，调动你的心力。你一旦具有这种强烈的愿望，就会产生一种原子能般的动力，就会有一种钢铸般的精神支柱。一想到它，你就会为之奋力拼搏，就会尽力完善自我，在艰难险阻面前，绝不会轻易说"不"字。为了目标的实现，我们应该去勇敢地超越自我，跨越障碍，踏出一条坦途。

目标是信念、志向的具体化，奋斗者一定要有梦想，并敢于做"大梦"，梦想正是步入成功殿堂的动力源。许多成功者都是出色的梦想者，他们无一不是笃信大梦能成真的。他们梦想的目标一旦确立，就会万难不屈、坚毅果敢，充分发掘自己的潜能，将自己的才华优势发挥到极致，以百倍的努力冲刺、攀登。

编者手记

凡有明确目标并能照着既定程序去做的人，便能坚持自己的勇气与力量，而这种勇气和力量足以支撑他的成功。一个人要有独特的、负责任的人生格局和人生设计，这不只是自己的事情，也是这个时代对我们的要求。如果你的理性还在沉睡中，那么快醒醒吧，赶快设计好自己的目标，不要等来不及时才匆匆忙忙地应付。

犹太人智慧全书《塔木德》上说："一位百发百中的神箭手，如果他漫无目标地乱射，也不能射中一只野兔。"

没有理想的人生是可悲的，因为你很多时候会迷惑自己存在的价值。在如今浮躁的社会，似乎谈理想与抱负是一件很可笑的事情，其实不然，如果没有目标这张靶，你的人生之箭又能射向何方？

将那些宏大的理想拆成一个个微小的目标，你就会发现人生每天都充满了挑战，"不积跬步，无以至千里。不积小流，无以成江河"，从小目标做起，一步一个脚印，踏踏实实地做，终有一天会有所收获。

洛克菲勒给儿女
的财富忠告

第一章

把金钱视为上帝的馈赠

忠告1： 正确利用金钱才是真正的富有

> 如果你有了钱，你就可以惠及你的家人、朋友，给他们快乐、幸福的生活，甚至可以惠及社会，拯救那些孤苦无助的穷人，如此说来，金钱就成了幸福之源。
>
> ——洛克菲勒

现实生活中，没有钱寸步难行，然而有了钱却不懂得去合理地花销，也是不行的，只有用钱来制造快乐时，钱才能发挥它的价值。正如托尔斯泰所言："财富就像粪尿一样，堆积时会发出臭味，散布时可使土地变得肥沃。"

洛克菲勒小时候家境贫寒，经济拮据，但是每当路遇乞讨者，母亲伊莱扎都会给孩子们钱，鼓励他们把钱给乞讨者，为此洛克菲勒家的经济情况更糟糕了。邻居们对洛克菲勒一家的做法感到不理解。十几年后，一个邻居又碰到伊莱扎，那时候她的长子洛克菲勒已经相当富有了。"当然，我们那时过着贫苦的日子，"伊莱扎说，"但最近，约翰在来信中说，在贫困的岁月里，他忘不了帮助乞讨者时心里的温暖。"

精明人往往精打细算地将衣食住行小心翼翼地考虑进去，虽然事事顾全了，但最终觉得毫无收获；聪明人会把钱花在自己喜好的事情上，如果难以做到兼顾的话，他们常常先满足重要的方面，而在其他的方面克扣一下。

有些不够聪明的人对于把钱花在那些有益的并能为家庭和自己的生活增加乐趣的事情上，总是犹犹豫豫，只想着攒钱备荒，放走了大好时机。其实他们这是只知紧攥手中的麻雀，而忘了逮野地里的孔雀。

"钱只有在使用时，才会产生它的价值，如果放着不用，就根本毫无意义。"让金钱为你所用，而不要成了不会花钱的可怜的守财奴，这样的人生才是快乐的，只要有眼光，看准了那些能使你幸福的东西，就应不惜金钱去得到它，因为只有当金钱能使你获得幸福时，它才是最有价值的。

洛克菲勒是一个非常节俭的人，他对金钱斤斤计较，甚至连0.1美元的花费都要记账。但是在该花钱的地方，他从来不吝啬。比如他会出巨资买下和克拉克合伙经营的公司，用高于实际价值的价格收购各个炼油公司，把大量资金投入到慈善事业，他还会送给妻子价值不菲的钻戒。洛克菲勒无疑是一个懂得利用金钱的人。

假如有一天我们能像洛克菲勒一样有钱，那该怎样安排我们的生活呢？立刻锦衣玉食、买洋车住豪宅吗？乘游轮、坐飞机周游世界吗？很多成功人士，他们的个人生活仍是相当节俭朴素的，财富对于他们是个人价值的一种体现，而绝不是享乐的资本。正因为如此，当个人衣食无忧并在事业上取得一定成就之后，他们开始致力于为更多的人谋幸福。他们的财富也因此而有了更多的用途。

越是成功的人就越不会奢侈，鄙夷浪费，他们会把钱用在投资上，却不会浪费在不必要的事情上。有人对财富拥有者进行调查时发现，他们对生活上的开销都很谨慎，他们不愿挥霍金钱；他们虽然富有，但更懂得正确理财是成功的基本保证。

对金钱的态度也反映了一个人对待人生的态度，只有在任何时候都不好高骛远的人，才能脚踏实地地为自己的前程打下坚实的基础。反之，不但成不了亿万富翁，小的财富也会与之失之交臂。

在我们的日常生活中，不懂得利用金钱的人不在少数。很大一部分人不知道应该用钱干点什么，也不知道能干点什么，有的人把金钱看得太重，以至于紧紧握在手里，不舍得花掉；还有部分人认为金钱就是为自己提供享乐的，所以把钱全挥霍在吃喝玩乐上。这两种人都不是正确地利用金钱，这样的人永远不会真正的富有。

只有一少部分人懂得正确利用金钱，不随意挥霍，让每分钱都能得到最大的运用。要舍得花钱，但不能滥用金钱。你可以花钱健身，收获健康；花钱旅游，愉悦心情；请朋友吃饭，联络感情。但是完全没有必要为了虚荣买一些你并不需要的高级衣服、名牌皮包。

洛克菲勒家的每个孩子都受过理财教育。在教小洛克菲勒如何正确利用金钱的时候，洛克菲勒曾说："首先，你要清楚目前你究竟拥有多少钱。这里你要注意，是你自己的钱，而不是我和你的妈妈给你的钱，你应该非常清楚自己究竟有多少财产。虽然你生活在富裕之家，但是一定要懂得开源节流的道理，让钱不断生钱，同时一定要避免不必要的浪费。"

编者手记 ···

钱，一定要用之有度。如果不懂开源节流，而是胡乱花钱，不论你多么富有，也会坐吃山空的。往大里说，用之无度，会造成资源浪费，也加重环境污染。当然这里并不是说限制你花钱，而是讲究"好钢要用在刀刃上"，当用则用，用之有度。

忠告2：金钱不是万恶之源

喜爱金钱只是崇拜的手段，并不是目的。如果你没有手段，就无法达成目标，也就是说，他只知道当个守财奴，那么金钱就是万恶之源。

——洛克菲勒

在现代社会中，想必很多人都能体会到这样一句话："金钱不是万能的，但没有钱是万万不能的。"但是有很多人却在赚钱时遮遮掩掩，显得羞羞答答，扭扭捏捏。那是因为很多人认为"金钱乃身外之物"，过于追求会染上铜臭，会为人不齿，绝不能屈服于金钱的奴役。要么就彻底钻入"钱眼"中。

其实，很多人对金钱的观念都不正确，这些观念丑化了金钱，把生活中、社会上存在的许多问题都归结于金钱，指责金钱为万恶之源。这样的评判对金钱有失公允。但是在一些成功人士那里，却并不把金钱视为万恶之源，他们视金钱为上帝赠予的礼物。在他们中间流传着这样的话：

"钱会给予我们向神购买礼物的机会。"

"钱不是罪恶，也不是诅咒；钱会祝福人的。"

"身体的所有部分都依靠心而生存，心则依赖钱包而生。"

许多年前，洛克菲勒在第五大道浸礼会教堂里，曾偶遇一个叫汉森的年轻人。汉森是一个小花匠，过着贫苦的日子，但是汉森自以为坚守贫穷是种美德，他曾经摆出一副品格高尚的样子对洛克菲勒说："尊敬的洛克菲勒先生，我觉得我有责任同你讨论一个问题——金钱是万恶之源，这是《圣经》上说的。"

洛克菲勒吃了一惊，他后来回忆说："就在那一瞬间，我知道汉森先生为什么与财富无缘了，他是在对《圣经》的误解中获取人生教诲，但他却浑然不觉。"

洛克菲勒不希望让这个可怜的年轻人在他心胸狭隘的沼泽中

越陷越深，于是告诉他："汉森先生，我从小就熟读《圣经》，我想你也是一样。但我的记忆力似乎要比你好一些，你忘了，在那句话的前边还有一个词语——喜爱，'喜爱金钱是万恶之源'。"

"你说什么？"汉森的嘴巴大张着，显得很吃惊。

"是的，年轻人，"洛克菲勒拍拍他的肩头说，"《圣经》根源于人类的尊严与爱，是对宇宙最高心灵的敬重，你可以毫不畏惧地引用里面的话，并将生命托付给它。所以，当你直接引用《圣经》的智慧时，你所引用的就是真理。'喜爱金钱是万恶之源。'哦，正是如此。喜爱金钱只是崇拜的手段，并不是目的。如果你没有手段，就无法达成目标，也就是说，他只知道当个守财奴，那么金钱就是万恶之源。"

洛克菲勒似乎对这个话题很感兴趣，继续说道："让我们来设想一下，如果我们有足够的金钱，除了能让自己和家人生活更好之外，还可以帮助我们的朋友和社会上很多需要帮助的人，给他们温暖、快乐与幸福。在这里我丝毫没有看出金钱的罪恶，相反，金钱成了幸福之源，温暖之源。"

"年轻人，手里每多一分钱，就增加了一分决定未来命运的力量，去赚钱吧，"洛克菲勒劝导他，"你不该让那些偏执的观念锁住你有力的双手，你应该花时间让自己富裕起来，因为有了钱就有了力量。而纽约充满了致富的机会，你应该致富，而且能够致富。记住，小伙子，你虽是尘世间的匆匆过客，却也要划出一道人生的光亮。"那个叫汉森的年轻人一下窘得脸蛋发红，他原本是想借此讽刺洛克菲勒是一个嗜钱的恶魔，没想到被他驳得哑口无言。

洛克菲勒认为钱是人赖以生存的基础，而且他坚信钱会给人带来好运。他很反感这样的言论："钱是罪恶，甚至和钱打交道的人也是卑污的。"洛克菲勒给子女们灌输金钱的意义时说："我们一直生活在一个动荡的社会中，很多事情都是未知的。钱本来就为应付那些不测事件的发生而准备的，钱的存在意味着我们有办法对付这些不测事件；钱越多，发生这些事件的可能性就越小。所以，孩子们，发挥你们的聪明才智，努力去赚钱吧！"

洛克菲勒一直以为，每个人都应该花时间让自己富裕起来。当然，他承认，有些东西确实比金钱更有价值。"当我们看到一座落满秋叶的坟墓时，就不免感到一种难以言喻的悲伤，因为我知道有些东西的确比金钱崇高。"尤其是那些受过苦难的人，他们更能深深地体会到，有些东西比黄金更甜蜜，更尊贵，更神圣。然而，有常识的人都知道，那些东西没有一样不是用金钱来大幅提升的。

洛克菲勒一直对子女们重复这样的一句话：金钱不一定是万能的，但在我们这个世界，很多事情是离不开金钱的！

编者手记

钱不是万恶之源，万恶始于贪婪。世间上的恶成千上万，难道用单一的钱就可以解释所有的恶吗？的确，金钱不是万能的，买不到健康，买不到幸福，买不到快乐，买不到真正的爱情。但是很多情况下，金钱能保障我们的健康，为我们的快乐、幸福提供条件，可以让爱情无后顾之忧。所以对待金钱要有一个正确的态度：赚钱不可耻，金钱也可以是幸福之源，只要运用得当。

忠告3：金钱能提升人的尊严

金钱对我而言，不只是一种可以让家人过上富足无忧生活的工具，而是通过给予——明智地花出去，让金钱换来道德上的尊严和社会地位，这些东西远比那些豪华、气派的住宅和漂亮的服饰更令我激动不已！

——洛克菲勒

洛克菲勒小的时候，家里贫困，父亲比尔常年不在家，而且声名狼藉。在学校里，洛克菲勒和弟弟威廉总是被人欺侮，没有人看得起两个穷小子，他们还曾经因为太穷而在拍集体照时被排除在外。"金钱是必不可少的东西。"洛克菲勒曾经这样感叹。他是这样描述金钱的：金钱是能看得见的、摸得着的、实实在在的"上帝"，是可以永远保护自己，让自己平安的"上帝"。金钱，让曾经贫苦的洛克菲勒家族摆脱贫困，重新获得周围的人对他们的尊敬。

在一段时间里，洛克菲勒名声很坏，他的巨大财富为自己招来了很多骂名，社会上很多人骂他"伪君子""贪婪的小人"，小洛克菲勒对此感到很痛苦，他不明白自己敬爱的父亲怎么遭到这么多人的无端谩骂，他固执地认为是金钱让自己的父亲承受了这么多责难，所以，小洛克菲勒似乎根本不把挣钱放在心上。

洛克菲勒觉察到了儿子的思想，他觉得这是一种不好的倾向，这会影响儿子今后的发展，为此他利用晚餐前的时间和小洛克菲勒进行了一次谈话。

洛克菲勒把大众和媒体对他的谩骂说成是"颂扬"。他说，很多年以来，他都在享受着这个在别人看来似乎并不太美妙的"颂扬"。这份对他的特别的颂扬，最早出现在洛克菲勒的事业如日中天之时，那时洛克菲勒的名字已不再仅仅是代表一个人的符号，而是财富的象征，一个庞大的商业帝国的象征。

为了打消儿子的疑虑，洛克菲勒真诚地说："约翰，我是我生命的重心，我知道什么适合我，所以我不在乎那些人说什么，我的心依然安宁。在有些人那里我似乎永远都是一个动机卑鄙的商人，即使我投资于惠泽民众的慈善事业，也会被他们视为一种诡计，怀疑我有追逐私利的动机，而丝毫看不到我无私的公益精神，更有甚者说我如此乐善好施是为什么赎罪，这真是滑稽。"洛克菲勒认为，这些人只不过是嫉妒他的财富，故意煽风点火，制造事端罢了，而真正有能力、有知识的人会对自己有着由衷的敬意。

"儿子，我想非常真诚地告诉你，你的父亲永远不会让你感到羞愧，装在我口袋里的每一分钱都是干净的，巨额的财富，是对我超群的心智和强烈的事业心的一种回报。我坚信上帝赏罚分明，我的钱是上帝赐予的。""而且上帝知道我终究会把钱财返还社会，挣得巨额财富，我问心无愧。"洛克菲勒说，或许社会真的对他存有误解，但是他坚信自己的做法是对的，最终他将会赢得社会的敬重。他告诉小洛克菲勒："金钱可以提升人的尊严的。"

小洛克菲勒理解了父亲的话，后来逐步成长为商场上的一颗新星。他后来和自己的五儿一女说："金钱的确可以帮助人找到尊严。"然后用下面一个故事论证了他的观点。

在驻某国的联合国某司令部里，犹太士兵总是无端地受到多方的歧视，根本没有尊严可谈。威尔逊是一名犹太士兵，经常受他人的侮辱、嘲弄。每当他走过，白人士兵总会满怀憎恨而轻蔑地骂他，几乎任何人都可以随便地挖苦他一番，威尔逊虽然恼火却无可奈何。

加上威尔逊军衔很低，更是受尽了白人士兵和高级军官们的歧视。大家都看不起他，背地里经常议论他，很多时候，他感到很痛苦。幸运的是，威尔逊有着聪明的头脑。

刚开始的时候，威尔逊身上也没有钱。他就省吃俭用，积攒一小笔钱，然后他就把这笔钱借贷出去。在白人士兵里花钱大手大脚的现象很普遍，他们总是等不到发薪水的时候，就囊中羞涩了。他们看到威尔逊有钱，就迫不及待地向他借。

威尔逊就借钱给他们，同时还要求他们在一个月内还清，且附带高额的利息，但是那些士兵们早就管不了那么多了。威尔逊收到这些利息之后总是继续攒起来再借贷给那些士兵们。对于没有钱可还的人，威尔逊就让他们把自己的一些值钱的东西做抵押然后再高价卖出去。这样，过了不多久，威尔逊就过上了富裕的生活。他还购买了自己的房屋和车子，一下子变成了士兵里面的"大款"。那些经常过山穷水尽、灰头土脸日子的白人士兵，对威尔逊趾高气扬的样子再也没有了。他们对威尔逊惊羡不已，佩服不已。威尔逊用自己的富有为自己赢得了尊严。

对于很多人来说，金钱不仅仅可以购买尊严，还可以购买到其他的很多东西。洛克菲勒曾不加掩饰地说："拥有金钱就可以拥有令大家仰慕的生活方式，拥有大家对你的恭维和羡慕；还拥有了发言的权利，我很享受这些东西。"

洛克菲勒家族的人无一例外地认为金钱是上帝赠予的礼物，是上帝给人以美好人生的祝福。他们对金钱的热爱不仅仅局限于现实生存的需要，而是一种精神的寄托，更是美好人生的必需的手段和工具。

编者手记

金钱最基本的用处是保障人们的生存、发展。贫穷剥夺人的自由，迫使人为金钱而奔波，不能很好地享受生活。金钱的最大好处是使人摆脱贫穷的逼迫，在金钱面前获得自由。在当今社会，金钱的确有能力让我们站在一个更高的平台，享受更多的权利，听到更多的声音，欣赏到更好的美景。

忠告 4： 不要沦为金钱的奴隶

要让金钱当我的奴隶，而不能让我当金钱的奴隶！

——洛克菲勒

洛克菲勒是个不轻易动怒的人，但是有一天当他读到报上说他是"生意场的苦工、办公室的奴隶"时，他非常生气。他在回忆录里写道："如果一个人每天把清醒的时间全都用在为了钱而挣钱上，那么，我不知道还有谁比他更可鄙、更可怜。"

洛克菲勒每天会做很多工作，但是看起来他的工作节奏比许多经理主管人员都来得从容。他在午饭后一定要睡午觉，晚饭后也要在沙发上休息一会儿。他并不像外界传言的那样，"是个为了钱不要命的家伙"。洛克菲勒不赞成为了金钱失去生活，洛克菲勒活了 98 岁的高龄，当别人向他请教长寿的秘诀时，他诙谐地说道："我能活到现在是因为我经常逃避工作。少干点儿活，多到外面走走，享受户外空间和阳光，多进行运动。我不急着拼命地挣钱。"

洛克菲勒爱钱，但不会被金钱奴役。他很喜欢小仲马在《茶花女》中说的一段话："金钱是好仆人、坏主人。当你主宰金钱时，它就是你最忠诚和友好的仆人，这会使你离幸福很近，当你被金钱主宰时，你就会成为它的奴隶，这会使你迷失自我，找不到方向。"

洛克菲勒认为，吝啬很容易让人变为金钱的奴隶，"吝啬的人不是金钱的主人而是金钱的奴隶"。他经常告诫自己的子女：一定要摒弃吝啬的不良习惯。

何谓吝啬？简单地说，就是小气，是一些人对待金钱、对待财物的一种特殊态度。吝啬的人攒钱、敛财是他们最大的爱好，他们把挣钱当作人生最大的目标，他们的生活完全被金钱挤占。对于这部分人来说，金钱是衡量一切的标准，忽视亲情、漠视友情、轻视爱情。这样的人是很可悲的。这类人只是嫌自己发财速度太慢，总嫌发财效率太低，总想不劳而获或者少劳多获，因而挖空心思地、不择手段地算计他人、算计集体、算计社会，一般的情况是：在吝啬者口袋里的金钱或多或少地带有不洁的成分，廉耻、天良、真理，都会沉溺在吝啬者的吝啬之中。

这些人的生活已经完全被金钱所笼罩，为钱而活的日子似乎不怎么好过，他们的生活是不安宁的，每天的目标就是挣钱，担心赔钱，害怕丢钱，心疼花钱，这就已经完全沦为金钱的奴隶了。

小洛克菲勒刚参加工作的时候，显得拘谨而又木讷，每天都忙忙碌碌，无暇出去游玩，没有时间锻炼身体，即使这样卖力地工作，还是常常入不敷出，不得不向父亲借钱。洛克菲勒对儿子的表现很担忧，他劝诫儿子："要开源节流，也要享受生活。"并不吸烟的洛克菲勒给儿子讲了一个关于吸烟的故事。

卡恩是一名银行的小职员，某天站在一个百货商场门口，目不暇接地浏览着色彩缤纷的商品。这时，他身边走来一个衣冠楚楚的绅士，口里叼着雪茄。卡恩皱了皱眉，恭敬地走上前，礼貌地问："您的雪茄很香，好像很贵吧？"

"还好，两美元一支。"

"天哪！"卡恩惊叫道，"您一天抽几支呢？"

"10支吧。"

"那您抽烟多久了？"

"40年前就抽上了。"

卡恩忍受不了了："什么？您仔细算算，您抽掉了多少美元？要是不抽烟的话，那些钱足够买这幢百货商场了。"

"那么您抽烟吗？"绅士很感兴趣地看着他。

卡恩自豪地说："我才不抽呢。"

"哦，那您买下这幢百货商场了吗？"

"没有。"

"告诉您，这一幢百货商场就是我的。"说完，绅士转身离去。

钱是靠赚出来的，而不是靠克扣自己攒下来的。

洛克菲勒这样对儿子说："我的儿子，没有比为了赚钱而赚钱的人更可怜、更可鄙的，我懂得赚钱之道：要让金钱当我的奴隶，而不是让自己沦为金钱的奴隶。我就是这样做的。"对金钱有了全面的认识，洛克菲勒挣钱似乎越来越容易，但是他并不因此而骄傲自满，他越来越谦逊，节俭但不吝啬，把很多金钱投入到慈善事业，为社会做出了很大的贡献，终究赢得了人们的尊重。

编者手记

赚钱是为了活着，而活着绝对不仅仅是为了赚钱。金钱能使人在心理和物质上得到满足，也能使人陷入对金钱迷恋的泥潭中不能自拔。我们应该用一个好的心态来面对金钱，不用希冀挣自己能力不及的钱。关键是把钱用到该用的地方，不要肆意去攀比。俗语说：取之有道，用之有方，这样才能轻松做金钱的主人。

第二章
拥有财富是一种责任

忠告5：有责任心的人没有权力当穷人

> 我之所以是我，都是我过去的信念创造出来的。坦率地说，自我感觉到人世间因贫穷和疾苦的时候，我就萌发了一个信念：我应该是富翁，我没有权力当穷人。随着时间的推移，这个信念变得有如钢铁般坚硬。
>
> ——洛克菲勒

一个人如果说"我不要金钱"，那就等于是在说："我不想为家人、友人和同胞服务。"这种说法固然荒谬，但要断绝这两者关系同样荒谬！

洛克菲勒相信金钱的力量，他主张人人都应该去赚钱。然而，社会上很多人明显对这种想法有强烈的偏见，因为有些人认为，作为上天贫穷的子民是无上的荣耀。洛克菲勒和儿子说起自己曾听过一个人在祈祷会上祷告，那人说他十分感谢自己是上帝的贫穷子民。洛克菲勒幽默地说："这个人的太太要是听到她先生这么胡言乱语，不知会有何感想，她肯定会认为自己嫁错了人。"

洛克菲勒说他不想再见到这种上帝的贫穷子民，而且他断言，上帝也不愿意看到这种贫穷子民。"如果某个原本应该很富有的人，却因为贫穷而懦弱无能，那他必然犯下了极端严重的错误；他不仅对自己不忠实、忠诚，也亏待了他的家人！"

洛克菲勒认为，虽然财富的多少不一定可以用来当作衡量人生成功与否的标准，但几乎毫无例外的是，一个人可以利用财富的多少来衡量他对社会所做的贡献。一个人的收入愈多，他的贡献也愈大。洛克菲勒曾不无自豪地说："一想到我已经使无数国民永远走上了富裕之路，我便感觉到自己拥有了伟大的人生。"洛克菲勒始终认为，一个有责任心的人一定要拥有金钱，只有这样才能给更多的人提供生活的保障，保证他们生活的富足。洛克菲勒的责任感无疑是从小就培养出来的。

洛克菲勒父亲比尔的放荡不羁，令洛克菲勒的母亲伊莱扎很伤心，但是她是个坚强的女性，不管丈夫如何缺乏责任感，伊莱扎始终悉心照料 5 个子女。这种面对困苦却毫无怨言的坚强性格很大程度上影响了洛克菲勒的性格。比尔每次出门时，伊莱扎从来不知道他会去哪里和干什么，也不知道他什么时候才会回来。

在父亲外出的日子里，母亲更加倚重洛克菲勒，她似乎决意要在他身上培养出比尔所不具备的一切品性。洛克菲勒同母亲一样在父亲离家的时候变得更加坚强、独立，慢慢地，洛克菲勒成了家里的顶梁柱，小小年纪的他就担负了养家的重任。

洛克菲勒似乎天生就比同龄的孩子成熟、懂事。他利用课余时间里砍柴、挤奶、打水、种菜，去镇上买东西，在母亲出门时照看弟、妹。在他满 10 岁的时候就知道了要努力干活。

代替父亲支撑家庭的洛克菲勒严格地控制自家的开销，并且很早就学会了赚钱。有一回，他帮邻居挖了 3 天土豆，工资是每天 37.5 美分。此后不久，他以 7% 的利息借给另一个农夫 50 美元。等到年底，他在不用付出任何劳动的情况下净赚 3.5 美元。对于赚钱养家的重任他似乎并不觉得是负担，他很高兴自己能成为母亲的依靠。从那时候起他就认识到，要给家人提供安定的生活条件就必须有钱，身为家中的长子，赚钱供给家人是他不能推卸的责任。

回忆起小时候，洛克菲勒说："那时我的家境窘迫，时常要接受好心人伸出的援手。我的母亲是一个非常有自尊的人，她希望我能肩负起做长子的职责，建设好这个家庭。母亲的厚望与教诲，养成了我一种终身不变的责任感，我立下誓言：我不能沦为穷人，我要挣钱，我要用财富改变家人的命运！"洛克菲勒少年时代的发财梦中，金钱对他而言不只是一种工具，用它不仅能让家人过上富足无忧的生活，而且通过给予——明智地花出去，金钱更能换来道德上尊严的社会地位，这些东西远比豪华、气派的住宅和美丽、漂亮的服饰更令他激动不已！

　　强烈的责任感促使洛克菲勒去赚钱，但是对于赚钱，他却有自己的准则。"我们不能在有违上帝的情况下赚钱，或赚取别的东西。那样做只会让我们平添罪恶感。"他告诫儿子说，要获得金钱，大量的金钱，无可厚非，但是一定要以正当的方法得来，而不是让金钱拖着自己的鼻子走。

　　洛克菲勒认为很多人之所以没有钱，是因为他们不了解钱。他们认为钱既冷又硬，其实钱既不冷也不硬——它柔软而温暖，它会使我们感觉良好，而且在色泽上也能跟我们所穿的衣服相配。

　　洛克菲勒对金钱的理解，坚定了他要去赚钱、要成为富人的信念，而这个信念又给予他无比的斗志去追逐财富。尽管早就成为一个富人，但是强烈的责任感仍然不断地激励着洛克菲勒不断地赚钱，他的财富也滚雪球似的越来越多。

　　这个世界上没有天生的富翁，即使你有一个富翁爸爸，但若你不善持家或不再努力，而是去吃上辈所留下的老本，那么，总有一天，你还会变成一个穷人。穷人受穷总是有各种各样的理由，但有一点永远不要忘记，那就是没有永远的富翁，也没有天生的穷人。

　　现今时代给人们提供了过上好日子的良机。在这个天高任鸟飞、海阔凭鱼跃的时代，千万富翁不是梦想，亿万富翁也不是神话。上天青睐每一个想成为富人的人，只要你憎恨贫穷，只要你有改善家人生活的强烈责任感，那么你就会成为富人。

"有责任心的人没有权力当穷人"，这完全颠覆了很多人对金钱的固有看法。拥有金钱可以给家人提供富足的生活，可以为集体做更多的好事，为社会贡献自己的力量。因此不要认为谈论如何赚钱是难登大雅之堂的话题。赚钱而又正确地花钱是一种负责任的表现。

忠告6：赚钱不难，花钱不易

穷人之所以为穷人就在于他们既不会赚钱也不会花钱。

——洛克菲勒

比尔虽然爱招摇撞骗，声名狼藉，但是的确头脑聪明，是个赚钱的好手，他曾扮作聋哑人向附近的人兜售一些新奇的玩意，还曾贩卖假药。虽然行为不道德，但是比尔似乎有无数的可以赚钱的点子。约翰·D.洛克菲勒似乎从父亲那里遗传了赚钱的天赋，不同于父亲的是，他是用正当的手段，光明正大地赚钱。

洛克菲勒很小的时候，就知道按磅买进糖果，然后按块数卖给邻居的孩子或是自己的兄弟姐妹，从中赚取利润。

在洛克菲勒七岁的时候，他开始尝试做第一笔生意。他在树林里发现了一只火鸡，然后尾随着这只火鸡找到了一个火鸡窝。于是他埋伏在火鸡窝的附近等待时机，一旦火鸡出窝觅食时，他就快步跑上去，把小火鸡偷走。他将偷来的小火鸡关在自己的房子里喂养，在感恩节的时候，小火鸡就已经长大了，他可以把它们卖给附近的农民，这样，洛克菲勒就可以获得一大笔钱。老年时的洛克菲勒说："在那段日子里，我一看到火鸡就高兴，总是没完没了地看着它们！"

洛克菲勒的母亲伊莱扎是个虔诚的教徒，她觉得儿子的行为是在亵渎神灵，虽然平时很疼爱儿子可这次却把他吊起来狠狠地打。可是平时和儿子关系疏远的比尔却对伊莱扎说："亲爱的，约翰日后肯定会比你我混得好，你难道看不出他的赚钱天赋吗？"

也就是在七岁那年，洛克菲勒开始把自己赚来的各种零散的钱存放到壁炉架上的一只蓝色的瓷碗里，他的做法得到了父亲比尔的表扬。从那时候起，洛克菲勒就已经懂得让钱生钱的道理，有一次父亲回家后问他："约翰，你的瓷碗里已经存了多少钱了？"幼小的洛克菲勒骄傲地回答："已经足足有50美元了。"当父亲查看瓷碗时发现里面什么都没有，他以为儿子在骗他，很生气。可是洛克菲勒却神秘地向父亲说："我的钱正在生钱呢，但是它们需要时间。"有一天，洛克菲勒果真拿着54美元来见父亲，原来他把自己的50美元贷给周围的农民，通过征收利息，他挣了4美元的利润。

在洛克菲勒的眼里，时时处处都有赚钱的机会，他做农产品的生意，做石油生意，投资采矿业等诸多领域，没有哪笔买卖是不赚钱的，赚钱在他看来是一件十分容易的事情。

洛克菲勒认为赚钱与花钱只是同一规律的正反互换。如果不懂得如何支配财富，有钱后反而会比没钱时更缺乏安全感。在他看来，要想成为富人，首先要学会如何花钱，要懂得投资，懂得布施，做精神上的强者。

富人和穷人都不是注定的，唯一的区别就是富人不放过任何可以赚钱的机会，他们很注意对金钱的支配，也就是花钱，在他们看来，每一分钱都必须物有所值。而穷人则不然，有钱后会尽情享受，无钱时便节衣缩食。

洛克菲勒注重赚钱，同时更注重花钱，他认为不该花钱的地方绝不浪费，认为有价值的事情，无论花多少钱都不会心疼。即使在他拥有巨额财富的时候，他仍然重视投入的每一分钱。他会及时、精确地查阅分析出公司呈报上来的成本和开支以及在销售中的损益，他通常也据此来考核工资部门的工作效益，他甚至还能精确地将提炼一加仑原油的成本计算到一分钱的千分之一。这不得不令人佩服。

1879年，他曾经写信给一个炼油厂的经理，质问他为什么他们提炼一加仑原油要比其他炼油厂多花近一美分钱。洛克菲勒对金钱强有力的把控，让很多人嗤之以鼻。听起来他很抠门，但是就是这个抠门的富豪，资助了众多的医院、教堂和学校，甚至在美国遭遇罕见的金融危机时，他拿出很大一笔钱，帮助美国经济渡过难关。在花钱方面，洛克菲勒可谓用之有方。

听说过这样一段话："不会赚钱的人是'气球'，只会赚钱的人是'机器'；不会花钱的人是'守财奴'，只会花钱的人是'败家子'。会赚钱又会花钱的人，能'玩转'钱；不会赚钱也不会花钱的人，只能被钱'玩转'。只有能将钱'玩转'在手掌中的人，才能充分享受金钱带来的幸福，才能做金钱的主人，而不是奴隶。"

编者手记

很多人之所以贫穷就在于不懂如何赚钱，不明白花钱说白了就是不会理财。理财是一种生活习惯，哪怕自己得到的是一分钱，也要清楚地知道这一分钱将如何使用，怎么赋予它不同的用途；当你能够坚持不懈地进行投资，哪怕每日、每周、每月、每年获得的回报只是很少一部分，但是你坚持这样去做，时间会让你轻松成为一位富翁的。

忠告7：别把储蓄变成嗜好

一块沉入红海的金子和一块石头没有什么区别。

——洛克菲勒

在生活中，很多人都喜欢将辛辛苦苦挣得的钱存进银行。的确，财富的积累需要储蓄，但如果只是储蓄，却不进行投资，那么钱就会成为死钱，这样你虽然不会为没钱而忧虑，但你也永远不会成为亿万富翁。钱就像水一样，只有流动起来，才能创造出更多的价值。

洛克菲勒家族向来不主张用储蓄的方式让金钱增值、获利。他认为金钱的生命在于流动。资金在市场经济的舞台上害怕孤独、不甘寂寞，需要明快的节奏和丰富多彩的生活。把赚到的钱存在银行，让它静置起来，远不如进行合理的投资利用更有价值，更有意义。

偶然的机会，洛克菲勒认识了一对夫妻。丈夫吉姆是一家公司的职员，妻子露西是一名教师。由于夫妻俩每月省吃俭用，所有银行存折中的数字直线上升，没用多长时间已经有5000多美元了。在公共场合，吉姆说："如果没有储蓄，生活就等于失去了保障。"

这句话被洛克菲勒听到了，他微微皱了皱眉，对吉姆如此注重储蓄出乎意外地不欣赏，他对身旁的朋友说道："你看，没有储蓄，就会觉得生活上失去了保障，如此着重物质，成为物质的奴隶，人的尊严到哪儿去了呢？男人每天为了衣、食、住，在外面辛苦工作，女人则每天计算如何尽量克扣生活费，存入银行，人的一生就这样过去，还有什么意思呢？""如果太看重储蓄对于生活的保障，那么随着储蓄的增多，则心理上的安全保障的程度就越高，如此继续下去，永远不会满足。这样，岂不是把钱收起来，使自己赚大钱的才能无从发挥了吗？""我不相信省吃俭用，用单靠蓄的利息可以成为富人。"

洛克菲勒的朋友问他："你的意思是反对储蓄？"

"当然不是完全反对储蓄，我反对的是把储蓄变成嗜好，而忘记了等钱储蓄到了相当数目时可以提出来动动脑筋，活用这些钱，使它能赚到远比银行利息多得多的钱。"洛克菲勒解释道。

把储蓄变成嗜好后还有一个缺点，那就是随着银行里的钱越存越多的时候，很多人在心理上会觉得生活有保障，以后的人生便可以靠利息来补贴生活费，这容易让人养成不思进取的惰性，从而为时代所抛弃。

把暂时闲着不用的金钱存起来，其实是一种不错的习惯，但是不要把储蓄变成一种嗜好。不少人认为钱存在银行里能赚取利息，能享受到复利，这样就算是对金钱有了妥善的安排，是很好的理财方式。事实上，利息在通货膨胀的侵蚀下，实质报酬率接近于零，等于没有理财。

每一个人最后能拥有多少财富，是难以预料的事情，唯一可以肯定的是，将钱存在银行只能保证生活安定，而想靠利息致富，就无异于痴人说梦了。

将自己所有的钱都存在银行的人，到了老年时不但不能致富，常常连财务自主的水平都无法达到，这种事例在现实生活中并不少见。选择以银行存款作为理财方式的人，无非是想让自己有一个很好的保障。

生活中很多人都会有这样的苦恼，那就是钱总是不够花。最根本的原因是坐吃山空，不能让钱继续生钱。洛克菲勒家的孩子从小就接受金钱教育，每个人都懂得让钱生钱的道理。比尔在孩子们四五岁的时候，就让他们帮助妻子伊莱扎提水、拿咖啡杯，然后给他一些零花钱。他们还把各种劳动都标上了价格：打扫10平方米的室内卫生可以得到半美分，打扫10平方米的室外卫生可以得到1美分，为父母做早餐可得到12美分。洛克菲勒还到父亲的农场帮父亲干活，帮父亲给一头奶牛挤奶、跑运输，包括拿牛奶桶，都算好账。然后并不把挣得的钱存起来，而是贷给需要钱的人。从那时候起，洛克菲勒就显示出了卓尔不凡的商业头脑。

洛克菲勒很明确地告诉自己的孩子们："要想拥有金钱，不但要学会储蓄理财，同时还要学会以钱生钱。"他宁愿把自己的钱用于高回报率的投资或买卖，也不肯把钱存入银行。他认为在学会"节流"的同时，更重要的是学会"开源"，让资金流动起来。众所周知，资金的生命就在于运动。资金只有在进行商品交换时才产生价值，只有在周转中才产生价值。失去了周转，不仅不可能增值，而且还失去了存在的价值。如果把资金作为资本，合理地加以利用，就能赚取更多的钱。

编者手记

俗语说："有钱不置半年闲。"这是一句很有哲理的生意经。这句话表明做生意要合理地使用资金，千方百计地加快资金周转速度。通常，贫穷人家对于富人之所以能够致富，较正面的看法是将其归于富人比自己努力或者他们克勤克俭，较负面的想法是将其归于运气好或者从事不正当或违法的行业。但这些人万万没想到，真正造成他们无法致富的，是他们的理财习惯。因为穷人与富人的理财方式不同，穷人的财产多是存放在银行里，富人的财产多是用于投资，让钱生钱。

忠告8：回馈社会，金钱才能散发温暖

我坚信上帝赏罚分明，我的钱是上帝赐予的。而我所以能一直财源滚滚，如有天助，这是因为上帝知道我会把钱返还给社会，造福我的同胞。

——洛克菲勒

洛克菲勒拥有巨大财富的时候，儿子小洛克菲勒刚刚十几岁。看到公众激愤地抗议父亲，媒体不停揭露父亲的丑行，虽然小洛克菲勒不相信父亲真的做过什么丑事，但是却能感觉到父亲努力想要逃避内疚的那种心态，这深深地影响了小洛克菲勒。于是，对于父亲传给他的巨大资产，他轻易不动用，把每一分钱都看得紧紧的。洛克菲勒经常告诉儿子："孩子，你要知道这不是仅属于我们的钱，这笔钱是上帝交给我们暂时保管的，现在暂时存放在这里，终究我们会把它反馈回社会，这是一笔不容挥霍和乱花的一笔特殊信托款项。"洛克菲勒的话打消了儿子的疑虑，而小洛克菲勒也将自己人生的大部分时间花在了慈善事业上。有人

评论说:"小洛克菲勒一辈子做的事情就是往外送钱。"

洛克菲勒在年老的时候说:"我一直得到上帝的庇佑,事业发达,因为上帝知道我将把金钱回馈社会!"尽管社会给他诸多骂名,但是事实是在洛克菲勒十多岁时就对赞助慈善事业产生兴趣。"我很早就看到了挣钱和花钱之间的因果关系。"洛克菲勒说,"我很清楚地记得自己沿用一生的财务计划,在一个葬礼上,一位上年纪的牧师在布道时说:'公正地挣钱,明智地花钱。'这使我终生受益。"

洛克菲勒就是被这样一种信条支撑着,因而果断出手赞助慈善事业,以此证明自己的财富是清白的。不过,事情也可能是这样发展的:赞助慈善事业的承诺使他允许自己一心一意地、有时甚至是肆无忌惮地追逐财富,不论拥有多么巨额的财富,他都能心安理得。

人活着应该让别人因为你活着而得到益处。学会给予和付出,你会感受到舍己为人,不求任何回报的快乐和满足。

奉献是一种美德,既可以让别人摆脱困境,又可以使自己的心灵得到安慰,使自己的品格得到锤炼。爱心能使人生更有意义,一个人如果失去了爱的能力,他的人生也会异常黯淡。在自己能力范围内给别人以帮助,自己或许会暂时失去一些金钱物质,但会收获更多尊重与开心。

奉献的力量一直感动着我们的心灵,温暖着每一颗尘封已久的心。当一种心与心共鸣而发出的旋律奏响时,心灵浸润其中,不由地会习得一种温情的通透,而原本覆盖着的蒙尘也随之被荡涤得没有了影踪。长此以往,心灵会变得超脱,并找到通往精神家园的路。

洛克菲勒家族设立了很多基金,致力于慈善事业,很多大学、医院都得益于洛克菲勒的资助。人们在接触到近现代乃至当代美国史的时候,都不可以避免地要谈到洛克菲勒家族,洛克菲勒基金会、现代艺术博物馆、芝加哥大学、洛克菲勒大学等。洛克菲勒家族为教育提供了大笔资金，有很多大学和学院向他颁发了荣誉证书。有人曾有疑问："洛克菲勒是很多学校学会的会员，还是有的学校的博士，他到底干了些什么？"听到这样的疑问，洛克菲勒总是笑笑说："洛克菲勒就是写东西的。""天哪，不可思议，他都写了些什么？"洛克菲勒收起笑容："支票。"

赚钱的能力是评价一个商人成功与否的重要标准。但只有那些不仅仅为自己谋得利益，同时慷慨回馈社会的人，才能真正实现自我的价值，得到社会的认可。对于一个人来说，过多的财富是没有多少实际用处的，除非你是为了社会在创造财富，并把多余的财富贡献给了社会，这样才能体会到回馈社会带来的荣誉感、幸福感。

如果赚钱只是为自己谋私利，那么不论你拥有多少金钱也无法买到别人对你的尊敬、无条件的爱情、天赐的健康，无法体会到付出的乐趣。

拥有大量金钱如果不知如何运用，就会被金钱束缚，一旦钻到钱眼里，金钱就会束缚个人的自由。令人沮丧的是，金钱的诱惑常常似乎与手头拥有的数目直接成正比：你拥有越多，你越想要。正如亚里士多德对那些富人们所描写的那样："他们生活的整个想法，是他们应该不断增加他们的金钱，或者无论如何不损失它。"

社会上很多人很避讳谈钱，因为他们觉得谈钱庸俗，会玷污人们之间纯真的感情。那是因为众人眼中的钱都只是用来为自己谋私利的。如果把挣得的钱回馈社会，我们就不会对钱的话题有所顾忌，因为在回馈社会的过程中，金钱始终散发着温暖。

编者手记

索尔·贝娄在《洪堡的礼物》一书中所写的："抓住金钱不放很难，这就像一块小冰块一样。你不可能刚刚成功获得它，然后就生活安逸……当你获得金钱时，你将经历一次质变。你不得不与内部的和外部的、可怕的力量竞争。这些力量也许产生不信任、妒忌，甚至对拥有更多的任何人的憎恨及对任何阻碍你发财的人的敌意。"一心只想着钱的人，始终只是一个非常可怜的生物。如果有能力，将自己的金钱回馈社会吧，这样你的人生会有不一样的体验。

第三章

借贷是管理和运用资金的重要手段

忠告9: 资金是商人的最佳武器

新事业越健康，发展的速度越快，需要的资金就越多。

——洛克菲勒

资金是企业进行生产、经营等一系列经济活动中最基本的要素，资金是创立和经营企业不可或缺的资本，一个成功的商人必然能精明而谨慎地处理和运用资金。因为资金可以购买、租用厂房和办公室，购买原料，支付租金及债务，资金是一个企业正常运行的重要保障。没有资金，创业无从谈起，成功也会遥不可及。

要想全面解决石油业的问题，洛克菲勒需要钱——用钱建立规模经济，用钱建立应对行业衰退的储备，用钱提高生产效率。此外，买下那些导致生产过剩和行业混乱的炼油厂也需要大量资金。对洛克菲勒而言，最棘手的问题是如何在扩大资本的情况下又保持自己对企业的控制权。

一个成功的商人一定要在资金管理方面下足功夫，资金管理贯穿于企业整个生产经营的始末，具有举足轻重的作用，资金管理是财务管理的集中表现。只有抓住资金管理这个中心，采取行之有效的管理和控制措施，疏通资金流转环节，才能提高企业经济效益。因此，加强资金的管理及控制具有十分重要的意义。洛克菲勒一向在金钱的管理方面很在行。

洛克菲勒的第一份工作其中有一项任务就是支付公司的账单。他十分喜爱这份工作，每次都会认真仔细核对各份账单，确定每一笔费用是否合理有效，并且认真地清算总数。有一次，老板交给洛克菲勒一份长长的、未经核对的水暖设备账单，毫不在意地说："你去把钱付一下。"接过账单后，洛克菲勒却从中找出了好几处错误，尽管数额不是很大，但是他觉得账目上出现错误是他不能容忍的。还有一次有个客户总是抱怨货物受损，于是洛克菲勒决定调查一下。他用了一整天的时间收集核对所有的账单资料，最后发现，这位客户的抱怨根本没有任何依据，洛克菲勒的核对结果让那个客户哑口无言，从此再也没有说过那样的话。

除了起草商业信函、记账和支付账单，年轻的洛克菲勒还得独力完成为公司收房租的任务。在完成这一任务的过程中，他不但表现得有耐心、有礼貌，而且还具有一种令人意想不到的顽强精神。脸色苍白的他就坐在自己的马车上，像殡仪事务承办人一样在人家门口耐心等候，他绝不会做出一分钱的让步，直等到欠租人把钱如数交出来为止。

洛克菲勒很早就意识到了资金对于开办企业的重要性，他意识到作为商人如果没有最原始的资金积累，一切胜利与成功都只能是虚幻。洛克菲勒曾经吃过没有资金的苦头。如果没有最初向父亲借到资金，洛克菲勒就不可能和克拉克合伙开办企业，初入商场；如果没有资金，洛克菲勒就不可能以高价拍得和合伙人开办的公司，获取自由；如果没有雄厚的资金，洛克菲勒收购炼油厂的兼并之战就不可能打响，获得更大的成功。

洛克菲勒拼命工作，向别人借钱，找银行贷款都是为了凑足公司运营所需的资金。他对金钱、对资金有着热切的渴望。这里有件事足以说明他对资金的热忱。

一天，洛克菲勒的老板收到一家银行开出的4000美元汇票。

办公的时候，老板让洛克菲勒看了一下那张汇票，然后就把它锁在保险柜里。等老板一离开办公室，他就打开保险柜，取出汇票，瞪大眼睛看了好一阵子，才放了回去，把保险箱锁好。对于那个时候的洛克菲勒来说，4000美元无异于一笔巨款，那时候他就在想：用这笔钱他可以开办一家气派的公司。那天，他把保险柜打开许多次，长时间凝视那张汇票，想象着如果自己拥有这么一笔钱，一定会做出一番伟大的事业。事实证明，他就是用了4000美元同他的合伙人开创了事业。

洛克菲勒之所以能在商战中所向披靡，取得惊人的成功，这与雄厚的资金的支持是分不开的。不论是在经济繁荣还是萧条时期，洛克菲勒手里总是掌握着远比别人雄厚的资金。正因为如此，他在决策中比对手更有底气。当儿子与某个银行的行长关系破裂时，他毫不留情地批评儿子："你都不知道资金对我们来说究竟有多重要！"

洛克菲勒对资金的需求是无止境的，克利夫兰的各家银行已经承受不起，他只能把目光投向纽约，在那儿寻找利息更低的贷款。每一次实施大胆的计划、开拓新的领域时，每个企业都需要大量的资金的支持，否则是无法取得成功的。洛克菲勒在商业竞争中的必胜法宝就是：保持手中有足够的资金应付随之而来的各种变化。

编者手记

资金是一个企业生存、发展的血液，一个资金不足的企业，是十分危险的。只有资金到位，企业才能正常地持续运转。对一个企业来说，正确的资金的管理是十分有必要的。现代管理大师德鲁克认为，在事业的起步阶段必须筹备足够的资金。一是因为包括新事业在内的任何企业在发生突然状况时筹集资金都是一件很困难的事情；二是一旦资金紧张，筹集资金将会分散管理者的精力和注意力，使企业的主营业务受到严重干扰。所以，要想成功，就必须准备更多资金。

忠告10： 借贷是为了创造好运

借钱是为了创造好运。如果抵押一块土地就能借得足够的现金让我独占一块更大的地方，那么我会毫不迟疑地抓住这个机会。

——洛克菲勒

"没有能力自己买鞋子时，可以借别人的，这样比赤脚走得快。"善于借外力的人总是能成功借别人的力量、金钱、智慧、名望甚至社会关系，用以扩充自己的大脑，充实自己的队伍，给自己补充营养，提高赚钱能力。这是最聪明、省力的办法，可以借他人之光照亮自己的"钱"程。

小洛克菲勒刚踏上社会时，对股市兴趣浓厚，可是苦于自己没有资金，不得不向自己的父亲洛克菲勒借贷。但是用借来的钱闯荡股市，让小洛克菲勒感觉很不安。对于儿子的感受，洛克菲勒很能理解，因为自己年轻的时候也不止一次地向自己的父亲借债。洛克菲勒这样描述这种感觉：想要赢，但是又害怕在那个冒险的世界里输，而输掉的钱不是自己的，是借来的，而且需要支付利息。这种输不起的感受，在洛克菲勒创业之初，乃至较有成就之后，似乎一直都在支配着他，以致每次借款之前，他都会在谨慎与冒险之间徘徊，苦苦挣扎，甚至夜不能寐，躺在床上就开始算计如何偿还欠款。现在初入商场的小洛克菲勒显然也遭遇了父亲同样的问题，但是小洛克菲勒比父亲幸运，因为他的父亲显然更关注他的成长。

洛克菲勒开导儿子说："约翰，呈现在我们眼前的，经常是巧妙化解棘手问题的大好良机。你要知道，借钱不是件坏事，它不会让你破产，只要你不把它看成像救生圈一样，只在出现危机的时候使用，而应该把它看成是一种有力的工具，你就可以用它来开创机会。否则，你就会陷入恐惧失败的泥潭，让恐惧束缚住你本可大展宏图的双臂，以致终无所成。"

西方有句名言：只有傻瓜才拿自己的钱去发财。阿基米德也说："给我一个支点，我就能撬动地球。"这里所说的"支点"就是一种凭借。美国亿万富翁马克·哈罗德森说："别人的钱是我成功的钥匙。把别人的钱和别人的努力结合起来，再加上我们自己的梦想和一套奇特而行之有效的方案，然后，我们就可以走上舞台，尽情地指挥你那奇妙的经济管弦乐队。其结果是，在你自己的眼里，会认为不过是雕虫小技，或者说不过是借别人的鸡下了蛋。然而，世人却认为你出奇制胜，大获成功。因为，人们根本没有想到，竟能用别人的钱为自己做买卖赚钱。"

为了让儿子放宽心，大胆借贷，洛克菲勒举了这样一个例子。

查理是洛克菲勒生意上的合作伙伴，他的发家史和洛克菲勒颇为相似，从一个穷小子奋斗成为一个身家数十亿美元的富翁。他的第一桶金就来自借贷。

当他第一次跨进银行的大门，人家看了看他那磨破了的衬衫领子，又见他没有什么可做抵押的，自然拒绝了他的申请。

他又来到银行，千方百计总算见到了该银行的总裁。他对总裁说，他把货轮买到后，立即改装成油轮，他已把这艘尚未买下的船租给了一家石油公司。石油公司每月付给的租金，就用来分期还他要借的这笔贷款。他说他可以把租契交给银行，由银行去跟那家石油公司收租金，这样就等于在分期付款了。

许多银行听了查理的想法，都觉得荒唐可笑，且无信用可言。但是该银行的总裁却不那么认为。他想：虽然查理一文不名，也许没有什么信用可言，但是那家石油公司的信用却是可靠的。拿着他的租契去石油公司按月收钱，这自然会十分稳妥。

查理终于贷到了第一笔款。他买下了他所要的旧货轮，把它改成油轮，租给了石油公司。然后又利用这艘船作为抵押借了另一笔款，从而再买一艘船。

查理的成功与精明之处，就在于他利用那家石油公司的信用来增强自己的信用，从而成功地借到了钱。这情形继续了几年。每当一笔债付清之后，查理就成了某条船的主人，租金不再被银行拿去，而是由他放入自己的口袋了。他的现金状况、他的信用情形、他的衬衫领子，都迅速地改进了。慢慢地，查理财源滚滚，不再是一文不名的穷小伙。

洛克菲勒说："我所熟知或认识的富翁中间，只靠自己一点一滴、日积月累挣钱发达的人少之又少，更多的人是因借钱而发财，这其中的道理并不深奥，一块钱的买卖远远比不上一百块钱的买卖赚得多。"借钱是为了创造好运。在克利夫兰时，洛克菲勒为扩张实力、夺得克利夫兰炼油界头把交椅地位，曾多次欠下巨债，甚至不惜把他的企业抵押给银行，结果是他成功了，洛克菲勒创造了令人震惊的成就。

不论是要赢得财富，还是要赢得人生，优秀的人在竞技中想的不是输了我会怎样，而是要成为胜利者我应该做什么。

法国著名作家小仲马在他的剧本《金钱问题》中说过这样一句话："商业，这是十分简单的事。它就是借用别人的资金。"某著名公司创始人说过这样一句话："我是用天下人的钱和天下人，来办我的事情，我出售的只是服务。"毫无疑问，生意人要赚大钱，将生意转化为企业，把自己由小商人变成企业家，就必须懂得巧妙地运用他人的智慧和金钱。

很少有白手起家的富商不借债的。事实证明，天才的赚钱者了解并能充分利用借贷。世界上许多巨大的财富起始都是建立在借贷之上的。富人之所以能够成功，是因为他们深谙借钱、贷款的力量。

编者手记

在现代，巨额财富的起源，建立在借贷基础上是最快捷的。就是说，要发大财先借贷。没有本钱怎样发大财呢？借贷是行之有效的手段。当然，借钱就得付出利息，但你不要害怕，你利用别人的钱来赚钱，你赢得的部分，可能远远超出了你所付的利息。借用资金来达到自己的目标，这是一条致富之路。富兰克林是这样做的，希尔顿是这样做的，恺撒也是这样做的。即使你很富裕，对于这样的机会，你也不应放过。在生意场上，借钱也是资产的一种，故拥有借钱能力亦可说是经营者的一项重要才能。

忠告 11：和银行保持愉快合作

要在关键时刻处理好问题，必须在平时就与各大银行保持长期的友好关系。

——洛克菲勒

在洛克菲勒还有能力从事他所做的工作时，就已经把事业逐步交给儿子接管了。洛克菲勒一直在幕后监督着儿子工作，在他工作中出现纰漏的时候，他会随时指正、批评。加上个人的聪慧与努力，小洛克菲勒在商界中逐渐崭露头角。

有一段时间，小洛克菲勒和一名叫巴特的银行行长关系很僵，言行一向谨慎的小洛克菲勒甚至扬言："我们不需要银行的帮助，不需要华尔街的支持。"在家侍弄花草的洛克菲勒听说这件事后马上提笔给儿子写信："我想你错了，约翰，我们公司目前虽然资金充足，可能不需要更多的流动资金，但是你知道吗，资金对我们来说简直太重要了，那是我们企业赖以生存发展的血液，而这些血液平时存贮在银行。"

洛克菲勒向儿子诉说了自己刚开始创业的时候，由于缺少资金，不得不四处借钱，他几乎跑遍了自己所在城市的银行，但是没有一个银行肯冒险把钱借给一个没有任何担保的年轻人。最后洛克菲勒以高额利息向自己的父亲贷款，他的父亲是个反复无常的人，即使是对自己的儿子。钱借出去之后，他经常对洛克菲勒说："儿子，我现在需要那笔钱。"

很多人为洛克菲勒抱不平，他们感到纳闷：为什么接受自己父亲如此苛刻的条件？但是洛克菲勒在饱尝银行的闭门羹后，已经很了解克利夫兰和货款的形式了。虽然在为人方面，洛克菲勒值得人信赖，但是当时他的手上没有什么筹码，没有什么资产、身家。对于一个初出茅庐的穷小子来说，没有有钱有势的人肯为他担保，根本不会有哪家银行会把钱借给他。

后来回忆起来，洛克菲勒对儿子说："在那段岁月里克利夫兰肯为我做担保的人实在太少了，而你的祖父就是其中一个，那么我为什么舍近求远呢？倒不如直接向你祖父借容易，而且以我对你祖父的了解，他最多不过是向我玩弄一下他的小把戏罢了，关键是向他借钱不需要担保，这就是我为什么接受他苛刻利息的原因。"

资金到位后，一切就绪，新公司开始运转起来。公司运转很顺利，经营情况出人意料的好，洛克菲勒连同他的搭档们都十分高兴。可是没过多久，老问题又出现了，他们还是需要大量的资金。唯一的办法就是再次向银行求助。以前多次遭遇银行拒绝的洛克菲勒一想到极有可能再次遭到拒绝，就感到头皮发麻。在那段时间里，洛克菲勒奔波于银行与私人金融家之间，在洛克菲勒不懈的努力下，他终于得到了有生以来的第一笔来自银行的贷款。直到多年后，洛克菲勒仍然记得贷钱给他的银行家的名字，并且终生心怀感激。

拿到那笔 2000 美元的贷款后，洛克菲勒走在街上时都觉得自己是在做梦。银行借给他钱，让他感到自己已经在社会上很有地位了。而这位银行家之所以愿意贷款给洛克菲勒，是因为他仔细调查了洛克菲勒的品行和生活习惯，认为他是一个可以信赖的人。

通过和银行打交道，洛克菲勒清醒地认识到了，诚信对于一个商人的重要性。他说信誉是商人的生命，只有讲信誉的人才有权利得到银行的帮助。银行的贷款无疑是对一个人诚信品质的肯定，银行很重视对借款人品质的考核。

在后来的屡次向银行贷款时，银行能毫不犹豫地借款给洛克菲勒，其中一个原因就是他经受住了银行对他人品的检验。有一次，洛克菲勒最大的一个客户逼他违反传统的行业惯例，在拿到提单之前就把钱交给他。洛克菲勒坚持原则没有答应，结果客户大发雷霆，但是洛克菲勒的公司并没有因此而损失这个客户。后来，他才知道，那个客户不讲理的做法原来是当地一家银行设下的陷阱，目的就是考验一下这个年轻人能否经得起诱惑，坚持基本的原则。"看来，我已经在克利夫兰树立了守信用的好名声，这个名声比任何有钱人或官员的担保都更有价值。"洛克菲勒骄傲地说。

后来，洛克菲勒还成了俄亥俄州的银行董事，这样洛克菲勒就能轻易地从银行获得他所需要的资金，而不至于像以前那样以一个弱者的身份出现。要想为企业的发展谋资金其实是一件很困难的事情，这就要求助于银行，因此与银行保持良好的关系是十分必要的。在商战中的每一次战斗，都需要有雄厚的资金作为后盾，否则是无法取得成功的。"我努力保持我手中握有足够的资金，凭借这些，我才有可能取胜。"

银行多次解救洛克菲勒于水火之中。"要在关键时刻处理好问题，必须在平时就与各大银行保持长期的友好关系。"洛克菲勒告诫儿子。

编者手记

很多伟大的人物之所以能取得成功，获得大笔的财富，并不仅仅因为他们个人的优异，这还和他们善于利用别人的金钱与智慧为自己做事有关。但是，需要注意的是，在借用别人金钱的时候，必须要有明确的指标，将赚回来的钱除去基本开支外，其余的放回生产线上。社会上最普遍的筹集他人资金以发展事业的机构是银行和保险公司。如果有雄心在商业上干出一番成就，必须借用别人的资源。固守个人风格，只会困于自己的圈子，永远难以做出令人震惊的大手笔。

忠告 12：懂得借钱的人才是真正的聪明人

他人的钱袋＋他人的智慧＝事业的成功。

——洛克菲勒

自己想要捕鱼，但是又没有船，怎么办？最好的办法就是借船出海。如果我们算好时间抓住鱼汛，说不定出海一次就能赚回半条船来。也许你觉得借船还得付租金，那你也可以自己造船。但是，也许等你造出船来，鱼汛早就过去了。机不可失，时不再来，所以为了抓住转瞬即逝的时机，借钱，是十分有必要的。

洛克菲勒虽然出生于清贫之家，缺乏良好的学校教育，但后来他却成为商业巨子，拥有的财富之多令人咂舌。他年仅16岁就踏入社会了，工作认真努力，一边供给家人，一边积累创业资金。慢慢地洛克菲勒越来越成功，在众人眼里，他的成功似乎不费吹灰之力。从丰富的实际经验中，他想出生意成功的方程式：

他人的钱袋＋他人的智慧＝事业的成功

这是一个十分有意思的方程式，它告诉我们如果希望在商场上成功，就应该巧妙地运用他人的智慧和金钱以创造利益。想想看，即便像洛克菲勒那样富有，拥有实力雄厚的公司，尚且需借用他人力量，可见借用他人金钱的重要性。

借他人的钱袋、脑袋，发自己的小财，需要胆识，更需要技巧。在商界流传这样一句话："如果你有1美元，却不能做成10美元甚至100美元的生意，你将永远不能取得真正的成功。"

洛克菲勒解释说所谓生意的成功，并不是只顾实行自己的构想，而是巧妙地运用他人的才智和金钱，以创造另一番事业。很多时候，生意之所以失败，则是其中的经营者被成功冲昏了头脑，不知不觉地走向自我专制，不听从别人的意见，更不会利用他人的才智与金钱。

如果有雄心在商业上大干一番，必须借用别人的资源；固守个人风格，只会困于自己的圈子，永远成就不了宏大的事业。

洛克菲勒很善于利用他人的金钱发展自己的事业，从最初的向父亲借钱，到后来不断地向银行贷款，他鼓励对借钱怀有恐惧感的儿子说："懂得借钱的人才是真正的聪明人。"

永远不要不敢借钱，不敢花钱。不仅要善于利用别人的钱为自己办事，还要学会利用自己明天的钱办今天的事。有这样一个故事：

两个白发苍苍的老人在地狱门口相遇，其中一个神情疲倦，另一个神采奕奕。神情疲惫的老人说："我忙忙碌碌，攒了一辈子的钱终于买了一套好房子，可是刚住了没多长时间，就要入地狱了。"而另一位说："哦，我早就借钱买了房子，在我来这儿之前才刚刚还清房贷呢，但幸运的是我一辈子都住在好房子中。"

这个虚拟的故事说明了这样一个道理，即要善于把自己明天的钱挪到今天用。平常生活要如此，经商致富更是如此。

就一般人而言，在致富之初都会缺乏资金，但这并不意味着我们今后没有钱，这主要取决于我们对自己未来事业的信心和个人成功致富的基本素质与条件。一个人只要有信心致富，有良好的致富素质和条件，那么他未来就肯定能成为一个有钱人。既然你未来一定是有钱人，那么就可以把未来的钱挪到今天用。

当然就今天而言，未来的钱只是一个虚拟，你若想把其变成现实的钱在今天用，就必须先向别人借钱或向银行贷款。这样你就能实现"把明天的钱挪到今天用"了。

马克思曾经说："假如必须等待积累去使某个单个资本增长到能够修建铁路的程度，那么恐怕直到今天世界上还没有铁路。但是，通过股份公司在转瞬之间就把事情完成了。"我们要发展自己、壮大自己，就需要他人的资本进入自己的事业中来，这就像滚雪球一样，雪球越大就滚得越快，也就越容易滚得更大。

"它山之石，可以攻玉。"他人的金钱进入我们的事业，我们的金钱增长得也会更快；他人的金钱进入了我们的事业，他人的智慧也就进入了我们的事业。博采众人之长，兼收并蓄，我们自己才会不断地成长。

利用明天的金钱办今天的事，这就要求我们要有远见，把眼光放远。学会借船出海，只要我们树立信心，鼓起生命之帆，摇起智慧之桨，撒下收获之网，就一定能够满载而归。

第四章

做一切能做的生意

忠告13：世界已经准备好了一切资源

这个世界已经为你准备好了一切你所需要的资源，你需要做的就是把他们统统收集起来，运用你的聪明智慧把这些资源组合起来，然后根据你的需要合理运用。

——洛克菲勒

有世界著名经济学家这样说："一切都是可以借的，资金、人才、技术、智慧。"这个世界已经准备好了一切我们所需要的资源，我们所要做的仅仅是把它们收集起来，运用智慧把它们有机组合起来，再合理地运用。当我们向一些成功人士借鉴成功经验时，很多人会谦逊地回答："只不过是我的运气比别人好罢了。"难道他们的成功真的是因为他们运气好吗？他们是怎么碰到运气的呢？运气是命中注定的吗？

洛克菲勒认为，运气对所有人都平等，它给所有人同等机会，每个人都拥有同等的资源，不同的是，有的人能加以利用，有的人却对这些资源视而不见。

在19世纪50年代，美国掀起大股淘金热的时候，洛克菲勒仅仅十几岁。在那股淘金热中有一个人发了大财，他的故事深深影响了洛克菲勒，开阔了他的思路，让他对赚钱有了更深的理解。在淘金热中发财的不是淘金的人而是一个叫列维·斯特斯的小伙子。他一直以来做纺织品生意，看到有那么多人加入淘金的队伍，他想肯定很多人需要帐篷。等他带着一大卷斜纹布赶到那里的时候，淘金的活动都已经接近尾声了，那里的人们早就不需要帐篷了，这让本想大赚一笔的列维·斯特斯感到很沮丧。但是通过几天的观察，这个年轻人发现，这些淘金的人整天泡在泥水里，衣裤经常要与石头、砂土摩擦，棉布做的裤子不耐穿，几天就磨破了。"如果用这些厚厚的帆布做成裤子，肯定又结实又耐磨，说不定会大受欢迎呢！"果然，列维·斯特斯大挣了一笔。

洛克菲勒说："这或许就是人们平时口中所说的运气，但是这样的运气只属于有勇气的人、会思考的人。"同样的事情，有的人能看到生机与希望，有的人却只能陷入绝望。会思考、敢于行动的人往往离成功更近。

很多人一旦进入一个行业，就不会再涉足另外的领域，这样就很难再获得更大的成功。在投资石油工业之前，洛克菲勒的本行——农产品代销，也是做得有声有色，如果继续做下去他完全有望成为大中间商。但是原本成为大中间商的计划被一个名叫安德鲁斯的人的到来打破了。安德鲁斯是照明方面的专家，他告诉洛克菲勒："约翰，煤油燃烧时发出的光亮比任何照明油都亮，它必将取代其他的照明油。想想吧，约翰，那将是多么大的市场，如果我们的双脚能踩进去，那将是怎样的一个情景啊！"安德鲁斯没想到洛克菲勒能这么爽快地答应："这是一个崭新的时代，我干。"从此之后，洛克菲勒踏上了辉煌的征程。

当时美国的很多人都看到了石油业发展的光明前景，但是当时石油业是一个新兴的行业，需要大笔金钱的投资，没有几个人愿意冒这种风险。洛克菲勒的公司同样面临资金不足的窘境，但是洛克菲勒没有屈服于眼前的困难，开始到处找银行贷款，调动一切可以动用的资源，筹集资金，准备进军石油行业。

所有事情都是从无到有的，财富亦是如此。在别人已经证明的领域淘金，只能说明你赶上了一艘看似拥挤实则还有位置的轮渡，能力或在其次，运气可能更加重要；而"挖地三尺"在一个默默无闻的行业淘得大把黄金，有的不仅仅是运气，更是能力、魄力、胆识与智慧，这种人才是做大事、立大业之人。

有句话叫"幸福的人都沉默"，并非指所有被幸福包围的人都丧失说话能力，无法交流，而是说内心充实、生活幸福的人，会静下心来，悄悄品味，不声张也不狂妄。财富也是这样，那些被暂时忽略的领域就像"沉默的幸福"，寡言、安静地独守一处，直至你慧眼识得，它才向你袒露心声，而你也将拥抱幸福。

把别人不干的捡起来，通过独到的眼光和智慧从中淘金，这是很多人成功的秘诀，敏锐的嗅觉和独到的商业洞察力是最不可或缺的因素之一。如果洛克菲勒缺乏独特的商业视角，对眼前的商机熟视无睹，就不会有以后的辉煌成绩和巨额财富，他事业的最高点或许只是一个从事农产品生意的大中间商。

在法律和道德的允许下做一切可能做的生意，赚尽可能多的钱。因为世界已经为我们准备好了我们成功所需的各种资源，关键是要靠我们的决心、胆识与独到的眼光将这些资源全部挖掘出来。在别人看不到的地方赚钱，是经商者财富永不干涸的源泉，也是经商者必备的能力之一。

编者手记 ....

世间万事万物，只要能满足人们的需要，其间便蕴涵着无尽的商机，就看我们是否用心去发现。黄金遍地并不是假话，之所以有人觉得不真实，是因为那些人让自己的眼睛蒙尘，这就是他们依然贫穷的原因。想让自己变富不应只是理念的追求，还应通过行动去改变，用心做事，用心观察，处处留心，才能发现埋藏在沙尘中的"宝藏"。

忠告 14: 不能总是等待更大的利益

很多人总喜欢追求最好的东西，而放弃好的东西。这样做不是聪明的策略，因为好总是胜过不好。

——洛克菲勒

洛克菲勒说："我还知道，'最好'是'好'的敌人。很多人总喜欢追求最好的东西，而放弃好的东西。这样做不是聪明的策略，因为好总是胜过不好。"而现实是，我们的身边并不会经常有最好的东西供我们选择，但是却常常会有很多还算好的，这时候我们就要选择这些还算好的。因为这总比没得选要好得多。

很多在股市上亏损的人都是因为不满足于现在可以赚的钱，总是希冀能赚取更大的利润，以至于自己最后被套牢，赚取的利润更少或是损失惨重。街头巷尾经常听见有老人在教育年轻人："做人啊，要本分，不要丢了西瓜捡芝麻。"这个浅显的道理，很多在商场打拼的拥有高智商的聪明人士却不明白。

洛克菲勒的三女儿阿尔塔热爱股票投资，在开始的时候，每次都谨慎地投入自己的资金，数额也不大。令她惊喜的是连续的几次投资她都赚钱了，这让她高兴不已，她兴奋地向父亲说："爸爸，我选的股票疯长，我都快乐疯了！"洛克菲勒提醒女儿："亲爱的女儿，见好就收吧，否则你会损失惨重的。"尝到甜头的阿尔塔根本听不进去父亲的警告。

阿尔塔觉得投资股票简直太容易了，就越来越不谨慎。有一次阿尔塔将很大的一笔资金投入了股市，刚开始行情很好，阿尔塔却不急于出售，她想：再等等，我会赚到更多的。可是一段时间以后，股票不涨反跌，但是如果阿尔塔撤出来的话还可以赚一笔数目不大的金钱，但是她很不甘心，还在等股票上涨。这时候弟弟小洛克菲勒劝她尽快出售，如果现在收手，还是有利润可赚的。固执的阿尔塔没有听弟弟的建议。

后来，阿尔塔因为这项投资损失了很大一笔钱，以至于不得不向父亲借款，她懊恼极了。洛克菲勒语重心长地对女儿说："我们生活的世界就是这个样的，绝好的机会不会自动找上门，但是在我们的身边会经常出现一些还算不错的机会，虽然这些机会有些时候很不尽如人意，但是这要比没有机会好得多。而且要及时抓住这些并不完美的机会，因为它们同那些好的机会一样，都是会转瞬即逝的。"总是期待更大的利益，很有可能连既得的利益也失去。

生活中有很多人永远对生活不满足，想要得到更多更好的东西，却在追求更好的东西时把原本已经拥有的好的东西丢失了。很多人的沮丧都是因为没有得到想要的，我们每天都在奔波劳碌，每天都在幻想填平心里的欲望，但是那些欲望却像是反方向的沟壑，你越是想填平，它就向下凹得越深。

洛克菲勒不认为贪心是一件坏事，相反，他觉得贪心可以推动人走向成功。但是他反对无止境的贪婪，欲望太多，就成了贪婪。

因为贪婪而迷失方向的人比比皆是，因为贪婪而丧失天良的人也随处可见。贪欲不仅可怕，也是导致许多人失败的原因。的确，人的私心、贪婪，常使人跌倒，重重地跌在自己恶念的祸害里。

人性中的贪婪总是能被轻易而彻底激发起来，当金钱成为你的目的，一个小小的谎言都能让你上当。贪婪就开始牢牢地控制住你了。事实上，我们所拥有的并不少，仅仅是因为欲望太多就使自己不满足，甚至憎恨别人所拥有的或期望比别人拥有更多，以致心里产生忧愁、愤怒和不平衡。想要的太多就会导致心理贫穷！

在人类历史发展的过程中，贪婪是人类最大的敌人。托尔斯泰说："欲望越少，人生就越幸福。"同理，我们也可以说欲望越多，就越容易致祸。的确，古往今来，多少人欲壑难填，多少人被贪婪打败，所以，生活中，我们一定要减少欲望，懂得舍弃，只有这样才能从贪婪中解脱，从而获得心灵的安宁。

正如洛克菲勒所说，欲望太盛，你就会期待更多、更大的利益，等待中，你甚至连已经拥有的利益都会失去。欲望每个人都有，都想得到更多的钱，获得更大的权，都想生活更加富足，工作更加安逸。但是，如果永远不知足地想要得到更多的东西，那我们就会无形中成了欲望的奴隶。

在欲望的支配下，我们不得不为了权力、为了地位、为了金钱而削尖脑袋向里钻。很多人都会感到非常累，因为他们感到不满足，常常会羡慕别人比自己拥有更多的财富，拥有更高的社会地位，比我们生活得更轻松愉快。太过贪心的人永远不能体会真正的快乐。

编者手记

欲望与生俱来，人人都有。世人经常会觉得不能心安，只因放纵着欲望。物质上永不知足是一种病态，其病因多是权力、地位、金钱之类引发的。这种病态如果发展下去，就会导致自我爆炸、自我毁灭的悲惨结局。贪婪是耗尽人的能量，却永不让人满足的地狱。所以，我们一定要锁住自己的欲望，不要让它破坏掉我们的幸福。面对诱惑，需要保持清醒的头脑，要勇于放弃。如果抓住不放，贪得无厌，就会带来无尽的压力、痛苦、不安，甚至毁灭自己。

忠告 15：从事任何行业都能致富

即使你们把我身上的衣服剥得精光，一个子儿也不剩，然后把我扔在撒哈拉沙漠的中心地带，但只要有两个条件——给我一点时间，并让一支商队从我身边路过，那要不了多久，我就会成为一个新的百万富翁。

——洛克菲勒

环境和行业对于是否能致富没有绝对的影响力，当然也不能否认它们的作用。比如，假如我想开一个餐饮店，想要生意红火，显然就不能在撒哈拉沙漠腹地选址。致富必然要和人打交道，做生意当然要考虑客户群，要到有需求的地方做贸易才能够有所收获。

致富与我们选择什么行业或从事哪种职位没有太大关系，显然从事任何行业、做任何职业的人都能致富。机敏的人能从最平凡的事情中看到商机。洛克菲勒曾说过这样的豪言壮语："即使你们把我身上的衣服剥得精光，一个子儿也不剩，然后把我扔在撒哈拉沙漠的中心地带，但只要有两个条件——给我一点时间，并让一支商队从我身边路过，那要不了多久，我就会成为一个新的百万富翁。"当然，这也不是完全否认行业对挣取财富的影响，假如能够从事我们所喜欢的、让我们乐在其中的行业，我们会更容易致富；或者从事能够展示自己某项特殊才能的职业，我们会做得更好。

洛克菲勒的父亲比尔是个生性好动、性格开朗的人。他头脑灵活，眼光独到，有强烈的拜金主义思想，信奉"哪里有钱就往哪里奔"的哲学。他的信条是：做一切可以赚钱的生意。他曾经贩卖假药，倒卖各种小商品，他做一切能做的生意，甚至不顾法律和道德的约束。比尔虽然算不上一个好人，甚至被称为是"阴险狡诈的人"，但是无疑，他是一个很聪明的商人。洛克菲勒继承了父亲的头脑，却有着父亲没有的优秀品质，诸如诚实、正派等。

洛克菲勒在石油业取得了无与伦比的成功，但是他并不满足于这个领域。他涉足的领域由刚开始的农产品到石油，再到后来的采矿业、造船业。他投资了很多不同的行业，采矿厂、钢铁厂、造纸厂、铁钉厂、铁路、木材厂等。在众多行业中，洛克菲勒获得了巨额利润，他的财富越来越多。朋友兼竞争对手"钢铁大王"卡内基曾经讥笑洛克菲勒进入和石油业毫不相干的采矿业，最后证明，洛克菲勒很快就控制了被众人忽略的采矿业，他又狠狠地赚了一大笔。在别人看来，洛克菲勒赚钱似乎格外容易，他从来不说"这个行业不行""这个职业不适合"，取而代之的是"我相信可以""一定能行"。洛克菲勒对于赚钱、进步永不满足。

洛克菲勒曾经告诫子女说："我劝你们要永不满足。"这个"不满足"的含义是指上进心的不满足。这个"不满足"在世界的历史中已经导致了很多真正的进步和改革。"我希望你们永远迫切地感到不仅需要改进和提高你们自己，而且需要改进和提高你们周围的世界。思想要开阔，这样才能跟得上时代的步伐。"

过分拘泥于一个行业很容易让人丧失进取心。在我们的周围经常发生这样的事情，一些年轻人在刚刚走上工作岗位的时候，雄心勃勃，干着干着就在半路上停了下来，虽然不满意自己的状态却不设法改进，然后漫无目的地游荡。对待工作不积极，不肯努力付出，这样是不能有更好的想法，也不能取得长足的进步的。最终只能做一个拿着中等薪水的普通职员。这时候他们很容易抱怨："这么低的薪水，都怪自己当初选错了行业。"

是金子总会发光的，不管你选择什么行业，身处何种位置。在洛克菲勒看来，没有不能挣钱的行业，只要踏入一个行业，他就会投入百分之百的热情，把工作做到最好，连上帝都会被他的努力打动，而赐予他更多的财富。不论从事什么行业，都要做到热爱你所做的事情。

在现代社会，由于人口压力使就业情况不容乐观，在日趋激烈的竞争中，能找到令自己满意的工作已是难上加难，不可能每个人都能找到自己感兴趣、喜欢的工作。要知道，人是具有很强可塑性的，兴趣是人培养的，如果你用心去做一项工作时，你定能从中收获乐趣。如果你不用心，你是不会爱上任何工作的，终会一事无成。

对于很多人来说，有工作已经算运气不错了，要找自己感兴趣待遇又优厚的工作实在是不容易。并不是人人都能轻易地找到自己最有兴趣的工作，兴趣是可以培养的，重要的是对工作的热情和那份责任感，学会干一行，爱一行，要相信"三百六十行，行行出状元"，用心付出，就一定会有回报。

忠告16: 仅仅知道等待和忍耐，不是真正的聪明

很大程度上，人的境遇就像骑上一辆自行车，你只能向上、向前朝着目标移动，否则你就会摇晃跌倒，永远不可能只停留在原地。

——洛克菲勒

洛克菲勒认为，要想成功就要有耐心等待和忍耐，但是这只是暂时的，如果一味地等待和忍耐，那么这个人只能让自己的计划落空。洛克菲勒从小就发誓要做美国最富有的人，但对于一个穷小子而言，如何才能将这个伟大的梦想变成触手可及的现实呢？难道去靠努力为别人工作来实现它吗？他认为这是一个愚蠢的主意。一直给别人工作对于他来说是在煎熬中等待。

忍耐和等待的前提是心中有目标，对未来有规划。否则，我们的忍耐和等待完全没有意义。也就是说人不能安于现状，要有野心。

洛克菲勒从来不掩饰自己的野心，他说："没有野心的人不会成就大事。野心是一股鼓励自己的力量。对权力与金钱的向往不是什么坏事情，适时地表现出自己的野心，激励自己努力朝着心中的目标前进，必定能够为我们的人生带来极大的收获。

整个社会就像一个竞技场，每一个人从出生那天起，就投入比赛了。比学习成绩，比工作成果，比事业成就，比家庭幸

福……成功的人，总是那些积极进取、不满足于现状的人。超越和进取是一种拒绝平庸的生活态度，也是一份挑战自我的人生宣言，拿破仑有一句名言，"不想做将军的士兵不是好士兵"，人活着就得有目标或野心，否则，他就像一艘没有舵的船，永远漂流不定，只会到达失望、失败与丧气的海滩。洛克菲勒对初入职场的女儿伊丽莎白说："职场野心是一股鼓励自己的力量。对权力的向往并不是什么坏事情，你的野心可以激励自己努力靠近自己的目标，让自己在工作中不懈怠。

洛克菲勒的一个人生信条是：财富与目标成正比。如果一个人胸怀大志、目标高远，他的财富之山就将直冲云霄，如果一个人只想得过且过，那你就只有沦为平庸之辈，以致一事无成，即使财富近在咫尺，他也只能获得很少的一点点而已。

"我似乎从不缺少野心，从我很小的时候开始，成为最富有的人，就一直是驱使我不断向前的抱负与梦想。"并且，洛克菲勒认为目标必须伟大才行，因为想要有成就，必须有刺激，伟大的目标能使人发挥全部的力量，也才会有刺激。失去刺激，也就等于失去了一股强大的推动人向前的力量。

不可否认的是，要想成功势必要有一个等待和忍耐的过程。确定一个伟大的目标后，必须为这个目标踏踏实实地努力，在有能力达到这个目标之前，需要一定时间的等待和忍耐，为的是继续自己的力量。

洛克菲勒在休伊特—塔特尔公司工作三年后离开，在那里学到了很多技能，积累了工作经验。那时他的薪水已经很高，而且很有可能被老板提拔，但是洛克菲勒没有忘掉自己的目标：成为最富有的人。于是，他毅然辞掉了工作，并马上着手另外一件事情——创办自己的公司，这就是克拉克—洛克菲勒公司。公司运营后经常遇到资金方面的问题，这时一个人的出现解决了这个问题。安德鲁斯的家族在当地很有名望，他加入了克拉克—洛克菲勒公司，并给公司带来了大笔资金。但是同时也带给洛克菲勒屈辱：公司被改名为安德鲁斯—克拉克公司，洛克菲勒的姓氏被从公司名称上换掉。尽管洛克菲勒觉得自己是在被羞辱，但是为了公司的发展，洛克菲勒抑制住了心中的不满。他告诉自己：这些忍耐都是暂时的，只需再等待一段时间，他就会把那些羞辱自己的家伙赶出公司。为了自己心中的那个目标，他当时能做的只能是等待和忍耐。聪明的洛克菲勒没有仅仅止步于等待，他把公司的财物和经销业务管理得井井有条，慢慢地，洛克菲勒在公司中占据了主导地位，最后这家公司如愿以偿地落入了他的手中。

总之，等待和忍耐是人生不可缺少的一个过程，但是如果仅仅局限于无休止的等待与忍耐，没有为实现目标而付出实际行动的话，那么可以预见的是，你几乎不可能成功。不要在等待中停止自己前进的步伐，没人能阻止你前进的道路，阻碍你前进的最大敌人就是你自己，你是唯一能永久阻止自己的人。

编者手记

生活陷入困顿，人生陷入低谷，这个时候你在想些什么？就这样下去吗？就一直忍耐这份困苦与艰辛，无休止地等待奇迹出现吗？就打算这样过一辈子吗？世界上最容易、最有可能取得成功的人，就是那些坚忍不拔的人。无论你现在的境况如何，都要坚持、百折不挠。要知道，等待和忍耐永远不是解决事情的最好方法，最有效的方法就是马上行动起来，改变你的境遇。

忠告 17： 凡事都试试，哪怕希望微乎其微

人生中最令人感到挫折的，莫过于因为想到每件事的步骤繁多而被做不到的情绪所震慑，以至于一事无成。

——洛克菲勒

从小面对生活的压力，年仅 16 岁的洛克菲勒不得不放弃学习，加入找工作的大潮中。他制作了一份工商企业名录，上面有

克利夫兰全部知名企业的信息。他先从最知名的企业公司开始，一家一家地去找工作。

当洛克菲勒把所有列入名单的公司都走了一遍之后，仍然一无所获，试想，谁想招聘一个没上过什么学，也没有什么工作经验的孩子呢。洛克菲勒遭到了很多人的嘲笑：一个毛头小伙子初入社会就要在知名公司干，实在是不自量力！尽管洛克菲勒不理会那些声音，虽然明白自己在找工作上很不占优势，但是他想：不试试怎么知道不行呢。

在被名单里的所有公司都拒绝后，他又把名单里的公司重新走了一遍，有的公司他甚至去了两三次。以至于一见到那个张口要见老板当簿记员的小孩又来了，负责应聘的工作人员都哭笑不得。年轻的洛克菲勒有着同龄人没有的热情与执着，他锲而不舍地继续一家一家的面试。在他的一再坚持下，洛克菲勒终于找到了一家满意的公司，找到了一个满意的职位——在休伊特—塔特尔公司做簿记员。

在遇到困难的时候，我们需要做的就是不轻易认输，多尝试几种方法，具有变负为正的勇气与气魄和改变"不可能"的智慧与方法，相信困难只能成为我们的一块磨砺石，而绝非拦路石。是的，没有什么是绝对的，也没有什么是不可能的。成败的差距不仅在于客观事实，也同样在于毅力和方法。遇到事情时先不要急着定义"这是一件不可能的事情"，要尝试着解决它。

或许今日在你眼中，这件事是绝对不可能的，但或许不久它就能被实现。就如同人类总是做着在天空飞翔的梦，但人类最终发明了飞机，实现了这一"不可能"的梦想。为什么别人都认为不可能的事情，最终都成为现实呢？关键的一点，就是抛弃了"不可能"的念头，只想着如何解决问题，想着如何全力以赴，穷尽所有的努力。

洛克菲勒有一个大名鼎鼎的朋友叫亨利·福特，是世界上著名的"汽车大王"，两位商业巨子在生意上既有竞争又有合作。

洛克菲勒非常钦佩这个来自密歇根的富豪，认为他是一个执着而又坚毅的家伙。福特几乎与洛克菲勒有着同样的经历，做过农活儿，当过学徒，与人合伙开办过工厂，通过不懈的奋斗最终让自己跻身这个时代全美最富有者的行列。洛克菲勒评价福特："在我看来，福特先生是一个新时代的缔造者，没有任何一个美国人能像他那样，完全改变了美国人的生活方式。看看大街上来往穿梭的汽车，你就知道我绝不是在恭维他，他使汽车由奢侈品变为了几乎人人都能买得起的必需品。而他创造的奇迹也使自己变成了亿万富翁。"

福特之所以能取得巨大成功，与他敢于尝试、坚韧不拔的优点有关。

福特在制造著名的V-8汽车时，他明确指出要造一个内附8个汽缸的引擎，并指示手下的工程师们马上着手设计。但其中一个工程师却认为，要在一个引擎中装设8个汽缸是根本不可能的。他对福特说："天啊，这种设计简直令人摸不着头脑。以我多年的经验来判断，这是绝对不可能的事。福特先生，我愿意和您打赌，如果谁能设计出来，我宁愿放弃一年的薪水。"

福特先生笑着答应了他的赌约。他坚信自己的设想："尽管现在世界上还没有这种车，但无论如何，我想只要多搜集一些资料，并把它们的长处广泛地加以分析和改进，是完全可以设计和生产出来的。"

后来，其他工程师通过对全世界范围的汽车引擎资料的搜集、整理和精心设计，结果奇迹出现了，他们不但成功设计出8个汽缸的引擎，而且还正式生产出来了。

那个工程师对福特先生说："我愿意履行自己的赌约，放弃一年的薪水。"此时，福特严肃地对他说："不用了，你可以领走你的薪水，但看来你并不适合再在福特公司工作了。"

即使该工程师在其他方面都很优秀，可是福特公司不会要一个不愿意尝试就说"不"的员工。

洛克菲勒经常提醒自己："我想赢，我一定能赢。"结果，他真的赢了。这里很重要的一点，就是他排除了自己"不可能赢"的想法，并且愿意付出努力，将所谓的"不可能"变为"可能"！

一切皆有可能。不敢向高难度的工作挑战，是对自己潜能的束缚，只能使自己无限的潜能白白地耗掉。如果你想取得事业上的辉煌成就，使自己成为公司优秀的一分子，你就要丢掉心中的限制，积极找方法，用行动改写工作中的"不可能"。

编者手记

在未来的社会，那种自我封闭、自我满足、自以为是，以及自我设限的人，根本不可能适应社会，甚至生存都会成问题。变，正是人生的魅力所在，而不变的，是心中超越自我的渴望。如果你真的希望能解决问题，真的渴望寻找到好的方法，那么，请去除你心灵上的限制，不要再用"不可能"来逃避问题。因为正如拿破仑所说："'不可能'是傻瓜才用的词！"

第五章

人的价值是脑袋，而不是手

忠告 18： 仅仅知道干活是不够的

盲目地努力工作很可能在付出巨大艰辛之后仍一无所获，但是，如果把替老板努力工作视为铸就有朝一日为自己效劳的阶梯，那无疑就是创造财富的开始。

——洛克菲勒

洛克菲勒很看重一个人是否勤劳努力，他很注重培养孩子勤勉的习惯，但是他又告诫子女："仅仅知道不停地干活是不够的。"

那是因为洛克菲勒发现在很多情形下，尽管很多人也已经拥有相当的能力，并且也愿意付出最大的努力，却未必能够得到重用，这些人常常感叹自己生不逢时，怀才不遇。很多时候不是我们不愿意努力，是连努力的机会都没有，努力竟然也可能成为一种梦想，失业者就有这种体会。即使有机会让你一展身手，往往可能事与愿违，甚至让你无功而返。

有一个找不到工作的年轻人生活陷入了窘境，生活无着，心中甚至产生了轻生的念头。有一天他疯狂地闯进教堂，对着牧师吼道："我每天早起晚眠，拼命地工作，为什么即使这样我还会被解雇，为什么我这么努力还是这么贫穷？"小伙子有点歇斯底里了，"那些不干活的人为什么能享有舒适的生活，这不公平！"

一直在旁倾听的洛克菲勒说："小伙子，财富是靠脑袋赚取的，你的价值就在脑袋，而不是手脚。""钞票有的是，遗憾的是你的口袋太小了。如果你的思维够开阔，那你的钱包就会愈来愈大了。"

很多成功人士尤其是成功的企业家不是依靠个人的勤奋来争取企业的成功，关键在于他是否有能力让他的下属更加勤奋。所以，他们的心思主要是放在如何将手上的资源最充分地加以利用，而不是对自己最充分地加以利用，这是企业家同劳动者的根本区别所在。

勤劳是一个人成功的必要条件。不管什么时候，勤劳都是必要的。但是，无论在过去还是现在，勤奋的人的结局却会非常悬殊：有的腰缠万贯、身价不俗；有的面临失业，生计无着！犹太人的建议是：与其默默无闻地埋头苦干，不如多动些脑子为什么同样的商店，同样奔波忙碌，有的人赚钱，有的人赔钱呢？

对于这个问题，洛克菲勒是这样回答的："我觉得是经营有问题，只知道工作的人不一定能取得更好的利润，如果经营得好，小本生意也可以赚钱的。"洛克菲勒说起这样一件事。

兄弟两个决定在不同的街上各自开一家便利店。哥哥马上着手干了起来，而弟弟决定先看看。哥哥缺少开店的经验，每天手忙脚乱地应付各种事情，尽管哥哥很努力，可是便利店的经营状况并不是很好。而弟弟仔细研究了开店需要具备的条件，并且不时去别人店里借鉴经验。有一天他来到一家商店，奇怪的是，这家店铺顾客盈门，生意非常好。

这引起了弟弟的注意，他走到商店的旁边，看到门外有一张醒目的告示写道：

凡来本店购物的顾客，请把发票保存起来，圣诞节可凭发票，免费换领发票金额 3% 的免费商品。

弟弟把这份告示看了几遍后，终于明白这家店铺生意兴隆的原因了。原来顾客很看重那年终 3% 的免费购物。他一下有了灵感。

他开始筹备自己的店铺，在店铺内贴上了醒目的告示：从即日起，全部商品降价2%，并保证我们的商品是全市最低价，买贵返还现金并有奖励。

弟弟不仅模仿了那个商店的做法，还提出了全面商品降价2%，自然他的店铺生意很红火，而哥哥尽管比弟弟努力，生意却很惨淡。假如弟弟刚开始就如哥哥一样埋头苦干，不动脑子，生意肯定也做不好。兄弟俩卖的货物没有什么区别，但是一个生意红火，一个却面临关张，这是由两种不同的观念，造成的不同命运：弟弟依靠自己的智慧变得富有，哥哥则只知道靠出卖体力来生活。

洛克菲勒认为不仅仅是只知道干活是愚蠢的，只知道给别人干活同样是愚蠢的。多年之后，洛克菲勒同儿子在公园散步时说："我相信为自己勤奋工作会带来财富，但不相信努力为别人工作就一定成功。""在我拥有大笔金钱时，我就发现，在我身边，很多穷人都是工作最努力的人。现实就是如此残酷，不管雇员努力与否，替老板工作而变得富有的人少之又少。"给别人所得的薪金，只能在合理预期的情况下让雇员活下去，尽管雇员可能会赚到不少钱，但变得富有却很难。

洛克菲勒一直视"努力工作定会致富"为谎言，从不把为别人工作当作积累可观财富的上策，相反，他非常笃信为自己工作才能富有。他采取的一切行动都忠于自己的伟大梦想和为实现这一梦想而不断达成的各个目标。

真正成功富有的人是运用别人的才能和智慧，而不是自己忙得黑白颠倒，却没有什么成效。"最近比较忙"是很多人的口头禅，在讲究"赚钱就是硬道理"的商界中更是如此。忙着谈判，忙着饭局，忙着跑关系，忙着管理公司内务……"忙"字成了很多商界人士唯一的关键词。可是，同样在"忙"，有的人攥着大把大把钞票，有的人却囊中羞涩；有的人迎来叠叠订单，有的人跑断了双腿也颗粒无收；有的人打点公司有序，有的人却一头雾水……为什么会出现"同工不同酬"的现象，难道上天又在玩

"劳其筋骨，饿其体肤，空乏其身"的把戏？

世界上无数的失败者之所以没有成功，很多时候不是因为他们不够聪明、不够能干，而是因为他们不能完全投入到自己所从事的事情中，时间、精力被白白浪费，更为可悲的是，他们竟然从未意识到这个问题。

做要事而不是做所有事的观念如此重要，但常常为我们所遗忘。必须让这个重要的观念成为我们的创富习惯。在做一件事情之前，必须首先让自己明白什么是最重要的事，什么是我们最应该花精力去重点做的事。

编者手记

有个词语叫作"碌碌无为"，起早贪黑，忙得手忙脚乱，却没有什么成效，这是很多商界人士存在的一种情况。现在社会上存在"瞎忙"一族，所谓"瞎"就是没有目标，瞎忙的结果是付出了劳动却没有什么收获。这些人犯的错误就是没有"忙到点子上"。职场中不少才能平平的人，却比那些才能超群的人会取得更大的成就，人们常常为此感到惊奇。但仔细观察后，就会发现其中的奥秘：这些人养成了有条不紊的做事习惯，能更好地利用有限的精力。在别人看来，这类人总是能轻松地工作、生活。

忠告 19：思考能够拯救一个人的命运

生意场上，无论买卖大小，出卖的都是智慧。

——洛克菲勒

我们的周围不乏刻苦认真的人，他们学习用功、工作努力，却没什么太大的成就；许多人肯吃苦，付出很多努力，但就是赚钱不多，囊中羞涩；许多学者埋头苦干，实验无数，但就是没有创新，无所突破……虽然原因各异，但是缺乏思考是其中非常关键的一个原因。

晚上 9 点，洛克菲勒走进总经理室，看到女儿伊丽莎白仍然在办公桌旁忙碌，看起来神色疲惫。

洛克菲勒慈爱地问道："伊尼，这么晚了，你还在做什么？"

伊丽莎白疲惫地抬起头说："爸爸，我在工作。"

"那你白天上班的时间在干什么呢？"

"也在工作。"

"亲爱的孩子，那么你早上也在工作吗？"

"是的，爸爸，我一整天都在工作。"伊丽莎白回答。

洛克菲勒有点不高兴了："那么，你什么时候思考呢？你的工作完成了吗？"

伊丽莎白看了看满脸严肃的父亲，沮丧地回答："工作还没有做完……"

人要想取得成功，就必须学会用头脑去思考。

有一次，小洛克菲勒去拜访当地一位很有名望的教授，商讨一些慈善方面的事情，结果却被教授的秘书拦住了。与小洛克菲勒同行的人问道："即使像洛克菲勒先生这么有名望的人，你也要阻拦吗？"

秘书抱歉地笑笑："每天的这个时候，教授谁也不见，即使是现在的美国总统来，也要等 1 个小时。"

小洛克菲勒虽然很爱惜时间，可是出于对教授的好奇他还是决定等 1 个小时。1 个小时后，教授出来了，小洛克菲勒问道："先生，您在这一个小时里都在干什么呢？"

教授回答："洛克菲勒先生，很抱歉让您久等了。我一直待在我的房间里，这个房间是专门设定的，里面漆黑一片，空空荡荡，唯有一张躺椅，我每天都会准时躺在椅子上思考 1 个小时。"他说，那一个小时，是他一天中创新力最旺盛的时间，很多优秀的主意都来自那段时间，所以在那宝贵的一小时里他谁都不见。

在回去的路上，小洛克菲勒感叹道：运用思考才是人生成功的要诀。拿破仑·希尔曾说:"思考能够拯救一个人的命运。"事实正是如此,有思考力的人才会有创新力,才能主动掌控自己的命运。懒惰、平庸的人往往不是不动手脚,而是不动脑子,这种坏习惯阻碍他们走向创新;相反,那些最终能成大事者基本都在此前养成了勤于思考的习惯,善于发现问题,积极进行创新,努力地寻求解决问题的方法,甚至让问题成为改变自己命运的机遇。

人人都有思考的能力。思考力具有强大的力量,唯有思考,才能开发出智慧的潜能,才能打开才智的大门。当我们试着改变自己的思考方式,朝着成功的方向努力时,一切奇迹都有可能出现!从现在开始,让你的头脑刮起一阵"思考风暴",用积极的思考去进行积极的创新,你的生命将无比精彩。

思考不仅可以为自己带来财富、荣誉,关键时刻也能拯救生命。

易卜生是挪威著名的剧作家,年轻时曾经参加工人运动。一天,当他正在写一些秘密联络信函时,忽然有一群警察包围了他的住宅。外面的喊叫声、敲门声,让人胆战心惊。眼看警察就要破门而入了,来不及销毁这些机密文件,这些文件一旦被查获,后果将不堪设想。一般人的反应肯定是尽量找地方把这些文件藏好,但是易卜生想:警察进来一定会到处搜查机密文件,藏起来不是办法。他马上镇静下来,想了一下警察会如何做之后,将所有的重要机密文件都一一揉成纸团,丢在桌椅下、纸篓里,并且把无关紧要的文件,藏在了床底下的一个带锁的小柜中才打开大门。门一打开,警察就冲了进来,四处翻箱倒柜,他假装十分惶恐地朝床底下看了几眼。警察们哪能错过这个细节,立即搜寻床下,得意地拿走了大批无用的文件,也带走了易卜生。自然,一些无用的文件,让易卜生很容易就被无罪释放了。

可见,用心、积极地思考,能帮助我们战胜困难,解决问题。世界著名趋势专家约翰·奈斯比也曾经说过:"在信息时代,我们最需要学习如何思考、如何学习以及如何创新。"

一个人的工作效能与生活质量是以正确的思想方法为必然基础的。所以，如果我们想让自己成为一名成功人士，提高自己的做事效率，就必须培养并具备正确的思想方法。有人认为，能够把这个世界变成更理想的生活空间，全靠创造性的思考。思考能为我们带来更为广阔的天地和更加精彩的生活。

编者手记

生意场上，无论买卖大小并非靠尔虞我诈就能成功，关键在于你的智慧，这才是常胜之本，生意场上如此，职场中更是如此。只有创造性地找方法，并且不被一种方法所束缚，能够及时地转换方法的人才能将工作做到最棒，也必能成为拉着企业奔跑的优秀人才。

忠告 20：能开锁的不只有钥匙

传统的想法是禁锢我们创造力的头号敌人。传统的想法会冰冻我们的心灵，阻碍我们发挥成功必需的创造力。

——洛克菲勒

一个人不懂技术，可以刻苦钻研、拜师学艺；没有知识，可以努力阅读、求学问道；缺少金钱，可以东拼西凑、筹借贷款……但一个人如果不善于思想，一切都无从谈起。成功始于思想，成于思想。会思想的大脑比千万资金更加重要。

股神巴菲特曾说过这样的话："榨出我 1 克脑汁，再加上 16000 元，我就可以创造出 1000 万的价值。"可见会思想具有何等重大的价值。

小洛克菲勒做出了一个人事任命的决定：提拔罗杰斯，交给他重任，给他独当一面的机会。对此，洛克菲勒很反对，因为他曾经试图对罗杰斯委以重任，但遗憾的是，罗杰斯没能通过洛克菲勒的考验。因为他的用人原则是：被委以重任的人是能找出更好地解决问题的办法的人。但罗杰斯显然不够格，因为他是个懒于思考的人。在洛克菲勒有意起用罗杰斯之前，对罗杰斯做过一番考察，他向儿子详细讲述了那次经历。

罗杰斯推门进了洛克菲勒的办公室，洛克菲勒示意他坐下。洛克菲勒问了罗杰斯一个问题："罗杰斯先生，你认为政府怎么做才能在三十年内废除所有的监狱？"

罗杰斯听了显得很困惑，怀疑自己听错了，一阵沉默过后，他开始反驳洛克菲勒："洛克菲勒先生，您的意思是要把那些杀人犯、强盗以及强奸犯全部释放吗？您知道这样做会有什么后果吗？如果真像您说的这样，我们就别想得到安宁了。不管怎么说，一定要有监狱。"

当时洛克菲勒一定希望能把罗杰斯那颗铁板似的脑袋砸开一道缝，他提醒道："罗杰斯，你只说了不能废除的理由。现在，你来试着相信可以废除监狱。假设可以废除，我们该如何着手？"

"这太让我为难了，洛克菲勒先生，我无法相信，我也很难找出废除它的方法。"罗杰斯无奈地说道。

罗杰斯的表现无疑让洛克菲勒很失望，他对儿子说："我想象不出，如果让他承担重任，当机会或危难来临的时候，他是否会动用他所有的才智去积极应对。我不信任罗杰斯，他只会将希望变成失望。""罗杰斯是个传统的思考者，他的心灵都是麻木的，他的理由是：监狱制度已经实行一百年了，因此一定是个好办法，必须维持原样，又何必冒险去改变呢？而事实往往是，如果你能用心地去想办得到的方法，那么事情也将会做得出色。然而'普通人'总是憎恶进步。"洛克菲勒继续批评道。

有些事情的解决不是缺少方法，而是缺少找方法的头脑。生活中，有些问题或许真的很棘手，想了许多办法，仍无法解决。于是有人便认为"已是极限"，或是"已经尽力"，再努力也是白搭。当我们真正经过一番努力奋斗后，我们就知道所谓"难"，其实只是自己的"心灵桎梏"。只要不断努力，开发的潜能就会越来越大，在努力解决问题之前先不要急着说"不可能"。

洛克菲勒说："我厌恶有些人不经过思考就给事物妄下断论——不可能。'不可能'是失败者的用语，一个人一旦被'那是不可能的'想法所支配，他就能生出一连串的想法证明他想得没错。"我们都应该接受各种创意，勇于尝试很多新的想法。每个人都应该有这样的觉悟：比起我们惯用的方法，还有什么方法能更好地解决问题呢？

我们要相信：任何事情都不可能只有一种最好的解决办法，最好的方法就如创造性的想法那样多。没有任何事是在冰雪中生长的，如果我们让传统的想法冻结我们的心灵，新的创意就无从生长，不论遇到什么问题都不要忘记开动我们的脑筋。

遇到问题，是否始终坚定不移地相信会有更好的方法出现，在很大程度上取决于我们是否有一种良好的心态。想办法是想到办法的前提。如果让大脑放假，就算是天才，面对问题也会一筹莫展。所以，办法是在想的过程中产生的，它不会凭空跳出来。

成大事者和平庸者的根本区别之一就在于他们是否在遇到困难时理智对待，主动寻找解决的方法。只有敢去挑战，引爆杰出的头脑，才能在困境中突围而出，成就辉煌的自己。

编者手记

人在一生中会遇到很多难题，当遇到问题时，一旦认真思考，便很容易找到解决问题的办法。只有敢想、会想，思考成功、思考未来的人，才会是成功者的候选人。有着善于思考的习惯、敢于思考未来的人，才是社会的希望，才是未来的主人。所以有人说，成功是"想"出来的。

能够使人类的生活更有意义，把很多人从困境中解脱出来的，都应归功于一些思考者。在人类历史中，如果把思考者的事迹抹去，谁还愿意去读那些枯燥无味的历史呢？思考者是人类的先锋，是我们前进的引路人。他们毕生劳碌，不辞艰辛，弓着背，流着汗，替人类开辟出平坦的大道来。感谢思考者，也让自己努力变成一个思考者。

忠告 21: 引导发挥才智的思考方式，远比才智高低重要

> 引导我们发挥聪明才智的思考方式，远比我们才智的高低重要。即使是学历再高也无法改变这项基本的成功法则。才智的好坏不在于教育程度的高低，而是在于思想管理。
>
> ——洛克菲勒

洛克菲勒认为，找出更好解决问题的办法，是出色完成任何事情的保证。这不需要超人的智慧，重要的是一种信念——相信自己能把事情做好。他告诉儿子说："当我们相信某一件事不可能做到的时候，我们的大脑就会为我们找出各种做不到的理由。但是，当我们相信——真正地相信，某一件事确实可以做到，我们的大脑就会帮我们找出各种做到的方法。"

英国剑桥大学的迪·博诺教授说："一个人很聪明或智商很高，只是说明他有创新的潜力，并不能说明他很会思考。智力和思考的关系，就好比一辆汽车同司机驾驶技术的关系，你可能有一辆很好的汽车，如果驾驶技术不好，同样不能把车开好。相反，尽管你开的是一辆旧车，如果驾驶技术高超的话，照样能把车开得很好。"

一个有智慧的人不一定要有多么高的学历，但是他一定是一个善于思考的人。智慧只属于会思考的人。大凡成就伟大事业的人，都是因为凭借了一种积极的思考力量，是创造力、进取精神和激励人心的力量在支撑和构筑着所有成就。

一个精力充沛、充满活力的人总是创造条件使心中的愿望得以实现。因为他们知道，没有任何事情会自动发生。一个善于开启智慧头脑的人，一定是个善于发现机会和勇于开拓的人。运用智慧的人，比自以为很聪明却不善思考的人更受欢迎。这是洛克菲勒在报纸上读到的一个故事，他觉得很有感触，就在晚饭后和

家人说起了这个故事。

在美国的深山里有一个偏僻的村落。村落里有两个青年，其中一个青年受过良好的教育，而且读书的时候成绩很好，另外一个则因为家里实在太穷而中途辍学。

两个青年都是很有头脑的人，没有学历的青年在山上开山。有学历的青年认为那是苦力活，永远不会有什么出息，于是就到了城里找到了一份不错的工作，拿着不错的薪水。

那个没有学历的年轻人不像其他人那样直接把石头运到路边卖给建造房屋的人，而是把石块运到码头，卖给那儿的花鸟商人，因为这儿的石头总是奇形怪状，他认为卖重量不如卖造型。3年后，这个青年已赚了不少的钱。

后来，山上的石头都快被采完了，只有种树，于是这儿就成了果园。等到秋天，因为这儿的苹果鲜美，漫山遍野的苹果吸引很多人，村里所有人又开始种苹果，他们把堆积如山的苹果成筐成筐地运往各地的大小城镇。就在村里人为苹果带来的小康生活而欢呼雀跃时，曾经卖石头造型的那个青年果断卖掉果树，开始种柳。因为他发现，来这儿的客商不愁买不到好苹果，只愁买不到盛苹果的筐子。几年后，这个青年在城里买了房子，做起了生意，他变得越来越富有。

附近有想要发财的人听了他的故事，佩服他的商业头脑，就不顾长途跋涉去找他取经。但是当找到那个青年时，他正在自己的店门口跟对门的店主吵架，因为当他店里的一套衣服标价80元时，同样的衣服对门就标价75元；他标价75元时，对门就标价70元。1个月下来，他仅仅批发出10套衣服，而对门却批发了800套。想要发财的人看到这情形，以为被讲故事的人骗了。但当他弄清楚事情的真相后，对青年的佩服又加深了一分，因为对门那个店，也是他的。很多年过去了，当年那个高学历的青年仍然在原来的那个公司，拿着在别人眼里看起来还算不错的工资，但是在另一个青年眼中，那人一月的薪水或许还不够他一天挣得呢。

　　一个能开启自己智慧头脑的人，必定也很善于寻找、发现机会，勇于开拓新的领域。一个善于运用自己智慧的人远远比只会埋头苦干、不善思考的人更受欢迎。

　　讲这个故事的时候，正值小洛克菲勒考哈佛大学失利，整天萎靡不振。洛克菲勒告诉他："想成大事却不懂得思考的大脑，也就是一桶廉价的糨糊而已。"他告诉儿子，才智的高低远远不如引导发挥聪明才智的方式重要。这和受教育程度的高低无关，关键在于对思考的管理。

　　洛克菲勒说："要改善天赋的素质绝非易事，但改善运用天赋的方法却很容易。"生活中很大一部分人在回答"自己为什么还没有成功"这个问题时，总是说"我不够聪明""我没有学历"。很多人都迷信所谓的知识就是力量，在洛克菲勒看来这句话只说对了一半。拿才智不足当借口的人，也是错解了这句话的意义。知识只是一种潜在的力量，只有将知识付诸应用，而且是建设性地应用，才会显出它的威力。

　　洛克菲勒会常常提醒自己：我的心态比我的才智重要。对建立一种"我一定赢"的态度，他有强烈的渴望。我们要运用自己的才智积极创造，用自己的才智寻找成功的方法，而不是用来证明自己会失败。我们还应该懂得思考力比记忆力更有价值，要用自己的头脑来创造、发展新观念，寻找更好的做事新方法，随时提醒自己：我是正在用我的心智创造历史呢，或只是在记录别人创造的历史？

编者手记

　　一个不以才智为借口的人，绝不低估自己的才智，也不高估别人的才智。他专注运用自己的资产，发掘他拥有的优异才能。他知道真正重要的不在于才智的多少，而在于他如何使用现有才智以及如何使用自己的脑力。

没有一个人从出生的那一刻就注定能拥有成功，也没有一个人从生下来就注定一生碌碌无为。认知决定出路，每个人都是自己人生的创造者和主导者。无论遇到什么样的困难或危机，只要在你的内心深处，对你的实力抱着肯定的想法就一定能够挖掘出巨大的潜能，对宇宙发出强烈的召唤，当宇宙感应到来自你身上强大的积极正向频率时，就会把所有你所想的事物带到你的身边，引导你开启成功之门。

第六章

逃避风险几乎是放弃成功

忠告 22：风险越高，收益越大

我厌恶那些把商场视为赌场的人，但我不拒绝冒险精神，因为我懂得一个法则：风险越高，收益越大。

————洛克菲勒

一天，洛克菲勒在报上读到这样一条消息：一个名叫大卫·莫里斯的人刚刚在赌场上交上了好运，赢了一大堆钱。另外报上还说，他是一位赌场上的高手，同时登出了这位赌徒的一句人生格言——"好奇才能发现机会，冒险才能利用机会。"

洛克菲勒一生滴酒不沾、不吸烟、不打牌，他对嗜赌的人一向不以为然，但是他却对那个赢得巨款的人刮目相看，他甚至相信，以他这等近乎哲学家般的智慧和头脑，如能投身商界，他或许会成为一个职业上的成功者——一个优秀的赌徒。

洛克菲勒作如此带有欣赏性的假设，并不是说优秀的赌徒就会成为优秀的商人，尽管他讨厌那些视商场为赌场的人，但是洛克菲勒却很欣赏那种冒险精神。他认为驰骋商海，每一次的生意，都是上帝赐给他的伟大的冒险活动，他将会从这些冒险活动中获得巨大的成功。

洛克菲勒的人生轨迹其实就是一趟丰富的冒险旅程，他认为对他最有意义的一次冒险旅程就是进入石油业。

1856 年爆发的南北战争给美国人民带来了深重灾难。战争过后，物资匮缺，人们生活贫困，大多数家庭只能用蜡烛照明，由于没有照明，很多穷人天黑了就上床睡觉。有钱的富人能买得起鲸鱼油照明或用电石灯照明，但电石灯照明很不安全，社会上时常有电石灯照明引发爆炸的新闻。

1859 年，在美国的泰特司维尔成功地钻出了第一口油井。克利夫兰的商人们亲眼见证了石油从井口喷出的壮观场景，个个欣喜欲狂，跃跃欲试。对于洛克菲勒来说，这也是一个千载难逢赚钱的好机会。虽然对于石油行业还有很多的未知，不知道哪一天石油就会突然消失，但洛克菲勒敏锐地感到不能放过这个机会。那个时候，他做农产品的代理，生意越做越好，但是他不会放弃眼前看似存在很大风险的机会，他说："我拥有的东西越多，力量就越大。机会来了，放走它不仅仅是金钱的损失，更是在削弱你在致富竞技场上的力量。"

当时，洛克菲勒毫不犹豫地砸下 4000 美元，那对于他来说可是一笔不小的投资，况且石油行业还存在很多未知的风险。洛克菲勒的合伙人很担心，但是洛克菲勒劝他：既然钱已经投下去了，就不去考虑失败。尽管那个时候石油在造就许多百万富翁的同时，它也在使更多人沦为穷光蛋。

从那时候起，洛克菲勒一头扎进炼油业，苦心经营。不到一年时间，炼油工作为他赢得了超过农产品的利润，成了公司第一大生意。在那一刻他就意识到，是胆量，是冒险精神，为他开通了一条新的生财管道。

当时没有哪一个行业能像石油业那样能一夜暴富，这样的前景大大刺激了洛克菲勒赚大钱的欲望，更让他看到了盼望已久、可以让自己大展抱负的机会。每天他都对自己说："你一定要紧紧抓住它，它可以把你带到梦想之境。"

随后洛克菲勒大举扩张石油业的经营战略，却令他的合伙人克拉克大为恼怒。当时投资石油业的商人，每天都会有破产的。在那个时候，很多人都认为石油是一朵盛开的昙花，难以持久。如果一旦没有了油源，那些投资将一文不值，投资人的下场可能连赌场上的赌徒都不如。克拉克担心会有破产的危险，主张采取谨慎的经营策略，这与洛克菲勒的经营观念完全背离。在他的眼里，金钱像粪便一样，如果你把它散出去，就可以做很多的事，但如果你要把它藏起来，它就会臭不可闻。克拉克的胆小谨慎牵制了洛克菲勒大胆进军石油业的步伐，他生气地说道："克拉克不是一个好商人，他不知道金钱的真正价值。"为了不受克拉克的限制，洛克菲勒决定再冒一次险，尽管那时候，公司刚刚走上正轨，但是洛克菲勒坚决地要和克拉克散伙。

最后，通过拍卖的方式，洛克菲勒以高出实际价值的价格拍得公司。虽然付出了高昂的费用，但他赢得的却是自由和光辉的未来。洛克菲勒成了自己的主人、自己的雇主，从此不再担心那些目光短浅的平庸之辈挡他的路。

几乎可以确定，"安全第一"不能让我们致富，要想获得报酬，总是要接受随之而来的必要的风险。人生又何尝不是这样呢。我们无法做到永远维持现状，不进则退，事情就是这么简单。洛克菲勒说："我相信，谨慎并不是完美的成功之道。不管我们做什么，乃至我们的人生，我们都必须在冒险与谨慎之间做出选择。而有些时候，靠冒险获胜的机会要比谨慎大得多。"

那些在事业上获得巨大成就的人往往是具有冒险精神的人。事实上，没有冒险就没有机遇，没有机遇就很难成功。人生就是一场搏击，就是一连串的冒险。没有冒险，我们就不会取得更大的成功。

编者手记 ·······

没有一种成功会来得容易，只有首先具备尝试的勇气，才有可能抓住机遇。如果缺少冒险精神，连试都不敢试，那么永远都不会获得成功。如果你想知道既冒险而又不招致失败的技巧，在谨慎实施你的计划之前要大胆地筹划，敢想、敢干。

忠告23：任何一个判断都不可能稳操胜券

态度有助于创造运气，而机遇就在你的选择之中。如果你有百分之五十一的时间做对了，那么你就会变成英雄。

——洛克菲勒

在 19 世纪 80 年代，原油将会枯竭的恐惧阴云始终笼罩在石油界，甚至连洛克菲勒的助手都开始担心在石油行业已经无利可图，因此他悄悄地卖着公司的股票；而有的人甚至建议他的公司应该及早退出石油业，转行做其他更为稳妥的生意，否则像他们公司那艘大船就将永远不能返航。

洛克菲勒觉得，作为领袖，面对悲观送出的应该永远是希望而不是哀叹，他告诉那些惶恐中的人们：上帝会赐予我们一切。

上帝似乎真的对洛克菲勒格外眷顾，1886 年在美国俄亥俄州的西北部和印第安纳州东部莱玛镇发现了石油，只是这是一个含硫量过高的油田，那里的石油散发着一股特殊的臭味，用常规方法无法祛除，这让许多本想从中大捞一把的人感到失望。

由于无法提炼，这种劣质油是不可能进入市场的。当时许多专家都主张舍弃这种每桶价格仅 0.15 美元的"酸油"。洛克菲勒力排众议，主张大量收购这种价低质劣的原油。洛克菲勒要干的事是雷打不动的。

洛克菲勒对莱玛油田充满信心，他隐约感觉到一旦自己独占莱玛，就将具有统治石油市场的强大力量。洛克菲勒说："机会来了，如果让它悄然溜走，洛克菲勒的名字就会与'愚蠢'这个词语联系在一起。"他郑重地召开董事大会，兴奋地告诉公司的董事们：这是一个千载难逢的大好时机，是该把钱投到莱玛的时候了！

令洛克菲勒感到遗憾的是，他的意见遭到了绝大多数人的反对，执行委员会的所有委员都在咒骂他："如果按洛克菲勒的意见办，我们的财产和妻小都要赔进去，偿还不了银行的贷款人家会把我们统统送上法庭，我们会死在大牢里。洛克菲勒这个家伙，简直就是不计后果！"

　　把自己的意见强加于人不符合洛克菲勒做事的风格，他寄希望于通过和颜悦色的讨论，让大家最终能统一到自己的意见上来。

　　那是一次漫长而没有结果的等待。洛克菲勒心急如焚，他们建起了全球最具规模的巨型炼油厂，它就像一个饥饿的婴儿对母亲的奶汁贪得无厌一样，需要吃掉源源不断的原油，但宾州的油田正在凋敝，其他几个小油田业已开始减产，长此下去洛克菲勒的公司只得依赖俄罗斯的原油。这么做的结果是俄国人一定会利用他们对油田的控制，削弱洛克菲勒集团的力量，甚至彻底击败他们，把他们赶出欧洲市场。但是，如果洛克菲勒控制了莱玛的石油资源，他就会继续做赢家。洛克菲勒敏锐地感觉到不能再等了，是他该行动的时候了。

　　正像他所预想的那样，在董事会上多数保守派的意见依然是"不"。但洛克菲勒的一席话降服了那些胆小保守的董事。他说："先生们，如果不想让我们这艘巨轮沉下去，我们必须保证我们的原油供应。现在，蕴藏在莱玛地下的石油正向我们招手，它将带来令我们目眩的巨额财富。看在上帝的分上，请不要说那带有臭味的液体没有市场，我相信上帝赐予我们的东西都有其价值，我相信科学会扫除我们的疑虑。"真正打动那些董事的是洛克菲勒后面说的这些话："所以，我决定用我自己的钱进行这项投资，并情愿承担两年的风险。如果两年以后成功了，公司可以把钱还给我；如果失败了，就由我自己承担一切损失。"

　　洛克菲勒的决心与诚意打动了他最大的反对者普拉特。普拉特眼中闪动着泪光，激动地对洛克菲勒说："约翰，我的心被你俘虏了，既然你认为应该这样做，我们就一起干吧！你能冒这个险，我也能！"洛克菲勒的决心打动了所有人，他不否认这项决定存在的风险，他也不能保证自己对莱玛油田的判断就能稳操胜券，但是为了获得更大的成功，洛克菲勒甘愿冒险。

洛克菲勒自己筹足了 300 万美元，大量购进这种廉价的酸油，他花巨资请了一名化学家。这位化学专家研究了差不多有两年的时间，经过一百多次的反复试验，终于找到了脱硫的成功办法。当化验报告送到洛克菲勒手中时，委员会全体成员每人手执一瓶香槟酒高高举过头顶，顿时香槟的泡沫把洛克菲勒全身都浇湿了。

1888 年，经过脱硫的石油每桶从 0.15 美元涨至 1 元，几乎涨了 7 倍。洛克菲勒马上建议在利马开办全美国和全世界最大的炼油厂——利马炼油厂，对这座储藏量最大的油田开采出来的石油进行高技术脱硫处理。近 3 亿美元的利润流进了洛克菲勒的金库里。人们说，洛克菲勒富有远见，他的手里拿着一架穿山望远镜。

洛克菲勒成功了，他倾尽全力将巨资投到了莱玛，其回报更是巨大，他已经将全美最大的原油生产基地牢牢地控制在了自己的手中。

结果正像洛克菲勒预想的那样，他的公司成为石油领域最令人畏惧的超级舰队，取得了不可动摇的统治地位。

当时选择投资含硫量高的油田，是冒巨大风险的，一旦失败，后果将不堪设想，但是洛克菲勒认为没有哪项计划与决定是万无一失的。

洛克菲勒告诫儿子："真正的勇者并非是不可一世的狂妄之徒，更不是没有脑子的莽撞汉。勇者知道运用预测和判断力，计划每一步和做好每一个决定，这种做法就像军事策略家所说的那样，会让你力量大增，也就是拥有一种武器，能立刻形成明显的优势，帮你战胜对手。"

很多优秀的创业者都是行动家，空想谁都会，可是不能解决实际问题，最可靠、最有说服力的还是行动。很多人之所以事业平平，没有什么起色，并不是因为他们缺少有创意的想法，而是缺乏实际的行动力。无论什么计划都会有疏漏，有很多没有行动力的人经常找这样的借口："我想等到万无一失的时候再出手。"这些人迟迟不肯行动，主要是因为他们惧怕风险，要知道，世界上从事任何事情都有其风险，如果一直要等到万无一失再去行动，就会错失很多好的机会。这样的人最后的结局往往是想了很多，最后却一事无成。要知道，机遇不会等我们条件成熟了才来。

编者手记

果断是成大事者成功的资本，是一种良好的做事的心态，遇到困难时，如果我们能抓住时机，果断行动，就能有效地克服不必要的犹豫和顾虑，勇往直前。生活中有很多人在面对困难的时候，优柔寡断、顾虑重重，过度的思虑耗费了自己大量的时间和精力，分散了同困难做斗争的精力，消磨了进取的勇气。这时候，果断的行动就显得尤为重要了。不行动就永远抓不住机遇，敢想敢干才能清楚地看到计划与实际之间的差距，才能寻找并抓住机遇，使自己在成功之路上走得更远。

忠告 24：行动果断，就已经成功了一半

经验告诉我，自信果断的人，能完成最好的交易，能吸引他人的支持，结成最有力的盟约。而那些胆小、犹豫的人却难以制造这样的效果。不仅如此，大胆的方法对自己也大有裨益，有自信的人期望成功，他们会配合自己的期望，设计所有的计划以追求成功。

——洛克菲勒

果断，是指一个人能适时地做出经过深思熟虑的决定，并且

彻底地实行这一决定，在行动上没有任何踌躇和疑虑。果断是成大事者积累成功的资本。拥有果断的个性，能使我们在遇到困难时，消除犹豫和顾虑，勇往直前。行动果敢，我们所做的事情就成功了一半。

现实生活中有的人面对困难，左顾右盼、顾虑重重，看似思维缜密、考虑周全，实际上毫无头绪，他们这样做不但分散了自己同困难做斗争的精力，更重要的是会销蚀同困难做斗争的勇气。而果断的人则思路清晰，能克服动摇和犹豫的心理，他们能坚定地采纳在深思熟虑基础上拟定的克服困难的方法，并立即行动起来同困难做斗争，以取得克服困难的最大效果。

洛克菲勒曾经写信给儿子："约翰，想一想你认识的那些幸运儿，你几乎可以确实，他们都不是温良恭俭的人，你也几乎可以完全确定，他们总是表现出自信的光辉和天下无难事的态度，甚至会显得非常大胆。这其中潜藏着一个鸡生蛋、蛋生鸡的问题，幸运儿是因为幸运才表现得自信和大胆，还是他们的运气是果断和大胆的结果呢？我的答案是后者。"

果断，是勇敢、大胆、坚定和顽强等多种素质的综合。

果断，是在克服优柔寡断的过程中不断增强的。许多人在做出决定前，常常感到这样做也有不妥，那样做也有困难，无休止地纠缠于细节问题，在诸方案中犹豫不决，陷入束手无策和茫然不知所措的境地，这就是事前思虑过多的缘故。大事情是需要深思熟虑的，然而生活中真正称得上大事的并不多。况且，任何事情总不能等待形势完全明朗时才做决定。事前多想固然重要，但"多谋"还要"善断"。

小洛克菲勒初入商场时总是表现得优柔寡断，这让洛克菲勒有些不满意。只要有和儿子独处的机会他都会强调果断的重要性，即使是在忙碌的时候，他也会给儿子写信，劝诫他摒弃优柔寡断的做事风格："我从未见过有谁不欣赏自信果敢的人，每个人都会用极大的热情去支持自信果敢的人，怯懦、犹豫的人不被人信任。"

果断，是在克服胆怯和懦弱的过程中实现的。果断要以果敢为基础，特别是在情况紧急时，要求人们当机立断，迅速做出决定并且执行决定。比如在军事行动中就需要这样，因为战机常在分秒之间，要想抓住战机就必须果断。大方向看准了，有七分把握，就要果断地下定决心。果断，要从干脆利落、斩钉截铁的行为习惯开始养成。生活中不少事情确实既可以这样又可以那样，遇到这样的小事，就不必考虑再三，大可当机立断。否则，连日常的生活琐事也是不干不脆、拖泥带水，你又怎么能够培养出果断的决策能力来呢？

小洛克菲勒永远忘不了父亲的话："自信果敢的人，能完成最好的交易，能吸引他人的支持，结成最有力的盟约。而那些胆小、犹豫的人却难以制造这样的效果。不仅如此，大胆的方法对自己也大有裨益，有自信的人期望成功，他们会配合自己的期望，设计所有的计划以追求成功。"

当然，仅仅是果断还不能保证会绝对成功，但是它却能自然而然地推出对成功的展望。换句话说，如果我们觉得自己是赢家，我们的行为就会像个赢家；如果我们的行为像个赢家，我们就很可能去做更多赢家要做的事，从而改变自己的"运气"。

行动拥有巨大的力量，行动才能决定一切。但是，行动却有一个天敌，那就是胆怯。胆怯会阻挡人们行动的脚步，阻挡成功的到来。而果断是对付胆怯的一个力敌，假如我们能养成果断决定的习惯，我们在做出决断时就一定能运用自己的判断力；如果你以为决定是可以伸缩的，不到最后一刻都是可以重新考虑的时候，你将永远无法养成正确可靠的判断力。

有了好想法，就要立刻付诸行动。否则再好的想法，不去实施，一切都是妄谈。许多人总是"夜里想了千条路，白天还照老路行"。每天都有很多人把自己的新构想取消或埋葬掉，因为他们不敢执行。过了一段时间以后，这些构想又会回来折磨他们。

这样事情永远不会向前发展，认定了一件事情，果敢地采取行动，那么你就已经成功了一半。

编者手记

天下最悲哀的事情莫过于："我当时真应该那么做却没有那么做。"这个借口，对你来说，除了把你那美好的创意、计划无限期地拖延以外，没有任何意义。放开胆子行动吧，这样生活对于你，才有精彩可言。

忠告 25：失去勇气意味着失去人生

幸运之神眷顾勇者，是我一生奉行的格言。胜利不一定属于强者，高度警惕、生气勃勃、勇敢无畏的人也会获得胜利的眷顾。当然，也有人相信谨慎胜过勇敢。但勇敢和大胆比谨慎更引人注目、更受欢迎，且更有吸引力，懦弱根本不能与之相比。

——洛克菲勒

现在的人普遍存在一种错误的思想：勇气是天生的，有些人生来勇敢，有些人则生来懦弱，而且不可能改变。事实上，勇气大部分靠的是后天的锻炼和培养。像克服恐高症，就是个人勇气的自我培养过程。不仅个人的勇气可以培养，我们还可以激发别人的勇气，来完成共同的事业。

大多数成功的人就是在风险来临的时候，敢于迎难而上，所以，成功了；而那些平庸之人就是在每一次当机会来临之时，不敢勇敢冒险，终至平庸的。凡是敢于冒险的人，他的人生一定光辉灿烂。

成功隐藏在勇气的背后。洛克菲勒认为生于逆境、遭遇挫折、工作劳累、职场失意是人生的正常现象。他告诉子女说，每个人都注定要背负起经历各种困难折磨的命运。而他的成功、财富也都是在这些难以避免的坎坷中获得的。不仅要在处于顺境时，能够获得滚滚而来的财源，即使是遇上风险，在逆境来临时，也能够把握不易的机会。不够坚强的人当逆境来临时，就会匆匆结束这次施行，自认失败；而假如能够挺住，就该明白，我们就是要在这些逆境展示自己、获得成功。成功、金钱都在勇气背后！

洛克菲勒的做事原则是绝对不坐等厄运来临，等着它向自己下达"驱逐令"，更不可能让自己毫无准备以致措手不及。因此无论是在哪一次"山雨欲来"的时候，他都不会消极地躲避，而是勇敢地迎接，从这困境中寻找机遇。

洛克菲勒对子女说，学会勇敢是商场上的必修课，敢于迎接挑战，接受失败。当机会来临的时候，平庸的人表现的是不敢冒险。而那些成功人士则不然，他们大多具有乐观的风险意识，并常能发大财，洛克菲勒的成功，就很能说明这个问题。

洛克菲勒的第一份工作干到第三年的时候，他已经对中间商的生意有了很多的了解，而且掌握了很多相关的商业信息。就在这一年，洛克菲勒没有通过自己老板的同意，就自作主张地做起了小麦粉和火腿生意。老板有些担心，埋怨洛克菲勒说："约翰，你是怎么搞的，竟自作主张地买起小麦来了，我们的公司是以居中介绍抽取佣金和办理货运来赚钱的，投机的生意，可是从来不做的。"

年轻的洛克菲勒从容地说："董事长，根据新闻报道，英国即将发生饥荒，现在趁机把货运到纽约，一定可以赚一大笔钱。另外，我还得向您汇报一下，我还订购了80桶高级火腿呢！"此后，他还购进了玉米、牛肉干，甚至还购进了大量的食盐。

公司本来也做住宅、办公室、仓库等的租赁业务，如今仓库里却堆满了约翰所囤积的小麦、玉米、高级火腿等。他的做法令很多人感到不屑，很多人等着看这个年轻人的笑话：这些货如果卖不出去，看这个穷小子怎么办。果然不出洛克菲勒所料，没有多长时间英国发生了饥荒，洛克菲勒所在公司把囤积在仓库里的食品货物发往欧洲饥荒蔓延的地区，赚得了巨额利润。

洛克菲勒认为，风险是客观存在的，不论做什么事情都有可能成功或失败，有勇气的人才敢去冒险，也更易比别人取得更大的成功。洛克菲勒具有乐观的风险意识，勇于挑战风险，是天生的冒险家，他在危险中自由地畅行，抓住机遇，获得了巨大的成功。

成就世界第一商人的一个重要因素就是身临逆境、勇于冒险的进取精神。高风险，意味着高回报，只有敢于冒险的人，才会赢得人生辉煌。而且，那种面临风险、审慎前进的人生体验可以练就过人的胆识，这更是宝贵的精神财富。洛克菲勒无疑是这种财富的拥有者：他凭着过人的胆识，抱着乐观从容的风险意识知难而进，逆流而上，赢得了令世人瞠目的成就。

编者手记

无论你内心感觉如何，你都要摆出一副赢家的姿态。就算你落后了，保持自信的神色，仿佛成竹在胸，会让你心理上占尽优势，而终有所成。如果你以一种充满希望、充满自信的精神进行工作的话，如果你期待着自己的伟业，并且相信你能够成就这番伟业的话，如果你能展现出自己的勇气的话，任何事情都不能阻挡你前进。

忠告 26：除了在脑海里，恐惧无处藏身

缺乏行动的人，都有一个坏习惯：喜欢维持现状，拒绝改变。我认为这是一种深具欺骗和自我毁灭效果的坏习惯，因为一切都在变化之中，没有不变的事物。但因内心的恐惧——对未知的恐惧，很多人抗拒改变，哪怕现状多么不令他满意，他都不敢向前跨出一步。看看那些本该事业有成，却一事无成的人，你就知道不同情他们是件很难的事。

——洛克菲勒

我们周围会有很多人自我解嘲："我们比一般人赚得多，生活

也比一般人要好，干吗不知足，还要冒险呢？"其实这种人已经有了恐惧感，他们害怕失败，害怕大家不认同，害怕发生意外，害怕失去已有的东西。他们并不满足，但已经投降。这种人有些很有才干，却因不敢重新冒险，才愿意平平淡淡地度过一生。其实恐惧感只不过是自己认为的，除了在你自己的脑海里，恐惧将无处藏身。

失败的人不一定懦弱，而懦弱、恐惧失败的人却常常失败。这是因为，懦弱的人害怕有压力的状态，因而他们害怕竞争。在对手或困难面前，他们往往不善于坚持，而选择回避或屈服。懦弱通常是恐惧的游伴。懦弱带来恐惧，恐惧加强懦弱。它们都束缚了人的心灵和手脚。

美国最伟大的推销员弗兰克说："如果你是懦夫，那你就是自己最大的敌人；如果你是勇士，那你就是自己最好的朋友。"对于胆怯而又犹豫不决的人来说，一切都是不可能的，那些人总是畏首畏尾、怕东怕西，他们得不到真正自由的人生，因为他们总是会被各种各样的恐惧、忧虑包围着，看不到前面的路，更看不到前方的风景。

洛克菲勒给孩子们说过这样一个故事：

在波士顿的一个小镇上有一个名叫杰克的青年，他一直向往着大海。一个偶然的机会，他来到了海边，海面上笼罩着一层迷雾，天气寒冷，感觉糟糕透了。他想：原来自己一直想看的大海是这个样子的，他感到很失望，他想：我再也不喜欢海了，以后都不会再来看海了。幸亏我没有当一名水手，如果是一名水手，那真是太危险了。

在海岸上，他遇见一个水手，他们交谈起来。

"海面并不总是有迷雾，天气也不总是这么寒冷，大多时候，海是明亮而美丽的。但在任何时候，我都爱海。"水手说。

"当一个水手不是很危险吗？"杰克问。

"当一个人热爱他的工作时，他就不会惧怕危险。我们家里的每一个人都爱海。"水手说。

"你的父亲现在何处呢？"杰克问。

"他已经死在海里。"

"你的祖父呢？"

"他死在大西洋里。"

"你的哥哥呢？"

"当他在印度的一条河里游泳时，被一条鳄鱼吞食了。"

"既然如此，"杰克说，"如果我是你，我就永远也不到海里去。"

水手问道："你愿意告诉我你父亲死在哪儿吗？"

"死在床上。"

"你的祖父呢？"

"也死在床上。"

"这样说来，如果我是你，"水手说，"我就永远也不到床上去。"

如果在海边我们就已经开始惧怕海中的波浪，那么你注定无法体验到海的魅力。

学者马尔登曾说过："人们的不安和多变的心理，是现代生活多发的现象。"他认为，恐惧是人生命情感中难解的症结之一。面对自然界和人类社会，生命的进程从来都不是一帆风顺、平安无事的，总会遭到各种各样、意想不到的挫折、失败和痛苦。当一个人预料将会有某种不良后果产生或受到威胁时，就会产生这种不愉快情绪，并为此紧张不安，忧虑、烦恼、担心、恐惧，程度从轻微的忧虑一直到惊慌失措。

洛克菲勒从来不会因为突如其来的挑战和困难而感到恐惧，相反，这些困难和挑战反倒更能激发他的斗志，他是一个行动派的人，他看不起那些在没有行动之前就打退堂鼓的人，他说："缺乏行动的人，都有一个坏习惯：喜欢维持现状，拒绝改变。我认为这是一种深具欺骗和自我毁灭效果的坏习惯，因为一切都在变化之中，没有不变的事物。但因内心的恐惧——对未知的恐惧，很多人抗拒改变，哪怕现状多么不令他满意，他都不敢向前跨出一步。看看那些本该事业有成，却一事无成的人，你就知道不同情他们是件很难的事。"

世界上没有永远的成功者，也没有永远的失败者。有人畏缩，得到的也会失去；有人勇敢，失去的也会得到。只要不断尝试、不断磨砺，我们就一定能战胜恐惧。只要告别恐惧，勇敢地朝前走，别人能做到的我们也能做到。畏惧是人生路上一道深深的壕沟，跨过去你就拥有了出路和希望。

编者手记

的确，每个人在面对周围的变化时，心里都会或多或少地有些害怕，因为害怕而不敢尝试改变，因为担心改变会让自己陷入更加不幸的境地。我们应该记住，当变化来临时，原地不动远远比冒险行动更危险。要想不被时代抛弃，就大胆行动，努力做出改变吧。

第七章

交易的目标是价值，而非价格

忠告 27：明白价值与价格的区别

交易的真谛是交换价值，用别人想要的东西来换取你想要的东西。要完成一笔好交易，最好的方法是强调其价值。而很多人会犯强调价格而非价值的错误，常说什么："这的确很便宜，再也找不到这么低的价格了。"不错，没有谁愿意出高价，但在最低价之外，人们更希望得到最高的价值。

——洛克菲勒

洛克菲勒退休之后，由自己唯一的儿子小洛克菲勒全面接管父亲的事业，但是小洛克菲勒会在一定的时间向父亲汇报近期的工作状况。摩根是金融界的巨头，为人高傲自大，有一次小洛克菲勒与摩根有一项业务，两人进行了艰难的谈判。摩根对初出茅庐的小洛克菲勒非常不屑，而小洛克菲勒和自己的父亲一样也十分看不惯摩根的不可一世。

总之，他们之间的商业谈判进行得很不顺利，于是有调解人在他们之间进行调解。会见了调解人之后，洛克菲勒对谈判的情况大致有了了解。他写信告诉儿子："正如你告诉摩根先生的那样，我并不急于卖掉联合矿业公司。但又像你所猜测的那样，任何有价值的企业我都乐于接受并为之付出。但是，我坚决反对买主居高临下，定下企图将我们排斥在外的价格，我宁可血战到底也不会做这样的生意。"

就和摩根的这项交易，洛克菲勒给儿子提了很多有建设性的意见。洛克菲勒认为摩根犯了一个错误，而这个错误很多人都会犯，那就是，他们根本不知道自己是干什么的。洛克菲勒认为不管一个人是经营地产、石油，还是制造汽车、冶炼钢铁，或者是普通雇员、总裁，都是在从事一个行业，这个行业就是跟人打交道。他告诉儿子，要在商场上获得成功，就必须有所准备，而准备的关键点就是了解自己、了解对手，即所谓的"知己知彼，百战不殆"。不仅要了解自己和对手的资源，也要了解现在的整体环境，比如市场状况等。

洛克菲勒向儿子着重分析了了解竞争对手的重要性。预测和了解对手是最难实现和利用的。"在所有的竞争活动中，能够了解对手和竞争者也总是很有功效，因为这样我们就可以预测对手的动向。主动、预期性的措施总比被动反应有效，而且更有力量，俗话说，预防胜于治疗就是这个道理。"

日常生活中，很多时候，我们的竞争对手可能是我们熟悉的人，在商业交易中，这无疑会是我们的优势。例如，如果据自己所知，对手是一个认真谨慎的人，或许我们自己最好也应该小心一点；如果你觉得他总是很冲动，或许这是在暗示你，要大刀阔斧，否则你就可能被他逼上绝路。在和对手打交道的时候，要善于观察，这样在双方进行交谈的时候，我们同样可以发现很多有价值的东西。

"做交易的秘诀在于，你要知道不能交易什么和可以交易什么。摩根先生视我们为墙角里的残渣，要清扫出去，但我们必须留在地板上。这是不能谈判的。同时，他还必须给出一个好价钱。"洛克菲勒接着对儿子说道，"但你也要知道，在做生意时，你绝对不能想把钱赚得一干二净，要留一点给别人。"

只要双方愿意进行交易，那肯定双方都能从这笔交易中有所收获。正如洛克菲勒对儿子所说："我们之所以进行交易是因为我们认为这笔交易对我们有利，这是显而易见的。"他又说道，"不要受制于这种明显而狭隘的观点。"

在商战中有太多的"聪明人"认为自己的目的不是要交易，而是要捡便宜，希望用最低的价格买到东西。在洛克菲勒和摩根的那次交易中，摩根一方给出的价格比实际价值低过百万，这让洛克菲勒很不满意，他心里明白如果摩根真的只想做这种交易，那么他会因此而丧失这次登上美国钢铁行业霸主地位的机会。他说：交易的真谛是交换价值，做生意的双方交换彼此想要的东西。

他嘱咐儿子："约翰，在你与摩根先生谈判中，当涉及金钱的时候，你绝对不要先提金额，要提供他宝贵的价值，强调他从你这里能够买到什么。"

编者手记

洛克菲勒的话语很睿智，也很实用。在商场的交易中，价值与价格是有区别的，要强调价值的重要性，而非单纯地强调价格。

双赢是谈判的最高境界，在任何谈判中，一定要本着"你好，我也好"的双赢原则，否则，对方若得不偿失，你也难如愿以偿。合作，但是，自私、不服输的心理却让他们酿成了一场悲剧。因此，谈生意的过程中，要明白双方彼此是要交换价值，而不能仅仅局限于价格。如果你只是想在谈判中用价格抑制对方，让对方甘拜下风，这样的谈判是很难达到预期效果的。在做生意的时候一定要明白自己最想得到的是什么，交易的是价值而不仅仅是价格。

忠告 28：利益往往是最好的进攻武器

商人都是利润与财富的追逐者，要靠创造资源和取得他人的资源，甚至逼迫他人让出资源来使自己富有，所以，利益是商人征战商场不可或缺的进攻武器。

——洛克菲勒

在利益的驱使下，为了争夺属于自己的食物，各自纠缠不休，这时小人就会出现在你的身旁。这个世界充满了太多的诱惑，而太多的诱惑就有了太多的追逐。在追逐欲望的过程中，每个人的人性都将得到洗礼。高尚还是卑鄙，君子还是小人，在利益面前都会图穷匕见。当然追逐利益并不是一件十恶不赦的事情，相反，生意场上利益是企业孜孜不倦为之奋斗的目标。很多聪明人利用利益对人类的诱惑，在事业上取得了一次又一次的成功。

在石油业混乱的日子里，洛克菲勒想要一统石油市场，他采取了兼并战的做法，准备收购所有炼油厂。洛克菲勒认为商场就是战场，战略目标的意义就是要形成对己方最有利的状态。出于战略上的考虑，洛克菲勒在兼并战争中所选择的第一个征服目标不是不堪一击的小公司，而是当时很有实力的公司，这家公司是洛克菲勒最大的竞争对手——克拉克—佩恩公司，这家公司实力雄厚并且野心勃勃，他们也想吞并洛克菲勒的公司。

但在对手做出行动之前，洛克菲勒决定先下手为强。他主动约见克拉克—佩恩公司最大的股东奥利弗·佩恩，这也是他中学时候的老朋友。洛克菲勒告诉他，现在石油业混乱、低迷的时代该结束了，为了规范石油行业的市场秩序，他们要建立一个庞大、高绩效的石油公司，并邀请他入伙。洛克菲勒用巨大的利益说服了佩恩，他花了40万元的高价收购了佩恩的公司，这个价格远远高于克拉克—佩恩公司的实际价值。

其实，洛克菲勒心里很明白，克拉克—佩恩公司根本不值这个价钱，但洛克菲勒并没有拒绝他们，吃掉克拉克—佩恩公司就意味着洛克菲勒将取得世界最大炼油商的地位。而佩恩显然也了解自己出售公司对于洛克菲勒的意义，所以起初让佩恩出售他的公司是很困难的，但是洛克菲勒用现实的金钱让佩恩屈服。

利益对人的诱惑力果真是巨大的。洛克菲勒收购竞争对手炼油厂的价格大多远远高出这些炼油厂实际的价格，所以在收购的交易进行得很顺利。在不到两个月的时间里，克利夫兰的炼油厂相继归于洛克菲勒的名下。短短几年中，洛克菲勒又连续征服了费城、匹兹堡、巴尔的摩的炼油商，他实现了自己伟大的梦想，统治了美国的炼油业。

在与人打交道的时候，要给人必要的甜头，否则事情很难办得顺利。尤其是面对小人的时候，一定给他们以实惠的利益，这是进攻他们的最好武器。

在我们的工作和生活中，不免会遇到一些给你穿"小鞋"的小人，他或许要靠踩着你的肩膀往上爬，或许要靠欺骗你达到他的目的，或许仅仅是因为嫉妒就想排挤你。而聪明的人在与小人打交道时，一般都不会轻易招惹小人、得罪小人，他们知道小人招惹不得、得罪不起。招惹或得罪了他们，本来好好的事业，被小人一陷害，结果就会不堪一击。论实力，小人并不强大。但他们不择手段，什么下三烂的招数都可能使出来。纵使赢了小人，也会付出代价，惹得一身腥。小人得罪不起，与其硬碰硬，不如来点软的，正所谓"欲先取之，必先予之"。

洛克菲勒在休伊特公司工作时，公司里有一个叫爱德华的人，他贪婪、狡猾，爱争名利，抢风头。还总是诋毁别人，公司里的人几乎都没有逃过爱德华的"小人"行径，他之所以没有被炒鱿鱼，是因为那个家伙在工作上还有点真本事。

爱德华似乎对洛克菲勒一点都不讨厌，那是因为洛克菲勒有一套对付小人的方法。有一次，公司老总派洛克菲勒前往外地和客户洽谈一个重要的合作项目，并告诉他说："你要用人，公司职员随你挑选。"

洛克菲勒回答道："没有什么其他的需要，只是想让爱德华和我一起去。"这个要求倒是把老板给弄糊涂了。洛克菲勒笑着说："这次谈判对公司来说很重要，我在外需要公司内部给我提供大量信息和全力支持，这件事要是做好了，事情也就成功了，本来爱德华就插手了这件事，现在难保他不眼红，就怕他暗中作梗，要是我把他放到自己的眼皮底下，派他点用场，分他点功名，就能堵住他的嘴，再则他还是很精明能干的，也并非一无是处……"

老板听了洛克菲勒的说法，对他大加赞赏，他明白洛克菲勒想给爱德华一些甜头，让爱德华知道自己应该做什么。

也许你看过也经历过一些不公平的事，许多正直的人不屑于和小人为伍，最后却栽在这些小人手上，甚至一败涂地。洛克菲勒对待小人的思路和方法确实值得职场中人借鉴和学习。有时候需要给小人来点软的，用实际的利益打动他们，以此来换取自己更大的成功。

编者手记

在我们这个充满物欲的世界，绝大部分的人都在为利益奔波忙碌。为了追逐利益，拼命工作，和竞争对手乃至朋友尔虞我诈。利益的力量是巨大的，它会轻易地剥落人们虚伪的外衣，露出努力掩藏的丑恶。利益能在关键的时刻检测友谊、爱情、亲情是否牢固。如果人类的情感能经受得住利益的巨大考验，那么在今后的人生道路上，这些感情将无坚不摧。在生活中，我们会发觉利益的巨大力量，在需要的时候，我们要学会动用利益的力量，为达成自己的目标服务。

忠告 29：打先锋的人是笨蛋

打先锋的是笨蛋，不管他们如何吹牛。只有看准时机的后来者才能赚大钱。

——洛克菲勒

"打先锋的赚不到钱。"在人生的马拉松赛上，让别人打头阵，然后找机会再迎头赶上，得冠军的马拉松选手都是这样做的。

1860 年，当美国宾夕法尼亚州发现石油的时候，洛克菲勒当时仅是个 21 岁的年轻人。一时间，宾夕法尼亚土地上井架林立，原油产量飞速上升。

当时石油开采只有一年多，而且用途并不广泛，但洛克菲勒已十分敏锐地意识到，石油的生产与发展将有远大的前景，于是年轻的他来到了宾州，考察研究石油行业的发展行情。看着油商们疯狂地采油，洛克菲勒并不盲目蛮干，他几次去产油区实地勘察，密切注视石油的涨落行情。最后，他认为此时介入石油行业为时尚早。

急于发石油财的合伙人很不理解，因为当时几乎所有的美国人都认为油田是一座黑色的金矿。洛克菲勒经过仔细思考后认为像目前这样盲目开采，油价会迅速下跌。他说："挖油田的人全是笨蛋。"他可不想步他们的后尘，让庞大的笨蛋队伍再多一位。他建议合伙人："我们不能在原油生产上投资，根据我的考察，那里的油井已有 72 座，日产 1135 桶，而石油需求有限，油市的行情必定下跌，这是盲目开采的必然结果。我们不能盲目。"

洛克菲勒准确预测到油市的行情，虽然油市不再持续暴跌，但由于供过于求，只要稍微回升就要再跌，这正如他所分析的那样：石油的需求还很有限，受往外运输条件限制，盲目乐观、不加限度的开采必定会带来生产的严重过剩。应该找准机会再动手，那样才会赚大钱。

在清醒的等待中，美国南北战争爆发了。战争意味着对石油的无限制需求。具有猎犬一样的商业嗅觉的洛克菲勒抓住这一机会迅速出击。但他没有投资采油业，他把大量资金投入了炼油业。他的石油精炼厂一开张，年销售收入很快上升到 120 万元之巨。

人生需要冒险，但是不能盲目逞能，逞能打先锋的人很难赚到钱。让别人打先锋，适时隐藏自己的锋芒，才是最明智的。俗话说"枪打出头鸟"，出头就要挨打。不光在商场上，即使在日常生活中，很多时候，我们都需要隐藏自己的锋芒。

很多人会说，一个人若无锋芒，那就是庸人，所以有锋芒是好事，是事业成功的基础，在适当的场合显露一下既有必要，也是应当的。然而，锋芒太露会刺伤别人，也会刺伤自己。想想看，当你将所有的目光和风光都抢尽了，却将挫败和压力留给别人，那么别人在你的光芒的压迫之下，还能够过得自在、舒坦吗？也因此，有才却不善于隐匿的人，往往招来更多的嫉恨和磨难。

避免锋芒过露就要注意当面说话不要咄咄逼人，不要冷嘲热讽；私下说话也不要品头论足、旁敲侧击；更不要让别人当众出丑，不能收场。

一个人有才华固然很好，但在合适的时机运用才华而不被或少被人妒，避免功高盖世，才是更大的才华，这种才华才能使自己事业有成而又不会给自己带来危害。所以，凡事当留有余地，不要锋芒毕露、咄咄逼人。

你也许会说，如果不加表现、不露锋芒，不是永远没有人知晓了吗？其实只要一有表现的机会，你把握住这个机会做出过人的成绩来，大家自然就会知道你、赞赏你。这种表现本领的机会不怕没有，只怕把握不牢，只怕做出的成绩不能令人特别满意。你如果已经具有真实的本领，就要留意表现的机会，如果还没有真实的本领，就要赶快准备。你要把所有精力和聪明才智集中到扎扎实实做事上去，靠成绩证明自己，而不是一味地表现自己。无论你胸中燃烧着多么强烈的欲望，都要让自己看起来平静如水，你的沉稳、老练将为你的优秀加分。

在生活中学会隐藏自己的锋芒，商场上不打先锋，看准时机，再出击，不打无准备之仗，不做出头之鸟，这样我们的人生之路会更平坦。

编者手记

我们应该学会低调做人，低调做人不是反对表现自己，适当地表现可以为自己带来更多的机会，但如果不能把握分寸，让自己在某种情境下成为"出头鸟"，就是极不明智的做法了。低调做人，就是不要把自己看得太重要、太能耐、太高明，认为自己处处胜人一筹、高人一等，处处表现，这样就难免虚华。能力超群的人让人敬畏，而看起来成绩平平，却有谦逊之德、平易之美的人，更容易赢得别人的亲近和信赖。

---------- 第八章 ----------

没有知识的商人算不得商人

忠告 30： 知识永远不会被人拿走

金钱会花光，地位有可能改变，可是知识一旦获得，就永远都不会消失，就会伴我们一生。

——洛克菲勒

培根说："知识就是力量。"作为人类生产、生活经验的积累和总结，知识到底具有一种什么样的力量？在生产领域，知识可以成为促进社会经济发展的生产力；在军事领域，知识可以形成克敌制胜的战斗力；在政治思想领域，知识则可以转化为识别真伪、坚定理想信念的精神推动力。总之，知识的力量是十分巨大的，可以说，拥有了知识就拥有了一切。

洛克菲勒的父亲比尔素来不看重书本知识，那时候，他认为大学学位只不过是一种奢侈的爱好。但是比尔并不否认知识的力量，他支持儿子像社会上其他那些有进取心的年轻人那样去读所谓的商业学校，或者通过函授来弥补知识的不足。比尔对妻子伊莱扎说："去大学拿学位只不过是一种既浪费时间又浪费金钱的奢侈行为。"在比尔的建议下，洛克菲勒花 40 美元在弗尔萨姆商业学校读了一个为期 3 个月的培训课程。

这是一家连锁学校，在很多个城市设立了分校，学校教授复式簿记、清晰书写以及有关银行、外汇业务和商法的基础知识，而洛克菲勒非常喜欢这种目的性很强的课程，他如饥似渴地学习着这些知识。课程在1855年夏天结束，那时候他16岁。结束课程后的洛克菲勒一门心思地想找一个前景好的职业，改善一下自家的生活。这三个月的培训课程，让洛克菲勒终身受用，在那段时间所学到的知识，他铭记一生，就是那些知识让他有勇气与胆量踏入社会，走进商场。

洛克菲勒没有高学历，但是却有着丰富的知识。他不喜欢和没有知识的人做生意，不愿意和那些人打交道。他很看重知识，也尊重有知识的人。

洛克菲勒很多时候不爱说话，但是当和自己的旧朋老友或孩子们在一起的时候，他大多时候非常健谈、滔滔不绝，其渊博的知识会让人大感惊讶。

正是因为他拥有如此渊博的知识，他才具有高智商的头脑，从而才在生意场中永立不败之地，成为世界上最富有的人。

在洛克菲勒眼里，知识和金钱是成正比的，只有丰富的阅历和广博的业务知识，在生意场上才能少走弯路少犯错误，这是能赚钱的根本保证，也是商人的基本素质。一个仅能从一个角度去观察事物的人，不但不配做商人，也不能算是一个完整的人，而洛克菲勒做生意，也乐意与学识渊博的人达成业务。

洛克菲勒很欣赏他做钻石生意的一位朋友。这位朋友曾问他的合作伙伴："你知道大西洋底部有哪些鱼类吗？"很多人一听这个问题，都会感到莫名其妙。因为做钻石生意和大西洋底部的鱼类毫无关系，怎么问这样一个风马牛不相及的问题呢？

但洛克菲勒认为：一个钻石商人需要的是一个精明的头脑，对方连大西洋有哪些鱼类都了如指掌，可见对钻石的业务知识也同样相当熟悉，那么对巨细俱全的钻石种类的分析肯定也是全面周到，和这样的商人合作肯定能赚钱。这也从一个方面体现了这位钻石商人的精明之处。

知识一旦获得就不会失去，但是获取知识应永不止步。知识，是个人发展的需要，不断丰富扩充自己的知识，才能跟上时代的步伐，保持自己不被淘汰。不论中外，人们对知识都十分重视，因为它可以给人指明正确的道路，给人带来幸福。这句千古箴言，一直被人们传诵着，使人们清晰认识到知识的重要性！

"学习知识，从摇篮到坟墓。"不论什么时候都不要忘记扩充自己的知识。

编者手记

在职场中，每一个渴望成功的人都必须谨记：只有不断突破自我，不断为自己"充值"，你才能开创出更美好、更辉煌的人生。在这个知识与科技发展一日千里的时代，随着知识、技能的折旧越来越快，不通过学习、培训进行技能更新，适应性自然会越来越差，而老板又时刻把目光盯向那些拥有领先优势、能为公司提高竞争力的人。只有在工作中不断为自己"充值"，不断增加自己的优势，才能使自己在职场中立于不败之地。

忠告 31：用智慧将知识转化为财富

知识是外在的，是我们对所见事物的认识；智慧则是内在的，是我们对无形事物的了解；只有二者兼备，你才能成为一个全面发展的人。

——洛克菲勒

洛克菲勒认为知识和智慧应该得到充分的尊重，因为他相信知识的巨大力量，知识不仅能战胜人生对未知的恐惧，而且能成就伟业，创造人生奇迹。正如有人曾说的："愚笨和不安定产生恐惧，知识和保障却拒绝恐惧。"

知识的力量是巨大的，了不起的海伦·凯勒还曾告诉我们：知识给人爱，给人光明，给人智慧，应该说知识就是幸福，因为有了知识，就是摸到了有史以来人类活动的脉搏，就有战胜人生恐惧的力量。知识总能给黑暗中的人们以生活的勇气。知识给了苦难中的人们以接受生命挑战的力量，总能让人们以惊人的毅力面对困境，并在黑暗中找到人生的光明。

洛克菲勒不仅将知识看作是战胜恐惧的力量，更将知识视为财富。他对知识有着无限的渴望，这或许正是洛克菲勒取得巨大成功的原因。

知识一旦获得、拥有，就是一笔永远不被劫走的财富，但知识毕竟不是真正的、实实在在的财富，要将知识转化为看得见的财富，就要靠智慧，智慧就是运用知识的能力。

知识是后天习得的，而智慧更是在潜移默化中才能累积。一个人或许学识渊博，但他不一定是智者。

有一段时间，小洛克菲勒非常爱读书，他想借此拓宽他的视野，学习更多的知识。但是他看的书中大部分都是小说，洛克菲勒觉得有必要对儿子加以引导。在给儿子推荐了几本书之后，小洛克菲勒说："可是，我最不爱看那些旧得发霉的书。"

洛克菲勒摇摇头，对愁眉苦脸的儿子说："约翰，你要知道，知识是外在的，是我们对所见事物的认识；智慧则是内在的，是我们对无形事物的了解；只有二者兼备，你才能成为一个全面发展的人。

"读书的量即使很多，但是如果只阅读小说，你或许会觉得可以让你得到宽慰；你或许会觉到阅读非虚构性作品是一项枯燥的工作。但是奇怪的是我在阅读非虚构性的作品时，从未感觉到它除了轻松还有什么其他感觉。而且，在这个世上必须学习的东西实在太丰富了，比小说更加让人感兴趣的事实多得无穷。想起这一点，你就会自然觉得阅读某某某的白日梦是何等浪费时间。"

洛克菲勒对儿子说，从书中我们可以获得大量的必要的知识，但是仅仅获得知识是不够的，你必须动用你的智慧将他们转化为实际的财富。

洛克菲勒很清楚智慧与知识之间的区别。他的想法是，只有能够创造财富的人，才真正拥有智慧，也就是说，能够运用在世间让人赚钱的智慧，才是真智慧。

如果一个人拥有高学历、高学位，可他却不能用所学到的知识去赚钱，那么这个人最多就是个学富五车的学者，而不是智者。相反的，如果一个人原本一贫如洗，即使没有接受过什么正规教育，但如果他能够靠自己的本事致富，那么这个人同样值得人尊重，洛克菲勒认为这样的人才真正拥有了赚钱的智慧。

拥有知识，但是如果不将知识充分地运用出来，那就等同于没有知识；即使拥有的知识不多，但是如果能适时地运用，充分地发挥，那么这样的人远远比满腹经纶却纸上谈兵的人值得人们尊重。

洛克菲勒的过人之处就在于他能利用自己的智慧，将知识转化为手中的财富。

"智慧的人应该知道金钱的价值，不应该和金钱脱节。没有金钱的智慧是没有用的智慧，简直没有什么价值。只有让智慧和金钱结合，智慧的价值才能在现实世界中显露出来。"

洛克菲勒在宴会上听到过这样一件事，他觉得其中很有深意。

在一个偏远的村落，那里的医生给人看病都不收钱。因为当地的人们认为医生的职责就是救死扶伤，拯救人们于病痛之中是他们应尽的职责，收费是遭人鄙视的。那里的医生们只能在大街上摆上一个箱子，来往的行人募捐。然而当地有一位医术十分高明的医生却制定出了详细的价目表，并公然张贴出来，向患者收费。这在当地无疑是一个重磅新闻，人们纷纷指责他，认为他不配做医生，亵渎了医生的职责。但是这位医生对这些指责毫不在意，他说："不收费的医生肯定是不值钱的医生。"而最终这位与众不同的医生凭借高明的医术发了大财，而人们也由最初的指责变为钦佩，钦佩他高明的医术与聪明的头脑。

在我们的生活中很多人贫困，并不是因为他们缺少智慧，而是他们没有把自己的智慧用来创造财富。知识要运用到实践中去，在洛克菲勒看来，如果不把知识转化为金钱，那是没有什么意义的。

编者手记

读书、学习知识是一件幸福的事情，一个人在应该获得知识的时候，不刻苦努力，将来肯定会后悔的。每个人应该怀抱希望，不断奋斗。实际上，我们每一个人，都能用知识点亮自己心中的灯。知识是光明的，无知是黑暗的，知识就是走向光明的最好通道。

忠告 32： 商人更要不断地学习

学习是一生的课题。

——洛克菲勒

经商的头脑需要不断用丰富的知识去武装，洛克菲勒家族的人普遍认为，知识和金钱是成正比的。只有掌握了知识，特别是掌握了大量业务知识，在经商中才不会走弯路，才会先于别人到达目的地，也才能更快地赚更多的钱。知识需要不断地学习、积累，而平时的经商活动更是学习的大好时机。

一个商人拥有各方面的丰富知识，是商人的基本素质，也是在生意场上能赚钱的根本保证。因为拥有丰富的学识，视野就变得十分广阔，而有一个广阔的视野对商人们形成正确判断，作用实在太大了。在洛克菲勒家族的人看来，一个仅能从一个角度观察事物的人，不但不配做商人，也不能算一个完整的人。

洛克菲勒对子女的要求是：要掌握尽可能多的知识，并且不断学习。洛克菲勒和妻子不喜欢孩子们和那些学识浅陋、品行粗俗、眼光狭隘的人来往。洛克菲勒夫妇在这方面达成共识，他们认为，孩子们若与这些人来往，可能暂时会给自己带来一些愉快，生意场上甚至能带来一些暂时的利益，但是为此会付出很惨重的代价，这个代价就是会损失自己的信誉。他曾经这样告诉自己的孙女巴布斯说："物以类聚，人以群分，不要和那些知识浅陋的人混在一起，否则你将会变得和他们一样，被品行高尚的人排斥。"洛克菲勒鼓励子女多结交学识渊博的朋友，不但可以相互得益，而且可以提高自己的信誉，有利于自己事业的发展。

而只有一个谦逊的人才能做到不断学习，不停地获取知识。一个已经装满了水的杯子难以再装别的东西了，人心也是如此。

人生来就站在同一起跑线上，可为什么所达到的高度不同？有的人功成名就，有的人却一事无成？主要在于，前者总是"留一些空杯子"，虚心接纳，而后者总是自我满足，自以为是，最终故步自封，自己淘汰了自己。

人生旅行，就是汲取各种养分、滋养生命的过程。如果我们带太多的自满上路，就像一个装满水的杯子，再也容不得半点水进入，这将是人生最大的悲哀。在人生的旅途中，每一个即将上路或已在路上的年轻人，一定要牢记，不论什么时候，都要给自己的心灵留一些空间，虚心求教。学无止境，心有空余，才能装物。面对新的工作、新的领域，我们抱着归零心态，努力学习新知识，这样才能够不被时代抛弃，不断走向人生的前方。

每个人都应该不断吸收新的知识，不断学习，洛克菲勒强调，作为商人更应该如此。他经常教导孩子们要随时随地学习，他认为那些说没有时间学习知识的话统都是借口，学习不仅不会耽误时间，反而会提高工作的效率。有一次他对忙碌的伊丽莎白说起这样一个故事。

有一位勤劳的伐木工人，被指令砍伐100棵树。接受任务以后，他毫不拖延地投入到了工作当中，每天工作10个小时。可是渐渐地，他发觉自己砍伐的数量在一天天减少。他开始想，一定是自己工作的时间还不够长，于是除了睡觉和吃饭以外，其余的时间他都用来伐树，一天要工作12个小时。但他每天砍伐的树木却越来越少，他感到非常迷惑。

一天，他把这个困惑告诉了主管，主管看了看他，再看了看他手中的斧头，若有所悟地说："你是否每天都用这把斧头伐树呢？"工人认真地说："当然了，没有它我可什么也干不了。"主管接着问道："那你有没有磨利这把斧头呢？"工人的回答是："我每天勤奋工作，伐树的时间都不够用，哪有时间去干别的？"

其实生活中的每个人都像那位伐木工人，那把斧子就是自己原有的知识和技能。每天吃老本，只输出不输入新的知识，只能让工作越来越吃力。

美国有专门的机构调查结果显示，现在职业半衰期越来越短，所有高薪者若不学习，5年后就会变成低薪者。就业竞争加剧是知识折旧的重要原因。

未来社会只有两种人：一种是忙得要死的人，另外一种是找不到工作的人。学习是任何职业人员的第一课堂，要想在竞争激烈的商业环境中胜出，就必须学习从工作中汲取经验，探寻智慧的启发以及有助于提升效率的资讯。

在知识经济时代，竞争日趋激烈，信息瞬息万变，盛衰可能只是一夜之间的事情。在激烈的竞争中，只有不断学习、善于学习的人，才能具有高能力、高素质，才能不断获得新信息、新机遇，才能够获得成功。如果不能不断提高素质，跟不上时代发展的步伐，就会成为"吃老本"的掉队者。那么怎样才能做到不掉队呢？毫无疑问，答案是不断学习、善于学习。学习，是人的一生中一项最重要的投资，一项伴随终身最有效、最划算、最安全的投资，任何一项投资都比不上这项投资。

编者手记

罗曼·罗兰说："成年人慢慢被时代淘汰的最大原因不是年龄的增长，而是学习热忱的减退。"如果你始终保持学习热忱，在走出校门后继续学习、终生学习，就能获得成功。

在现在的职场上，不管你从事的是哪种行业，没有知识总是愚蠢和可怕的，不继续加强知识和技能的深化更是可悲的。因为这将意味着你丧失继续前进的动力，意味着你很难对周围不断发展的事物进行理性的分析和理解，意味着你将失去人生的方向，逐渐被更多掌握新知识和拥有新技能的人所取代。

忠告 33：从信息中寻找赚钱的机会

一条有价值的信息，一个准确的情报，会使一笔大生意成功。
——洛克菲勒

《塔木德》中说，即使是风，嗅一嗅它的味道，你也可以知道它的来历。

在如今这个信息化的社会，一切东西都可以用信息来代替和表示。信息是这个时代的最大财富，拥有了信息就等于拥有了财富。信息满天下，专寻有心人。

一个有着聪明头脑的人，一定会对周围出现的有用信息非常敏感，只要善加利用，就一定能获得成功。如果你想改变现状，必须多多培养自己，搜集和辨别信息的能力，善于利用你周围的信息，成功的机会不会离你太远。

洛克菲勒知道信息的重要性，并很早就开始利用信息赚钱了。1858 年是洛克菲勒开始工作的第三年，在那三年里，洛克菲勒的工作井井有条，他的勤劳和头脑令老板赞叹不已。在那一年他无意中听到从国外来的客商谈论英国发生饥荒的事情，就是这样一个消息令洛克菲勒激动不已。他翻看了近期的很多关于英国的报纸，通过分析，他判断英国在不久之后将发生大饥荒，这对很多人来说是个不幸的消息，可洛克菲勒从这个消息中嗅出了巨大的商机。于是，在洛克菲勒的主张之下，公司购买了大量的小麦、面粉，甚至还有火腿、食盐等。不久之后，英国果然发生了饥荒，公司的货物销往外国，从而赚取了大量的利润。因为这件事情，很多人对年仅19岁的洛克菲勒刮目相看。

值得一提的是，洛克菲勒非常关注着外界的一举一动，看报是他每天必须做的一件事情，多年以来，他已经养成了看报的习惯。不论生意多么繁忙，他每天早上都会翻阅秘书送来的各类报刊。洛克菲勒的贸易依赖于市场信息，来自全国各地的电报汇聚到他的办公室，这里也就变成了解各种信息的俱乐部。

在当今的信息时代，谁掌握了信息，谁就掌握了商机。我们都听过"井底之蛙"的故事，故事中的青蛙由于不了解外面的信息，便以为世界只有"井口那么大"，从而不愿跳出井口，寻找另外的生活，最终落得个被渴死的下场。不懂得掌握信息优势的创业者就如同坐井观天的青蛙，最终只能走向末路。而看得到井外面更广阔天空的创业者，有了信息，行动就不会盲目，才能够以更客观的视角来面对市场，更好地应对激烈的市场竞争。这一点不仅在投资领域成立，在商业争斗、人际往来中都一样有效。

信息是有价的，从信息里赚钱首先要从信息里发现商机，赶在别人之前抓住信息，你就比别人先抓住了商机，进而抢先抓住财富。

在与友人的一次聚会上，洛克菲勒听一个朋友讲了后来被称为美国政治家和哲人的伯纳德·巴鲁克赚钱的故事，洛克菲勒对这个青年很是欣赏，认为他对商机有敏锐的嗅觉。

巴鲁克是靠那种对信息的敏感，而一夜之间发了大财的。

1898年的一天晚上，他正和父母一起待在家里聊天，突然广播里传来消息，西班牙船队在圣地亚哥被美国海军消灭，听后，父母继续聊天，但是布鲁克的心情却再也难以平静。他知道，西班牙船队的覆灭意味着美西战争即将结束。

那天正好是星期天，第二天是星期一，当时美国的证券交易所在星期一都是关门的，但伦敦交易所则照常营业。巴鲁克立刻意识到，如果他能在黎明前赶回自己的办公室，就有可能发一笔大财。

在那个年代，汽车还没有出现，而火车在夜间是不运行的。巴鲁克急中生智，他赶到火车站，租了一列专车。他终于在黎明前赶到了自己的办公室，在其他投资者尚未"醒"来之前，做成了几笔大交易。就这样，巴鲁克一举成功了。

成功的秘诀，在于随时随地把握时机。

洛克菲勒认为有了宝贵的信息，得到了好的主意，还需要有切实可行的措施，才能使愿望变成现实，把信息变为金钱，否则一切都只是空想。

经营者获取市场信息，制定经营策略，为的是把握机会。所谓机会是指一时一地出现的某种特殊条件，它带有一定的偶然性，往往稍纵即逝。精明的人，一旦顺手"牵"着机会，就会以最快的速度利用它。正是：快一步天高地阔，慢一着满盘皆输。

靠信息发财，是办实业做买卖必不可少的法宝，没有信息，经营者就像盲人，面对四通八达的交叉路口不知如何起步。

不仅是经营者，生活中许多人缺乏信息意识，不做调查，仅凭主观愿望就盲目去做，结果导致在激烈的竞争中一败涂地；而有些人尽管重视信息，但常常由于不能对得来的信息做出快速决策而错失良机。成功的秘诀，就是随时随地把握时机。

编者手记

俗话说，信息灵，百业兴。在瞬息万变的市场上，经营者必须具备极强的应变能力，随时做出正确的决策，而决策的基础在于耳聪目明，能获取大量及时、准确的信息。市场上常常出现这样一些情况，一方面消费者持币观望，抱怨买不到满意商品；另一方面商店、个体摊位、生产厂家的产品因卖不出去而大量积压，其根本原因就是产品不适销对路，产品生产与市场需求脱节。

第九章

会花钱的人是真正的聪明人

忠告 34：花钱不同于赚钱

赚钱是手段，理财应该成为习惯。管理和运用金钱跟决心赚钱不同，需要有不同的理念。要管理和运用金钱，你必须乐于亲自动手、亲自管理数字，不能只是在管理和策略上纸上谈兵。

——洛克菲勒

洛克菲勒对子女说："管理和运用金钱跟决心赚钱不同，需要有不同的理念。要管理和运用金钱，你必须乐于亲自动手、亲自管理数字，不能只是在管理和策略上纸上谈兵。"

赚钱固然重要，但是理财更是不可或缺的。只会赚钱不会理财，到头来还是一个"穷人"。是富人还是穷人，不看你能"挣"多少，只看你会"理"多少。

注重理财、善于理财，就不难步入财富的殿堂；而不注重理财、不善于理财，就可能要过拮据的生活。只会挣钱不会理财的人不会有大钱的。生活中很多人会赚钱，但是不善于管理运用金钱，当然也有很多人不会赚钱，既会赚钱又能正确管理运用金钱的人实在很少。

洛克菲勒家族有一个传统，就是在孩子们很小的时候，就开始给他们灌输金钱的概念，在潜移默化中引导他们学会赚钱，学会花钱，培养他们对金钱的态度。洛克菲勒的妻子曾经给子女们说过这样一个故事：

一个富人见一个穷人很可怜，于是决定帮助他摆脱贫困。富人送给穷人一头牛，嘱咐他说："今年好好开荒，等春天来了撒上种子，秋天就会有所收获了，从此你就不用在困境中挣扎了，春天的时候，我会来给你送种子。"

穷人满怀希望开始开荒，可是没过几天，牛要吃草，人要吃饭，日子比过去还难。穷人就想，不如把牛卖了，买几只羊，先杀一只吃，剩下的还可以生小羊，长大了拿去卖，可以赚更多的钱。

穷人马上把牛换成羊，只是当他吃了一只羊之后，小羊迟迟没有生下来，日子又艰难了，他忍不住又吃了一只。穷人想，这样下去还得了，不如把羊卖了，换成鸡，鸡生蛋的速度要快一些，鸡蛋立刻可以赚钱，日子立刻可以好转。

穷人就又把羊换成鸡，但是日子并没有改变，他又忍不住杀鸡。终于杀到只剩一只鸡了，穷人想致富是无望了，还不如把鸡卖了，打一壶酒，三杯下肚，万事不愁。

很快春天来了，好心的富人兴致勃勃地送来种子，赫然发现，穷人正在苦闷地喝着酒，牛早就没有了，房子里依然一贫如洗。

穷人如果节俭一点，熬过一段时间，等粮食收获以后他就能渡过难关，摆脱贫穷。在社会生活中，由于各种不可预知的因素存在，人们很难预想到在生命的哪个阶段会碰上灾难、打击，所以为了应付这些倒霉的事情，适度的节俭就显得尤为重要。一般来说，超级富翁们更懂得节俭的意义和做法。穷人已经拥有了一头牛的财产，可是由于不会管理，他的财产越变越少，最后又恢复到了贫穷的状态。可见，学会理财很有必要。

第一，理财有利于平衡我们的小金库，使生活无忧，不会让自己成为到月底就数着天数盼望着发工资的"月光一族"。

第二，理财可以改善你的生活品质。理财可以使你用现有的钱赚取更多的钱，让生活更加富足。

此外，如果只知道赚钱，而不会利用金钱让自己的生活更幸福，那么赚钱也就失去了原本的意义。

洛克菲勒的老对头，大金融家摩根很喜欢赚钱，甚至达到痴迷的程度。每当黄昏时，他总会到小报摊上买一份载有股市收盘的当地晚报回家阅读。当他的朋友约他娱乐消遣时，他总是拒绝，并且说："有些人热衷于研究棒球或者足球，我却喜欢研究怎么赚钱。"

在谈到投资的时候，他总是说："玩扑克的时候，你应当认真观察每一位玩者，你会看出一位冤大头，如果看不出，那这个冤大头就是你。"

他从来不乱花钱去做自己不喜欢的事情，总是琢磨赚钱的办法。

朋友开玩笑说："摩根，你已经是百万富翁了，感觉如何？"

他的回答让人玩味："凡是我想要的东西而又可以用钱买到的时候，我都能买到。至于其他人所梦想的东西，比如名车、名画、豪宅我都不为所动，因为我不想得到。"

洛克菲勒其实很不喜欢摩根的目中无人，但是却欣赏摩根对金钱的态度：摩根不是一个为金钱而生活的人，他甚至不需要金钱来装饰他的生活，他喜欢的仅仅是游戏的感觉。一次次投入资金，又一次次地通过自己的智慧把钱赚回来，充满了风险和艰辛，但是也颇为刺激，他喜欢的就是刺激。摩根说过和洛克菲勒类似的话："金钱对我来说并不重要，而赚钱的过程，即不断地接受挑战才是乐趣。不是要钱，而是赚钱，看着钱滚钱才是最有意义的。"

赚钱不过是为了生活得更幸福一些，但是如果不善于管理利用金钱，那么金钱就不能为我们的幸福服务，如果因为这个赚钱的过程，而把生活的过程给忽略了，那就是很不合算的交易。

赚钱是手段，理财应该成为习惯，这样，金钱才能更好地为我们的生活服务。哪怕自己手里拥有的钱很少，也应该为这笔钱做一个理财计划，清楚地知道这些钱怎样花费才能更好地实现其价值，这样金钱才能更好地为我们的生活服务。

编者手记

人生可以有许多追求，如果我们狭隘地将人生的追求设置为赚钱，那我们的人生的底蕴必将十分单薄。在很多人的心目中，成功人士应该是一个能够赚钱的人。金钱，成为衡量一个人成功与否的标准。其实，人生的追求可以有很多选择，成功的方式也多种多样，最成功的人不一定是最能赚钱的人，能赚钱的人也不一定非常成功。如果你赚钱不多，那就学会合理地管理利用你的金钱，这样同样可以把日子过得有滋有味。

忠告35：钱应花在应该花的地方

对于金钱，我认为当用则用，当省则省，就是这么简单。

——洛克菲勒

在花费方面量力而行是非常必要的。洛克菲勒花钱的原则是：当用则用，当省则省。该花的地方绝对不会吝啬，该省的地方，一分钱都不会浪费。洛克菲勒家族对金钱的统一态度是：花一块钱，就要发挥一块钱的100%的功效。

老实说，钱是拿来用的，而不是拿来浪费的，一个人可以用钱买喜欢的东西，买舒适，买自由，无论你买的是什么，有一个最重要的原则就是当用则用、当省则省，这才是用钱的最高境界。会花钱，是致富的一个必要条件。世界上最会赚钱的人，无不是最会花钱的人。小气，并不是讽刺，这是有钱人的看家本领。精打细算，不乱花钱，才是大富翁的真正风度。

和自己的父亲一样，小洛克菲勒也是一个不乱花钱的人，甚至经常被人讥讽为"抠门""最富有的小气人"。

1914 年 6 月 6 日，由于一个突发事件的影响，小洛克菲勒陷入了舆论旋涡，成为众矢之的。为了摆脱这种境地，有人向他建议邀请有才能的麦肯济·金加入他们的团队。双方进行会谈后，麦肯济·金接受了邀请，正式来为小洛克菲勒服务，为他出谋献策，帮小洛克菲勒摆脱了尴尬的境地，使他的家族恢复了往日的宁静，重新焕发出光彩。

但是很多人不知道的是就在金最后接受小洛克菲勒聘请之前，两人在薪资问题上发生了强烈的争执。金那时濒于破产，坚持要求给他年薪 1.5 万美元以偿还他的债务，而小洛克菲勒则承袭了父亲老洛克菲勒厉行节约的传统，只肯出价 1 万美元，并说这个数字接近他的估算。以后他们两人几经谈判，终于达成了 1.2 万美元的聘任协议，小洛克菲勒说他不会再做出一分钱的让步。

还有一件事情足以说明小洛克菲勒的"小气"，他的内弟温斯罗普·奥尔德里奇的三岁儿子突然夭折时，小洛克菲勒为了帮忙，立即给奥尔德里奇包租了一节专用火车，让送葬的人群前往参加葬礼，但事后他为花费这笔钱而唠叨不休，直到他终于向他的内弟开出 229 美元的账单才算罢休。但是这个如此"小气"的富豪却对他人、对社会极为大方。他在慈善上耗费了大量心血。

小洛克菲勒曾经说："我要更多的钱干什么呢？我父亲要更多的钱干什么呢？我和我父亲花在金融事务方面的全部时间，几乎都是致力于研究如何最完善地和明智地分配我们积聚起来的钱财。"他把大量的家产投入到慈善事业。

对于该花的钱应当毫不吝啬，因为这些钱已经充分发挥了应有的价值，为我们的生活服务了。当今社会，当省不省的情况很严重。很多人打肿脸充胖子，爱装阔。通过观察可以发现，越是没钱的人，才越爱装阔。这似乎是个心理问题。因为没钱的人容易产生抗拒心理，他们内心常在交战："我只能买这种便宜货吗？"自怜便油然而生，更因顾虑到别人的眼光，而忐忑不安。所以当他们面对一件商品时，往往考虑虚荣比考虑价格的时候多，没钱的自卑感像魔怪一样缠得他们犹豫不决，最终屈服于虚荣，勉强买下自己能力所不能及的东西。于是，社会中有了一种怪现象，越穷的人，越不喜欢廉价品。有思想的成功者是从来不会摆阔的。

很多时候乱花钱可能是因为自己一时的情绪不佳，或是遭受某些挫折，就拿辛苦的血汗钱来发泄，于是开始疯狂地消费、没有节制地刷卡、因冲动而买了一堆用不到的东西……这些都是很不理智的表现，也可以被解释为当省不省的错误行为。

疯狂地消费之后，猛然发现自己的存款不断下降，才发现发工资之前的日子不好过了，于是又开始缩衣节食，该花的不花，甚至影响了正常的生活。

在花费方面量力而行是非常必要的。如果你为了给自己争面子而铺张，那么最终吃亏和难受的只能是你自己。

如果你货币紧张，那么请推迟十天购买新上市的蔬菜（这并不会少了鲜度）；推迟一个月购进应时服装（这并不影响你的漂亮）；推迟一年购买走俏用品（这并不改变你的风度）。粗制品并不比精制品少了营养，首饰并不是人的必需，名牌并不反映价值，这些都是消费中诱惑你手中货币的扒手。

编者手记

无法过优裕的生活、无法全身上下都是名牌、无法任意挥霍，这些都不应该是让一个人丢脸的原因，因为它们本来就只存在一小部分人的身上，你完全可以漠然视之。绝大多数人都是过着必须精打细算的生活，在消费的时候，必须量力而行，这是非常平常而大众化的现象，没有必要为了虚荣而做出超越自己经济能力的选择。

忠告 36：挥霍金钱的人永远不会富有

每一分钱都要让它物有所值。

——洛克菲勒

洛克菲勒在美国公众的印象中，今天仍有三分神秘。人们只知道这个家族拥有的财产是个巨大的天文数字。洛克菲勒身为世界首富，拥有巨额财产。但是他非常节俭，有时候甚至到了小气的地步。有人曾讽刺他惜金如命，滴水不漏。

洛克菲勒给儿子写的一封信中有这样几句话："不懂得控制开销的重要性，就必须付出很大的代价。""控制开销不能让你一夜之间或一年之内致富，但它所构建的是你未来的财富。"

洛克菲勒每天下班后要四处查看，把煤气捻小些，把自来水管关小些，以便节省费用。

洛克菲勒在功成名就、成为世界闻名的亿万富翁时，仍向被邀请去他别墅住了一天的朋友要去 10 元的住宿费。他非常重视每一分钱。有一次洛克菲勒从他秘书那里借来 5 美分打了一个电话。秘书客气地说："洛克菲勒先生，打电话的 5 分钱硬币您就别归还给我了，这是一件小事嘛！"洛克菲勒还是把一枚硬币塞进了秘书的口袋，正正经经地对他说："别客套，这是一笔买卖，别小看它，5 分钱是 1 美元整整一年的利息，千万别小瞧这枚硬币啊！"

洛克菲勒习惯到他熟悉的一家餐厅用餐，用餐后往往会付给服务员 15 美分的小费。但是有一天，不知道什么原因，洛克菲勒仅付了 5 美分的小费。服务员见比往常的小费少，不满地说道："如果我像您那么有钱的话，我绝不会吝惜那 10 美分的。"洛克菲勒不但不生气，反而笑着说："这正是你为何一直在做服务员的原因。"

洛克菲勒还有一种习惯，就是记总账。他每天晚上祷告之前，总要把每便士花到哪儿去了弄个一清二楚，然后才上床睡觉。"紧紧地看住你的钱包，不要让你的金钱随意地出去，不要怕别人说你吝啬。你的钱每花出去一分都要确保有两分钱的利润，然后才可以花出去。"

洛克菲勒不仅自己节俭，而且从小就对他的儿女们灌输自己的价值观。在孩子们很小的时候，洛克菲勒就有意识地不让孩子们知道自己是个大富翁，他的几个孩子在长大成人之前，从没去过他的办公室和工厂。他认为如果过早地让孩子们知道自己拥有巨额财富，会让孩子们不知道不懂珍惜与奋斗，容易腐化堕落、飞扬跋扈、不可一世。

有意思的是，洛克菲勒还在家里搞了一套虚拟的市场经济运行法则，在家里称他的妻子为"总经理"，并且要求孩子们认真记账。孩子们靠做家务来挣零花钱：打苍蝇 2 分钱，削铅笔 1 角钱，练琴每小时 5 分钱，修复花瓶则能挣 1 元钱，一天不吃糖可得 2 分钱，第二天还不吃奖励 1 角钱，每拔出菜地里 10 根杂草可以挣到 1 分钱，唯一的男孩小约翰劈柴的报酬是每小时 1 角 5分钱，保持院里小路干净每天是 1 角钱。

洛克菲勒为自己能把孩子培养成小小的家务劳动力感到很得意，他曾指着 13 岁的女儿对别人说："知道吗？这个小姑娘已经开始挣钱了，你根本想象不到她是怎么挣的。我听说煤气用得仔细，费用就可以降下来，便告诉她每月从目前的账单上节约下来的钱都归她。于是她每天晚上四处转悠，看到没人用的煤气灯，就去把它关小一点儿。"

洛克菲勒不厌其烦地教育孩子们勤俭节约，每当家里收到包裹，他总是把包裹纸和绳子保存起来以备日后使用。为了让孩子们学会相互谦让，懂得珍惜，洛克菲勒只买一辆自行车给 4 个孩子。唯一的儿子小洛克菲勒长大后曾不好意思地承认说，自己在8 岁以前穿的全是裙子，因为他在家里最小，而前面三个都是女孩子，他只能捡姐姐们穿剩的衣服。巨富的子女本似乎应该过着锦衣玉食的生活，这份节俭在别人看来是无法理解的。

他经常深入公司各部门和炼油厂明察暗访，出人意料地在寻找员工的点滴漏洞和毛病。有时他会突然出现在一群年轻的会计员、统计员面前，检查他们的工作，他的认真甚至到了挑剔的程度，不断找出员工们的纰漏和不足，弄得一些年轻人面红耳赤。有一次，他突然来到仓库，找到发放石油桶塞的记录并质问保管员："为什么账上少了几百个塞子？这些塞子去哪了呢？"

事无巨细，他认为即使能省下1厘钱的事也值得去干。

有一次，洛克菲勒来到一家出口煤油的工厂，在封装车间他发现每封一个油罐需要点40滴电焊。他对工人说，能不能只点38滴电焊？工人试了一下，用38滴电焊点封的油罐有几只漏油。用39滴电焊点封的却没有一个油罐漏油。他当场命令工人，以后只能用39滴电焊料点封一个油罐，一滴也不能增加。以后，凡是洛克菲勒公司出厂的5加仑煤油罐都用39滴焊料，它成了公司的一项明文规定。他和蔼地告诉公司雇员："积钱好比针挑土，我的钱就是这样一分一厘挣来的。这就是诀窍。"

这一点优良传统，在洛克菲勒的子女身上也丝毫没有丢失，永葆其绚烂霞光。他们亲眼看见自己的父亲在生活工作中如何勤俭。其中在小洛克菲勒的身上表现得最为明显。

小洛克菲勒对每个儿女，在他们七八岁的时候就灌输金钱这一主题。儿时津贴，即他们自己的私房钱，由孩子们自己处理。不过，小洛克菲勒不赞成金钱一到手就花得精光的行为。对孩子要买的某一件高档玩具或用品，他不会额外出钱买给孩子们，他也要他们养成节约的好习惯，日积月累，直到津贴积到能买上那一件东西为止。

老约翰从16岁起就有记账的好习惯，终其一生从未中辍。小约翰也紧紧跟进，花费的钱都有账本可查。他们从各自的积习中悟到，记账是合理开支、计划消费的灵丹妙药。假如一个人不保持一个账本，那么"钱多半会从手指缝里滑走，用时就没有了"，从而"浪费掉一项宝贵的工具"。

　　小到一个人、一个家庭、一个企业，大到一个国家、整个人类，节约都是不可缺少的宝贵素质。在市场竞争日益激烈的今天，对于企业来说，节约更加具有非同寻常的意义，节约的都是利润。在这里节约已不仅仅是一种美德，更是一种成功的资本。提倡节约并不是反对理性和正当的消费，而是要对那些脱离经济发展水平的过高消费，与健康文明消费模式相悖的盲目攀比的畸形消费，以及斗富摆阔的奢靡消费等陈规陋习要彻底进行根除。不加节制地铺张浪费会撼动我们赖以生存的根基。

忠告 37：天下没有免费的午餐

　　智慧之书的第一章，也是最后一章，是天下没有免费的午餐。如果人们知道想出人头地，就必须以努力工作为代价，大部分人就会有所成就，同时也将使这个世界变得更美好。而吃免费午餐的人，迟早会连本带利付出更为惨痛的代价。

——洛克菲勒

　　一天早上，洛克菲勒像往常一样翻开报纸，首先映入眼帘的就是他吝啬、捐款不够的新闻。对此，洛克菲勒已经习以为常，他说他已经习惯了那些不明就里的记者的无知与苛刻。洛克菲勒并不因为这些指责而感到惶恐不安，因为他觉得自己问心无愧。

　　在洛克菲勒看来，资助金钱是一种错误的帮助，它会使一个人失去节俭、勤奋的动力，而变得懒惰、不思进取、没有责任感。更为重要的是，他认为，当我们施舍一个人时，我们就否定了他的尊严，否定了他的尊严，也就夺走了他的命运，这在洛克菲勒看来是极不道德的。"作为富人，我有责任成为造福于人类的使者，却不能成为制造懒汉的始作俑者。"

　　洛克菲勒很少理会那些要求他出钱解决他们个人问题的人，

即使是对自己的亲人朋友也是如此，所以很多人都会说他是"冷血的家伙""不近人情""守财奴"。对洛克菲勒来说，赚钱很容易，让他出钱却会令他很紧张。或许很多人认为这是他太小气的缘故，甚者连自己的儿子对他的做法都感到不可理解，可是洛克菲勒却有自己的理由。

他说："天下没有免费的午餐。"有一天，他用一个故事向自己的儿子解释了他惧怕出钱的原因。

有一家农户，圈养了几头猪。一天，主人忘记关圈门，那几头猪便趁这个机会逃跑了。经过几代繁衍以后，这些猪变得越来越凶悍而且数量庞大，它们开始威胁经过那里的行人。几位经验丰富的猎人听闻此事，很想去捕获它们为民除害。但是，这些猪却非常狡猾，从不上当。

有一天，一个老人赶着一头拖着两轮车的驴子，车上拉着许多木材和粮食，走进了野猪出没的村庄。当地居民很好奇，就走向前问那个老人："你从哪里来，要干什么去呀？"老人告诉他们："我来帮助你们抓野猪啊！"众乡民一听就嘲笑他说："老人家别开玩笑了，连优秀的猎人都不能抓到它们，你这么大年纪了，怎么可能呢？"

但是，两个月以后，老人回来告诉那个村子的村民，野猪已被他关在山顶上的围栏里了。

整个村庄都沸腾了，村民们感到非常惊讶，追问那个老人："是吗？真不可思议，你是怎么抓住它们的？"

老人解释说："首先，就是去找野猪经常出来吃东西的地方。然后我就在空地上放一些粮食作为陷阱的诱饵。那些猪起初吓了一跳，最后还是好奇地跑过来，闻粮食的味道。很快一头老野猪吃了第一口，其他野猪也跟着吃起来。这时我知道，我肯定能抓到它们了。

"第二天，我又多加了一点粮食，并在几尺远的地方竖起一块木板。那块木板像幽灵般暂时吓退了它们，但是那免费的午餐很有诱惑力，所以不久它们又跑回来继续大吃起来。当时野猪并不知道它们已经是我的了。此后我要做的只是每天在粮食周围多竖起几块木板，直到我的陷阱完成为止。

"然后，我挖了一个坑立起了第一根桩。每次我加进一些东西，它们就会远离一些时间，但最后都会进来吃免费的午餐。围栏造好了，陷阱的门也准备好了，而不劳而获的习惯使它们毫无顾虑地走进围栏。这时我就出其不意地收起陷阱，那些白吃午餐的猪就被我轻而易举地抓到了。"

其实，这个故事的寓意很简单，一只原本聪明的动物要靠人类供给食物时，它的机智就会被取走，接着它就会有麻烦了。同样的情形也适用于人类。洛克菲勒的意思是，如果在一定时间内我们给一个人提供免费的午餐，这个人就会养成不劳而获的习惯。到后来就会变得依赖，时间久了就会形成习惯，从而失去独立生存的能力。

洛克菲勒对儿子说："习惯一旦养成，就不容易改变，甚至会伴随自己的一生。吃免费午餐的习惯不会使一个人步向坦途，只能使他失去赢的机会。而勤奋工作却是唯一可靠的出路，工作是我们享受成功所付的代价，财富与幸福要靠努力工作才能得到。"

其实每个人都拥有很大的潜能，都具有独立解决问题的能力，但是如果养成依赖、懒惰的习惯，我们本来拥有的潜能，就会被限制，被破坏。所以我们应克服依赖的心理，控制"吃免费午餐"的愿望，用此保护自己的潜能，再充分发挥潜能，才会有成功的机会。不吃免费午餐是一种生存的智慧。

这是洛克菲勒讲的关于免费午餐的第二个故事。

从前，有一位爱民如子的国王，在他的英明领导下，人民丰衣足食，安居乐业。深谋远虑的国王却担心当他死后，人民是不是也能过着幸福的日子，于是他召集了国内的有识之士。命令他们找一个能确保人民生活幸福的永世法则。

三个月后，这班学者把三本六寸厚的帛书呈上给国王说：

"国王陛下，天下的知识都汇集在这三本书内。只要人民读完它，就能确保他们的生活无忧了。"国王不以为然，因为他认为人民都不会花那么多时间来看书。所以他再命令这班学者继续钻研，两个月内，学者们把三本简化成一本。国王还是不满意，再一个月后，学者们把一张纸呈上给国王，国王看后非常满意地说："很好，只要我的人民日后都真正奉行这宝贵的智慧，我相信他们一定能过上富裕幸福的生活。"说完后便重重地奖赏了这班学者。

原来这张纸上只写了一句话：天下没有免费的午餐。

智慧之书的第一章，也是最后一章，是天下没有免费的午餐。如果人们知道想出人头地，就必须以努力工作为代价，大部分人就会有所成就，同时也将使这个世界变得更美好。而吃免费午餐的人，迟早会连本带利付出更为惨痛的代价。

编者手记

"天下没有免费的午餐"，这是一句被大家熟知的话，这句话说的是什么事情都要有所付出，不付出就想得到好处，不付出就想捡到便宜，那是不可能的，终有一天，你会为此付出惨重的代价。不劳而获的"利"往往是"害"的影子。世上没有免费的午餐，也没有白来的利益，但偏偏有人抱着侥幸心理，一次次被空幻的利益牵着鼻子走，一步步陷入人家挖好的陷阱。在诱人的利益面前，我们都要低声问问自己："这种好事怎么会落在我头上？"多一分小心谨慎，才能少一些危险和磨难。凡事有利必有害，而"免费的午餐"背后更可能隐藏着大害。自古至今，只有明是非、辨利害，才能不会受其害。

第十章

任何一种财富都眷顾勤奋的人

忠告38: 勤奋是贵族必备的品质

在这个无限变幻的世界中，没有永远的贵族，也没有永远的穷人。

——洛克菲勒

如果说一个人只凭天资而不勤奋，即使是凭着小聪明能干几件事，终究只是昙花一现，成不了大器。纵观财富榜上的富豪们，没有哪个不是依靠自己的汗水，通过勤奋努力而取得今天的成就的。

有一次小洛克菲勒给父亲写信，其中写道："勤奋出贵族""你要不是赢家你就是在自暴自弃"，这两句话让洛克菲勒大加赞赏。他说，那两句话是他不折不扣的人生座右铭，更进一步说，这两句话正是他人生的缩影。

洛克菲勒的经历说明了，世界上没有永远的贵族，也没有永远的穷人。正如大家知道的，在他小的时候，家庭很贫困，他和弟弟妹妹们总是穿得破破烂烂的，家境贫寒到连上学买书的钱都要靠好心的邻居接济。但是后来的洛克菲勒却拥有了一个庞大的财富帝国。

如同万种盛衰起伏变幻，如同沧海桑田生生不息，出身卑贱和家境贫寒的人，通过自己的勤奋工作、执着的追求和智慧，同样能功成名就、出人头地，成为一个新贵族。

在洛克菲勒生活的那个年代，那时候社会上普遍存在这样一种现象，富家子弟正处于一种不进则退的情况下。更为不幸的是他们中的大多数都缺乏上进的精神，他们好逸恶劳、挥霍无度，所以有很多人虽然出生在富贵之家，但是死去的时候却穷困潦倒，一无所有。他很担心自己的子女像其他富家子弟一样，最后落得处境悲惨。

他告诉小洛克菲勒说："你要教导你的孩子，要想在与人生风浪的博击中完善自己，成就自己，享受成功的喜悦，赢得社会的尊敬，高歌人生，只能凭自己的双手去创造；要让他们知道，荣誉的桂冠只会戴在那些勇于探索者的头上；告诉他们，勤奋是为了自己，不是为了别人，他们自己是勤奋的最大受益者。"

洛克菲勒家族作为移民，满怀憧憬和勤奋努力似乎是他们的天性。当洛克菲勒尚在孩童时期时，他的母亲伊莱扎就将节俭、自立、勤奋、守信和不懈的创业精神等美德植入了他的骨髓。

洛克菲勒真诚地笃信这些美德，将其视为伟大的成功信条，而就是这些信念结成了他向上攀爬的阶梯，将他送上了财富之巅。洛克菲勒一生都很勤奋。自他孩提时代起他就坚信，只有辛勤耕耘才会有丰硕的收获，作为穷人家的孩子，除了靠勤奋努力获得成功、赢得财富与尊严之外，已经没有其他的办法。

上学的时候，洛克菲勒的成绩并不优秀，但是他不甘人后，每天他都勤恳地准备功课，并持之以恒。在他不满十岁时就知道要尽其所能地多干活，砍柴、挤奶、打水、耕种，他什么都干，而且从不惜力。正是农村艰苦而辛劳的岁月，磨炼了他的意志，使他能够承受日后创业的艰辛；也让他变得更加坚忍不拔，并塑造了他坚强的自信心。

工作之后，他每天清晨 6：30 便要起床，带着一盒午餐赶到办公室；吃完午饭便继续工作，直至很晚。有一段时间他决定要改变一下自己的生活作息，他在日记里写道："我已经做了一个约定：在此后的一个月内，一定要在晚上 10 点之前离开办公室。"不过，他很明白这个誓言是很难遵守。洛克菲勒成功的秘密相当简单，那就是为了赚到钱，他可以比别人更努力，更吃苦，更勤奋，而多数人不愿意这样做。

洛克菲勒的工作异常地勤奋，他常常一天工作十五六个小时，有的时候，甚至一天工作十八九个小时，他平均每周工作 76 个小时，经常是别人下班了，他还在工作。

他说，如果没有企图心和理想，那一天工作 8 个小时就可以了，可是，你如果真的想开创事业，那么，人家下班的时候，正是你工作的开始。很多人钦佩他的精力，问他："洛克菲勒先生，您是怎么做到一天能工作 20 个小时的呢？"他却说："一天工作 20 个小时怎么够呢？我需要一天工作 48 个小时。"

人们看到他的时候，他总是在忙于工作，于是人们说洛克菲勒只有睡觉和吃饭的时候不谈工作。这位世界的大富翁，就是这样勤奋地工作，才拥有了凡人无法想象的成功事业。

"只要肯勤奋地努力，老天总会眷顾你的"，所谓"天道酬勤"也是这个道理。业精于勤而荒于嬉，学业如此，事业亦如此，成大事者必须勤于向学，因为勤能补拙。"勤能补拙是良训，一分辛劳一分才。"所有成功者的拼搏道路上都洒满了勤奋的汗水。无论多么聪明的人，倘若没有辛勤的耕耘，一切都是空谈。勤奋是获得成就的良好习惯，那些见异思迁、畏缩懈怠、不愿出力流汗的人，永远也品尝不到知识的甘甜。

洛克菲勒说："我极为推崇'勤奋出贵族'这句话，它是让我永生敬意的箴言。无论是过去还是现在，无论是在我们立足的北美还是在遥远的东方，那些享有地位、尊严、荣耀和财富的贵族，都有一颗永不停息的心，都有一双坚强有力的臂膀，在他们身上都凸显出顽强意志的光芒。而正是这样的品质或者说是财富，让他们成就了事业，赢得了尊崇，成了顶天立地的人物。"

勤奋是成功的必由之路，是强大执行力的源泉。伟大的成功永远属于那些勤奋、富有奋斗精神的人，而不是那些一味等待机会的人。机会包含在勤奋中，越勤奋你就越接近成功。

勤奋成就梦想，再美好的愿望如果不付诸行动，不勤奋努力，也只是空想。职场中有很多人渴望赢得成功，但又不愿意去努力工作，这些人都希望工作轻轻松松、一帆风顺，可是天下哪有这么便宜的事？在当今竞争十分激烈的时代，勤奋不是越来越不重要，而且恰恰相反，要想在职场中获得成功，必须保持勤奋的工作态度，要像蚂蚁一样勤劳并兢兢业业地工作，你才会因此拥有辉煌而充实的生活。

忠告 39：财富是勤奋的副产品

从我年少时，我就笃信一条成功法则：财富是意外之物，是勤奋工作的副产品。每个目标的达成都来自勤奋的思考与勤奋的行动，实现财富梦想也是如此。

——洛克菲勒

财富是对勤奋的嘉奖。洛克菲勒曾经对儿子说："凭着对上帝意志的信心，实际上，所有人要想获得成功，都必须比别人付出更多的血汗，否则是很难成功的。"而小洛克菲勒也很注意培养孩子们独立自主、勤奋努力的品质。

有一年在小洛克菲勒及妻子的支持下，儿子们办起了菜园，种上黄瓜、豆角、西葫芦、南瓜等蔬菜。孩子们努力地翻地、栽种、除草、杀虫。当时年龄最小的儿子戴维只有 3 岁，不能参加，可是他的四个哥哥都因出售自己的产品而感到很兴奋，他们体会到了通过自己的勤劳挣得报酬的快乐。为了鼓励孩子们继续，小洛克菲勒按市价向 6 岁的四儿子温斯罗普买下他种的南瓜，但其他三个大男孩却一本正经地把他们的蔬菜用儿童车推到市场上去，卖给当地食品杂货店，他们获得了一笔不小的收入，这是令小洛克菲勒夫妻没有预料到的，原本只是想培养孩子们勤劳的品质，让他们体会自己动手的快乐，没想到他们却在收获快乐之余，收获了金钱。

小洛克菲勒夫妻为了让孩子们养成勤劳的习惯，还有意识地让孩子们学会烹调技术和后勤工作。夫妻二人请人给孩子们做老师专门教授他们做饭，孩子们都练习得很认真，准备一餐饭菜并不那么简单，这里包括全盘计划、购买材料、摆餐桌、烹调上菜、收拾残席等。做饭的时候，最小的两个儿子也不闲着，他们负责打杂。大些的孩子们忙忙碌碌，洗菜，烧菜，做饭。如果他们的饭做得很成功，还有可能得到父母金钱上的奖励。

小洛克菲勒的教育方式证明，他的五个儿子都继承了洛克菲勒家族勤俭努力的好习惯，后来都取得了不俗的成就。任何一件事情的成功都来自勤奋和不懈的努力，"勤奋出天才"，只要我们不懈努力，认准一个"勤"字，生活和学习中的许多困难都会迎刃而解。早动手、勤动手，将自己的先天不足用勤补回来。如果不通过自己的努力与勤奋，再瑰丽的想法也只能是空想。

千金唾手得，一勤最难求。勤奋是一笔价值远远超过金子的财富，金子虽然珍贵，但是不会失而复得的。纵然你有黄金万两，但坐吃山空，总会有穷困的一天，唯有勤劳才是永不枯竭的财源。母亲伊莱扎曾经给洛克菲勒讲过这样一个故事：

一位老农在弥留之际，把三个儿子叫到床前，对他们说："我很快就要离开你们了，希望你们能在我离去之后比现在过得更好。我担心将来你们会受苦，因此，在我们家的那块地里，我埋下了一坛金子，这是我一辈子积攒得来的，你们用那些金子好好过日子吧。"

老人去世后，他的儿子便在老人所说的土地上挖金子，令他们感到不解，他们仔细深翻了每一寸土地，却始终没有找到那坛金子。他们感到很失望。当时恰逢播种的季节，于是儿子们便将那块地进行了耕种。

由于他们深翻了土地，因此获得了前所未有的大丰收。这时候他们才明白了父亲的用意。

勤奋不是成功的点金石，是克服先天不足的灵丹妙药。一个勤奋的人，即使一开始没有表现出惊人的天赋和过人的才华，但是只要他能够踏踏实实、坚持不懈，最终将比那些浅尝辄止、反复无常的天才取得更大的成绩。从某种意义上说，天才离不开勤奋就像勤奋离不开天才一样，如果你有着很高的才华，勤奋会让它绽放无限的光彩。如果你智力平庸、能力一般，勤奋可以弥补全部的不足。

那场改变美国人民命运与生活的南北战争，让洛克菲勒获益匪浅，洛克菲勒曾经毫不避讳地说："这场战争将我造就成了令商界啧啧称奇而又望而生畏的商业巨人。""南北战争让我提前变成了富人。有利的资本支持，让我在战后抢夺机会的竞技场上占据绝对优势，以致后来才能财源不断。"

但是，机会如同时间一样，对每个人都是平等的。可为什么偏偏洛克菲勒能抓住机会成为巨富，而很多人却与机会擦肩而过、不得不与贫困为伍呢？

勤奋能修炼人的品质，更能培养人的能力。洛克菲勒受雇于休伊特—塔特尔公司时，他就获得了具备非同一般的能力和出众的年轻簿记员的名声。在那段日子里，他可谓是夙夜辛劳、孜孜不倦，当时他的老板就对他说："约翰，凭你这非凡的毅力，你一定会成功的。"

年近70岁的洛克菲勒依然搏杀于商海之中，他对儿子说："结束生命最快捷的方式就是什么也不做。人人都有权力选择把退休当作开始或结束。那种无所事事的生活态度会使人中毒。我始终将退休视为再次出发，我一天也没有停止过奋斗，因为我知道生命的真谛。"

　　勤奋并不代表一定成功。世间有很多人勤勤恳恳，但仍然一事无成。事业成功与否可能有天时、地利、人和的关系。勤奋只是催生成功的条件之一，并未涵盖所有成功的条件。但我们如果欠缺勤奋，害怕艰辛，成功的路一定会遥遥无期。

忠告 40: 勤奋没有替代品

　　勤奋会给我们带来金钱、荣誉、健康。虽然具备提高自己的能力，但不想去努力的懒汉，绝对不值得人尊敬。对于天生就有一种为社会做贡献的能力、但只向社会索取的人，我也不能尊敬。那样的人，可以说是社会中的违禁猎手——最令人痛心的是他们并不知道，这对自己本身是一种最过分的欺诈。

——洛克菲勒

　　饭桌上，大女儿伊丽莎白和儿子小洛克菲勒就"成功需要具备哪些品质"展开了激烈的讨论，姐弟俩争辩得面红耳赤。晚饭后，洛克菲勒把姐弟俩叫到了书房。

　　洛克菲勒说道："孩子们，你们的观点我都知道了。我认为你们说的都有道理。因为成功与很多因素有关，如教育是否完善，态度是否积极，人品是否高尚，是否有自信，是勇敢还是懦弱，等等，这些你们几乎都提到了。但是遗憾的是，我没有听到我认为最正确的答案，实际上你们两个人都或多或少忽略了'勤奋'这一因素。"

　　伊丽莎白叫道："哦，爸爸，我想勤奋的确是成功不可缺少的因素。"

　　洛克菲勒点头道："尽管你承认它是成功的一种因素，约翰或者也赞同。"小洛克菲勒点点头，听父亲继续说，"但我总怀疑你们是否认真考虑过这个要素。我可以肯定地说，在建立人生的初期阶段，如果付出足够的努力，是绝对不可能取得成功的。"

"约翰刚才一直在强调，理想对于成功的重要性，理想固然重要，但是如果不能为着理想这个目标勤奋努力地奋斗，理想如何实现？"接着他回忆起了女儿伊丽莎白刚上大学时候的表现。

伊丽莎白考入大学后，进入了一个新的环境，对一切都感到新奇。在那里，可以不受父母、老师的很多约束，这一切让她感到兴奋和轻松，她像一只飞出笼子的小鸟，欢快地参加各种舞会，开始与男生交往，总之，很多学习之外的事情就已经让伊丽莎白忙得焦头烂额。结果是，伊丽莎白大学一年级的成绩惨不忍睹，这让梦想着毕业后以优秀毕业生的身份走出校园的伊丽莎白着实懊恼了一阵。但幸运的是，从大学二年级开始，伊丽莎白就开始发奋读书，通过她的刻苦努力，很快，她的成绩就赶上来了，毕业时，她还作为优秀学生的代表在典礼上进行了精彩的发言。

很多时候勤奋需要建立在兴趣的基础上，就像伊丽莎白在大学时代一样，对工作不感兴趣的话，是不会情愿去努力的。那样，个人的成长就会处于停滞状态。"对工作很感兴趣的人，每天规定工作 8 小时，至少也要比规定的时间多做一些，即使这样，他们还远不如欲求不满足或对工作感到厌倦而去消磨所规定的 8 小时的人感到疲倦。实际上，有很多人每天孜孜不倦工作 10 个小时，或更长时间。"

生活中有很多这样的人，他们总是觉得工作是最枯燥无聊的事情，无论干什么事情都会比工作更有意思。像玩游戏、逛街、看电视、和朋友聚会都远比工作有意思。对于这种人，洛克菲勒表现出了强烈的不满，他认为这样的人每天的工作极其有限，且效率低下，他们永远不可能取得成功。

"勤奋是没有什么东西可以代替的。"这的确是一句成功的箴言。说到这里，洛克菲勒想起了自己的母亲伊莱扎，丈夫常年游荡在外，她独自一人抚养孩子，她是一位伟大的坚强而又勤劳的女性。"你祖母当时每周工作 80 小时，她想的完全和古罗马诗人贺拉斯所说的一样：'如果不努力，人就不可能从人生中获得任何东西。'我希望你们俩今后都要承认你祖母和贺拉斯的话，那是从经验中得到的事实，希望你们在各自所提出的条件中，把勤奋置于首位或仅次于首位。"

"勤奋的回报中包括有精神方面的喜悦。如达到目的时的喜悦，受人尊敬的——更重要的是——尝到增强自尊心的愉快感时的喜悦，因为在这个世界上开辟了自己的道路而感到自豪的喜悦。"

勤奋的道理每一个人都懂，但是却不是每一个人都能做到的，而那些真正能做到的人，就会获得成功。

想成为一个卓越者，除了工作质量和拥有胜出意识外，还要有辛苦打拼的心理准备。工作事半功倍的人运气似乎总是特别好，因为他们特别容易遇到更多有价值、报酬高的工作机会，胜出的可能性也就更大。很容易发现，在公司中，晋升到重要职位的人，通常都是最努力工作、最投入的人。他们会不断物色公司里像自己这样的人，所谓物以类聚。所以，想得到胜出的机会，除了为自己建立好的自我意识外，最快、最有效的做法莫过于勤奋工作。

编者手记 ....

一分耕耘，一分收获，古人练武有闻鸡起舞，学文有凿壁借光，无不说明勤奋的重要性。勤奋，在锻炼我们坚强意志的同时，给我们带来金钱、荣誉、地位。勤奋让我们一步步走得更稳，走得更远，不是脚踏实地地登上高楼，很容易摔下来，而且是惨不忍睹。勤奋是一种精神状态，是求知的动力。

忠告 41: 勤奋，成功的第一要素

我今天的显赫地位、巨额财富不过是我付出比常人多得多的劳动和创造换来的。我原本是普普通通的人，原本没有头上的桂冠，但我以坚强的毅力、顽强的耕耘，孜孜以求，终于功成名就。我的名誉不是虚名，是血汗浇铸的王冠，些许浅薄的嫉恨和无知的浅薄，都是对我的不公平。

——洛克菲勒

人生中任何一种成功的获取，都始之于勤并且成之于勤。勤奋是成功的根本，既是基础，也是秘诀。没有勤奋，任何一项成功都不可能不劳而获。

一位成功人士曾经说过："我不知道有谁能够不经过勤奋工作而获得成功。""守株待兔"的寓言中的人曾经不费吹灰之力就得到一只兔子，但此后他就再也没有得到半只兔子。所以，不要指望不劳而获的成功，只有经过勤奋得到的成功才能持久。

一勤天下无难事。人们在年轻时，就培养出勤勉努力的习性，并且在工作中永远不减勤勉且更加努力，那么这种无形的财产和力量将会成为你终生受用的法宝。

勤奋刻苦是一所高贵的学校，所有想有所成就的人都必须进入其中，在那里可以学到有用的知识，培养独立的精神和坚韧不拔的习惯。其实，勤劳本身就是财富，如果你是一个勤劳、肯干、刻苦的员工，就能像蜜蜂一样，采的花越多，酿的蜜也越多，你享受到的甜美也就越多。

从洛克菲勒的创业过程看，有一点是很突出的，就是注重勤俭，也就是说，勤俭致富是其企业精神。

洛克菲勒于 1839 年出生，他虽然进入学校读书的机会不多，但善于把握时间学习，阅读了大量的书籍，脑子十分机敏。到了10 多岁时，他已考虑自己怎么创业致富了。为了寻找致富之路，

他辛辛苦苦地打工挣钱，好不容易攒到 5 美元，他决定将这 5 美元用于购买书籍，以图从书本中找到致富方法。

一天，他在一份晚报上看到了出售发财秘诀的巨幅广告，因此他连夜赶到书店去购买这本求之不得的书。拿回家急忙拆开包装严密的《发财秘诀》，哪知书内空无他物，全书仅印有"勤俭"两个大字。洛克菲勒大失所望，十分生气，一下把书扔到地上，并想马上到书店去找老板算账，控告他及作者骗人。但当时天色已晚，他估计书店已关门了，故准备第二天再去。

那天晚上洛克菲勒辗转不能入睡，起初是对书的作者和书店生气，怒斥他们为什么要以此简单的二字印书骗人，使他辛苦得来的 5 美元血汗钱浪费在这"骗术"上！后来，夜已深了，他的火气也慢慢降下。他想，为什么作者仅用两个字出版一本书呢？为什么又选用"勤俭"这两个字呢？想呀想，越想越觉得"勤俭"两字有味道，越想越觉得该书作者的用意深刻，越想越觉得勤奋是人生立世的根本通路，他终于大彻大悟。

想到这里，天已亮了，他赶紧把书本从地上捡起来，深深地吻了它一下，然后端正地摆在他卧室的书桌上，作为他的奋斗创业座右铭。从此，他努力地工作，埋头苦干。正是勤奋将洛克菲勒推上了成功之巅。

现实中，有些人终日游手好闲、无所事事，无论干什么都舍不得花力气、下功夫，但这种人的脑瓜子可不懒，他们总想不劳而获，总想占有别人的劳动成果，他们的脑子一刻也没有停止活动，他们一天到晚都在盘算着去掠夺本属于他人的东西。正如肥沃的稻田不生长稻子就必然长满茂盛的杂草一样，那些好逸恶劳者的脑子中就长满了各种各样的思想杂草。

英国哲学家穆勒曾经说："无论王侯、贵族、君主，还是普通市民都具有这个特点，人们总想尽力享受劳动成果，却不愿从事艰苦的劳动。懒惰、好逸恶劳这种本性是如此的根深蒂固、普遍存在，为了维持社会的和谐、统一，往往需要一种强制力量来迫使人们克服懒惰这一习性，不断地劳动。"

那些生性懒惰的人不可能在社会生活中成为一个成功者，他们永远是失败者；成功只会光顾那些辛勤劳动的人们。懒惰是一种恶劣而卑鄙的精神重负，人们一旦背上了懒惰这个包袱，就只会整天怨天尤人，精神沮丧、无所事事，这种人完全是无用的人。

编者手记

"业精于勤荒于嬉。"产生惰性的原因就是试图逃避困难的事，图安逸，怕艰苦，积习成性。人一旦长期躲避艰辛的工作，就会形成习惯，而习惯就会发展成不良性格倾向。比尔·盖茨说："懒惰、好逸恶劳乃是万恶之源，懒惰会吞噬一个人的心灵，就像灰尘可以使铁生锈一样，懒惰可以轻而易举地毁掉一个人，乃至一个民族。"这给我们敲响了警钟。

洛克菲勒给儿女
的处世忠告

---------- 第一章 ----------

有时候，社交就是经商

忠告 1：**独自追逐财富而不与人相处，如同追风**

与太阳下所有能力相比，我更关注与人交往的能力。

——洛克菲勒

美国成功学大师卡耐基经过长期研究得出结论："专业知识在一个人成功中的作用只占 15％，而其余的 85％取决于人际关系。"所以说，无论你从事什么职业，学会处理人际关系，你就在成功路上走了 85％的路程，在个人幸福的路上走了一多半的路程。

经商需要资源，而庞大的资源往往就在我们身边，那就是无数的"人"。不能和人很好相处，没有人脉的人注定难有大作为。放眼世界，大凡成功的人都很注重交际，而人脉资源正是这些人事业有成的有效武器。现实中，很多生意的成功都依赖于良好的交际。要想事业成功，拥有大笔财富，获得众人的尊重与支持，除了要有能力和机遇之外，你还需要学会和别人相处，维持好的人脉。

人际交往的圈子就像是我们的情报站，为我们搜集无限的潜在信息，人脉就像是一个扶梯，帮我们搭建事业更大的发展平台。可以说，人脉就是一种可再生资源，在结交朋友的过程中，为我们今后的发展提供了无限的可能。

洛克菲勒在总结自己的成功经验时表示："与太阳下所有能力相比，我更关注与人交往的能力。"正是这种卓越的人脉沟通能力成就了他辉煌的事业。他说："我愿意付出比天底下得到其他本领更大的代价来获取与人相处的本领。"所以，如果我们要想成功，就一定要建立适于成功的人际关系。一个没有良好人际关系的人，即使再有知识，再有技能，也得不到施展的空间。无论何时，不要轻视你所遇到的任何人，即使他目前处于不利的境遇中，你也不要忽视他身上的潜能。

良好的人际关系，能帮我们拓宽自己的财路，能让你在财路上走得更快、更顺。在这个讲究多赢的时代，你不可能还靠孤军奋战来成就大业！人脉就是你事业的命脉，你的人脉有多深、多广，你的事业就能发展得多深、多广。更为可贵的是好的人际交往不仅对我们的事业、财富有利，它还会让我们感觉到人与人之间的温暖。

洛克菲勒在回忆录里曾经写道："在生命的每个阶段，朋友的价值远远超过所有其他财富的价值，没有人能例外。""所有朋友都应该保持联系，尽管朋友有亲有疏，但不论哪种类型的朋友都很重要。当一个人渐渐老去时，会更深切地体会到这一点。"

在小洛克菲勒从学校毕业，去公司报到的前一天晚上，洛克菲勒把儿子叫到书房，问他："约翰，你明天就要踏上工作岗位了，你知道在社会上立足的关键是什么吗？"

小洛克菲勒回答："是学历和知识？"

"不对。"洛克菲勒说。

"那是能力？"

洛克菲勒笑了笑，说："不对。"

小洛克菲勒想象不出还有什么其他的答案。看着儿子大惑不解的样子，洛克菲勒说："儿子，你记住了，最关键的是人际关系，你一定要重视。好的人际关系会让你的事业如鱼得水，反之，你则会举步维艰。"

"人脉就是钱脉"这句话是很多的长者常用来训诫刚踏入社会的年轻人的。好莱坞那句著名的流行语也说明了同样的道理："一个人能否成功，不在于你知道什么，而是在于你认识谁。"刚刚步入社会的年轻人，身边一定接触到很多成功人士，他们或者是领导，或者是资历深厚的同事，又或者是你通过朋友认识的某行业的精英等。从经济学的角度看，身边每一个成功人士，都是一笔宝贵的资源。用经济学家的话说，人际关系能够给人带来效用。在现代社会中，人际交往、与人相处等词语越来越频繁地出现在成功学或交际学中。

既然社交这么重要，那么我们该如何编织自己的人脉网络呢？人生处处是玄机，可能在无意中会因为一个细节就结识了一个大人物，而媒介就是我们的老师、朋友、同学、亲戚、同乡。但值得注意的是，不论我们和媒介是什么关系，平时一定要注意与其培养、联络感情，只有平时经常联络，彼此间的情感才不至于疏远，对方也才会心甘情愿地帮助你。如果你与一些人分开之后，从未联络过，当你托他们办事时，特别是办那些比较重要、无关他们利益的事情时，他们就不会尽心尽力地帮你。

除此之外，我们还可以充分利用饭局和名片。据权威机构研究数据表明，世界上80%的谈判是直接或间接在饭桌上完成的。只要我们能合理地加以利用，它就是一种快捷、有效地建立人脉的方式。况且，在饭桌上人比较放松愉悦，更容易让彼此产生好感。而名片会让对方对你产生深刻印象。另外，如果你能在见到一个人后，立刻说出他是谁，以及做什么工作等，他自然会对你另眼相看。

一个社交高手，一个成功者，绝对不会忽视对人脉的经营。在这方面，你越是精心，越能发现成功秘诀！

美国成功学大师卡耐基说："一个人的成功，15%是由于他的专业技术，85%则要靠人际关系和他的做人处世能力。"可见，一个人的社交能力是多么重要。人际关系网对一个人事业的成败及工作的好坏具有极大的影响，所以说成功在很大程度上取决于人有多大的权力和影响力。因此，与合适的人建立稳固关系至关重要。

忠告 2：真诚比利益更能打动人

正确的态度将我们引向致富之路，错误的态度却可能导致人财两空。

——洛克菲勒

真诚，乃为人的根本。那些取得巨大成功的人都有许多共同的特点，其中之一就是为人真诚。道理其实很简单，因为如果你是一个真诚的人，人们就会了解你、相信你，不论在什么情况下，人们都知道你不会掩饰，不会推托，都知道你说的是实话，都乐于同你接近，因此也就容易获得好人缘。以诚待人，能够在人与人之间架起一座信任之桥，能通往对方心灵彼岸靠近，从而消除猜疑、戒备心理，彼此成为知心朋友。

在充满真情诚意的语言面前，所有的甜言蜜语都黯然失色，真诚的情感比利益更能打动人。

在勒德洛矿区小镇上设有科罗拉多燃料和钢铁公司，小洛克菲勒以他父亲代表的身份担任该公司的理事。这家规模并不是很大的公司却是 1913 年 9 月科罗拉多南部大约 9000 名矿工举行罢工的 20 家矿业公司中最大的一家，它立即成为美国劳工史上最棘手也是最血腥的罢工之一的焦点。

在那场罢工发生之前，小洛克菲勒还是科罗拉多州一个不起眼的小人物，很多人都认为小洛克菲勒之所以能取得成功只不过是幸运降生在富贵之家，有个有钱的父亲罢了。那场罢工是美国工业史上最激烈的罢工，并且持续达两年之久。愤怒的矿工要求科罗拉多燃料钢铁公司提高薪水。由于群情激奋，公司的财产遭受破坏，无奈之下，军队前来镇压，因而造成流血，不少罢工工人被射杀。

那种情况，可说是民怨沸腾，洛克菲勒家族一时声名狼藉，被全社会上的人唾弃。可是后来，小洛克菲勒却扭转乾坤，赢得了罢工者的信服，他是怎么做到的呢？

在发生那件事情之后，小洛克菲勒提出了一个好的处理员工与雇主矛盾的计划，但是这项计划必须得到工人们的支持才能生效。于是他花了好几周的时间结交朋友，走访慰问矿工，和很多员工进行了言语真诚的谈话，并向罢工者代表发表了一次充满真情的演说。

那次的演说可谓不朽，它不但平息了众怒，还为他自己赢得了不少赞誉。演说的内容是这样的："这是我一生当中最值得纪念的日子，因为这是我第一次有幸能和这家大公司的员工代表见面，还有公司行政人员和管理人员。我可以告诉你们，我很高兴站在这里，有生之年都不会忘记这次聚会。假如这次聚会提早两个星期举行，那么对你们来说，我只是个陌生人，我也只认得少数几张面孔。由于上个星期以来，我有机会拜访整个附近南区矿场的营地，私下和大部分代表交谈过，我拜访过你们的家庭，与你们的家人见过面，因而现在我不算是陌生人，可以说是朋友了。基于这份互助的友谊，我很高兴有这个机会和大家讨论我们的共同利益。由于这个会议是由资方和劳工代表所组成，承蒙你们的好意，我得以坐在这里。虽然我并非股东或劳工，但我深觉与你们关系密切。从某些方面来讲，也代表了资方和劳工。"

这样一番充满真诚的话语，可能是化敌为友最佳的途径。假如小洛克菲勒采用的是另一种方法，与矿工们争得面红耳赤，用不堪入耳的话骂他们，或用话暗示错在他们，用各种理由证明矿工的不是，那结果只能是招惹更多怨恨和暴行。

不论道歉、感谢、祝贺或者赞美语言都要真诚，富有感情色彩，语气、表情、姿态等都要有情感性。这样才会有较强的鼓动性与感染力，才能达到抒发感情、增进友谊的目的。

著名翻译家傅雷说过这样的话："一个人只要真诚，总能打动人，即使人家一时不了解，日后便会了解的。我一生做事，总是第一坦白，第二坦白，第三还是坦白，绕圈子，躲躲闪闪，反易叫人疑心。你要手段，倒不如光明正大，实话实说，只要态度诚恳、谦卑恭敬，无论如何人家不会对你怎么样的。"

真诚是一种自发、自愿的行为，真诚的心是透明的，没有杂质，它告诉身边的人：我没有撒谎，也没有伪装，我所说的和做的都是自然情感的流露。真诚的人被别人误解了，也会伤心难过，但是至少对自己的心负了责任，无愧于自己。

在公司的大会上，洛克菲勒曾经真诚地说："我们是一个没有明显对抗和矛盾百出的公司，我们的方针之一就是动之以情，晓之以理，和气生财。我们的公司具备世界第一流的干将，他们是弗拉格勒、哈克纳斯、佩恩、安德鲁斯，还有我的弟弟。我们好像一个和睦的整体，一个和谐的幸福大家庭。"洛克菲勒真诚的话语打动了很多人，使他们甘心为他卖命。

真诚伴随所有人，人生离不开真诚，任何人无论怎样伪装掩饰也会流露真性情，因为人总有放松的时候，那时候真诚就会露面。但是，也有些人习惯阿谀奉承、逢场作戏，每次面对他人都要戴上面具，日子久了，面具就成了他们的一部分。有一天，当他们想真诚地对待某个人时，自己也不相信。这样的人，不是活得太可悲了吗？所以，请尽量真诚地对待他人，或许他们会误解你一时，但是总有一天他们会看见真正的你。

编者手记

在人际关系品德因素中，真诚是首要因素，它是构筑人际关系的基础。所以，在与人的交往中要尽量保持真诚。要真诚，首先要诚实。

诚实可靠、具有信用、值得信赖，是一切人际关系的基础，也是赢得朋友的前提。他人能否对你产生信赖感，不仅仅取决于你自身的素质与品德，而且还要靠自己去主动表现。

忠告3：建立在生意上的友谊远胜过建立在友谊上的生意

我永远不会拒绝与生意伙伴建立友谊，我相信建立在生意上的友谊远胜过建立在友谊上的生意。

——洛克菲勒

洛克菲勒说："我永远不会拒绝与生意伙伴建立友谊，我相信建立在生意上的友谊远胜过建立在友谊上的生意。例如我与亨利·弗拉格勒先生的合作。亨利是我永远的知己，最好的助手；我与他结盟，他让我得到的不只是投资，更多的是智慧和心灵上的支持。"而这样的话他的终生好友亨利也说过。

亨利与洛克菲勒几乎有着相同的经历，生在贫困之家，后来白手起家，成为一位了不起的商人。他年长洛克菲勒九岁，他们的相识、相知都是源于生意，在生意的基础上结下了深厚的友谊。洛克菲勒一直坚持让自己的子女叫亨利·弗拉格勒为亨利叔叔，而不是亨利先生，足见二人的感情深厚。

洛克菲勒在回忆录中写道："亨利就如同我一样，他一直野心勃勃。这个从不自满的人的梦想是成为石油业的主人。""直到今天，我还记得我们当年一起合作时的情形，那时候除去吃饭和睡觉，我们几乎形影不离，我们一起上班、下班，一同思考，一同制订计划，相互激励，彼此坚定决心。那段时间，就如同欢度蜜月一样，永远是让我感到愉快的记忆。"几十年过去了，他们依然亲如兄弟，洛克菲勒曾说："这份情感给多少钱我都不卖。"

洛克菲勒第一次见到亨利的时候，亨利正为克拉克—洛克菲勒公司代销产品。那时候，洛克菲勒就发现亨利聪明努力、积极主动、冲劲十足。亨利的这些优秀品质给洛克菲勒留下了很深的印象。

那时，洛克菲勒已经进入石油行业，亨利是一名代销商，与克拉克在同一栋楼里工作。那时候，克拉克已经接管了克拉克—洛克菲勒公司，生意很顺利。后来亨利便买下了克拉克的股份，并购了他的公司，扩大了经营范围。就这样，洛克菲勒和他见面的机会就增多了。再加上"与生活在纽约这种地方的人相比，生活在克利夫兰那样小地方的人相互之间接触更多，联系更加紧密"。因此，他们之间的关系也从生意伙伴逐渐发展为商业友谊。随着石油贸易的不断发展，洛克菲勒需要更多的支持和帮助，他一下子就想到了亨利，希望他能成为自己的合作伙伴。于是洛克菲勒诚挚地邀请他放弃委托业，加入石油行业。他接受了邀请，他们之间持续终生的友谊从此开始了，而更加可贵的是这一友谊从来没有中断过。这是一种基于商业合作的友谊，这份珍贵的友谊持续了终生。

拥有真诚友谊的人，比百万富翁或亿万富翁更富有——即使更多的金钱也不能改变这一事实。这也许听起来有点像老生常谈，却是一个毋庸置疑的真理。失去好朋友的损失比失去金钱要大得多，失去金钱你可以再赚回来，而失去好朋友你只能追悔莫及。朋友永远是我们所拥有的最大财富。他与亨利之所以有不悔的合作和永远的友谊，不仅仅在于我们是追逐利益的共谋者，更重要的是，他们都是严于律己的人，他们都知道友情需要双方共同付出的，建立在生意基础之上的友谊更难能可贵，也更坚不可摧。

相反，如果和关系很好的朋友合作，短时间内可能会保持和谐的关系和深厚的友情，但是在共同合作的过程中，就很可能出现观点不一致，会发现对方以前完全忽视的缺点，还有可能利益分配不均等问题。刚开始或许估计是朋友，很多事情不说，但是长此以往，矛盾会越积越深，不仅会影响生意，还会使长久建立起来的友情毁于一旦。在这一点上，洛克菲勒深有体会，他曾经因为生意上的利益和自己的朋友闹矛盾，甚至和自己的弟弟反目成仇，老死不相往来。所以，他不愿意把生意建立在友谊之上，很少同意和自己的好友进行交易。洛克菲勒觉得不和自己的好朋友做生意是在保护自己的友谊。

古罗马政治家西塞罗曾经说过，人类从无所不能的上帝那里得到的最美好、最珍贵的礼物就是友谊。大约四个世纪以前，英国学者培根曾说："友谊能使欢乐加倍，把悲伤减少一半。"

在今天，友谊比以往更具重要性，因为今天的生活压力太大了，我们更需要友谊的滋润。这里所说的并不是那种"酒肉朋友"，而是忠诚、患难与共、相互扶持的友谊，这是人际关系中最重要的一种。

编者手记 ········

在这个视名利、金钱至上的社会，人与人之间的关系日益疏远，生活也显得枯燥乏味。你可曾去思考过，是什么因素让我们过着这富裕而空洞的生活？友情的匮乏是其中重要的因素之一。英国诗人威廉·布莱克说："鸟靠巢、蜘蛛靠网、人靠友谊。"朋友在漫漫的人生之路上总是推动着我们前进，总是在关键的时刻助我们一臂之力。没有朋友的人在这个世上将显得非常孤立和可怜。如果没有朋友替我们挡住那些残酷无情的打击和攻击，并耐心地抚慰我们受伤的心灵，我们中许多人将会落到声名狼藉、伤痕累累的境地。有了好的朋友，不但精神上可以得到慰藉，而且身心上可以得到愉悦，道德上可以得到长进。

忠告 4：对他人不尊重，也是在剥夺自己的尊严

给予人们应得的尊重，他们就能将潜能彻底发挥。

——洛克菲勒

洛克菲勒无疑是一个成功的老板，他的成功尤其表现在对待

员工的重视与尊重上。他叮嘱小洛克菲勒，要学会尊重员工，让他们感受到自己对他们的重视。他说："我无法想象一个人在工作或在家庭中不被重视的痛苦，我的目的是要让每个人在工作时都能如沐春风。"在平时的工作中，洛克菲勒常常像个要侦查出破案线索的侦探，不停地搜索每个雇员引以为豪的才能。当他了解员工认为自己最值得重视的才能后，他就会给予他们重任。这样他的员工会更加卖力地工作，这也是洛克菲勒的团队为什么如此高效的原因。

一个会处事的领导要让员工在工作的过程中心情舒畅，开开心心，这就必定要求领导者尊重下属，为员工提供人性化的工作环境。只有员工感觉被尊重，他才会反过来尊重领导者，整个团队才能和谐高效地运转。

尊重下属是领导与下属进行沟通交流时的一个基本前提。每一个人都有自己的尊严，即使是工作中被视为无足轻重的人，也有他自己的想法与自尊心。他们或许看起来没有那么聪明，那么能干，却在某一方面潜藏着特长；也许他一无所长，但他却也因此比别人更勤奋卖力。因此，领导者且不可因为下属工作能力或为人处世上有一些毛病就对之持嫌弃的态度，一个值得下属尊敬和爱戴的领导者应当时刻把下属的尊严放在心头。

洛克菲勒经常会在自己的下属桌子上留一张便条，上面写有他诚挚的感谢词。女儿伊丽莎白曾经对此感到不解，洛克菲勒解释说："随手写的这些感谢词只不过花了我一两分钟，对于这些感激之语，他们可能很快就不复记忆。但是我的感激之意却会产生鼓舞人心的效果。说不定多少年后，他们还能记得我这个慈爱的领导者留给他们的温暖鼓励，并且还把他们视为宝贵的箴言呢。""一个简单的感谢申明，能够展现强大力量，这就是一个很好的证明。"

在儿子将要就任领导岗位时，洛克菲勒对他说："一个善于激励雇员做出最大贡献的雇主，要让雇员看到，追随或者效忠于你是有希望、有前途的，你要时刻提醒自己，给予重视、委以重任其实是能让雇员发挥工作热情的关键。"

做和善、体贴的雇主，可以使雇员精力充沛，斗志昂扬。而对雇员时常表示谢意，似乎也很有作用。没有一位雇员会记得几年前得到的奖金，但是有许多人对雇主的溢美之词，会永远铭记在心，洛克菲勒会毫不吝惜向他们表达心中的感激之情。没有一件事的影响力，比及时而直接的感谢来得更为深远。

洛克菲勒说："我绝对会认真看待我的部属，包括他们在工作和个人方面的问题。我了解每个人的能力毕竟有限，因此当我尽力为部属解决问题的同时，相对地，他们就可以做出更多的贡献。"另外，他还提出，在帮助员工解决问题时，切忌颐指气使，高高在上。

只有尊重别人，别人才会永远感激你。有一种说法，叫作生活不需要技巧，讲的是人与人之间要以诚相待，不要怀着某种个人目的。因为一旦对方发现自己是被你利用的工具，即使你对他再好，也只能引起他对你的敌意，并拒绝和你继续保持关系。所以，要获得真诚的友谊，就只能用爱心去和别人推心置腹地打交道。但是值得注意的是，帮助别人却离不开技巧。在具体的情景下，当你想帮助某个人时，你要注意具体的方法，如何帮助他才能使他真正得到你的帮助。洛克菲勒曾经给孩子们说过这样一个故事：

有一个穷人生活十分困难，有一段时间家里已经揭不开锅了，不得已就去向一个富人借钱。富人爽快地答应借给他钱，并大方地说："拿去花吧，不用还了！"

穷人犹豫了一下，还是接过钱，小心翼翼地包好，就匆匆往家里赶。富人冲他的背影又喊了一遍："不用还了！"

第二天大清早，富人打开院门，发现门口的积雪已被人扫过了。他在村里打听后，得知这事是借钱的穷人干的。富人想了想，终于明白了：自己昨天的举动是给别人一份施舍，只能将别人变成乞丐。于是他让穷人写了一份借条，约定以扫雪来偿还借款。穷人用扫雪的行动提醒富人，任何人都有尊严。

在帮别人的忙的时候，如果让别人感觉自己是在施恩或者施舍，那这样的帮助根本不能得到别人的感谢。退一步说，即使我们真有想要别人感谢自己的想法，也千万不要流露出来，否则可能适得其反，帮了别人的忙还会让他因为羞恼而恨你，那可是人情账户的一笔巨大损失，你可能会因此而破产。

当我们向一个陷入困境的人伸出热情之手，给予他无私的帮助的确是重要的，但更为关键的是，我们还应让他意识到自己的自尊和价值——只有充分相信自己以后，才有决心去摆脱磨难，去证明自己绝不是一个弱者。在帮助别人的时候不应该贬低别人的人格，不要伤害别人的自尊心，因为，只有真诚的尊重别人，别人才会对我们心存感激。你满足别人的精神需求，别人才会满足你的精神需求。

当我们帮助了他人时，不可以此沾沾自喜，自鸣得意，更不能摆出一副救世主的面孔。任何一个人都是有尊严的，对他们的帮助也应是无私的、诚恳的，不应存有半点恩赐的感觉。要记住，在帮助别人的时候，要充分顾忌别人的颜面，尊重受助者，受助者才会真正感谢你。否则不仅是伤害了别人的自尊，也会出力不讨好，给人不好的印象，同时也撕毁了自己的尊严。

编者手记

尊重员工是刻在骨子里的，而非口头上的。领导者必须明白，下属的自尊心是应该受到保护的。不伤害下属的自尊心，不仅是尊重人格，而且对搞好企业大有好处。人有了自尊心，才会求上进，有上进心才会努力工作。调查研究表明：凡是自尊心很强的人，不论在什么岗位上，都会尽自己的努力而不甘落后于人。明智的领导者不仅要保护下属的自尊心，还要想方设法加强下属的自尊心。比如，注重礼貌，让他们充分体会到自己作为一个人与上级在人格上是平等的；或使用适当的褒奖，让他们有荣誉感，等等。

第二章

倾听别人比自己表达更重要

忠告5：倾听要比倾诉更重要

真实的倾听是不具任何防御性的。即使你不喜欢这个信息，你也应该倾听了解，而非立即做出回应。专注地倾听不太像是一种技巧，它比较像是一种态度。

——洛克菲勒

洛克菲勒认为，作为一个领导者必须面对的最大挑战是如何创造一个舒适的环境，让大家觉得开诚布公远比隐藏虚实好。他认为应该主动邀请其他人陈述他们的想法，用一些诸如"再多说一点"，或是"我真的想听听你的意见"的话语来鼓励他们说出自己的想法。洛克菲勒语出惊人地说："和一般人所相信的恰恰相反，在对话中，拥有权力的人是聆听者，而非陈述者。"

洛克菲勒的话听起来让人难以置信，这也难怪，女儿伊丽莎白不理解，洛克菲勒解释说："伊尼，想想看，陈述者的语调、焦点还有内容，事实上都取决于你倾听的方式。试想，和一个面露敌意且肢体呈现侵略性姿态的人，以及一个对你表示全神贯注的人说话时，两者之间的差异。当你单纯地聆听其他人说话时，你卸下了你的防卫。你会得到这些好处：你对有攻击性或愤怒的语言的背后隐含的议题，会有着更透彻的了解。你可以得到更多的信息，而这些资讯可以改变你对整个事件来龙去脉的假设。你会有更多的时间来整理思绪。"

陈述者会感觉你重视他们的观点。最令人兴奋的是，当你专注地倾听之后，原来的陈述者也会更愿意聆听你的意见。即使对方所说的信息令你感到不开心，你也应该倾听理解，而不是急于做出回应。

"即使你不喜欢这个信息，你也应该倾听了解，而非立即做出回应。"洛克菲勒用一个简单的比方给女儿解释，这就像滑雪的人在遭遇障碍时，他们每一秒钟都在投注百分之百的注意力，绝对不会分神去思考过一会儿他要对伙伴说什么。同样的，作为一名积极的倾听者，你贡献百分之百的注意力给另外一个人，不会出现想到什么就脱口而出的情况。这样的话，你去除了先入为主的观念，并敞开胸襟开创一段更有意义和更有效果的对话。

人往往会对那些对自己感兴趣的人产生兴趣，不厌其烦地听别人倾诉，这在别人看来是对自己极大的尊重。所以，人们更愿意和那些尊重自己的人打交道。那些习惯于倾听的人无疑在哪里都会受人们的欢迎。相反，那些只知道谈论自己的人会让人觉得他们只在乎自己的感受而不在乎别人的感受，所以，人们与之交往过一次之后，就不会有继续交往的欲望。

洛克菲勒的一个朋友在事业开始之初曾经做过汽车销售的工作。有一次他向一位太太推销汽车，费了九牛二虎之力后，终于说服那位太太购买汽车。当那位太太在把钱递给那位推销员时，她谈起了自己的儿子，语气里充满了骄傲。可是洛克菲勒的这位朋友明显对她的儿子不感兴趣，疲惫的他只想拿了钱，快点回家舒舒服服地睡一觉。这位推销员的表现让那位打算买车的太太很不满，在推销员还没有接到钱时转身走了。这单生意泡汤了，洛克菲勒的朋友感到莫名其妙。后来问那位太太，问她为什么把钱收回去，那位太太冷冷地说："没什么，先生，只不过是我在跟你谈我心爱的儿子时，你对我的儿子不感兴趣。"

人人都希望自己能受到别人的欢迎，但要做到这一点，并不容易。如果每个人只想在别人面前表现自己，使别人对自己感兴趣的话，那这个人将永远不会有许多真正的朋友。真正的朋友，不是以这种方式来交往的。已故的维也纳著名心理学家亚德勒在一本叫作《人生对你的意识》的书中说道："不对别人感兴趣的人，他一生中的困难最多，对别人伤害也最大。所有人类的失败都出于这种人。"

人际交往中，每个人都希望别人能聆听自己的话，对自己的谈话内容感兴趣，这是人的一种心理需求。如果一个人在交际中对别人的话语充耳不闻或者表现得极不耐烦，总是以自己为中心，滔滔不绝地谈论自己，就会让人感到乏味和厌倦。所以，西方人常说："与人交谈，犹如弹弦一般，当别人感到乏味时，便要把弦按住，使它停止振动、发声。"当你忍不住要夸夸其谈的时候，请多想想这样会带来的恶果吧。

在生活中，我们与人交往的时候要多一些倾听，少发表一些自己的见解，更无须对谈话人高谈阔论，因为很多时候人需要的不是意见，而是有人能听他说话而已。学会倾听，是消除交往障碍的一个有效行为。当我们走出自己的小天地，试着站在别人的立场上，做一个好的听众时，你就能够成为一个广受欢迎的交际高手，为自己赢得更多的朋友。倾听是美丽的，善于倾听的人是迷人的。倾听是人际交往中最动听的音符，多多倾听，走近他人其实并不难。

编者手记

交谈一般是由两方组成的，而每一方都担负着两个任务：说和听。你的"说"是为了对方的"听"，你的"听"又促成了对方的"说"。但是我们周围的许多人在与人交谈时却忽视了这一点。他们顾不上听人家说了些什么，或是匆匆忙忙地截断别人讲话，或是心不在焉地听别人谈话，或是断章取义地对待别人谈话，或是滔滔不绝地大吹法螺。很明显，善于倾听在无形中起到了褒奖对方的作用，是建立良好人际关系的一种手段。无形中，说者的自尊得到了满足。于是，说者对听者就会产生一个感情上的飞跃，彼此心灵间的交流使双方的感情距离缩短了。

忠告6：让自己的舌头保持沉默

> 沉默对聪明的人有好处，对愚蠢的人则更有好处。
>
> ——洛克菲勒

尽管舌头没有骨头，但也应该特别小心，就是这毫无骨头的舌头却有着巨大的威力。这是因为话一旦说出口，就像射出的箭，再也不能收回了。

在洛克菲勒小的时候，经常听母亲伊莱扎讲起这样一个古老的故事。

一个满腹学问的老者对他的儿子说："到市场去给我买些最好的东西。"儿子去了，带回来一个舌头。老者又对儿子说："到市场上再给我买些不好的东西。"儿子去了，又带回来一个舌头。

老者问儿子："为什么我说'最好的东西'你带回来一个舌头，我说'不好的东西'，你还是带回来一个舌头？"儿子回答说："舌头是善恶之源。当它好的时候，没有比它再好的了；当它坏的时候，没有比它更坏的了。"老者对儿子的回答很满意。

人之所以有两个耳朵、一张嘴巴，是为了让人多听少说。于是，那些懂得听话艺术的人总是让人尊敬，而那些只知喋喋不休地说个不停的人只能让人更厌恶。

洛克菲勒的母亲认为愚者常常暴露出自己的愚昧，贤者却总是隐藏自己的知性。母亲的思想深深影响了洛克菲勒，他赞同广为流传的这样一句话："假如你想活得更幸福、更快乐的话，就应该从鼻子里充分吸进新鲜空气，而始终关闭你的嘴巴。"

法国有句谚语，雄辩如银，沉默是金。在我们的生活、工作中，有些时候确实是沉默胜于雄辩。与得体的语言一样，恰到好处的沉默也是一种语言艺术，运用好了常会收到"此时无声胜有声"的效果。

比如，亲人依依惜别，知己久别重逢，在这种悲欢离合、百感交集的时刻，他们往往不是万语千言，互诉衷肠，而是"默默无语两眼泪"，似乎只有沉默才能表达出他们此时此刻的百转柔肠。再有，热恋中的情人，花前月下，相依相偎，深情缱绻，彼此却默默无语，只能听到恋人的心跳，此刻是两颗心儿在互诉衷情，任何甜言蜜语的表白只能是多余的和蹩脚的。之所以要尽量保持沉默，是因为舌头的力量实在是太过强大。像自己的母亲一样，洛克菲勒希望自己的孩子能有遇事管住自己舌头的习惯。为此，他专门给孩子们说起过这样一个故事。

在一个古老的国家，国王病入膏肓。他的医生告诉他，喝母狮子的奶是存活的唯一希望。于是派了一个年轻的小伙子去取狮子奶。这个小伙只带了一群山羊上路了。他找到一个狮子洞，那儿有一头母狮子正在给幼崽喂奶。第一天，这人远远站着，把一只山羊扔给母狮子，它很快就把山羊吃掉了。第二天，他走近了一些，又扔过去一只山羊。这样他一点点往前走着。到第十天，他和母狮子成了朋友。最后他取了一些它的奶就返回来了。

走到半路，这个人睡了一觉，梦见自己身体的各个部分吵了起来。他的腿说："要不是我们走近母狮，这个人就没办法取到奶。"手回答说："要不是我们挤奶，他也没有办法取到奶给国王。"

"但是，"眼睛说，"要不是我们指路，他什么也干不了。""我比你们都好！"心喊叫着，"要不是我想到这个办法，你们都没有用。"

"而我呢，"舌头回答说，"是最好的！要不是我，你们还能干什么？""你怎么敢和我们比？"身体的各部分一起叫起来，"你整天在那个黑暗的地方待着，你甚至连一根骨头都没有。"你们早晚会知道的，"舌头说，"到那时你们就会承认我是统治者。"这个人醒过来，继续赶路。当他走进国王的宫殿，他宣布："这是我给你带回来的狗奶！"

"狗奶！"国王咆哮道，"我要的是狮子奶。把这人带走吊死。"在去刑场的路上，这个人身体的各个部分都颤抖起来。这时舌头对它们说："如果我救了你们，你们会不会承认我统治你们？"它们都忙不迭地同意了。"把我送到国王那里去。"舌头冲着刽子手大喊。这人又被带到国王面前。

"为什么你下令把我绞死？"这人问道，"你不知道有时候母狮子也叫作母狗吗？"

国王的医生从这人手里接过奶，检查后发现真的是母狮子奶。国王喝了以后，病很快就好了，这个人获得了丰厚的奖赏。现在身体的各部分都转向舌头："我们向你致敬，你是我们的统治者。"它们谦恭地说。

这个故事如同一个黑色幽默，从中，我们可以知道，说话应该一字一句地斟酌才对。适量的言语可以一针见血，但是用量过多就会有害。警惕自己的舌头，如同慎重地对待珍宝一样。使自己的舌头保持沉默，人生将会得到很大的好处。

编者手记

那些不能保持沉默的人总是常常抱怨。抱怨是对不满情绪的发泄。抱怨不能一概而言，它有层次高低之分：低级抱怨、高级抱怨和超级抱怨。所谓低级抱怨，是指在基本的生存需要得不到满足时产生的，比如工作待遇太低，工作环境恶劣，等等。高级抱怨则涉及人的自我尊重和自我价值肯定等问题，比如自己的工作成果没有得到领导的奖赏和肯定，自己的能力并没有得到发挥的机会，等等。超级抱怨往往是对整体环境而言的，比如对于真善美的追求，对于整个社会正义的需求，等等。但是不管因为什么抱怨，显然这不是一种聪明的生活方式。

忠告 7： 愚蠢的人心在嘴上，聪明的人嘴在心里

如果冒失开口，可能会造成无法挽回的损失。

——洛克菲勒

洛克菲勒一直相信沉默的力量，在他的眼中，有分寸的沉默是实实在在的金钱，轻易开口有可能会损失大笔的财富。在儿子与摩根谈判的时候，洛克菲勒专门给儿子写信叮嘱说："约翰，在不知道对方底细的情况下，一般不多说话。"洛克菲勒认为一个人所说的内容、语气以及神态都能表达自己的感情，而且还会传达出某些信息，一旦冒失开口，说不定就会被对手找到破绽，造成无法挽回的巨大损失。但是如果"嘴在心里"，对自己要说什么、不说什么有分寸，在不清楚对方意图之前，能加以克制，尽量保持沉默，那样可以起到试探对手的作用。这是以静制动、变被动为主动的有效方法。

为了说明管住自己嘴巴的重要性，洛克菲勒给儿子说起大发明家爱迪生的一件轶事。

爱迪生发明了自动发报机之后，他想卖掉这项发明以及制造技术，以便用卖掉的钱来建造一个实验室，用来进行新的发明创造。因为不熟悉市场行情，爱迪生不知道这项技术能卖多少钱，于是便与夫人米娜商量。妻子也不清楚这项技术究竟值多少钱。夫妻俩迟迟定不下来，最后，妻子狠了狠心说："我们要 2 万美元吧，算算看，建造一个实验室至少需要 2 万美元。"爱迪生睁大了眼睛，随后笑着说："2 万美元，这也太多了吧？"米娜见爱迪生一副犹豫不决的样子，也有些犹豫："要不这样吧，到时候，你先别说价钱，先套套商人的口气，让他先开价，然后你再说价。"

当时，爱迪生作为发明家在当地已经小有名气了。纽约的一位商人听说这件事情后，愿意买爱迪生的自动发报机发明制造技术。在商谈时，这位商人问到价钱，因为爱迪生一直认为要 2 万

美元太高了，不好意思开口，于是只好沉默不语。

这位商人几次追问，爱迪生还是不好意思说出口，正好他的妻子米娜上班没有回来，爱迪生就想，再等会儿吧，米娜回来就有主意了。

最后商人终于耐不住了，说："那我先开个价吧，10万美元，怎么样？"

10万美元！这简直是出乎意料的高价，爱迪生大喜过望，他强忍着心中的兴奋当场就和商人拍板成交。后来，爱迪生对他妻子开玩笑说，没想到晚说了一会儿就赚了8万美元，这实在是一笔巨大的财富。

生活中，很多人在和别人交谈的时候总是不愿意保持沉默，不愿意等对方把要说的内容说完。这些人总是急于表达自己的想法，渴望引起别人的注意，希望别人能第一时间了解自己。但是令人意外的是，在这些人侃侃而谈的时候，他们原本具有的魅力与优势正在一点一点地消逝，甚至还会引起别人的反感。所以，很多时候，适时的保持沉默并不是一件坏事。

事实上在我们人生的很多关口，比如面对一个据理力争的争论，面对一个强词夺理的老板，面对一个自我表扬的环境等很多情况，沉默虽然不会创造爱迪生的几万美元，但它同样对我们有着重大的影响，沉默可以给对方和自己都留余地，沉默甚至可以挽救我们。

因为我们沉默着，所以就能够用一个更加理性的思维来考虑全局，更加理智地做出决策，我们也能够在沉默的时间内给予他人充分诉说的空间，以便能够全面完整地了解到他人的想法，达到顺利沟通的目的。沉默在现实中往往是一种领导与决策的艺术，它往往会过渡到"不鸣则已，一鸣惊人"上去，这样，沉默就真正是黄金般的珍贵了。而过分的沉默寡言则是胆怯或者是弱智的表现。

在人际交往中，还讲究"看透不说透"。这也是保持沉默的一种方法。很多事不必弄得太明白，只要大家心知肚明就可以了。俗话说：看透别说透，才是好朋友。事情说得太白，反而会伤和气。

洛克菲勒的长女伊丽莎白担任公司领导的时候，有一次要拟定一份十分重要的合同，就让自己的助手反复修改，最后定稿的时候，伊丽莎白检查了一遍还有上次指出的问题没有改正，她并没有发火，而是走到助手面前笑着说："先生，您确定这是您最后定稿的合同吗？"助手接过去检查了一遍，马上改正了错误。就是这么简单的一句话，既亲切又严肃，使助手内疚而又不会难堪。

谁都会有出错的时候，如果只是一味地泄私愤、横加批评、讲刺话，总是数落对方"你怎么这么笨""你怎么总是这样""你这样做太不应该了"等，是不太妥当的。

当某人行事真有问题时，在他内心有时会有反省，觉得抱歉、恐慌、不知所措，此时如果你再批评指责他，那么他会因为你的谴责而羞愧难过，有的甚至从此一蹶不振，无法再树立自信。如果换种语气，换个方式，比如"从今以后，你会做得比这次好"，或者"我想，下次你一定不会再犯这样的错误了"等诸如此类的话，对方不仅会感激你对他的信任，同时会感受到你的真诚，更重要的是有了改正错误的信心，对方在今后的工作、生活中，必定小心谨慎。

另外，要做到不讲刺耳的话，还要注意自己的态度。假如你心中不高兴，也不可在言语态度上流露出来，特别注意言语间不可含有敌意。避免在批评他人时做出握拳、瞪眼、皱眉、把脸沉下来等发怒的表示，否则，原来不带"刺"的话，也会让被批评者听来觉得面子上过不去或怀疑你是对其心怀不满，这样他就不会继续听你所说的内容了。应尽量用平和或温和的态度去面对你的批评对象，尽量剔除感情成分，学会借助表情、态度、声调，增加批评语的积极效果。

　　沉默并不是简单的指一味地不说话，而是一种成竹在胸、沉着冷静的姿态，尤其在神态上更是要表现出一种优势在握的感觉，而逼迫对方沉不住气，先亮底牌。如果你神态沮丧，霜打了的茄子一般，那你的沉默已经没有什么力量。

　　"静者心多妙，超然思不群"，沉不住气的人在冷静的人面前最容易失败，因为浮躁的心情已经占据了他们的心灵，他们没有时间来考虑自己的处境和地位，更不会认真地坐下来思索真正的对策。在最常见的讨价还价中，他们总是不等对方发言，就不断地提出价格建议，最后让别人钻了自己的空子。

忠告 8：勇于接受别人的意见

　　我重视团结和谐并不意味着我排斥反对意见。实际上，我更喜欢那些直言不讳、敢于指出问题的同事，而讨厌那些浮华虚伪、只会拍马屁的软骨头。只要人们的意见不是出于个人利益，即使逆耳，我也乐于接受。如果没有这种胸襟和气魄，我也不可能取得今日的成绩。

——洛克菲勒

　　洛克菲勒认为一名领导者在进行一项决策时需要了解不同的信息，需要对企业经营中的不同情况进行有效判断，但是任何决策者都不可能掌握全部的信息和资源，所以决策者必须重视别人的意见。尽管某些意见不能被采纳，但至少可以作为决策的参考，即使是那些反对的意见，也可以提醒决策者需要规避决策中的风险。

　　洛克菲勒对儿子说："卓有成效的决策者总是很重视不同的意见。这样做，一方面可以防止决策变成'片面的深刻'，即决策者尽管看到了市场发展的方向，但未必能实现决策目标；另一方面，重视不同的意见，可以使决策者处于一种主动的地位，一旦某些决策被证明有缺陷，决策者不至于盲目应对。也就是说，决策者重要的不是怎么做，而是引导别人怎么做。"

伊丽莎白升任公司部门经理的时候，有一段时间，部门的业绩下滑了，她和下属的沟通也出现了问题，周围的一切都让她感到烦躁。伊丽莎白决定赋予办公室一个新面貌，改变部门的气氛。虽然对办公室的新摆设的构思让她感到兴奋，但她决定先保守秘密，以便给大家一个惊喜。

伊丽莎白花了整个周末去改变了办公室的陈设，每张桌子和椅子都移动了位置，每个文件柜和盆景都挪了一遍。在这个过程中，伊丽莎白乐得像一个小孩子，手舞足蹈，一想到周一上班可以听到同事们的赞美就兴奋不已。

周一早晨，伊丽莎白刻意提早到办公室看看大家的反应。但是令她感到失望的是，第一个到办公室的人一言不发，陆续到达的其他人也大都如此。伊丽莎白不但没有得到一句赞美之辞，反而备受埋怨。

伊丽莎白觉得自己很委屈，认为下属们是故意和她对着干。下属们抱怨了一周后，伊丽莎白不得不把办公室的布置全都换回去。大家似乎对这种结局都感到满意。但伊丽莎白始终耿耿于怀，她觉得必须要做一些改变。她去找父亲咨询意见，她想不明白下属们为什么那么对她。洛克菲勒缓缓地说："亲爱的伊尼，既然你知道来征求我的意见，为什么不试着倾听一下你下属们的想法呢？"于是伊丽莎白让所有的员工共同设计办公室的陈设方式。当天下午，下属们就把新的办公室配置图画好了。

重新布置办公室的时候，大家达成共识，每个人似乎都很兴奋，下属们都过来了，大家帮忙搬东西，一起调整办公室的陈设，忙得不亦乐乎。

布置得焕然一新的办公室受到大家的肯定。办公室的新面貌似乎真的为该部门注入了一股新气息，每个人都显得精神抖擞，士气高昂。

然而，伊丽莎白发现，除了一两个桌子之外，下属们决定的配置图与在几个礼拜前自己决定的差不多。两者受到的待遇如此大相径庭，实在耐人寻味。

作为一名领导者，如果一厢情愿地试图改变时，却吃了闭门羹，下属在决策过程中是被动的；当他让下属参与决策时，却意外地达到了目的。这就说明，决策者的任何决策都需要一种决策艺术。决策者必须要重视别人的意见，必须善于把自己的决策通过员工参与的方式体现出来，因为所有的人都愿意当主人，而不想做奴仆。通过这样的方式，决策者处于决策的主动地位，并能积极地引导员工参与决策，以提高绩效。

在日常生活中，有太多的人想要迫使别人接受自己的意见，因为我们总认为自己是对的。这种想法，使我们没有改进自己的余地，在通往成功的路径上设下了障碍。想象一下，众多画家围绕着一张圆桌团团而坐，一起对摆在圆桌当中的一个花瓶进行素描。每一个人画出来的花瓶都不会一样，因为每一个人看到的角度都不相同。

生活中听取别人的意见很重要，作为一个决策者就更要注意听取别人的意见，必须多利用别人的智慧，来减少决策中的风险，降低成本，提高企业的整体绩效。决策者必须客观、冷静地分析问题，必须考虑别人的意见。启蒙运动的主将伏尔泰曾说过："虽然我不同意你的观点，但我誓死捍卫你说话的权利。"即使别人的意见是错误的，决策者也应该给他们表达意见的机会，这既是对别人的尊重，也使决策更科学和实际。

决策者明白了决策不是一个人的事，还必须明确为什么决策不是一个人的事。古人云："兼听则明，偏听则暗。"决策者要主动听取下属的意见，这样才能全面客观地了解事物，做出正确的决策。从管理角度来说，决策者全面听取各方意见，尤其是听取下属的反面意见，可以团结有不同意见的下属，也能赢得下属的尊重和信任，提高组织的凝聚力。对于有能力的下属而言，领导乐于听取不同意见会提高他们的工作绩效，因为他们有自己的纳谏之门，就会更积极、更大胆地献计献策，会更勇敢地纠正领导的过错，更自觉地提出改进工作的建议。

"只有蠢人和死人，永不改变他们的意见。"生命的意义，就是改变。你每天的想法都会改变，道理很简单，因为你每天都不一样，而且每天的情况也不同，生命就是这个样子。自然界也因四季的变换而依序进展。你想象一下，如果一棵树在春天时倔强地拒绝抽发新芽，如果一朵花倔强地拒绝开放，如果一棵蔬菜或一粒果实倔强地拒绝生长或成熟，世界会变成什么样子？

不注意听取别人意见的人常常心胸狭窄，固执己见。严重的固执己见容易导致刚愎自用。

如何才能避免固执己见？只要我们肯听听别人的想法，我们就可以做到。我们的意见可能是错的，我们应该有意识到错误立即改正的雅量。

固执己见是一种消极的癖性，心胸开阔才是应有的态度。前者会导致失败与孤立，后者则是获得成功与友谊的保证。

只要你肯向别人伸出友谊的手，只要你肯学习别人的长处，只要你了解别人和我们一样有获得成功的权利，你就不会再坚持己见了。你内心的成功元素会再度展开活动，而内心的失败元素自然就会偃旗息鼓了。

编者手记 ·······································

你是否刚愎自用？你是否拒绝身体的改变与成长？你是否抗拒创造性的生活？抗拒微笑、友谊、宽恕和四海之内皆兄弟的观念？怎样才能让自己在人生海洋中驾驭好属于自己的船只？怎样才能在让自己更好地到达成功的彼岸，摘起成功的花朵？答案莫衷一是，众说纷纭，而要走好成功之路莫过于：既相信自己又听取别人的意见。

—————— 第三章 ——————

在自己的能力范围内生活

忠告 9: **执着于问题的时间越长，问题越沉重**

两者都定不下来时，两者都干。

——洛克菲勒

小洛克菲勒有一段时间很苦恼，他不知道在高级经理人研究班与工作之间该如何选择。而事实上，对于任何一个人来讲，从这二者之中做出一个选择都不是一件轻而易举的事情。父亲开导他说："每当我面临选择的困境时，我就对自己说，不管怎么样，总会过去的。"

当有一次洛克菲勒同他的朋友交谈，问他的朋友是去新英格兰还是去宾夕法尼亚欣赏秋景时，他的朋友说："没确定，两个地方都去。"朋友这句话让洛克菲勒有点莫名其妙。但当他拿出地图查看时，发现从俄亥俄州往北去新英格兰，然后经宾夕法尼亚绕回来是完全可行的，更令人高兴的是，一路都是在姹紫嫣红中旅行。从这件事情中，洛克菲勒总结出一句话："当两者都定不下来时，两者都干。"

洛克菲勒发现这句话像是一把万能的钥匙，他发现在很多情况下，他都会对自己说这句话，以便把自己从犹豫不决中拯救出来。比如周末，当他考虑是去乡下过呢，还是应邀参加朋友的聚餐？当迟迟确定不下来的时候，他就会两者都干。他会先去乡下享受一下田园生活，然后再返回城市和朋友欢聚。对于儿子的问题，洛克菲勒说："儿子，这句话可以帮你解决你所遇到的问题，继续上学，同时也工作。"这句话的实际含义是，在很多情况下，我们可以把多种选择都付诸实践，也就是说要选择行动，这样远比只选择一种而放弃另一种好得多。

如果执着于问题的时间过长，那么问题就会变得越复杂。遇到难题时，我们思考了再思考，权衡了再权衡，试图想出一个最周密的计划把什么事情都万无一失地安排好。但是很少有人能精确地预测到自己所做出任何事情的结局：自己周围所发生的很多事情通常情况下是很难预料的。

当我们在从事某项艰巨的工作时，刚开始，有些事情看来似乎是不可能完成的，但是如果能马上付诸行动，每次干一点，并且坚持下去，终有一天，你会发现这项工作已经被你轻松出色地完成了。当然这不是说只要付诸行动，什么选择都无所谓，实际上，在作选择时还是需要慎重的。

选择的依据是对自己的生活负责，尊重自己的意志。洛克菲勒给儿子举过这样一个例子。他们的邻居大卫先生，已经80多岁了，曾经为自己是住在家里还是疗养院里而苦恼，思虑再三后，他决定继续留在家里。这个决定令很多人感到惊讶，因为大家认为他的年纪已经很大了，而且身体状况已经越来越糟。据大多数人所想，选择安全的疗养院，才是明智之举。但是大卫显然不理会这些事实，而是选择留在家里。他在家里过得很愉快，也并不需要邻居朋友们过多地照顾，他轻松自如地应付着自己的生活，开心又独立。

而大卫的一位老朋友却作了和他相反的选择，这位朋友说："我已经操劳了太长时间了，现在是时候休息了，我需要别人的关心与照顾。"他住进了疗养院，他的要求也得到了满足，他被人供养起来，整日待在床上，任别人把自己搬来搬去，现在这位可怜的老人对此越来越感到厌烦，他突然觉得自己在作选择时似乎犯了一个错误。

选择需要谨慎，但是如果耽搁太长时间，你永远不会知道你的选择是否正确，选择需要用行动验证。世界上有很多人光说不做，总在犹豫；有不少人只做不说，总在耕耘。成功与收获总是光顾有了成功的方法并且付诸行动的人。优柔寡断的性格会让你在两件事情之间举棋不定、犹豫不决。

优柔寡断的人总是徘徊在取舍之间，无法定夺。这样就会使得本该得到的东西，却轻而易举地失去了；本该舍去的东西，却又耗费了自己许多精力。若优柔寡断到无可救药的地步，便不敢决定种种事情，也不敢担负起应负的责任。之所以这样，是因为不知道事情的结果会怎样——究竟是好是坏，是凶是吉。这种人常常担心今天对一件事情进行了决断，明天也许会有更好的事情发生，以致对今日的决断发生怀疑。因为犹豫不决，很多人使他们自己美好的想法陷于破灭。

对于一个渴望优秀的人来说，优柔寡断、太过拖延是最具破坏性的，它是一种最危险的恶习，它能使人丧失进取心、迷失方向。第一次拖延之后，就很容易再次拖延，直到变成一种根深蒂固的习惯，为自己的成功制造不可逾越的鸿沟。

编者手记

犹豫不决、优柔寡断是自己为自己制造的仇敌，在它还没有得到伤害你、破坏你的力量，限制你一生的机会之前，你就要立即把这一敌人置于死地。克服优柔寡断，首先要正确地认识自己，认清自己的长处与短处，再具体决定做哪一件事，怎样去做，并做到扬长避短。不犹豫，还要懂得选择与放弃。选择自己的优势所在，放弃不现实的追求。对于已经选定的事情，应立即投入行动，这样才不会坐失良机。

忠告 10：自责是一种最阴险狡猾的责难陷阱

自责是一种最阴险狡猾的责难陷阱，诸如"那真是一个愚蠢的错误"等自我责难。自责与其他责难一样，只会使我陷入愤恨与不满的圈套之中。事实上，"我的职责是什么"是一个步骤，一个具有强大分析力和自我肯定的步骤。真正的问题不在于他们应该要做什么，而在于我应该要做什么，当我真正明白这点时，我不会选择自怨自艾，我只会让自己变得更强大。

——洛克菲勒

洛克菲勒从不否认，在人的一生中会不可避免地会遇到许许多多、大大小小的失败和挫折，他认为如果一个人不能够学会正确地对待失败，进行积极的心理调整，那他就会背上很沉重的自责包袱，就会不断受到痛苦和烦恼的折磨以致不敢前行。在遭遇困难与挫折时最有效的办法就是：承认失败，接受现实，总结教训，不灰心气馁，重新奋起。

洛克菲勒在面对困难时，不会发难于人，责难自己的同事、下属，但是并不代表他不会考虑自身的责任。洛克菲勒说："当然，我不会放过我自己。当坏事降临到我们头上时，我会先停下来问自己一个问题：'我的职责是什么？'"

抛开一切，对自身角色进行完全坦诚的评估，这样可以避免窥探他人做了什么，或是要求其他人改变什么等毫无意义的行为。事实上，只有将焦点专注在自己身上，才能将无意中拱手让出的王冠重新收回。

但是，在洛克菲勒看来，分析"我的职责是什么"并不意味着自责。他认为自己的强大能削弱别人的影响，这对他来说并不是件坏事。"如果我能将每一个阻碍视为了解自己的一个机会，而不是纠缠于'他人对我做了什么'的问题上，那么我就能在领导危机的围墙外找到新的出路。"

洛克菲勒认为太过自责的人，过分自责和自贬都是相当痛苦的，它意味着一个人每时每刻都要和自己做敌人，不断地自我批驳。当一个人处于这种内心冲突中时，就会把很多精力放在自我斗争上，更会因为害怕犯错而缩手缩脚。总是自责的人，是把自己放在了一个较高的位置上，认为很多事情都是自己的责任。

　　洛克菲勒从来不把自己视为救世主，也没有救世主的心态。他经常自问：我在哪些方面应该对自己负责？在哪些方面，部属们要为我负责？的确，领导者并不是一个全知全能的圣人，因此不可能对所有的事情一概负责。如果一个领导者视自己为英勇的正义使者，准备去拯救这个世界，那就只会让自己陷入领导危机之中。

　　洛克菲勒说在他的责任中，很大一部分是让其他人明白，他们必须承担起他们应有的责任。如果一个雇员对于事关自己切身利益的事情都不在乎的话，这样的雇员是很难出色地完成任务的。

　　有责任感无疑有助于提高工作质量。一个人的工作做得好坏，最关键的一点就在于有没有责任感，是否认真履行了自己的责任。人的一生必须承担着各种各样的责任，一个优秀的人绝对不能逃避责任。对于自己应承担的责任要勇于承担，放弃自己应承担的责任时，就等于放弃了生活，也将被生活所放弃。

　　责任可以使人坚强，责任可以发挥自己的潜能，能力，永远由责任来承载。责任可以改变一个人对待工作的态度，而对待工作的态度，决定一个人的工作成绩。我们在工作中，就是要清醒、明确地认识到自己的职责，履行义务，发挥自己最大的价值，施展才华。

　　洛克菲勒曾说，感觉重任在肩，这种压力和使命感能让人不自觉地兴奋起来。责任感可以激发并强化做事的能力，其他任何一件事情都不会有这样的功效。"将重大责任托付给部属，并让他了解我给予的充分信任，无疑是对他最大的帮助。所以，我不会将部属必须并且能够负担的责任全部揽在自己身上。"

明确自己的责任，并勇于承担是好事。但是如果一直沉浸在自责的情绪中无法自拔，这样会让自己和事情处于一种艰难的境地。每个人一生当中都会犯很多错误，如果每一次都抓住错误不放，那么我们的人生恐怕只能在懊悔中度过。很多事情，既然已经没有办法挽回，就没有必要再去惋惜悔恨了。与其在痛苦中挣扎浪费时间，还不如重新找一个目标，再一次奋发努力。

要想避免落入过分自责的陷阱，我们可以尝试以下几点：

第一，出现问题时，告诉自己："这件事情我做得不够好，但我的动机是好的，我努力了，只不过事实证明，我能做得更好。"而不要沉溺于自责之中。

第二，积极寻找解决问题的方法，这是摆脱自责的最有效的方法。

第三，接受自己的错误。允许自己的不完美，给自己留有成长进步的空间，要认识到每个人都会犯错，不要因为一时的过错而萎靡不振，如果因为自责的心理耽误未来将要发生的事情，这才是真正的愚蠢。

过去所犯的错误就让它永远地过去，现在的懊悔、自责也于事无补，只不过是给自己徒增烦恼罢了，倒不如抖落一身的尘埃，继续上路，相信人生将有更美的风景在前方等待着你。

编者手记

泰戈尔在《飞鸟集》中写道："只管走过去，不要逗留着去采下花朵来保存，因为一路上，花朵会继续开放的。"为采集路边的花朵而花费太多的时间和精力是不值得的，道路还长，前面还有更多的花朵，让我们一路走下去。抓住过去的错误不放，不是明智之举，因为在我们一直谴责自己的时候，会有很多机会从我们的身边溜走。

忠告11: 果断是领导者应该具备的能力

在作结论以前，或做出结论以后，丝毫也不要把时间浪费在不安和焦虑上。做出决定的时候，担心也就到头了，也就战胜了挑战，坚定意志是人生的药剂。一旦做出了决定，就不应该回过头来想，又焦虑不安，或又担心起来。

——洛克菲勒

对一个领导者来说，是否具备果断的素质与一生的命运密切相关，果断是我们人生的一张关键牌，是否具备果断的素质，与我们在人生之路上是否可以减少坎坷、获得成功密切相关。果断是指一个人以善于明辨为前提，不失时机地做出决定并坚决执行的品质，这种品质是以敏锐的洞察力和勇敢、机智的应变力为条件的。如果缺乏对事物发展变化的深刻认识和敏捷反应，就谈不上明辨。所呈现的只能是另一方面，即在错综复杂的现象面前如堕雾中，优柔寡断、坐失良机，从而导致舍本逐末，任成功从指缝中溜走。

洛克菲勒曾说："在企业界没有成功的完美方法，但在这复杂的拼图游戏中，可以说，经过检验、证实了的众所周知的最基本的方法有两三点，果断力是其中之一。另一点是，如果最后拍板的人是你，而又只有你一个人的时候，你就要确认这个事实。做决定，尤其是做出迅速的意志决定，总是挑战。越大的挑战，机会就越大。"

洛克菲勒认为凡事都要果断，很多的失败都可以归结于不够果断。"果断"二字，看似容易，做起来很难。在没有想好对策之前犹豫不决还可以理解，想清楚了还在犹豫，这就是失败的一大诱因。五心不定，输得干干净净。

任何莫名的踌躇、犹豫和毫无主见、优柔寡断，都是我们前进的阻力，都会使我们停止不前。而那些意志坚决的人，任何困难挫折，都不能稍稍改变他的立场和决定，这样的人宁愿做一只寂寞的鸵鸟，一个人在沙漠孤独地奔跑。外来的风吹雨打，对他们来说，那只是一种暂时的困苦，一种磨炼，在与之抗争的过程中，他们由衷地感到了生命的乐趣。对他们的讥讽，也丝毫不能使他们发生动摇。

作为一个领导者，就更需要具备临危不乱、有主见、果断的素质。洛克菲勒说："实际上有许多这样的机会从过分犹豫的人眼皮底下溜走。对情况不做系统的整理，也不做出建设性的结论，而是担心、着急、磨时间。绝大多数人，大概都没有听说过人们自古以来在作重大决定时常用的一种简单方法，或即使听了也当耳边风。"

伊丽莎白刚去公司的时候，在处理事情的时候有时会犹豫，因为她不敢下决定，她不知道怎么办了，只好求助于父亲。洛克菲勒顿了顿说："你应该冷静下来，仔细分析一下。害怕失败，优柔寡断的态度是主要原因。但是，与其默默地看着这个难得的机会从你的办公室的窗户外面飞到竞争公司去，倒不如试过之后再失败的好。我敢肯定，能以消极的态度管好企业的先例是没有的。所谓从商就意味着下决心，尝试新的想法，赌一赌，抓住机会，赢——甚至输。"果断是由自信、勇敢、魄力、坚定等诸多美好的素质组合成的。这正是一个领导者必须具备的。

当然，果断与武断不同，也并不等于轻率。有人认为，果断就是快速做出决定，实际上，对于行动的方法和结果未加足够的考虑就仓促地做出决定，这并不是果断，而是轻率、冲动和冒失的表现。这种表现在优柔寡断的人身上可以观察出来，因为深思熟虑对于他们来说，乃是一个复杂而痛苦的过程。果断的人做决定时的迅速，和意志薄弱的人的仓促决定毫无共同之处。必须把果断和武断加以区别。有的人刚愎自用、自以为是，遇到事情既不调查研究，也不深思熟虑，就说一不二地定下来，贸然行事。从表面看，好像很果断，可实际上却是蛮干。果断则是以审时度势、明察秋毫为基，似乎信手拈来，实则高屋建瓴，敢于"温酒斩华雄"者，并非一个"勇"字可以概括。果断，并不排斥深思熟虑和虚心听取别人的意见，正因为多想、多问、多商量，才使得人们对事情更有把握，从而更加果断。自以为是、主观武断的人往往把事情办砸。

在我们前进的道路上，有无数大大小小的事等着我们去决定。当我们再一次做出重大决定时，大概又会犯另一个重大错误。也许是因为过去犯了严重的错误，大部分的人只会往后看，站在那儿惋惜不已。"如果我知道得更多或如果我有更多的时间决定，那么每件事就会有很不一样的结果。"

没有办法知道每件事，但是有办法在决定前多知道一些，也有办法给自己多点时间思考。在生活中，任何一次选择都是不容易的。在做决定时，大都有退缩的时候。有时候放弃现在的享乐和做某些牺牲，是享受长期快乐的唯一法宝。

编者手记 ⸺⸺⸺⸺⸺⸺⸺⸺⸺⸺⸺⸺⸺⸺⸺⸺⸺⸺⸺⸺⸺⸺⸺

在我们前进的道路上，有无数大大小小的事等着我们去决定。当我们再一次做出重大决定时，大概又会犯另一个重大错误。也许是因为过去犯了严重的错误，大部分的人只会往后看，站在那儿惋惜不已。"如果我知道得更多或如果我有更多的时间决定，那么每件事就会有很不一样的结果。"但是，我们没有办法知道每件事。所以需要我们冷静下来，仔细分析，果断地做出决定。

忠告12：春风得意时也要尊重你的对手

要善待对手，宽容对手，才能算得上是真正的成功。

⸺⸺洛克菲勒

范德比尔特出身贵族，在南北战争中立过战功，享有将军头衔，但他把战场上得到的荣誉当作了他生活中不可一世的资本，并自以为把持着运输大权，就可以把洛克菲勒他们当成打短工的。

有一次，亨利找到范德比尔特谈运输的事情，可谁知道这个傲慢的家伙竟然说："年轻人，你要与我谈？你的军阶似乎低了些！"亨利从未受到过这样的侮辱，但在那一刻良好的教养帮了他，他没有失态，但回到办公室，他那个漂亮的笔筒却遭了殃，被他摔了个粉身碎骨。

洛克菲勒知道了，赶快安慰他："亨利，忘了那狗屎说了什么，我一定为你讨回尊严。"后来范德比尔特急着要与洛克菲勒和亨利做生意，请他们到自己那里去谈判，当时洛克菲勒派人告诉范德比尔特："可以，但你要到洛克菲勒的办公室来谈。"结果，这位习惯了被人巴结、讨好的将军，只能屈尊来见比他小四十多岁的年轻人，同时还要屈从两个年轻人提出的条件。在那一刻，范德比尔特将军一定明白了这样一个道理：往上爬的时候要对别人好一点，因为你走下坡的时候会碰到他们。

洛克菲勒厌恶以粗暴的态度对待别人，他知道耐心、温和地对待下属和同事的价值——有利于实现目标。他知道用钱可以买到人才，却不会买到人心，但如果在付钱的时候又送上一份尊重，他就会让他们为自己忠心地服务。这就是他能建立起高效管理队伍的成功所在。但洛克菲勒不希望因此产生错误的判断，认为合作就是做好人。不！合作不是做好人的问题，而是好处和利益的问题。没有任何结盟是永远持久的，合作只是一种获利战术。当环境发生变化的时候，战术将随之改变，否则，你就输了。现实很严厉，你必须更严厉，但是，显然也要当个好人。所以，你应该感谢你的对手，因为是他使你变得更出色。

无论是员工培训中，还是教育孩子，洛克菲勒都说："要善待对手，宽容对手，才能算得上真正的成功。"在此，他讲了一个成功的案例。

一位名叫卡尔的卖砖商人，由于另一位对手的竞争而陷入困境之中。对方在他的经销区域内定期走访建筑师与承包商，告诉他们卡尔的公司不可靠，他的砖块不好，生意也即将面临歇业。

卡尔对别人解释说他并不认为对手会严重伤害到他的生意。但是这件麻烦事使他心中生出无名之火，真想"用一块砖来敲碎那人肥胖的脑袋作为发泄"。

"有一个星期天早晨，"卡尔说，"牧师布道时的主题是：要施恩给那些故意为难你的人。我把每一个字都吸收下来。就在上个星期五，我的竞争者使我失去了一份25万块砖的订单。但是，牧师教我们要善待对手，而且他举了很多例子来证明他的理论。当天下午，我在安排下周日程表时，发现住在弗吉尼亚州的一位我的顾客，正因为盖一间办公大楼需要一批砖，而所指定的砖的型号不是我们公司制造供应的，却与我竞争对手出售的产品很类似。同时，我也确定那位满嘴胡言的竞争者完全不知道有这笔生意的机会。"

这使卡尔感到为难，是遵从牧师的忠告，告诉给对手这笔生意的机会，还是按自己的意思去做，让对方永远也得不到这笔生意呢？

那么到底该怎样做呢？卡尔的内心挣扎了一段时间，牧师的忠告一直在他心中。最后，也许是因为很想证实牧师是错的，他拿起电话拨到竞争对手家里。

接电话的人正是对手本人，当时他拿着电话，难堪得一句话也说不出来。卡尔还是礼貌地、直接地告诉他有关弗吉尼亚州的那笔生意。结果，那个对手很感激卡尔。

卡尔说："我得到了惊人的结果，他不但停止散布有关我的谎言，而且还把他无法处理的一些生意转给我做。"

没有永久的敌人，也没有永久的朋友，只有永久的利益。对于昔日的对手，打击报复只能为自己埋下更多的祸根，而善待我们的对手，不但能够感化他们，还会为我们自己的事业扫除一定的障碍。以德报怨，善待对手。

耶稣说:"爱你的仇人。"不仅是因为仇恨会造成人与人的敌对,还会加重对生活的不安与忧虑,而且也因为恨的反面就是爱。仇人也可能成为你的知己或贵人。

如果你能够以一颗宽容的心来公平对待你的对手,善待你的对手,与对手冰释前嫌,就能赢得对手的尊重和友谊,同时也为自己找到了强有力的靠山。

第四章

不能完全信任任何人

忠告 13: **处处要有防人之心**

我唯一的信念就是相信我自己。

——洛克菲勒

提防别人对自己不利，处处小心一点，虽然不一定时时会派上用场，可是如果缺少了防人之心，到后来后悔的就是你自己。

作为家里的长子，洛克菲勒从小就很受父母的重视，所以比弟弟妹妹们从父母那里学到了更多的为人处世之道。这些都对他今后的发展产生了莫大的影响。父亲比尔虽然常年在外奔波，常常一走就是几个月，但是并没有疏于对孩子的管教。相反，在教育子女的问题上他有着独到的方法。只要他在家就要亲自教孩子们写商业书信，训练孩子们准确而迅速地付款和清晰地记账的能力。

常年在外的生活，让比尔对社会有了更深的认知，他见识了现实的残酷和人情的冷暖，他把这些体验用特殊的方式告诉子女，想孩子们变得越来越精明，不被人欺骗。他曾经严肃地告诫洛克菲勒说："孩子，你要记住，绝对不要完全信任任何人，哪怕是你最亲密的人，也坚决不要轻信。"狡猾的比尔经常用不光明正大的手段欺骗长子的钱财，而洛克菲勒似乎总能从容应对。被自己的父亲欺骗的经历明显让洛克菲勒成熟了很多。在今后的商场中，洛克菲勒始终能保持冷静、警觉的头脑，这与父亲的特殊教育是相关的。

多年后，洛克菲勒有了自己的孩子，而他也教育自己的子女，不要轻信他人。洛克菲勒教育儿子的一个故事，现在广为流传。

闲暇的一天，洛克菲勒带着还很小的儿子在贮藏室收拾东西。洛克菲勒让儿子踩着梯子爬到一个高高的架子上。小洛克菲勒担心地对父亲说："要是我上去了，你把梯子抽走，那么我将留在那么高的架子上，我害怕。"洛克菲勒笑着说："约翰，放心吧，我是你的父亲，请相信我。"

当小洛克菲勒费力地爬上高高的架子的时候，洛克菲勒马上就把梯子抽走了。儿子慌了，带着哭腔质问父亲："爸爸，你不是答应过我不会抽掉梯子吗？你怎么能欺骗我呢？"

洛克菲勒在下面悠然看着愤怒的儿子，对他说："约翰，你要知道，不要轻易相信任何人，包括你的父母，这是我的父亲曾经告诉我的。一切都要靠自己，没有谁能帮得了你。你要把这次当作一个教训，现在你自己想办法吧。"

小洛克菲勒难过地在架子上思来想去，毫无办法的他急哭了，可是父亲丝毫没有帮助他的意思，他绝望了，狠了狠心，闭着眼睛从架子上跳下来。就在要落地的那一瞬间，洛克菲勒张开双臂，稳稳地将儿子接住。儿子吃惊地看着自己的父亲。洛克菲勒慈爱地看着儿子，对他说："约翰，你要记住，这个世界上的任何人都有可能欺骗你，唯一值得你信任的就是你自己！"

看着泪流满面的儿子，洛克菲勒的妻子责怪他不该这么对儿子，洛克菲勒笑道："类似这样的事情反复发生几次之后，容易上当受骗的小家伙就会有自我保护意识，以后就不会轻易上当了。"

害人之心不可有，防人之心不可无。人人在其工作、谋生的圈子里都有可能遇到种种"陷阱"，虽然我们未必是设"陷阱"的人，但是如果要做赢家，就必须连别人也考虑进去，防止可能会出现的麻烦。为人处世你要时刻提醒自己：周围有我们看不见的小人。明枪易躲，暗箭难防。要记住，这个世界并不是总充满着温馨怡人的亲情和友情，它还充满着伪情和欺骗。

在洛克菲勒的公司里曾经有两位员工爱丽丝与苏珊，她们是很好的朋友。她们小时候是邻居，后来进了同一所大学，在后来她们进了同一家公司，而且两人在同一个部门，她们关系很要好。

后来她们部门要提拔一名经理，消息传开后，部门里的人心里都躁动不安，都希望自己入选。但后来传出内部消息，公司主要在考察爱丽丝与苏珊。她们两个都有很强的工作能力，尤其是苏珊，做事干练，人际关系也不错。所以同事们都差不多认定苏珊就是最后的人选了，苏珊也得意扬扬地这么认为。

但是后来令人吃惊的是，被提拔的是爱丽丝而非苏珊。原来，爱丽丝利用机会在上司面前极尽献媚之能事，除夸大自己的能力外，还处处给领导一个暗示——苏珊有许多缺点，她不适合这份工作。

爱丽丝与苏珊相处多年，找出一些苏珊的缺点轻而易举，加之爱丽丝又编造了一些似乎很有说服力的证据，爱丽丝的这种阴谋活动终于让好朋友苏珊淘汰出局。虽然后来公司经调查撤销了爱丽丝的职位，但是两人的友情已不在。

处于竞争当中的同事，必须时刻小心提防，特别要对知根知底的"朋友"防一手。正如苏珊的遭遇一样，她处于一种防不胜防的被动而尴尬的境地。其实，她没有明白这一点：这时只有进攻才是最好的防守，而绝不能一味防守。

也正是鉴于这种情况，所以有许多人即使是再好的朋友，也不会轻易相信，也会保持警惕心。

如果不想因为自己周围的人而影响自己的成功，就要对他人的动作有冷静客观的判断，并把这动作和自己所处的环境结合起来思考。然后，你便可以发现其中玄机。我们虽不能为了保护自己而过于谨小慎微，但无论如何，"防人"还是必要的。也正是因为有了这种"防护之心"，我们才会在危险来临时，应对自如。

　　社会是纷繁复杂的，生活有时是残酷无情的，生活中我们应该取信于人但是不能轻信于人。世界上最可信、可靠的人就是自己。防人之心不可无，遇事不能感情用事。遇事不轻信，不等不靠，积极思考对策寻求最佳解决方案，这样才是成功之道。

忠告 14： 提防那些要求你以诚相待的人

　　我知道这种略带敌意的心态不好，但这个世界有太多太多的欺骗，提防是我们不可或缺的生存技能。

——洛克菲勒

　　生活是纷繁复杂的，它向我们展示了一幅人心难测的图画。于是，辨识朋友真伪、提防落入他人陷阱就成为生活中不可或缺的一部分。

　　小洛克菲勒在生意上被人欺骗了，所以在很长一段时间里心情非常不好。洛克菲勒为了抚慰儿子，特意写了一封信，在信中，洛克菲勒告诉儿子自己曾经因为对人太过善良与坦诚而被人欺骗的事情。

　　在信中，他这样写道："最令我痛心的一次发生在克利夫兰。"当时炼油业因生产过剩几乎无利可图，很多炼油商已经跌落到破产的边缘。值得一提的是，洛克菲勒的炼油厂都建在克利夫兰，那里远离油田，这就意味着与那些处在油田的炼油厂相比，他必须要付出高昂的长途运输费用。这让洛克菲勒处于非常被动的局面。

　　为了改变这种局面，洛克菲勒开始计划大规模收购在死亡线上挣扎的炼油厂，他计划形成统一的市场，形成合力，统一行动，让每个人的钱包都鼓起来。

洛克菲勒告诉那些濒临倒闭的炼油厂主："我们在克利夫兰局势被动，为共同保护自己，我们必须要做些什么。我认为我的计划很好，请认真想一想。如果你感兴趣，我们会很高兴与你共同磋商。"也由于善良的愿望和战略上的考虑，洛克菲勒买下了许多毫无价值的工厂，公司里很多人都怪洛克菲勒太过冒险，那些工厂就像陈旧的垃圾毫无利用价值，只配扔到废铁堆里，他们不明白洛克菲勒为什么要出远远高于这些工厂实际价值的价格买下它们。

由于洛克菲勒的出价令人满意，很多濒临破产的工厂很乐意被收购，一些厂商运用这笔钱去开办新的工厂，等待洛克菲勒的又一次收购。这种情况让洛克菲勒头疼不已，他气愤地谴责这些人："他们是如此的邪恶、自私与忘恩负义。"他向儿子描述道："他们拿到我的钱后便与我为敌，肆无忌惮地撕毁与我达成的协议。他们卷土重来，用一堆废铁换来的金子购置设备，重操旧业，并公开敲诈我，要我买下他们的工厂。"这些气焰嚣张的人都曾要求洛克菲勒以诚相待，让他出个好价钱收购他们瘫痪的工厂，拯救他们于水火之中。洛克菲勒做到了，结果却令他痛心，他甚至为自己曾经的慷慨大方感到后悔，他暗暗责备自己不应该太诚实、善良，那时候他的心情简直糟糕透了。

最令洛克菲勒不可接受的是，在这场谋利游戏中，昔日的朋友会变成今后的敌人。在以后利益驱使的商战中，洛克菲勒经常遇到这种情况。他曾经被他的两位亲密朋友反复欺骗过。

这无疑给洛克菲勒的心灵带来了很大的伤害，当他得知自己一直被朋友欺骗时，他感到震惊而又痛心。他想不明白，为什么曾经一起祷告，虔诚地发誓要摈弃骄傲、纵欲和贪婪之心的人，竟卑鄙到如此地步！

如何辨识朋友的真伪，提防落入他人陷阱，是一门学问，吸取了过去的教训，洛克菲勒总结出了自己的一套"识人术"，他把与人打交道的这些法则传授给儿子：

洛克菲勒教育儿子轻易不要表露自己的情感，除非是确定在对自己无害的情况下。他表示轻易流露自己的情感是不理智的行为。他宁愿向对手学习，也不教给对手任何东西。不管周围的环境如何变化，洛克菲勒总是能沉着应对，三思而后行，尽量考虑周全。对于那些要求他以诚相待、催促他的人，洛克菲勒总是怀有警惕之心，因此在商场上很少有小人能从他那得到好处。

在我们的生活中，"识人"的确是一项艰难的技艺。通常情况下，只通过平时的观察，很难真正了解一个人。首先是人们缺乏辨认这些身体语言的技巧，而且对方也可能做出了掩饰。比如难过的时候，他可能微笑着面对周围的人；兴奋的时候，他也可能故作沉思，低头不语。因此，这时他说出来的话、做出来的事不一定出自内心的本意。

很多人都戴着面具，这面具掩盖了人们内心真实的想法。这面具随着年龄的增长，生活阅历的增多，戴得越来越巧妙，越来越难以被人发觉，这就增加了我们识人的难度。

你或许看到每个人都面带微笑向你走来，那面孔无论是熟悉还是陌生；看到相遇的双方，相互拍肩问候，溢美之词不绝于耳，无论是故友还是初识；看到请求帮助时，对方捶胸顿足、信誓旦旦地承诺，于是你以不设防的真诚向朋友敞开心扉。然而，当你在人生路上栽了跟头，才发觉那微笑原来并非发自内心，那问候和赞美背后深藏着陷阱。

像洛克菲勒这么精明的人都会被朋友欺骗，何况是我们，生活中善识人心的人毕竟很少，要想学会"识人术"，平时就要注意观察，人再怎么隐藏本性，终究要露出真面目的，只有经过长期观察，才能了解一个人的本质，发现其原形，辨识其真伪，知道谁能够做自己真正的朋友，而什么样的人要保持距离。

相信没有谁愿意被欺骗，尤其是被自己亲近的人欺骗，那必定会令人痛苦不堪。但是生活在鱼龙混杂的社会，被骗在所难免。为了尽量减少欺骗对自己的伤害，要学会"识人"。事实上，虽然对方想要隐藏他内心的真实想法，但他也只能在某一个时间里刻意地设计自己的身体语言。如果你能从平时就仔细观察他的一举一动，就能够探测到他的内心深处。这样你就会知道，这个人是否值得自己相信。

忠告 15：即便是对自己，也要有所警惕

在这场游戏中，人人都是你的敌人，包括你自己，你需要与自己的弱点对抗，而且那些把快乐建立在你痛苦之上的人更是你必须面对的敌人。

——洛克菲勒

我们之所以会被别人欺骗，就是因为"利益"二字。在追名逐利的商场中，善良、真诚、友谊似乎是一种太过奢侈的要求，我们要经常遭遇被出卖和欺骗的打击。诚然我们要小心提防自己周围的人，为了自身的利益，谁都有可能对我们造成伤害，然而还需要注意的是，除了警惕他人外，也要加强对自己的警惕。

洛克菲勒表示，在我们这个世界上，绝大多数的人都要受一种特殊力量的驱使。利益如同照耀人性的阳光，在它的照耀之下，任何的丑陋、肮脏都会现形。不论你怎么寻找借口，在利益面前所有语言都显得太过苍白无力。人性的弱点无论平时被如何紧密地掩藏，在利益面前都会无处遁形。

洛克菲勒的话或许太过绝对，但现实中会有很多经历说明确实如此。

洛克菲勒坚信：利益无坚不摧。本来彼此相安无事的人因为利益的关系纠缠在一起，彼此耍心机，搞破坏，最后友谊破裂，

兄弟反目。造成这样结局的原因无非是太过追逐利益。这时候人们已经沦为利益的奴隶，在利益的驱使下，违背法律和道德，为达目的不择手段。

对所有人保持警惕是因为人都是为追逐利益而奔波。但是需要注意的是在这场游戏中，人人都是我们的敌人，包括我们自己，我们还需要与自己的弱点对抗。而最顽固、强大而又容易被我们忽视的敌人就是我们自己。

每个人必定都有自己的缺点和短处，这些弱点有时候对我们的成功有着致命的影响。一定要及时寻找并正视自己的弱点和缺陷，尽量改正、弥补。让缺点努力向好的方面转化，会使我们越来越优秀。明白自己的不足似乎并不是一件困难的事情，很多人都知道自己的缺点，但是很少有人能为克服弱点，严于律己。一些诸如懒惰、粗心、奢侈等坏的习惯会阻拦我们的成功。因此，如果我们想成为一个优秀的人，首先应学会要求自己。要求自己，就是要对自己的言行有一个规范，如果你在泥水中洗脚，能洗干净吗？恐怕只会越洗越脏。只有对自己有高于周围环境的要求，才能保持清醒和理智的自我，做事情也能更漂亮。

严格要求自己不仅能够让自己实现理想，还可以帮助我们更好、更轻松地实现目标。

1896 年在希腊举行了第一届现代奥运会。洛克菲勒从报纸上读到了一个美国青年夺得铁饼冠军的故事。一名叫加里特的美国青年想要参加铁饼比赛的项目，但遗憾的是他并不能清楚地知道铁饼的形状和重量。于是，他仔细研读资料，根据其中记载的古代奥运会上使用的铁饼，自己在家做练习。

由于怕自己的铁饼不够重量，所以就故意把练习时的铁饼做得重一些。当他正式参加比赛的时候，惊喜地发现比赛用的铁饼比自己平时训练时用的要轻得多。于是，加里特轻松地赢得了首届现代奥运会的铁饼冠军。正是因为在平时的练习中，加里特在铁饼的重量上严格要求自己，准备充分，在比赛时才能游刃有余，轻松夺冠。

洛克菲勒对已经开始读书的孙子说："我们的生活当中也是如此。克服自己懒惰的缺点，多加练习，即使你不是最聪明的，也能保证你有一个不错的成绩，关键是在平时就严格要求自己。"

那么，我们应该怎样来要求自己呢？

首先，要给自己设计一个美好的未来，然后明确为了实现梦想，需要哪些条件，列出自己的原则，依着这些原则来要求自己。

其次，严格执行这个原则，不能寻找任何借口来违背它。想一想，这些都是为了实现梦想，如果轻易就触犯了，那还有什么价值，自己的梦想还有什么值得期待的呢？对自己有要求的人，不妨把自己的原则说出来给大家听，一方面可以让更多人监督你，让我们更有动力去遵循要求；另一方面，朋友们也不会拉着你去做违背自己要求的事情了，自己也就不会感到进退两难。借助别人的力量来严格要求不失为一种警惕自己放松的好方法。

编者手记

有缺点、有不足并不可怕，怕的就是不承认或者不敢承认缺点与不足，怕的就是没有正视缺点的勇气，怕的就是不能坚持改正而半途而废，怕的就是讳疾忌医又明知故犯。只要我们正视缺点，坚决改正缺点，我们就离成功更近了。

忠告16： 慎重对待合伙人的诱惑

在进行合伙经营之前，费用、不可不付出的牺牲，以及必须忍耐长时间的乏味的工作这一现实，还有必须觉察到的困难等，你都必须考虑清楚。

——洛克菲勒

当我们涉足复杂的社会，最需要了解的是现实，是真相。慎重对待合伙人的陷阱诱惑就是现实和真相中不可避免的一部分。

陷阱就像一个随时随处都可能出现的幽灵，在我们生活的空间里来来回回。提防这些陷阱、诱惑非常重要，稍有不慎，就有可能给自己造成巨大的损失，带来灾祸。

小洛克菲勒有两个朋友怀特和查理。在朋友们的建议下，小洛克菲勒决定投资一项新的产业。他和他的朋友们认为这是一宗赚钱的大买卖而跃跃欲试。

"爸爸，我想和怀特、查理合伙投资一项大买卖。我们想一起投资于大型的建材设备。据说利润是相当惊人的。"星期天的早晨小洛克菲勒兴奋地向父亲说道。

"怀特和查理，我知道他们，是你的大学同学，还是你们棒球队的队员吧？是他们向你建议投资建材设备吗？"洛克菲勒的眉头皱了一下。

"约翰，你有投资的想法，这让我很高兴。可是你不觉建材行业离我们现在的行业太远了吗？要知道：'隔行如隔山。'迄今为止，我们从来没有涉足过这一行业，你不觉得轻易地决定投资有些太过冒失吗？"洛克菲勒对儿子认真地说。

小洛克菲勒倒是认为父亲的担心有些多余："可是，爸爸，有怀特他们啊，他们对这个行业很熟悉的。"

"约翰，你善于相信自己的伙伴这本没有什么错，可是你是否想过，他们为什么会找你合伙呢？而且只有你们三个年轻人？事情或许远没有你想的那么简单，你有没有想过他们为什么会找你合伙呢？"小洛克菲勒对父亲的话感到不解。

洛克菲勒继续说："如果我没猜错的话，他们之所以把你拉去合伙做生意，似乎是因为你跟我在一起，生意干得很红火。如果这样就不难推测，你的朋友为了他们自己新的事业得到后援，而期待着将我们的利益分流到他们那里。"

洛克菲勒说："约翰，你要小心合伙人的诱惑。"

"爸爸，那你认为合伙经营没有什么好处了？"儿子追问道。

"那倒不是，约翰，要知道合作是所有组合式的开始，在这个过程中最重要的三个要素是：专心、合作、协调。

"单纯地把人组织起来并不能保证成功。一个良好的组织包含的人才中，每一个人都要能够提供这个团体其他成员所未拥有的特殊才能。

"几乎所有的公司都需要采购员、销售员以及熟悉财务的人员。当这三种人互相协调，并进行合作后，他们将经由合作的方式，而使他们自己获得个人所无法拥有的强大力量。

"许多商业活动之所以失败，主要是因为这些商业所拥有的，清一色的只是一种人才。约翰，你认为你真的了解你的伙伴们吗？你明确自己会在你们将要开始的事业中扮演什么角色吗？"

在开始一项合作之前，首先要对我们的合作伙伴有所了解，只有真正了解了他们，我们才能确定这个生意是否值得去做，而又应该如何做。但是了解一个人并非易事。因为一个人结交的朋友不可能是同一类型的，有温和稳重的、豪爽豁达的、机智潇洒的，也不排除有轻浮虚伪、刻薄势利的。因此我们必须能鉴别出他是个什么样的朋友，知道了他的品行好坏，我们才能选择对应的策略与之交往，知道一个朋友常常说谎，就不要轻信他的话；知道有的朋友是心直口快的人，就不要和他太过计较。充分了解他们各自的才能，以便在今后的合作中，可以合理分配工作。

对一个人还不太了解时，我们可以先了解他周围的人，看看他周围的人都是一些什么样的人。人们总是和自己志趣相投的人更容易走到一起，性情相近的人容易交往，因此他周围关系密切之人主要是与他性情相近的。比如说，在与一个人关系密切的人中，势利小人占了一大部分，那么，这个人性情也好不到哪里去，与这样的人交朋友，你要注意他可能比较重视权势、利益。一个人周围有一帮阿谀奉承之辈，那么这人肯定虚荣，喜欢被人吹捧，与之交友，要注意不要轻易直言相谏。当然每个人都会有很多不同的朋友，不同的朋友适合在一起做不同的事情，这样在合作的过程中正好可以互补。

洛克菲勒认为儿子的朋友只是想利用他给事业带来资金，而小洛克菲勒在这项事业面前只不过是一个出钱的局外人。而且洛克菲勒儿子的朋友们选择了一个全新的并不了解的行业，他们没有足够的经验去经营这项事业。最糟糕的是，洛克菲勒推测，在今后的工作中，由于志趣上的差异，或许会有人中途退出，而且牵涉到付出努力与得到报酬的不公正，一旦这些问题产生，势必会影响事业的发展。

洛克菲勒意味深长地说："约翰，在进行合伙经营之前，你要考虑很多事情，比如筹备新事业的资金、时间、不得不付出的辛苦、努力等。当然还有在开创事业的过程中可能遇到的种种困难。如果你决心自立于这项新的冒险产业的话，我期望你取得成功。"

和父亲谈过话后，小洛克菲勒决定仔细斟酌一下这项投资。在决定开始一项事业之前，要将可能遇到的情况考虑全面，全面考察，了解合伙人，以免受其诱惑，落入利益的陷阱。

编者手记

在事业的初创阶段，寻找合适的合伙人是一门学问，合伙人一定要和自己志趣相投。每件事情都是在双方情投意合之下做成的，没有谁愿意和自己谈不来的人在一起合作。有时候，你会发现两个人经常因为意见出现分歧而发生争吵，甚至拳脚相向，最后不欢而散。面对这种情况该怎么办呢？既然观念不同，就不妨分道扬镳，没必要非纠缠在一起。

第五章

领导是一门艺术

忠告 17：责难是消减领导力的头号敌人

我知道，在摧毁领导者领导能力的众多敌人当中，责难是头号敌人；我还知道在这个世界上没有常胜将军，不管是谁都将遭遇挫折和失败。

——洛克菲勒

世界上没有常胜将军，不论一个人有多么精明能干，都不可避免地会遭遇挫折、失败。这时候埋怨、指责都于事无补，反而会扰乱人的心情，使事情向更糟糕的方向发展。洛克菲勒说："当问题出现时，我不会因此感到愤懑不已，我思考的问题只有一个：怎么做才能让情势好转起来？采取什么行动可以补救或是修复我们的失误？积极地选择朝向更高的生产力和满意度前进。"他认为，责难能摧毁领导者的领导能力，破坏领导者与下属之间的关系，不利于事情的解决，给公司的经营与发展带来阻碍。

洛克菲勒反对在出现问题与困难时用不友好的语言伤害、责难自己的下属，即使这些困难是由于下属个人的失误造成的。他曾告诉子女说，语言具有强大的力量，运用得好，则让人心情愉快，皆大欢喜；而运用不当，则会让人心生怨恨。他本身很讲究对语言的运用，从不吝啬对别人的赞美。

著名的心理学家杰丝·雷耳曾说过："称赞对温暖人类的灵魂而言，就像阳光一样，没有它，我们就无法成长开花。但是我们大多数人，只是忙于躲避别人的冷言冷语，而我们自己却吝于把赞许的温暖阳光给予别人。"相信我们都喜欢友好语言的温暖，而厌恶冰冷语言的恶毒。

和洛克菲勒共事的弟弟威廉，一度认为批评与指责往往比温和的语言更有针对性，效果也会更加明显，但是通过一件事情，他发现有时候批评并不能消弭问题。

威廉的下属瑞恩曾对他说起过这样一件事。瑞恩的家住在一条大路边的拐角处，经常有人开着车飞速地从他家门前驶过，他的爱犬就死在一辆疯狂行驶的车下。

后来，当瑞恩在花园里除草的时候，每看到飞速驶过的车辆他就会朝着司机大喊，以便让司机将车速降下来，但是，即使他挥舞着双臂示意司机开慢一些，也很少有司机会理会他，这让他感到很愤怒。在那些从未减速的车辆中，有一辆车给他留下了深刻的印象，并不是因为那车有什么特别，而是司机是一名总爱穿黄色衣服的女郎，那时候很少能看到女人开车。

瑞恩始终不能想明白，这么年轻美丽的一位女士，为何总是把车开得那么快呢？有一天，当她再次驾车飞快地经过时，瑞恩正在院子里割草，他的妻子正在花园边缘种花。瑞恩已经对她能减速行驶不抱任何希望，仅仅看了一眼后就专心地继续工作。但是就在那时，女郎开的车居然神奇地慢了下来。瑞恩第一次看到这辆车不是以要命的速度呼啸而过，他甚至以为出现了幻觉，因为那位年轻的女郎在朝他和妻子微笑。

当女郎的车子远去之后，瑞恩好奇地问妻子："到底发生了什么？她居然将车开得这么慢！"妻子笑了笑，回答他："我只是朝着她微笑，招手打了个招呼，她也对我微笑，所以也就减慢了车速。"

瑞恩一下愣住了。他想起以前自己常常愤怒地朝过往的车辆挥舞着自己的手臂，大声地提醒、谴责，在他们看来，自己岂不是像一个脾气暴躁的疯子？而那位女郎从来没有因为瑞恩的愤怒和指责慢下来，今天却因为一个微笑而优雅地驶过。

就在那一刻，瑞恩突然意识到：没有人喜欢批评的语言。批评往往只会扩大，却不会消弭事端。而且，批评的本质其实是带着利刃的抱怨，既让人讨厌，又令人鄙视。

事实上，人人都会犯错，但"没有什么人比那些不能容忍别人错误的人更经常犯错误的"。不幸的是，总有人习惯严于律"人"，一旦他人犯了错误，就会站在制高点上指责埋怨，这样的人，就是周围人心中的地狱。当抱怨他人成为一个人生活中的必修课时，他的生活就会在这种抱怨中腐败变质，而自己却久而不闻其臭，成了"抱怨"的牺牲品。

不要用批评的方式发泄心中的牢骚，一个人的能力会在批评下萎缩，而在鼓励下绽放花朵。作为一个领导者，应该充分尊重自己的下属，在出现问题时，温暖和鼓励的语言的力量远远胜于责难。

贝利在洛克菲勒公司担任高级行政副总裁，是公司的元老级人物。但是由于他的失误，使公司在南美的投资经营惨败，这给公司带来了巨大的损失。贝利一直为此事愧疚不安，可是洛克菲勒却拍着贝利的肩膀鼓励道："贝利，好极了，我们刚刚听到发生在南美的事。"贝利紧张地说："这次只保存了一半多的投资额，实在是一笔很大的损失。"洛克菲勒微笑地看着他说："幸亏你应变能力强，处置有方，否则不会保全这么多投资额，已经不错了，不是吗，贝利？"

洛克菲勒懂得如何安慰、鼓励员工，懂得怎样才能让事情向更好的方向发展。在下属犯错误的时候，不予以责难，反而找出对方的优点予以赞美，这样更能温暖鼓励犯错误的人，使他们在今后的工作中更加认真、努力。如果能善待别人的过失，给予他人宽容与理解，帮助他人摆脱负疚感，使其恢复自信与坚强，这样的领导者才会得到下属的尊重与信任。

洛克菲勒说："发生问题时，责难只会让事情更糟糕，我厌恶以粗暴的态度对待人，也理解耐心、温和对待下属和同事的价值，这样才更有利于目标的达成。"洛克菲勒无疑是一位成功的领导者，在他的带领下，石油帝国在世界上散发着炫目的光彩。

编者手记 ··························

如果你想从别人那里得到温暖的阳光，就不要用冷冰冰的言语和面孔对待他人。有些人似乎养成了一种恶习，他们动辄就批评、指责他人，甚至有人以此为快。他们常常不自觉地射出抱怨之箭，中伤他人。其结果要么伤害他人，要么被人抵挡，反而自伤。"良言一句三冬暖，恶语伤人十日寒"，不论什么情况下，都不要用恶毒的语言责难人，温暖、关怀在困难面前更有力量。

忠告 18: 善用每个人的智慧

不以自己的好恶为选拔人才的标准。

忠于自己将使自己赢得人生中最伟大的一场战役。最能创造价值的人就是那彻底投身于自己最喜欢的活动的人。

——洛克菲勒

"做你喜欢做的事，而其他的事，就交由喜欢做这种事的人去做。"洛克菲勒把这句话当作助他成就事业的做事哲学。

具体而言，就是不让部属拘泥在程序刻板的工作职务上，而是要想办法利用每个人的长处并诱发他们将热情倾注在工作之中，来创造高效的生产力。这就是洛克菲勒的制胜之道。

在洛克菲勒读书的时候，有这样一句话让他印象深刻："最完美的人就是那些彻底投身于自己最擅长的活动的人。"后来，洛克菲勒把这句话加以改造，使其成为他的一个管理理念：最能创造价值的人就是那些彻底投身于自己最喜欢的活动的人。

每个人都忠于自己的天性，都渴望成为理想中的自己，而他们实现忠诚自己的方式就是做自己喜欢做的事。但是遗憾的是，很多管理者不重视这一点，他们对于员工忠于自己的祈求置若罔闻，浪费了很多资源，却不能取得什么明显的效果。

洛克菲勒的理解是，如果一个人不能把时间和精力投入到他所喜爱的事情上，那么这个人就不会感到自我满足，不能满足就会失去生活的热情，如果一个人没有生活热情，那么他也就失去了生活的动力，一个没有激情和动力的人，毫无生气，他又怎么可能去出色地完成一项工作呢。这就和期望一个停摆的闹钟去准确报时一样可笑至极，我们的期望只会换回失望。

洛克菲勒不论什么时候都不忘给下属忠于自己的机会——燃烧他们的热情，让他们的特别才干在自己喜欢的领域内发挥到极致，而他自己从中收获的，恰恰是财富与成就。忠于自己就意味着，有机会去赢得人生中最伟大的一场战役，应该没有谁会放过这样的机会。

要让自己的部属发挥工作热情，作为领导者就必须知道自己的职责所在。一个称职的领导的职责就在于关注与激励部属的优点与才干并让这些优势得以充分发挥，而不是紧紧地盯住他们的弱点。挑出部属最脆弱的特质，洛克菲勒没有这种恶习，相反，他非常愿意去寻找他的下属们最坚强的特质，让他们的才干充分地展现在工作的挑战与需求上。

洛克菲勒还有一个为人称道的优点，那就是选拔人才不以个人好恶为标准。他选拔人才的标准主要是看员工在工作中所表现出来的能力，而不会注重他的身上贴着什么标签和头衔，他喜欢工作有效率的员工，这远远比个人情感的喜好更重要。

洛克菲勒一生滴酒不沾，在他家里，严令禁酒。但是在公司里，他有一个名叫阿奇博尔德的下属，嗜酒如命，这让洛克菲勒很是不满，甚至很反感，他认为阿奇博尔德的做法已经大大地忤逆了自己。但是这点似乎并不妨碍洛克菲勒对他商业才华的欣赏，洛克菲勒注意到阿奇博尔德具备非凡的领导才华和天赋。他具有机敏的头脑，不论处于何种境况总是乐观自信，而且语言幽默。在很多激烈的商业竞争中，他用他那出众的口才和胆大心细的性格赢得了一场场的胜利，为公司的发展做出了很大贡献。虽然在洛克菲勒看来，阿奇博尔德绝非一个完美的人，但是洛克菲勒却对他的才华大加赞赏，在他的努力下，阿奇博尔德由最初的竞争对手变为合伙人，而且洛克菲勒不断地对他委以重任，甚至提拔他接替自己的职务。阿奇博尔德后来在工作中的表现充分证明了洛克菲勒决定的重要性。

洛克菲勒说，他最擅长的就是在他的每位员工身上寻找他们的闪光点，并把闪光点不断放大。他刻意不计较他们的缺点。他总是能准确地找出每个人的优点，并对他们的优点加以运用，所以，洛克菲勒总是拥有能力健全而又乐意奉献的部属。这就是为什么洛克菲勒拥有一个优秀的无可匹敌团队的原因。

金无足赤，人无完人。任何人有其长处，就必有其短处。让员工充分发挥优点，就能给企业带来积极正面的影响，这既是一种管理策略，也是一种用人之道。管理者要知人善任、扬长避短、因材授职、使用得当。把每一个员工放在最适合他的岗位上，让员工有一种归属感并且让每一个员工都能感觉到工作所带来的成就感。

作为领导者，你要知道，在你的部属身上也许可以挑出许多毛病，但这并不是你应该关注的地方，你要专注于发掘每个人潜在的优点，注意他们在每个细节上的杰出表现，以及他们为了将事情做得出色，而对完美主义近乎苛求的坚持。这是你领导力的优势所在。

没有任何一个人可以凌驾于集体之上。不可否认的是，一个优秀的领导者对企业的成长发展有着至关重要的作用，但就整体而言，取胜的关键还在于依靠大家的智慧、集体的力量。洛克菲勒曾经谦逊地说，他所取得一切的荣誉与财富都源于他身后优秀的团队。正是因为他善用每个人的智慧，他才能取得如此巨大的成就。

编者手记

作为企业的领导者应该让员工扬长避短。洛克菲勒曾经对儿子多次强调，一定要了解你的员工，必须让员工做他们能做的事，让员工发挥他们的特长。管理是具有能动性和创造性的"人"的活动，管理就是为了使员工从事共同的工作，并由此确定共同的目标。在共同的工作和共同的目标下，管理者应尽量使每一位员工扬长避短，最大限度地调动员工工作的积极性，以使组织实现最大的绩效。

忠告19： 目的是领导的依据，目的就是一切

我是一个目的主义者，尽管我从不像有些人那样夸大目标的作用，但目标的功能确实在我这里得到了异常重视。在我看来，目标是激发我们潜能的关键，它拥有主导一切的力量。它可以左右我们的行为，激发我们完成任务所必须具备的创造力。明确而坚定的目标，更能让我们专注于所选择的方向，并奋力前进。

——洛克菲勒

洛克菲勒曾说过："如果你把自己视为高高在上、'顺者昌，逆者亡'的专制君主，你很可能会成为下一个法国国王路易十六。就我而言，为了避免冲突我从不专横跋扈，或者给自己施加过大的压力。为了达到我所期望的商业成就，相反我养成了给予部属充分信任和鼓舞士气的习惯，这个习惯能很好地帮助我驾驭部属，达到我想要的目的。要做到这一点，关键的方法在于，你是否真正懂得如何去设定目标。"

洛克菲勒是一个目的主义者，尽管他从不像有些人那样夸大目标的作用，但目标的功能确实在他这里得到了异常重视。在洛克菲勒看来，目标是激发自己潜能的关键，它拥有主导一切的力

量。它可以左右人们的行为，激发人们完成任务所必须具备的创造力。明确而坚定的目标，更能让人们专注于所选择的方向，并奋力前进。

洛克菲勒的经验告诉人们，一个人的最终表现，很大程度上取决于他所制定的目标的本质和大小，而其过程中他所做的所有事情几乎与之无关。试着想想看，一场高尔夫球比赛，不可能一杆完成。你需要一洞一洞打过去，你每打出一杆的目的就是使球尽量靠近球洞，越近越好，直到把球送进去。

洛克菲勒认为，一个能明确自己目标的人，能确切地知道自己想要什么，并且绝对相信自己实现目标的能力，这样的人想要获得成功其实并不是一件困难的事情。如果你还不知道自己的一生想要追求什么，现在就开始，此时此刻，想好自己要什么，你有几分的决心，何时会做到。

在这个世界上，没有人能随随便便成功，任何事情都不会偶然发生。有信心的人不一定会成功，但是成功的人一定都是很有信心的人。明确的目标是推动人成功的动力，它会变很多"不可能"为"可能"。不用花一毛钱，每个人都可以轻易拥有。你只要下定决心，确实执行，一心一意地专注于我们的目标，不放弃，终究会实现自己的目标，走向成功的顶峰。在学习、生活、工作中，如果一个人无法做到专注，不管他个人的能力有多高，环境有多适宜，他都不太可能抓住机会，有所成就。须知，在追求成功的路途上，如果专注于目标，成功的机会就越大。现在趁年轻锻炼自己，使自己具备一种集中精力专注工作的良好品质。世界上最大的损失，莫过于把一个人的精力毫无意义地分散到很多方面。一个人的精力毕竟有限，要想样样精通，是很难办到的。

洛克菲勒曾说过："我领导部属的基本依据就是我的目标，目标就是一切。我习惯在做任何事情之前，都先确立目标，而且我每天都会设定无数的目标，譬如设定与合伙人谈话的预期效果，制定召开会议的成效标准，制订计划实施后达到的预期效果，等等。当然，在做事之前，我会首先考虑自己设定的目标的合理性。这些事前准备，通常都会在我到达公司之时，就已经妥善处理好了。所以，在我心里从未出现过诸如'我没有办法''我不管了''没有希望了'等具有吞噬性的声音。每一天确立的目标，完全消弭了这些招致失败的因素。"在洛克菲勒看来，如果你不去主动明确制定自己的目标，那么你就会被动或不自觉地选择其他目标，这样做的结果很可能会是，导致你丧失掌控全局的能力，同时，你也将受制于使你分心或搅乱你的人或事。

洛克菲勒曾对儿子约翰说："想要成为目的主义者，确立目标仅仅是走了一段路程，你还需要走另外的路程，将你的目标透明化。你需要毫无保留地向你的部属说明你的目标——你想要取得的成就、其动机以及战略谋划。"

洛克菲勒正是这样做的，如果是洛克菲勒认为谁有必要了解自己制定的目标，他便会毫无顾忌地对他加以说明。在每次会谈、会议、报告的过程中或者开始阶段，洛克菲勒都会先表达出自己的动机、想法以及期望。

这样做，取得的效果很好。它不仅能使部属清楚洛克菲勒的意图，了解正确的前进方向，更重要的是，将目标开诚布公之后，洛克菲勒收获情感上的忠诚。要知道忠诚是甘心效命的开始。

洛克菲勒说："当我诚实地说出你的目标时，我的部属就收到了我传递出的信息：是因为我对你有足够的信任，所以我愿意向你表白。它有着神奇的效果，它将开启信任的大门，而在大门外，我拥抱的不仅是部属的能力，还有来自他们无价的忠诚——凝聚所有力量来帮助我的忠诚。信赖别人并使别人也信赖我，是我一生取得成就的重要原因。"

公开目标，其力量是无可取代的，它所传达出的不仅是一项声明，同时也是领导者对于个人行为发出的勇敢而坚决的誓言。出自坚决意志与绝对坚韧的目标，往往能够激励部属，使他们带着更杰出的表现投入到工作中去。

目标就好比钻石：如果要体现它的价值，那它就必须是真实的。公开不诚恳的目标只会让事情适得其反。如果一个人滥用这种手段而不加制止的话，那么等待他的苦果就是丧失部属的信赖。这就是公开目标的风险，但是如果你做到了真诚，也就避开了这种风险。

没有明确制定目标的情况就好比停泊在码头的一艘游艇，解开了绳索却忘记了启动引擎。如此，你只能随波逐流，海风、巨浪或其他船只随时都会让你葬身海底。也许对岸有美好的事情在等着你，但是你无法顺利到达对岸去获取它，除非有奇迹出现，但是只等待奇迹出现的人无疑是愚蠢的。如果你确立了目标，那么游艇的引擎便也开启，如此它才能载着你向你选择的方向前进。目标能为人的努力指明方向并增加动力。

编者手记 ....

洛克菲勒认为，凡是成功者，都具备"不达目的不罢休"的品质。他知道，一个人必须把全身心的能量聚焦在一件事情上，才能达到目标。他也知道，要善用自己不屈不挠的精神、百折不回的意志，以及持续不断的恒心，这样才能在职场中取得胜利！

作为领导，要公布目标，使目标透明化。这些员工才会专注地面对自己的工作，而作为一名员工，更加需要目标。因为有一个目标，我们会对自己想要达到的目标产生恭敬之意；心中拥有目标，我们内心才会泉涌出无限的激情，也会更容易接近成功。

忠告 20：知人善任，轻松做领导

　　我的目的是要在每位部属身上找出我所重视的价值，而不是那些我不愿意看到的缺点。我找出每个员工值得重视的优点，并致力于将员工的优点转化成出色的才能，而不会试图修正他们的缺点。所以，我总是拥有健全能力而又乐意奉献的部属。

——洛克菲勒

　　洛克菲勒在总结自己如何以高效率管理上千员工时说："管理就是借助别人的手去完成任务。管理者要想提高工作效率，就必须学会将日常的事务交给下属去完成。如果一个领导者总是对下属的能力持怀疑态度，迟迟不肯把任务交给他们，那么他就永远也无法证明自己的工作能力。"

　　在现实中，我们经常看到许多忙忙碌碌的领导，就和热锅上的蚂蚁一样，每天忙得不可开交，却不见什么成效。其实，他们已经陷入了一种不可自拔的旋涡：干得越多，就越觉得有更多的工作需要自己亲手去做；忙得越厉害，就感觉自己还能更忙。因为，他们总是担心自己下属做不好工作，总是担心失去对下属的控制，总是认为只有自己才知道如何干，所以不得不一次又一次地去亲自做。相反，如果能给予下属足够的信任，把任务交给下属去完成，并且为下属提供自由的空间，就可以使自己摆脱那些烦琐的日常事务。

　　有一段时间，小洛克菲勒为分析公司的一项没有得到充分实施的顾客服务项目忙得不可开交，他需要策划可能改善的方面及其方法，还需要亲自准备调查报告。他的妻子向洛克菲勒抱怨接连几个星期，小洛克菲勒总是很晚才回家。

　　看着日益憔悴的儿子，洛克菲勒很不放心："约翰，不知有多少次别人问到我：'怎么做才能同时经营几家公司，还有两个月的休假，开着家用小车去享受大自然的乐趣呢？'我的回答总是同样的一句话：'因为我把日常的业务委托给非常能干的管理人员。'"

这是一个十分简单的回答，但是这个回答里充满了智慧。因为在实际的工作中，懂得把自己的工作委托给他人，训练自己的部下，使其提高工作能力的领导者是非常少见的。

有很多人不愿意把工作委托给部下，这对于洛克菲勒来说，是不可理解的，他认为这是一种极其愚蠢的行为。

在洛克菲勒的公司，如果不善于运用下属的才能，就会被认为是失职。要充分信任下属，给他们相应的职权，这样才能充分发挥出他们的聪明才智，为公司贡献出更多的力量。

作为一个领导者，在用人时，要做到既然给了下属职务，就应该同时给予其与职务相称的权力，放手让下属去干，不能处处干预，只给职位不给权力。

领导者用人只给职不给权，事无巨细都由自己定调、拍板，实际上是对下属的不尊重、不信任。这样，不仅使下属失去独立负责的责任心，还会严重挫伤他们的积极性，难以使其尽职尽力。所以，放手让自己的下属去施展才华，只有当他确实违背你的工作主旨之时，才出手干预，将他引上正轨。只有这样才能充分调动起下属的积极性，提升他们的工作业绩，而你最终也将赢得下属的真心拥护。

洛克菲勒告诫儿子，高明的职权委任的第一原则，是对于部下的能力、野心和欲望进行细致的评价。一般人，如果给他机会，他能取得的优秀成绩，会让上司大吃一惊，并且接受新的任务的那一天，一定信心十足。

"约翰，如果把重要的工作交给部下，你唯一要做的就是给予指点。为了使坚强的有能力的管理人员和忠实可靠的部下合为一体，作为坚实的基础，就需要指点，在实业界获得巨大成功的人，是个优秀的教师。"

学会把工作分配出去，但最后工作是否进行得顺利，这还得看选定的人选，还要及时掌握情况，尽早发现问题，及时纠正错误。这个过程中最重要的是领导对部属要有信心，相信他们能完成新的任务，我们的新任务就是支持他们，使他们能够克服困难。

编者手记

聪明的领导，总是给下属提供自由的工作环境和广阔的施展空间。聪明的领导，在把任务交给下属以后，就不再去干涉他们。虽然他们也在恰当的时候与下属一起商讨最佳的解决问题的方案、最优的做好工作的方法，但是他们却让下属自己去决定该如何处理交给他们的事情。这样做，对公司而言，能提高工作效率，产生更多的效益。对管理者而言，能身心轻松高效地处理好工作，能享有轻松愉悦的生活。

第六章

不要让舌头抢先于自己的思考

忠告 21：冷静看待发生在自己身上的事

我做事总有一个习惯，在做决定之前，我总会冷静地思考、判断，但我一旦做出决定，就将义无反顾地执行到底。

——洛克菲勒

在标准石油公司的一次讨论会上，会议进行到中途竟变成了一场爆炸性的激辩，与会人员的情绪不安，每一个人的表情都是急躁而焦虑，彼此以锐利的言辞相抗。突然之间，公司的一个员工站起来，悠然地脱掉上衣，打开领带，并随势躺在椅子上，有人不解地问他是否觉得身体不适。"不，"他回答说，"我想我的身体状况很好，不过我开始冒火了，只有躺下来才能消消气。"

说完满室哄堂大笑，一时之间，原先紧张的气氛缓和了下来。这位标准石油公司的员工说："我只不过是开个小玩笑，让大家解解火气。"之后他讲了一个故事。

在一次暴雨之后，有一堵围墙被雨冲倒了，一个穷人从倒了的墙里挖出了一坛金子，他一夜暴富。有了钱之后这位穷人想让自己变得更聪明一些，于是，他就向一位老人请教，希望老人能指点迷津。

老人告诉他："你有钱，别人有智慧，你为什么不用你的钱去买别人的智慧呢？"

于是他就来到城里，见到一个智者，就问道："你能把你的智慧卖给我吗？"

智者答道："我的智慧很贵，一句话 100 两银子。"

那个穷人说："只要能买到智慧，多少钱我都愿意出！"

于是那个智者对他说道："遇到困难不要急着处理，向前走三步，然后再向后退三步，往返三次，你就能得到智慧了。"

"智慧这么简单吗？"穷人听了将信将疑，生怕智者骗他的钱。

智者从他的眼中看出他的心思了，于是对他说："你先回去吧，如果觉得我的智慧不值这些钱，那你就不要来了，如果觉得值，就回来给我送钱！"

当晚回家，在昏暗中，他发现妻子居然和另外一个人睡在炕上，顿时怒从心生，拿起菜刀准备将那个人杀掉。突然，他想到白天买来的智慧，于是前进三步，后退三步，做了三次，突然间，那个与妻同眠者惊醒过来，问道："儿啊，你在干什么呢？深更半夜的！"

穷人听出是自己的母亲，心里暗惊："若不是白天我买来的智慧，今天就错杀母亲了！"

第二天，他早早地就给那个智者送钱去了。

我们在遇到不如意的事情时，常常会不分青红皂白地大发雷霆，很多悲剧都是由于一时冲动和鲁莽造成的，如果我们遇事能够保持冷静，等了解事情真相后再作决定，那么很多悲剧就可以避免，这个员工说。事后他对公司的人表示，他以前是个易怒暴戾的人，一旦脾气上来就会握紧双拳狂声怒吼，所以一面临这种场面时，他就试着伸直手指，压低高亢的声调，这样一来，满肚怒火就熄灭了。最后他微笑地说道："温柔和谐的声音是讨论时的最佳利器，对不对？"

这件事被洛克菲勒知道了，他表扬了这个员工。

洛克菲勒认为，保持冷静，就会拥有处变不惊、泰然自若的人生。遇事冷静的人时时刻刻都能控制住自己的情绪，绝不会因为任务繁重而急于求成，也不会因为生活的压力而浮躁不安。面对任务和压力，他们始终保持冷静，最大限度地利用自己能够利用的资源，日复一日、年复一年地执着、拼搏。

　　有一次，洛克菲勒当时正为如何筹借到一万五千块钱大伤脑筋，走在大街上他都在苦苦思索这个问题。说来有意思，正当洛克菲勒满脑子闪动着"借钱、借钱"的念头时，有位银行家拦住了洛克菲勒的去路，银行家在马车上低声问洛克菲勒："你想不想用5万块钱，洛克菲勒先生？"

　　洛克菲勒当时在想：我交了好运吗？他有点不相信自己的耳朵。但在那一瞬间他没有表现出丝毫的急切，他看了看对方的脸，慢条斯理地告诉银行家："是这样……你能给我24个小时考虑一下吗？"结果，洛克菲勒以最有利于自己的条件与他达成了借款合同。

　　凡是成大事者，不能在挫折面前被吓趴下，而是要用理智面对它，冷静地找到战胜它的办法。没有这种理智的精神，不是你打败挫折，而是挫折打败你。

　　我们在日常生活中，随时都会遇到各种各样的挫折。在挫折面前，人们有不同的反应，心理承受能力差的人面对突如其来的挫折，或是后退或是消极抵抗。只有那些敢于挑战困难，能够审时度势，采取积极进取的态度面对挫折的人，才会成大事。

　　既然挫折是难免的，那么我们年轻人究竟怎样做，才是以积极的态度面对挫折呢？挫折是任何人都会遇到的，适当的挫折可以磨炼人的意志，提高心理素质。有人害怕挫折，希望干什么事都一帆风顺。不遇到挫折，这本身是幻想，即使真的不经受任何挫折，这也不利于人的健康发展。一位著名的心理学家曾经说过："一个人如果没有任何阻碍，即将永远保持其满足和平庸的状态，既愚蠢又糊涂，像懒汉一样的怡然自得。"

冷静使人清醒，冷静使人聪慧，冷静使人沉着，冷静使人理智，冷静使人豁达，冷静使人有条不紊，冷静使人少犯错误，冷静使人高瞻远瞩。冷静是一个人成熟的标志。

冷静是智慧美丽的珍宝，它来自长期耐心的自我控制；冷静是一种成熟的经历，来自对事物规律不同寻常的了解。一个冷静的人不会在任何事情面前大惊小怪，而会在大风大浪中如岩石般屹立于海岸，岿然不动。

面对工作中、生活中的种种挑战时，我们一定要保持冷静，学会勇敢地面对，并且在关键时刻显示自己的胆略和勇气。不管你接受的工作多么艰巨，生活有多少痛苦，千万别表现出你做不了或不知从何入手的样子。

惊慌失措是人生最忌讳的，沉着冷静、处变不惊的人，才是人生最终的胜利者。老板都欣赏临危不乱的员工，因为唯有这种员工才有能力乘风破浪、独挑大梁。如果你有天塌下来都不怕的勇气，那么出人头地便指日可待。不论是在生活中还是工作中，我们都应该遇事沉着冷静，这样的人才会成为最终的胜利者。

假如感情如平波静水一般，那么焦焚的火气就可以消失，这样不但节省精力，还可预防疲倦，进而使你动作急缓有序，成为一个有涵养的人。

当然，我们并不是鼓励去除敏锐的感受性，只是告诉大家保持自己行动急缓有序，心灵的活动才能更加灵活敏锐，身体也必健康调和。

没有人能够一辈子都一帆风顺，任何人都会面临困境和失败，沉着冷静的心态却能够帮助我们解决难题。诸葛亮凭着沉着冷静依托一座空城吓退了司马懿10万兵；越王勾践经过沉着冷静地反省，卧薪尝胆，终于达到了复仇的目的。

冷静是强者必须具备的素质，因为强者不仅需要有强大实力，更需要有强者的心态。

也许，就在此刻，你的人生遇到了难以形容的危机，它将决定今生的成就到底有多大，或者预示着你以后幸福与否。在这样的时刻，保持一颗冷静的心，比任何办法都更有效。唯有冷静，你的头脑才能保持清醒，你的生命潜能才能得到自由发挥，最终经过努力，事情会朝着有利于你的方向发展。

忠告 22：做事要三思而后行

嘴巴比脑子动得还快的人大概可以分为两种：一种是急智之才，脱口而出，出口成章，往往瞬间让人拍案叫绝；另一种是说话不经过大脑但天资有限的人，往往是出口伤人，有时会达到无法收场的地步。

——洛克菲勒

在石油大战的年代里，洛克菲勒的全部心血都倾注到石油——"流淌着的黄金"上去了。当富裕的大户们尽情享乐——吃喝嫖赌抽之时，他正在制定一套使人难以捉摸的石油业总体规划，他在为创建美国第一家石油公司绞尽脑汁。此时的他正用于自己的智慧与大脑来完成自己的梦想。他默默地寻找机会，在没有把握之前决不张扬出去。

那时的洛克菲勒的外貌变得似乎麻木不仁和呆头呆脑，让人似乎联想不到"石油大亨"。可是在洛克菲勒的脑海里，却出现了一行行的油井，一排排的炼油塔，无数触须从他头上伸出，伸向全美国和全世界。

洛克菲勒的孩子经常问父亲，您的决定为什么大部分都正确呢？您是以什么样的心态去面对那些决定呢？在生活中或工作中，我们该怎么处世呢？洛克菲勒笑着说："不要让你的舌头抢先于你的思考，凡是要思考后再作决定。"之后洛克菲勒给孩子们讲了一个寓言来告诫他们三思而言。

从前，有一只乌龟住在池塘里，每当春天来临，池塘边就会有一群大雁光顾，在那里嬉戏玩耍。年年如此，久而久之，小乌龟就和它们成了很要好的朋友。

有一年，大雁又来这里生活。在与大雁闲聊的过程中，小乌龟听说南方不仅气候宜人，而且风景优美，最重要的是还有很多好吃的食物。小乌龟听它们这么一说，不禁动了心，就想和大雁一起去南方看看，生活一段时间。但它不会飞，去不了。

一只大雁听了它的想法后，就说："没问题，你尽管放心，我想好了。我和我的同伴儿各咬着木头的两端，你就衔着木头的中间，那样我们就可以一起飞到南方了。但是，你一定要记住，千万千万不能开口说话。"

乌龟听了大雁的主意，很高兴地就跟他们一起上路了。于是，大雁就衔着乌龟飞离池塘。飞过第一个村落，一些人看见，议论纷纷，说："快看，天空有大雁衔着乌龟在飞呢。"乌龟看着好奇的人们，想解释什么，但想起大雁的警告，就忍住没说话。

飞过第二个村落，有人看见了，便又议论纷纷，说："你们看，两只美丽的大雁正衔着一只王八飞过去呢！"乌龟还是忍住没有说话，任凭人们议论。飞过第三个村落，被一些人看见，依然议论纷纷："大家快来看啊，两只美丽的大雁衔着一只乌龟在天上飞。"

"咦！大雁什么时候会吃乌龟肉，我怎么不知道？"

"可能是大雁把乌龟衔到空中，把它摔成肉泥，才能吃它的肉吧！"听着人们的胡乱猜测，乌龟虽然越听越生气，只好保持沉默，最后安然到达了目的地。

"三思而言"，没有经过自己大脑思考的话，不但是废话，而且往往会招来不必要的麻烦和灾祸。所以深谙说话之道的人不是在胸膛上"开窗口"，而是在嘴巴上"装阀门"。

洛克菲勒认为，无论是做生意还是生活中，都不要话不经大脑就脱口而出,三思而后行。生活中,很多人经常凭着自己的第一感觉去评判一个人,如看到一个人衣衫褴褛,就会心生厌恶,绕道而行;而看到一个人打扮得漂亮整洁,就会印象颇佳,心生好感。实际上,任何事物都不是我们所看到的那样简单,穿着漂亮者可能心胸狭窄、道德败坏,正所谓"衣冠禽兽""斯文败类",而衣衫破烂者也未必没有一颗金子般的心灵。任何事情都不是非是即否那么简单,都有不为人知的一面,仅凭第一印象就对一个人或一件事妄下结论,是一种短视行为,这样对自己不负责任,对他人也极不公平。

大概没有谁会挖空心思去得罪别人,很多时候我们得罪别人不是出自内心的,而是自己在语言表达上出现了偏差,正所谓"失之毫厘,谬以千里",语言表达的一点偏差便会导致意义的离题万里。若想减少这种不必要的麻烦,最重要的一点便是不要让自己的嘴巴比脑子动得还快。

嘴巴比脑子动得还快的人大概可以分为两种:有一种人是才思敏捷,出口成章,有很强的应变能力;而另外一种人很显然不是什么聪明人,但是在说话之前不经大脑,说出的话总是那么不合时宜,令很多人尴尬难堪。而绝大多数人属于第二种人。

前一种人是天才,这种人百里挑一,后一种人却是随处可见,一抓一大把。说话不经过大脑,极有可能得罪别人却不自知,等到明白过来急着弥补时,往往是越急越坏事,到头来好话说了一大堆,人却得罪完了。所以,在任何时候都要三思而后言,切忌让自己的嘴巴比脑子转得还快,否则,吃苦头的必定是你自己。

洛克菲勒认为,不要急于给一个人或一件事下结论,要认清一个人或事的真面目,勤于思考,既需要时间,也需要理智。

罂粟花虽美,其果实却能置人于死地;人们几乎看不到无花果美丽的小花,却能够品尝到它甜美的果实。许多时候,一个人的外表和短期的行为往往并不足以说明他的人品、能力与才华。

仅凭几面之缘，就急于对一个人下结论，是不明智的、目光短浅的，往往也是错误的。

识人如此，做事也一样。面对一件急需解决的事情，我们不能妄下断论，草率做决定。问题的发生是很多原因导致的，其背景是复杂的，单凭直觉很难得出正确结论，往往需要经过一段时间的分析归纳或者调查研究，才能理出头绪。而且也有被人制造假象，提供虚假线索的可能，一不小心就有误入歧途的危险。所以，一个大格局者思维必须精细缜密，站在一定的高度看问题。

编者手记

"三思而后行，谋定而后动"就是对大格局者的要求。重大问题前，思考一遍还不够，还需要检查一遍，然后在行动之前复查一遍，确保行动万无一失。三思而后行，思考些什么东西呢？思考的是问题的根源、起因，当这些问题的正确答案都找到后，再思考解决问题的方针和策略，方能采取行动。如果未经大脑分析就盲目行动，那么即将面临的可能就是失败。总之，洛克菲勒的宗旨是：拒绝短视，把目光放长远些，这样，你才能更好地处理事情。

忠告 23：沉默是金

我已经注意到那条指责我吝啬、说我捐款不够多的新闻了，这没什么。我被那些不明就里的记者骂得够多了，我已经习惯了他们的无知与苛刻。我回应他们的方式只有一个：保持沉默、不加辩解，无论他们如何口诛笔伐。因为我清楚自己的想法，我坚信自己站在正确的一方。

——洛克菲勒

洛克菲勒有一种沉默的忍耐，一种来自对人和事的高度忍耐形成了洛克菲勒鲜明和微妙的个性特点。因为他知道有些沉默往往如金子般发光。他有民主作风，每一次，他的讲话在董事会并非都要遵守，遇到困难和棘手的麻烦事，他能听取大家的意见，以便帮助他决策。他的周围有着一批务实、能干、讲效率、有魄力的工作人员。

洛克菲勒开诚布公地说："我们好像一个和睦的整体，是一个团结幸福的大家庭。我们一旦制定好了前进目标，一旦认定了自己一定会夺取胜利，我们就会赴汤蹈火，在所不辞。我们确信有了大家一致的目标，我们是不会失败的。大胆假设，小心求证。耐心听取各种意见并展开坦率的讨论也是公司克敌制胜的要领之一……"

在与人接触的过程中，洛克菲勒也保持着沉默是金的原则。与人沟通也好，还是被人误会也罢，洛克菲勒都奉行着沉默是金这一原则。

洛克菲勒认为，沉默永远不会让人后悔，在生活或工作中，很多时候沉默要比争辩有力量的多。沉默是一种魅力，一种说话的艺术，掌握好分寸，会有意想不到的惊人力量。有些人说话态度很积极，但发表意见时不免有些偏颇，令人难以接受，若直截了当地驳回，又易挫伤其积极性，循循诱导又费时，精力也不允许，最好的办法便是毫无表情的缄默。沉默是金并不是说人应该闭口不言，而是要言默得当，当说则说，不当说则三缄其口。

洛克菲勒是一个懂得说话艺术的人，真正做到了言默自在心头。这是因为他掌握以下三条原则：

第一，该说的对象便说，不该说的对象则不说。如有需要求人之事，遇到肯热心帮忙的人则说，否则便不能说；有些事遇到有性格沉稳之人可以说，遇上是非多端的人则不能说；对于性格腼腆的人不要乱开玩笑；对于有生理缺陷的人不要涉及相关的话题；对于妒忌心强的人不要谈论自己和别人的成就；对于异性不要有容易引起误会的措辞。

第二，该说的事情便说，不该说的事情则不说。可以谈众所周知之事，不能谈别人的隐私；背后可以谈别人的优点，不可谈别人的过错；可以谈既成的事实，不可空谈今后的打算；可以谈对方感兴趣的事，不可谈对方忌讳的事。

第三，该说的时候便说，不该说的时候则不说。在对方心情舒畅时可以谈求助之事，在对方心烦意乱时则不谈；在对方情绪低落时可以谈令对方振作之事，遇对方兴致很高时不可谈令对方扫兴之事；在对方喜庆的日子不谈不吉利之事，在对方哀伤的时候不谈惹人欢笑之事。

在现实生活中，不善言谈的人，容易给人以厚道的印象，不善言谈的人，使人无法捕捉他内心世界的秘密。这就是沉默的力量。沉默可以显示一个人的深邃，一个人的修养，一个人的学识。话不在多，关键是分量，是恰到好处的无言，洛克菲勒就是这样的人。

人的一生谁都难免会遇上难堪的误解，遭到他人不公正的批评甚至辱骂，不论是卑鄙的、恶毒的、残酷的，你千万不要被对方一句不公正的批评或难听的辱骂而变得像对方一样失去理智。

获胜的唯一战术，就是保持沉默，不和别人发生正面冲突，就连多余的解释也没必要。如果别人骂你，你大可以把他当成空气，对他置之不理。因为在这种情况下，相互争吵、辱骂既不会给任何一方带来快乐，也不会给任何一方带来胜利，只会带来更大的烦恼、更大的怨恨、更大的伤害。退一步讲，在对骂中没有占上风的一方，当众出丑，带来的只是对自己的怨恨。占了上风的一方，虽然把对方骂得体无完肤，又能怎么样？只能加深对立情绪，加深对方的怨恨。

人与人之间常常因为一些彼此无法释怀的坚持，而造成永远的伤害。所以，每当你生气的时候，忍一忍不再怨恨别人，不再麻烦自己：任你怎么说也要守我本分，始终相信——沉默是金。说话和沉默并不矛盾，在谈话中应适当沉默。适当的沉默不是冷漠、孤僻，它终会得到人的尊重。夸夸其谈，言不由衷，才不讨人喜欢。沉默是成功者良好气质和风度的表现，是失败者不甘受挫、奋起反击的誓言，也是人们默默攀登、不断前进的阶梯。

在某种特殊的场合下，沉默确实是一种"此时无声胜有声"的制胜利器，但无论如何你也不要把它当作金科玉律来信奉。在人才竞争中，你要将沉默踏实、肯干谦逊的美德和善于表现自己结合起来，才能更好地让别人赏识你。"沉默是金"事实上是一种修养，一种处世之道。

编者手记

沉默是人际交往中的一种手段，它看似一种状态，实际蕴涵着丰富的信息。它就像乐谱上的休止符，运用得当，则含义无穷，可以达到"无声胜有声"的效果。但沉默一定要运用得体，不可不分场合，故作高深而滥用沉默。而且，沉默一定要与语言相辅相成，才能获得最佳效果。

---------- 第七章 ----------

别让坏脾气赶走你的好运

忠告 24：拒绝做情绪的奴隶

许多心理学家说，长大成人后情绪上的安定——或不安定几乎在 3 岁以前就形成。在这期间，能否感到爱，是否平静、满足，或神经质地感到不安，这些都有很大的影响。

——洛克菲勒

由于投资办炼油厂，莫里斯的弟弟詹姆斯·克拉克也进入公司，此人同样令洛克菲勒感到厌恶。詹姆斯原先是个职业拳击手，仗着自己强壮有力而到处欺负人。很多人对他都很不满，认为他是一个粗鲁的人。

有一次，他企图吓唬洛克菲勒，却被沉着勇猛的后者顶了回来。一天上午，詹姆斯突然闯进办公室，还没有等洛克菲勒开口，詹姆斯就对着洛克菲勒破口大骂，一边怒瞪着洛克菲勒，一边骂。而这时的洛克菲勒却把双脚撂在桌子上，一副若无其事的样子。

待到詹姆斯骂完，洛克菲勒平静地说道："詹姆斯，你能把我的脑袋揍扁了。不过，你要明白，我不怕你！"看到这个年轻人毫不畏惧，詹姆斯·克拉克以后再也不敢像以往那样嚣张，但两人都明白彼此不是一路人。

在洛克菲勒认为，任何事情都不要激起自己心中的怒火，什么事都不值得耿耿于怀，让你生气和懊恼的不过是你自己罢了。洛克菲勒有一个性格特点便是乐观，这种情绪也不自觉地对洛克菲勒家族产生了深远的影响。不为小事烦恼，如此，才有充沛的精力去做更多有意义的事。面对自己始料不及的情况时，很多人往往会失去理智并迁怒于人，但这样只会把事情弄得更糟。如果我们把生气的时间花在解决问题上，那么事情就会变得顺利多了。

情绪制约潜能的发挥，它是人类思想的产物，自然也是人本身的附属物，但是生活中很多人却不能正确认识人与自身情绪的关系。

在我们做的许多事情中，总有受到情绪影响的时候。由于我们的情绪可能影响到日常工作、生活，因此，我们必须掌控好自己的情绪。

我们应该了解对自己有刺激作用的情绪有哪些，我们可将这些感情分为七种消极和七种积极的情绪。

七种消极情绪是：恐惧、仇恨、愤怒、贪婪、嫉妒、报复、迷信；七种积极情绪是：爱、性、希望、信心、同情、乐观、忠诚。以上这些情绪，它们的组合既能意义非凡，又能够混乱无章，完全由你自主决定。

洛克菲勒认为，乐观会增强你的自信和弹性，而仇恨则会使你变得无比愁闷和忧心。如果你无法控制住自己的情绪，你的一生很可能会毁在你的冲动上面。一旦你发现刺激情绪的因素时，便可采取有力行动排遣这些因素，或在适当的时候把它们找出来充分利用。

然而，总有许多人不停地抱怨命运的不公，自己付出了勤劳的汗水，得到的却是失败和痛苦。究其原因，是因为他们不会调节自己的情绪，他们需要情绪锻炼，那么怎么才能摆脱"情绪奴隶"这个称号呢？洛克菲勒能控制情绪的秘诀是什么呢？

（1）要学习点辩证法，懂得用一分为二、变化发展的眼光看问题，在任何情况下，都不要把事物看成是一成不变的。

（2）要陶冶情操，培养广泛的兴趣，如书法、绘画、弈棋、种花、养鸟等，可择其所好，修身养性。

（3）不要经常发脾气，遇事要量力而行；要有自知之明，要相信别人，多为别人着想。还有，要学会宣泄，有欢乐，不妨学学孩子跳几跳，放开嗓子吼几句。有苦恼，也不要闷在肚里，可向亲朋倾诉一番，甚至大哭一场。

（4）要广交朋友，消除孤独。多参加些体育锻炼，也是与情绪锻炼相辅相成、一举两得的好方法。

（5）笑是所有表情中最受人欢迎的。笑不仅能影响人们的生理，甚至还能增强人们的免疫力。卡真斯的《一个病理的剖析》中谈到自己是如何借助笑声，从长期被病魔折磨而奇迹般的恢复自己的健康。大笑是卡真斯努力使自己活下去且每日有所好转的方法之一。

不要做情绪的奴隶，要做情绪的主人。想要成为一个成功人士，首先就要学会控制情绪，这样你才可以如鱼得水地处理任何事情。

情绪是人对事物的一种表面的、直接的、感性的情感反应，它往往只从维护情感主体的自尊和利益出发，不对事物作复杂、深远和智谋的考虑，这样的结果，常使自己处于很不利的位置或为他人所利用。本来，情感离智谋就已距离很远了（人常常以情害事，为情役使，情令智昏），情绪更是情感的最表面部分、最浮躁部分，以情绪做事，结果一般不会很理想。但是我们在实际生活和工作中，却常常依从情绪的摆布，头脑一发热（情绪上来了），什么蠢事都愿意做，什么蠢事都做得出来。比如，因一句无足轻重的话，我们便可能与人打斗，甚至拼命（诗人莱蒙托夫、普希金与人决斗死亡，便是此类情绪所为）；还有很多因冲动、不冷静等而犯的过错，小则误人误己误事情，大则失家失国失天下。

事后冷静下来，自己也会感到其实这些是可以避免的，这都是因为情绪的躁动和亢奋，蒙蔽了人的心智所为。除了日常生活中的这种习惯所为和潜意识所为，各种斗争之中，人们有时也会故意使用一些"激将法"，来诱使对方中计。所谓激将，就是刺激你的情绪，让你在情绪的躁动中，失去理智，从而犯错。因为人在心智冷静的时候，大都深思熟虑，很少出错。

以上种种情绪化的行为都是与平常心相悖的，情绪化是建立平常心的大敌。只有控制住自己的情绪，做自己情绪的主人，才能树立良好的平常心态。

编者手记

哲人康德说："生气是拿别人的错误惩罚自己。"有关专家认为，长期积怨不但使自己面孔僵硬而多皱纹，还会引起过度紧张和心脏病。所以，我们应爱惜自己，不让他人的情绪影响自己的健康。

有人曾说，征服自己的感情和愤怒，就能征服一切。这正说明了人应该完全掌握自己的情绪，而不是成为情绪的奴隶。然而，很多人都曾陷于愤怒、忧郁、恐惧等消极情绪中不能自拔。

经济学教授詹纳斯·科尔耐曾说："我把人在控制情感上的软弱无力称为奴役。因为一个人为情感所支配，行为便没有自主之权，而受命运的宰割。"所以，做自己感情的奴隶比做暴君的奴仆更为不幸。

忠告 25：不要乱发脾气

能忍人之所不能忍之气，才能为人所不能为之事。

——洛克菲勒

在人生跑道上的长跑者，首先要有平和的心境，步伐才能从容、持续、有力，不然往往导致中途力竭，前功尽弃。平和不是缓慢，而是均匀；不是松懈，而是稳健；不是无为，而是真正地有所作为的大前提。气是别人吐出而你却接到口里的那种东西，你吞下便会反胃，你不看它时，它便会消散了。

生活中，我们经常见到有人发脾气，也经常看到有人因为发了脾气而把事情搞得一团糟，其中的原因不是这个人的能力不够，更不是这个人缺乏沟通的能力，而是因为这个人放任自己的坏情绪，才导致了最后的失败。或许你可能不相信这个结论，也或许你认为这么说有点夸张，但事实的确如此，一个人心情的好坏和一个人做事的效果有着很紧密的联系。心情好，手头的事情能完成得好；相反，心绪不稳，总是左顾右盼、心慌意乱、胡思乱想，根本就不把心思放在工作上，这样的状态又怎么能把事情做好呢？

洛克菲勒就是一个能正确对待自己坏心情的人，而他的对手恰恰是因为不能控制自己的坏心情，导致了最后的失败。

洛克菲勒在一个案件的审理过程中，一直保持着冷静的状态，在面对对方律师粗暴的询问时始终保持着一种很平和甚至是不动声色的态度。正是这种不动声色的态度让他赢得了这个艰难的官司，并一举挫败了对手的阴谋。

在法庭询问上，对手的律师明显地怀有恶意，甚至有羞辱之意，可以想象，当时洛克菲勒的心情有多么的糟糕，如果这个时候他也发怒，必将掉入对方设计的陷阱之中。不过洛克菲勒很聪明，他明白这个时候控制自己的情绪有多么重要，自己不能和对方的律师一样鲁莽，更不能让自己这种气愤的心情有所流露。

"洛克菲勒先生，我要你把某日我写给你的那封信拿出来。"对方律师粗暴地对他说。洛克菲勒知道，这封信里有美孚石油公司的许多内幕，而这个律师根本就没有资格来问这件事情。不过洛克菲勒并没有进行反驳，只是静静地坐在自己的座位上，没有任何表示。

"洛克菲勒先生，这封信是你接收的吗？"法官开始发问。

"我想是的，法官先生。"

"那么你回那封信了吗？"

"我想没有。"

这时法官又拿出许多别的信件来，当场宣读："洛克菲勒先生，你能确定这些信都是你接收的吗？"

"我想是的，法官。"

"那你有没有回复这些信件呢？"

"我想我没有，法官。"

"你为何不回那些信呢，你认识我，不是吗？"对方律师开始插嘴。

"是的，当然，我想我从前是认识你的。"

至此，对方律师的心情已经坏到了极点，甚至开始暴跳如雷了，而洛克菲勒却还是坐在那里丝毫不动，似乎眼前的事情根本就与他无关。全庭寂静无声，除了对方律师的咆哮声。最后，对方律师因为情绪失控，把真相说了出来，被法官当场听到，最终结果可想而知。洛克菲勒不仅赢得了官司，还在美国人眼中，留下了一个优雅的形象。

作为一个律师，最重要的是要处变不惊，沉着应对各种问题，如果事例中的律师也能像洛克菲勒一样冷静而客观地应对这些场面，也许就会是另一个结局了。

当然，一个人不可能永远都不发怒，一个人不可能永远都能心情很好地开始每天的生活。可是当你发怒的时候，你想过没有，会发生怎样的后果？发怒会不会损害你的利益，会不会动摇你在别人心目中的地位？如果你能真正意识到这一点，真正明白发怒只能把事情搞砸，而绝对不能使事情得到完美解决的话，你肯定就会好好地约束自己的情感，好好地控制自己的情绪，这样也就能和洛克菲勒一样，以逸待劳，轻而易举地打败对方。

一个人心情不好，情绪波动是很正常的，也是很必要的，关键就要看你有没有抓住时机，有没有在恰当的场合以一种恰当的方式表现出来，如果表现得当，将是一种具有很高价值的动力，否则，将会是一股破坏力极大的力量。

在生活中，遇到一些特殊情况时，我们需要的是冷静，而非冲动。我们也许该在冲动之前先温习一下祖先留下来的宝贵思想——三思而后行。永远不要让自己的嘴巴和手脚跑得比大脑快，能克制住冲动的人才会具有接近成功的品质。

我们常常因为一些对自己不利的事情而生闷气，为什么老板总不给涨工资，为什么丈夫或妻子总是不理解自己，朋友为什么会在关键的时刻明哲保身，等等，这些事情会让我们一下子火药味十足。但这样的生气并不利于解决任何问题，反而会让我们的头脑不清醒，甚至做出一些让自己后悔终生的事情来。当你用言语中伤他人的时候，其实不仅仅伤的是别人更伤的是自己。多年的朋友反目，你的形象全无，在过了一把嘴瘾之后，又开始自责。所以，当你生气的时候尽量克制一下自己，重要的是找出解决问题的方法，而不是不断地追究谁为什么这样，伤神也伤身。那些因为生气而导致的无谓的争执是毫无必要的，重要的是，不要用生气不断地惩罚自己。

保持温和的性情。生气只能使自己失去理智，不能做出正确的判断。保持温和，你一定能从温和中受益很多。

在成功人士的眼中，任何委屈都不足以让人心灰意冷，相反更加能鼓舞士气，激发起一定要做成事情的欲望。在成大事的过程中，一个人难免会有受委屈的时候，而如何以柔克刚，尽显本色，则是值得我们学习的。青年朋友是否可以成就一番事业，也看你在这样的时候是否以一种良好的习惯来控制自己，是否能够以柔克刚。

生意场上，不顺心之事时有发生。若一味生闷气，不仅气坏了身子，也于事无补，倒不如调整情绪，以最好的状态投入"战斗"，在哪儿跌倒，就从哪儿爬起来。情绪是可以调适的，只要你操纵好情绪的转换器，随时提醒自己、鼓励自己，就能让自己常常有好情绪。

当你心情烦躁的时候，可以散散步，把不满的情绪发泄出来，尽量使心境平和，因为在平和的心境下，情绪会慢慢缓和。或者用繁忙的工作去补充，也可以通过参加有兴趣的活动去转换。如果这时有新的思想、新的意识突然冒出来，那它们就是最佳的补充和最佳的转换。当面对无法改变的不幸或无能为力的事时，就抬起头来，对天大喊："这没有什么了不起，它不可能打败我。"或者耸耸肩，默默地告诉自己："忘掉它吧，这一切都会过去！"

在经商这场牌局中，当满手坏牌的时候，有人会觉得自己倒霉透了，于是，嘴里骂着，心里恨着，直到打完这局牌。其实这样的生气是无用的，既不能改变坏牌，又不能扭转牌局。倒不如想着如何变不利为有利，尽最大可能打好牌。

编者手记 ┈┈┈┈┈┈┈┈┈┈┈┈┈┈┈┈┈┈┈┈┈┈┈┈┈┈┈┈┈┈┈┈

在生气之际，不如换种方式，"我不是为了生气而学习的""我不是为了生气而工作的""我不是为了生气而交朋友的""我不是为了生气而恋爱的""我不是为了生气而打球的"……那么就会为我们的心情辟出另一番天地。

忠告26：抱怨只会让事情更糟

在抱怨声中，一支精锐之师也会变成乌合之众！

——洛克菲勒

抱怨只是暂时的情绪宣泄，它可以是心灵的麻醉剂，但绝不是解救心灵的方法。如果一个人懂得永不抱怨的价值，那实在是一个良好而明智的开端。倘若我们还没修炼到此种境界，就最好记住下面的话：如果事情没有做好，就千万不要为抱怨找借口。

标准石油公司是一个成功的公司，公司的辉煌不仅有洛克菲勒的领导，更在于员工的努力。标准石油公司里的基本原则：在标准石油公司没有责难，没有借口！这是洛克菲勒坚持的理念，在公司里，洛克菲勒不会因为他们犯错而对他们做出惩罚，但是洛克菲勒决不能容忍抱怨的行为存在。洛克菲勒的信念就是要彻底奉行。洛克菲勒的箴言是支持、鼓励和尊重将被全心接受与加倍颂扬。只会找借口而不提供解决方式，在标准石油公司是无法容忍的。

在洛克菲勒的公司里，员工很少犯错误，因为洛克菲勒办公室的大门随时为部属敞开着，员工可以提出明智的意见，或是纯粹的发牢骚，但是要用一个负责任的方式。这样的结果会让他们彼此信任，因为员工了解所有的事都需要摊在阳光下来讨论。

卡内基先生是一个成功人士，他很佩服洛克菲勒的治人之道，后来听到洛克菲勒怎么管理员工之后，他说："在抱怨声中，即使最强大的部队也会被打得溃不成军。"

洛克菲勒认为，如果你想改变不够理想的现状，获得提升的机会，抱怨是无济于事的；相反，除非你革除了抱怨这种坏习惯，否则你终其一生都不会真正成功。然而，要摒弃抱怨、不思改善的习惯，并不是件容易的事。你必须认真对待自己的工作，明确自己在工作中应负的责任，明确自己应该为公司做什么，你必须努力。只有这样，你才能达到改变的目的，享受到成功的果实。

对于那些爱抱怨的人来说，沉默实在不是一件简单的事情。但是，沉默却能把他们从抱怨情绪中解救出来。如果你什么都不说，大家也许还会赞美你稳重，但如果你说个不停，不但不会表现出你期望的睿智，反而会令人感觉到浮躁。倘若你滔滔不绝了很久，表达的内容却无非是抱怨和牢骚，那就更不够明智了。

所以，在思想上给自己一个过滤器吧，当你想要抱怨时，请让自己沉默几分钟，让你的话语先穿过抱怨的过滤器。沉默能让你自省反思、谨慎措辞，让你说出你希望能传送创造性能量的言论，而不是任由不安驱使你发出又臭又长的牢骚。

如果你希望某人或当前的情势有所转变，这就是抱怨。如果你希望一切有别于现状，这就是抱怨。当你说完某句话觉得心有不妥时，那八成就是在抱怨了。其实，眼前的不顺心，不会成为你一辈子的障碍。所以，即使面临困境，也不要因为不满或者悲观而抱怨，坚持一下，总会等到晴天。

　　生命，是顺境与逆境的轮回。只要我们在逆境中也能坚持自己，再苦也能笑一笑，再委屈的事情，也能用博大的胸怀容纳，那么，人生就没有不能接受的事实。当我们处于所谓的逆境，从内心抗拒着所处的现实时，不妨想一想在路上奔跑的车辆，不论经历着怎样的颠簸和曲折，都快乐地一路向前。在曲折的人生旅途上，只要我们内心充满了阳光，用乐观的心打量这个世界，我们就会发现，原来不是生活不美好，而是我们一直在抱怨中扭曲了自己。我们会学会感恩，学会与人分享，学会在残缺中品味快乐，在逆境中感受幸福。

　　人生之事，不顺者十之八九，常想一二。这句话的意思是说人活在世上，十件事中有八九件都会使人不顺心，但要常去想那一两件使人开心的事。每个人都会遇到烦恼，明智的人会一笑了之，因为有些事是不可避免的，有些事是无力改变的，有些事情是无法预测的。能补救的应该尽力补救，无法改变的就坦然面对，调整好自己的心态去做该做的事情。

　　喜欢抱怨的人在抱怨之后，心情非但没变轻松，反而变得更糟。常言说，放下就是快乐。这也包括放下抱怨，因为它是沉重又无价值的东西。人们喜欢那些乐观的人，是喜欢他们表现出的超然。生活需要的信心、勇气和信仰，乐观的人都具备。他们在自己获益的同时，又感染着别人。和乐观——包括豁达、坚韧、沉着的人交往，会觉得困难从来不是生活的障碍，而是勇气的陪衬。和乐观的人在一起，自己也就得到了乐观。

　　人的一生总会遇到各种各样的不幸，但快乐的人不会将这些装在心里，他们没有忧虑。所以，快乐是什么？快乐就是珍惜已拥有的一切，知足常乐。抱怨是什么？抱怨就像用针刺破一个气球一样，让别人和自己泄气。

洛克菲勒认为，抱怨失去的不仅是勇气，还有朋友。谁都不喜欢牢骚满腹的人，怕自己受到传染。失去了勇气和朋友，人生变得很难，所以抱怨的人继续抱怨。他们不知道，人生有许多简单的方法可以快乐地生活，停止抱怨是其中的真谛之一。

抱怨相当于赤脚在石子路上行走，而乐观是一双结结实实的靴子。总是抱怨自己不幸的人，不要总是看到你还不曾拥有的东西，而要静下心来，放下心灵的负担，仔细品味你已拥有的一切。学会欣赏自己的每一次成功、每一份拥有，你就能发现，自己竟会有那么多值得别人羡慕的地方，幸福之神已在向你频频招手。

编者手记

人在面临困境的时候，不要抱怨命运，因为抱怨不但会让自己内心痛苦不堪，而且在怨天尤人的愤怒情绪中，只会把事情搞得越来越糟，把解决问题的机会错过，抱怨除了使自己对待他人的态度很恶劣以外，还会令自己一事无成。

一位伟人曾说："有所作为是生活中的最高境界，而抱怨不仅于事无补，反而会让事情向着不好的方向发展。"遇事不推卸责任，不抱怨，及时地解决问题才是最正确的处事态度。

忠告 27：冲动是愚蠢的明证

在任何时候冲动都是我们最大的敌人。

——洛克菲勒

现实生活中许多人也是这样：一旦侥幸得逞，就盲目乐观。不顾自己的真实处境，看不到自己面临的潜在威胁，控制不住自己的情绪，任性妄为，结果引火烧身，给自己和朋友带来不必要的麻烦。所以，我们要学会控制自己的冲动。学会审时度势，千万不能放纵自己。每个人都有冲动的时候，尽管冲动是一种很难控制的情绪，但是不管怎么样我们一定要牢牢控制住它。否则一点细小的疏忽，可能贻害无穷。

洛克菲勒深知这一点，所以他从来不做冲动的事，因为他认为，冲动是愚蠢的明证，他从不做一个愚蠢的人。

曾有一位不速之客突然闯入洛克菲勒的办公室，直奔他的写字台，并以拳头猛击台面，大发雷霆："洛克菲勒，我恨你！我有绝对的理由恨你！"接着那人恣意谩骂他达几分钟之久。办公室所有的职员都感到无比气愤，以为洛克菲勒一定会拾起墨水瓶向他掷去，或是吩咐保安人员将他赶出去。

但洛克菲勒没有采取任何过激的行动。他停下手中的活，和善地注视着这位攻击者，那人愈暴躁，他就显得愈和善！

那名无理取闹者被弄得莫名其妙，渐渐平静下来。因为一个人发怒时，遭不到反击，是坚持不了多久的。他是准备好了来此与洛克菲勒摊牌，并想好了洛克菲勒要怎样回击他，他再用想好的话去反驳。但是，洛克菲勒就是不开口，所以他也不知该如何是好。

最后，他又在洛克菲勒的桌子上敲了几下，仍然得不到回应，只好索然无味地离去。而洛克菲勒就像根本没发生任何事一样，重新拿起笔，继续他的工作。

在遇到与自己的主观意向发生冲突的事情时，若能冷静地想一想，不仓促行事，也就不会有冲动，更不会在事后懊悔了。

大多数成功者都是对情绪能够收放自如的人。这时，情绪已经不仅仅是一种感情的表达，更是一种重要的生存智慧。如果不注意控制自己的情绪，随心所欲，就可能带来毁灭性的灾难。情绪控制得好，则可以帮你化险为夷。

在种种消极情绪中，冲动无疑是破坏力最强的情绪之一。每个人在生活中都会遇到不合自己心意的事，这时候如果不保持冷静，不克制自己的冲动行为，就会为此付出代价。一个有头脑的人不应让坏情绪控制自己，而是应该自己去控制坏情绪，成为情绪的主宰者。

洛克菲勒认为，一个冲动的人，在他做出冲动的举动时是欠考虑的，甚至都没有考虑过，而是凭一时的冲动而先行动，最终导致严重的后果，后悔莫及，尤其是血气方刚的年轻人，最容易冲动，在事后又追悔莫及，因此，我们应该时刻提醒自己一定要改掉冲动的毛病。在此，洛克菲勒提供了一些方法，希望对性格冲动的人改变自己的性格能有一定的帮助。

1. 用理智战胜冲动

理智者遇上不顺心之事，一般都能三思而后行。除了那些丧失理智和法律意识单薄之人外，正常人都有一时激愤或消沉的时候，这是个危险时段，很多不正确的判断常常是在这不冷静的时刻做出的。判断失误必然导致行为欠妥，如果人们能在最短的时间内让头脑降温，就会掐断一根危险的导火线。

2. 提高文化素养

能否理智行事与文化程度的高低成正比。这点，和深圳法院的调查报告完全吻合："冲动杀人的罪犯最多仅有初中以下文化程度，文化程度低下，缺乏自控能力是逞一时之快杀人的重要原因。"众所周知，法律对一些欲铤而走险的人能起警示作用，可是，如果文化程度低下，加之法律意识淡薄，所谓无知者无畏，就极容易经不起旁人的鼓动而走向犯罪的深渊。

3. 用外人的眼光看问题

"当局者迷，旁观者清"，这话不无道理。生活中，我们每个人都曾做过局外人观看过别人吵架，这时候，无论是哪一方的言行，其失当和偏颇之处你大多能觉察。因此，如果人们能以局外人的头脑观察自己，则善莫大焉。"冲动是魔鬼"，我们应该时刻谨记这句话，并在我们情绪失控的时刻以此来加以制止。任何事情都应该三思而后行，一时的冲动只能让结果变得更坏。

洛克菲勒认为，冲动行为是一种司空见惯的强力反抗行为，是强烈愿望的一种表达形式。冲动的情绪其实是最无力的情绪，也是最具破坏性的情绪。许多人都会在情绪冲动时做出使自己后悔不已的事情来，因此，应该采取一些积极有效的措施来控制自己冲动的情绪。

冲动的时候，我们应当用理智告诉自己一定要冷静下来，迅速地分析事情的前因后果，再采取表达情绪或消除冲动的"缓兵之计"，尽量使自己不陷入冲动鲁莽、简单轻率的被动局面。

还有，使自己生气的事，一般都是触动了自己的尊严或切身利益，使人很难一下子冷静下来，所以当你察觉到自己的情绪非常激动，眼看控制不住时，可以及时采取暗示、转移注意力等方法自我放松，鼓励自己克制冲动。人的情绪往往只需要几秒钟、几分钟就可以平息下来。但如果不良情绪不能及时转移，就会更加强烈。比如，忧愁者越是往忧愁方面想，就越感到自己有许多值得忧虑的理由；发怒者越是想着发怒的事情，就越感到自己发怒完全应该。平时可以多做一些有利于培养忍耐力的锻炼，也是一种方法。

编者手记

遇事冲动是人类的通病，冲动情绪往往是由于缺乏周密思考引起的，要知道许多问题的产生都是未经深思熟虑的结果。培根说："冲动，就像地雷，碰到任何东西都一同毁灭。"如果你不注意培养自己冷静理智、心平气和的性情，不注意培养交往中必需的沉着，那么你一碰到"导火线"就会暴跳如雷、情绪失控，就会毁掉你的人生，最后只会让自己陷入自戕的囹圄。

第八章

无须炫耀自己的聪明

忠告 28：装糊涂才是真聪明

装傻带给你的好处有很多很多。

——洛克菲勒

一个有才华的人，既要学会装傻，做到不露锋芒、暗中进取，又要学会把握时机，该聪明的时候便要果断出击，施展自己的才华，拼出一番伟业。人生如戏，稍有懈怠就会演砸，因此必须学会在"傻"与"聪明"之间变通，灵活运用。

聪明的人说糊涂话是为了平息事端，减少麻烦，缓和矛盾。如果事事都做到眼里不揉沙子，那么，这"沙子"就可能会把事情搅得不好收场，或者使事情难以朝好的方向发展。所以，在适当的时候必须学会说糊涂话。

洛克菲勒是一个能装糊涂的人，对于他来说，糊涂处世可以带来很多好处。

装糊涂可以引起别人的兴趣，并从他们的兴趣中获得收益。洛克菲勒给孩子们讲过这样一个故事。有个小孩子出生在一个小镇上，他小时候是个文静怕羞的孩子，人们都把他看作傻瓜，常喜欢捉弄他。他们经常把一枚 5 分的硬币和一枚 1 美元的硬币扔在他的面前，让他任意捡一个。他总是捡那个 5 分的，而且傻笑着对着行人说："我喜欢这一个，这个值钱！"于是大家都嘲笑他。有一天一位好心人问他："难道你不知道 1 美元比 5 分值钱吗？""当然知道，"他慢条斯理地说，"不过，如果我捡了那个 1 美元的，恐怕他们就再没有兴趣扔钱给我了。"

洛克菲勒认为，人与人之间的关系往往是一层薄纸，一捅就破，所以，务必学会装傻的能力。至于装傻的方法则灵活多变，方式也多种多样。那么洛克菲勒的装傻方法是什么呢？

首先，是心照不宣。这是一种高级装傻法，你只要管住了自己的嘴，抑制住自己想表现的欲望即可。有时会被人当面提及，则可顾左右而言他。实在逼急了，只好说不知道。即使有像小偷被人当场按住拿着赃物的手的感觉，也没什么，只要你双眼无辜地望着对方，准保他不怀疑是自己判断失误。

其次，是被动装傻，也叫被迫装傻。那是因为自己对事情真相不清楚，又想知道；或此事利害关系重大，到处有危害自己的陷阱。当然，装傻也要讲究什么场合，要看面对什么人，是什么情况。如果你随时给人的感觉都傻乎乎的，笨蛋一个，那你就失去了价值，别人对你也失去了兴趣。洛克菲勒认为，装糊涂也要分清场合与时间，不然会被别人当作十足的傻瓜。

洛克菲勒认为，以糊涂容人。在一些细节问题上不要太较真，否则，会让人感到你心胸狭隘。有时为了表现自己的宽宏大量，说些糊涂话就可以派上用场。

在交际活动中，交际的双方或局外人由于彼此不甚了解，常常会做出一些让对方迷惑不解的举动，导致尴尬、紧张场面的出现。为了缓解此种局面，我们可以采用故意曲解的策略，假装不明白尴尬举动的真实含义，而给出有利于局势好转的理解，进而一步步将局面朝有利的方向引导。

洛克菲勒的做事原则是，该明白的时候，分毫不差；该含糊的时候，大智若愚。什么事该说，什么事不该说，这里面大有学问。在人际交往中，愚蠢的人什么都说，还什么都说不清；聪明人是该说则说，不该说则不说。因此，说话艺术能体现一个人为人处世的智慧。善说者不是把心里的话都抖搂出来，而是把该说的都说到嘴上，不该说的则换一种方法去说。

含糊法是运用不确定的，或不精确的语言进行交际的妙法。在公关语言中运用适当的含糊，是一种必不可少的艺术。交际需要语词的模糊性，这听起来似乎很奇怪。但是，假如我们通过约定的方法完全消除了语词的模糊性，那么，就会使我们的语言变得非常贫乏，非常生涩，就会使它的交际和表达的作用受到严重的限制，而其结果就摧毁了语言的目的，人们交际就很难进行，因为我们用以交流的工具——语言遭到了损害。

聪明的人能从吃亏中学到智慧，悟透人生。这是成功人士所总结出来的一种人生观——它包括了愚笨者的智慧、柔弱者的力量。

在时机尚未成熟、条件也不具备的情况下装一回"傻"，才不会被别人小心提防，才能在暗处谋划全局。然而装傻并不是消极的明哲保身，而是为日后的大有作为奠定基础，在别人放松警惕的时候充实自身，当天时、地利、人和齐备之际，这些装傻的智人便会果断出击，而且一击即中，这时候，他们便不再需要"傻"的外壳来做掩护了。该装傻时便装傻，该聪明时绝不含糊，成功便不远了。

难得糊涂，糊涂难得，对不触犯原则的问题不必太较真。太斤斤计较，不仅白白浪费精力，而且许多时候还会起到反作用。糊涂是保全自我、极富变通的处世之道，没有人会对一个"糊涂"的人提过多的要求，糊涂下面隐藏的清醒才是成功的关键。

编者手记

难得糊涂是心理环境免遭侵蚀的保护膜。在一些非原则性的问题上糊涂一下，无疑能提高心理承受力，避免不必要的精神痛楚和心理困惑。有了这层保护膜，会使你处乱不惊，遇烦不忧，以恬淡平和的心境对待各种生活的紧张事件。

　　培养自己适应各种环境的能力，遇事烦恼就少，心理压力就小。生老病死，天灾人祸都会不期而至，用难得糊涂的随遇而安之法去对待生活，你将拥有一片宁静清新的心灵天地。

忠告29：瞒住你的聪明

　　装傻的含义，是摆低姿态，变得谦虚，换句话说，就是瞒住你的聪明。越是聪明的人越有装傻的必要，因为就像那句格言所说的——越是成熟的稻子，越垂下稻穗。

——洛克菲勒

　　洛克菲勒曾说："世界上只有两种聪明人，一种是活用自己的聪明人，例如艺术家、学者、演员；另一种是活用别人的聪明人，例如经营者、领导者。后一种人需要一种特殊的能力——抓住人心的能力。但很多领导者都是聪明的傻瓜，他们以为要抓住人心，就得依据由上而下的指挥方式。在我看来，这非但不能得到领导力，反而会让其领导力大打折扣。要知道，每个人对自己受到轻视都非常敏感，被看矮一截会丧失热情。这样的领导者只会使部属无能化。"

　　没有知识的人终无大用，但有知识的人很可能成为知识的奴隶。每个人都需要知道，一切的知识都会转化成先入为主的观念，结果是形成一边倒的保守心理，认为"我懂""我了解""社会本来就是这样"。有了"懂"的感觉，就会缺乏想要知道的兴趣，没有兴趣就将丧失前进的动力，等待他的也只剩下百无聊赖了。这就是因为不懂才成功的道理。

　　但是，受自尊心、荣誉感的支配，很多有知识的人对"不懂"总是难以启齿，好像向别人请教，表示自己不懂，是见不得人的事，甚至把无知当罪恶。这是自作聪明，这种人永远都不会理解那句伟大的格言——每一次说不懂的机会，都会成为我们人生的转折点。

自作聪明的人是傻瓜，懂得装傻的人才是真聪明。如果把聪明视为可以捞到好处的标准，那洛克菲勒显然不是一个傻瓜。

洛克菲勒说："装傻的含义，是摆低姿态，变得谦虚，换句话说，就是瞒住你的聪明。越是聪明的人越有装傻的必要，因为就像那句格言所说的——越是成熟的稻子，越垂下稻穗。"

大凡成功的人在遇到瓶颈时，都会以退为进，退也是一种谦虚。成大事业者无不是谦虚好学之人。当他们想骄傲的时候，他们会立即想到谦虚，他们会以谦卑、感恩的心态去面对任何事、任何人。

强中自有强中手。无论你今天多么优秀，事业多么成功，一定还有比你更优秀、更成功的人。做人一定要谦虚随和，这样才能使自己得到更大利益，获得更大成功。一个不自我表现的人，反而显得与众不同；一个不自以为是的人，会超出众人；一个不自夸的人会赢得成功；一个不自负的人会不断进步。

的确，你谦虚，就显得对方高大；你朴实和气，他就愿与你相处，认为你亲切、可靠；你恭敬顺从，他的指挥欲得到满足，就会认为与你配合得很默契；你愚笨，他就愿意帮助你。这种心理状态对你非常有利。相反，你若以强硬姿态出现，处处高于对手，咄咄逼人，对方会感到紧张，做事没有把握，而且容易产生一种逆反心理，使交往和工作难以继续。

洛克菲勒认为，不论你想要取得什么样的成功，谦虚都是必要的品质。在你到达成功的顶峰后，你会发现谦虚真的十分重要。因为，只有谦虚的人，才能得到智慧。

不管一个人的才华多么出众，但如果他喜欢自我炫耀、骄傲自大，都必然招致别人的反感，最终吃大亏而不自知。而那些本领不高却狂妄自大的"半瓶醋"，则更加贻笑大方了。所以，人立身处世，必须谦虚谨慎，温良恭让，善于隐匿，虚怀若谷，不矜功自夸，不肆意张扬，这样才能很好地保护自己，并受到别人的欢迎和拥戴。许多人对于谦虚这个重要的个性不以为然。事实上，如果能妥善运用谦虚，则能够使人类在精神上和物质上得到不断提升。

谦虚是人性中的美德，也是驯服人、驾驭人的最大要领。领导虽身居高位，而能礼贤下士，就能得到人才、人心。有大功而能谦恭下士，所以能得士人。居守着天下的尊位，不能自谦尊人，自卑敬人，自下而上人，要想天下的贤才哲士为我所用，又怎么能办得到呢？真正的谦虚，是自己毫无成见，思想完全解放，不受任何束缚，对一切事物都能做到具体问题具体分析，采取实事求是的态度，正确对待；对于来自各方面的意见都能听得进去，并加以考虑。这样的人能做到在成绩面前不居功，不重名利；在困难面前敢于迎难而上，主动进取。他们的谦虚并不是卑己尊人，而是既自尊，也尊人。

一个容器若装满了水，稍一晃动，水便溢了出来。一个人若心里装满了骄傲，便再也容纳不了新知识、新经验和别人的忠言了，长此以往，事业或者止步不前，或者猝然受挫，一个人不管自己有多丰富的知识，取得多大的成绩，或是有了何等显赫的地位，都要谦虚谨慎，不能自视过高。应心胸宽广，博采众长，不断地丰富自己的知识，增强自己的本领，进而更深刻地认识自己，获得更大的成功。如能这样，则于己、于人、于社会都有益处。

编者手记

保持谦卑的姿态，避开无谓的纷争，就能避开意外的伤害，更好地发展自己。谦卑，还包括甘愿让对方处在重要的位置，而自己处在次要的位置。谦卑是指人因为虚心，所以能进入对方的心，被别人接纳。而在沟通时彼此接纳是很重要的，因此，谦卑作为一种品格也非常重要。

如果在与人相处时能保持谦卑、尊重别人，那人与人之间的关系就会很融洽，大家团结一致就没有做不成的事情。因此，谦卑不只是一种美德，也是一种生存策略。一个甘愿处于次要位置的人，一个谦卑的人，格局反而越来越大，最后会赢得大家的尊重和爱戴。无论何时何地，我们都应保持一颗谦卑的心，唯有如此，生命才有了一种无法言传的尊严和价值。

忠告30：不要高调要低调

> 开始时的卑微并不是低贱和耻辱，而是抵达尊贵的必要过程。
>
> ——洛克菲勒

真人不露相，露相非真人。在竞争激烈的社会里，聪明人都很谨慎，不会轻易暴露自己的真实意图。而很多新人往往因修行不够，在不知不觉中铸成大错，自毁前程，令人叹惜。

标准石油公司录用了一个大学生，这个大学生信心十足，鼓足干劲，在自己的岗位上干得相当出色。他头脑灵活，喜欢思考，很快就发现了公司管理存在的一些弊端，于是经常向主管反映，然而每次得到的答复总是："你的意见很好，我会在下次会议上提出来让大家讨论。"

他很不满，对主管的平庸和懦弱也很不服气，几次萌生了取而代之的念头。在一次公司大会上，他坦陈了自己的想法，并建议公司实行竞争上岗，能者上，庸者下。会场顿时寂静无声，主管早就气得脸色发白。总经理称赞了他的想法，认为很有新意，却并没有深入讨论的意思。

会议结束后，他忽然发现一切都变了。同事对他敬而远之，主管更是冷语相向；更严重的是，有人向总经理投诉他收受回扣、违规操作、泄露公司机密……任何一项罪名都能将一个小小的销售员压垮。领导们当然明白事情的来龙去脉，但为了照顾大多数人的情绪，还是辞退了他。

没有人不想出人头地，每个人都有自己的"野心"，但是切忌太过外露。你的"志向"和"企图"即使是正当的，一旦在你身上得到表现，总会有人感到受了威胁。他们可能会利用手中的权力或影响力对你进行打击，使你过去的一切努力都化为泡影。上面所说的销售员的遭遇，不正给我们上了生动的一课吗？

在一个群体或团体中，人人都希望自己首先"迈出众人行列"，成为脱颖而出的佼佼者。但社会竞争又暗藏着一个悖理的法则，这就是"枪打出头鸟"，或"出头的椽子先烂"。如果一个羽翼未丰的人积贮的能量尚不够，是万不可轻易暴露内心、过早卷入残酷的社会竞争的。在这种时候，最需要保持低调。

当你的才华太出众，有盖过周围人的势头时，你就要小心了，这时你就会受到各种各样的诘难。可这又能怪谁？谁让你那么得意呢？人就是如此，他可以容忍你优秀，但不能容忍你卖弄优秀，过于张扬会使众人感到你威胁到了他们的地位，会使他们恼怒，从而在你背后放箭。最好的方法就是学会藏锋敛迹，装憨卖乖，千万不要让自己成为中枪的鸟。

洛克菲勒认为，我们所要做的是在暗中修炼自己，在暗中等待机会。在这种情况下，别人尚未察觉你的真实意图，而你却早已对对方了然于胸。

在现实生活中，如果做不到不露声色，你的观点、主张、决策便很容易被对方掌握，那么，玩弄你于股掌之上就是很简单的事。

只有对方无从了解你的欣喜、愤怒，只有当你将自己深深隐藏起来的时候，才能够达到迷惑对方的目的。这自然需要一定的技巧，从很多城府极深的政治家身上我们能够看到这一点。有时，不露声色也要掌握一定的度，把握不好，过犹不及，在适当的时候也不妨"虚则虚之，实则实之"，以搅乱对方的判断。

洛克菲勒认为，由卑微而至尊贵，这是一个人走向成功与卓越的正向逻辑。因此，开始时的卑微并不是低贱和耻辱，而是到达尊贵的一个必然过程。但也有一部分人在逐渐走向尊贵时，开始喜形于色，夸耀自己；身处高位，颐指气使，飞扬跋扈；稍有才能便妄自尊大，目中无人。那种唯恐天下人不知的彰显心理不知害了多少人。保持低调行事作风的人恰恰相反，他们无论在什么情况下都不显山露水，不愿意让别人看到自己高出于人的那一面。

一个人即使是天才，若丝毫不懂收敛，必将成为别人争斗的对象，由此为自己带来不必要的麻烦。崭露锋芒是正常的，但应认清形势，不要不分场合、地点及其他客观形式，一味锋芒毕露，要懂得适时隐藏。心直口快有时往往陷人于不利之地。

如果仔细看看周围那些有人缘的人，你就会发现，他们毫无棱角，言语如此，行动也一样。他们各自深藏不露，表面上看好像个个都很讷言，其实都是颇有雄才大略而不愿久居人下者。但是他们却不肯在言谈举止上露锋芒，不肯做出众人物，其道理何在呢？

因为他们有所顾忌，锋芒太露很容易得罪他人，为自己前进制造阻力。而且，这种阻力会来自方方面面，令你防不胜防，你又如何能达到出人头地的目的呢？

力求出人头地，是一种积极的人生态度，无可厚非，但急于出头，行高于人，让自己鹤立鸡群，必定会遭遇别人的嫉妒和排斥。你可以让自己的才能高出于人，但绝不可让自己显出高人一等的姿态。不显不露是一种低调，也是生存达到更高境界的有力保障。

编者手记

无论你有怎样傲人的资本，没有炫耀显露的必要。一旦你过于张扬，别人就会嫉妒你，或许你本身并没有夸耀逞强的意思，但别人早已看到你不顺眼。如若这时你还不能及时醒悟，赶紧用低调的策略保护自己，你就会将自己置于吉凶未卜的旋涡之中，到时，即使你想抽身也难了。因此，越是春风得意之时，就越要经常反躬自省，越是要讲究不显不露，低调做人，这样才能更有效地保护自己。

中国有句古话叫作"枪打出头鸟"，还有"木秀于林风必摧之"，虽然现代社会是一个张扬个性的社会，但内敛、低调的人才能笑到最后。你的才华、你的智慧也许会被你的桀骜不驯、年少轻狂给掩盖，要知道，如果你有才华而别人或者社会不给你施展它的空间，这将是多么悲惨的一件事情！

第九章

高贵的品格使你的快乐更高尚

忠告 31：把欺骗扔进垃圾箱

诚信也许确实是极少数人所拥有的财富。在企业界，信誉是奸诈的人不管赚多少钱都买不到的，他们无法体验赢得它的乐趣。让我们用自己的方式去赚钱吧。

——洛克菲勒

许多人把说谎、欺骗视为一种手段，他们相信说谎、欺骗会给自己带来好处。但是，人不可能靠说假话获得朋友，更不可能靠说假话赢得成功。撒谎是隐瞒不了事实的，当一个人被谎言愚弄后，他会感到被愚弄的耻辱，因而对说谎者十分厌恶、十分愤怒，因此说谎者的不被信任是极自然的。不诚实、狡猾、惯用恶劣伎俩、欺诈、伪装……这类人被排斥、被冷落、被嘲讽、被蔑视，正是反映了这种恶劣品德为社会所不容。

因为对经营方法存在分歧，洛克菲勒曾与莫里斯和詹姆斯产生争执，他对詹姆斯用不正当手段做石油生意的行为感到震惊。詹姆斯喜好吹嘘自己如何欺骗他过去的老板，或是在宾夕法尼亚州购买石油期间如何欺骗他人，而这肯定会引起洛克菲勒的疑虑，因此他特别留意这位合伙人的开支。一直在做长远打算的洛克菲勒希望身边有一批忠诚可靠的，并且能赢得客户和银行信赖的人。他的看法是，意志薄弱、品行低下的注定不会成为好商人。

今天，人们有一种普遍的心理：不信任。造成这种心理的原因之一大概是生活中口是心非的人太多了。口是心非，就是表面上说得天花乱坠，而内心则全非如此；表面上对你百依百顺，而实际上则是我行我素；嘴里说着对你的赞誉之词，而内心则是诅咒你不得好死……试想一下，如果长期生活在这些人当中，吃过几次亏之后，不论是谁都会增强戒备之心，对他的话加上几个问号。但是如果每个人都变成了这样，都像戴着一副面具（而且是慈善面具），那生活还有什么意思呢？人与人之间的真诚、友爱都到哪里去找呢？所以，我们每个人，特别是年轻人，要努力去扭转这个局面，要学会真诚，切不可做口是心非的人。

不管时代怎样发展，不管社会怎样变迁，你都不要忘记：诚实是做人的根本。诚实是一切美德的根本，要获得别人的信任与尊重，你首先应该做到诚实。因为，欺骗别人的人，最终会欺骗自己。

不为利动，没有私心，在任何情形下都有诚实的美誉，这样的人，在学校里会得到师生们的喜爱，在公司里会得到老板的重视，在朋友圈里会获得好人缘，在社会上会成为一个受人尊重的成功人士。那些不坚持诚实，没有绝对正直品德的人是很危险的。他们在平时也许是愿意站在正直的一方面的，但是一旦关系到自己的利益，比如在金钱面前，在升职面前……他们就要离开正直，就要不说正直话，不做正直事了。

其实，这些人不明白，他们在多得到一分金钱的同时却损失了诚实的品德。他们的钱袋固然是有所增益了，职位有所提升了，但他们的人格却降低了！很多人常在事情发生以后才悟到，欺骗的行为是不可靠的，是必定要失败的！一个人腐化了他内在的最高贵的东西，失去了做人的资格，就算不上是一个真正的人。

不要说谎，没有一个谎言可以长久。你可以一时欺骗所有人，也可以永久地欺骗某个人，但是你无法永久地欺骗所有人。如果做错了事，请勇敢地承认，不要再做无谓的狡辩，如果你不承认，事实自己也会说话，纸终究包不住火。

洛克菲勒认为，欺骗的行为不可靠。诚实是衡量人品行是否高尚的一把尺子，这把尺子适用于所有人。诚实不仅是一个人品行的证明，同时，它还能使人树立起对家庭、对工作、对朋友、对社会的强烈责任感。

编者手记

卢梭说："你要宣扬你的一切，不必用你的言语，要用你的本来面目。"最能说服人的，不是你用的何种语言、怎样的表达方式，而是事实本身。每个人都有自己的眼睛和耳朵，他们也随时在用自己的心看事实。谎言，就像是日出之前弥漫在大地上的烟雾，虽然每个人都有被迷雾迷住眼睛的时候，但是总有拨开迷雾见太阳的一天，那时，迷雾消散，你的谎言不攻自破，你又该怎么办呢？

在事实面前，所有的狡辩都是无力而苍白的。事实的存在是不会变更的，没有人能够洞察事实和他人的方方面面，所以也就没有办法把每个角落都掩藏起来，遮住每个人的眼睛。而只要有一个地方他没有能够挡住人们的视线，那么事实就会水落石出。

忠告 32: **良心不是商品**

良心的平静才是唯一可靠的报酬。

——洛克菲勒

对任何领域而言，道德是获胜的首要因素。仅有能力无法形成力量，将高尚的道德品质运用到实际行动中才能显出成效。德商，是指一个人的德性水平或道德品质。德商的内容包括体贴、尊重、容忍、宽恕、诚实、负责、平和、忠心、礼貌等各种美德。

不论我们在生活中还是在工作中，都要以道德来规范自己的行为，不断修炼自己，这样才能获得人生的成功。古今中外，一切真正的成功者，在道德上大都达到了很高的水平。现实中的大量事实说明，很多人的失败，不是能力的失败，而是做人的失败、道德的失败。一切工作、事业上的成就，归根到底都源于做人的成就。

威基在一家标准石油公司从事运营工作。一天，他突然接到要求待岗的通知，待岗比辞退稍微好一些，每月可领取一些生活费。工作以来，他的工资一直都不高，没有什么积蓄，待岗之后一家人的生活顿时陷入了困境。

在他待岗在家的几天里，他一连接到3个奇怪的电话。电话里的人自称是威基所在标准石油公司的竞争对手，希望威基能给他提供一些公司的机密，他可以给威基找一份工作或者给威基10万美元作为回报。

第一次接到电话时，威基断然拒绝了。

第二次报酬提高到20万美元，威基仍旧拒绝了。

第三次电话打来时，威基正四处借钱以维持家庭开支，而这时，报酬已高达50万美元，但威基仍然拒绝了。从此，奇怪的电话再也没有打来，一切似乎都过去了。

一周后，威基意外地被通知去上班，经理把诚实奖章发给了他，同时，经理还聘任他担任公司开发部经理。

原来，那3个电话都是经理安排人打的，根本就不是什么竞争对手，只不过是员工晋升前的一次考察而已。考察的是一名员工是否具有可靠的人品，能否即使在生活贫困的情况下也不出卖自己的人格。威基经受住了经理的考验，他的确具备了出众的德商。

的确，做人必须从"德"字开始，树立有德之人的品牌，这样才能成大事。其实品德对每一个人来讲都极为重要，尤其是对身居高位、垂范下属的管理者。品德由种种原则和价值观组成，它给你的生命赋予了方向、意义和内涵。品德构成你的良知，使你明白事理，而非只根据法律或行为守则去判断是非。正直、诚实、勇敢、公正、慷慨等品德，在我们面临重要抉择之时便成了首要因素。

许多人认为，成功靠天资、能力、人缘。历史却教导我们：从长远来看，"真正的自我"比"人家眼中的我"更为重要。美国建国的头150年，几乎所有关于成功和自我奋斗的故事，都着眼于当事人的德行。

洛克菲勒非常重视一个人的德行，尤其是经商。他为员工培训的时候曾讲过这样一个案例。

有一对夫妻，由于各种原因他们都没有了工作，后来他们开了家烧酒店，自己烧酒自己卖，也算有条活路。丈夫是个老实人，为人真诚、热情，烧制的酒也好，就这样，一传十，十传百，酒店生意兴隆，常常是供不应求。

看到生意如此之好，夫妻俩便决定把挣来的钱投进去，再添置一台烧酒设备，扩大生产规模，增加酒的产量。这样，一可满足顾客需求，二可增加收入，早日致富。

这天，丈夫外出购买设备，临行之前，把酒店的事都交给了妻子，叮嘱妻子一定要善待每一位顾客，诚实经营，不要与顾客发生争吵。

一个月以后，丈夫外出归来。妻子一见丈夫，便按捺不住内心的激动，神秘兮兮地说："这几天，我可知道了做生意的秘诀，像你那样永远发不了财。"

丈夫一脸愕然，不解地说："做生意靠的是信誉，咱家烧的酒好，卖的量足，价钱合理，所以大伙才愿意买咱家的酒，除此还能有什么秘诀？"

妻子听后，用手指着丈夫的头，自作聪明地说："你这榆木脑袋，现在谁还像你这样做生意，你知道吗？这几天我赚的钱比过去一个月挣的还多。秘诀就是，我给酒里兑了水。"

丈夫一听，肺都要气炸了，他没想到，妻子竟然会往酒里兑水，他冲着妻子就是重重的一记耳光。他知道妻子这种坑害顾客的行为，将他们苦心经营的酒店的牌子砸了，他知道这将意味着什么。

从那以后，尽管丈夫想了许多办法，竭力挽回妻子给酒店信誉所带来的损害，可"酒里兑水"这件事还是被顾客发现了，酒店的生意日渐冷清，后来就不得不关门停业了。

其实，做生意也是经营人生。给酒兑水，表面上看是坏了产品，影响的是生意，但折射出的实质是低劣的人品——弄虚作假、不诚实，失去了人们的信任，失去了酒店的信誉，欺骗别人一次，影响自己一生。

洛克菲勒认为，无论是为人处世，还是经商，都要有良心，不能把良心当成商品。要常发惭愧心，要肯认错，要懂得感恩。能够行事不昧、自我反省的人，都是有良知的人。此外，对于那些良心生起、忏悔过往的人，要给予包容、协助，这也是人性的善美、光辉、伟大之处。

修身不拘年龄，随时可以开始，要诀是自知自省，推己及人。从推己及人的观点而言，须先取得小我的胜利，然后才会有大我的胜利。如果你习惯于从生活小事修养自己的品德，将来就更有能力塑造应付大事的毅力。

才能不足恃，唯有道德的力量战无不胜。无论你做什么，道德是最重要的生存依据。所以说，德商造就我们感恩的心态，指导我们正确地做事，引领我们正确地做人；德商，更是我们职业之树成长、铸就成功事业的根基。

每个人都生活在内外两个世界中，也具有向外发现和向内发现的两种能力。向外是一个无比辽阔、精彩绝伦的世界，向内则是一个无比深邃、亟待挖掘的天地。观察外部世界需要一双明亮的眼睛，探究内心的天地则需要清醒的头脑和善于反省的意识。

根据美国哈佛大学行为学家皮鲁克斯在《做人之本》一书中的观点："做人不是一个定下几条要求的问题，而是要从自己的根本开始，把自己变成一个以德为本的人，否则你就绝不会赢得别人的信任，更谈不上成功人生，反而会早晚让你的人生塌方。"

良心的惩罚是最痛苦的煎熬，是人生痛苦的根源之一。背负着良心的惩罚会让你苦恼得寝食不安。要做到坦荡荡，唯有让自己的心充满正直、诚实。当正直和诚实的阳光照耀着你的心灵时，阴霾就会远离你的世界。

忠告33：真诚地面对每个人

我渴望友谊、真诚、善良和一切能滋润我心灵的美好情感，我也相信它们一定存在。

——洛克菲勒

以诚待人，彼此真诚、友好，在彼此的心灵中间架上一座真诚的桥梁，让彼此更加信任，更加友好，这样的人际关系才能融洽。

洛克菲勒有一个富人朋友，他假装生病住进了医院。过了几天，他痛苦地向医生倾诉："很多人都来医院看我，但我看得出，我的亲人们是为分配我的遗产而来的；与我有往来的那些朋友，不过是当作一种例行的应酬罢了；还有几个平素与我不和睦的人，我想他们是听到我病重的消息，来看热闹的……"

医生反问道："为什么你总是苦于测试别人对自己是否真诚，而从来不测试自己是否对别人真诚呢？"富翁哑然无语。

凡是动了测试念头的，大都是一些疑心很重又自以为是的人。他们怀疑友谊的真诚、亲人的牵念、爱人的忠贞，绞尽脑汁地设计出种种"圈套"让自己最亲近的人去钻，弄得自己痛苦，别人难受。

洛克菲勒认为，真诚是为人的根本。很多成功人士都有一个共同的优点，那就是待人真诚。因为一个让人感到真诚的人，会更易被人理解和接受，同时也会以诚相待。这样会形成更好的人际关系，当然也更有利于事业的发展。

洛克菲勒一个朋友的小孩常年住在海边，他非常喜欢海鸥，时间久了，海鸥也乐于亲近他。每当他摇船出海的时候，总有一大群海鸥尾随在他的渔船四周，或在空中盘旋，或直接落在他的肩上、脚下、船舱里，自由自在地与他一起嬉戏玩耍，久久不愿离去，海鸥就像他的好朋友一样。

有一天，洛克菲勒的朋友听了这件事，非常好奇，就对孩子说："人家都说海上的海鸥喜欢跟你在一起玩，毫无戒备，你何不乘机抓几只回来，给我玩玩？"孩子听后，非常乐意，满口答应："这有何难？你就等着吧！"

第二天清晨，孩子早早地出了家门，想快些把海鸥抓来送给父亲。他焦急地等着海鸥的到来。可是，聪明的海鸥早已看出他的神情不对，因此只在空中盘旋，而不肯落到他的船上。当孩子准备伸手去抓的时候，就全都飞走了。

彼此交往要以真诚为前提。不真诚对待朋友，朋友就会远离。当孩子真心诚意地对待海鸥时，海鸥也以诚相待，常常快乐地飞落在他身边。可当他居心不良，虚情假意，想要捉它们回家去时，海鸥就不再飞落到他船边了。由此我们想到，在生活中，人只要心怀恶意，别人就会感觉出来，就不会与这种人长久地相处下去。因而，我们彼此交往要想达到和谐友好的境界，必须以真诚为前提。

真诚是一种心灵的开放，如果一个人没有真诚，就很难被周围的人认可，也很难立足。一个人真诚的心声，能唤起一大群真诚人的共鸣。

洛克菲勒认为，真诚会使我们的内心坦然，而说谎、虚假、欺骗,会折磨我们的良心,让我们的心处在一种灰暗、紧张中。做人一定要真诚。真诚不但能使你保持内心的平和,也能帮助你获得他人的信任,交到更多的知心朋友。

在人际关系品德因素中,真诚是最重要的因素之一,它是构筑良好的人际关系的基础。洛克菲勒是如何做到真诚呢?

(1)提前到达约定地点。约会时必须遵守约定的时间,这是常识。如果约会是你主动提出的,最好提前到达约定场所,这一点相当重要。因为诚实和信赖感是从守时和不让对方等待中产生的。

(2)坦率回答问题。不想暴露自己的弱点,以免降低自己在对方心目中的形象是人之常情。因此有不少人在人前绝不肯承认自己对某个问题不知道,反而装出一副很了解的样子。实际上,对于自己不知道的事情,坦率地说不知道,可以强烈地给人以正直、诚实的印象。

(3)失误后不辩解。有了失误千万不要为自己辩解,而应诚恳地道歉,然后提出弥补过错的方法。即使无法挽回的事情,也要表示尽量减少损失。这样可以表现你强烈的责任感和诚意,令人刮目相看。

(4)遵守诺言。不遵守诺言往往使人感到你不诚实,如果你许下了诺言,或者像开玩笑似的做过承诺,对方并不抱有希望,而你一旦忠实地做到了,必定使对方感到意外,也可以使你的诚实更加突出、醒目。

(5)做陷入逆境者的忠实听众。人们在陷入逆境、心中烦闷、焦躁不安的时候,往往借说话来调节心情。此时,你千万不要去劝说、安慰他,搞不好会使他更加烦闷,陷入恶性循环之中。事实上,对陷入逆境的人来说,忠实的听众远比任何安慰都来得有效。他可以漫无目的地说话,发泄内心的情绪,倾诉够了,脱离困境的日子也就不远了。

洛克菲勒认为,真诚是一种自发、自愿的行为,它随时告诉身边的人，我是诚实有信用的，我是可以放心信赖的，这样的人没有人会不愿意与之打交道。

诚实是做人的基本品质，是人们相互信赖和友好交往的基石。每个人都喜欢同诚实正派的人打交道，与诚实正派的人交往。因为这样可使朋友有安全感，不必心存疑虑。

为人诚实表现在与朋友交往中，就是以诚相待，说实话、办实事、做老实人，对朋友不可虚情假意，也不可口是心非，切忌对朋友使小心眼，耍小聪明。

要诚实地对待朋友，当朋友真诚地与你交往，关心你、爱护你的时候，要以同样的真诚，甚至更多真诚的言行去回报朋友。滴水之恩，当以涌泉相报，这样以心换心，朋友之间的友情必然是根深叶茂。

忠告34：做人不能过分追求虚荣

一切成功和荣誉都必须靠自己的创造去获取，这样的成功和荣誉才能永葆活力。但在我们今天这个社会，富家子弟正处在一种不进则退的情况之下。不幸的是，他们中的大多数都缺乏进取精神，他们好逸恶劳，挥霍无度，以致有很多人虽在富裕的环境中长大，却不免在贫困中死去。

——洛克菲勒

一个能够保持宁静心灵并保持理性自我的人，永远不会自己产生恐惧或欲望，除非是别人让他产生恐惧、陷入欲望。这种时候，灵魂往往会因为贪慕一时的虚荣而丧失自我。

每个人都有不同程度的虚荣心理，它像一只默默地啃噬自己内心的小虫，悄无声息但却让人格外痛苦难熬。而这些贪慕虚荣的人，也必然会为自己的行为付出一些代价。

洛克菲勒认为，虚荣心会使一个人失去心灵的自由，常常使人觉得没有安全感，不满足，与其在虚荣心的驱使下追求鹤立鸡群、脱颖而出的满足，不如回归本我，于宁静的心灵世界中寻求知足的幸福。

为了表现出高人一等的情操才去做善事，为了得到名誉和赞扬才去帮助别人，为了惊世骇俗才钻研学问，为了标新立异才去保持名节，这些做法都是与美德相矛盾的。倒立花丛中的杂草，最容易夹杂，也最难去除。要洗涤尽这些不好的思想渣滓，消灭这种念头的萌芽，才能看到美德的真正面目。追求真善美是这个世界不断进步的动力，名誉也往往与之联系在一起。然而，过于看重名誉，就变成了虚伪的人，心灵也就装满了虚荣。

其实，每个人或多或少都有一点虚荣心，虚荣心与羞耻心只是一个尺度的问题。不想让人看到自己邋遢的样子，不想让人知道自己的才疏学浅；想让人称赞自己的拿手菜，想用滔滔雄辩来赢得别人的尊重……这些都是与羞耻、光荣、名誉联系在一起的小细节。柏格森曾经说过："虚荣心很难说是一种恶行，然而一切恶行都围绕着虚荣心而生，都不过是满足虚荣心的手段。"过于在意别人的看法，甚至单纯为赢得别人的赞誉而做事，就是虚荣了。

虚荣会囚禁你的心灵，让你在做任何事情之前都要掂量自己能否得到称赞。为了维持自己的美好幻影，你的真心必须收敛，言语处处斟酌，到最后只能不胜其苦，幻影破灭成灰。而那些因为虚假的名誉而建立起来的友情、爱情，都会在你露出真相之时抽身离开。虚荣犹如不纯净的包装袋，里面夹杂的各种气体只会让你的美德变质。

既然虚荣心带来的后果如此严重，洛克菲勒拥有那么多的财富却没有虚荣心，那么他是如何克服呢？

（1）认识到虚荣心给自己带来的危害。虚荣心强的人，在思想上会不自觉地渗入自私、虚伪、欺诈等因素，这与谦虚谨慎、光明磊落、不图虚名等美德格格不入。虚荣的人为了表扬才去做好事，对表扬和成功沾沾自喜，甚至不惜弄虚作假。他们对自己的不足会想方设法遮掩，不喜欢也不善于取长补短。

（2）端正自己的价值观与人生观，正确理解权力、地位、荣誉的内涵和人格自尊的真实含义。不少人对生活、前途、人生的态度很容易流于过分追求外在的浮华，讲排场、摆阔气、大吃大喝，更以为攀比是时髦的象征，这都为虚荣心的滋长提供了土壤，让人变得轻飘飘起来。只有着眼于现实，把自己的理想与社会结合起来，通过艰苦努力，克服前进道路上的困难和障碍，才有可能实现自己的远大理想和抱负。

（3）要学会自我控制。人的需求是无止境的，当你满足了现在的需求后，就会产生新的需求，永远都没有终结，而虚荣心也会越来越膨胀，因此要学会自我控制。控制过度的欲望是非常重要的。在想要得到某样东西前，可以自问一下，自己是否需要它？它对自己真的有用吗？如果自己内心的答案是否定的话，就要去控制自己的欲望。自我控制还包括对自己作出实事求是的评价，以达到更好的自我鞭策的目的。

（4）排除环境的不良因素。我们都希望得到别人的肯定和尊重，但是人的价值还是由自己来决定。我们身边可能会有一些不良的因素，只有自己把握是非，坚持正确的原则，才能拒绝虚荣，也才不会因为虚荣而犯错。只有抽空了虚荣的气息，还心灵一个纯净的环境，才能让美德永不变质。

每个人在不同程度上都有一定的虚荣心理。虚荣心是一种扭曲的、不健康的心理。一个心理成熟的人应当适度克制自己的虚荣心理，树立起正确的荣辱观，对自己的荣誉、地位、得失、面子等问题有一个正确的认识。

早前洛克菲勒邻居家有一个小女孩，她很爱打扮，但家庭经济条件不好，无法满足她的要求。离她家不远有一家小商店，她发现商店老板放钱的抽屉从来不上锁，于是就以找老板的女儿玩为借口，常常到小商店里去，趁老板不注意的时候，就从老板放钱的抽屉里偷钱，每次少则几十美元，多则上百美元。就这样，五个月下来，小孩一共从小老板那偷了将近一千美元。小女孩一直窃喜她神不知鬼不觉的行为，可是丑行终究是要败露的。一天，正当小女孩再次从老板抽屉里偷钱的时候，被老板逮了个正着，老板看她年龄尚小，就没有声张她偷钱的行为，只是向她父母要回了她从商店偷出来的钱。看到父母无奈又责备的眼神，小女孩这才后悔不已……

小女孩的悲剧起源于她的虚荣心。外表美并不在于穿得花哨，作为依靠家长生活、求学的学生来说，衣着朴素整洁、言行文明礼貌，这才是真正的美。

洛克菲勒认为，虚荣只是一种令人沮丧的游戏，一场注定要失败的竞争。在虚荣心的驱使下，你将会变成一个固执己见的小小的独裁者，整日神经紧张，夜不成寝。因此，必须要戒除虚荣心。

虚荣心的产生与人的需要有关。人类的需要分生理需要、安全需要、归属和爱的需要、尊重的需要和自我实现的需要，其中尊重的需要包括成就、力量、权威、名誉、地位、声望等方面。一个人的需要应当与自己的现实情况相符合，通过不适当的手段来获得满足是不足取的。在条件不具备的情况下，过分地在意自尊心就形成了虚荣心。因此，有的人说"虚荣心是一种歪曲了的自尊心"是有一定道理的。

虚荣心是一种递增的发展事物，好像一只被吹起来的气球一样，总是希望越吹越大。生命的虚荣心是无限的，俗话说做了皇帝还想成仙，满足了一个愿望，随之又产生了两三个愿望。满足了这个细小的愿望，很快又新生了那些庞大的愿望。由此可见，虚荣心具有一种强烈的渴求的力量。求而得之，则满足快乐；求而不得，便苦恼愁闷。

虚荣心不同于功名心。功名心是一种竞争意识与行为，是通过扎实的工作与劳动取得功名的心向，是现代社会提倡的健康的意识与行为。而虚荣心则是通过炫耀、显示、卖弄等不正当的手段来获取荣誉与地位。虚荣心很强的人往往是华而不实的浮躁之人。这种人在物质上讲排场、搞攀比；在社交上好出风头；在人格上很自负、嫉妒心重；在学习上不刻苦。

虚荣心最大的后遗症之一是促使一个人失去免于恐惧、免于匮乏的自由。因为害怕羞辱，所以不定时地活在恐惧中，经常没有安全感，不满足。有强烈虚荣心的人与其说是为了脱颖而出、鹤立鸡群，不如说是自以为出类拔萃，所以不惜玩弄欺骗、诡诈的手段，使虚荣心得到最大的满足。

编者手记

虚荣者常有小狡黠，却缺乏大智慧。虚荣的人不一定少机敏，却一定缺远见。虚荣的女人是金钱的俘虏，虚荣的男人是权力的俘虏。太强的虚荣心，使男人变得虚伪，使女人变得堕落。

虚荣的心理与戏剧化人格倾向有关。爱虚荣的人多半为外向型、冲动型、反复善变、做作，具有浓厚、强烈的情感反应，装腔作势、缺乏真实的情感，待人处世突出自我、浮躁不安。虚荣心的背后掩盖着的是自卑与心虚等深层心理缺陷。具有虚荣心理的人，多存在自卑与心虚等深层心理的缺陷，虚荣只是一种补偿作用，竭力追慕浮华以掩饰心理上的缺陷。

忠告35：做一个正直的人

每个人都需要走自己的路，重要的是问心无愧。

——洛克菲勒

洛克菲勒曾说："事实上，标准石油公司的合伙人都是正直的人，我们每个人都懂得彼此尊重、信任、团结一心对合作有多么重要，我们努力使之成为现实。所以，即使出现分歧，我们只会直言不讳、就事论事，从不钩心斗角、搬弄是非。我相信，在这种纯洁的氛围中，即使有人心术不正，他也会把心术不正的恶习留在家里。"

作为公司的引领者，洛克菲勒在一次董事会上曾真诚倡议："我们是一家人，我们荣辱与共，我们坚强的手掌托起的是我们共同的事业。所以，我建议大家，请不要说'我应该做什么'，要说'我们应该做什么'。千万别忘了，我们是合作伙伴，无论做什么事都是为了我们大家的利益。

"正直的人，坚信自己坚持的是真理，并且愿意一直坚持下去，不管外面给他施加了多少压力他都不会动摇。"

诚实是不欺骗他人，而正直则是坦诚地对待自己。你可以欺骗任何人，却唯独不能欺骗自己的心。对自己坦诚，才有拒绝背叛的勇气和力量。

一个品格高洁正直的人就如同青松那样，不管外面的风霜如何欺压，都敢于挑战，应该按照自己希望的那样去生长。森林中的树木总是比外面的灌木丛中的树木要挺直得多。灌木丛里的树木之所以长得歪歪扭扭的，是因为那里的树木只要吸取旁边散落的阳光就可以了，所以也就很容易顺着风改变自己生长的方向，而森林里的树木必须努力地向着天空、向着太阳靠拢才能够触摸到阳光，也因此，它们能够长得如此挺拔。正直就像太阳，只有心中有这个信念，才能义无反顾地坚持下去。

对于虚伪的人，大家都非常痛恨。而虚伪的人又往往像变色龙一样，将自己隐藏得很深，让人难以发现，有时候我们甚至把这些人当作自己的好朋友。正因为如此，很多人都上过虚伪之人的当。而上过当之后呢？便告诉自己以后再也不能相信别人了，渐渐地自己也走上了待人虚伪、表里不一的歧途。

言行一致、表里如一的人，能给人带来信任、尊重和友谊，正直与诚实的人时刻散发着绚烂的人性之光。而且这种高贵的品质有时甚至能够挽救我们整个社会。

洛克菲勒深深懂得，一个企业充满斗志，其原因一定是企业的最高领导者有崇高的精神境界；一个企业如果懒散堕落，其根源一定是企业的最高领导者品质恶劣。所以，他主张，企业的领导者一定要培养做人的境界，要坚持原则，要有一颗正直的心。

领导者把建立正直品格作为事业的资本，做任何事情都以正直为准绳，即使他一时无法获得盛名与巨大利益，但终不至于失败。而那些人格堕落、丧失操守的人，却永远不能成就伟大的事业。很多领导者信守厚黑学之类的东西，他们过分地注重技巧、权谋和诡计，却忽视对正直品格的培养。很多伟大的公司都愿意用公司创立者的名字作为公司的名称，就是因为这些名字代表着信用，使消费者感到可靠。

有一些人明明知道坚持正直人格的重要性，却依然我行我素，仍然不将事业的基础建立在正直的品格上，反而建立在技巧、诡计和欺骗上，这种行为就像自杀一样，明知结果，却奋不顾身地投入火坑。

洛克菲勒认为，正直是领导者行为的试金石，这就意味着领导者做事要一碗水端平，对所有人要一视同仁，这也包括对员工的评价。公正的评价会使员工获得心理的平衡，更能激发员工高昂的工作积极性。

一个正直的领导者，要学会"内方外圆"，他们会灵活地应对外部世界，尽管他们并不认同外部世界的一些潜规则，但他们更愿意通过建立规则来维系组织内部发展。成功的领导者要善于用自己的品格去带动下属，用自己的公正无私激励下属努力工作。正直是块试金石，领导者是不是以此为标准去行事和管理下属，决定了领导者管理组织能力的强弱，也体现了领导者自身素质的高低。

作为领导如此，做人也应如此。洛克菲勒认为，正直有三个基本组成部分：自知之明、坦诚和成熟。了解自己是我们每个人所面临的最艰巨的任务。如果一个人不了解自己，不了解自己的优点和缺点，不知道自己要实现什么目标和为什么要实现这个目标，他是不可能取得真正成功的。领导者绝不能对自己撒谎，尤其不能撒有关自己的谎，他不仅要了解自己的优点，而且也要了解自己的缺点，正视自己的短处并积极改进。一个人的原材料就是他自己，当他知道自己是一块什么材料、要制造什么，那么他就可以把自己变成有用的产品了。

坦诚是一个人具有自知之明的关键，而思想和行动的诚实，始终坚持原则，以及基本的身心健康，是坦诚的基础。成熟对一个领导者来说也是至关重要的，因为领导者不只是领路或者发号施令那么简单。每个领导都需要学会敬业，善于观察，善于和他人共事，善于向别人学习，绝不低三下四，并且要永远真实。唯有他自己具备了这些素质，别人才能以他为榜样。

正直也是做人的本分。正直人品表现为襟怀坦白，秉公持正，坚持原则，刚正不阿。正直的反面则是伪善狡诈。正直的人，对人对事公道正派，表里如一。虚伪狡诈的人伪善圆滑，曲意逢迎，背信弃义，拿原则做交易。正直和真诚是互相紧密联系的，只有真诚才能正直。观察一个人，可以把这两个方面联系起来，看他是真诚直爽，还是虚伪圆滑；是光明正大，还是阴险狡诈。这是区别人品的重要标准。

如果一个人的信仰是正确的，那么，这种信仰必然会发展他的能力，增强他的精力，提高他的自尊，使他的品格变得更为稳固，并且会帮助他开拓成功的前景！在一个灵魂最为崇高的旅程中，正直的品质永远不会被超越，而爱的心灵也永远不会过分。

正直之所以难以坚守，就是由于它往往要与人性中根深蒂固的某些东西斗争，比如贪欲、自私。战胜了人性中的丑陋，也就战胜了自己，那么，你就将不可阻挡地在人生道路上驰骋奋进。

编者手记

英国学者阿瑟·戈森说："正直的人都是抗震的，他们似乎有一种内在的平静，使他们能够经受住挫折，甚至是不公平的待遇。"他还说：

"正直意味着有勇气坚持自己的信念。"这一点包括有能力去坚持你认为是正确的东西，在需的时候义无反顾，并能公开反对你确认是错误的东西。

正直的人追求的是事实的公正，至于其他东西，他并不在意，他的心是一泓清泉，澄澈透明，容不下任何的污秽。他相信只要是自己认为正确的，就应该坚持下去，不论谁引诱或者迫使他做出改变。这种人内心丰富而充实，对自己的生活持严谨的态度，不会变成随风倒的墙头草，也不会随波逐流，他只是听从自己的心声。如果因为其他原因而背叛了真理，那么就算别人不明就里依然信任、尊重他，他自己也无法原谅自己，因为这是对他最大的侮辱。

第十章

面对不利时最紧要的是忍耐

忠告 36： 忍耐力有时胜过脑力

屈从是思想的大敌，也是自由的狱吏。然而，对于一个胸怀大志的人而言，保持必要的屈从与忍耐，恰恰是一条屡试不爽的成功策略。

——洛克菲勒

所谓忍耐力就是把痛苦的感觉或某种情绪抑制住，不使其表现出来的能力。它是意志顽强的一个前提，二者时常是联系在一起的。成功的人在执行决策和处理问题时，对忍受困难、痛苦、挫折有恒久的承受力，对于突发的一些事情，在情绪上能够把握住自己，不大喜大悲，有足够的自制力，这便于平衡心态、积蓄力量，等时机一到，马上行动，赢得最后的胜利。

百忍成钢，人生就像一个磨刀的过程，忍耐好比磨刀石。当心性修炼得清澈如镜，达到不以物喜、不以己悲的境界时，那就是我们历经千锤百炼的刀已炼成。洛克菲勒正是这样的一个人。

在洛克菲勒创业之初，由于资金缺乏，洛克菲勒的合伙人克拉克先生邀请他昔日同事加德纳先生入伙，对此洛克菲勒举双手赞成，因为有了这位富人的加入，就意味着又有一个强大的力量。

然而，出乎意料的是，克拉克带来了一个钱包的同时，却送给了洛克菲勒一份屈辱，他们要把克拉克—洛克菲勒公司更名为克拉克—加德纳公司，而他们将洛克菲勒的姓氏从公司名称中抹去的唯一理由是：加德纳出身名门，他的姓氏能吸引更多的客户。

　　这极大地伤害了洛克菲勒的尊严！当时洛克菲勒怒火中烧，心想：我同样是合伙人，加德纳带来的只是他那一份资金而已，难道他出身贵族就可以剥夺自己应得的名分吗？！但是，洛克菲勒忍下了，他告诉自己：你要控制住你自己，你要保持心态平静，这只是开始，路还长着呢！

　　洛克菲勒故作镇静，装作若无其事的样子告诉克拉克："这没什么。"事实上，这完全是谎言。想想看，一个遭受不公平对待、自尊心受到严重伤害的人，他怎么能有如此的宽宏大量！但是，洛克菲勒用理性浇灭了自己心头燃烧着的熊熊怒火，因为洛克菲勒知道这会给自己带来好处。

　　洛克菲勒说："忍耐不是盲目的容忍，你需要冷静地考量情势，要知道你的决定是否会偏离或者阻碍你的目标。对克拉克大发雷霆不仅有失体面，更为关键的是，这会给我们的合作制造裂痕，甚至招致一脚把我踢出去、让我从头再来的恶果。而团结则可以形成合力，让我们的事业越做越大，我的个人力量和利益也必将随之壮大。"

　　洛克菲勒知道自己的目标在哪里，在这之后他继续一如既往、不知疲倦地热情工作。到了第三个年头，洛克菲勒就成功地把那位穷奢极欲的加德纳先生请出了公司，让克拉克—洛克菲勒公司的牌子重新竖立起来！那时人们开始尊称他为洛克菲勒先生，他已成为富人。

　　忍耐，是一种韧性的战斗，是战胜人生危难的有力武器。人的一生必然会经历逆境与挫折，经历成败与荣辱。在自己势力弱小、无力反抗时，唯有忍辱负重、韬光养晦，方能寻找机会东山再起。这个世界上能拯救你的只有你自己，上帝很忙，他无暇顾及你！

中国有句俗语说："大丈夫能屈能伸。"说的便是忍辱负重。发怒还是忍下这口气，翻脸还是适时忍辱，哪个对自己更有利？这是不言自明的。己不如人时，当面翻脸、发泄怒火只会自取灭亡，懂得适时忍辱、暗中发力才是求胜之道。

多年后，洛克菲勒跟孩子们讲起与克拉克合作的事情的时候，孩子们问父亲，如果一直忍耐会有什么结果呢？洛克菲勒笑着说："我给你们讲一个故事吧！"

一条大蛇危害人间，伤了不少人畜，以致农夫不敢下田耕地，商贾无法外出做买卖，大人不放心让孩子上学，到最后，每个人都不敢外出了。

大家无奈之余，便到一位大师那儿求救，大伙儿听说这位大师讲道时连顽石都会被点化，无论多凶残的野兽都会被驯服。

不久之后，大师就以自己的修为驯服并教化了这条蛇，不但教它不可随意伤人，还教了它许多做人处世的道理，而蛇也在那天仿佛有了灵性一般。人们慢慢发现这条蛇完全变了，甚至还有些畏怯与懦弱，于是纷纷欺侮它。有人拿竹棍打它，有人拿石头砸它，连一些顽皮的小孩都敢去逗弄它。

某日，蛇遍体鳞伤，气喘吁吁地爬到大师那儿。"你怎么啦？"大师见到蛇这个样子，不禁大吃一惊。"我……我……我……"大蛇一时间为之语塞。"别急，有话慢慢说！"大师的眼神满是关怀。"你不是一再教导我应该与世无争，和大家和睦相处，不要做出伤害人畜的行为吗？可是你看，人善被人欺，蛇善遭人戏，你的教导真的对吗？"

"唉！"大师叹了一口气后说道，"我只是要求你不要伤害人畜，并没有不让你吓唬他们啊！""我……"大蛇为之语塞。

显然，如果洛克菲勒如同那条蛇一样，那么他就没有以后的辉煌了。忍耐，不是软弱的表现，而是一种策略。"忍"与"坚韧"是同义词，忍不是放弃，忍的最深含义是积蓄力量，伺机而动。一个人在轻蔑和侮辱面前，如果能够忍得住，就能有所作为。忍需要宽广的胸怀和度量。人在逆境中，最需要的防身术是一个"忍"字，学会忍辱负重，学会在利益和荣誉面前克制自己的欲望，要藏而不露、不树敌，才能在别人不知不觉中发展壮大自己，待时机成熟，你便可以马上脱颖而出。到那时，他人想扼制你的发展，已经来不及了。

洛克菲勒认为，要成就大业，就得分清事情的轻重缓急、大小远近，该忍痛割爱的就得忍痛割爱，该从长计议的就得从长计议。如果动辄生气、发怒，逞一时之强，图一时之快，那只会导致全盘皆输。

编者手记 ┈┈┈┈┈┈┈┈┈┈┈┈┈┈┈┈┈┈┈┈┈┈┈┈┈┈┈┈┈┈┈┈┈┈┈┈

忍耐不是不辨是非，放弃原则，而是谦和、克己、宽宏大度、经得起误会和委屈。它是一种韧性的战斗技巧，一种豁达的美德，一种成熟的修养。

聪明的人总是懂得忍耐，因为忍耐能带来更多的好处。很多时候，两强相遇，狭路相逢，双方如果能够明智地各退一步，那么，大家都有条生路，还有可能赢来生命中的另一个契机。

忠告 37：忍耐是人生最重要的一课

如果忍耐能化解不该发生的冲突，这样的忍耐永远是值得的；但是，如果顽固地一意孤行，非但不能化解危机，还会带来更大的灾难。

——洛克菲勒

洛克菲勒说："在我眼里忍耐并非忍气吞声，也绝非卑躬屈膝，忍耐是一种成功的策略，这是我与克拉克先生合作期间，得出的心得。"

洛克菲勒崇尚平等，厌恶居高临下发号施令，但他的合伙人克拉克先生在洛克菲勒面前却总要摆出趾高气扬的架势，这令洛克菲勒非常反感。克拉克似乎从不把洛克菲勒放在眼里，把洛克菲勒视为目光短浅的小职员，甚至当面贬低洛克菲勒除了记账和管钱之外一无是处，而在洛克菲勒的角度，要不是没有他这个合伙人，他更会变得一文不值。

克拉克的嚣张对于洛克菲勒来说是公然的挑衅，而洛克菲勒却装作充耳不闻，因为他知道自己尊重自己比什么都重要，但是，洛克菲勒在心里已经同他开战，洛克菲勒一遍一遍地叮嘱自己：超过他，你的强大是对他最好的羞辱，是打在他脸上最响亮的耳光。

洛克菲勒说："在任何时候冲动都是我们最大的敌人。如果忍耐能化解不该发生的冲突，这样的忍耐永远是值得的；但是，如果顽固地一意孤行，非但不能化解危机，还会带来更大的灾难。"

许多人最终没有成功，不是因为他们能力不够、诚心不足或者没有对成功的渴望，而是缺乏足够的忍耐力。这种人做事时往往虎头蛇尾、有始无终，做起事来也是东拼西凑、草草了事。他们总是对自己目前的行为产生怀疑，永远都在犹豫不决之中。

有时候，他们看准了一项事业，但刚做到一半又觉得还是另一个职业更为妥当。他们时而信心百倍，时而又低落沮丧。这种人也许可能短时间内取得一些成就，但是，从长远的人生来看，最终还是一个失败者。世界上没有一个遇事迟疑不决、优柔寡断的人能够真正成功。成功有两个最重要的条件：一是坚定，二是忍耐。

通常，人们往往信任那些意志最坚定的人。意志坚定的人同样也会遇到困难，碰到障碍和挫折，但即使他失败，也不会一败涂地、一蹶不振。我们经常听到别人问这样的话："那个人还在奋斗吗？"也就是说："那个人对前途还没有绝望吧？"

永不屈服、百折不回的精神是获得成功的基础。库雷博士说过："许多青年人的失败都可以归咎于恒心的缺乏。"的确，大多数年轻人颇有才学，具备成就事业的种种能力，但他们的致命弱点是缺乏恒心、没有忍耐力，所以，终其一生，只能从事一些平庸的工作。他们往往一遭遇微不足道的困难与阻力，就立刻退缩，裹足不前，这样的人怎么可以担当重任呢？如果你想获得成功，就必须为自己赢得美誉，让周围的人都知道，一件事到了你的手里，就一定会做成。

任何一位成功的职业人士都是以极大的忍耐力和意志忍受着困苦，在艰辛中一点点地向前迈进，跌倒了再爬起来，终于达到成功的顶峰。所谓忍耐力就是把痛苦的感觉或某种情绪抑制住，不使其任意发泄的能力，忍耐是顽强的基础，二者密不可分。优秀人士在处理问题的时候，能在关键的时刻控制自己的情感，不至于失态，而造成一些无法补救的损失。这种人只能时机一到，马上出击，取得最后的胜利。

在这个世界上，每年都有成千上万的人因个性偏激而付出了很大的代价，因不能够礼让而毁了自己的前程，因一时的感情冲动而结束了自己宝贵的生命。我们应该有勇气接受世界上的一切不幸和灾难，并在此基础上求生存和发展，尽可能把这些不幸和灾难对我们造成的损失降到最低限度。如果我们不负责任地感情用事，企图以更大的代价来补偿已经付出的代价，以更大的损失去弥补已遭受的损失，那不是太和自己过不去了吗？

任何人在向理想目标挺进的过程中，都难免会遇到各种阻力和重重困难，在这种情况下忍耐是最难能可贵的。忍耐是一种毅力，一种精神，世界上没有任何东西能够代替斗志。

不论是生活中还是工作中，有些事情你或许永远不会习惯，但这样的日子你还得一天一天地过下去，所以你必须学会忍耐。没有能力改变现实，你就必须忍耐、适应，等苦日子都过去了，剩下的就是美好的了。

在这个世界上，只有懂得忍耐的人才能掌握自己的命运，虽然暂时忍耐，但终始不忘自己的命运，不朝秦暮楚，不被眼前的困难吓倒，不半途而废，不浅尝辄止，不功亏一篑。持之以恒是一种斗志，一种宝贵的精神。

强者有些什么共同的条件？斗志！大多数强者只有平常的智慧和能力，可是他们在完成一项工作时，在遭受重大挫折时，在工作极其繁重时，却有超乎常人的耐心和毅力。如果你有这种品质并能加以培养，那么你一定能找到最适合的工作，并在其中出人头地，成为强者。

任何人在向理想目标挺进的过程中都会或多或少地遇到一些困难，在很多情况下，忍耐一下就过去了，忍受得了风雨，才能见得到绚丽的彩虹。

"退一步海阔天空"，面对困难的时候，不妨退让一步，换一种想法，便可"柳暗花明又一村"，转败为胜。在工作中或者生活中，当我们的能力不足以解决面对的困难时，不妨退让一步。当然退让一步绝不是知难而退，而是灵活机动，养精蓄锐，另辟蹊径，为了更好的成功。当事业到了即将成功的时候，正是最艰难的时候，退一步换个思路，坚持到底，则成功在望。

人在逆境中，最需要的防身术是一个"忍"字，藏而不露，才能在别人不知不觉中发展壮大，时机一到，你便可杀出重围。隐忍退让，就是为了放长线钓大鱼。

编者手记

成功人士的其中一个秘诀就是"忍耐"，它是顽强的毅力。这不仅是希望学有所成的人必须具有的精神，也是干一切事情所应有的科学态度。伟大的生物学家达尔文就说过："我所完成的任何科学工作，都是通过长期的考虑、忍耐和勤奋得来的。"

做一个强者，首先是做一个精神上的强者，一个坚忍不拔的人。世间不存在人无法克服的艰难和困苦，在你面临绝境时，在你气喘吁吁甚至筋疲力尽时，你只要再坚持一下，忍耐一下，困难就会被你征服了，你就坚强了许多。

忠告38: 暂时的忍耐是为了将来的进攻

曾经我忍耐过许多，也因忍耐得到许多。

——洛克菲勒

安德鲁斯是洛克菲勒的合伙人，同时也是一个没有商业头脑却自以为是的人，他缺乏成为伟大商人的雄心却有着邪恶的偏见。与这种人共事，肯定会有冲突。

导致他们最终分道扬镳的那场冲突，源于公司发放股东的红利。那一年他们干得不错，赚了很多钱，可是洛克菲勒不想把公司赚到的钱全都让股东们拿回家，洛克菲勒希望能将其中的一半收益再投入到公司的经营中去。但安德鲁斯坚决反对，这个自私自利的家伙想把赚来的钱全分了，甚至怒气冲冲地威胁洛克菲勒说，他不想在公司继续干下去了。洛克菲勒不能忍受任何阻止公司强大的想法，洛克菲勒只能向他摊牌，请他给他所持有的股票开价。他的报价是一百万，洛克菲勒说没问题，第二天洛克菲勒就用一百万买下了安德鲁斯的股票。

钱一到手，安德鲁斯兴奋极了，他自以为交了好运，认为他手里持有的股票根本不值一百万。但他没有想到的是，洛克菲勒很快一转手就赚了三十万。这事传到安德鲁斯那里，安德鲁斯竟然指责洛克菲勒手段卑鄙。

这时，洛克菲勒不想因为区区三十万就落得个卑鄙的名声，就派人告诉安德鲁斯可以按原价收回，但懊恼中的安德鲁斯拒绝了洛克菲勒的好意。事实上他拒绝的是一次成为全美巨富的机会，如果他能把他价值一百万的股票保留到今天，就会成为当时的千万富翁，但为赌一时之气，他丧失了终生再也抓不住的机会。

洛克菲勒说："在这个世界上，存在着许多需要我们去忍耐的人和事，而引诱我们感情用事的人和事也太多太多。所以，你要修炼自己管理情绪和控制感情的能力，要注意在进行决策制定时不能受情绪左右，而是完全根据需要来作决定，要永远知道自己想要什么。你还需要知道，在机会的世界里，没有太多的机会可以争取，如果你真的想成功，你一定要掌握并保护自己的机会，更要设法抢夺别人的机会。"

有的时候忍让是为了更好的回击。正如洛克菲勒一样，如果他最开始不去忍耐，那么也没有机会打倒安德鲁斯，如果人人都不去忍，而一味地争，那么他也不会得到什么，只有先蛰伏，才会有胜利的机会。但忍亦有道，过分地忍就变成了一种懦弱。凡事都有一个度，把握好这个度，才是成功者正确的处世之道。

蛰伏是为了更好的飞翔，忍是成功人士的处世之道。有的时候，无论你怎么努力，成效似乎都不大，若退一步，静观其变，先求其次，待选定时机东山再起，投入到选中的冷门中，这时你才能真正获得成功。所以说，忍耐的过程是痛苦的，结果是甜蜜的。

"只要方向对头，成功者，绝不会放弃，直至取得成功。"如果你想登高，总要一级一级往上爬；如果你想建一座大厦，总要一点一点往上加。就如斧头虽小，但经多次劈砍，终能将一棵最坚硬的橡树砍倒。

作为后发者，总体优势的确不及先行者，但后发者也并非一无所长，比如在采用先进的技术、购置更优良的设备、节省市场开发的费用、避免前人失误等方面，只要策略运用得当还是大有可为的。要想取得后人发而先人至的成效，可以从这几个方面着手：

对新领域把握不准时应按兵不动，一旦时机成熟，三步并作两步走。再就是以进攻者的策略还击进攻者，日本钢铁业进攻美国钢铁业的策略是"拜师偷艺"。他们曾经以美国内陆钢铁公司为师，详细学习了它的技术、生产管理，而后出人意料地超过了美国内陆钢铁公司。内陆钢铁公司在反击战中，采取了日本人以前的手法，聘请大量日本顾问，到日本企业去学习经验，很快变被动为主动。

暂时的忍耐是为了将来更好的进攻，这种胜利也就是后发制人。后发制人还可以在诸多先行者互相争斗、白刃格斗之时，后发者最经济、最高明的办法，莫过于忍一时之气，坐收渔利，待众败俱伤时，再来收拾残局。当然，运用这种策略，需要有控制局势的能力，必要时助弱以攻强，否则，一旦局势失衡，极易坐失良机。

编者手记

商界是没有硝烟的战场，在持续较量的每一个回合中，一些经营者处于强势，一些经营者处于弱势；一些经营者擅长先发制人，一些经营者乐于以逸待劳。不同的情况要采取不同的应对措施，只有这样才能出奇制胜。

一个商人，在经商过程中能够先发制人当然很好，但是有些时候忍耐一时，将来进攻才能真正做到后发制人。

忠告 39：小不忍则乱大谋

在我眼里忍耐并非忍气吞声，也绝非卑躬屈膝，而是一种策略，同时也是一种性格磨炼，它所孕育出的是好胜之心。

——洛克菲勒

人们常常会逞一时之快，说出或做出让自己后悔的事情，"小不忍则乱大谋"是我们在社会上最常被规劝的一句话。忍，乃是一种大智慧。因此，当有事时，千万要稳健，不要逞一时之快，而坏了大计。

当你不愿让命运来主宰你的一切，但又没有反击命运的能力时，切记，应学会忍耐！生活中，在遇到一些不顺心和不如意的事情时，我们的情绪往往会被超常激发起来，陷入激动、委屈、不安等精神状态中。此时最容易从情绪出发，而不顾理智，做出鲁莽之事。"忍一时风平浪静，退一步海阔天空"，在这个时候，务必要记住"忍耐"二字。强制自己把心情平静下来，认真选择利最大、弊最小的做法，以求达到在当时可能取得的最好效果。

每个人从出生就面临来自方方面面的竞争和挫折。一个人的成功不仅需要不断提高自己的能力，而且需要经受自己在前进道路上的成功与失败的各种考验，需要具备良好的心理素质。由于我们每个人自身的缺点，由于社会还存在一些阴暗面，还存在一些人不那么光明正大，因此失败在所难免，有时甚至还不得不忍受"飞来横祸"。

在这种情况下，有时需要进行必要的斗争，但是，更多的时候需要的是忍耐。在自己遭到失败的时候，当然希望周围的人同情自己、帮助自己，但是更为重要的是，忍耐住失败的痛苦，学会自己擦净自己伤口的鲜血，并走出痛苦，走向新的生活。要忍耐，以争取自己超越困难，同时，要灵活一些，争取更好的环境，努力奋斗，走向辉煌。

从监控工到石油大亨，如果洛克菲勒对自己的工作失去了耐性，那么，也许他永远不会像时下很多人所希望的："找到一个能发挥自己创造性的工作。"意志的刚柔相济、顽强，是一个成功者意志良好的表现，在面临困难和失败时，只有具有顽强的斗志，持久的忍耐力，在碰到机遇时，才能做出果断的决策，选择执行的合适方法，才能于事业有利，也才能算得上意志坚强。

作为命运的主宰者——人，我们应该学会忍耐，因为它常会让我们有意想不到的收获。人在现实中生活，犹如驾一叶扁舟在大海中航行，巨浪和旋涡就潜伏在你的周围，可能会随时袭击你，因此，你要当个好舵手，同时还得具有克服艰难的毅力和勇气，设法绕过旋涡，乘风破浪前进。换言之，忍耐也是面对磨难的一种手法，以不变应万变；忍耐更是一种力量，它能磨钝利刃的锋芒。但忍耐不是软弱，不是退却，也不是背叛，而是以退为进的策略，是求同存异，是寻找合作。

但是"忍"并不是懦弱，也不是毫无原则的退让，而是对很多事不较真。在一些小事上没有必要处处斤斤计较，这是一种对生命的领悟，以及对人生的豁达。其实，人活在世上难免会受到各种不公正的待遇。那种期待老天爷公正无私的想法是童年的梦话——就算上天是公平的，还有他打盹、偷懒的时候呢。所以，对于很多事不要太过计较，要保持一种洒脱的心态。

只有忍到最后一刻才会发生意想不到的变化，才有希望看到转机。或许你仍在向往一帆风顺，可是却面对着曲折的人生。其实所谓的一帆风顺只是对自己心灵的一种安慰而已，坚信唯有奋斗不息才能成为命运的主人。而在这一步步的努力中，你必须学会忍耐！

洛克菲勒认为，忍耐是沉默，功亏一篑是因为不懂得忍耐的真正含义，而坚忍不拔地追求并排除万难有所超越才是忍耐的外延。实际上，忍耐是一种酝酿胜利的高超手段，实际上是一种动态的平衡，是一种形式的转换，不要为利益所陶醉，也不要因无利益而悲伤。忍耐可以帮助我们穿透烦恼，获得真谛。

小不忍则乱大谋，说明了失去理智的危害。理智地对待一切事物，是大智的表现。能够忍辱是一种韬晦、涵养、胸襟开阔和目光长远的象征。

"小不忍则乱大谋"，这句话对于成功人士非常重要，甚至成为一些人用以告诫自己的座右铭。有志向、有理想的人，不应斤斤计较个人得失，更不应在小事上纠缠不清，而应有开阔的胸襟和远大的抱负。只有如此，才能成就大事，从而实现自己的梦想。

洛克菲勒认为，对于年轻人来说，需要修炼内功，做到"喜怒不形于色，是非不辨于言"，才能使自己在受到别人轻视、作弄、欺骗甚至侮辱时，而能够包容含蓄，不发一言，不表愠怒，使他人无从捉摸自己的内心深处。这其中的趣味是奥妙无穷，同时也藏着很大的机谋与作用。

当然，这里讲的忍耐，是一种等待，是为成功等待时机。忍之有道，这种忍耐，不是性格的软弱，也不是逃避，更不是忍气吞声地过一生，而是成功者的一种谋略，是为人处世的最好之策。

编者手记

成功学大师卡耐基也说："有一次我拒不接受我遇到的一种不可改变的情况。我像个蠢蛋，不断作无谓的反抗，结果带来无眠的夜晚，我把自己整得很惨。后来，经过一年的自我折磨，我不得不接受我无法改变的事实。"面对不可避免的事实，我们就应该学着做到诗人惠特曼所说的那样："让我们学着像树木一样顺其自然，面对黑夜、风暴、饥饿、意外等挫折。"

一位西方学者曾经说过："忍耐和坚持是痛苦的，但它逐渐给你带来好处。"人要获得某方面的成就，必须学会忍耐，从某种程度上说，忍耐是成就一项事业的必需。人要有更大的忍耐之心，技术的修炼需要忍耐辛劳，职场的升迁需要忍耐寂寞，学会忍耐，才能在事业上取得成功。

洛克菲勒给儿女
的事业忠告

第一章

失去工作就等于失去快乐

忠告1：薪水不是工作的最终目的

我们劳苦的最高报酬，不在于我们所获得的，而在于我们会因此成为什么。

——洛克菲勒

洛克菲勒是有野心的，从小他就立志成为有钱人，然而，他更明白，工作不能完全让他成为有钱人，而是工作中的经验与管理，这比得到什么都更加重要。

洛克菲勒说："有些人显然不够聪明，他们有野心，却对工作过分挑剔，一直在寻找'完美的'雇主或工作。事实是，雇主需要准时工作、诚实而努力的雇员，他只将加薪与升迁机会留给那些格外努力、格外忠心、格外热心、花更多的时间做事的雇员，因为他在经营生意，而不是在做慈善事业，他需要的是那些更有价值的人。"

对于洛克菲勒来说，账本是神圣的，这不仅是他的工作，更是他的数字世界，账本能准确地反映出一个公司的经营状况，更能表现出这个人对工作的态度。他认为对账本的重视就是对工作的重视。他经常批判那些对账本疏忽大意的人，他说："许多头脑十分聪明的人在记账方面却十分马虎，连自己在某一笔买卖上什么时候赚钱、什么时候赔钱都搞不清楚。"在这一点上，洛克菲勒确定的是，他为的不是现有的薪酬与工作，而是为了得到更有价值的东西——经验与管理。

这是洛克菲勒给他的孩子们讲的故事：

盛夏的一天，一群人正在铁路的路基上工作。这时，一列缓缓开来的火车打断了他们的工作。火车停了下来，一节特制的并且带有空调的车厢的窗户被人打开了，一个低沉的、友好的声音："大卫，是你吗？"大卫·安德森——这群工人的主管回答说："是我，吉姆，见到你真高兴。"

于是，大卫·安德森和吉姆·墨菲——铁路的总裁，进行了愉快的交谈。在长达一个多小时的愉快交谈之后，两人热情地握手道别。

大卫·安德森的下属立刻包围了他，他们对于他是墨菲铁路总裁的朋友这一点感到非常震惊。大卫解释说，二十多年以前他和吉姆·墨菲是在同一天开始为这条铁路工作的。

其中一个下属半认真半开玩笑地问大卫：为什么你现在仍在骄阳下工作，而吉姆·墨菲却成了总裁？

大卫非常惆怅地说："23年前我为1小时1.75美元的薪水而工作，而吉姆·墨菲却是为这条铁路而工作。"1小时1.75美元的薪水是无数像大卫这样的铁路工人工作的目的，他们日复一日地为1.75美元工作，1.75美元也一日复一日地回应着他们，日久天长，他们工作的回报仍然是1.75美元，而最初就是为整条铁路而工作的人，时间也回报给了他整条铁路。

仅仅为了眼前的薪水而工作的人，他的内心永远不可能装下整个天空，为了薪水而工作的人，他的一生都不得不重复着为了一点点物质利益而殚精竭虑的故事，他的薪水最后仍然是刚开始那么多。

人们的追求是不一样的，比如说跳槽，有的人选择跳槽只是希望比现在的工作薪水高些，工作环境好些，但是有的人是想在跳槽的过程中成就一番事业。对于想把跳槽当跳板实现事业理想的人，要停止你"跳"的脚步。

因为你还没有把你的工作当成事业来做，你没有在其中投入心力和激情，所以无论怎样换工作，你的工作就只是工作而已，你干不了理想中的"大事业"。

在工作中，只有看到自己进行的工作存在的价值，你才能真正感受到自己所进行的工作的真正意义。永远不要轻视自己的工作，要知道，你所从事的工作看似平常，实际上对整个公司来说都非常关键。每个人都要对自己的工作保持一份忠诚的心。比尔·盖茨说："工作本身没有贵贱之分，对待工作的态度却有高低之别。"如果一个人能够忠于职守，做好自己每一天的工作，那么，他的前途自是不可限量的。

洛克菲勒常教导孩子们，工作不是为了老板，如果你始终认为你的工作只是应付老板，那你可能永远处于一种从属的地位，无法真正地获得独立自主。工作也绝不是为了金钱，薪水只是生活的一种手段，是工作价值的一种体现，而不是工作的最终目的。谋生和充实人生并不一样，谋生和让生命过得有意义也是完全不同的两回事。

工作是为自己，不在乎别人的说法，积极工作，从工作中获取快乐与尊严，这就是一个非常有意义的工作，也能实现你人生的价值。这样，我们的人生会更辉煌，生命会更有价值。为金钱工作，工作只能是了无生趣；为自己工作，工作能给你轻松愉快的心情，而且人们也会更加重视你、仰慕你，因为你的付出带给别人快乐，使别人从中获得利益，也实现了你的人生价值。

人不可能为金钱工作一辈子，为金钱而工作永远不可能让你真正富有。即使你现在有着不菲的收入，但你永远不知道这样的收入明天是否还会属于你。转变你的观念，学会让钱为你工作，这也是你向富有迈进的第一步。

所以，在寻找工作时或正在工作时要看看能从中学到什么，而不是只看能挣到多少。在选择某种特定的职业之前或者在陷入为生计而忙碌工作的"老鼠赛跑"之前，要仔细看看脚下的道路，弄清楚自己到底需要获得什么技能。不论你选择了什么工作，都不要忘记培养自己成为金钱的主人，让金钱为自己工作。

洛克菲勒认为，真正聪明的人会善待自己的工作，并把工作当成自己的事业，不仅获得。他会让自己忙起来，在忙碌中体会生命的力量和工作的愉悦。必须把自己的职业当成事业，并由此而日积月累，珍视每一天的每一件工作，循序渐进地取得进步，长此以往，最终将成就伟大的事业。

编者手记

真正的工作不是你简单地从中获取现有的薪酬，而是获得成功的经验与管理。只有你真正为自己找到奋斗的事业，以此不断激励自己刻苦实干，你才能真正成就丰功伟业。

忠告2：天堂地狱都由自己建造

失去工作就等于失去快乐，但是令人遗憾的是，有些人却要在失业之后，才能体会到这一点，这真不幸！

——洛克菲勒

每个人都向往安逸的生活，经历艰难困苦后短暂的安逸生活可以使我们得到休息和宁静。但是长期的安逸会磨灭人的理想，摧毁人的斗志，最终毁掉人的一生。洛克菲勒深知失去工作就等于失去快乐，所以在他的一生当中事业成为他最重要的活动之一。

洛克菲勒曾给子女讲过这样一个故事：

在古老的欧洲，有一个人在他死的时候，发现自己来到一个美妙而又能享受一切的地方。他刚踏进那片乐土，就有个看似侍者模样的人走过来问他："先生，您有什么需要吗？在这里您可以拥有一切您想要的：所有美味佳肴，所有可能的娱乐以及各式各样的消遣，其中不乏妙龄美女，都可以让您尽情享用。"

这个人听了以后，感到有些惊奇，但非常高兴，他暗自窃喜：这不正是我在人世间的梦想嘛！一整天他都在品尝所有的佳肴美食，同时尽享美色的滋味。

然而，有一天，他却对这一切感到索然无味了，于是他就对侍者说："我对这一切感到很厌烦，我需要做一些事情。你可以给我找一份工作做吗？"

他没想到，他所得到的回答却是摇头："很抱歉，我的先生，这是我们这里唯一不能为您做的，这里没有工作可以给您。"

这个人非常沮丧，愤怒地挥动着手说："这真是太糟糕了！那我干脆去地狱好了！"

"难道您以为这里是天堂吗？"那位侍者温和地说。

安逸的生活原来也是一种地狱，它虽然没有刀山可上，没有火海可蹈，没有油锅可下，可它能渐渐地毁灭你的理想，腐蚀你的心灵，甚至可以让你变成一具行尸走肉。

这则很富幽默感的寓言告诉人们：失去工作就等于失去快乐。但是令人遗憾的是，有些人却要在失业之后，才能体会到这一点，这真不幸！

有一只小鸟儿很羡慕游手好闲、养尊处优的家鸡。"为什么我每天都要在天空中飞翔，只有筋疲力尽的时候才能落在枝头上休息一会儿，而那群家鸡却什么也不用做，只要每天吃虫和睡觉，无忧无虑的？"于是，有一天它自动放弃飞翔，加入到了家鸡的行列。它原本是一只能够飞得很高很高、唱得很美很美的鸟儿，但为了博得家鸡们的好感，它不得不深藏起自己的本领。即使偶尔"飞翔"，也只是像家鸡一样拖着翅膀贴着地面瞎扑腾；而当歌唱时，也是像家鸡一样拿捏着嗓子喔喔乱叫。久而久之，它也就忘记了自己的飞翔和歌唱，变成了一只地地道道的家鸡。

有一天，鸟儿所在的家鸡群碰到了一只凶恶的狐狸。所有的家鸡都不再快乐，而是四散逃窜，但这是徒劳的，没有一只鸡能够逃出狐狸的利爪。在生死存亡关头，鸟儿想到了以前飞翔的能力，可这时它却无论如何也不能像过去那样利箭似的冲上蓝天，掠出去不过一丈远，便像块石头一样重重地摔在了地上。狐狸一脸狞笑，一步步走向受伤的鸟儿……

当被狐狸咬断脖子时，鸟儿悔恨交加地说："我真不该为了贪图一时的安逸而放弃自由的飞翔啊！"

故事中贪图安逸的小鸟，最终在悠闲的日子里丧失了飞行的能力，直到被狐狸抓住的那一刻，才深深悔悟道安逸带来的危害。可又有什么用呢，自己已是狐狸的食物。相信如果再给小鸟一次机会，它绝不会放弃自由的飞翔而贪恋家鸡的养尊处优。

其实，追求安逸并没有错，安逸是一种和谐的心理状态，经历艰难困苦后短暂的安逸生活可以让人得到宁静和休息。但过于安逸舒适却能使人缺乏斗志。对于这一观点，应该辩证地看。日子过得舒服不是坏事，我们也应该力争让自己过上更好的生活，这也是促使我们奋发向上的动力。

洛克菲勒就不是一个只图安逸的人，所以他创造了别人创造不了的事业与财富。当他开始自己人生中第一份工作时，天刚刚亮他就去上班，埋头苦干，他不给自己安逸的机会，办公室里散发很难闻的味道，账本里的账目也可以让一个人不知所措，但是整个公司却从未让他感到枯燥无味，反而会让他兴奋。

工作让洛克菲勒着迷，工作使他解脱，工作给了他前进的动力，他把自己的全部精力都放到工作里。"我干的工作要比现在办公室职员干的有意思多了。"他后来说。他用他的勤奋与对工作的热情为自己建造一个天堂。

人的一生，都要经受安逸的诱惑。三伏天，酷暑难当，暴晒的烈日之下与凉风习习的河边，我们会选择哪一个？三九日，冰天雪地，寒风凛冽的旷野与温暖如春的炉火旁，我们又会如何取舍？只怕，大多数人都会选择后者，这种安逸正是人生的软陷阱。安逸是通往成功之路的最大障碍，而艰难困苦，玉汝于成。

如何取舍，我们是否已经明白了呢？

然而洛克菲勒却懂得这个道理：一个人如果沉迷于安逸中，就会缺少危机意识，就不容易进步，很容易被他人、被社会所淘汰。当他面对逆境时，也无法摆脱逆境的困扰，终究会在逆境中灭亡。

过于安逸的生活真如地狱一般，甚至比地狱更加可怕。当一个人所有的智慧与能力都在这样的地狱中消磨殆尽的时候，再后悔已经来不及。

编者手记

现实生活中，人总是害怕辛苦而主动放弃了奋斗。当外界的环境安逸的时候，就会放松警惕，而只是享受懒散的生活；人生的竞争是激烈并且残酷的，一旦环境发生变化，只有那些有准备的人才能获得生存的机会。所以，请不要让安逸蒙蔽你的双眼，打起十二分精神努力拼搏，些许风雨有助于飞得更高，学到更多本领。

忠告3：工作是一种特权

我认为，工作是一种特权，它带来比维持生活更多的事物。工作是所有生意的基础，所有繁荣的来源，也是天才的塑造者。

——洛克菲勒

洛克菲勒初进商界时，时常听说，一个人想爬到高峰需要很多牺牲。然而，岁月流逝，我们开始了解到很多正爬向高峰的人，并不是在付出代价。他们努力工作是因为他们真正地喜爱工作。任何行业中往上爬的人都是完全投入正在做的事情，且专心致志。衷心喜爱从事的工作，自然也就成功了。

洛克菲勒说过："工作使年轻人奋发有为，比他的父母做得更多，不管他们多么有钱。工作以最卑微的储蓄表示出来，并奠定幸福的基础。工作是增添生命味道的食盐。但人们必须先热爱它，工作才能给予最大的恩惠、获致最大的结果。"

"热爱工作是一种信念。怀着这个信念，我们能把绝望的大山凿成一块希望的磐石。"这是洛克菲勒经常教导孩子的一句话。洛克菲勒认为：对于一个人来说，生命中最重要的活动就是工作，这是上天给予人们的特权，只有认真对待自己的工作，用自己的灵魂去工作，才会有精彩的人生。

1855年9月26日，这一天，对于洛克菲勒来说是个特别的日子，也是他重生的日子，因为从这一天开始，他就开始了他漫长的赚钱生活。他当了一个簿记员。

洛克菲勒一直认为，这份工作不是为了赚更多的钱，而是学习经验，因为他认为工作是一种特权，它带来的不仅仅是金钱及物质而已，尽管刚去时他只是个新手，但是很快地，他从同一层次的新手中脱颖而出，慢慢地，他变得很熟练，并把自己分内的事情做得条理清楚。然而对于这份工作，洛克菲勒非常看重，他不拿工资做了三个月，最后才被正式录用。

事实证明，洛克菲勒不仅在工作中表现出惊人的天赋，而且他看重的是这份工作，而不是这份工作所带来的物质。也正是这份工作经验，为他以后成为富翁打下了良好的基础，从这一点上，我们不得不承认，洛克菲勒是一个天生的生意人。

他说："这份工作是让我一试身手的好地方，没有这样的工作经验，在事业上或许我还要走很久。

其实，生活中，我们每一个人都会遇到这样一个问题：你首先要生存，要养活自己及家人，在这个前提下才能谈到个人的愿望和追求，才能过上自己想要过的生活。

正如洛克菲勒所说，其实工作是一种特权，就看我们怎么利用它。

你在这个世界上选择什么样的工作，为什么工作，如何对待工作，从根本上说，这不是一个关于做什么事和得多少报酬的问题，而是一个关乎生命意义的问题。

尼尔·卡尼曼是一位诺贝尔经济学奖得主，他特别迷恋美式足球，是一位铁杆球迷，他从不错过每年1月份的季后赛。原本一场60分钟的比赛，少不了犯规、换场、中场休息、伤停补时、教练叫停等，这样要耗费很多时间。花这么长的时间在电视机前看比赛，尼尔·卡尼曼感到很浪费时间，甚至产生了罪恶感。然而，球赛又不能不看，为了在心理上找到平衡，他决定给自己找点事干。

他记得自己曾经从后院捡了两大桶核桃，于是就把这些核桃搬到客厅里，一边看电视，一边敲核桃，这样或许能让自己心安理得一些。

尼尔·卡尼曼边看球边敲核桃，还在不停地思考：为什么自己长时间坐在电视机前会有罪恶感？为什么自己这么一会儿没工作就觉得不踏实？尼尔·卡尼曼在不断地敲核桃的过程中悟出一个道理：社会赞许工作，工作不仅对个人有好处，对其他人也有好处。如果一个人饱食终日，无所事事，那么除了他自己的得失之外，别人也享受不到他从事生产带来的"交换价值"。

我们赞成尼尔·卡尼曼的观点：社会对工作赋予道德上正面的价值，直接或间接地促进了社会的发展和进步。如果有一天人类停止了劳动，那就意味着人类社会自身的毁灭。除了为赚钱而劳动之外，凭借每天工作的进行，人们还可以满足心理上的欲望，并借此肯定人生的价值，实现人生质的飞跃。从这个意义上说，工作是我们要用灵魂去做事的一种特权，努力工作的人才是快乐的。

这种思想正与洛克菲勒的思想不谋而合。大自然有它自己的安排，在这种天意的支配下，万物生灵都有了属于自己的职责，蜜蜂要辛勤地采花酿蜜，蚂蚁要不停地筑巢觅食，候鸟总要南北来回迁徙，而看家狗则必须忠诚地看守主人的家门。

人，是造物主的杰作，是万物之灵，更要担负起自己的职责，履行自己的使命。人来到这个世界上，本来就是有目的的，不是为了享受安逸，而是为了接受造物主为人做出的安排，那就是你的使命与特权——工作。

洛克菲勒曾经说过："除了工作，没有哪项活动能提供如此高度地充实自我、表达自我的机会，也没有哪项活动能提供如此强的个人使命感和一种活着的理由。工作的质量往往决定生活的质量。"从这个意义上来说，工作就是充实自我、表达自我、成就自我，是需要人们用灵魂去做的事情。

编者手记

洛克菲勒是一个传奇，然而这种传奇不仅仅是他的人生阅历，更体现在他对于工作的看法与实践，当人们认为工作就是赚钱的工具的时候，他早已经把工作当作成为铸就更辉煌人生的奠基石，正是"把工作视为一种特权"这一观念，才让他早熟于同龄人，早站在财富的天堂里。

忠告4：视工作为乐趣，感恩工作

我可以很自豪地说，我从未尝过失业的滋味，这并非我运气好，而在于我从不把工作视为毫无乐趣的苦役，却能从工作中找到无限的快乐。

——洛克菲勒

在洛克菲勒的一生当中，他从未尝过失业的滋味，然而这并非他的运气，也不是上天眷顾他，而在于他从不把工作视为毫无乐趣的苦役，却能从工作中找到无限的快乐。

洛克菲勒曾对孩子们说："工作是一种态度，它决定了我们快乐与否。"

同样都是石匠，同样在雕塑石像，如果你问他们："你在这做什么？"他们中的一个人可能就会说："你看到了，我正在凿石头，凿完这块我就可以回家了。"这种人永远视工作为惩罚，在他嘴里最常吐出的一个字就是"累"。

另一个人可能会说:"你看到了,我正在做雕像。这是一份很辛苦的工作,但是酬劳很高。毕竟我有太太和四个孩子,他们需要温饱。"这种人永远视工作为负担,在他嘴里经常吐出来的一句话就是"养家糊口"。

第三个人可能会放下锤子,骄傲地指着石雕说:"你看到了,我正在做一件艺术品。"这种人永远以工作为荣,以工作为乐,在他嘴里最常吐出的一句话是"这个工作很有意义"。

如果你赋予工作意义,不论工作大小,你都会感到快乐,自我设定的成绩不论高低,都会使人对工作产生乐趣。如果你不喜欢做的话,任何简单的事都会变得困难、无趣,当你叫喊着这个工作很累人时,即使你不卖力气,你也会感到精疲力竭,反之就大不相同。事情就是这样。

洛克菲勒对他的孩子说:"如果你视工作为一种乐趣,人生就是天堂;如果你视工作为一种义务,人生就是地狱。审视一下你的工作态度,那会让我们都感觉愉快。"

有一个印第安土著部落迎来了从法国来的旅游观光团,部落里的人们虽然还没有什么市场观念,可面对这样好的赚钱商机,自然也不会放过。

部落中有一位老人,他正悠闲地坐在一棵大树下面,一边乘凉,一边编织着独特漂亮的印第安草帽,编完的草帽他会放在身前一字排开,供游客们挑选购买。他编织的草帽造型非常别致,而且颜色的搭配也非常巧妙,游客们纷纷驻足购买。

这时候,一位精明的商人看到了老人编织的草帽,他脑袋里立刻盘算开了,他想:这样精美的草帽如果运到法国去,我敢保证一定能卖个好价钱,至少能够获得 5 倍的利润。想到这里,他激动地对老人说:"朋友,这种草帽多少钱一顶呀?""10 美元一顶。"老人冲他微笑了一下,继续编织着草帽,他那种闲适的神态,真的让人感觉他不是在工作,而是在享受一种美妙的心情。

"天哪，如果我买1万顶草帽运回到国内去销售，我一定会发大财的。"商人欣喜若狂，不由得为自己的经商头脑而沾沾自喜。

于是，商人对老人说："假如我在你这里定做1万顶草帽，你每顶草帽给我优惠多少钱呀？"

他本来以为老人一定会高兴万分，可没想到老人却皱着眉头说："这样，那就要100美元一顶了。"

要每顶100美元，这是他从商以来闻所未闻的事情呀。"为什么？"商人冲着老人大叫。老人讲出了他的道理："在这棵大树下没有负担地编织草帽，对我来说是一种享受，可如果要我编1万顶一模一样的草帽，我就不得不夜以继日地工作，不仅疲惫劳累，还成了精神负担，难道你不该多付我一些钱吗？"

我们应当把工作当作一种乐趣，如果让工作本身商业化，它就成了一种负担，自然要给人带来肉体和精神的双重负荷。将工作当作一种享受，在工作中享受快乐，在快乐中完成工作，才是工作与快乐的双赢之理。

如何找到最正确的工作？洛克菲勒所说的"快乐工作"是指那种能够促使我们付出全部精力和发挥最大潜能优势，最终使我们有所成就的工作。寻找快乐的工作，最可靠的方法是从工作中发现兴趣。兴趣是决定一个人职业态度的关键因素，如果一个人觉得自己的工作充满乐趣，那么，他会对它充满热情，在这种心态的驱动下，他会成为一名优秀的员工。

美国著名人类学家格里高利·贝特森说："对工作感兴趣，对自己有好处。提醒自己，这样可以使自己从生活中获得加倍的快乐，因为你醒着的时候，约有一半时间要花在工作上，要是在工作中找不到快乐，就绝不可能再在其他地方找到它。"这也正是洛克菲勒的工作思想。

对于洛克菲勒来说，在工作中寻找乐趣，可以将他的心思从忧虑上移开，让他的生活变得更加简单和舒适，甚至可以给他带来意外的惊喜。即使不这样，也可以把疲劳减至最少，并帮他享受自己的闲暇时光。

工作中最大的价值，就是体会工作中乐趣。工作是一个人幸福和快乐的源泉。卡尔文·库基说过："真正的快乐不是无忧无虑，不只是享受。这样的快乐是短暂的。缺少一份充满魅力的工作，你就无法领略到真正的快乐和幸福。"然而现实中能领略到工作中的幸福和快乐的人却寥寥无几。

工作是一个人价值的体现，应该是一种幸福的差事，我们有什么理由把它当作苦役呢？有些人抱怨工作本身太枯燥，然而，问题往往不是出在工作上，而是出在我们自己身上。如果你能够积极地对待自己的工作，并努力从工作中发掘出自身的价值，你就会发现工作是一件非做不可的乐事，而不是一种惹人烦恼的苦役。

编者手记

不管你从事什么样的工作，只要像米开朗琪罗绘画、贝多芬谱曲、莎士比亚写诗那样的心情对待自己的工作，这样，你就会从中发现无与伦比的乐趣。学会从工作中获得乐趣，将会使我们的工作不再像买彩票，而是在铸就我们的事业。

当我们把它看作人生的一种快乐的使命并投入自己的热情时，上班就不再是一件苦差事，工作就会变成一种乐趣，一旦工作成为你的乐趣。你的工作热情和效率就会大大提高。由此可见，一个人若热爱自己的工作，那么工作就不再是一份苦役，用一种快乐的心境做自己的工作，你的工作就会变成一种享受。

收入是工作的副产品

收入只是你工作的副产品，做好你该做的事，出色完成你该完成的工作，理想的薪金必然会来。

——洛克菲勒

洛克菲勒说："收入只是你工作的副产品，做好你该做的事，出色完成你该完成的工作，理想的薪金必然会来。而更为重要的是，我们劳苦的最高报酬，不在于我们所获得的，而在于我们会因此成为什么。那些头脑活跃的人拼命劳作绝不是只为了赚钱，使他们工作热情得以持续下去的东西要比只知敛财的欲望更为高尚——他们是在从事一项迷人的事业。"

洛克菲勒是一个野心家，从小就想成为巨富的思想。对他来说，受雇的休伊特—塔特尔公司是一个锻炼他的能力、让他一试身手的好地方。它代理各种商品销售，拥有一座铁矿，还经营着两项让它赖以生存的技术，那就是给美国经济带来革命性变化的铁路与电报。

"它把我带进了妙趣横生、广阔绚烂的商业世界，让我学会了尊重数字与事实，让我看到了运输业的威力，更培养了我作为商人应具备的能力与素养。所有的这些都在我以后的经商中发挥了极大效能。"洛克菲勒说。

对洛克菲勒来说，没有在休伊特—塔特尔公司的历练，在事业上自己或许要走很多弯路。现在，每当想起休伊特和塔特尔两位先生时，他的内心就不禁涌起感恩之情，那段工作生涯是他一生奋斗的开端，为他打下了奋起的基础，他永远对那三年半的经历感激不尽。

所以，他从未像有些人那样抱怨他的雇主，说："我们只不过是奴隶，我们被雇主压在尘土上，他们却高高在上，在他们美丽的别墅里享乐；他们的保险柜里装满了黄金，他们所拥有的每一块钱，都是压榨我们这些诚实的工人得来的。"

洛克菲勒给孩子讲过这样一个故事：

所罗门时期的某个安息日，有三个犹太人来到圣城，他们由于身边带钱过多不方便，大家商议将各自带的钱埋在一块，然后就出发了。结果，其中有个人又溜回来，将钱偷偷地挖走了。

第二天，大家发现钱被盗了，便猜想一定是自己人所为，但又没有证据证明是哪个人所为，于是，三个人便一起去素以断案英明著称的所罗门那里请求仲裁。所罗门了解事情经过后，没有急于问案，反而说："这里正好有道题解不开，请你三位聪明人帮忙解决一下，然后我再为你们裁决。"

所罗门先讲了一个故事：有个姑娘曾答应嫁给某个青年，并订了婚约。但不久以后，她又爱上了另一个男子。于是，她便向未婚夫提出解除婚约。为此，她还表示，愿意付给未婚夫一笔赔偿金。但未婚夫无意于赔偿金，痛快地答应了她的要求。但是不久，这个姑娘又被一个老头拐骗了。后来，姑娘对老头说："我以前的未婚夫不要我的赔偿金就和我解除了婚约，所以，你也应该如此待我。"于是，那个老头也同样答应了她的要求。

讲完故事后，所罗门问道：姑娘、未婚夫和老头，谁的行为最值得赞扬？第一个认为，未婚夫能够不强人所难，不拿一点赔偿金，其行为可嘉。第二个认为，姑娘有勇气和未婚夫解除婚约，并要和真正喜爱的人结婚，其行为可嘉。第三个人说："这个故事简直莫名其妙，那个老头既然是为了钱才诱拐姑娘的，可为什么不拿了钱就放她走呢？"

所罗门不等第三个人说完，指着他大喝一声："你就是偷钱的人！"

然后，所罗门解释道："他们两人关心的是故事中人物的爱情和个性，而你却只想到钱，你肯定是小偷无疑。"

可见，从一个人对待金钱的态度就可以看出其人格的高低。洛克菲勒虽然爱钱，但他却只赚属于自己的钱。他在金钱的诱惑面前，总能保持足够的定力，绝不让金钱腐蚀自己的灵魂。

洛克菲勒的成功奥秘在于：薪水并非工作的初衷，不要为薪水而工作，也不要为工作而工作！而要把工作当作自己的事业，让我们为自己的未来工作。

然而，以挣钱多少来选择自己的职业，无疑是目光短浅的行为。薪水并不是衡量职业的唯一标准，唐纳·杜宾斯基在刚刚进入苹果计算机公司的时候，她的收入只有她以前的一半。安·博洁在商学院毕业之后，同样接受了薪酬最低的工作，最终成为杨·罗必凯公司的 CEO。有记者去采访她，她说："你不能只是从赚钱多少来选择自己的职业。我当然希望能多赚钱，而且这份工作也的确给我带来了不错的收入，但如果只是按照赚钱数量来选择职业，我很可能会踏上一条完全不同的职业道路！"

洛克菲勒认为，如果一个人眼里只有薪水，那么他无疑是很不明智的。除了薪水，他没有看到比薪水更重要的东西。

其实，说到底，工作是为了什么？工作是一个施展自我才能的舞台，我们历经千辛万苦的磨炼学到各种经验和技能，其目的就是为了让自己在工作这个舞台上发挥得更好、更出色。

编者手记 ....

薪水并不是工作唯一能提供给我们的东西，正如洛克菲勒所说，收入只是工作的副产品，并不是全部。

因为事业的价值聚集在一起的人才能真正把事业做大，而那些因为薪水才来的人，只是看重暂时的福利和待遇。如果有一天公司出现困难，他们肯定会拍拍屁股走人，这种人在任何企业都不会有所发展，因为他们的主要精力不在工作上。

薪水并不是唯一值得我们关注的事物，它只是我们工作的副产品，在薪水的背后有我们一生的事业。

第二章

"我们"比"我"更强有力

忠告6: 打造高效团队，为成功保驾护航

一个人不能主宰一个集体，我不否认领导者的巨大作用，但就整体而言取胜靠的是集体。

——洛克菲勒

洛克菲勒之所以能够跑在竞争者的前面，就在于他擅长走捷径——与人合作。在他创造财富之旅的每一站，你都能看到合作的站牌。因为从他踏上社会那一天起他就知道，在任何时候、任何地方，只要存在竞争，谁都不可能孤军奋战，除非他想自寻死路，聪明的人会与他人包括竞争对手形成合作关系，借助他人的力量使自己存活下去或强大起来。

管理大师杜拉克说："所有的员工都应把自己看成是管理人员，以期能在整个经营环境中看待自己的工作。管理人员必须学习去配合所做的工作，而非以员工作为自己升迁的牺牲品。"

有时候，人们会因为必须在一起工作才产生合作关系，但这种关系既不可靠也不会长久。例如，美国和苏联曾一起抵抗过希特勒，但当希特勒被打败时，这种合作关系也随之消逝。真正的团队合作必须以别人"心甘情愿与你合作"作为基础，而你也应该表现你的合作动机，并对合作的任何变化抱着警觉的态度。团

队合作是一种永无止境的过程，虽然合作的成败取决于各成员的态度，但是维系合作关系却是你责无旁贷的工作。

洛克菲勒认为一个人的力量是很有限的，很难突破环境的限制。有人说，一个人是一条虫，两个人才是一条龙。由此可见合作的重要性。

美国管理学家詹姆斯说过："要想取得今后的成功，就应充分运用人力资源，尤其要尽力形成强大的团队合力。"

如今，在任何一家优秀企业中，你都会发现，管理者最在意、最强调、最强化的就是团队合作精神，因为这是企业赖以生存和发展壮大的基础。所以，要想成为一名优秀员工，首先要成为一个有团队精神的人。团队中的每一个组织成员需要认清对方的长处和自己的短处，取长补短，虚心与别人合作。大家一起同舟共济，劲往一处使，才能达到"1+1 > 2"的团队效果，从而推动企业之舟扬帆远航。

编者手记

在专业化分工越来越细、竞争日益激烈的今天，靠一个人的力量是无法面对千头万绪的工作的。一个人可以凭着自己的能力取得一定的成就，但是如果把你的能力与别人的能力结合起来，就会取得更大的成就。一个哲人曾说过这么一段话，大意是："你手上有一个苹果，我手上也有一个苹果，两个苹果交换以后还是一个苹果。如果你有一种能力，我也有一种能力，两种能力交换以后就不再是一种能力了。"

忠告 7: 一个人的力量总是有限的

我所取得的任何荣誉所依靠的都是集体的力量，而绝非我个人。也只有众人都付出努力，才能相信并期待奇迹的出现。

——洛克菲勒

洛克菲勒之所以能成为石油大亨，除了他有敏锐的大脑和个人能力外，还与他科学的管理企业的方式有很大的关系。

洛克菲勒认为："将个人目标融入团队目标中，可以增进一个人对自己工作的认同，从而大大提高他的工作热情和效率。"

是的，一个人在团队中工作，最可惜的就是自己的力量被抑制而得不到发挥，原因有很多，欠缺对团队的归属感是其中最主要的。缺乏归属感的人，是一个丧失了做事的目标，是只会为工作而工作的人，丝毫体会不到在团队中大家为着共同目标奋斗的工作激情。一个人的成功不是真正的成功，团队的成功才是最大的成功。一个人要想在工作中做出成就，必须善于利用他人的力量，将个人追求融入团队目标中。

爱默生说："没有任何一名船员，会因为个人划得特别卖力而受到赞美。"企业这艘巨大的舰船，要乘风破浪，要避开暗礁急流，必须全体船员有同心协力的团队精神。一滴水只有融入大海，才永远不会枯竭，一个员工，只有充分地融入整个企业、整个市场的大环境中，他的才能才可以充分地发挥，才能为企业创造最大的效益。

随着企业规模的日益庞大，企业内部分工也越来越细，任何人，不管他有多么优秀，想单靠自己的力量来左右整个企业是不可能的。有才华的人应将自己的聪明才智融入企业的发展中，与团队一起赢取成功的果实。若在企业中搞个人英雄，将难以取得长久的成功。

洛克菲勒经常教育他的员工，一个人的成功算不上成功。一个人无论能力多强，职位多高，只有把个人的力量融入整个团队中，充分调动每一个团队成员参与的积极性，大家齐心协力，共同配合，才能将集体力量发挥到最大。

洛克菲勒在为员工做团队精神培训时做了一个体验训练，这个训练结果就很好地说明了这个问题。

参加体验的队员被分成了甲、乙两个队。队员被预设了这样一个情境：在一次野外活动中，两个队都碰上了相同的问题——

一个队员不幸食物中毒。大家都知道在一个"池塘"中间有一杯解药，但是"池塘"里有猛兽，人不可能进入"池塘"，唯一的工具是一段很长的绳子，于是两个队分别展开了行动。

"把绳子折叠成两根，队员们两边拉直，直接用绳子去夹住杯子！"有人提议。"可是绳子这么长，拉不直呀，说不定还会把药给打翻了！""看来还是要人进去！"

听到有队员提议让人进去，洛克菲勒又给大家发难了："这'池塘'里的沼气很重，为了防止拿药的人的眼睛被熏坏，必须给他蒙上黑布！"

时间已过了一半，有人建议："把两根绳子平行，由一个人坐一根，手再扶一根，两边用力拉直。"可是试了好几次，坐在绳子上的人都不能平衡。"干脆把绳子叠成三条平行线，人趴在上面过去拿应该能行。"

受到刚才的办法的启发，队员们很快想到了这个办法。可是谁上呢？一个自称以前练过体操的女孩站了出来，在外面实验了两次以后，她顺利拿到"解药"，甲队领先一步。10分钟以后，乙队也拿到了"解药"。

体验完毕，每一个队员都发表了他们对此次体验的感受和意见：

甲队认为：

（1）个人的力量是渺小的，只有团队的力量才能获得成功，没有整个团队成员的努力，我们绝对取不到"解药"。

（2）一个团队必须有一个统一的指挥。在我们的实验中，当我们的队员刚要接触到杯子的时候大家都很激动，都在指挥，拿药的队员不知道听谁的，结果判断失误把杯子弄倒了。

（3）把合适的人放到合适的位置上去。让力气大的都去拉绳子，身材合适又有技能的人去拿"解药"。

（4）下属应该审时度势提出意见和建议。刚开始大家都在提意见，但是队长并没有采纳，只有在实验后提的意见才被采纳了。

乙队认为：

（1）在实验中要有所突破。我们是用一个人坐在绳子上取到"解药"的，原来我们也认为不行，但是摸索熟练后还是成功了。

（2）个人目标和组织目标一致是成功的重要原因。我们都有拿到"解药"的共同心愿，这也是组织的目标，所以我们会朝着共同的方向努力。

（3）成大事必须做细。开始我们的几次失败都是在细节上有问题，是每一个步骤的成功才保证了我们最后一次的成功。

最后甲、乙两个队一致认为：企业发展最终靠的是全体人员积极性、主动性、创造性的发挥，每个人充分展现自己的想法，贡献自己的力量，有团队才有个人。

洛克菲勒做的这个训练，目的是告诉员工，一个人能力再强，也只有当他融入团队后才能发挥出最大的力量，有团队的成功才有个人的成功。在竞争激烈的年代，组织中的每个成员，若想把工作做好，想获得成功，首先就要想方设法尽快融入一个团队，了解并熟悉这个团队的文化和规章制度，接受并认同这个团队的价值观念，在团队中找到自己的位置和职责。

事实上，一项计划的完成要靠一个团队来实现，而不是仅仅依靠一两个人的力量。一两个人的力量是很有限的，个人的力量很难突破环境的限制。

编者手记

个人主义在职场上是根本行不通的。作为职场中的个体，你可能会凭借自己的才能取得一定的成绩，但你绝对无法取得更大的成功。如果一个人总是以自我封闭的方式工作，不愿与别人共同分享团队合作的果实，那么他就无法顺利开展自己的工作，这不仅对企业来讲是一个损失，对员工个人来说也是一个损失，是一个双输的结局。

如果一个人善于合作，把自己融入整个团队中，依靠集体的力量，他就能把个人所不能完成的工作任务完成，老板也会因此对他另眼相看，从而提拔他。所以，一个人在工作中获得成功的捷径，就是善于同别人合作。

忠告 8： 团结是战斗力的保障

抛开上帝不谈，对于我今天所成就的伟业，我很愿意将其归功于三大力量的支持：第一支力量来自按规则行事，它能让企业得以持续性经营；第二支力量来自残酷无情的竞争，它会让每次的竞争更趋于完美；第三支力量则来自于合作，它可以让我在合作中取得利益、捞得好处。

——洛克菲勒

团队精神是高效能人士的一项重要习惯。团队精神在一个公司，在一个人的事业发展中都是不容忽视的。对于一个高效能人士来说，在团队中创造的价值，往往比单纯依靠自己创造的价值更有分量。

团队的有效协作往往会比个人的非凡才能带来更高的效益，同时，团队的胜利带来的荣誉感属于集体中的每一个人，而个人的成功却是单薄的。所以，无论是对团队还是对个人而言，团队意识的培养都是非常重要的。

如果没有其他人的协助与合作，任何人都无法取得持久性的成就。当两个或两个以上的人在任何方面都把他们联合起来，建立在和谐与谅解的精神上，这一团队中的每一个人将因此倍增自己的能力。

洛克菲勒需要招聘一个营销总监，报名的人很多，经过层层考试，最后只剩下三个人竞争这个职位。

为了测验谁最适合担任这个角色，他出了一道怪题：请三名竞争者到果园里摘水果。三名竞争者一名身手敏捷，一名个子高大，还有一名个子矮小。看来，前面两个最有可能成功，但正好相反，最后获胜的竟然是那个矮个子。这到底是为什么？

原来，这次考试是经过精心设计的，竞争者要摘的水果都在很高的位置，很多都在树梢。个子高的人，尽管一伸手就能摘到一些果子，但是毕竟有限。身手敏捷的人，尽管可以爬到树上去，但是树梢的一部分，他就够不着了。

而个子矮小的人看来毫无优势可言。这位小个子的应聘者意识到这次招聘非同寻常，也许个个都是考官，也许处处都是考场，所以在刚进门时，他就很热情地和果园的守护老头打了招呼。他很谦虚地请教老头是怎样摘这些树梢上的水果的，老头回答说有梯子。

于是，他向老头提出借梯子，老头十分爽快地答应了。有了梯子，摘起水果来自然不在话下。结果，他摘得比谁都多。因此，他赢得了最后的胜利，获得了总监的职位。

无论是企业、组织还是个人，都不可能是完美无缺的，都不可能是万能的，总会存在这样或那样的缺陷，只有借助他人的力量，和许多志同道合的人一起合作，把个人的目标融合在一起，形成一个共同的目标，并为之奋斗，才能取得更好的效果，赢得最后的成功。

洛克菲勒公司准备从基层员工中选拔一位主管。董事会出的题目是寻宝：大家要从各种各样的障碍中穿越过去，到达目的地，把事先藏在里面的宝物——一枚金戒指找出来。

谁能找出来，金戒指就属于谁，而且他还能得到提拔。大家兴奋异常。他们开始行动起来，但是事先设置的路太难走了，满地都是西瓜皮，大家每走几步就会滑倒，根本无法到达目的地。

他们艰难地行进着。在他们的寻宝队伍中，公司的一位清洁工落在了最后面。对于寻宝之事，他似乎并不在意，他只是把垃圾车拉过来，然后把西瓜皮一锹锹地装了上去，然后拉到垃圾站去。

几个小时过去了，西瓜皮也快清理完了。大家跳过西瓜皮，冲向了目的地，他们四处寻找，但是一无所获。

那个清洁工却在清理最后一车西瓜皮的时候，发现了藏在下面的金戒指。公司召开全体大会，正式提拔这位清洁工。

董事长问大家："你们知道公司为什么提拔他吗？"

"因为他找到了金戒指。"好几个人举手答道，董事长摇摇头。

"因为他能做好本职工作。"又有几个人举手发言。董事长摆了一下手："这还不是全部，他最可贵的地方在于，他富有团队精神，在你们争先恐后地寻宝的时候，他在默默地为你们清理障碍。团队精神，是一个人、一个公司最珍贵的宝贝！"

团队精神是一个人能否成功的重要因素，具有合作意识的员工才是企业最需要的人才。许多人都具备能力、学识，但真诚的合作意识会使人成为公司最珍贵的宝贝。

一名优秀的员工能自觉地找到自己在团队中的位置，自觉地服从团体运作的需要，把团体的成功看作发挥个人才能的目标。优秀的员工不是一个自以为是、好出风头的孤胆英雄，而是一个充满合作激情，能够克制自我、与同事共创辉煌的人，因为他明白：只有加入了团队，才可以与别人一同创造奇迹。

团队精神可以推动工作顺利进行，可以促进团队有效运作和发展，它对团队成员的集体共同意识具有一种强化作用，形成强大的内在凝聚力。团队成员之间具有强烈的认同感，成员对团队具有强烈的归属感；每个团队成员对团队目标、团队领导和团队决策持肯定和支持的态度；团队成员认可和接受团队的共同价值观，并在实践中维护和发展团队的价值观。这样的团队是无比强大的。

合作是团体的最大优势，成员间的默契配合会使团体发挥出最强大的力量。一个人的能力是有限的，只有与人合作，才能弥补自己能力上的不足，达到自己原本达不到的目的。

合作是取得成功的最佳方法，因此，成功人士都力图通过合作的方式完善自己。一盘散沙，尽管它金黄发亮，也没有太大的作用。但是，如果把它掺在水泥中，就能成为建造高楼大厦的栋梁。如果化工厂把它烧结冷却，它又能变成晶莹透明的玻璃。单个人犹如沙粒，只要与人合作，就会有意想不到的变化，变成不可思议的有用之材。

编者手记

洛克菲勒明白对于一个团队来说，团队精神的形成并非一日之功，而是经过日积月累才形成的。只有团队成员都具备团队合作的能力，团队精神才能形成，团队才有战斗力。而团队中任何一位成员如不具备团队合作能力，团队就可能面临分崩离析的危险。

战斗力是以团队协作为基础的，团队精神不仅仅是对员工的要求，更应该是对企业管理者的要求，团队合作对企业管理者的最终成功起着举足轻重的作用。

忠告9：纪律是一个好团队的基础

我们都是严于律己的人，都知道要想让别人怎么待你，你就怎么待别人，而且从现在做起的价值。

——洛克菲勒

正所谓"没有规矩，不成方圆"，任何一个团队都是人的组合，人都有自己的思想和行为，但是团队却要力求避免个人的思想和行为的干扰，要求步调一致。所以，洛克菲勒也深知规矩的约束不能缺少，这里所说的规矩即纪律。

具体到某一个企业、某一个公司、某一个团队，为了更好地发展，为了大家共同的利益不受侵犯，都会制定一些条例、规章，以约束员工的行为。这并不是对员工自由的限制和剥夺，相反，只有在这样的规矩之下，每一位员工才能获得自己的自由，才不会受到别人的侵犯，才能真正进行那些具有创造性的工作。企业的纪律正是对员工权利的最大保护。

洛克菲勒不喜欢亲戚朋友干预他的正常工作和生活，更不许别人破坏他行之有效的指挥权威。随着公司的日益壮大和发展，他丝毫没有放松纪律、领导、自律和严密的、有效的管理。

一次的会议上，洛克菲勒出了一个谜语，这个谜语是："栖息沼泽和田头，随着季节南北走，队列排成'人'字形，纪律自觉能遵守。"打一动物。众人都不知道这是什么动物，最后洛克菲勒说答案是：大雁。

每年秋天，正当农民开始忙着播种小麦的时候，大雁就开始向南飞了。它在飞行的时候一会儿排成'人'字形，一会儿排成'一'字形。从北方到南方路途很遥远，但它们是最遵守纪律的动物。在整个飞行过程中，没有一只大雁会任意飞走，或擅自离开。大家始终在一起，排着整齐的队飞行。

一个有纪律的团队必定是一个团结协作、富有战斗力和进取心的团队，如果其中一个人无视纪律，不但会毁掉整个团队的战斗力，而且也会毁掉他自己的前途。世界上杰出的企业都是将纪律放在重要位置上的，当然也包括洛克菲勒的企业。这些严格的纪律一步步见证了洛克菲勒企业的强大。

有些企业中的员工把纪律视为洪水猛兽，其实它并不那么恐怖。世界上没有什么事情是绝对的，自由也是。没有纪律的约束，自由就会泛滥成为堕落。洛克菲勒的企业在新员工培训中，总是先介绍本公司的纪律，让员工们知道纪律的重要性。培训师总是这样说："纪律就是高压线，它高高地悬在那里，只要你稍微注意一下，或者不是故意去碰它的话，你就是一个遵守纪律的人。看，遵守纪律就这么简单。"

纪律是保证一个团队忠诚、敬业、有创造力和团队精神的基础。对雁群而言，成员们若没有纪律性，飞行效率会大打折扣；对企业而言，没有了纪律，便没有了一切。因为纪律保证了执行，保证了结果，保证了一个企业的核心战斗力。

如果把企业比作躯体，那么干部就是骨骼和经络，员工则是血液和肌肉。一个企业要实现持续发展、稳定发展、和谐发展，建立常青的基业，就必须"严"字当头，严格管理团队，保持骨骼坚强有力，保持经络畅通无阻，充分发挥疏通作用和支撑作用，推动企业向前发展。

在洛克菲勒的企业中，员工纪律主要涉及这样一些基本内容：

（1）品行操守。这主要表现为员工为人处世的基本原则，比如忠诚、诚信、友善等，这些基本品行是一个企业文明员工的基本人格要求。

（2）工作态度。不管从事什么工作，态度决定成败。做工作是否勤奋，是否认真，是否规范，是否负责，是对员工是否爱岗敬业的衡量标准。

（3）工作质量。工作质量是起码的准则，一个优秀的员工要善于学习，敢于创新，有所追求，有所奉献，同时爱护环境、注重安全。这都是员工纪律应当考虑的内容。

（4）团队协作。企业要求企业员工具有团队精神，能平等待人、真诚沟通、公平竞争、顾全大局。

（5）仪表举止。企业员工首先是一个现代人，是一个文明人。因此，仪容仪表、行为举止、语言谈吐、待人接物等，在员工纪律规范中都应当有所要求。

没有规矩，不成方圆。企业的活力来源于各级员工良好的职业精神面貌、崇高的职业道德。在残酷的商业竞争中，企业需要营造员工自觉遵守纪律的文化氛围，需要建立严格的制度和规范，这些制度和规范需要你去配合遵守，这是任何一家企业不可动摇的铁的纪律。

一个人如果尊重自己的职业，就会自觉遵守纪律，也就会成为兢兢业业的人。一个有着强烈纪律意识的员工，对于工作的理解也是深刻的，他会积极主动地完成工作。而那些不守纪律的人，总有一天会被淘汰。

洛克菲勒认为，企业要想在市场竞争中打败对手，必须制定严明的纪律。纪律严明的部队更有可能战胜纪律涣散的敌人。市场虽然与战场不同，但是要在这种市场竞争中存活下来，必须审视一下自己的组织，确定组织是否具有严明的纪律。因为严明的组织纪律，也是提升企业战斗力的重要保证！

纪律为什么有如此强大的力量？这是因为，当一个组织和组织中的成员都有了强烈的纪律意识，在不允许妥协的地方绝不妥协，在必须遵守规章制度的地方坚决遵守时，组织才会朝健康的方向发展，员工的个人素质才会得到相应的提升。

所以，一个优秀的公司，必定有一个纪律严明的团队，只有这样才会富有战斗力、团队协作精神和进取心。

编者手记

不守纪律的员工往往会给所在的公司带来巨大损失。没有任何公司能任由着不守纪律的风气泛滥，也没有任何公司甘心养着不守纪律的员工。无论你资历有多深、工龄有多长、业绩曾经多么辉煌，只要你内心深处开始滋生不守纪律的苗头，你就对公司的未来发展难以起到任何推进的作用，相反，你的所作所为可能会给公司拖后腿，那么公司是不会心慈手软的，等待你的将是被毫不留情地淘汰掉。

正如洛克菲勒说的那样，想要将一群人变成一个具有战斗力的团队，就得加强团队的纪律建设。团队是所有人员的集合，从一盘散沙到具有战斗力和凝聚力的团队，靠的就是纪律。

忠告10: 合作是一种商业战术

> 合作，可以让我们做到我们原来所做不到的事情。我知道以耐心、温和的态度对待下属和同事的价值——有利于实现目标。还是一句老话：要想别人怎么对待你，你就怎么对待别人。
>
> ——洛克菲勒

每个人的能力都有一定限度，善于与人合作的人，能够弥补自己能力的不足，从而获得自己想要的结果或者超过了预想的结果。自己的力量是有限的。但是只要有心与人合作，善假于物，那就要取人之长，补己之短。而且能互惠互利，让合作的双方都从中受益，达到双赢。

洛克菲勒说："合作可以压制对手或让对手出局，让自己向目标阔步迈进的目的得以实现，换句话说，合作并不见得是追求胜利。遗憾的是，只有为数不多的人才了解其中的奥妙。

有一句名言："帮助别人往上爬的人，会爬得最高。"如果你帮助一个孩子上了果树，你因此也就得到了你想尝到的果实，而且你越是善于帮助别人，你能尝到的果实就越多。之所以需要合作，首先源于你的能力有限。同时也因为你的能力倾向与其他人不同。

洛克菲勒认为合作是一种商业战术，共同达到双赢。利益是合作最坚实的基础。你与人合作，或者带领一个团队，你若不给对方或下属机会，对方赚不到钱，那会有几个人愿意与你合作呢？即使合作开始，时间一长对方无利可图的话，就会离开。所以，要想保证合作长久，必须要让对方共享利益。

要知道，单赢不是赢，只有双赢才是真正的赢。竞争的最高境界是合作。互利互惠才能双赢，这是与竞争对手寻求共同利益的最好办法。

洛克菲勒说："在这个世界上，没有做不到，只有想不到。只要我们能找到利益相关者，实现共赢，就能抓住问题的核心。作为企业家和经理人，更应该学会共赢思维，用共赢思维引导企业的决策和管理。"

共赢思维将成为知识经济时代的主导思维方式，这是时代发展的必然。在知识经济时代，知识和信息成为最重要的战略资源，它们具有可共享性与利用的无限性的特点，而共赢思维强调的正是资源的共享，这无疑适应了时代发展的需要。企业家运用共赢思维，对于提升思维素质，开拓思维视野具有非常重要的导向意义。

身为犹太人的洛克菲勒，一直记得在犹太传说中有一个关于"折箭"的故事：很久以前，一位希腊国王有三个儿子。这三个小伙子个个都很有本领，难分上下。可是他们自恃本领高强，都不把别人放在眼里，认为只有自己最有才能。平时三个儿子常常明争暗斗，见面就互相讥讽，在背后也总爱说对方的坏话。

国王见到儿子们如此互不相容，很是担心，他明白敌人很容易利用这种不睦的局面来乘机各个击破，那样一来国家的安危就悬于一线了。国王一天天衰老，他明白自己在位的日子不会很久了。可是自己死后，儿子们怎么办呢？究竟用什么办法才能让他们懂得要团结起来呢？

一天，久病在床的国王预感到死神就要降临了，他也终于有了主意。他把儿子们召集到病榻跟前，吩咐他们说："你们每个人都放一支箭在地上。"儿子们不知何故，但还是照办了。国王又对大儿子说："你随便拾一支箭折断它。"大王子捡起身边的一支箭，稍一用力箭就断了。国王又说："现在你们再拿来四支箭并把它们捆在一起，再试着折断。"大王子抓住箭捆，折腾着满头大汗，始终也没能将箭捆折断。

这时国王语重心长地说道："你们都看得很明白了，一支箭，轻轻一折就断了，可是合在一起的时候，就怎么也折不断。你们兄弟也是如此，如果互相斗争，单独行动，很容易遭到失败，只有三个人联合起来，齐心协力，才会产生无比巨大的力量，战胜一切，保障国家的安全。这就是团结的力量啊！"儿子们终于领悟了父亲的良苦用心，国王见儿子们真的懂了，欣慰地点了点头，闭上眼睛安然去世了。

一笔生意，两头赢利，能不能策划得如此完美，就看你的经商智慧了。其实，这是一种双赢策略，也是洛克菲勒的商场策略。

在知识经济时代，企业必将成为一荣俱荣、一衰俱衰的一个整体；企业家也必将通过共赢思维来整合资源，实现利益的最大化。

对于洛克菲勒来说，生意场就像是战场，人与人之间有时候难免要处于互相对立的位置，但是人生毕竟不是战场。战场上敌对双方中的一方不消灭对方就会被对方消灭，生活却不必如此，不用争个鱼死网破，两败俱伤。互惠互利的思维鼓励我们在解决问题时，要共同探讨，以便能够找到切实可行并令所有人受惠的方法。现在已经不是一个"天下唯我独尊"的时代，人们更倾向于达到一种共荣共赢的状态。

洛克菲勒常说，合作是件快乐的事情，有些事情只有互相合作才能做成。所以说，我们在工作和生活中，只有时刻保持合作的意识，才能取得更好的成绩，从而开创自己的辉煌人生。洛克菲勒的成功与人合作是分不开的，然而对于合作创业，他告诫人们要处理好以下几个问题：

1. 理清选择合作的原因

当单个创业者没有足够的力量撑起创业大旗时，可以找一些人合作。合作可以使项目很好地发展实施，可以使合作双方资源共享，可以使自己变得更强大。合作方式有：项目与项目的合作；项目与人的合作；项目与技术的合作；项目与资金的合作；项目与社会资源的合作。

2. 合作目的与目标

创业合作要有相同的目的和目标，因为有了共同的创业目标，才能走到一起来，所以目标的正确与合作有很大的关联，也是能否找到合作伙伴的重点，利益的合理分配是合作伙伴选择你的主要原因，其中合作伙伴对你的项目的可操控性因素会略有差异。当你有了任何一种资源，在选择合作者的时候，看中的合作伙伴必然有很好的可合作资源，这种资源就是你的合作目的，目标是在行业上的定位，有了清楚的合作目的和目标，合作才会顺利。

3. 合作伙伴的职责

合作初期，创业合作者要明确合作伙伴的各自职责，不能模糊，要能拿出书面的职责分析，因为是长期的合作，明晰责任最重要，这样可以在后期的经营中不至于互相扯皮，推卸责任，好多的创业合作中出现问题，就是因为责任明细不够。

4. 合伙投入比例利润分配

合作投入比例是合作开始双方根据各自的合作资源作价而产生。因为投入比例和分配利益成正比的关系，也要书面明细清楚；当然根据经营情况的变化，投入也要变化，在开始的时候，就要分析后期的资金或者资源的再进入情况。如果一方没有融资的实力，那另一方的投入会转换成相应的投资股，分配投入产出的利益。根据合作双方约定的书面分配合同，分配双方的利润。

5. 合伙人之间的信任

大多数合伙人初期都是重情意，直接导致一些合作细节模糊不清，这是创业中非常不利的因素。如果有问题出现，则没有一个根本的办法解决，互相推诿，留下一堆乱摊子，无人收拾残局。创业中正确的做法是，将朋友和亲人之间的合作建立在商业的基础上，用商场的解决方法去解决合作问题，避免纠纷，一切的合作细节都及早预防，提前明晰，一切合同化，创造一个良好的合作的平台。

市场经济下，竞争异常激烈，对于双方来说，要么你输我赢，要么我输你赢。有没有双方皆赢？在绝大多数情况下，最佳选择只有一个：合作。其他的选择都行不通，至少是效果不好。

所以，只有合作，从而达到共赢才是最佳的结果，而达到双赢也离不开亲密无间的合作。

第三章

积极的心态能够带来成功

忠告11： 自信是迈向成功的第一步

信心的大小决定了成就的大小。

——洛克菲勒

洛克菲勒的儿子约翰说："拥有实现伟大抱负的智慧可以创造奇迹。然而，现实中创造奇迹的人总是寥若晨星，而庸庸碌碌之辈却如过江之鲫，不可胜数。"

耐人寻味的是，人人都想大有一番作为。每一个人都想要获得一些最美好的东西。谁都不喜欢曲意逢迎，过着唯他人马首是瞻的平庸日子，也没有人乐意把自己当作二流人物看待，或不情愿地认为自己是被迫无奈才成为二流人物。

洛克菲勒认为这些无可救药的人犯了一个常识性的错误，他们错把信心当成了"希望"。不错，我们无法用"希望"撼动一座高山，也无法只凭借"希望"获得成功，也不能只靠"希望"带来财富和地位。但是，信心的力量却能帮助我们撼动一座山，换句话说，只要我们自信能够成功，就可以创造奇迹。

自信是独立个性的重要成分，是人们从事任何工作的最可靠的资本。自信能排除各种障碍，克服种种困难，使事业获得成功。每个人都是独特的，都有自己的优势，只是看你能不能发现罢了。

　　如果一个人不相信自己，对任何事情都不抱希望，那么他就如同行尸走肉一般，没有了自己，这样的人是很难成功的。希望产生的一个重要条件就是有信心。信心是人进步的阶梯，是人成长的基石。人的信心是不断增长的。小孩可以独自睡觉，独自去买冰棍，于是就有了自己行动的信心；经过努力，成绩在一次测验中提高了，于是他会更加努力，期望自己更进一步。

　　我们无时无刻不在展现我们的心态，无时无刻不在表现希望或担忧。我们的声望以及他人对我们的评价，与我们的成功有很大的关联。如果别人不相信我们，如果别人因为我们的思想经常表现出消极软弱而认为我们无能和胆小，那么，我们将不可能被提升到一些责任重大的高级职位上去。

　　如果我们展示给人的是一种自信、勇敢和无所畏惧的印象，如果我们具有那种震慑人心的自信，那么，我们的事业必定会获得巨大的成功。

　　如果我们养成了一种自信的习惯，那人们就会认为，我们比那些丧失信心或那些给人以软弱无能、自卑胆怯印象的人更有可能赢得未来。

　　换句话说，自信和他信几乎同等重要，而要使他人相信我们，我们自身首先必须展现自信和必胜的精神。

　　以胜利者心态生活的人，以征服者心态生活的人，与那种以卑躬屈膝、唯命是从的被征服者心态生活的人相比，与那种仿佛在人类生存竞赛中遭到惨败的人相比，是有很大区别的。

　　如果我们想拥有胜利的心态，那我们就必须拒绝各种妒忌、仇恨和不断折磨我们的怨愤的思想，必须培养一种平静、安详的心理境界，这种平静和安详才是真正伟大的个性。

　　成功和幸福的全部奥秘就在于坚信我们会成为理想中的人物，就在于坚信我们能使自己努力从事的事业获得成功。

　　自信是可以培养的，慢慢地累加，会越来越自信。自信的人会带给别人信心，也可以说，人们会放心把任务交给自信的人。如果一个人连自己都不相信，那么还会有谁相信他呢？

洛克菲勒深知自信心对一个人的成长有着相当重要的作用，它可以支持强者渡过难关，帮助弱者赢得成功。

那么，洛克菲勒是怎样培养孩子的自信呢？

（1）最重要的是正确地认识自己。洛克菲勒认为自信是成功的第一秘诀。而自卑者的实质就是自己不能正确认识自己，看不起自己，不相信自己，总有一种无力感，做什么事情总是自暴自弃，什么都要依赖别人，结果什么事情都做不好。要矫正自卑心理，必须要树立"我行"这种想法。凡事总要有信心，老想着"行"这个字，以此来鼓励自己，而且付诸实践。这样做，开始时可能会感到不习惯，时间长了，尤其是在干了几件成功的事之后，慢慢就会产生那种"天生我材必有用"的想法，就能改变过于自卑的心理。

（2）从小目标做起，改变自卑的心理状态。洛克菲勒很重视这一点。有很大一部分人的自卑是在多次碰壁、屡遭挫折后产生的。所以，要克服自卑，就不要好高骛远，要确立合适的目标，从小事做起，一步一步地去干那些自己能干的事，即采用"小步子"的方式来改变自己的心理状态。

（3）不要有太强的荣誉感，不要有永远无法满足的虚荣心。自卑与自傲看起来距离很大，实际上却是孪生姐妹。诚如外国学者斯宾诺莎所说的那样："自卑虽与骄傲相反，但实际却与骄傲最为接近。"一般来说，自卑心理强的人往往有过强的自尊心，他们心理包袱很大，不能轻装前进。实际上完全没有必要，这个心理包袱是他们自己背上的，是自寻烦恼的结果。

（4）要正确对待过去所发生的一切，尤其是要努力从过去的心理创伤中摆脱出来。不要总是责备自己。要学会这样的思想方法：当自己一想到过去不愉快的事时，就迅速转移目标，经常用愉快的事情来调节自己。学会改变自己内心的忧愁，是消除自卑产生的基础。

信心是一种可以经由自我暗示引发出来的心理状态。信心是心灵最主要的化学家。当信心和意念结合，潜意识会立刻接收到那股震波，并将之转化为相等的精神力量，再传达给无穷智慧，就和祷告的情形一般。不断反复而肯定地对潜意识下达命令是促使信心增强的主要方式。

忠告12：任何事物也不能代替坚忍

始终要保持活力，保持坚强，不论遭遇怎样的失败与挫折，这是我唯一能做的事情。我非常明白，做什么事情才会让自己感到快乐，什么东西值得自己为之效命。

——洛克菲勒

自强，不断地进取，养成坚忍的性格，并用辛勤的汗水浇灌成功之花。做任何事情，只要有一颗坚忍之心，坚持不懈地奋斗就能成就大事。

洛克菲勒给他的孩子们讲了这样一个故事：

旱季来了，河床就要干涸了。这是在非洲，曾经湍急的河流已经变成了一个个小水洼，烈日下，龟裂的河床在急速扩展。远处，隐隐传来了大江的涛声，鱼儿们从一个水洼跳到另一个水洼，奔涛声而去。

"还有多远呢？"一个不大的水洼里，一条大鱼喘着粗气，问躺着歇息的一尾小鱼。"远着呢！别费劲了，到不了大江的。"小鱼悠然地在水洼里游了一圈说，"做什么大江的梦啊，现实点，就在这儿待着吧！"

"可用不了多久，这水洼里的水就会干的。""那又怎样？长路漫漫，你又能走多远？离大江五十步和离大江一百步有什么区别？结局都是一样的。要看结局，懂吗？"

"即便真的到不了大江，只要我已经尽力了，也不后悔。"

"你已经遍体鳞伤了，老兄！"小鱼自如地扭动着自己保养得很好的身体，嘲弄着在小水洼里已经转不开身的大鱼，"像你这样笨重的身材，不老老实实在原处待着，还奔什么大江啊？你以为自己还年轻啊？就算真的有鱼能到达大江，也轮不到你！"

小鱼戳到了大鱼的痛处，它望着小鱼说："真的很羡慕你们有如此娇小的身材，在越来越浅的水洼里，只有你们才能自如地呼吸，可是，再苦再难，我们大鱼也得朝前奔啊，我们也得把握自己的命运。"大鱼说完，一个纵身，跳入了下一个水洼，它听见了小鱼抑制不住的笑声。它知道，自己的动作很笨拙，它看见自己的鱼鳞又脱落了几片，而肚皮已渗出斑斑血迹，但它对自己说："此时此刻，除了向前，已别无选择。"

水洼的面积越来越小，大鱼知道，前面的路将越发艰难，它已很难再喝到水了，偶尔滋润干唇的是自己的泪。沿途，它看见大片大片的鱼变成了鱼干，其中，有许多是比它灵活得多的小鱼。

每一个水洼里都躺着懒得再动的伙伴，它们大口大口地喘着粗气，对大鱼说："别跳了，省点力气吧！没用的。"而大鱼分明听见了越来越近的涛声。"坚持，"它对自己说，"唯有坚持，才有希望。"

不知跳了多久，大鱼终于看见了大江的波涛，可是，它的体力已经在长途跋涉中消耗殆尽。通向大江的路上，最后的一个水洼也干涸了，虽然只有一步之遥，可大鱼想，它是到不了大江了。就在这时，它听见了水声，接着，便看见一股小小的水流缓缓流来，这是行将干涸的河床在这个夏季最后的一股水流吧？大鱼抓住了这个机会，在水流的帮助下，一鼓作气奔向大江。

而那些留在水洼里的鱼儿，却只是被这股水流稍稍往前带出了一步，一小步而已，大江离它们依旧遥不可及，而干旱却以无法阻挡的步伐占领了这片土地。

洛克菲勒想告诉孩子们："斗志是最难能可贵的。斗志是一种毅力、一种精神，世界上没有任何东西能够代替斗志，才干不能，有才干的失败者多如过江之鲫；天才不能，"天才无报偿"已成为一句俗话。唯有毅力，才能征服一切。"

坚忍是一种高超的生存智慧，也是一种顽强的生存心态。秉性坚忍，是成大事、立大业者的特征。这些人获得巨大的事业成就，也许没有其他卓越个性的辅助，但肯定少不了坚忍的特性。坚忍是解决一切困难的钥匙，试问诸事百业，有哪一种可以不经坚忍的努力而获得成功呢？

坚忍可以使柔弱的女子养活她们的全家；坚忍使穷苦的孩子努力奋斗，最终找到生活的出路；坚忍使一些残疾人，也能够靠着自己的辛劳，养活他们年老体弱的父母。除此之外，如山洞的开凿、桥梁的建筑、铁道的铺设，没有不是靠坚忍而成功的。

坚忍的品质让天才在大理石上刻下了精美的创作，在画布上留下了大自然恢宏的缩影。坚忍创造了纺锤，发明了飞梭；坚忍使汽车变成了人类胯下的战马，装载着货物翻山越岭，在天南地北中往来穿梭；坚忍把对大自然的研究分成了许多学科：探索自然的法则、预言其景象的变化、丈量没有开垦的土地……坚忍还让白帆撒满了海上，使海洋向无数民族开放，每一片水域都有了水手的身影，每一座荒岛都有了探险者的足迹。

人生的不如意、挫折、失败对人是一种考验，是一种学习，是一种财富。我们要牢记"毅力能战胜一切"，既能正确认识自己的不足，又能放下包袱，以最大的决心和最顽强的毅力克服这些不足，弥补这些缺陷。人的缺陷不是不能改变，而是看你愿不愿意改变。只要下定决心，讲究方法，就可以弥补自己的不足。

在不断前进的人生中，凡是看得见未来的人，也一定能掌握现在，因为明天的方向他已经规划好了，知道自己的人生将走向何方。留住心中的希望种子，相信自己会有一个无可限量的未来，心存希望，任何艰难都不会成为我们的阻碍。只要怀抱希望，生命自然会充满激情与活力。

古人说："十年磨一剑。"幸福只是成剑那一刻，剩下的时间里都是艰辛和寂寞。洛克菲勒成功了，但他付出了太多太多，在他发明焊接机的日子里，他所承受的艰辛是常人难以想象的，他用自己坚强的忍耐力积攒着成功的砝码。

编者手记

其实，不只洛克菲勒如此，任何一位成功的职业人士都是以极大的忍耐力和意志忍受着困苦，这些人无论遇到多么巨大的困难都不会退缩，永远以最昂扬的姿态大步向前，直到成就自己的梦想。

忠告13：心态决定成功

每一个人都希望有一天能登上成功顶峰，享受随之而来的成功果实。但是他们绝大多数人偏偏都不具备必需的信心与决心，他们也便无法达到顶峰。也因为他们不相信能够到达，以致找不到登上巅峰的途径，他们的作为也就一直停留在一般人的水准。

——洛克菲勒

当洛克菲勒还是一个穷小子的时候，他就自信一定会成为天下最富有的人，强烈的自信激励洛克菲勒想出各种可行的计划、方法、手段和技巧，才成就了最终的辉煌。

20世纪中叶，美国兴起石油开采热。有一个雄心勃勃的青年，也来到了采油区。但开始时，他的本职工作是检查石油罐盖是否自动焊接完好，以确保石油被安全地储存。

每天，青年都会上百次地监视着机器的同一套动作。首先是石油罐通过输送带被移送至旋转台上，然后下线入库。他的任务就是监控这道工序，从清晨到黄昏，检查几百罐石油，每天如此，这是一个非常简单又枯燥的工作。

青年心理很不平衡：我那么有创造性，怎么能只做这样的工作？于是便去找主管要求换工作。没料到，主管听完他的话，只冷冷地回答了一句："你要么好好干，要么另谋出路。"那一瞬间，他涨红了脸，真想立即辞职不干了，但考虑到一时半会儿也找不到更好的工作，只好忍气吞声地又回到了原来的工作岗位。

回来以后，他突然有了一个感觉：我不是非常有创造性吗？为什么不能就在这个平凡的岗位上做起来呢？工作了一段时间后，青年人在机器上百次重复的动作中，注意到了一个非常有意思的细节。他发现罐子每旋转一次，焊接剂就一定会滴落 39 滴，但总会有那么一两滴没有起到作用。他突然想到：如果能将焊接剂减少一两滴，这将会节省多少焊接剂？

于是，他经过一番研究，研制出了"37 滴型"焊接机。但是用这种机器焊接的石油罐存在漏油的问题。但他不灰心，很快又研制出了"38 滴型"焊接机。这次的发明既解决了漏油问题，同时每焊接一个石油罐盖都会为公司节省一滴焊接剂。虽然节省的只是一滴焊接剂，但"一滴"却给公司带来了每年 5 亿美元的新利润。这位青年，就是后来掌控美国石油业的石油大亨——约翰·D. 洛克菲勒。

大发明家爱迪生说："我从来不做投机取巧的事情。我的发明除了照相术，也没有一项是由于幸运之神的光顾。一旦我下决心，知道我应该往哪个方向努力，我就会勇往直前，一遍一遍地试验，直到产生最终的结果。"这不仅仅是坚持，更重要的是他有一个成功的心态促使他有一个辉煌的人生。

约翰还是孩子的时候，洛克菲勒就给他讲过这样一个寓言：

一个年轻人和一个老年人分别要在夜晚不同的时间里，穿过一处阴森的树林。

走之前，他俩都听说这森林里出现过一只狼，那是附近一座山上跑下来的。但这只狼是否还在那里，谁也不知道。

老年人临行前，别人劝他还是不去的好，可老人说："我已经与森林那边的人约好了，今晚无论如何要赶到。再说，反正我已经 60 多岁了，让狼吃了也没什么了不起。"

于是，老人走了，他准备了一根木棍、一把斧头，很快走进了森林。几个小时后，当老人走出树林时，他已经精疲力竭，灯光下人们看见老人身上有许多血迹。

年轻人临行前，别人也同样劝他别去的好，年轻人犹豫了一下，他想，老人都去了，我若退缩多没面子，于是，学着老人的话说："我也已经与树林那边的人约好了，怎能不去呢？"接着又说，"要是那老人和我一起走，该多好啊！毕竟两个人安全些，我还年轻，以后的日子还长着呢！"说这话的时候，年轻人因害怕而浑身发抖。

那晚他也走进了树林，但人们却没能见到他到达树林的那边。天亮的时候，人们只在那片树林里，见到一堆新鲜的骨头。

按说，这位老年人的能力，远远不及这位年轻人，但老年人的心态，却远远超出了年轻人，因此，当在树林里遇到狼时，可以想象，老年人一定是与狼进行了一场殊死搏斗，虽然受了伤，满身血迹，但他毕竟逃出了狼口，保全了性命。而这位年轻人，由于先前心态就与老人不一样，还没去森林就吓得浑身发抖了。当他在森林里遭遇狼时，早已被狼吓得瘫软在地了，哪里还有与狼搏斗的勇气，于是成了狼的口中之食。

故事中年轻人悲惨结局的原因就在于他是持一种消极的心态，在遇到狼以前，他就已经否定了自己。从而可见，建立一种积极的心态才是成功的关键。

洛克菲勒的儿子约翰说："每一个人都希望有一天能登上成功顶峰，享受随之而来的成功果实。但是他们绝大多数人偏偏都不具备必需的信心与决心，他们也便无法达到顶峰。也因为他们不相信能够到达，以致找不到登上巅峰的途径，他们的作为也就一直停留在一般人的水准。"

一位住在佛罗里达州的快乐农夫，当他买下那片农场的时候，他觉得非常颓丧。那块地坏到使他既不能种水果，也不能养猪，能生长的只有白杨树及响尾蛇。然而他想到了一个好主意，要把他所拥有的变成一种资产——他要利用那些响尾蛇。他的做法使每一个人都很吃惊，因为他开始做响尾蛇肉罐头。之后，每年来参观他的响尾蛇农场的游客差不多有 2 万人。他的生意做得非常大。由他养的响尾蛇中所取出来的蛇毒，被运送到各大药厂去做蛇毒的血清。而响尾蛇皮以很高的价钱卖出去做鞋子和皮包。另外，装着响尾蛇肉的罐头被送到全世界各地的顾客手里。后来，为了纪念这位农夫把有毒的柠檬做成了甜美的柠檬水，这个村子现在已改名为响尾蛇村。

在这个世界上，有许多事情是我们难以预料的。我们不能控制命运，却可以掌握自己；我们无法预知未来，却可以把握现在；我们不知道自己的生命到底有多长，却可以安排当下的生活；我们左右不了变化无常的天气，却可以调整自己的心情。只要努力活着，就有希望，只要给自己一点希望，我们的人生就一定不会失色。珍惜身边的一切，活在当下，我们的人生才更饱满和圆润。

编者手记

通过对大量成功者的研究，我们可以看到，几乎所有的成功者都表现出一个共同的特征，那就是积极的心态。有的人仿佛天生就具备积极乐观、善于自我激励等特征，而有的人则是经过苦难的磨砺主动地培养了积极的个性。没有什么比积极的心态更能使一个普通平凡的人走上成功的道路。从这个角度讲，积极的心态是成功理论中最重要的原则之一。如果你已具有积极的心态，那么恭喜你；如果你能培养积极的心态，那么你也必定能走向成功。

第四章

借口是一种思想上的疾病

忠告 14： **别养成找借口的恶习**

借口把绝大多数的人挡在了成功的大门之外，百分之九十九的失败都是因为人们惯于找寻借口。所以在追求事业成功的过程中，最重要的一个步骤就是：防止自己找借口。

——洛克菲勒

问题面前有两种人：一种人是一味退缩："我不行，我找不到好方法"；另一种人就是迎难而上，坚信如果有一千个问题，必有一千零一个方法。后一种人永远不会被问题难倒，他们总能找到适当的方法。

洛克菲勒与斯科菲尔德船长玩高尔夫球，还是老样子，斯科菲尔德船长又输了，失利让他有些气急败坏，一怒之下他把自己那根漂亮的高尔夫球杆扔上了天，结果他只得再买一个新球杆了。

坦率地说，洛克菲勒比较喜欢船长的性格，人生奋斗的目标就是求胜，打球也是一样。所以，洛克菲勒准备买个新球杆送给他，但愿这不会被他认为是对他发脾气的奖赏，否则他要一发不可收拾的话，那洛克菲勒可就惨了。

斯科菲尔德船长还有一个令人称道的优点，尽管输球会令他不高兴，但他认为赢本身并不代表一切，而努力去赢的做法才是最重要的。所以在输球之后，他从不找借口。事实上，他可以以年龄太大、体力欠佳来作为他输球的理由，为自己讨回颜面，但他从来不这样做。

这个故事告诉我们，千万不要找借口，也别养成找借口的恶习。生活中，我们会遇到多种失败与困境。工作中，我们会碰到各种各样看似无法解决的问题。这些问题就像拦路虎，挡住了我们的去路，使我们战战兢兢，不敢前行一步。

也许我们努力了，但还是无法成功，于是更多的人选择了放弃，并安慰自己：算了吧，这是一个解决不了的问题，我还是不要再浪费时间了。

但是，问题真的解决不了吗？情况似乎并不是这样的。我们说：如果有一千个问题，必有一千零一个方法。千万不要找借口。

无论是生活中还是工作中我们遇到难题，都应该坚持这样的原则：努力找方法，而不是轻易放弃。对于通过思索以寻找解决问题方法的重要性，洛克菲勒及许多杰出的企业家都深有体会。

比尔·盖茨曾说："一个出色的员工，应该懂得：要想让客户再度选择你的商品，就应该去寻找一个让客户再度接受你的理由。任何产品遇到了你善于思索的大脑，都肯定能有办法让它和微软的视窗一样行销天下的。"洛克菲勒也曾经一再地告诫他的员工："请你们不要忘了思索，就像不要忘了吃饭一样。"只要努力去找，解决困难的方法总是有的，而这些方法一定会让你有所收益。

洛克菲勒给孩子们讲过这样的一个故事：

从前，有一匹天生爱找借口的狼。不管发生什么事情，它都能为自己找到合适的理由。正所谓"无理辩三分"。

一天，这匹狼和一头豹子一起围猎羚羊，结果羚羊在它负责的区域内逃走。狼不但不检讨自己，反而说豹子进攻时没有及时通知他，否则羚羊早就是自己的晚餐了。

又一天，这匹狼与一头熊一起捕鹿，没想到这头鹿在被熊咬伤的情况下，毅然顽强拼搏，最后逃脱了。对此，狼十分生气，不断地抱怨熊咬得太轻。从此，熊再也没有与狼一起合作。不仅如此，狼还大声抱怨神给他的形体太小，不够雄壮。当他饥肠辘辘、喋喋不休地抱怨的时候，一头雄狮路过，一把把它抓住吃掉了。

明明是因为自己配合不当才导致猎物逃走，却偏偏找借口为自己辩驳。这匹狼永远不会改掉找借口的毛病。所以，当它还在为自己的生存状况抱怨时，一头狮子已将它视为猎物了。

生活也是一样，不要抱怨外在的一些条件。当我们抱怨的时候，实际上是在为自己找借口。而找借口的唯一好处就是安慰自己：我做不到是有原因的。但这种安慰是致命的，它暗示自己：我无法克服这个客观条件造成的困难。在这种心理暗示的引导下，我们就不再去思考克服困难、完成任务的方法，哪怕是只要改变一下角度就可以轻易达到目的。

洛克菲勒认为，任何借口都是推卸责任。在责任和借口之间，选择责任还是选择借口，体现了一个人的行事风格和生活态度。

借口仿佛一个用温情伪饰的陷阱，能消磨人的斗志，或让你遗忘自己的责任所在。在生活中，我们经常会听到这样或那样的借口。借口在我们的耳畔窃窃私语，告诉我们不能做某事或做不好某事的理由，它们好像是"理智的声音""合情合理的解释"，冠冕堂皇，却常常让我们沉湎于令人腐化的温床，并为此付出失败的代价。

失败了，不要把过多的时间花费在寻找借口上。再美妙的借口对事情的改变又有什么用呢？不如仔细想一想，下一步究竟该怎样去做。反过来说，面对失败，如果做好下一步的工作，转败为胜也不是没有可能，这样一来，借口也就没有意义了。在实际的工作中，我们每一个人都应当贯彻这种"没有借口"的思想。

借口是人的心理一个很隐晦的弱点，一旦让借口成为生活的习惯，你的工作就会拖沓、没有效率。抛弃找借口的习惯，你就不会为工作中出现的问题而沮丧，甚至你可以在工作中学会大量解决问题的技巧，这样借口就会离你越来越远，而成功会离你越来越近。

甩开借口，我们才能与责任同行。励志学大师拿破仑·希尔说："制造托词来解释自己的行为，这已是世界性的问题。这种习惯与人类的历史同样古老，这是成功的致命伤！"哲学家艾乐勃·赫巴德说："为何人们用这么多的时间制造借口以掩饰他们的弱点，并且故意愚弄自己？如果用在正确的用途上，这些时间足够矫正这些弱点，那时便不需要借口了。"

编者手记

甩开借口，看似冷漠，缺乏人情味，但它可以激发一个人最大的潜能。无论你是谁，在人生中，无须任何借口，失败了也罢，做错了也好，再美妙的借口对于事情本身也没有丝毫的帮助。我们必须把借口哲学——现在的情况我无法控制——改变为责任哲学，"飞人"乔丹说到了、做到了，也成功了！

忠告 15：借口是制造失败的根源

一个失败者一旦找出一种"好"的借口，他就会抓住不放，然后总是拿这个借口对他自己和别人解释：为什么他无法再做下去，为什么他无法成功。

——洛克菲勒

"我鄙视那些爱找借口的人，因为那是懦弱者的行为，我也同情那些爱找借口的人，因为借口是制造失败的病源。"洛克菲勒如是说。

有人站起来说:"我是靠自己的努力得到成功的。"到目前为止,没有任何男人或女人,敢于站起来说:"我是使自己失败的人。"失败者都有一套失败者的借口,他们将失败归咎于家庭、性格、年龄、环境、时间、肤色、宗教信仰、某个人乃至星象,而最坏的借口莫过于健康、才智以及运气。

最常见的借口,就是健康的借口,一句"我的身体不好"或"我有这样那样的病痛",就成了不去做或失败的理由。事实上,没有一个人是完全健康的,每个人多少都会有生理上的毛病。

寻找借口就是向懒惰低头,向怯懦投降,把脸、把心别过去,不去面对真实的自我欺骗与麻痹。"我们从没想过赶上竞争对手,在许多方面人家都超出我们一大截。"当人们为不思进取寻找借口时,往往会这样表白。很多人会完全或部分屈服于这种借口,但是一心要成功的人则不然。

"我不够聪明"的借口也很常见,几乎有百分之九十五的人都有这种毛病,只是程度不同而已。这种借口与众不同,它通常默不作声。人们不会公开承认自己缺少足够聪明才智,多半是在自己内心深处这么想。

洛克菲勒说:我发现大多数人对才智有两种基本错误的态度,太低估自己的脑力,和太高估别人的脑力。因为这些错误,使许多人轻视自己。他们不愿面对挑战,因为那需要相当的才智。认为自己愚蠢的人才是真正愚蠢的人,他们应该知道,如果有一个人根本不考虑才智的问题,而勇于一试,就会发现自己完全可以胜任。

洛克菲勒认为真正重要的,不在于你有多少聪明才智,而是如何使用你已经拥有的聪明才智。要成为一个好的商人,不需要有闪电般的灵敏,不需要有非常惊人的记忆,也不需要在学校名列前茅的成绩,唯一的关键,就是对经商要有强烈的兴趣和热心。兴趣和热心是决定成败的重要因素。

借口给人带来的严重危害是让人消极颓废。如果养成了寻找借口的习惯，那么在遇到困难和挫折时，就不是积极地去想办法克服，而是寻找各种各样的借口。这种消极心态剥夺了个人成功的机会，最终让人一事无成。

洛克菲勒很欣赏安德鲁·罗文，是因为一个事件。

美西战争即将爆发，为了取得战场上的主动权，美国总统麦金莱急需一名合适的送信人，把信送给古巴的加西亚将军。军事情报局向总统推荐了安德鲁·罗文。罗文在接到总统交给他的送信任务后，马上无条件地执行，并克服了常人难以克服的种种困难，将个人生死置之度外，战胜了艰难险阻，终于在预定的时间内把信送到。

一路上丛林密布、山峦险峻、蛇毒水臭、蚊虫叮咬、敌军穿梭，罗文独自在密林中迂回前行了三个星期，穿越了险恶之地，完成了这项"几乎不可能完成的任务"。

罗文接到任务——"把信送给加西亚"后，没有找任何借口和理由，也没有问"为什么要送给加西亚？加西亚是谁？他在哪儿？为什么让我来送"，而是欣然接受了这项艰巨的任务，排除万难，最终顺利完成。

相对于罗文，我们现在都变成了"借口专家"——当任务下达下来或者执行途中遇到障碍、受到挫折的时候，我们有着太多的借口，其中最容易脱口而出的借口就是"我以为……"确实，借口有很多好处，它可以让我们暂时逃避困难和责任，获得些许心灵慰藉。但借口的代价无比高昂，它给我们带来的危害难以估量。有人说过："失败的人之所以失败，是因为他们太善于找出种种借口来原谅自己，也使别人原谅。"

在这项艰巨的任务中，罗文表现出了英勇无畏的精神，积极地想办法，灵活地应对各种突发事件。如果我们也能像罗文一样，遇到困难时不找借口，相信很多困难都能克服。

有些人百思不得其解：为什么很多非常出色的人物会招致失败呢？洛克菲勒可以让他们得到清晰的答案，如果一个绝顶聪明的人总在用他惊人的脑力，去证明事情为什么无法成功，而不是用它的脑力引导自己去寻找迈向成功的各种方法，失败的命运就会找上他们。消极的思想牵制他们的智力，使他们无法施展身手以致一事无成。如果他们能改变心态，相信他们会做出许多伟大的事情。

编者手记

　　一个优秀的人，不会在生活中找借口，一个优秀的员工更不在工作中寻找借口，他们总是把每一项工作尽力做到超出客户的预期，最大限度地满足客户提出的要求，而不是推诿；他们总是出色地完成上级安排的任务，替上级解决问题；他们总是尽全力配合同事的工作，对同事提出的帮助要求，从不找任何借口推托或延迟。

　　许多借口总是把"不""不是""没有"与"我"紧密联系在一起，其潜台词就是"这事与我无关"——不愿明确自己的工作，将自己该为公司做的事推给别人。

　　很多人遇到困难不知道努力解决，只是想找借口推卸责任，这样的人很难成为企业最受欢迎的员工。

忠告16：任何借口都是表明逃避责任

　　在我看来借口是一种思想病，而染有这种严重病症的人，无一例外的都是失败者，当然一般人也有一些轻微的症状。但是，一个人越是成功，越不会找借口，处处亨通的人，与那些没有什么作为的人之间最大的差异，就在于借口。

——洛克菲勒

　　在工作中，需要自动自发，工作就是要付出努力，正是为了成就什么或获得什么，我们才专注于什么，并在那个方面付出精力。从这个意义上说，工作不是我们为了谋生才去做的事，而是超越了工作主体自身的职能而要去做的事！

休姆斯在担任洛克菲勒集团公司销售经理期间曾面临一种最为尴尬的情形：销售量开始下跌。到后来，情况更为严重，销售部门不得不召集全体销售员开一次大会，全美各地的销售员皆被召去参加这次会议，休姆斯先生主持了这次会议。

　　首先，他请手下最优秀的几位销售员站起来，要他们说明销售量为何会下跌。这些被唤到名字的销售员一一站起来以后，每个人都有一段最令人震惊的悲惨故事要向大家倾诉：商业不景气，资金缺少，人们都希望等到总统大选揭晓后再买东西，等等。

　　当第五个销售员开始列举使他无法完成销售配额的种种困难时，休姆斯先生突然跳到一张桌子上，高举双手，要求大家肃静。然后，他说道："停止，我命令大会暂停10分钟，让我把我的皮鞋擦亮。"

　　然后，他命令坐在附近的一名黑人小工友把他的擦鞋工具箱拿来，并要求这名工友把他的皮鞋擦亮，而他就站在桌子上不动。

　　在场的销售员都惊呆了。他们有些人以为休姆斯先生发疯了，人们开始窃窃私语。在这时，那位黑人小工友先擦亮他的第一只鞋子，然后又擦另一只鞋子，他不慌不忙地擦着，表现出第一流的擦鞋技巧。皮鞋擦亮之后，休姆斯先生给了小工友一毛钱，然后发表他的演说。

　　他说："我希望你们每个人，好好看看这个小工友。他拥有在我们整个工厂及办公室内擦鞋的特权。他的前任是位白人小男孩，年纪比他大得多。尽管公司每周补贴白人小男孩5元的薪水，而且工厂里有数千名员工，但那个白人小男孩仍然无法从这个公司赚取足以维持他生活的费用。

　　"这位黑人小男孩不仅可以赚到相当不错的收入，而且不需要公司补贴薪水，每周还可以存下一点钱来，而他和他的前任的工作环境完全相同，也在同一家工厂内，工作的对象也完全相同。

　　"现在我问你们一个问题，那个白人小男孩拉不到更多的生意，是谁的错？是他的错，还是顾客的？"那些推销员不约而同地大声说："当然了，是那个小男孩的错。"

"正是如此。"休姆斯回答说，"现在我要告诉你们，你们现在推销和一年前的情况完全相同：同样的地区、同样的对象以及同样的商业条件。但是，你们的销售成绩却比不上一年前。这是谁的错？是你们的错，还是顾客的错？"

同样又传来如雷般的回答："当然，是我们的错。""我很高兴，你们能坦率承认自己的错。"结果大家都说"愿意重回以前的辉煌"，后来果然办到了。那些他们曾强调的种种借口：商业不景气，资金缺少，仿佛根本不存在似的，统统消失了。

任何一个老板都希望自己拥有优秀的员工，能不折不扣地完成任务，即使没有完成任务，也能主动承担责任而不是寻找任何借口。

"拒绝借口"应该成为所有企业奉行的最重要的行为准则，它强调的是每一位员工想尽办法去完成任何一项任务，而不是为没有完成任务去寻找任何借口，哪怕看似合理的借口。其目的是为了让员工学会适应压力，培养他们不达目的不罢休的毅力。它让每一个员工懂得：工作中是没有任何借口的，失败是没有任何借口的，人生也没有任何借口。

我们把重物举起来，而地球引力却要将它往下拉。我们在工作的过程中，总是会遇到挫折，我们是知难而进还是为自己寻找逃避的借口？

在工作中我们常常会听到这样或者那样的借口："我不是搞这个的，这项工作我完成不了！""这不是我的职责范围，你应该找别人！""这么难做，干脆不干了！""那么认真，何苦呢！""这个方案当初是某某提出的，出了问题当然应该由他负责，没我什么事！""没想到，市场变化这么快，活该倒霉！"诸如此类的借口都是缺乏责任心的表现。

其实，在每一个借口的背后，都隐藏着丰富的潜台词，只是我们不好意思说，甚至根本就不愿说出来。借口让我们暂时逃避了困难和责任，获得了些许心理上的安慰。可是，久而久之，就会形成这样一种局面：每个人都努力寻找借口来掩盖自己的过失，推卸自己本应承担的责任。

编者手记

试想一下，假若你是一名士兵，假若你正处于战场上，假若你收到一个最简单、最基本的命令——坚守阵地。那么在这生死关头，你还能去哪里找理由？就算有成千上万个理由，又有什么意义？难道在战场，会因为你看似合理的借口而允许你临阵脱逃？因为你的理由，敌人的大炮不向你开火？战后，会因为你的理由，免除你的失职责任？请记住：结果就是结果，它不会因为你给出理由的多少、好坏而改变。在残酷的事实面前，任何理由都是借口。借口，会使你迈向死亡！

忠告 17：成功不靠运气，不要用借口来麻痹自己

只要稍加留意你就会发现，那些没有任何作为，也不曾打算创造一番作为的人，经常会有一大堆的借口来解释：为什么他没有做到，为什么他不做，为什么他不能做，为什么他不是那样的。失败者为自己料理"后事"的第一个举动，就是为自己的失败找出各种理由。

——洛克菲勒

我们无须任何借口，因为再完美的借口对事情本身都毫无用处，不找借口才是天经地义的。事业有成的人，面对挫折和失败不会有任何借口和抱怨，因为这是他的职责所在，理当如此。他们也会因自己的责任心而成为最受企业欢迎的"香饽饽"。

困难算什么，什么都不算，它看起来像强大的敌人，但一样可以被你消灭干净。而借口呢，将使你一事无成。千万不要用借口来麻痹自己，否则失败就会在不远处等着你。

在标准石油公司永远不会为"活字典"式的人物提供职位，因为洛克菲勒不需要只会记忆、不会思考的"专家"。他要的人是真正能够解决问题，能想出各种点子的人，是有梦想而且勇于实现梦想的人。有创意的人能为他赚钱，只能记忆资料的人则不能。

查斯是洛克菲勒公司的员工，在一次与朋友的聚会中，神情激愤地对朋友抱怨老板长期以来不肯给自己机会。他说："我已经在公司的底层挣扎了 15 年了，仍时刻面临着失业的危险。15 年了，我从一个朝气蓬勃的青年人熬成了中年人，难道我对公司还不够忠诚吗？为什么他就是不肯给我机会呢？"

"那你为什么不自己去争取呢？"朋友疑惑不解地问。

"我当然争取过，但是争取来的却不是我想要的机会，那只会使我的生活和工作变得更加糟糕。"他依旧愤愤不平，义愤填膺。

"能对我讲一下那是什么吗？"

"当然可以！前些日子，公司派我去海外营业部，但是像我这样的年纪、这种体质，怎能经受如此的折腾呢？"

"这难道不是你梦寐以求的机会吗？怎么你会认为这是一种折腾呢？"

"难道你没看出来？"查斯大叫起来，"公司本部有那么多的职位，为什么要派我去那么遥远的地方，远离故乡、亲人、朋友？那可是我生活的中心呀！再说我的身体也不允许呀！我有心脏病，这一点公司所有的人都知道，怎么可以派一个有心脏病的人去做那种'开荒牛'的工作呢？又脏又累，任务繁重而没有前途……"

他絮絮叨叨地罗列着他根本不能去海外营业部的种种理由。这次他的朋友沉默了，因为他终于明白为什么 15 年来查斯没有获得他想要的机会，并且也由此断定，在以后的工作中，他仍然无法获得他想要的机会，也许终其一生，他也只能等待。

每一件事的发生必定有其原因，人类的遭遇也不可能碰巧发生。所以，有很多人总会把自己的失败怪罪于运气太坏，看到别人成功时，就认为那是因为他们运气太好。而洛克菲勒从不相信什么运气好坏，他只认为精心筹备的计划和行动叫"运气"。

　　洛克菲勒说："如果由运气决定谁该做什么，每一种生意都会瓦解。假设标准石油公司要根据运气来彻底进行改组，就要将公司所有职员的名字放入一个大桶里，第一个被抽出的名字就是总裁，第二个是副总裁，就这样顺序下去。很可笑吧？但这就是运气的功能。"

　　洛克菲勒从不屈从运气，他相信因果定律。看看那些好运当头的人，你会发现并不是运气使然，而是准备、计划和积极的思想为他们带来好的气象。再看看那些"运气不好"的人，你会发现背后都有明确的因素。成功者能面对挫折，从失败中学习，再创契机。平庸者往往就此灰心丧志。

　　一个人不可能只靠运气成功，他必须付出努力的代价。我们不妄想靠运气获得胜利等生命中的美好事物，所以我们要集中全力去发展自我，修炼出使自己变成"赢家"的各种特质。

编者手记

　　在遇到一个难以解决的问题或任务时，可能会让你懊恼和焦急万分，这时你是在其中寻找各种各样的借口来为遇到的问题开脱，放弃自己的努力，还是尽一切力量、绞尽脑汁、想尽办法去解决问题？请你永远不要放弃，永远不要找借口为自己开脱。要积极寻找办法解决问题，就算没希望了，也要再继续努力，从绝望中找出希望。这样困难将永远不再是困难，而是你能力展现的机会，你也将因此被老板视为自己的"上将军"。

　　不要找任何借口，立即行动，全力以赴地工作，诚实忠诚，带上一颗负责任的心去完成我们应完成的每项工作，想尽一切可能解决问题的办法，继续努力，你将会获得非凡的成功。

忠告 18：拒绝借口，只为成功找方法

相信会有伟大的结果，是所有伟大事业、书籍、剧本，以及科学新知背后的动力。相信会成功，是成功人士拥有的一项基本而绝对必备的要素，但失败者慷慨地丢掉了这些。

——洛克菲勒

洛克菲勒曾与许多在生意场上失败过的人进行谈话，听到的是无数失败的理由与借口。这些失败者在说话的时候，时常会在无意中说："老实说，我并不以为它会行得通。""我在开始进行之前就感到不安了。""事实上，我对这件事情的失败并不会太惊奇。"

工作中，老板看的是业绩，要的是结果。因此，作为一名优秀的员工，应当认清自己的工作使命，把问题留给自己，把结果留给老板，帮助公司解决问题，为企业打拼出好的业绩。然而，工作中只有极少数人能够做到这一点。很多人身上也具备很多优秀的潜质，他们也充满激情和梦想，可他们总是做得不尽如人意，也得不到老板的赏识。相反，比他们平庸的人很多时候却能出其不意地获得成功。

约翰是洛克菲勒石油公司里的一位老员工，以前专门负责跑业务，深得经理的器重。只是有一次，他手里的一笔业务让另一家公司的竞争对手抢走了，造成了一定的损失。事后，他合情合理地解释了失去这笔业务的原因。原来是他的腿伤发作，比竞争对手迟到半个小时。

约翰的一只脚是有点跛，那是一次出差途中出车祸造成的，留下了一点后遗症，根本不影响他的形象，也不影响他的工作。如果不仔细看，是看不出来的。

但从此以后，每当公司要他出去联系棘手的业务时，他总是以他的脚不便、不能胜任这项工作为借口而推诿。而如果有比

较好揽的业务时，他又跑到上司面前，说脚不便，要求在业务方面得到照顾。如此种种，他大部分的时间和精力都花在如何寻找更合理的借口上。碰到难办的业务能推就推，好办的差事能争就争。时间一长，他的业务成绩直线下滑，最后经理不得不把他炒掉了。

试想，有谁愿意要这样一个时时刻刻找借口而不去寻找问题突破口的员工呢？约翰被炒也是意料之中的。工作中，我们都应"不拿借口当挡箭牌"，时刻提醒自己：在工作的过程中不管遇到什么困难，都要想尽办法使之继续进行下去。

在标准石油公司的运营部，一个被下属的借口搞得不胜其烦的经理在办公室里贴上了这样的标语："这里是'无借口区'。"他宣布，9月是"无借口月"，并告诉所有人："在本月，任何人在工作时只解决问题，坚决不找借口。"

这时，一个顾客打来电话抱怨该送的货迟到了，物流经理说："的确如此，货迟了。下次再也不会发生了。"

随后他安抚顾客，并承诺补偿。挂断电话后，他说自己本来准备向顾客解释迟到的原因，但想到9月是"无借口月"，就没有找理由。

后来，这位顾客给公司总裁写了一封信，说他在解决问题时得到了出色的服务。他说，没有听到千篇一律的托词让他感到意外和新鲜，他赞扬公司的"无借口"运动是一次伟大的运动。

在生活中，我们也应该摒弃借口，不再为自己的失败或者没有完成任务而寻找托词，从而千方百计地克服困难，积极主动寻找问题的突破口，直到完成任务。

在企业的运营过程中，总会不可避免地遇到各种问题的困扰。它们的出现，就像太阳日升夜落般自然。所以，老板们迫切需要那种能及时解决问题的人才。在老板眼中，没有任何事情能够比一个员工及时处理和解决问题，更能表现出他的责任感和主动性。

不把问题留给老板，当公司赋予你一项重任时，其结果一定要超越公司的期待，千万不要满足于得过且过的表现，相信每个人都能做得更好。这就意味着我们必须停止把问题推给别人，应该学会运用自己的意志力和责任感，着手行动，处理这些问题，真正承担起自己应承担的责任来！

编者手记

一名称职的员工不只是被动地等待别人告诉他应该做什么，而会主动去了解自己要做什么，并且认真地规划，然后全力以赴地去完成。只有那些不论老板是否安排了任务都自己主动促成业务的员工，那些遇到问题后不会提出任何借口的员工，那些主动请缨、排除万难、为公司创造巨大业绩的员工，才能成为每个组织、每个机构最受欢迎的员工，成为每个老板最赏识、最重用的人。

不找借口，就是永不放弃；不找借口，就是锐意进取……要成功，就要保持一颗积极、绝不轻易放弃的心，尽量发掘出周围人或事物最好的一面，从中寻求正面的看法，让自己能有向前走的力量。因此，应改变自己的态度，把寻找借口的时间和精力用到努力学习、勤奋工作的正道上来。工作中没有借口，人生中没有借口，失败没有借口，成功也永远不属于那些寻找借口的人。

—————— 第五章 ——————

不要高估所欠缺的，不要低估已拥有的

忠告 19: 自己就是最大的资本

> 从贫穷通往富裕的道路永远是畅通的，重要的是你要坚信：
> 我就是我最大的资本。
>
> ——洛克菲勒

有一天，洛克菲勒收到一个立志要成为富翁的年轻人的来信。这个年轻人在信中恳请洛克菲勒帮忙解答一个问题：他缺少资本，他该如何去创业致富？

他是想让洛克菲勒给他指明生命的方向，洛克菲勒给他回信并告诉他，你需要资本，但你更需要常识。常识比金钱更重要。

针对这个年轻人，洛克菲勒说，对于一个要去创业的贫寒子弟来说，他们常常因为资本匮乏而感到苦恼。如果再恐惧失败，他们就会表现得犹豫不决，以蜗牛般的速度缓慢行进，甚至止步于成功之路，而永无出头之日，所以洛克菲勒在给那个年轻人的回信中特别提醒他：

"从贫穷通往富裕的道路永远是畅通的，重要的是你要坚信：我就是我最大的资本。"在信中洛克菲勒还给那个年轻人讲了一个故事。这个故事也是洛克菲勒从他人那里听来的，讲述这个故事的人是这样说的：

从前有个人，名叫阿尔·哈菲德，住在离印度河不远的地方。他拥有一大片兰花园，另外还有数百亩良田和繁盛的园林。他是个知足的人，而且十分富有——因为他很富有，所以他十分知足。有一天，一位老僧人来拜访他，坐在他的火炉边跟他说："你富有，你的生活舒适而安逸。但是，你如果拥有满满一手钻石，你就可以买下整个国家的土地；要是你能拥有一座钻石矿，你就可以利用这笔巨富的影响力，把孩子送上王位。"

　　哈菲德听了老僧人这番极具诱惑力的话之后，当天晚上躺在床上的时候，他仿佛变成了一个穷人——不是因为他失去了一切，而是他开始变得不满足，所以他觉得自己很贫穷；也因为他认为自己很贫穷，所以得不到满足。"我要一座钻石矿"的想法在他的脑海里萦绕不断，以致整晚都辗转难眠。第二天一大早他就跑去找那位僧人。

　　老僧人一大早就被叫醒，非常不高兴，但哈菲德完全不顾及这些，他满不在乎地把老僧人从睡梦中摇醒，对他说："你能告诉我什么地方可以找到钻石吗？"

　　"钻石？你要钻石做什么？"

　　"我想要拥有庞大的财富，"哈菲德说，"但我不知道哪里可以找到钻石。"

　　"哦，"老僧人明白了，他说："你只要在山里面找到一条在白沙上穿流的河，就可以在沙子里找到钻石。"

　　"你真的认为有这样一条河吗？"

　　"多得很，多得很呐！你只要出去寻找，一定会找到。"

　　"我会的。"哈菲德说。

　　于是，他卖掉农场，收回借款，把房子交给邻居看管，就出发寻找钻石去了。

　　哈菲德先是去了月光山区寻找，而后到了巴勒斯坦，接着又跑到欧洲，最后他花光了身上所有的钱，变得一文不名。他如同乞丐般站在西班牙巴塞罗那海边，看到一道巨浪越过赫丘力士石柱汹涌而来，这个历经沧桑、痛苦万分的可怜虫，无法抵抗纵身一跳的诱惑，就随着浪峰跌入大海，终结了一生。

在哈菲德死后不久，他的财产继承人拉着骆驼去花园喝水，当骆驼把鼻子伸到花园那清澈见底的溪水中时，那个继承人发现，在浅浅的溪底白沙中闪烁着奇异的光芒，他伸手下去，摸到一块黑石头，石头上面有一处闪亮的地方，发出了彩虹般的色彩。他将这块怪异的石头拿进屋子，放在壁炉的架子上，又继续去忙他的工作，完全忘记了这件事。

几天以后，那个告诉哈菲德在哪里能找到钻石的老僧人来拜访哈菲德的继承人。他看到架子上的石头发出的光芒，立即奔过去，惊讶地叫道："这是钻石！这是钻石！哈菲德回来了吗？"

"没有，他还没有回来，而且那也不是钻石，那不过是一块石头，是我在我家的后花园里发现的。"

"年轻人，你发财了！我认识钻石，这真的是钻石！"

于是，他们一起奔向花园，用手捧起溪底的白沙，发现许多比第一颗更漂亮、更有价值的钻石。

这就是人们发现印度戈尔康达钻石矿的经过。那是人类历史上最大的钻石矿，其价值远远超过南非的金百利。英王皇冠上镶嵌的库伊努尔大钻石，以及那颗镶在俄皇王冠上的世界第一大钻石，都是采自那座钻石矿。

假如哈菲德能留在家乡，挖掘自己的田地和花园，而不是去异乡寻找，他也就不会沦为乞丐，贫困挨饿，以致跃入大海而亡，他本来就拥有遍地的钻石。

"并非每一个故事都具有意义，但这个故事却给我带来了宝贵的人生教诲：你的钻石不在遥远的高山与大海之间，如果你决心去挖掘，钻石就在你家后院。重要的是要真诚地相信自己。"

每个人都有一定的理想，这种理想决定着他的努力方向和价值取向。从这种意义上来说，不相信自己的人就跟窃贼一样，因为任何一个不相信自己而且未充分发挥本身能力的人，可以说是向自己偷窃的人；而且在这过程中，由于创造力低落，他也等于是从社会中偷窃。由于没有人会从他自己那里故意偷窃，那些向自己偷窃的人，显然都是无意中偷窃了。然而这种罪状仍很严重，因为其所造成的损失，跟故意偷窃一样大。

只有戒除这种向自己偷窃的行为，我们才能爬向高峰，希望那些渴望发财的年轻人，能思索出其中所蕴含的教诲。

编者手记

不要羡慕别人的财富与成就，也不要认为自己的人生从此灰暗。你之所以没有成功，是因为你没有发现自己，一旦你发现自己的潜能，那么你会真正找到成功的资本，那就是你自己。

忠告 20：越是人们认为"不可能"的，做起来越顺当

你要锻炼信念，不停地探究产生迟疑的原因，直到肯定取代了怀疑。

——洛克菲勒

古往今来，能成大事者一定是在思想上或行为上善于追求、敢于冒险的人。只要拥有过人的胆量、胆识和胆略，那么他是不会有祸患的。因为越是人们认为不可能做的事儿，做起来越顺当。

如果我们总是认为某件事是"不可能"的，那说明我们一定没有去努力争取，去冒险，去奋斗，因为这世上本来就没有"不可能"。螃蟹可以吃吗？不可能。那你就错了，很快就出现了第一个吃螃蟹的人。

其实，把"不可能"从字典里剪掉，只是一个比喻，关键是要从你的心中把这个观念铲除掉。并且，在我们的观念中排除它，想法中排除它，态度中去掉它、抛弃它，不再为它提供理

由，不再为它寻找借口，把这个字和这个观念永远地抛弃，而用光辉灿烂的"可能"来替代它。

正如《冒险》一书的作者维斯戈说：如果生活想过好一点，就必须冒险。不制造机会，自然无法成长。担心吗？危险吗？不确定吗？这是预料中的事，但为了前进一步，就必须暂时离开安全的处所。每一次的冒险，都无法避免会有所失。如果你一点都不怕，这种冒险根本不是冒险，对你一点也没有好处——没有任何冒险是绝对安全的。

当然，冒风险也要从实际出发，因为我们的愿望是要获得成功。我们不妨从现在开始给自己设定一个人生目标，持续地学习，不停地进取，偶尔有点冒险精神，让自己在所从事的领域达到满意的目标，成就自己的大事业。

洛克菲勒与无数的"不可能"遭遇。但他没有一味胆怯、退缩，因为他知道，如果退缩他就永远无法战胜"不可能"。

有些人总说"我不行""不可能"这些口头禅。永远不要让"不可能"束缚自己的手脚，有时只要再向前迈进一步，再坚持一下，也许"不可能"就会变成"可能"。而有些人之所以能成功，就是因为他们对"不可能"的事多了一股不肯低头的韧劲。洛克菲勒最敬爱林肯先生，因为林肯的许多事例一直激励着洛克菲勒，洛克菲勒曾经常用林肯的事例来教育孩子，教育他的员工。

1864年，美国南北战争结束后，一位叫马维尔的记者采访林肯。马维尔问道：据我所知，上两届总统都想过废除黑奴制，《解放黑奴宣言》也早在他们那个时期就已拟就，可是他们都没拿起笔签署它。请问总统先生，他们是不是想把这一伟业留下来，给您去成就英名？林肯回答道："可能有这意思吧。不过，如果他们知道拿起笔需要的仅仅是一点勇气，我想他们一定非常懊丧。"

这段对话发生在林肯去帕特森的途中，马维尔还没来得及问下去，林肯的马车就出发了，因此，他一直都没弄明白林肯的这句话到底是什么意思。直到 1914 年，林肯去世 50 年后，马维尔才在林肯致朋友的一封信中找到答案。

在信里，林肯谈到幼年的一段经历："我父亲在西雅图有一处农场，上面有许多石头。正因为如此，父亲才得以较低的价格买下它。有一天，母亲建议把上面的石头搬走。父亲说如果可以搬走的话，主人就不会卖给我们了，它们是一座座小山头，都与大山连着。

"有一年，父亲去城里买马，母亲带着我们在农场劳动。母亲说，让我们把这些碍事的东西搬走，好吗？于是我们开始挖一块块的石头，不长时间，就把它们弄走了，因为它们并不是父亲想象的山头，而是一块块孤零零的石块，只要往下挖一英尺，就可以把它们晃动。"林肯在信的末尾说，有些事情一些人之所以不去做，只是他们认为不可能。有许多不可能，只存在于人的想象之中。

是的，有许多不可能，只存在于人的想象之中。可惜，能知道这个道理并相信自己可以做到的人少之又少，大多数人，总是习惯于夸大困难，不愿去相信自己、去尝试和努力。

不要用想象给自己制造困难，因为困难在想象中变得越来越大，我们所要做的就是相信自己。许多困难，其实是人们凭空想象出来的。不自信的人，往往把困难想象得比实际的大，他们被自己心中想象出来的困难所吓倒，从而丧失了许多成功的机会；而具有积极心态的人，他们能正视困难，他们相信，只要去做，总是有成功的机会的。

当我们心中充满自信的时候，我们便能在成功的路上步履如飞。因为自信是摘取硕果的手杖，勇敢地伸出手去，困难就会为你让出一条宽敞的大路。

商海茫茫，只有那些相信自己，并让不可能成为可能的人，才能抵达胜利的彼岸。生活中，要使"不能"成为"能"，最好的方法是增强自己的创造力。任何事情的成功，都是因为能找到把事情做得更好的方法。

当你相信某一件事不可能做到时，你的大脑就会为你找出种种做不到的理由。但是，当你真正相信某一件事确实可以做到时，你的大脑就会帮你找出解决问题的各种方法。

忠告 21：宿命论是弱者的借口

每一个渴望成功的人都应该认识到，成功的希望就隐藏在他自己身边。只要认识到这一点，他就能得到自己想要得到的东西。

——洛克菲勒

即使情况很糟糕，周围的环境让我们处在极度的绝望之中，我们还是应该极力隐藏起自己的悲伤绝望，擦干泪水，努力寻找改变处境的方法，只有坚强勇敢才有可能摆脱逆境，坐在原地哭泣，埋怨时运只能徒添悲伤，与事情的积极发展无益。不论什么时候都不要失掉克服困难的勇气和决心，这是扭转命运的关键。

生活中，我们不见得一开始都是强者，很可能是一个弱者。不过，当弱者有一天变成不可替代的那一个的时候，就能充分地感觉到自身存在的意义，自己存在对别人的重大影响。在家庭中，爱妻子儿女，孝敬父母，努力让家里人过得快乐，所以对于妻子来说我们就是不可替代的丈夫，对于父母来说我们就是不可替代的儿子，对于儿女来说我们就是他们不可替代的好父亲。在工作中，如果将自己的工作做到别人不可替代的地步，那么对于这个公司来说我们就是不可失去的人才。为了能让这样的我们留在公司内，公司自然会提供更好的待遇和深造机会。

"如果想一直留在某个公司，最好的办法就是：让自己成为不可替代的那一个。当你成为不可替代的那一个的时候，公司就该担心你会不会走了。"

　　巴克斯是洛克菲勒集团运营部的经理，然则到达今天的地位，他只花了两年的时间。回忆这两年的历程，巴克斯感慨万千。两年前巴克斯进入公司时，觉得自己能够进入公司已经不错了，根本不敢想自己什么时候能够成为骨干，也绝对想不到两年后的今天自己会成为公司不可缺少的人才。

　　巴克斯在工作三个月，熟悉了公司的工作后，发现公司在推广宣传方面存在着一些缺陷，于是他积极主动地联系这方面的负责人，提出自己的意见。通过三个月的市场调查以及翻阅大量资料，巴克斯提出了很多问题并提供了解决的方案。

　　在之后的几个月中，巴克斯主动联系老客户，虚心请教，再结合调查结果，进行方案整合。巴克斯每次和客户打交道都诚信待人，所以得到了许多客户的信任。

　　经他的一年多的拼搏，许多客户要谈合作都会首先找他。两年后，巴克斯不仅薪水涨了、职位升了，还得到了不少同事的尊敬。

　　巴克斯正是因为不断地努力，充实自己，发现一些可以让自己不可替代的东西，比如发现这个公司存在的缺陷，自己努力地寻找原因，再尽力解决问题，改善公司现状，最后使自己在公司无可替代。

　　巴克斯告诉我们，不要担心你现在的强弱，重要的是今后，努力地让自己成为不可替代的那一个，弱者也会变成强者。不断地充实自己，使自己具有足够的实力，拥有实力才能成就一个人。而那些真正的弱者则会认为一切都是命中注定，不成功是自己的宿命，然而这都是那些弱者的借口。

　　我们每一个人，特别是妄自菲薄的人，切不可把强者的标准定得太高，而对自身的长处视而不见。你不要死盯着自己学习不好、没钱、没貌等不足的一面，还应看到自己身体健康、会唱歌、文章写得好等不被外人和自己留意或发现的强项。

你不是个天生的弱者，每个人都有自己的长处和短处，你为什么只看到自己不足，而没有看到自己的闪光之处呢？纤细孱弱的小草，自然无法与伟岸挺拔的劲松相提并论。然而，春寒料峭中，是小草那片淡淡的嫩绿，让大地展现出勃勃的生机。潺潺而流的溪水，当然不能与奔腾咆哮的江河同日而语。然而，深山河谷中，是小溪那份执着的奔流，让大地充满了无限的活力。

小草不因其柔弱而萎缩，小草自有一种信念；小溪不因其涓细而却步，小溪自有一种自信……你，同样不是弱者，只要你认识自己的力量，激发自己的潜能，你就是生活的强者。

忠告22：超越自卑，回归自信

你要知道，连你自己都不相信的事情，你是无法达成的，信念是带你前进的力量。

——洛克菲勒

自信能够使弱者变强，强者更健。只有自信的人才有可能在成功之道上健步如飞，而缺乏自信的人一定步履蹒跚。曾有一位皇帝问一位哲学家："谁是最快乐、最幸福的人呢？"哲学家的回答出乎皇帝的意外，他说："谁能这么想、能这么做到，他就是最快乐与最幸福的。"自信是个人魅力的成功之源！只要我们有自信，便能增强才能，使精力加倍。

在洛克菲勒的眼里，一个人的自信力能够控制他自己的生命的血液，并能将他的信念坚强地运行下去。这样的人是有影响力的人，能够担负起艰巨的责任，这样的人才是最可靠的。一个真正自信的人，从不高估所欠缺的，也不低估所拥有的。

有自信的人，最有希望冲向成功的终点。西班牙作家塞万提斯认为："丧失财富的人损失很大，可是丧失信心的人什么都完了。"有自信往往表现为一种自我肯定、自我鼓励、自我强化，坚定自己一定能成功。没有自信，就谈不上热爱生活，谈不上有探索拼搏的勇气和力量。一个有影响力的人理应显示自己的伟大，展现自己的雄姿。只有充分相信自己的力量，有足够的勇气面对生活，才能展现自己的个人魅力。

洛克菲勒的标准石油公司里的员工讲师，曾经给员工们讲过这个的一个故事，虽然这是一个很古老的故事，但却蕴涵着深刻的道理。

风烛残年之际，一个学者知道自己时日不多了，就想考验和点化一下他的那位平时看来很不错的助手。他把助手叫到床前说："我需要一位最优秀的传承者，他不但要有相当的智慧，还必须有充分的信心和非凡的勇气……这样的人选直到目前我还未见到，你帮我寻找和发掘一位，好吗？"

"好的，好的。"这位助手很认真、很坚定地说，"我一定竭尽全力去寻找，不辜负您的栽培和信任。"

于是，这位忠诚的助手就开始想尽一切办法为自己的老师寻找继承人。然而他领来一位又一位，都被学者婉言谢绝了。有一次，病入膏肓的学者硬撑着坐起来，拍着那位助手的肩膀说："真是辛苦你了，不过，你找来的那些人，其实还不如你……"

半年之后，学者眼看就要告别人世，最优秀的人选还是没有眉目。助手非常惭愧，泪流满面地坐在病床边，语气沉重地说："我真对不起您，令您失望了！"

"失望的是我，对不起的却是你自己，"学者说到这里，很失望地闭上眼睛，停顿了许久，又哀怨地说，"本来最优秀的人就是你自己，只是你不敢相信自己，才把自己给忽略、给耽误、给丢失了……其实，每个人都是最优秀的，差别就在于如何认识自己、如何发掘和重用自己……"话没说完，学者就永远离开了这个世界。那位助手非常后悔，甚至整个后半生都在自责。

故事讲完后，这个讲师说，你可以仰慕别人，但是绝对不能忽略了自己；你可以相信别人，但首先最应该相信的人就是你自己。如果你不甘平庸，就要摆脱自卑和自我怀疑的心理。每个向往成功、不甘沉沦者，都应该牢记每个人都是造物主最伟大的杰作，都是自己成功人生的缔造者。在一个人的一生中，能力并不是决定成败的关键因素。只有在内心相信自己很优秀，才能够走出成功人生的第一步。

假如那位助手不那么自卑，那么情况可能就是另一种样子，可是人生没有假如。当大好的人生机遇出现在眼前时，自卑者怀疑自己是否能够做好它，不敢伸手一抓，不敢奋力一搏。未战心先怯，只会白白贻误良机。

在面对一件事情的时候，自卑者会让机会从身边悄悄溜走，等到事情过后，又陷入不断的自责之中，于是更加自卑。更重要的是，具有自卑情结会造成人格和心理的卑怯，不敢面对挑战，不敢以火热的激情拥抱生活，而是卑怯地自怨自艾。久而久之，积卑成"病"，就会失去应有的雄心和志气。

很多时候人会这样问自己："假如……我可以吗？我能有这个实力吗？"这是一种不自信的表现。其实自卑和自信往往就在一念之间，去除自卑，自信就会从心底应运而生。凡事总要有信心，老想着"行"。要是做一件事，先就担心着："怕不行吧？"那你就没有勇气了。

现实生活的实践早已证明，凡属自卑情绪严重的人，除了自己得不到快乐外，在事业上也不会得到更大的成功。相反，那些成就巨大的人，都是心胸广阔、信心十足的人。任何的困难对他们来说，都不屑一顾，到头来终究会走向成功。著名的科学家李四光，之所以能够揭开地质研究的新的一页，就是因为强烈的责任感和事业心的驱使。所以说，自信自强是人才成功的内在的决定性条件，是成功的精神因素。

世上大部分不能走出生存困境的人都是因为对自己信心不足，他们就像一棵脆弱的小草一样，毫无信心去经历风雨，这就是一种可怕的自卑心理。自卑心理严重的人，并不一定是其本身具有某些缺陷或短处，而是不能悦纳自己，总是自惭形秽，常把自己放在一个低人一等，不被自我喜欢，进而演绎成别人也看不起自己的位置，并由此陷入不能自拔的痛苦境地，心灵笼罩着永不消散的愁云。

编者手记

我们一定要根据自身的条件，横扫身上的一切自卑情结。当自己怀疑自己能力的时候，不断地暗示自己可以出色地完成任务；当觉得自己不如别人的时候，告诉自己他们只是比自己早成功了一步而已，自己通过奋斗可以比他们更成功。相信自己的力量，自己是最优秀的人，让就"假如"变成"一定"！

忠告23：超越别人，不如超越自己

如果你要成功，你应该朝新的道路前进，不要跟随被踩烂了的成功之路。

——洛克菲勒

洛克菲勒认为，思考让我们理性地看待问题，分析问题，让我们换一种思路来经营人生。世界上有多少事情是克服不了的呢？世上无难事，只怕有心人。只有想到了才能做到，才能做好。哈佛就一直鼓励学生积极思考，积极地面对人生。这样的人生也会更丰富、美丽。

洛克菲勒认识一位功成名就的作家，这位作家的作品得到世人的许多赞美，有的人甚至把他比作当代的莎士比亚。可是这位作家深深知道，他自己还远没有那么伟大。那么，如何让自己的作品一直这样优秀下去呢？

经过冥思苦想，这位作家终于想到了一个好办法，他知道他现在的作品之所以能受到那么多的瞩目与欢迎，很大程度上是和他现在的名气有关。当编辑们看到他的名字时，自然影响他们对作品的看法。于是，这位作家决定，用不同的笔名投稿写作。

于是，他为自己取了十几个不同的笔名，然后把自己写好的作品投给不同的杂志社。之后，这位作家就开始了漫长的等待。果然不出他所料，他的好多作品就此石沉大海，杳无音讯，完全和签上自己大名再投稿的作品不同。

于是，这位作家把那些投出去后杳无音讯的作品又一一地做了精心的修改。就这样，反复地修改了好多次，直到这些作品不用作家的大名也能得到发表为止。

就这样，这位作家又写了大量优秀的作品。当人们得知那些作品就是这位大作家用别的笔名发表的时候，人们对他更加尊敬了。而且这位作家还送给洛克菲勒用不同笔名撰写的书籍。

这位作家并没有沉浸在过去的荣誉光环里，而是通过自己的努力，不断地超越自我，创造出新的伟大的作品，这也是洛克菲勒欣赏他的原因。

一个人只有不断地超越自我，才能取得更大的进步。如果我们只是一味地沉浸在昨天的光环里，又怎么能够在今天取得杰出的成就呢。只有从昨天的光环走出来，重新开始，我们才能够走出一片新的天地。

昨天的成就即使再辉煌，毕竟也是过去的事情了。要想让昨天的光环在今天依旧金光闪闪，我们就必须从头开始，用自己的努力，为它重新打磨，让成功的光环在今天依旧能够照耀着我们。

成功就是一个人能力极致的发挥。洛克菲勒认为一个人的成功是一个不断突破自我极限、充分发挥自我潜能、不断追求自身最完美表现的过程。一个人只有不断打破自我认知和能力上的局限，才能够不断地超越自我，取得进步。

有一天，洛克菲勒问他的孩子说："长大了，你们想当什么样的人？"孩子说："我想当像爱迪生一样的发明家。"洛克菲勒微笑着说："那你知道爱迪生为什么成为发明家吗？"孩子说："因为他聪明。""不对，因为他懂得超越自己。"

大发明家爱迪生的每一项重大发明，都是经历了无数的失败与超越才成功的。一次，爱迪生埋头试验一种可以用电照明的简单器具，屡败屡试，废寝忘食。

这种可以用电照明的简单器具叫作电灯。爱迪生大约试验了14000次。他把每次失败都看作成功，即成功地发现某种方法行不通。他终于发明了电灯——这是累积了14000次小成功而获得的大成功。

世界上没有绝对的成功，只有不断地进取才能永葆成功者的魅力。在爱迪生50岁的生日宴会上，老朋友关心地问他："你的一生成就非凡，在这剩下来的岁月中，你打算怎么安排？"爱迪生高兴地说："从现在起到70岁，我想把时间交给工作，75岁我计划去学桥牌，到了80岁，我想学好打高尔夫球。""那90岁以后，你想做些什么呢？""我安排的计划不会超过30年，太短就缺乏远见，太长又不好掌控。"爱迪生70岁生日时，老朋友又问他同样的问题，这回爱迪生认真地回答："我从工作当中获得无穷的快乐，我仍然有数不清的构想，这些事情足够我忙上几百年。所以，我是永远不会让自己退休的。"

成功者并不因为自己眼前所取得的成就而觉得满足，他们需要的是继续前进，向着人生中的更高峰攀登。生命中的每一天都是充满着朝气蓬勃的活力，就如初升的太阳源源不断地释放出万丈光芒。

不懂得坚持、不懂得超越的企业家不会长久。缺乏坚韧和毅力，在失败面前容易气馁的人也不会获得人生的成功。任何成功都源自长久坚持，在追求成功的道路上不懈努力，善于把失败当作动力的人，才是真正的强者。

洛克菲勒认为，超越自己比财富、权力、身世、亲友更有力量，是人们从事任何事业最可靠的资本。懂得超越自己的人在自信心的驱动下，敢于对自己提出更高的要求；懂得超越自己的人能排除各种障碍、克服种种困难，并在失败的时候看到希望，绝不会因为一时的困难而放弃。

　　超越自己，能使一个人潇洒自如地直面人生，以艰苦卓绝的奋斗改变自己的命运或是实现自己的人生价值。

　　超越自己意味着，突破平庸。若不先离开海岸，是永远不可能发现新大陆的。因此，当遭遇到大障碍的时候，你要抓住它的柄，换句话说，让挑战激发你的战斗精神。战斗的意识能够引发你的内部力量，唤醒沉睡的潜能。

　　甘于平庸的人总是守着井底的那一片土地，而勇敢者却到处有路可走。不论前途多么崎岖，只要你勇敢地朝着希望的方向行走，即使风暴再大，你也能寻找到属于自己的一方晴空。

编者手记

　　每天超越自己，哪怕仅仅超越一点点，你就能每天都有进步，你就能越来越接近成功。无法每天超越自己的人，通常成不了大事。

　　只要说服自己做得到，不论多么艰巨的任务，你必能完成。反过来说，如果想象自己做不到，就是最简单的事，对你也是座无力攀登的险峰。

————— 第六章 —————

做任何事情，都要带上责任感

忠告 24：行动需要带上责任

金钱的力量固然不可低估，但比之更强大的是责任的力量。有时，行动并非源于想法，而是源自担负的责任。

——洛克菲勒

路途虽然很近，但不走就不会到达；事情虽然很小，但不带上责任去做就不会成功。这个看似人尽皆知的道理，在许多人身上却未能引起足够的重视。他们常常把失败归于外部因素，而不从自身找原因。其中很重要的一条就是：这些人的思维只停留在幻想上，面对那些看不见、摸不着的东西总是心动不已，总以为光凭自己的意愿就能实现人生理想，就能过上自己想要的生活。他们之所以没有成功，归根结底，就是因为他们不曾采取行动。

对于责任，爱默生有过这样的阐述："责任具有至高无上的价值，它是一种伟大的品格，在所有价值中它处于最高的位置。"

责任，从本质上说，是一种与生俱来的使命，它伴随着每一个生命的始终。责任无处不在，我们的家庭需要责任，因为责任让家庭充满爱；我们的社会需要责任，因为责任能够让社会平安、稳健地发展；我们的企业需要责任，因为责任让企业不断取得进步；我们的团队需要责任，因为责任让团队更有凝聚力、战斗力和竞争力。

洛克菲勒标准石油公司在人事培训上，非常重视"责任"这一课题。在公司的培训课上，有一个叫"责任者"的游戏。

游戏规则是两个人一组，两个人相距一米远的距离。整个游戏必须在黑暗中进行，一个人背对另一个人仰面倒下去，另一个人站在原地不动，只是用手接着对方的肩膀，并说："放心吧，我是责任者。"接人者要确保能扶住倒下者。游戏的寓意是让每个人意识到承担责任的重要性，让每个人做一个责任者。

那么，责任到底是什么？在这个世界上，每一个人都扮演着不同的角色，每一种角色又都承担着不同的责任，从某种程度上说，对角色饰演的最大成功就是对责任的完成。正是责任，让我们在困难时能够坚持，让我们在成功时保持冷静，让我们在绝望时懂得不放弃，因为我们的努力和坚持不仅仅是为了自己，还为了别人。

洛克菲勒非常重视"责任"二字，所以他从小就给孩子们灌输"做人、做事要有责任"的思想。洛克菲勒给孩子讲过这样一个关于责任的故事。

佳思里亚河岸有一棵高高的合欢树，每当太阳落山时，就有几百只鸟儿飞来，栖息在树上。有一天早晨，一个捕鸟人从那里经过，他把大米撒在地上，张上大网，然后到树丛里躲藏起来。

这时，一只叫艾特尔的鸽子王领着二十几只鸽子飞来了。鸽王看见地上有许多雪白的大米粒，想道：在这人迹罕至的树林里怎么会有这么多的大米呢？这里面一定有蹊跷。

它对同伴们说："大家不要去贪吃这些大米，贪心是会上当的。"但是有一只鸽子不听鸽王的话，它说："永远不应该有疑心，疑心重的人常常吃亏。"听了它的话以后，其他的鸽子都和它一起飞到网下去啄食大米。有人曾经说过："聪明人有时也会因为贪心而吃亏的。"的确，鸽子们由于听信了那只贪心鸽子的话，结果都落入网中。

等到大家发现自己已经无路可逃时，只好你看着我，我看着你，唉声叹气，等待被捕捉。鸽王知道大家都害怕了，便鼓励大伙儿说："团结和组织起来就是力量，只要我们一致行动，就能对付任何强大的力量。大家不要发愁，咱们一齐往上飞，就能把这张网抬起来，带走。"

大家听了它的话，便一齐使劲，果然把网抬上了天空。捕鸟人见此情景，只好站在地上干瞪眼。它们把网抬到了很远很远的地方以后，一只鸽子说："我们怎么能从这张网里逃出去呢？"

鸽王说："别慌，我有一个老鼠朋友，名叫勃格，我们先去找它，它能用尖利的牙咬断这网的，那时我们就自由了。"鸽子们听从了鸽王的意见，抬着网飞到老鼠勃格住的地方。老鼠勃格看到一群鸽子抬着一张网飞来，感到十分奇怪，吓得赶快钻进地洞里躲起来。鸽王在外面喊道："喂，朋友勃格，你是不是生我们的气了？怎么不出门来迎接我们？"

老鼠听到朋友的喊声，连忙从洞里跑出来说："我今天真是高兴极了，能见到朋友，同朋友在一起玩耍、聊天，是我最大的幸福。"

老鼠一见鸽王和其他鸽子都陷在网里，心里很是难过，说："艾特尔朋友，你这是怎么搞的？"鸽王说："这是我的愚蠢和贪心造成的结果。"听了鸽王的叙述，老鼠就咬断网绳，解救鸽王。鸽王说："朋友，我的伙伴没有脱网以前，你不应该先救我，因为作为一个保护人，如果我没能让大家先脱险，那我就是一个极大的罪人。"

老鼠勃格说："常言道：'先顾自己是上策，留得青山在，不怕没柴烧，'你应该先救自己，然后再考虑救不救其他鸽子。"

鸽王说："朋友啊，你应该知道，身体总有一天会毁灭的，可一个人的责任是永存的。我自己的生命是微不足道的，我想先救出我的伙伴。"勃格听了朋友的话非常感动，便咬碎了网，使鸽子们都得到了自由。鸽王谢过勃格，带领着伙伴们，飞上了蓝天，回家去了。

责任能够让一个人具有最佳的精神状态，积极投入生活与工作中，并将自己的潜能发挥到极致。有责任心的人，必定是敬业、热忱、自动自发的人。在责任的内在驱使下，我们常会生出一种崇高的归属感和使命感。当我们把人生当成一项伟大的事业，用全部热情去实践的时候，生命更容易激发出绚丽的色彩，成功也变得触手可及。

编者手记

成功的力量就潜藏在我们的身体内，寻求外界的帮助是徒劳无益的。在充满挫折的人生道路上，我们只有勇于负责、面对现实、凝聚力量，未来才会更加灿烂光明。

一个再有能力的人如果没有责任感的话也不会很认真地做好一件事情，因为这样的人很容易给自己找借口不去做事情，或者做事情的时候推三推四，这样，还有谁敢把重任交给他呢？责任是一种与生俱来的使命，从来到这个世界到离开这个世界，我们每时每刻都要履行自己的责任。

忠告 25：成功来自责任感的驱使

你需要知道，当你在享受这个荣耀的同时，你需要肩负起与之相伴的责任，这毫无疑问。如果你不能做到，你就将有愧于这个荣耀，更会辜负众人对你的希望和信任。

——洛克菲勒

安德鲁·卡内基是一个不甘示弱、自认为是世界第一富豪的人，可就是这个自大的人来拜访洛克菲勒，并向洛克菲勒讨教了一个非常严肃的问题。

有一天，卡内基先生不期而至，或许是洛克菲勒友善的态度，他们之间轻松的谈话气氛，融化了卡内基先生钢铁般的自尊，他放下架子问了洛克菲勒一个问题：

"我知道，你领导着一群很能干的人。不过，我不认为他们的才干无可匹敌，但令我疑惑的是，他们似乎无坚不摧，总能轻松击败你们的竞争对手。我想知道，你究竟施了什么魔法，能让他们拥有那种精神，难道是金钱的力量？"

看着卡内基先生谦逊的神态，洛克菲勒无法拒绝并告诉他，如果我们想要永久持续生存下去，那么这就意味着，不管任何理由，我们领导者都要断然拒绝去责难任何一个人或任何一件事。责难就如同一片沼泽，一旦失足跌落进去，你便失去了立足点和前进的方向，你会变得动弹不得，陷入憎恨和挫折的困境之中。这样的结果只有一个：失去部属的尊重与支持。一旦落到这步田地，那你就好比是一个将王冠拱手让人的国王，从此失去了主宰一切的权力。

责任是所有一切的基础，责任是对使命的忠诚和信守，它是一个人的高贵品质。作为社会中的一分子，责任就是立身之本，就是一个人求生存谋发展的重要品格，责任是催化剂，是成功必不可缺的推动力。

比尔·盖茨说过："一个人可以清贫，可以不伟大，但不可以没有责任感。"责任心的驱使，能使我们将自己的能力充分发挥。强烈的责任心，也将使我们的工作变成一种乐趣，正如俗语所说的"假如你热爱工作，那你的生活就是天堂，假如你讨厌工作，那你的生活就是地狱"。

洛克菲勒认为，所有人做的工作，都有自己所要负的责任。成功者具有强烈的责任感。一个没有责任感的人，即使是天才也成就不了事业。负责更多的不是体现一个人的学识、水平和能力，而是体现一个人的品格，体现一个人的价值观和思想境界，是一个人成功的关键所在。

在标准石油公司里，经理吩咐亨利、杰克、戴维去做同一件事情：去供货商那里调查一下石油的价格和品质。其实这件事，也是考验他们谁能坐上任副经理的职位。

亨利只用了 10 分钟就回来了，他并没有亲自去调查，而是向下属打听了一下供货商的情况就回来汇报了。30 分钟后，戴维也回来汇报，他亲自到供应商那里理解了石油的数量和品质。

杰克 120 分钟后才回来汇报，原来他不但亲自到供货商那里了解了石油的数量和品质，而且根据公司的采购要求，将供货商那里最有价值的信息做了详细的记录，并且和供应商的销售经理取得了联系。在返回的途中，他还去了另外两家公司了解那里的石油商业信息，将 3 家供货商的情况做了详细的比较，最后还制订出了最佳的购买方案。最后，杰克升职为副经理。

在实际工作中，很多人都会认为自己做得很好很不错，但是你真的尽职尽责了吗？你对老板所交代给你的任务负责吗？一个人平庸不要紧，如果这个人掌握成功的关键——负责，对自己的工作负责，对团队负责，对自己负责，对老板负责，那么将来在事业上一定会有所成就。

任何时候都不为自己找借口，勇于承担责任，这便是洛克菲勒的风范。责任是滋养万物之泉，只要一开始流出来，就源源不断。在奉献的协约上，它是良知的那一章，盖有"责无旁贷"四个字。

对于自己，你别无他物。有人帮你，是你的造化。无人帮你，是别人的本分。没有人应该为你做什么，因为生命是你自己的，你要为自己负责。这就是人对自己的责任。

工作中，不少人一旦碰到问题，不是全力以赴地去面对，而是千方百计地找出种种理由或借口搪塞，逃避责任。长此以往，因为有各种各样的借口可找，人就会疏于努力，不再想方设法争取成功，而把大量的时间和精力放在如何寻找一个合适的借口上。

不管老板在与不在，都能主动去做对公司发展有利的事，不找理由，不找借口，一心为了做好工作，把工作当成自己的事业，这才能称得上是真正的负责和敬业。

作为员工，如果只做老板交代的事，没有交代的就被动敷衍，甚至不去做，同事间相互推诿，得过且过，糊弄自己的工作，这样的员工是不可能有大的发展。只有认真负责，任何时候都冲在第一线，能做的全力去做，做不好的努力去做，主动给自己加压，那么他的职场空间肯定是无限宽广的。

忠告 26：细节体现责任

小细节中蕴涵大责任。

——洛克菲勒

阿尔莱特是美国标准石油公司的普通职员，他在任何场合中签名时，都不忘附加上公司的一句宣传词——一桶 4 美元的标准石油。后来，客户、朋友们干脆就给他取了个绰号，叫"一桶 4 美元"。这样时间一长，大家都不习惯叫他的本名了。

公司领导洛克菲勒听说这件事后，便叫来了阿尔莱特，并问道："大家都用'一桶 4 美元'的绰号叫你，你怎么不生气呢？"阿尔莱特笑了笑后回答道："我们公司的宣传词不正是'一桶 4 美元'吗？大家叫我一次，就是为公司免费宣传了一次，我又为何要生他们的气呢？其实应该感谢他们才对呀！"

洛克菲勒听后深有感触地说道："像你这样能时时记得为公司做宣传的人还真不多，我们公司就是需要像你这样的职员。"

几年后，当洛克菲勒退下董事长一职后，阿尔莱特接替了洛克菲勒的职位，他得到升迁最重要的原因就是他始终处处为公司着想，哪怕仅是一件极小的事情。洛克菲勒曾说："我之所以能够成功，就是由于我注意到了别人常常容易忽略的小事情。因此，不要总为自己没能完成一件惊天动地的事情而感到沮丧，其实只要努力地做好你身边的每一件小事，你的成功都会因它而起。"

阿尔莱特能够做到尽心尽责，一切为公司的利益着想，这无论如何都是值得我们学习的。

不要轻视那些简单的小事，将它们一件件积累起来，也会有惊人的成就。一心渴望能有轰轰烈烈、惊天动地的成功，成功却杳无踪影；甘于平淡，以创作艺术的态度，去做好每一个细节，成功却不期而至。原来，把每一件简单的事情做好，就是不简单；把每一件平凡的事情做好，就是不平凡。

因此，我们要时刻养成追求细节的习惯，因为有些时候，这是有责任心的表现。从内心深处持之以恒地对自己的学习、工作和生活进行精雕细刻，把我们的人生打造成为一件经得起他人细心观赏和品味的艺术品。

洛克菲勒曾说："做好小事是做成大事的基石，如果你从一开始就高高在上，就无法体贴部属的心情；在这个世界上要活下去，要创造成就，你必须借助于人力，即别人的力量，但你必须从做小事开始，才会了解当部属的心情，等你有一天走上更高的职位，你就知道如何让他们贡献出全部的工作热情了。"

在洛克菲勒看来，作为一名员工，只有以高标准严格地要求自己，才能赢得老板的信任和器重，获得机会和提升。如果我们留心自己的生活，就会发现轻率和疏忽所造成的祸患是不相上下的。许多人之所以失败，就是败在做事不够尽责、轻率马虎这一点上。无数人因为养成了糊弄工作、敷衍了事的工作态度，而导致自己一生不能出人头地。

很多人工作没有做到位，甚至相当一部分人做到了99%，就差1%，但就是这点细微的区别使他们在事业上很难取得突破和成功。一位管理专家一针见血地指出，从手中溜走1%的不合格，到用户手中就是100%的不合格。为此，我们要赢得成功，就应当自觉戒除糊弄工作的错误态度，为自己的工作树立严格的标准。要自觉地由被动管理到主动工作，让规章制度成为每个职工的自觉行为，把事故苗头消灭在萌芽之中。

由此看来，一个人要想把事情做到最好，在他心目中必须有一个很高的标准，不能是一般的标准。在决定事情之前，要进行周密的调查论证，广泛征求意见，尽量把可能发生的情况考虑进去，以尽可能避免出现1%的漏洞，直至达到预期效果。

标准是做任何事情的最低要求，一个认真工作的员工应当始终坚持自己或公司的做事标准，时刻要求自己遵循公司的信条和做事准则，始终不渝。

按标准做事是做好工作的最基本的要求，如果你一贯都不能坚持标准和质量，你就会自然而然地按照自己习惯的方式去做事，做得一般就自认为可以了。降低标准后，各种各样的问题就会接踵而来，客户就会感觉越来越不好，他们或者有怨言，或者离我们而去。失去了衣食父母，我们也就失去了事业的土壤，到最后损失最大的还是我们自己。坚持标准和质量可以提升我们自身的能力和素质。对于销售人员而言，坚持标准和质量可以增加销售，降低成本。

编者手记

细节决定成败，细节体现责任。企业家在企业经营管理活动中，应该认真地反思，有没有关注到每一个细节，有没有解决每一个细节问题。要知道，所有成为百年老店的企业，他们不但在持续地创造奇迹，更重要的是他们不断地坚持从细节出发，从持续的基础管理做起，不断地优化流程，不断地改善管理水平，不断地以最朴素的方式将企业文化贯彻到企业的每一个层面。

忠告 27: 负起责任是成功的保障

> 我很清楚，要想重新攫取利益并将钱永远地赚下去，就必须驯服这个行业，让大家理智地做生意。我把这视为一种责任，然而这很难做到，这需要一个计划——将所有炼油业务都控制在我的手中。
>
> ——洛克菲勒

洛克菲勒认为，负责是成功的关键，成功的优秀人士大多是这样的人：具有高度责任心，工作态度认真，永远抱有激情。一个不负责的人永远不可能获得成功，他如同一个莽汉，对自己的行为不加约束，不加重视，做事既没有严谨负责的精神和态度，也没有清晰的规划，最终只能接受失败的下场。相反，一个有强烈责任感的人，就像一个有计划的工程师，时时刻刻让事情朝着自己想要的方向发展，从而取得成功。

洛克菲勒曾给员工们讲过这样一个故事：

克里·乔尼是一位火车后车厢的刹车员，因为聪明、和善，常常面带微笑而受到乘客们的欢迎。

一天晚上，一场暴风雪不期而至，火车晚点了。克里抱怨着，这场暴风雨使他不得不在寒冷的冬夜里加班。就在他考虑用什么样的办法才能逃掉夜间的加班时，另一个车厢里的列车长和工程师对这场暴风雨警惕了起来。

这时，两个车站间，有一列火车发动机的汽缸盖被风吹掉了，不得不临时停车，而另外一辆快速车又不得不拐道，几分钟后要从这一条铁轨上驶来。列车长赶紧跑过来命令他拿着红灯到后面去。克里心里想，后车厢还有一名工程师和助理刹车员在那儿守着，便笑着对列车长说："不用那么急，后面有人在守着，等我拿上外套就去。"列车长一脸严肃地说："一分钟也不能等，那列火车马上就要来了。"

"好的！"克里微笑着说，列车长给他安排了任务后又匆匆忙忙向前面的发动机房跑去了。但是，克里没有立刻就走，他认为后车厢里还有一位工程师和一名助理刹车员在那儿替他扛着这件工作，自己又何必冒着严寒和危险，那么快跑到后车厢去。他停下来喝了几口酒，驱了驱寒气，这才吹着口哨，慢悠悠地向后车厢走去。

他刚走到离车厢十来米的地方，才发现工程师和那位助理刹车员根本不在里面，他们已经被列车长调到前面的车厢去处理另一个问题了。他加快速度向前跑去，但是，一切都晚了，在这可怕的时刻，那辆快速列车的车头，撞到了自己所在的这列火车上，受伤乘客的嘶喊声与蒸汽泄漏的咝咝声混杂在了一起。

后来，当人们去找克里时，在一个谷仓中发现了他。此时，他已经疯了，在凭空臆想中叫喊着："啊，我本应该……"

他被送回了家，随后又被关进了精神病院。

洛克菲勒是想告诉大家，落实意识强烈的员工，不会把责任当成儿戏。责任承载着职业的基准和道德的操守，落实就是对责任的坚守。

责任到此，不能再推。对责任的推卸，只能是对公司或者对自己的一种伤害。坚守责任，则是守住生命中最高的价值，守住人性的伟大和光辉。

对别人的责任，是当你用手按住自己的伤口时，不为自己的生死所限制，在为受伤的别人分担着所有的痛苦。

对他人不负责任，就是对自己不负责任。人是家庭的一分子，也是社会的一分子。人如果在这两个方面都尽到了责任，那么当死神突然降临时，也就问心无愧而少有遗憾。

责任不会理睬厄运的压力，就是喝下了许多苦水，它也会坚持下去。责任的格言是："如果某一件事的原状是如此，那就是如此，不容变更。"

生活让人感到美好，创造这种美好生活的就是那有责任感的一类人。由于他们对生活的热爱，对人类、对大自然、对一切美好事物的爱，才认识到了自己，而在努力地向社会做出贡献，以尽到自己的责任。

不推诿塞责，是承担责任最本质的要求，也是最能展示一个人职业素养的细节。在一个单位里工作，面对老板或上司追究责任，是一件非常尴尬的事情。但无论多么没面子，只要是自己的责任，哪怕只是一点点错失，都应该去承认，千万别去辩解，别去找客观原因。

即使其中包括他人的责任，只要这种责任不是非常严重的，也没有必要去计较，有点被冤枉被误解也没关系，时间久了，大家就会看出你是一个什么样的人，老板或上司也会反思他的处理是否恰当。一名优秀的员工在责任面前会主动承担而不是将责任推给他人，只有做到这一点，才会有更好的机会，才会有更大的发展空间。

一个人要想在事业上有更好的表现，在生活上有更大的改善，那这个人一定要在工作中和生活上对自己的行为负起责任。在工作上要尽心尽责完成上级交给的任务。人一旦树立了这样的思想意识，就会发现以前认为困难的事情，现在会变得轻松起来。越是认真负责，得到的就越多。然而，一个人的责任感不是很好培养的，所以我们要从小事做起，同时也要负起你认为是大事的责任。

编者手记

在众多的经营要素中，是什么决定了一家公司蒸蒸日上而另一家却步步维艰？自然是人！一个卓越出众的员工，必然是一个在工作中有主见、勇于承担责任、表现出自动自发精神的人。那些凡事都需要老板交代的员工，就好像站在危险的流沙上，随时会被淘汰。请记住：多一些担当，少一些推诿，会让你的职业人生成就更大的辉煌。

负责是成功的关键，只有我们把责任看成是自己的义务，看成是自己迈向成功的一段阶梯。只要我们做好自己的义务，努力走完这段阶梯，成功就在你面前。

忠告 28: 责任是神圣的"职业"

标准石油公司的每一个员工都拥有责任感，他们都知道"我的责任是什么，什么办法能让我把事情做得更出色"，我从不对责任或义务发表空泛的谈论，我只是通过我的领导方式来创造具有负责精神的企业。

——洛克菲勒

洛克菲勒的公司遭遇到了前所未有的危机时，他突然不知道什么叫害怕，他知道必须依靠自己的智慧和勇气去战胜它。因为在他的身后还有那么多人，可能就因为自己，他们从此倒下。洛克菲勒不能让他们倒下，这是他的责任。

所以洛克菲勒在最艰难的时候才变得异常勇敢。当他走出困境的时候，洛克菲勒对自己的勇敢表示难以置信。他在想：我会这么勇敢吗？是的，他很勇敢，但是也让他知道了，唯有责任，才会让他战胜自身的懦弱，真正勇敢起来。

当遇到困难的时候，一个主动承担责任的员工会让大家十分感激，甚至就是局外人也会为这种正直和勇气而钦佩不已。但是我们是不是应该反过来思考一下，当自己面对责任的时候又会怎样呢？

许多人都不愿意承担责任，尤其是一些公司里的员工。在工作的过程中，他们假装不知道有责任和任务的存在，当事情中途出现了糟糕的局面后，便推说自己并不知道有关的任务或责任，以此来逃避，或者推卸自己应该承担的责任。

有一家少儿刊物的一位编辑说过："我的工作，是要反映孩子们的内心世界，他们成长中小小的坎坷与悲欢。怎样才能做到这一点？一种境界是蹲下来和孩子们平等交流对话，另一种是要自己再和他们重新成长一次，再来做一回孩子。只有做到这个层次，工作才是一种乐趣。和读者共同成长，一起面对，像海绵浸在水里，你的每一个毛孔都沉浸在工作中；而不是像油花浮在水面上，工作是工作，你是你。那种游离的状态不是全心全意，你也就无法体会到全心全意时与工作水乳交融的乐趣。"

无论是洛克菲勒本人，还是洛克菲勒公司的员工，他们都以全心全意作为工作的最高境界。他们在工作中，毫不保留，全力以赴，正是全心全意的最佳体现，才创造了洛克菲勒的传奇。

任何对工作不负责任的行为，最后只能是由我们自己负责，这是洛克菲勒教导员工们的话，同时他总以下面的这个故事来激励员工们。

有个老木匠准备退休，他告诉老板，说要离开建筑行业，回家与妻子儿女享受天伦之乐。老板舍不得做得一手好活计的木匠走，再三挽留，但木匠决心已下，不为所动。老板只得答应，同时问他是否可以帮忙再建一座房子。老木匠答应了。

在盖房过程中，老木匠的心已不在工作上了。他草草地用了劣质的技术和材料，很快就把房子盖好了。

落成时，老板来了，顺便检视一下房子，然后把大门的钥匙交给老木匠，并对他说："你为公司工作了大半辈子，为了表达公司对你的感激，我决定把这幢房子作为礼物送给你！"

老木匠愣住了！他这一生盖了多少好房子，最后却为自己建了这样一幢粗制滥造的房子。老木匠是可以为自己和家人建造一座精致的房子的，但为什么会有这样的悔恨发生呢？这样的结局究竟是怎样造成的呢？

扪心问自己一句：当还有半个小时就吃午饭了，当仅剩半小时就下班了，当明天就是某个假日时……我们真的能和平日一样保质保量地完成工作吗？我们中的某一个人是不是另一个老木匠呢？

很多员工每天都在说谎欺骗自己的老板，用谎言遮掩他们低劣的工作质量，他们对公司的利益漠不关心。低劣的工作质量和偷懒，与说出来的谎言并没有什么区别。总是有一些办公室的员工，他们从不跟自己的老板直接说谎，但是他们会在有差事出去的时候偷懒，或是在上班时间藏起来抽根烟、吃点零食。他们没有认识到，谎言可以是说出来的，也可以是通过行为实现的，而后者的性质更恶劣。

洛克菲勒最佩服的美国总统林肯做过邮政局长，其实是一个只有他一个人的邮局。他要做的事情很多，有一次他为了要及时送信给当地的居民，居然徒步走了几十里的山路。很多人会认为他"太傻"或"太诚实"，然而伟人之所以是伟人，必然有其伟大之处。老木匠就是因为没有做事贯彻始终的恒心与毅力，所以才被社会无情地淹没与抛弃！"最后1分钟干好60秒"要的就是一种可贵的坚持，坚韧是带给你卓越一生最可宝贵的财富。好好珍惜并利用它来为我们做事，而非敷衍了事，这么做的好处是不让你将来悔恨——因为你原来有能力得到一座好房子！

如果我们把目光集中到那些影响了历史的伟人们身上，我们会发现，就像规律一样，这些人在创业之初无法预见自己会有光辉的未来。但与那些被自己的成就冲昏头脑的年轻人相比，他们能够踏踏实实地做好每一天的工作，坚持做完手里的每一件工作，而且做得很出色。他们成功的秘诀就在于决心、恒心和诚实。

一个逃避困难、不敢面对挑战的员工，很难让人相信他会真正为企业担当什么责任。作为企业的领导，有谁敢赋予他更大的使命呢？作为公司的一员，拿着公司的薪水，就应该把公司的事业当成自己的事业。在做事的时候，也应该站在公司的立场上为公司的稳定和发展而谋划考虑。假若一碰到棘手问题，便考虑逃避责任的方法，以此来回避责任，当事情办砸了，便以"不知道"为借口来推卸自己的责任，这样做只会为自己的事业发展埋下祸根。

　　也许逃避一次责任会让你窃喜，可是，只有当发现此后责任再也不会在你面前出现的时候你才会明白，那些承担过责任的人有了更丰富的经验，有了更好的职务，甚至老板都和他称兄道弟。而你自己呢？除了一般的日常工作，没有人和你深入交流，你孤单了，因为没有人觉得和你在一起有什么必要，有你和没有你有什么区别呢？反正关键的时候你总是一推了之。

编者手记

　　也许你在遇到困难或者做错了事情时依然会逃避责任。逃避责任是行动上的事实，但是你的内心一定不会同意你这样做。也许你心里说我要负责，可是行动起来却两腿发软。如果是这样，首先要恭喜你，你是一个心智正常的人。你所需要的就是迈出扎实的第一步！一旦迈出这一步，你就能够成为强者。

　　任何一个管理者都希望自己拥有优秀的员工，能不折不扣地完成任务，即使没有完成任务，也能主动承担责任而不是寻找任何借口。其实许多时候，问题并没有想象中的那般巨大恐怖，只是因为你在还未去尝试的时候，自己就已经给自己下结论"我肯定是不行的"。不管你选择逃避还是面对，困难还会在那里等着你，你只有去解决它，去面对它，才能把那些问题一一解决。

第七章

没有竞争到底的决心，就没有资格成功

竞争需要用实力与思维抢占先机

> 每一场至关重要的竞争都是一场决定命运的大战，"后退就是投降！后退就将沦为奴隶"，战争既然不可避免，那就让它来吧！
>
> ——洛克菲勒

本森先生是个雄心勃勃的商人，他要铺设一条从布拉德福德油田到威廉斯波特的输油管道，去拯救那些唯恐被洛克菲勒击垮而急欲摆脱洛克菲勒束缚的独立石油生产商们，当然，想从中大捞一把的念头驱使着他勇闯洛克菲勒的领地。

这条连接宾州东北部与西部的输油管线，从一开始就以惊人的速度在向前铺进。这引起洛克菲勒极大关注。任何竞争都不是一场轻松的游戏，而是活力十足、需要密切注意、不断做出决定的游戏，否则，稍不留神你就输了。

本森先生在制造麻烦，洛克菲勒必须让他住手。起初洛克菲勒用了一套显然并不高明的手法与本森开始较量：洛克菲勒用高价买下一块沿宾州州界由北向南的狭长土地，企图阻止本森前进的步伐，但本森采取绕行的办法，化解了洛克菲勒打出的重拳，结果洛克菲勒成了无所作为的地主，却让那里农民一夜暴富。

接着洛克菲勒动用了盟友的力量，要求铁路公司绝不能让任何输油管道跨越他们的铁路，本森如法炮制，再次成功突围。最后洛克菲勒想借助政府的力量来阻击本森，但没有成功，只能眼睁睁地看着本森成为英雄。

洛克菲勒说："我知道，我遇到了难以征服的劲敌，但他无法动摇我竞争的决心，因为那条长达110英里的管道是我最大的威胁，如果任由原油在那里毫无阻碍地流淌，流到纽约，那么本森他们就将取代我成为纽约炼油业的新主人，同样也将使我失去对布拉德福德油田的控制。这是我不能允许的。"

当然，洛克菲勒并不想赶尽杀绝。洛克菲勒真正的目标是希望不用太高的价格，就能得到自己想要的东西——不能让本森他们胡来，破坏他费尽心机才建立起来的市场秩序，毁了他对石油业的控制权，这可是他的生命。所以，当那条巨蛇即将开始涌动的时候，洛克菲勒向本森提议，他想买他们的股票。但很不幸，洛克菲勒遭到了拒绝。然而到最后，他们还是以双方利益为基础达成了合作。

企业如何才能抢占先机？在优胜劣汰的市场经济体系里，今天的胜利者，很可能成为明天的失败者。我们唯有具备超前意识，根据形势的变化想出新的对策，做到未雨绸缪，才可以在市场大潮中生存。超前意识体现的是一种非凡的智慧，它使决策者能够看到别人看不到的前景，从而调整战略，抢占先机。

一个人不具备预见能力，只使他自己平庸；一个管理者不具备预见能力，却会搞砸一个企业或部门。然而，预见能力本身无法学习，管理者只能提升自己的预见能力，这就需要管理者具备丰富的知识和经验。更重要的是，管理者具有开阔的思路，他不会轻易地下决断，但他却能从毫不相关的事物链条中，找到决定事物发展的核心因素。优秀的决策者，在判断形势的时候，总能察人所不察，行人所不行。

波茨先生是洛克菲勒的一个竞争对手，洛克菲勒说过，与波茨先生开战是源于他因好心而酿成的错误。在 19 世纪 70 年代，石油都集中在宾州西北部一个不大的地方，如果在那里建设一张输油管道网络，将所有油井连接起来，洛克菲勒只需要借助一个阀门，便可以控制整个油区的开采量，从而彻底独霸这一行业。

可是洛克菲勒担心，用管道长途运输会引起与他合作的铁路公司的不安与恐惧，所以为维护他们的利益，洛克菲勒一直没有启动铺设输油管道的计划，更何况他们都曾帮助过洛克菲勒。

但是，那个曾经戏要过洛克菲勒，又向洛克菲勒妥协了的宾州铁路公司此时却野心勃勃，他们努力想取代洛克菲勒，要将炼油业彻底置于他们的掌控之中。他们把油区两条最大的输油管道并入了自己的铁路网络，想借此扼住洛克菲勒的咽喉。而肩负完成这一使命的人，就是宾州铁路的子公司帝国运输公司的总裁波茨先生。

坐视对手发展，哪怕是潜在对手的实力增强，都是在削弱自己的力量，甚至会颠覆自己的地位。洛克菲勒的信念是抢在别人之前达到目的。他迅速起用精明强干的奥戴先生组建了美国运输公司，与帝国公司展开了一场自卫反击战。洛克菲勒的努力获得了应有的回报，不出一年，洛克菲勒控制了油区四成的石油运输业务，压制住了波茨先生的进攻。

自古强者多敏捷，成功的机会就如同灿烂阳光中的金色斑点一闪即逝，所以要想成功一定要抓住速度。失去的土地总可以复得，而失去的时间却是千金难买，所以，只有抢先一步，先下手为强方能成为强者。这个世界上永恒的只有时间，所以从某种意义上说竞争的实质就是速度的竞争。

当然，要想在竞争中获胜，勇气只是赢得胜利的一方面，还要有实力。拐杖不能取代强健有力的双脚，我们要靠自己的双脚站起来。如果你的双脚不够强壮，无法支持你做出迅速而稳健的行动，这时你要做的不是放弃和认输，而应该是努力去磨炼、强化你的双脚，让它们发挥力量。

成功者往往能够预见到行业的发展方向，能够发现问题背后的问题，能够洞悉趋势背后的趋势。洛克菲勒认为，成功者的预见能力并非空穴来风，也不是凭空臆测，而是他们能够做个有心人，能把别人认为毫不相干，甚至分离的因素，还原成一个系统，从而找到那些引导事物发展方向的因素。作为企业家和管理者，必须具备远见。

忠告30：竞争需要头脑

而在这个世界上，竞争一刻都不会停止，我们也就没有休息的时候。我们所能做的，就是带上钢铁般的决心，接受纷至沓来的各种挑战和竞争，而且要情绪高昂并乐在其中，否则，就不会产生好的结果。

——洛克菲勒

在决策过程中，存在一个共同的因素，就是你并不是在一个毫无干扰的真空世界里做决定。相反，你的身边充斥着和你一样的决策者，他们的选择与你的选择相互作用、互相影响。

19世纪中期，在美国宾夕法尼亚州已经发现了石油，成千上万人奔向采油区。一时间，很多想获利的商人都奔赴宾夕法尼亚。克利夫兰的商人们对这一新行当也怦然心动，他们推选年轻有为的经纪商洛克菲勒去宾州原油产地亲自调查一下，以便获得直接而可靠的信息。经过一段时间考察，他回到了克利夫兰。他建议商人们不要在原油生产上投资，因为那里的油井已有很多，由于盲目开采，市场上已经供过于求。他告诫说，当别人全都开始进入一个行业时，我们自己的策略选择就是退出。

因为利润是有限的，人们全都进入一个行业疯狂争抢一块蛋糕时，在这场博弈里最理智的选择就是退出。洛克菲勒根据别人的选择做出了自己在石油问题上退出的决策。

果然，不出洛克菲勒所料："打先锋的赚不到钱。"由于疯狂地钻油，导致油价一跌再跌，每桶原油从当初的20美元暴跌到10美分。那些钻油先锋一个个败下阵来。3年后，原油一再暴跌之时，洛克菲勒却认为投资石油的时候到了，这大大出乎一般人的意料。

　　此时，洛克菲勒认为别人全都不干石油了，自己的策略选择就是干石油。洛克菲勒总是根据众多商家的策略选择来判断自己的行为选择，洛克菲勒在投资中已经运用了博弈论。

　　洛克菲勒与克拉克共同投资4000美元，与在炼油厂工作的英国人安德鲁斯合伙开设了一家炼油厂。安德鲁斯采用一种新技术提炼煤油，使安德鲁斯—克拉克公司迅速发展。

　　后来，洛克菲勒想要大干一场时却遭到了克拉克的阻拦，最后二人分道扬镳。

　　摆脱了束缚的洛克菲勒在石油业中大显身手，很快就建立了令世人艳羡的石油王国。

　　洛克菲勒成了美国十大超级富豪之一，从此以后洛克菲勒家族成了美国威望最高的家族之一。正是博弈的策略选择成就了洛克菲勒的辉煌，他每一次都根据别人的选择判断出自己进入的最佳时机，每一次选择对洛克菲勒的事业都是一次极大的进步。

　　在人生中，随时随地都存在竞争，所以做出每个策略之前都要考虑结果。人的一生，本身就可以看成是永不停息的决策过程。我们时刻都在决策着，比如选择什么专业、报考什么学校、从事什么样的工作、怎样开展一项研究、如何打理生意、该和谁合作、做不做兼职、要不要换工作，甚至是要不要结婚、什么时候结婚、和谁结婚、要不要孩子，等等，而这些只不过是人生决策中的几个重要事件而已，其他平常的决策更是数不胜数。

　　在日常管理实践中，一方面，企业管理者首先要具备危机意识，要懂得在激烈的市场竞争中"逆水行舟，不进则退"的道理，就像比尔·盖茨讲的，"微软离破产永远只有180天"。

另外，企业管理者还要注重培养员工的忧患意识，在岗位评估和绩效考核中实现优胜劣汰，最大限度地激发员工自身巨大的潜能和培养他们的竞争意识。

另一方面，企业员工也应该彻底摒弃"大锅饭""铁饭碗"的传统思想，积极投身于企业的发展建设中。要认识到只有在竞争中谋求发展，才能实现自身价值的现实。只有通过双方的共同努力，才能使企业能量不断得到升级，最终达到基业长青的目的。

企业没有利润就无法生存，因此很多领导者都认为，企业发展的目的应最大限度地追求利润，洛克菲勒对此却不以为然，在他看来，利润只是企业发展的结果，而绝不能成为企业发展的目标。为了事业而工作的人和为了工资而工作的人，在考虑问题的角度上是有差异的，很明显，为了事业而工作的人更有高度和远见。同理，为了事业而运行的企业也要远比为了利润而前进的企业更加沉稳、持久。我们都承认企业的发展需要健康有序的市场环境，那些有远见的企业又怎会主动去毁坏市场呢？

编者手记

正面交战、短兵相接，很少有人可以全身而退，通过无休止的价格战来摧毁竞争对手，其实就是在摧毁自己。消灭竞争对手不是最终的胜利，避免商战而用有战略的行动来达到相对地支配市场、保证公司的生存和繁荣，才是生存之道。

忠告31：善于寻找向对手进攻的机会

不可否认，想要成功，多多少少都得牺牲别人。然而，如果你追求胜利，希望赢得胜利，就必须抗拒同情别人之类的念头，不能只想当好人，不能保留实力，不能逃避或延后让对手出局。要知道，失败的痛苦是商战的一部分，我们彼此都在扼杀对手，没有奋斗到底的决心，就只有做失败者的资格。

——洛克菲勒

有一天，洛克菲勒在去打高尔夫球的路上，遇到了久违的挑战：一个年轻人开着时髦的雪佛兰高傲地超过了他的车子。这个年轻人刺激了洛克菲勒这个老头子好胜的本性，结果那个年轻人只能看洛克菲勒的车屁股了。这虽然是一件小事，但是这就像洛克菲勒在商场上战胜他的对手一样。

　　洛克菲勒曾说："好胜是我永不磨损的天性，所以我说那些谴责我贪欲永无止境的人都错了，事实上我不喜欢钱，我喜欢的是赚钱，我喜欢的是胜利时刻的美好感觉。"

　　当然，让别人输掉的感觉有时会触动洛克菲勒的恻隐之心，但是，经商是一场严酷的竞争，没有什么东西比设法迫使别人出局更无情的了，可是你只能想方设法战胜对手，否则被迫出局、接受悲惨命运的人就是你自己。有竞争出现的地方，都是这样。

　　洛克菲勒曾经为了挤垮对手，曾派人把一切可以装运石油的油罐列车及油桶全部包租下来。后来更是着手组建了南方改良公司，该公司的运费以每桶24美分的特优惠价格支付，而非成员的运费则要提高。

　　就这样洛克菲勒把竞争对手逼到了死角：要么把自己的企业解散并入洛克菲勒的公司，而换回股票；要么最后在运费折扣制的压力下破产倒闭。洛克菲勒首先从几个最强大的竞争对手下手，然后依次轻松地对付弱小的对手。在与对手斗争的过程中，洛克菲勒以其敏锐的洞察力，紧紧抓住运输这个关键，釜底抽薪，最终垄断了整个美国的石油业。

　　当然，寻找向对手进攻的机会，需要注意的是：

　　第一，仔细地调查研究，分析敌我双方的优势、劣势。

　　第二，在对方还没明白过来时，果断出手（有时还需要借助一些策略和手段），控制或者消灭敌人倚仗的关键力量、关键资源。同时警惕敌人对我方采用同样的战术。

　　第三，待时机成熟，马上和敌人摊牌、逼其立刻做出选择，要么屈服，化敌为友，要么灭亡。

显然，这三点洛克菲勒都做到了。然而有些进攻是后退，是明着吃亏，暗里得益。商战变幻莫测，大家的目的自然都是赢利，但有时为了赢利，吃些小亏是完全必要的。在明处吃亏，让对方感激又满意；暗处得益，让自己赚钱又扬名，皆大欢喜。

　　洛克菲勒教导子女在商场上也不全是进攻，有时也会后退。有一次，他在决策上一直退让，使下属主管不理解，于是洛克菲勒讲了一个商场上以退为进的成功案例。

　　美国得克萨斯州有一家汽车厂，效益一直不好，面临倒闭的局面。该厂总裁决定从推销入手，扭转危机。采用什么样的推销方法最好呢？总裁认真反思了该厂的情况，针对存在的问题，对竞争对手以及其他商品的推销术进行了认真的比较分析，最后博采众长，大胆设计了"买一送一"的推销方法。

　　该厂积压着一批轿车，未能及时脱手，资金不能回笼，仓租利息却不断增加。所以广告中便特别声明——谁买一辆驰利牌轿车，就可以免费得到一辆卡尔牌轿车。

　　买一送一的推销方法由来已久，使用面也很广，但一般做法只是免费赠送一些小额商品。如买电视机，送一个小玩具；买录像机，送一盒录像带等。这种给顾客一点恩惠的推销方式，最初的确能起到很大的促销作用。但时间一长，使用者多了，消费者也就慢慢不感兴趣了。

　　而这家汽车厂居然大胆推出买一辆轿车便送一辆轿车的"出格"办法，果然令许多人闻讯后不辞远途来看个究竟。该厂的经销部一下子门庭若市，过去无人问津的积压轿车很快被人纷纷买走，该厂亦一一兑现广告中的承诺，免费赠送一辆崭新的卡尔牌轿车。

　　如此销售，等于每辆轿车少卖了不少钱，是不是亏了血本？其实不然，这家汽车厂不仅没有亏本，而且由此还得到了多种好处。因为这些车都是积压的库存车，仅以积压一年计算，每辆车损失的利息、仓租以及保养费等就已接近了这个数目。但现在，不仅积压的车全卖光了，而且资金迅速回笼，可以扩大再生产了。另外，随着驰利牌轿车使用者的增多，该品牌的市场占有率迅速提高，其名声变大的同时，另一个新的牌子卡尔牌也被带出来了——这一低档轿车以"赠品"问世，最后开始独立行销。这家老汽车厂从此起死回生，生意兴隆。

这个案例告诉我们，为了整体利益、长远利益，一定要学会在别人看得见的地方吃亏，使别人对自己产生信任。而自己由吃明亏得到的利益，定会比明争明斗要多。

编者手记

无论是最先进攻还是以退为进，洛克菲勒都以获得丰富的利益为目的，从而达到一个又一个的高峰。正如洛克菲勒所说："在这个世界上能出人头地的人，都是那些懂得去寻找自己理想环境的人，如果他们不能如愿，就会自己创造出来。"

忠告 32：关注对手的情况，做到知己知彼

要想在竞争中获胜，较为关键的是你要保持警觉，当你不断地看到对手想削弱你的时候，那就是竞争的开始。这时你需要知道自己拥有什么，也需要知道友善、温情可能会害了你，而后就是动用所有的资源和技巧，去赢得胜利。

——洛克菲勒

当今世界变得越来越小，经济全球化的进程越来越快，市场竞争也越来越激烈。竞争对手纷至沓来，拥挤在一个狭窄的市场空间里，企业为了生存，只有时时刻刻关注谁是"敌人"，谁是合作者，市场需要什么样的产品等问题，才能够有的放矢，不打无把握之仗。可以说，竞争对手的状态，关系到企业的生存。

有一年，宾州布拉德福德发现了一个新油田，奥戴先生迅速带领他的人扑向那个激起千万人发财梦想的地方，不分昼夜把输油管道铺向新油井。但开采油田的那帮人人个个都很疯狂，毫无

节制，恨不得一夜之间就把油全部采光，然后面带喜悦揣着钞票走人。所以，不管奥戴他们怎么努力，都无法满足运输和储存石油的需要。

洛克菲勒不想看到辛辛苦苦的采油商们自掘坟墓、毁灭自己，所以洛克菲勒请奥戴警告采油商，他们的开采能力已经远远超过了洛克菲勒公司的运输能力，他们必须缩减生产量，否则，他们开采出来的黑金就将变成一文不值的黑土。但没有人接受洛克菲勒的好意和忠告，反而声讨洛克菲勒，说竟敢不运走他们的石油。

就在布拉德福德的采油商们情绪激动达到顶点的时候，洛克菲勒的竞争对手波茨先生动手了。波茨先生先在自己的炼油基地纽约、费城、匹兹堡向洛克菲勒示威，收购洛克菲勒竞争对手的炼油厂；接着，又开始在布拉德福德抢占地盘，铺设输油管道，要将布拉德福德的原油运到自己的炼油厂。

洛克菲勒曾说："我很欣赏波茨先生的胆量，更愿意接受他意欲撼动我在炼油业的统治地位而发起的挑战，但我必须将他赶出炼油行业。"

洛克菲勒首先拜会了宾州铁路公司的大老板斯科特先生，洛克菲勒直言不讳地告诉他，波茨先生是个偷猎者，他正在闯入他们的领地，他们必须让他停下来。但斯科特非常固执，决心让波茨的强盗行为继续下去。洛克菲勒没有选择，只能向这个强大的敌人应战。

首先洛克菲勒终止了与宾铁的全部业务往来，并指示部属将运输业务转给一直坚定地支持自己的两大铁路公司，要求它们降低运费，与宾铁竞争，削弱它的力量；同时命令关闭依赖帝国公司运输的所有在匹兹堡的炼油厂；随后指示所有处于与帝国公司竞争的己方炼油厂，以远远低于对方的价格出售成品油。宾铁是全美最大的运输公司，斯科特先生是握有运输大权的巨头，他们以前从未被征服并以此为荣。但在洛克菲勒立体、压迫式的打击下，他们只有臣服。

为与洛克菲勒对抗，他们忍痛给予竞争对手巨额折扣，换句话说，他们为别人服务还要付给别人钱。接着他们使出了不得人心的一招——裁减雇员、削减工资。

斯科特和波茨没有想到，这很快招致了惩罚，愤怒的工人们为发泄不满，一把大火烧了他们几百辆油罐车和一百多辆机车，逼得他们只得向华尔街银行家们紧急贷款。结果，当年宾铁的股东们非但没有分得红利，而且股票价格一落千丈。他们与洛克菲勒决斗的结果，就是他们的口袋越来越干净。

洛克菲勒的成功固然与他独到的眼光和富有前瞻性的决策分不开，但如果他不是时刻关注竞争对手，做到知己知彼，他也不可能取得那么骄人的成就。竞争就需要对对方有一个全面的了解，那么怎么才能正确地了解呢？洛克菲勒的事例告诉人们从下面几个方面入手：

（1）获得竞争对手产品的一览表，知道他们现在正在做什么。这是对其现状的了解，属于对最基本事实的了解。

（2）竞争对手下一步还想干些什么？有哪些产品是即将问世的？有哪些产品是正在研制的？有哪些产品是其意向中正在考虑的？

（3）竞争对手所有产品的价格。弄清楚这些价格是属于渗透定价法，即少赢利甚至不赢利以期扩大市场占有率的，还是撇脂定价法，以期从中获取巨额利润的。

（4）竞争对手的产品系列中有哪些遗漏、忽略？有哪些长处？有哪些不足？

（5）竞争对手的销售形式、途径以及经销商的数量及其合理性如何？

（6）竞争对手及产品的知名度如何？美誉度如何？在消费者及客户心目中的形象又是如何？

（7）竞争对手的广告宣传费用大约是多少？与其销售额大

概呈一个什么样的比例关系？他们的广告主要是通过什么媒介传播的？

（8）竞争对手的企业内部关系处于一个什么样的状况？是上下同心、众志成城，还是人心涣散、钩心斗角？

（9）竞争对手的技术力量如何？是否有一批高科技人才作为技术支撑？

（10）竞争对手的市场营销策略是什么？战略指导思想是什么？这些策略与战略指导思想中有哪些优点？

（11）竞争对手的战略指导思想和市场营销策略的实现率有多高？换言之，他们的思想转换为实际行为效率大约是什么样的比例？

（12）从总体上看，竞争对手的生产水平、科技水平、市场销售水平大致处在哪个等级上？与本企业相比有多大差距？

编者手记

商场如战场。在商场上，企业员工应该像战场上的侦察兵一样去刺探、了解、分析自己的竞争对手，熟悉同行的经营目标、产品开发、市场营销、人才战略等情况，只有这样才能提出相应的应对策略与对手周旋、竞争，使自己不被对手蚕食、吞并、打垮。

比尔·盖茨曾说过："一个好员工应分析公司竞争对手的可鉴之处，注意总结，且避免重犯竞争对手的错误。"在对手实施商业活动的重要环节进行阻挠，使之不能顺利进行，可为自己赢得竞争的时间和空间。

忠告33：找一个对手来激发潜能

坦率地说，我不喜欢竞争，但我努力竞争。每当遇到强劲的对手时，我心中竞争好胜的本性就会燃烧，而当它熄灭时，我收获的是胜利和快乐。波茨先生就曾为我带来这种快感，而且非常巨大。

——洛克菲勒

一个具有强者心态的人，其基本标志就是有向强者挑战的雄心。无论做什么，他们都会找一个竞争对手"叮"住自己。这样，自己的速度才会更快，潜能才能得到更有效的发挥。洛克菲勒认为，商场并不如意，你也没有什么前进的动力，如果一直这样下去，你的事业就没有什么指望了。因此，面对这种情况，我们不妨找一个竞争对手，把他放在背后"叮"紧自己，使自己不断前行。

　　说到"对手"，我们想到的往往就是某种敌意和戒备，但是事实上，"对手"也可以成为我们的伙伴和朋友。给自己找一个对手，认识到自己和别人的差距，从而为自己确立一个奋斗目标。从心理上说，就是激发人人都有的争强好胜之心，给自己找一个对手，更能激发人本身的潜能。

　　其实，有些时候，击倒一个对手有时候很简单，但没有对手的竞争又是乏味的。强者，感谢对手时时施加的压力。正是这些压力，化为他们想方设法战胜困难的动力，使他们在激烈的竞争中始终保持着一种危机感。其实，"对手使自己更加强大"这一法则，动物界也给我们提供了例证。

　　洛克菲勒公司的讲师，曾说过这样一个故事，一位动物学家在考察生活于非洲奥兰河两岸的动物时，注意到河东岸和河西岸的羚羊大不一样，前者繁殖能力比后者更强，而且奔跑的速度每分钟要快13米。

　　他感到十分奇怪，既然环境和食物都相同，何以差别如此之大？为了能解开其中之谜，动物学家和当地动物保护协会进行了一项实验：在两岸分别抓了10只羚羊送到对岸生活。结果送到西岸的羚羊发展到14只，而送到东岸的羚羊只剩下了3只，另外7只被狼吃掉了。谜底终于被揭开，原来东岸的羚羊之所以身体强健，只因为它们附近居住着一个狼群，这使羚羊天天处在一个竞争氛围中。为了生存下去，它们变得越来越有战斗力。而西岸的羚羊长得弱不禁风，恰恰就是因为缺少天敌，没有生存压力。

这个故事是要告诉人们，没有压力，人前进的动力就会慢慢消退，生命的机能就会不断萎缩。只有注入强有力的压力，将压力转化为动力，才有可能使生命越来越有活力，激发出自己更多的潜能，最终取得事业的成功。找一个竞争对手"叮"自己，才不至于因生活散漫而消沉，才能在成功的路途上越走越远。

在洛克菲勒公司的一次培训课上，曾经做过一个关于骑自行车的有趣的实验，得到了这样的实验结果：单独一个人骑车时，平均时速为每小时25公里；有人跑步伴随时，平均时速为每小时31公里；和其他人骑车竞赛时，时速为每小时32.5公里。

造成这种巨大差距的原因，就是他人的存在导致了竞争，因竞争而提高了效率。所以，对于我们个人来说，也应当以一种积极的心态去应对竞争，通过竞争来激励自己创造更好的业绩。

事业中出现几个冤家对手、一些压力或一些磨难，并不一定是坏事。一份研究资料表明，一年中不患一次感冒的人，得癌症的概率是经常患感冒者的6倍。一粒沙子嵌入蚌的体内后，它将分泌出一种物质来疗伤，时间长了，便会逐渐长成一颗晶莹的珍珠。

在我们的工作和生活中，当我们为了某一项事业而拼搏的时候，一定会遇到各种各样的竞争。对于竞争，我们既要看到它残酷的一面，更要看到它积极的一面，将竞争化为良性的动力。这样无论是对于我们的工作还是成长都是很有益处的。

洛克菲勒非常敬佩林肯，他时常用林肯的故事教育孩子。1860年，林肯当选为美国总统。有一天，银行家巴恩到林肯的总统官邸拜访，正巧看见参议员萨蒙·蔡思从林肯的办公室走出来。于是，巴恩对林肯说："如果您要组阁的话，千万不要将此人选入您的内阁。"林肯奇怪地问："为什么？"巴恩说："因为他是个自大成性的家伙，他甚至认为自己比您伟大得多。"林肯笑了："哦，除了他以外，您还知道有谁认为自己比我伟大得多？""不知道，"巴恩答道，"不过，您为什么要这样问呢？"林肯说："因为我想把他们全部选入我的内阁。"

事实证明，巴恩的话是对的。蔡思果然是个狂态十足、极其自大而且妒忌心极重的家伙。他狂热地追求最高领导权，本想入主白宫，不料落败于林肯，于是只好退而求其次，想当国务卿，可是林肯却任命了西华德为国务卿。无奈，蔡思只好坐第三把交椅——当了林肯政府的财政部长。

为此，蔡思一直怀恨在心，激愤不已。不过，这个家伙确实是个大能人，在财政预算与宏观调控方面很有一套。林肯一直十分器重他，并通过各种手段尽量减少与他的冲突。

后来，目睹过蔡思的种种作为，并收集了很多资料的《纽约时报》主编亨利·雷蒙顿拜访林肯的时候，特地告诉他蔡思正在狂热地上蹿下跳，谋求总统职位。

林肯以他一贯特有的幽默对雷蒙顿说："亨利，你不是在农村长大的吗？那你一定知道什么是马蝇了。有一次，我和我兄弟在肯塔基老家的农场里耕地。我拉马，他扶犁。偏偏那匹马很懒，老是磨洋工，可有一段时间它却在地里跑得飞快，我们差点都跟不上它了。到了地头，我才发现，有一只很大的马蝇叮在了它的身上，于是我把马蝇打落在地。我的兄弟问我为什么要打掉它，我告诉他，不忍心让马被咬。我的兄弟说：'哎呀，就是因为有那家伙，这匹马才跑得那么快。'"然后，林肯意味深长地对雷蒙顿说，"现在正好有一只名叫'总统欲'的马蝇叮着蔡思先生，那么，只要它能使蔡思那个部门不停地跑，我还不想打落它。"

找到你的竞争对手，激发你的竞争能力，让其转化为优势，这是企业竞争制胜的重要法宝。

编者手记 ·······

给自己找的那位竞争对手，不能太强，太强了会让你感觉高不可攀，继而打击你的信心；也不能太弱，那样就无法很好地激发出你的潜能。最好的竞争对手，是比你稍强一点的，他在某一方面值得你去学习，最重要的是，你从他身上能感觉到，自己经过一段时间的努力能够赶超他，这样才会更有动力。

忠告 34：竞争需要"良性"

我喜欢胜利，但我不喜欢为追求胜利而不择手段。不计代价获得的胜利不是胜利，丑恶的竞争手段让人厌恶，那等于是画地为牢，可能以后永远无法超越。即使赢得一场胜利，也可能失去以后再获胜的机会。而循规蹈矩不表示必须降低追求胜利的决心，而是表示用合乎道德的方式去赢得明确的胜利，也表示在这种限制下，全力公平、无情地追求胜利。

——洛克菲勒

在商场的世界里，竞争要以"良性"二字为前提，其基本原则是公平和公正，力量的比拼是决定谁能最后胜出的重要因素。赤裸裸的战斗是生存的本质，也是强者生存的本质。任何非"良性"的竞争，都不能称之为真正的竞争。

本森先生是洛克菲勒的竞争对手，本森的崛起让洛克菲勒受到了威胁，洛克菲勒运用了很多办法摆脱他的威胁，但似乎不起作用。

主管公司管道运输业务的奥戴先生提出用武力破坏他们的管道，以惩罚那些不知好歹的家伙。洛克菲勒生平厌恶这种简单粗暴的想法，洛克菲勒认为只有无能的人才会做出这类令人不齿的勾当，所以洛克菲勒告诉奥戴："杀了你那个愚蠢的想法！我从来没有想到会输，即使输了，唯一该做的就是光明磊落地输。"

洛克菲勒说："如果谁能在背后搞鬼而没有被人抓到，他可能占据绝对的竞争优势。但是，邪恶和不道德的行为非常危险，它会让他丧失尊严，甚至带来牢狱之灾。而任何欺骗和不道德的行为都无法持久，都不能成为可靠的企业策略，这只会破坏大局，使未来变得愈发困难，甚至失去一切发展的机会。我们一定要讲究规矩，因为规矩可以创造关系，关系会带来长久的业务，好的交易会创造更多的交易，否则，我们将提前结束我们的好运。"

就洛克菲勒的本性而言，他不迎接竞争，他想做的就是彻底摧毁竞争者。但他不需要不光彩的胜利，他要赢得美满、彻底、体面。

然而就在本森扬扬得意、享受成功带来的喜悦之时，洛克菲勒向他发动了一系列令他难以招架的攻势。洛克菲勒派人给储油罐生产商送去大批订单，要求他们保证生产、按时交货，令他们无暇顾及其他客户，包括本森。没有储油罐，采油商只能将开采的原油倾泻到荒野上，那么等待本森先生的就不会是等待运输的石油，而是大声地抱怨。与此同时，洛克菲勒大幅降低管道运输价格，将大批靠本森运送原油的炼油商们吸引过来，变成自己的客户。而在此前他已迅速收购了在纽约的几家炼油厂，以阻止它们成为本森一伙的客户。

一个优秀的指挥官，不会攻打与他毫无利害关系的碉堡，而是要全力摧毁那个至关重要、关乎攻城行动的碉堡。洛克菲勒的每一轮攻击都打在本森先生的致命关节，让他无油可运，最终洛克菲勒成了胜利者。在那条被称为全球最长的输油管道建成未足一年之时，本森先生投降了，他主动提出与洛克菲勒讲和。洛克菲勒知道这不是他们的本意，但他们很清楚，如果再与洛克菲勒继续对抗下去，等待他们的就只有更加悲惨的失败。

很多时候我们会将自己的竞争对手看作是死敌，为了成为那个令人艳羡的成功者，也许你会不择手段地排挤对手：或是拉帮结派，或在上司面前历数别人的不是……但可悲的是，处心积虑之人通过这些非良性竞争，在大部分情况下并不能使自己成为最终的赢家，收获的只是沮丧和悔恨。

在任何场合、任何时候，我们都崇尚良性而充满善意的积极竞争，同事之间、对手之间的竞争应该在一个公平的环境中有序进行。竞争的至高境界是和谐，而不是损耗式的"互燃"。只有这样，才能真正赢得对方的尊重，才能促进相互之间的学习。

只有凭借真的本事，依靠正当方法得来的东西才能长久，真正的和谐之道就在于竞争与礼让的平衡，有礼让才会有良性竞争。

在汉字中，许多词很有深意。比如同在一个单位工作的人叫"同事"，为什么要这样讲？"同事"一词我们可以解释为"为共同事业一起努力的人"。这意味着同事之间要同舟共济而不是互相拆台，尽管有时候彼此之间会有利益纷争，但是长远目标与终极目标都是一致的。一个企业内部必然要存在良性的竞争关系。很显然，没有竞争意识的企业一定会丧失斗志，丧失积极向上的精神。企业员工之间只有存在竞争，才能促进相互之间的学习，带来团体的进步，进而为企业带来新气象。但竞争也并非你死我活的恶性斗争，恶性竞争带来的，只能是毁灭性的后果。有人把公司比喻成航船，老板是船长，员工就是船员。船员们的职责就是同心同力、风雨同舟，和公司一起谋求大发展，而互相拆台的恶果是船毁人亡。有句老话说得好："捧场都上场，拆台都下台。"员工和企业之间、同事之间，永远都休戚相关，一荣俱荣，一损俱损。

编者手记

通过竞争可以使我们检验自己的实力和发现自己与他人的差距。通过竞争我们能获得不断的进步。然而任何竞争，结果并不是绝对的衡量标准。有些胜利来源于不择手段，有些胜利则是在礼让的前提下取得的。要是你，会选择争取哪种胜利呢？相信大家都会做出同样的选择。那么，从现在开始，学会摆平礼让与竞争的天平吧！该礼让的时候，我们学习绵羊的温柔；该竞争的时候，就让自己成为一只雄鹰。

第八章

挖掘可以帮助自己的人

忠告35：让对手与你握手言和

我需要强有力的人士，哪怕他是我的对手。

——洛克菲勒

对手，是失利者的良师。有竞争，就免不了有输赢。其实，高下无定式，输赢有轮回。曾经败在冠军手下的人，最有希望成为下一场赛事的冠军。只因败者有赢者作为老师，取人之长，补己之短，为日后取胜奠基。更有一些智者，一番相争之后，便能知己知彼，比得赢就比，比不赢就转，你种苹果夺冠，我种地瓜也可领先。

对手，是同剧组的搭档。人生在世能够互为对手，也是一种缘分，仿佛同一个分数中的分子、分母。如此说，结局往往只有赢多赢少之别，并无绝对胜败之分。角色有主有次，登台有先有后，掌声有多有少，但彼此相依，缺了谁戏都演不成。同在一个领导班子中也如此，携手共进，共创佳绩，方可交相辉映。倘若相互拆台，要么被赶出"剧组"，要么大家偃旗息鼓，落个一损俱损。

本森先生去世了，这个消息令洛克菲勒很伤心。本森先生是洛克菲勒昔日的劲敌，是一个让洛克菲勒尊重的竞争对手。本森卓尔不群的才干、顽强的意志和优雅的风度都给洛克菲勒留下深刻的印象。

有一次，在他们结盟之后，他跟洛克菲勒开玩笑，他说："洛克菲勒先生，您是一个毫不手软而又完美的掠夺者。如果我输给那些坏蛋，会让我非常难过，因为那就像遭遇了抢劫。但与您这种循规蹈矩的人交手，不管输赢，都会让人感到快乐。"

当时，洛克菲勒分不清本森是在恭维自己还是在赞美自己，洛克菲勒告诉他："本森先生，如果你能把掠夺者换成征服者，我想我会乐意接受的。"他笑了。

洛克菲勒非常敬佩那些在大敌当前依然英勇奋战的勇士，在洛克菲勒的眼里，本森先生就是这样的人。本森在与洛克菲勒结成联盟之前，洛克菲勒刚刚击败了全美最大的铁路公司——宾州铁路公司，并成功制服了全美第四家也是最后一家大型铁路公司——巴尔的摩·俄亥俄铁路公司。就这样，连同洛克菲勒最忠实的盟友——伊利铁路公司和纽约中央铁路公司，全美四大铁路公司全都成了洛克菲勒手中掌控的工具。

与此同时，标准石油公司的输油管道正一步步延伸到油田，更让洛克菲勒感到高兴的是获得了连接油井和铁路干线所有主要输油线的绝对控制权。

坦率地说，那时洛克菲勒的势力已经触及采油、炼油、运输、市场等石油行业的各个角落，那时的洛克菲勒手中握有采油商、炼油商的生杀大权，绝非大话，洛克菲勒可以让他们腰缠万贯，也可以让他们一文不名。但的确有人无视他的权威，例如本森先生。

虽然两人竞争到最后，洛克菲勒获胜，两人以合作握手言和。洛克菲勒到最后也没有把本森先生逼入绝路，而是善待自己的对手，与对手合作达到双赢。

一旦谈到双赢，人们一向以为这种情况只会发生在自己与合作伙伴之间，而与对手，"不是你死，就是我亡"，这才是最终的结局。真的是这样吗？显然，答案是否定的。其实我们和对手也可以走进双赢的境地。所以，我们需要合作伙伴，也不要排斥对手。

一个群体如果没有对手，就会因为相互的依赖和潜移默化而丧失灵活，丧失生机。一个行业如果没有对手，就会因为丧失进取的意志，就会因为安于现状而逐步走向衰亡。

许多人都把对手视为是心腹大患，是异己，是眼中钉，是肉中刺，恨不得马上除之而后快。其实只要反过来仔细一想，便会发现拥有一个强劲的对手，反而倒是一种福分、一种造化。因为一个强劲的对手，会让你时刻有种危机四伏感，它会激发起你更加旺盛的精神和斗志。有时候，表面上看来，我们从对手身上得到的学习机会没有那么直接、明显，然而，仅仅是承受他带给我们的压力，就已是很宝贵的机会，可以对我们的成长起到很大的助益。不要随便把对手视为敌人或仇人，只有这样，我们才可以冷静地观察对方，客观地审视自己；也唯有这样，才能在与对手交手的过程中学到东西。

在竞争产生协同效应和过度竞争之间有一种微妙的关系，很难平衡。想要参与竞争的人需要明白，市场这块蛋糕是否大到足够每个人都可以分到一块。换句话说，在市场份额的竞争中把市场做大才有意义；但为一个不增长的市场争个头破血流是不值得的。这就是为什么说洛克菲勒帮了对手一个大忙的原因。

在洛克菲勒看来，在这个世界上，没有永远的朋友，也没有永远的敌人，当对方亮出撒手锏的时候，不也露出了自己的底线和致命的弱点吗？危机也是机遇，外部的环境终归只是条件，把握机会的还是企业自己，这需要聪明的领导者来控制。

然而，很多人无法这样看待对手。由于对手和敌人往往只有一线之隔，甚至是一体两面，因而对手也很容易被视为仇人。很多人会带着各种情绪来看待对手，经常会这样想：敌人和仇人当然是不好的，哪有向他们学习的道理？

不少人在碰到对手的时候，首先是不屑一顾（觉得对手的实力不过如此），接下来是愤怒（发现这样的人竟然有很多人喜欢，还威胁甚至超越自己），最后则是不允许别人在面前说对手的只言片语。

洛克菲勒认为，越是敌人和仇人，可学的东西才越多。对方要消灭你，一定是倾巢而出、精锐皆到。他们使出浑身解数的时候，也就是传授你最多招数的时候（敌人为了激怒你、伤害你而使出的一些手段，就是任何其他老师所不能教你的）。所以，如果你有个很强的对手，你应该从心底欢喜。就像每天要照照镜子一样，你每天都要仔细盯紧这个对手，好好欣赏他，好好向他学习。而最好的学习，永远来自你和他交手、被他击中的那一刻。

编者手记

一个人有了对手，才会有危机感，才会有竞争力。有了对手，你便不得不奋发图强，不得不革故鼎新，不得不锐意进取，否则，就只有等着被吞并、被替代、被淘汰。然而，让对手与你握手言和是一个学习与竞争最好的办法。

忠告36：事业金字塔建立在人脉上

我一直以为，一个人的个性与野心，目前的身份与地位，同与什么人交往有关。经常跟消极的人来往，他自己也会变得消极；跟小人物交往过密，就会产生许多卑微的习惯。反过来说，经常受到大人物的熏陶，自会提高自己的思想水准；经常接触那些雄心万丈的成功人士，也会使他养成迈向成功所需要的野心与行动。

——洛克菲勒

谁都不是单独生活在社会中的个体，在生活中，我们难免会形成这样或者那样的关系，比如父子关系、朋友关系、夫妻关系；在工作中，我们也要处理同事之间的关系，上级和下属之间的关系。而在处理这些关系的过程中，我们会形成自己的关系网，这就是我们的人脉。

有的人认为自己的能力强，个性独特，就不需要拥有人脉了。其实这样的想法是错误的，对于这样的人，社会会给予忠告："只依靠个人的力量取得成功的人，一定会付出超乎常人的代价。"就连电影事业的圣地好莱坞也流行这样一句话："成功，不在于你知道什么或做什么，而在于你认识谁。"

有的人认为自己已经积累了很多财富，无论精神上还是物质上，都十分富足了，不需要再考虑人脉的问题。这样的想法也是不对的。世界每天都在变化，你不可能每天都生活在自己单独搭建的小屋里而不与外界接触。即使你没有什么需要求助于别人，但你还有父母、亲戚、朋友、子女，你不能保证他们也不需要你为他们做任何事情。

洛克菲勒认为，在生活中，财富固然重要，可是储存黄金远远不如储存人脉重要。因为黄金是不可再生资源，花掉了，用完了，也就消失了，但是人脉不一样，你完全可以利用它创造更多的价值。

洛克菲勒认为，一个人能否成功，不在于你知道什么，而是在于你认识谁。

社会上有这么一种人：他们能力超群，见解深刻，才华横溢，本来可飞黄腾达，却偏偏成功不了。这是为什么呢？虽然这些人有才华，却也恃才傲物，认为自己比别人优秀，是不可或缺的人才，因狂妄自大，不能很好地与周围的人相处。就这样，他们因为没有人脉，最终都埋没了。

毫不夸张地说，人脉就是财脉。比如，初次创业的人，资金技术上面的不足是肯定的，但是如果能拥有良好的人脉基础，那么将会有很多人可以提供帮助，成功的可能性和速度都会大大增加。相反，如果没有良好的人脉，创业的时候就会走很多弯路，付出比别人更多的劳动。所以说，人脉是最大的资源，不管做什么事情，都有人的因素。很多时候成功靠别人而不是靠自己，这个观点乍听起来是有点不可思议，但是仔细琢磨，其实是非常有道理的。因此明智的创业者，都会尽最大的努力去结识那些成功人士，向他们学习经验，也将他们作为自己重要的人脉资源。

生意场上会遇到形形色色的人，不可能所有人都是你的朋友，创业者应该做的是广结善缘，即尽可能多地结交朋友，尽可能少地树立敌人。

洛克菲勒交际的原则是，对于喜欢的人，应该主动去交往亲近，将他们变成自己的朋友。而对于那些不喜欢的人，也不要本能地排斥，要让自己的眼光放在对方的优点上，用包容的心态对待其缺点，这样的人也能够成为你的朋友。而对于那些实在是无法容忍和包容的人，可以敬而远之不去招惹。不要和这类人发生不必要的冲突，不要将他们变成敌人。多了一个朋友，就多了一个援手；少了一个敌人，就少了一个成功路上的绊脚石。创业者不要认为有才华就能成功，没有人脉资源的从旁协助，光有才华也是不能发财的。要想财源广进、飞黄腾达，还是需要靠人脉取胜。

聪明人都会注意到，在生活中，成功的人大多是有关系网的人。这种关系网由各种不同的朋友组成，有过去的知己，有近交的新朋；有男的，有女的；有前辈，有同辈或晚辈；有地位高的，有地位低的；有不同行业的，有不同特长的，也有不同地方的，等等。

在我们创事业的过程中，在没有任何背景的境况下，广泛交友是获得机遇的源泉。有许多机遇就是在与朋友的交往中出现的，朋友的一句话、朋友的关心、朋友的朋友的帮助，等等，都可能化作难得的机遇。在很多情况下，就是靠朋友的推荐、朋友提供的信息和其他多方面的帮助，人们才获得了难得的机遇。

提高人际关系能力对于提高团队的凝聚力极其重要。洛克菲

勒曾说:"为人处世的本领是无价之宝,我愿意牺牲太阳下的任何东西去攫取它。"他建立与维系良好人际关系可以分为以下八步:

1. 积极交往

人际关系是交往的结果,交往在人际关系的建立与维系中起着重要作用,它能带来对彼此有价值的信息和情感交流,使得交往双方了解对方的志趣、爱好、能力和人格等。人际交往是双方相互适应、相互协调配合的过程,这就需要交往双方进行"角色易位",即站在对方的立场上处理事务,考虑问题,从中了解他人的要求与感受,从而改善待人的态度和行为,避免因误会和隔阂而导致的冲突,使人际关系保持和谐。

2. 帮助他人

细心地观察周围的人,尝试找出多条能够帮助他人的途径。团队成员应敏锐地了解他人的处境与感受,同情他人,对他人的悲伤、愤怒等负面情绪做出积极的反应。在一个人自觉不自觉地帮助那些需要情感帮助的人时,他不仅可获得良好的人际关系,而且可在双方情感联系不断加强的过程中更好地认知对方的情绪。

3. 相信他人

许多人知道应该了解他人的内心感受,却无法真正做到这一点,这是因为他们在自己心中筑起了一道不信任的高墙。只有相信他人,才能以公正、客观的目光探视他人的内心深处,并真诚地伸出友谊之手。可以说,相信他人是正确认知他人情绪应具备的基本心理状态。

4. 真诚有效地沟通

沟通是人们情感交流的桥梁。只有敞开自己的心扉,才能获得他人的信任和真情回报,巩固相互间的关系,进而交流彼此的真实感受。在进行沟通时,要重视具体沟通技巧的运用。真诚之心与娴熟的技巧有机结合才能切实提高沟通的水平,达到表达自己的情感并正确认知他人情绪的目的。

5. 与他人分享自己的成就

从某种意义上说，与他人分享自己的成就，其价值超过了成就本身。独享自己的成就，只能获得一种快乐；与他人分享自己的成就，则可以获得更多的快乐，同时，惠及他人，体现了对他人的关心和博大的胸怀，有助于塑造卓尔不群的人格魅力。

6. 严于律己，宽以待人

严于律己和宽以待人两者相辅相成，均是赢得他人敬重、钦佩的重要因素。要求一个人有博大的胸怀，能容人容物，多注意他人的优点，用理解和同情去影响他人，使其既看到自身的缺点，又能心悦诚服地改正。能够理解和尊重他人的人，才能获得他人的理解和尊重。

7. 善于激励他人

人的情绪与其需要是否得到满足紧密相关。一个人若能满足他人情感上的需要，就会引发他人的肯定态度，并因此使其产生满意、愉快、认同的情感；反之，则会引发其否定态度，使其产生愤怒、憎恨、逃避等消极情绪。真诚地激励他人，是加深人际关系的价值共识和认同感的有效途径。

编者手记

有位名人说："人生最大的财富便是人脉关系，因为它能为你开启所需能力的每一道门，让你不断地成长，不断地贡献社会。"

所以，我们想要成功，就一定要营造适于成功的人际关系，包括家庭关系和工作关系。中国有句古话，叫作"家和万事兴"。你与家人的关系如何，决定了你与子女的关系，而家庭关系为我们与别人的关系定下一样的模式。同样，我们与同事、上司及下属的关系是决定我们事业成败的重要因素。

借势他人，发展自己

　　没有能力买鞋子时，可以借别人的，这样比赤脚走得快。

　　　　　　　　　　　　　　　　　　——洛克菲勒

　　我们想成为什么样的人，背后就得站着一群什么样的人。有人说："看一个人的人际关系，就知道他是怎样的人，以及将会有何作为。大多数人的成功源于良好的人际关系。"现代商业理论中也有类似的观点：看一个人的才能，不是看他的口袋里有多少钱，而是看他的朋友的层次。成功者总是用心去经营人脉"磁场"，想方设法结交贵人，尤其是上流社会中的大人物。

　　洛克菲勒曾对他的儿子说："当你遇到任何无法应付的困难而要寻求帮助时，明智的做法是找第一流的人物。如果向一个失败者请教，就跟请求庸医治疗绝症一样可笑。你的前途很重要，千万不要在喜好搬弄是非的人那里征求意见，因为这种人一辈子都没有出息。难道这种人会给出什么明智的意见吗？"

　　随后他给儿子讲了一个故事。19 世纪 20 年代初期，罗斯柴尔德在巴黎发迹，不久之后他就面对最棘手的问题：一名犹太人，法国上流社会的圈外人，如何才能赢得排斥外国人的法国上层阶级的尊敬呢？罗斯柴尔德是了解权力的人，他知道他的财富会带给他地位，但是他会因此在社交上被疏离，最后地位与财富都将不保。因此他仔细观察当时的社会，思考如何受人欢迎。

　　慈善事业？法国人一点也不在乎。政治影响力？他已经拥有，如果再在上面花心思只会让人们更加猜疑。他终于找到一个缺口，那就是无聊。在君主复辟时期，法国上层阶级非常无聊，因此罗斯柴尔德开始花费惊人的巨款供他们娱乐。

　　他雇用法国最好的建筑师设计他的庭园和舞厅，雇用最有名的法国厨师卡雷梅准备法国人未曾目睹过的奢华宴会。没有任何法国人能够抗拒，即使这些宴会是德国犹太人举办的，罗斯柴尔德每周的晚会也会吸引很多客人。

罗斯柴尔德的晚会反映出他渴望与法国社会打成一片，而不是混迹于商界的思想。透过在"夸富宴"中挥霍金钱，他表现出他的欲望不只在金钱方面，而是希望进入更珍贵的文化领域。罗斯柴尔德透过花钱赢得社会接纳，但是他所获得的支持不是金钱本身可以买到的。事实证明，在以后相当长的一段时间里，他一直受惠于这些贵族客人。

罗斯柴尔德用他的行动告诉我们，跻身上流社会，与成功人士在一起，至少让你看起来像一个成功者，即使你可能还没成功。跻身于上流社会后，你将更容易获得成功的机会。

一个人要成功，就必须要善于借助外界的力量。这里的"借力"既指借助别人的智慧，也指寻找有用的社会资源。纵观历史上那些成功的人，无不是由于善于借助外界力量的支持而取得事业成功的。人不可能样样精通。一个人要想达到自己的目的，就需要善于借势。

一个人的力量是有限的，因为一个人的价值判断、社会历练、人生经验由于受到环境的影响会有许多不足。所以在面对复杂的社会环境时，这些基本条件就有可能不够用，因此，只好"借用"别人的力量。

"借用"别人的力量，可以弥补自己力量的不足。另外，"借用"别人的力量还有其他意想不到的好处。在我们把别人的力量转化成自己的力量的过程中，顺着别人的启发就可以得到成长，使自己收获更多。

洛克菲勒认为，跟上流社会打交道，至少要明白如下几点：

（1）跟上流社会打交道，是跟人精打交道。跟人精打交道，你要想想你自己的智力和能耐。

（2）跟上流社会打交道，是跟权势打交道。跟权势打交道，你要明白权势的厉害和无情，以及你自己是否有社会背景。

（3）跟上流社会打交道，是跟钱财、荣誉打交道。跟钱财、荣誉打交道，你想想自己在竞争中的地位和可能的得失。

（4）跟上流社会打交道，是跟自己完全不能控制的人和事物打交道。跟自己完全不能控制的人和事物打交道，危险更大。尤其当你人微言轻、身份低下时，更要思前想后，心有城府，这样才有可能周旋于上流社会之中，免受不测之灾。

总之，跟大人物打交道，有点像火中取栗，结果不外有三：高明的人和有技术的人，能吃到栗子而不被火烧伤；次之，吃到了栗子却被火烧伤；再次之，既吃不到栗子又被火烧伤。第一种人当然是最好的，光占便宜，不吃亏。第二种人虽说有得有失，但毕竟占到了便宜，受点伤，有的人也认为无所谓。第三种人就完全不划算了，便宜没占着，而且连老本都赔上了，这就与他们的初衷背道而驰，因此要竭力避免这样的结局出现。

每一个伟大的成功者背后都有另外的成功者在支撑着。没有人是靠自己一个人达到事业顶峰的。所以，如果你想成为出类拔萃的人，就一定不能忽略人脉的储备。一个人的力量是十分有限的，许多问题往往不是一个人能够独自解决的。当问题因无法解决而陷入僵局时，你就必须请教能为你指点迷津的人，请他们帮助你，给你建议，以便顺利解决问题。

洛克菲勒认为，聪明人都懂得借势的道理，就是借助他人的力量、金钱、智慧、名望甚至社会关系，用以扩充自己的大脑，延伸自己的手脚，增强自身的能力，借他人之光照亮自己的前程。如果你想尽快成功，就必须有一个良好的载体，也就是说，你想尽快到达成功的目的地，就必须"借乘"一辆开向成功的快速列车。

编者手记 ....

借助别人的优势，让它转化成你的优势，来为你服务。善于借助别人的力量增加自己的优势的人一定能获得成功。借势造势、借鸡生蛋，这是成功者的经验，也是百年剑桥讲授的人生哲理之一。

阿基米德说过，"给我一个杠杆，我可以撑起一个地球"。一个人的力量是弱小的，要想四两拨千斤必须借用别人的力量作为成功的支点，才能让自己变得强大，才有改造世界成就未来的动力。善用外力的人往往最先得到胜利。

借势发展，是积极争取优势为我所用，资源为我所享；借势发展，谋求的是 1+1 > 2 的回报。只要认识优势，深挖优势，借势的潜力是非常广阔的。

忠告 38：给人以真诚的话语与赞美

善于驱使别人的经营者、领导者或大有作为的人，一向宽宏大量，他们懂得高看别人和赞美他人的艺术，这意味着他们要有感情的付出。而付出深厚的感情的领导者最终必赢得胜利，并获得部属更多敬重。

——洛克菲勒

只有被别人接受，你才可能用自己的影响力去影响他人，而赞美恰恰是让别人接受你的最好方式。赞美别人，就仿佛是用一支火把照亮了别人的生活，同时也照亮了自己的心田，有助于发扬被赞美者的美德和推动彼此友谊健康的发展，还可以消除人际间的龃龉和怨恨，最关键的是你能接近对方，而后才能去影响他人。

约翰·洛克菲勒在人际交往中善于运用真诚赞美他人，以此维系良好的人际关系。一次，洛克菲勒的一个合伙人爱德华·贝德福特，在南美的一次生意中，使公司损失了 100 万美元。

然后，贝德福特丧气地回来见洛克菲勒，洛克菲勒本可以指责他的过失，但是他并没有那样做，他知道贝德福特已经尽力了，更何况事情已经发生了，不能因此而把贝德福特的功劳全部抹杀，于是他另外寻找一些话题来称赞贝德福特，他把贝德福特叫到自己的办公室，对他说："这太好了，你不仅节省了60%的投资金融，而且也为我们敲了一个警钟。我们一直都努力，并且取得了几乎所有的成功，还没尝到失败的滋味。这样也好，我们可以更好地发现自己的错误和缺点，争取更大的胜利。更何况，我们也并不能总是处在事业的巅峰时期。"

几句话，说得贝德福特心里暖乎乎的，并下决心准备东山再起。看来，赞美的确是人人都愿领受的礼物。不要总想着自己的成就、需要，而指责别人的错误，应尽量发现别人的优点。你在真诚地赞美别人时，别人的心里就会增添一份快乐和自信。

每一个人都渴望得到称赞，我们不能吝啬我们的赞美。有人说赞美是全球畅通的通行证，我们要做的就是表达那来自内心的赞美之声。表示赞美的时候，我们既是付出者，也是受益者，在为别人带来美好的心情时，也为自己创造着奇迹。

洛克菲勒认为，恰到好处的赞美具有"魔术般的力量"，是"创造奇迹的良方"。说一句简单的赞美话，实在不是一件难的事情，只要你愿意并留心观察，处处都有值得你赞美的地方，适时说出来，会产生意想不到的效果。

在赞美别人的时候一定要情真意切，虽然人人都喜欢听赞美的话，但并非任何赞美都能使对方高兴。虚假的赞美会引起别人的反感。例如，当你见到一位其貌不扬的小姐，却偏要对她说："你真是美极了。"对方立刻就会认定你所说的是虚伪之至的违心之言。但如果你着眼于她的服饰、谈吐、举止，发现她这些方面的出众之处并真诚地赞美，她就一定会高兴地接受。是的，真诚的赞美不但会使被赞美者产生心理上的愉悦，还可以使你经常发现别人的优点，从而使自己对人生持有乐观、欣赏的态度。毕竟，每天都抱着感恩的心情生活是很美好的。

洛克菲勒认为，对人由衷的喜欢和赞美，是在对饥渴的心灵挥洒阳光雨露。每个人都渴望得到别人和社会的肯定和认可，我们自己也是一样，在付出了必要的劳动和热情之后，也期待着别人的赞许。那么，把自己需要的东西首先慷慨地奉献给别人，体现的正是我们的大方和成熟。

由衷的赞美别人实质上是对别人的尊重和评价，也是送给别人最好的礼物和报酬，是搞好人际关系的一笔也许暂时看不到利润的长期投资。它表达的是我们的一片善心和好意，传递的是信任和情感，化解的是有意无意间与人形成的隔阂和摩擦。对人表示喜欢和赞美益处多多，何乐而不为呢？

编者手记

即使好心地称赞，也必须恰如其分。每一个人都希望受到别人的称赞，希望自己的真正价值被认可，尤其是希望得到同仁的认可。尽管人人都喜欢受到赞扬，但赞扬是要发自内心的真诚。那使人反感、不自在的恭维，只会使人感到恶心。

锦上添花固然好，雪中送炭更可贵。俗话说："患难见真情。"最需要赞美的不是那些早已功成名就的人，而是那些因被埋没而产生自卑感或身处逆境的人。他们平时很难听到赞美的话语，一旦被人当众真诚地赞美，便有可能振作精神，大展宏图。

此外，赞美并不一定总用一些固定的词语，见人便说"好"，有时，投以一个真诚赞许的目光，做一个夸奖的手势，送一个友好的微笑，也能收到意想不到的效果。

第九章

人是最重要的经营对象

忠告 39：重视员工比薪水和奖金重要

薪水和奖金的确非常诱人，然而对一些人来说，金钱并不能引发他们为之效命的欲望，但给予重视却能达到这个目的。在我看来，每个人都渴望受到重视、赢得他人的尊重，希望自己的价值得到肯定，每个人的脖子上都挂着一幅无形的标志，上头写着：重视我！

——洛克菲勒

想象一下这样一个场景：一位交响乐团的指挥，准备让买票进场的观众欣赏一场高水准的演出，但是他却转身面向观众，留下音乐家们独自奋战、辛苦演奏，结果会怎么样？

是的！这注定是一场最糟糕的音乐会。因为指挥没把音乐家们放在眼里，后者就会用消极怠慢的态度来回应他以表示"感谢"，事情注定会搞得一团糟。

这是洛克菲勒设想的场景，在他的眼里，每个雇主就像是一位乐团的指挥，他做梦都想激励、调动起所有雇员的力量，使之尽可能多地做出贡献，帮助他演奏出赚钱的华丽乐章，让他赚到更多的钱。然而，对许多雇主而言，这注定是一场难以实现的梦，因为他们就像那位愚蠢的指挥一样，忘了善待雇员，以致轻松地关闭了雇员们情愿付出的大门。

洛克菲勒说："同他们一样，我期望所有的雇员都能像忠实的仆人那样，全心全意为我做出更多的贡献，但是，我比他们聪明许多，我非但不会无视雇员的存在，反会认真看待他们，准确地说，在我的脑子里始终把为我卖命的雇员摆在第一位。"

洛克菲勒爱他的雇员，他从不高声斥责、侮辱谩骂他们，也不会像某些富人那样在他们面前颐指气使、不可一世，他用温情、平等与宽容来对待他的雇员。所有这些合成一个词就叫尊重。

尊重别人是满足我们道德感的需要，但它还是激发雇员努力工作的有效工具。标准石油公司的每个雇员都为公司竭尽全力地工作，这一事实让我们坚信：给予人们应得的尊重，他们就能彻底发挥他们的潜能。

洛克菲勒说："坦白地说，我没有理由不善待那些雇员，是他们用双手让我的钱袋鼓了起来；我也没有理由不去感激他们，因为他们为我的事业做出了努力与牺牲，更何况我们这个世界本该就应充满温情。"

每个人都渴望被别人重视，被别人需要。如果有一天，一个人发现自己对于别人已经不再重要，别人不再听取自己的意见，那时就会感到生活没有了意义和方向。别人对他的依赖从某种程度上变成了对他的心灵反哺。

雇主就是雇员的守护神，雇员的问题就是老板的问题，老板握有选择权，老板可以选择忽略他们的需求，也可以选择满足他们的需求，但洛克菲勒喜欢选择后者。他总试图了解雇员需要什么，接着就想办法满足他们的需求。他不断询问员工两个问题："你需要什么？"和"我可以帮上什么忙？"他随时都在旁边关心他们。对洛克菲勒来说，这个职务最大的乐趣之一，就是他能给雇员提供一臂之力。

一个人在工作或在家庭中不被重视是很痛苦的，所以作为老板的目的是要让每个人在工作时都能如沐春风。洛克菲勒善于寻找，发现下属的优点，了解他们认为自己最值得重视的才能后，他就会给予这些员工重任。

洛克菲勒觉得，一个聪明的领导者，应该善于激励员工为公司做出更大的贡献，那就要让雇员充分认识到你是器重他的，认为他是与众不同的。领导者需要让员工充分认识到自己的独特性，这样他们会更乐于为公司效命，并且心情愉快。

洛克菲勒曾说，他绝对会非常重视他的员工，极力关心他们的工作乃至生活。因为他清醒地意识到，是员工在为他创造价值，他们得到鼓励和关心是理所应当的。

同时他还告诫他的儿子："现在你已经是一位领导者，你的成就来自你的领导能力，也来自雇员们的能力的发挥，我相信你该知道怎么做。"

领导者要尊重下属，为员工提供宽松舒适的环境，重视他们的感受，切实帮他们解决难题，使自己的雇员能够安心且甘心地为自己卖命。这样的领导者无疑是最聪明的。在与人交往的过程中，尊重别人就等于善待自己，而否定别人的尊严，就等于抢走了他人的命运，最终也将不利于自己，所以我们若要求别人怎么样对待自己，就要先怎么样对待别人，会得到更多的收获。

编者手记

人是企业最重要的资产，因此，洛克菲勒认为，管理者必须尊重每一位员工。尊重并不单单是一种礼貌的要求，更重要的是基于这样一个理念：员工才是企业真正的主人。

但是在我们传统的论资排辈的企业中，尊重员工成了一句装饰，无法落到实处。可能领导人认为，每个人都是这样磨炼过来的，从一个普通职员一步一步走到领导者的位置，这是一种必然，因而也就理所当然地在对下属说话时，带着居高临下的口气，以显示领导的威仪。但是真正的威信，来自别人对领导者的人品和能力的赞叹，换作是另外一个人，他不会产生同样的感情；而对权威的服从，则是无论哪个人成为领导，都可以得到的。尊重是相互的，一个被下属尊重、称赞的领导，想象不到他将收获怎样的惊喜。

忠告 40： 用人要知人善用

建设事业或者公司的某个部门，就像从上面建起金字塔一样。你是顶部的石块，在你的下面能够有多少层坚实基石，就看你选择、训练、依赖、监督或者提升部下的能力了。

——洛克菲勒

在这个世界上，每个人的能力和每个地方的需要都是不同的。不同的工作需要不同能力的人，而不同的工作环境也可以培养不同能力的人。作为一个管理者，把任务授权给最合适的人是最重要的。让合适的人做合适的事，达到人事相宜，是领导者授权的一项重要原则。一个公司只有做到人尽其才，物尽其用，才能维持上下齐心，同舟共济，兴旺发达的局面。

在约翰接管企业初期，由于经验不足，在人事方面处理得非常不好。有些时候把所有的工作都放在自己一个人身上，这样使自己吃不消。洛克菲勒知道后，劝导约翰说，作为企业的领导者，要学会知人善用，不要把大权揽于一身，这样自己很累，员工也不知道去做什么，真正的领导者是懂得把合适的人放在合适的位置上。

弯曲的大树，虽然也很高大，但却疙里疙瘩，不符合绳墨取直的要求，它的树枝弯弯扭扭，不适应圆规和角尺取材的需要。因此，它虽然生长在道路旁，可木匠连看也不看。难道这样的树，真的大而无用吗？答案是否定的。

如今有这么大一棵树，却担忧它没有什么用处，怎么不把它栽种在无边无际的旷野里，悠然自得地徘徊于树旁，悠游自在地躺卧于树下……由此可见，树的疙瘩并不是无用的原因，只是安排的位置不适合。一棵树不符合绳墨取直的要求，不能作梁、作椽，但却可以供人欣赏乘凉，在其下神游八方。一个企业，将人才安排到恰当的岗位，不但有利于稳定人员结构，更能够挖掘人才的潜能。

在洛克菲勒看来，事业的经营者就要把自己的工作委托给他人，然而这需要领导者训练自己的部下，使其提高工作能力。

其实大多数的人不愿意把工作交给部下，这是因为不能对下属信任，不能知人善用。其实每一个下属都有他独特的工作能力，作为领导就要知人善用。

洛克菲勒善于沟通，他经常把自己的想法、策略和运作方向灌输给各层经理，力求与他们达成共识。洛克菲勒激励员工的本事很大，常常是身体力行，率先垂范。洛克菲勒十分善于用人，他的手下总是能集结一批充满活力、积极进取的精英。他总是花费大量的时间和精力来做人事决策，他认为，花费几个小时来讨论一个职位的人选问题并不是在浪费时间，因为一旦选错了人，就要花费几个月的时间来收拾残局。

洛克菲勒一生中很少迅速决定某个人的人事安排，即使有少数几次迅速的人事决定，也是借他在识才、选才方面的深刻洞察力决定的。

洛克菲勒十分欣赏有责任感、主动性、勇气和想象力的员工。所以当他有一个重大决策的时候往往会很放心地把重要的事情交给手下的员工去做，但前提就是他能充分地了解员工们的特性与能力。

洛克菲勒对于人事工作极为重视。在标准石油公司发展初期，他经常参加普通员工的招聘工作。对前途充满信心的洛克菲勒只要发现优秀人才，就要将其招至麾下，而不是在需要用人时才去招人。

可见，作为一个成功的领导人，最大的隐患就在于不能知道和识别人才，不知道怎么合理的用人，把所有的工作都压在自己的身上。其实，有些时候，若不能识人，势必不能用人。一旦知道和识别到人才，又不及时地推荐和提拔使用，则为失才的表现。

洛克菲勒之所以那么成功，一定有他的独特的用人之道，以下来看看他是怎么知人、用人的。

1.他懂得用其所长，避其所短

这是洛克菲勒用人的核心。俗话说，金无赤金，人无完人。任何一个人都不可能十全十美，任何一个人都有他的优点与缺点，然而，洛克菲勒能充分地利用员工的优点，把他们的优点用到极致，达到最大化。因为他懂得聪明的领导在于扬其长，避其短。

2.他懂得量才使用，才尽其用

笔是用来写字的，笔筒是用来装笔的，但是如果调过来，它们的作用将立刻消失，给人们带来无穷尽的麻烦，随之他们将没有任何使用价值。其实用人也是如此，洛克菲勒认为，不同的工作岗位，对人才有不同的要求；不同的人，对岗位也有不同的适应性。量才用人，需要根据不同人才的素质才智，安排相应的岗位。既要防止大材小用，浪费人才，也要防止小材大用，虚占其位，贻误事业。

3.淘汰那些不当之人

人非圣贤谁能无过。在用人过程中，再高明的领导者也有失误的时候。这并不可怕，关键是要一旦发现其虚占其位，就要坚决而得法地将其撤换。洛克菲勒认为，发现但不及时撤换，既影响工作与事业，又会给领导人带来负面影响，还容易起到不良的导向作用。

知人善用，这个词几乎被很多管理者和标榜管理的人视为座右铭，洛克菲勒也不例外，作为一个领导人，一定要认清别人的特点，并且用在合适位置。也就是这些年来人们常常说的，让合适的人做合适的事。合适的事交给合适的人来做。简明地说就是：正确的人，做正确的事，这正是洛克菲勒的用人之道。

选择合适的人来创造将领所想的势态，并以此来赢得战争，其实就是要求一个领导人要学会知人善任。古今中外，但凡成就了一番伟业的人，莫不具有一双伯乐般的慧眼，挑选出贤相忠臣，集合众人的智慧、发挥众人的长处。只有这样，才能够开创出繁荣局面。

忠告 41：看人长处，容人短处

对于我们这种企业集团来说，经营光芒是灿烂的，还是暗淡的，这完全取决于公司的人才培养与如何使用的问题。从根本上说，经营始于人，也终于人，育人、用人，成为企业家事业成败的关键所在。因此有必要研究企业家应该具有什么样的用人心态。

——洛克菲勒

维奇是洛克菲勒公司的一员，他所在的部门的主管是洛克菲勒的孩子小洛克菲勒。但是因为他与小洛克菲勒发生了争执，一气之下离职了。洛克菲勒知道这件事之后，去问约翰为什么，小洛克菲勒漫不经心地回答："那个维奇就是不想干了。"

洛克菲勒看到儿子的态度说："我是认真地问你的，希望你能认真地回答我的问题。培养一个职员直至他们能上岗工作，得花费不少资金。若是不断辞退刚刚训练完毕的职员，那么公司的利益就会被训练职员这一项所占去。为了维护部下的士气，要创造一个良好的气氛，也是必要的条件之一。"

小洛克菲勒心里不平地说："有一天，我们在谈论一个项目，这时我提出了一个方案，这个方案是我花费了很大的心血才完成的，可是我刚一提出来，维奇就强烈地反对，我认为他是有意的。因为自从我接管销售的工作，成为他的顶头上司以来，我提出的每一个方案，我说的每一个想法，他都反对，他从心里就不服我。明着说我的方案不对，实际上就是不服我是他的上司。这次我同样提出来了一个方案，他又强烈地反对。我实在忍不下去了，我的怒火一下子就翻涌上来，所以我就同他吵了起来，而且越吵越凶，当时我们两人都很激动，都不肯退让。两天以后，他交了辞职报告就走了。"

洛克菲勒仔细考虑儿子的讲述，过了几分钟说："我的孩子，在这件事情上，我认为你的处理是不合理的，最起码在我看来是不够慎重的。你知道维奇的事情吗？维奇在我们公司做了13年，这13年来，他一直把公司当成自己的家，他忠于职守，非常负责任，他不仅勤劳，更是一个值得信任的员工，这一点公司上下的人谁都没有怀疑过。"

"是吗，爸爸？我总感觉他在针对我，他认为我比不上他，还要当他的领导，所以他心里不服气，处处反对我。"

"也许他的行为很古怪，但是他是一个非常优秀的员工，这一点我可以保证。"

这时，洛克菲勒说："在企业运行过程中，在对待下属员工时，千万要记住，不管你喜欢他的个性也好，不喜欢也好，也不管他个性乖戾、孤僻也好，温顺、柔和也好，都不必过多地考虑，要把注意力集中到他的工作业绩及工作态度上。而一个职员一天一次还是一千次擤鼻涕都不成问题，只要不是给他人造成麻烦的、令人不快的，或者是特别古怪的脾气，都不应成为辞退他的理由。在我们每个人身上，都存在着不少的各式各样的有时甚至是特别古怪的癖好。"

一个事物往往存在着多个方面，要想全面、客观地了解一个事物，就必须兼听各方面的意见，只有集思广益，博采众长，才能了解一件事情的本来面目，才能采取最佳的处理方法。因此，一个领导应以"兼听则明，偏听则暗"的箴言提醒着自己，多方地听取他人的意见，以确保自己能够做出正确的决定。

与人合作最重要的就是要重视不同个体的不同心理、情绪与智能，以及个人眼中所见到的不同世界。假如两人意见相同，其中一人必属多余。与所见略同的人沟通，毫无益处，要有分歧才有收获。

在洛克菲勒看来，一个成功的管理者应当能够接纳不同的意见，虚心听取不同的声音，这样才能确保自己做出正确的决策，同时要尊重员工，不要因员工的一些性格而成为辞退他的原因。要用诚心来沟通。这样才能真正用好一个人。

洛克菲勒说："第一，企业家要确立公司里没有不称职的人的人才观，才能在用人上做到人尽其才。第二，企业家在选拔、使用人才时，要树立公正、民主的心态。第三，企业家在用人上要有'看人长处、容人短处'的宽宏心态。第四，企业家还要有不避讳用仇人的用人心态。第五，企业家在用人上还要有感恩的心态，才能在人才中形成向心力和凝聚力，使事业兴旺发达。"

编者手记

所以，想要成为一个好领导，员工是最重要的经营对象。那么作为领导，就要多一些坦诚相待和慷慨大方，少一些自我防御、随意判断和权术阴谋，多一些相互尊重和相互信赖。

一个成功的领导者应当像洛克菲勒一样，有容纳不同意见的胸怀，集思广益，博采众议，尊重员工，及时沟通，这样才能用活众人的智慧，取得卓有成效的工作业绩。

忠告 42：怀柔胜于高压

成功秘诀不完全只是依靠自己的"吝啬"，更重要的是他从来不会在员工犯错之后，只是盯着他们的错误没完没了地大加指责。

——洛克菲勒

在洛克菲勒的眼里，员工就是家人，他对待员工一般都以尊重与关怀的态度。因为他知道，如果一个领导经常采取高压的政策，那么员工就会紧张，员工在紧张状态下工作，工作效率一定会受到影响。公司管理者不是老虎，所以一定要摒弃掉老虎相，不要让员工在你面前忐忑不安，如坐针毡。企业管理者不应该使员工长期处在很大的压力下工作，而应设法调动其积极性，使其把工作当成一种享受，主动、快乐、创造性地工作。

早年的洛克菲勒能够认识手下的每一个员工，并且也能喊得出他们的名字。因为他认为，这样做不仅可以尊重员工的心理，更能体现领导对员工的关心与爱护，让他们在工作当中不至于那么紧张。当然他也偶尔在办公楼里转一转，他有一个习惯，他的脚步显得很有节奏，在相同的时间里必定会迈过相同的距离。而且他的脚步声很轻微，说话声也很低。因为这样他就不会影响到员工的工作，让他们可以在安静的条件下工作。

当他悄无声息地走过办公室时，会突然停在某个员工的办公桌旁，用浑厚的嗓音彬彬有礼地提出要检查一下他的工作。这种怀柔的态度往往能让员工感到舒适，这一切都源于洛克菲勒对员工的尊重。

当然怀柔并不单单体现于这些上，同时也体现于他对员工的号召力，然而这种号召力并不是像其他领导一样，施行高压，而是用人格魅力来号召员工。洛克菲勒不只是一名技术专家，更是一名充满号召力的领导者，具有一种可以吸引属下的魔力。他尤其欣赏那些社交能力出众的管理人员。他曾说，"我为这种能力付的钱要比任何其他东西都要多"。

作为领导的洛克菲勒不会用领导这个头衔来压制员工，他会通过各种渠道来倾听员工的意见与反馈，洛克菲勒鼓励属下直接向自己提意见或建议，并且一向关心他们的生活，常常写信询问生病或退休员工的情况。他非常慷慨地让员工享受到比行业评价水平更高的工资和退休金。

40多年后，一位公司老员工在回忆当年情况时不免有些夸张地写道："公司从未发生一起罢工，也没人抱怨。还有哪家公司能像标准石油公司那样关心自己的退休员工呢？"可见，洛克菲勒对于员工的怀柔管理与关爱是如此深入人心。

无论在什么时候，永远不要以为自己已经知道了一切。以为自己是领导，就施行高压政策。要想成为一个令人景仰的领导，就要放下身份，也就是：放下你的学历、家庭背景，放下你的身份和面子，让自己回归到一个普通人，甚至比普通人更为谦虚。同时，也不要在乎别人的眼光和批评，做你认为值得做的事，走你认为值得走的路。

人有被赞扬、被肯定的心理需要，最佳工作效率来自高涨的工作热情。在员工认识到自己的错误后，公司管理者应该立即结束批评。一般情况下，表扬、激励员工效果可能比批评更好。在对员工提出批评的时候，最佳效果是让员工感到他们的确从批评中学到了什么才可以。要着力去培养员工一种"对大局有利，对公司发展有利"的良好思维方式。很难想象，一个对工作兴趣淡薄的人会全力以赴地投入工作，取得良好的工作效果。因而，作为公司管理者，要做的就是像对待朋友一样去对待员工。

洛克菲勒认为，一个成功的领导者，往往非常注重对犯错的员工进行开导，他们不会死死地将自己的目光锁定在员工的错误上，而是会慎用批评、质问的语气。洛克菲勒的这种怀柔政策不仅用在员工身上，还用在他的合伙人身上。

对于员工，高压只会让他们产生厌烦心理，责备有时候根本毫无用处，最重要的永远是人的心灵和未来。只有不够聪明的人才毫无止境地指责和高压他人。企业管理者应该像洛克菲勒一样善解人意，关注的是员工的未来工作，而不是抓住过去的错误不放手，只有这样，才能达到无往而不利的绝妙效果。如果随意滥用职权去责备、惩罚员工，不仅会滋长管理者的骄纵情绪，而且会极大地伤害员工的感情，使自己变成一个失去民心的"暴君"式领导者。

洛克菲勒认为，怀柔是一种艺术，当下属暂时出现了难以解决的难题和窘境时，领导者可以引导挫折者放眼未来，指出其开创未来的优势所在，使其产生对于未来的信心和希望，从而甩脱对眼下挫折的过多思虑，抖擞精神去开创未来。面对处于困境的下属，你安慰他时，可以给他一个希望的目标，在这份希望的指引下，他会很快走出失意，重新面对生活。

当然，怀柔也是有度的，对于员工的过度宽容就如同父母溺爱子女一样。领导跟员工在一起时，要适当表现自己的"身份"。与员工打成一片固然很好，但在办公室里与员工相处中，别人应该一眼就能瞧出，谁是员工，谁是领导。

领导要保持自己的威严，在无形中造成员工对你的尊敬之意，会为你的工作顺利开展创造条件，员工会处处——至少在表面上尊重你的意见，当他们执行任务有困难时，会与你商量，而不会自作主张，自行其是。

编者手记

原谅下属的非原则过失，关心下属的生活，这是一种重要的"经营员工"方法。对那些无关大局之事，不必同下属锱铢必较，当忍则忍，当让则让。要知道，对下属仁爱大度，是制造向心效应的一种手段。

怀柔可以巩固人们之间的互助亲善关系，让集体形成一种宽厚的向善风气，小人就可能不会产生，阴暗的东西就会更少一些，这样不仅可以减少矛盾，也会提升自己的形象。

作为下属，当意外事情发生时，最期望得到的就是上级的支持和庇护，上级的安慰会使下属感到无比的满足，使他愿意向上级敞开心扉，表露心迹。斤斤计较、回回戳中别人的痛处，图一时痛快，却在无意中埋下被人怨恨的种子。其实，大家都是成年人，自己犯了错误，未必全无察觉。与其让人尴尬，不如宽容以对，一笑置之。相信这样做你自己不仅少动肝火，还会让那犯错的人对你心生敬意。

第十章

重要的事情，特别对待

忠告43：失去意味着得到

小的失去是为了大的收获。

——洛克菲勒

有人说，什么都想得到的人最后将什么都得不到。在商场中，任何获得的背后都是失去，同理，任何失去的后面也包含着得到。比如你去做一件事情并且成功了，表面上你是获得了财富、权力等，但你同时失去的是选择做其他事情的机会，这就是所谓的"机会成本"。

19世纪80年代初，洛克菲勒的标准石油公司意识到中国市场的广大前景，想扩大它在中国的市场，为了在这个泱泱大国里开创一片新的市场，精明的洛克菲勒要求公司将几百万盏廉价的油灯送给中国人，这样的举动令中国人很快接受了这种油灯，从此纷纷购买标准石油公司的煤油，一时间中国几乎家家户户用"美孚灯"、美孚灯油，就这样他们轻而易举地占领了中国的煤油市场。通过同样的手法，标准石油公司横扫了欧亚大陆，从此成为全世界最大的石油公司，几乎垄断了全世界的石油需求。

假如洛克菲勒不舍得付出那几百万盏油灯，他的公司就不会销售出这么多的煤油，就不会这么迅速地抢占欧亚市场。洛克菲勒认为，很多时候，懂得舍弃更是一种智慧。

洛克菲勒对此有很深的体会，为了向孩子们说明这个问题，他讲述了美国吉列公司的创始人，吉列凭借安全剃须刀致富的故事。

20世纪初，吉列刚发明出剃须刀的时候，对他的发明创造的前景充满憧憬，他认为剃须刀的前景广阔，他一定会大赚一笔的。但是让他意外的是，市场上几乎没有人认同他的安全剃须刀，他的剃须刀严重滞销，整整一年里只销售了50多个刀架还有不足200个刀片。这让吉列感到很绝望。

有一天早上，吉列在看报纸的时候，看到了一张前线战士的照片，照片上的战士满脸疲惫，胡子已经很长时间没有刮了，这让吉列灵感顿生，他马上联系军队的采购部门，表示要以自己的吉列剃须刀"优待劳军"，一分钱不赚地以成本价卖给军队以慰劳前线的战士。

因为价格低廉，性能又好，就这样，吉列剃须刀进入军队，被士兵们使用并喜爱。同时，士兵们辗转征战，将吉列剃须刀带到了世界的各个角落，这无形之中给吉列做了一个全球范围的大广告。

几年之后，吉列剃须刀已经成为享誉世界的名牌剃须刀。1913年吉列剃须刀就销售了1.3亿片刀片，凭借这些，吉利获得了一大笔财富。吉列通过一次无利润的劳军赠送，收获巨大成功。

洛克菲勒认为，在很多时候，放弃是智者面对生活的明智选择，是一种量力而行的睿智，更是一种顾全大局的果敢。它不盲目，不狭隘，它对心灵来说是一种宽松、一种滋润，它驱散了乌云，它清扫了心房。放弃并不完全代表着失败和气馁，明智的放弃是为了得到。

在洛克菲勒还是一介小民的时候，美国发现了石油。许多实力雄厚的大投资者蜂拥而至，忙于开采石油。但年轻的洛克菲勒资金有限，无力与众多大投资者竞投石油开采权。于是洛克菲勒并不与大财团正面竞争，远远地避开石油开采地，把有限的资金全部投入到原油的"下游工程"——石油精炼中，原油开采出来以后，众多的原油开采企业不得不将开采出来的大量原油供应给独此一家的石油精炼工厂，洛克菲勒取得了绝对优势。在石油精炼工厂获得成功，并积累了一定资金后，洛克菲勒又战略性地投资修建输油管道，并牢牢控制了使用权。慢慢地，他逐步瓦解了由众多大投资者组成的石油开采大联盟，垄断了美国石油市场。

放弃眼前的利益是为了更好地获得成功的机会。这是洛克菲勒告诫人们的真理。有时候，失去是另一种获得。

生活中，一扇门如果关上了，必定有另一扇门打开。同样在商场中，主动失去往往也意味着得到，失去了一种东西，必然会在其他地方收获另一种东西。关键是，你要有敏锐而具有前瞻性的心态，要舍得放弃，正确对待你的失去，失去有时就是另一种获得。

对于洛克菲勒来说，上面的事例证明一点，那就是：放弃是一种智慧。尽管你暂时会失去应得的利益，但是只要有一定的思想，那么你的放弃往往是为了更好地得到利益，甚至得到的比你之前失去的还要多。

商场如战场，总要面临许多选择，要学会选择，首先要学会放弃。放弃是为了更好地调整自我，准备良好的心态向目标靠近。特别是在现代社会中，竞争越来越激烈，每个人的生存压力也越来越重，于是每个人都变得贪心起来。追求太多，失望也愈深，所以，一定要保持清醒的头脑，适当地放弃从而获得更多。

编者手记 ·······················

每个人都曾失去过，但对其所持的心态却不同。有的人总是向别人反复表明他失去的东西有多么好、多么珍贵，这是很没必要的。但是有些人却表现不同，比如，他们在失去了原有的工作之后，不是一味地伤感，而是主动寻找新的工作。因为这些人相信，失去并不意味着失败，失去后还可以重新拥有，这才是成功者应具备的心态。

忠告 44： 优柔寡断是成功的绊脚石

在年长者当中，也有人把这种优柔寡断的态度当作是"年轻人反复无常"而不予理睬。但我却认为，站在人生十字路口上的你，处于迷离恍惚的境界，不知所措，这是我们长辈的过错。

——洛克菲勒

小洛克菲勒刚开始接管公司的时候，由于自己的经验少，有时会做出错误的决定，有时也会优柔寡断，这让洛克菲勒很担心。有一天，他找到了儿子与他谈心。

"约翰，是不是感觉最近有些不顺心？"

"是的，父亲，我还是太小，没什么经验，虽然我有很多的抱负，但是有些事情我还是不能拿主意。"

"约翰，谁的经验都是从失败中出来的，但不要优柔寡断，它是你成功的大敌。"说完，洛克菲勒给儿子讲了一个故事。

一个父亲试图用金钱赎回在战争中被敌军俘虏的两个儿子。但他被告知，只可以救回一个儿子，他必须选择救哪一个儿子。这个慈爱而饱受折磨的父亲，非常渴望救出自己的孩子，甚至不惜以付出自己的生命为代价。但是在这个紧要关头，他无法决定要救回哪一个孩子，牺牲哪一个孩子。这样，他一直处于两难选择的巨大痛苦中，结果他的两个儿子都被处决了。

洛克菲勒想告诉儿子，对于那些总是摇摆不定、犹豫不决的人来说，世界上没有什么东西能帮助他们迅速决断。因此，一个人永远不要在冥思苦想中一会儿提出问题的这一方面，一会儿又提出问题的那一方面，试图面面俱到、万事平衡的人做出的无益而琐碎的分析，是抓不住事物的本质的。

决策最好是决定性的、不可更改的，一旦做出之后就要用所有的力量去执行，就算有时候会犯错，也比某些人那种事事求平衡、总是思来想去和拖延不决的习惯要好。当我们致力于形成一种快速决策的习惯时，哪怕在最初的一段时间里这种做法显得有些机械，它也会使我们对自己的判断力产生信心。由此，一个人将会获得一种新的独立自主的精神。

瞻前顾后、如墙头草般左右不定的人，无论他在其他方面有多强大，在生命的竞赛中，他总是容易被那些坚持自己的意志且永不动摇的人挤到一边，因为后者明白自己想要做什么并立刻着手去做。甚至可以这样说，连最睿智的头脑都要让位于果敢的判断力。

成千上万的人之所以在创富的战场中大败而归，仅仅是因为耽搁和延误。而数不胜数的富翁就是因为在某个关键点上，冒着巨大的风险，快速地做出决策，从而赢得了财富。洛克菲勒就是这样的人，所以他教育孩子不要做一个优柔寡断的人。

果断决策的习惯对我们非常重要，以致我们经常要准备冒一些做出不成熟的判断或采取不利行动的风险。对一个人来说，偶尔会做出错误的决定，但总比从来不做出决定要好。

如果一个人的决策永远是错误的，那么他在智力上或精神上肯定有问题。但在一般情况下，决策当中总是包含了精确的洞察和清晰的逻辑，所以不用担心决策会引起坏的结果。快速的决策和异常的大胆使许多成功人士渡过了危机和难关，而关键时刻的优柔寡断只能带来灾难性的后果。

洛克菲勒拥有超越于犹豫不决和变化不定之上的非凡意志力。他鄙视所有的清闲和安逸，他嘲笑所有的反对和抨击；他深深感到内心涌动着希冀和行动的力量，他相信自己的幸运星，他对自己拥有实现愿望的能力深信不疑；他知道，没有任何怀疑的阴影，没有任何"如果"或"但是"之类的辩解，没有任何疑虑或恐惧，能够阻止他去尝试；他嘲笑那些充满恐吓意味的横眉冷对，以及代表着阻碍和反对力量的流言蜚语；他十分清楚成为一个真正的人应该做些什么，而且他敢于去做；他本身的人格要比他内心的本能冲动更强有力，他绝不会屈服于各种意见和反对的声音；他既不会为巨大的压力所胁迫，也不会为宠爱或欢呼声所收买；面对轻蔑和奚落，他能够不为所动，甚至还要嘲笑那一帮迫害者和嘲笑者。

洛克菲勒认为，一个人要有头脑，有自己的判断取向，不人云亦云，才会为人所称道。而随波逐流、闻风而动的人，恰是活在他人的价值标准里，终究会迷失自己。

快速的决策和超常的胆量是许多成功人士的制胜法宝，因为这些人深刻地意识到关键时刻的优柔寡断只能带来遗憾和失败。

生活中充满了选择。不管是读书、创业或婚姻，我们总要在几个可供选择的方案中，做一个"赌注式"的决断。对于我们所选择的结果究竟是好是坏，也往往没有明确的答案。机会难得，想再回头重新来过，是绝不可能的。

其实，上天并未特别照顾那些抓住机会之神的幸运者，只不过是他们在关键时刻做出果断决策，并毫不犹豫地去做，因而获得了机会之神的青睐。

财富总是青睐意志坚定、精力充沛、行动迅速的人。这种人不但善于做出决定，而且善于执行决定。当面对问题的时候，他会全面考虑自己所面对的情况，果断地做出选择。这样的人有超常的管理能力。他不是仅仅制订工作计划，还能够执行工作计划。他不但做出决定，而且还能够将决定贯彻到底。

如果你瞻前顾后，如果你习惯于犹豫不决，而不知道自己真正需要什么，那么你将永远不可能成功地创富。这些不是一个成功者的品质。一个成功者不会是一个完人，会有各种各样的缺点，但是他却明白自己的思想。他知道自己需要什么，并且努力去追求。他会犯错误，会遇到挫折，但他总是迅速地站起来，继续前行。

一个智者曾经说："教导一个人形成果断决策的个性，这是生命成长过程中道德和意志训练方面最重要的工作。犹豫不决、优柔寡断是自己为自己制造的仇敌，要想打败这一仇敌，就要积极果断采取行动。

忠告 45：抓住机会，获得成功

不放弃任何一个哪怕只有万分之一可能的机会。

——洛克菲勒

在别人认为机会已经不可能再降临的时候，或许机会已经来临，只是你没有发现。我们必须善于抓住机会，或许就在一秒钟，你就会从一个乞丐变成一个富翁。这就要求企业管理者首先要看到商机。

如何看到商机？这需要对所有可能与未来有关的信息变化进行分析，依靠敏锐的商业感觉嗅到机会。每一次机会的到来，对于任何人来说，都是一次严峻的考验。我们在看到机会的时候，要拿出拼搏和应战的勇气来，抓住机会，获得成效。

在宾夕法尼亚州发现石油的时候，洛克菲勒还在和克拉克做农产品经销的生意，那时候开采石油正如火如荼地进行。洛克菲勒明白当时凭自己的状况不适合加入石油业，首先是因为他充分考察后认为进入石油业还为时过早，但是他不否认这是一个利润丰厚的行业。其次，他当时农产品经销的生意做得很顺利，他要等待最好的出手时机。

南北战争爆发后，石油行情继续暴跌，但洛克菲勒不为所动。南北战争结束后，洛克菲勒了解到产油地正计划修筑铁路，他觉得时机到了，便立即找人合作。随后，洛克菲勒与他的合作伙伴安德鲁斯成立了"洛克菲勒—安德鲁斯公司"，不久，就成为这个行业的佼佼者。此时，洛克菲勒刚满 26 岁。

洛克菲勒认为，当前决策和行动开创未来，需要企业管理者具有超前思维。一个有超前思维的人，一定会从自身的实力出发，并牢牢把握住机会。弱小企业在市场竞争中，应该让竞争对手打头阵，找准机会再迎头赶上，这是最明智的。

洛克菲勒很早就预见到石油行业的发展前景，但他并不急于出手，而是冷静地等待机会。洛克菲勒具备领导者、决策者所需要的最重要的能力，即善于观察和分析形势，拥有超出常人视野的战略眼光、谨慎的决策计划和强烈的冒险精神。他的思维方法非常特别，总是能从整体出发，系统思考，那些闪烁着智慧之光的超前思维能力是管理者学习的楷模。

洛克菲勒认为，任何企业都应该学会选择，天上掉馅饼固然很好，但企业有没有胃口吃更重要。企业对未来作何种形势的判断，以及选择什么样的策略、什么样的生产方式，都与企业对自身存在前提的认识密切相关。任何企业都必须明确要做什么和不做什么的条件和前提，因为这样，才能更好地把握发展的机会。

在成功的道路上，很多人不愿意尝试，看到困难就躲，因此他们常常错过最美的风景。然而还有一些人不怕艰难险阻，勇于攀登，历经磨难后最终会到达成功的顶峰，享受胜利的喜悦。这样的人善于抓住生活中的每一个机会。

其实，这个世界并不会偏爱任何一个人，上天对任何人都是公平的，就像爱因斯坦所说的那样："上帝高深莫测，但他并无恶意。"所以，任何一件好事、坏事发生的概率都是一样的，意思就是如果好事情有可能发生，不管这种可能性多么小，也是会发生的。从这个推论中，我们可以得知，成功有时来自很小的机会，当这种机会来临的时候，关键是你是否能够发觉并抓住它。"不放弃任何一个哪怕只有万分之一可能的机会。"这是洛克菲勒的经验之谈。

作为平凡人，脚踏实地的耕耘者在平凡的工作中创造了机会，抓住了机会，实现了自己的梦想；而不愿俯视手中工作，嫌其琐碎平凡的人，在焦虑的等待机会中，度过了并不愉快的一生。一个人在工作中，不可能总是一帆风顺，事事遂心，难免会遭受挫折，甚至是失败。比如，你的想法得不到上司的支持，公司里其他人阻挠你的工作，当你试图主动提建议时总是遭到白眼等，这些都是每个在职场上奋斗的人几乎都经历过的挫折，是很难避免的。

由于很多人心理素质较差，情绪浮躁，经不起一点点的失败，在工作时一遇到挫折，就会渐渐对自己失去信心，一天到晚愁眉不展、怨天尤人，根本无法振作精神，即使有好机会使问题出现转机，也被这拉长的苦脸吓跑了。

相比之下，优秀的员工在困难来临时，总是努力寻求新的机会，这样的员工在职业生涯中会比别人达到更高的高度。能否尽快学会摆脱浮躁是决定一个人能否顺利成功的关键。因此，每一天都要尽心尽力地工作，每一件小事情都力争高效地完成。尝试着超越自己，努力做一些分外的事情。这样，即使在同一个公司或同一个职位上，机遇没有光临，但你在为机会的来临而时时准备的行动中，能力已经得到了扩展和加强。实际上，你已经为未来某一时间创造出了另一个机遇。

编者手记

法国一位已故总统有一句名言："人是命运的，命运就是一种机会以及捕获机会的能力。"一个偶然的机会，就有可能使一个人的愿望变成现实。成功只偏爱那些有心人，只垂青那些深谙如何追求它的人，只赐给那些自信必成功的人。世上多的是事业有成的人，他们的成功之路也各不相同，但是他们都有一个相似点，即他们做事时用心，善于捕捉难得的机会。机遇稍纵即逝，它只为有心人而准备。

洛克菲勒给儿女
的生活忠告

第一章

温暖的家庭是上帝赐予的最好礼物

忠告1: 婚姻是人生最重要的投资

从一位从商者的角度来思考，那么结婚这一严肃的事实，它本身便是将自己投入一项重大的投资。

——洛克菲勒

伊丽莎白在圣索菲亚大教堂举行了隆重的婚礼。商界名流云集此处，洛克菲勒牵着女儿的手，并亲自把女儿交给了哈佛的高才生马克。小洛克菲勒深受触动，也开始考虑起自己的婚姻大事。

过了不久，小洛克菲勒对父亲说："爸爸，我也想结婚！"

洛克菲勒说："从一位从商者的角度来思考，那么结婚这一严肃的事实，它本身便是将自己投入一项重大的投资。幸福的婚姻是人生重要的支柱，其积极作用是不可估测的；另一方面，不幸的婚姻所招致的损失同样深不可测。要取消不幸的婚姻，不仅要做出将财产分出一半的牺牲，在此基础上还必须长期为未成年子女付数年的生活补贴费用。现在的年轻人对婚姻一般来说是过于随便草率了。'两个人过不下去干脆分手算了'这类的话充斥于耳。轻率地对待这一人生大事的确太悲哀了，而随之而来的无穷的苦恼则更令人痛心！

"婚姻就是一个商人最容易与最困难的投资。必须慎重考虑，从长计议，世上也有人仅仅抓住一次机会就完成了婚姻大事，这一类善始善终的最为幸福的婚姻是很少见的。为什么呢？因为在这一类结合中，一般来说不仅只有相互的同情，在必须成功这一点上也须具有坚强的决心与信念。在这重要的投资里，值得庆幸的是你处在可以从容地选择女方的立场，因为你性格温和，仪表不凡，一表人才。如果对所有这些上天的恩赐加以灵活运用，的确可以对婚姻这一事业进行了不起的投资。"

　　童话故事里，美丽的公主爱上了穷书生，高傲的王子爱上了灰姑娘；偶像剧中，平凡的女一号总能邂逅富家公子，上演各种煽情浪漫的桥段……在我们的心中，这样的爱情才是人世间最传奇、最浪漫的爱情。

　　童话故事总是以历经千辛万苦的王子和公主终于走到了一起作为结局，"从此以后，王子与公主过上了幸福的生活"的结局留下的却是未来的未知。婚姻不同于恋爱，双方的想法、习惯会有很大差距，婚后一定会暴露出来，如果一方不肯或无法改变，婚姻迟早会破裂。

　　从古至今，关于爱情与婚姻的评论与争论始终无休无止，无论平凡人还是学者、专家，每个人都有对婚姻有不同的理解。认为婚姻是围城也好，是坟墓也好，无论人们怎样激辩，事实上是，大部分的人还是心甘情愿地一头扎进婚姻的殿堂。

　　在洛克菲勒的眼里，幸福的婚姻是人生的重要支柱，不幸的婚姻所遭受的损失将是不可测知的。以经商来比喻的话，结婚就是自己一生中最重大的投资。

　　有一些人一直没有结婚，而且按通常的标准来衡量，他们的生活是成功的。但是，那些了解他们或者详细阅读过他们资料的人会感到，这样的人生尽管成功却算不上完整。自然界不存在突变，婚姻生活也是一点一点地渐变的，一个幸福的婚姻生活是长期相爱的结果。美好的婚姻也只是爱的一部分。婚姻的初期只是爱的装饰之花，而成熟的婚姻则是沉甸甸的爱的硕果。

有些年轻人对婚姻采取的态度过于草率。他们的口头禅是："既然合不来，干脆离婚算了。"眼见如此美好的事情被轻率地处理，实在令人感到悲哀，而看到离婚后所带来的无限苦恼，更是令人痛心。当然，世界上也有不少人做出了正确的选择，他们的婚姻幸福美满。如何选择自己的"投资对象"呢？对于男孩来说，不要接近说长道短、搬弄是非的女人。你最好观察她是否有卑劣、善妒的个性，因为这种性格必会引起日后的轩然大波。如果那个女孩的头脑不错、知书达理，能与你的同事相处融洽，并能以真正"合伙人"的身份与你平等地交换意见，那劝你快把她娶回家。一旦婚姻"投资"得当，你的事业也将随之到达高峰。因为再也没有比为了要与一位好妻子配合步调所做的努力，更能够提高自己的价值了。

那个女孩是否勤快？爱干净吗？有没有幽默感等也是必须考虑的因素。在男女恋爱期间，双方竭力掩盖自己的弱点，常常会成为他们相互了解的障碍，他们通过刻意的顺从和有意的伪装，来掩饰他们本来的样子和真实的欲望。从他们开始恋爱起，他们常常在对方面前戴着面具，但婚后一旦某些东西被揭穿，每个人便都会觉得有理由怀疑对方是否发生了变化，如果发生一次严重的争吵或者冲突，就容易导致两人各奔东西。

未来的新郎和新娘，要互相坦诚，保持平和的心态，在热恋的时候就应该把缺点和不足暴露给对方。如果在婚前隐瞒的话，婚后一旦发现对方的性格存在某些缺陷，就会对婚姻生活产生很大的负面影响。坦诚一些总比隐瞒要好得多，因为缺点与优点一样，终归会在婚姻生活中显现出来。自然一些，一开始就表现出你的本色！

洛克菲勒认为，对于青年男子来说，娶一个富有情感的但不太聪明的女孩，也比娶一个聪明但对人冷漠且自我中心的女孩明智。有一个女孩真心爱着他，支持他的工作，响应他的想法，欣赏他优秀的品质，这对他来说已经足够了。这是一个女人能够伴随男人走过一生风风雨雨的良好品质。

杰勒米·泰勒说："步入婚姻的殿堂比单身生活使人更有安全感，尽管两人生活不一定更舒适，但它确实更令人感到安全。婚姻可能使你更快乐，也可能使你更悲伤；婚姻可能使生活有更多的欢乐，也可能使生活有更多的痛苦；婚姻会使你背负更重的担子，但是同样会以爱和宽厚的力量来支撑你。无论如何，婚姻仍然令人感到非常愉快。同样，婚姻也是人类之母，使人类延续，使国家强大。"萨克雷对他的儿子说："在所有的事情中，最重要的就是找一个快乐的妻子，我亲爱的孩子。"

对于一个由于对婚后生活心存顾虑而逃避婚姻的男人来说，他事实上是由于对微不足道的烦恼的恐惧，而与一生的幸福擦肩而过。所以人如果做好婚姻这项投资，回报你的就是一辈子的幸福。

忠告 2：用心面对平淡的婚姻生活

我希望婚姻是一种转化。爱情就像一粒种子，到时它就会成长、开花。我们不知道开的是什么花，但是肯定它会开花。如果你的选择是精心而明智的，爱情的花朵将会是甜美的；如果你选择的时候不用心或判断错误，爱情之花就不会完美。

——洛克菲勒

伊丽莎白的婚姻出现了小小的危机，这让洛克菲勒很担心。所以，在周末的时候，洛克菲勒特地去伊丽莎白家，想与她谈谈，可是却没有见到她，而是见到了她的丈夫。她丈夫马克说，最近伊丽莎白的工作似乎很忙，星期六她都在公司度过，有的时候周日也是在公司过，洛克菲勒听得出马克的语气流露出不满的意味，洛克菲勒感到了事情比较严重。

洛克菲勒到公司找到女儿，约她一起吃饭，并想乘机同她好好谈谈。可他惊讶地发现伊丽莎白对侍者表现出鲁莽、粗暴的态度，与平时彬彬有礼、温柔体贴的她判若两人。洛克菲勒觉得女儿最近的情绪很不好，这表现出她满脑子都是工作，以至于对日常生活中必须尽到的其他责任，如感情、欲望等都不在乎了。

伊丽莎白很烦恼，她对父亲说："我的脾气很不好，谁也不想理，尤其是回到家。马克越是对我好，我越是讨厌他，我知道这样做不对，可是我又控制不住自己，真感觉对不起马克。"

洛克菲勒握住女儿的手说："我想我不仅仅作为你的父亲，也作为一个了解后悔的人衷心地劝告你，要注意危险信号。请你后退一步，仔细查查原因。工作渐渐地占去了你大部分的时间，尤其像在买卖和市场交易的无边无际的领域里，这种倾向更为严重。的确，我平时劝你要想晋升就要勤奋工作。但你过分地恃宠于亲人的好意，尤其是马克的支持、协作及爱情。成功、知识、经验都不能在这种错误中保护你，谁也保证不了你不受其害。"

伊丽莎白说："无论如何也找不到当初的激情了。你知道，当初我和马克是多么相爱呀！"

洛克菲勒从女儿的眼中读到了几许失望。"这个，我怎么说呢？我与你母亲的婚姻算是美满幸福的，可大多数时候我们的生活还是很平淡的。"洛克菲勒的这番悉心教导冲淡了女儿的困惑。"也许真是这样，"伊丽莎白感叹地说，"我应该与马克出去度一次假了，我们好久都没有享受两人独处的时光了。我们真应该好好地沟通感情了。"

然而对于经营家庭，洛克菲勒还是有一定的经验的，下面与大家一起分享：

1. 奉献理念

不要挑剔对方，不要希冀重新塑造对方。日常生活中发自内心地为对方做些什么，哪怕是最小的事情，一个拥抱，一个笑容，一个亲吻，让对方体会到温情。

婚姻生活中不尽如人意的事有很多，但与其抱怨批评，不如欣赏赞美。那样才会收获美满的生活。"孩子都是自己的好，妻子都是别人的好"，婚姻中的男女都有一种奇怪的心理，即总是用自己孩子的长处去与别人孩子的短处比，而用自己妻子或丈夫的短处去与别人妻子或丈夫的长处比，并往往陷入痛苦不满之中而不能自拔。其实这真是自寻烦恼，每个人都有优点和缺点，如果你不把注意力专注在自己另一半的缺点上，而去欣赏他的优点，你就会发现，生活会更美好。

为夫为妻，或贫或富，都要相互欣赏。只有欣赏得深才会恩爱得深，而恩爱越深，相互欣赏的东西也就会越来越多。欣赏不一定就是欣赏对方的才貌，因为才能有高有低，美貌也总会消逝。欣赏应是多方面的，或禀性温柔，或相知相悦，或勤劳朴实，或幽默风趣……总之，只要善于挖掘出对方的优点，夫妻之间就能相互欣赏。当然，无论是夫或妻，都需要注意自身的修养，使自己有亮点吸引对方。夫妻间的欣赏又是相互的，只有一方欣赏一方，另一方却无动于衷，夫妻恩爱又从何谈起呢？即使没有发生婚变，那也不过是一种本能的维系。洛克菲勒认为，要用爱自己的心情去爱你的另一半。

2. 留下空间

许多婚姻在束缚与反束缚中走向灭亡，于是许多人提出要给对方留有空间。学会在婚外保持正常的朋友圈子，不要将婚姻作为自己唯一的精神寄托。

在婚姻中两个人的关系是有韧性的，拉得开，但又扯不断。谁也不束缚谁，到头来仍然是谁也离不开谁，这才是和谐的婚姻。夫妻之间产生争执的主要原因，是他们把婚姻当成一把雕刻刀，时时刻刻都想用这把刀按照自己的要求去雕塑对方。为了达到这个理想，在婚姻生活中，当然就希望甚至迫使对方改变以往的习惯和言行，以符合自己心中的理想形象。但是有谁愿意被雕塑成一个失去自我的人呢？于是"个性不合""志向不同"就成了雕刻刀下的"成品"，离婚就成了唯一的一条路。

每个人本身都是"艺术品",而不是"半成品",人人都企望被欣赏,而不愿意被雕塑。所以,不要把婚姻当成一把雕刻刀,尽想把对方雕塑成什么模样;婚姻需要一种艺术眼光,要懂得从什么角度欣赏对方,而不是去束缚对方,彼此之间的空间太小了,谁都会感到不安。生活中的丈夫是否注意到,你的妻子因为忙于家务而没有对你所做的事情感兴趣?你是否是一个传统观念很强的人,要求你的妻子必须喜欢你所做的事情?你可能喜欢足球,可她却不喜欢,而她却要坐下来陪着你。

在现实的婚姻当中,事实并非如此。如果男人和女人想互相扶助,就必须保留各自的个性。完全依附于丈夫的妻子并不是好妻子,就像为了取悦于妻子而改变自己的丈夫不是好丈夫一样,要知道,夫妻二人真诚相爱却兴趣不同是完全可能的。所以,谁也不能把对方纳入自己的视线中,要求他想己所想,做己所做。

丈夫和妻子毕竟是两个不同的角色,他们有共同之处,但他们是两个人而不是一个人,只有保持各自的个性,才能过上美满的生活。婚姻由两个不同的个体组成,他们必须和谐地生活在一起,为对方的生活添加幸福与快乐。婚姻生活应该是二重奏,而不是独奏。婚姻生活需要技巧,需要经营,给彼此留一个自由的空间,婚姻的容量就会加大。婚姻需要的是两个人的互补,而不是完全的相同,时时刻刻以自己的要求去捆绑对方,婚姻就不再是一种和谐,而是一种重负。给另一半一个心灵的空间,你会发现你们之间不是走得更远了,而是更近了,不要去要求你们思想、行动上的绝对分不开,而要学会在分开中实现分不开。弦绷得太紧,总有一天会断掉,更何况你们本来就是两根不同的弦,给他一个自己发声的空间,不仅是出于对对方的尊重,还是婚姻中的一种境界,一种不可或缺的美。

3. 换位思考

天下没有十全十美的男女,相处久了,连上帝身上也能挑出毛病。在许多童话故事中经常可以看到这样的情节:公主和王子相恋了，然后结了婚，接下来是"从此以后，就过着幸福快乐的生活"了。然而，现实生活并非如此，现实生活中，我们的家庭是需要经营的，而且需要用心地经营，否则便没有幸福可言。夫妻关系是一个家庭的基础关系，也可以称得上是家庭关系中最微妙也最难处理的一种关系。两个原本陌生、没有任何渊源的人，只因情投意合，共同构筑了一个家庭的城堡，心甘情愿地将自己禁锢在了围城之内。可是，两个人毕竟来自不同的环境，拥有不同的背景，要长期地共同生活在一起，自然会产生许多摩擦与碰撞，引起各种矛盾与冲突。

所以，夫妻间有一段不合拍的过程是正常的，为生活琐事拌几句嘴、小打小闹是不可避免的。这时应该学会忍耐，不要互相埋怨、数落对方的不是。发生冲突和摩擦时，要学会彼此谅解，设身处地地为对方着想，避免自己在情绪恶劣的状态下做出伤害对方的事情来，回头想想只不过是无所谓对与错的小事情而已，本没有必要大动干戈。

编者手记

用心去面对平淡的婚姻，激情固然重要，但激情过后就是平淡的生活。在婚姻生活中，重要的是我们要用心地去经营，用艺术的眼光去欣赏对方，而不是用雕刻刀去雕刻对方，如此，才有幸福可言。

忠告3：学会选择婚姻

婚姻大事不可轻率对待。

——洛克菲勒

1901年10月9日，是一个特殊的日子，媒体报道那是美国最强大的两个家庭的联姻：约翰·D.洛克菲勒的儿子、继承人与美国国会多数党领袖、共和党人纳尔逊·奥尔德里奇的女儿。这两大家族的联姻无疑是强上加强，是一项重要的投资，但是人生最重要的投资远不是这些，这虽然是联姻，但他们是建立在彼此相爱的情况下的。

小洛克菲勒第一次见到他的妻子就迷上了她，可是小洛克菲勒在很长一段时间里都没能下决心向她求婚。他总觉得自己配不上她，他当他最后终于向参议员请求要娶他的女儿时，他那焦急之情表露无遗，他不断地解释自己的经济前景，显然急于证明自己与她十分般配。参议员忍俊不禁地打断他的话说："我唯一感兴趣的是什么能让我的女儿幸福。"小洛克菲勒的确做到了让妻子幸福。

当你要选择一个终身伴侣时，绝对没有人要做错误的选择，但很多人在选择伴侣时犯了严重的错误。当你问很多订婚的情侣们为什么要结婚时，他们一定会回答说："我们相爱啊！"这是人们在约会阶段所犯的第一个错误。选择终身伴侣绝对不可只以爱为基础，这也许听起来不太正确，但其中有深奥的道理存在。

洛克菲勒认为，爱，不是结婚的唯一基础，但它是一个好婚姻的结果。你不可以只用爱来营造一个终身的关系，你需要更多。如果你有心要寻找并拥有一个终身的伴侣，这里有五个问题要问你自己：

问题一：我们有共同的生活目标吗？

如果你已结婚20或30年，那是一段和另一个人生活了很长的时间。你们计划如何过这段时间呢？一起吃饭、跑步？你必须和对方分享更有意义的事情，你们必须有共同的生活目标。在一个婚姻里有两种情形会发生：你们可以一起成长，或者各自成长。百分之五十的人是各自成长的。要使婚姻成功，你必须知道在生活底线上，你要的是什么，然后嫁（或娶）一个和你一样的人。

问题二：和这个人分享我的感觉与思想时，觉得安全吗？

这个问题和你们关系的品质有关，"觉得安全"意思是说你能开诚布公地和这个人沟通。良好的沟通基础是信任，确定你要结婚的对象是你在情感上觉得很安全的人。

问题三：他是个值得敬佩、很特别的人吗？

这个问题的意思是：他是个高贵而敏感的人吗？你怎么测试他呢？他是否以一般的基础作为个人成长的方法？他是否认真地改善自己？他如何利用他的时间？基本上这个世界有两种人：一种是致力于个人成长的人，另一种则是寻求舒适生活的人。那种将舒适的生活列为目标的人，会把个人的享受摆在第一位。在与他走上红地毯以前，你必须知道这点。

问题四：他如何对待其他人？

促进人际关系最重要的是给予的能力。所谓的给予，是使他人快乐的能力。看看这个人是否喜欢给予，想想看，他对那些他不需要对他们好的人是怎样的情形？例如，侍者、公车司机、清洁夫等。他如何对待父母和兄弟姐妹？他懂得感激吗？如果他对那个给他所有东西的人都不懂得感激，不要期望他会感激你。这样的人不会是懂得爱人的，你可以很确定如果他对别人不好，对你也不会好的。

问题五：婚后我是否希望改变这个人？

有太多人犯了这个错误，就是希望在婚后"改善"他的配偶。你如果你无法完全接受他现在的样子，你就还没有准备好要结婚。总结来说，约会阶段不应该是困难危险的，症结是你要多用点头脑。当你约会时应尽可能地客观，要问一些对整个事情有帮助的问题。

洛克菲勒是商场上的佼佼者，然而在婚姻上他认为，婚姻就好比在买股票，面对千千万万只股票，买好了婚姻这只股票，就好似为你的"钱"途铺路，家和万事兴，有了好的家庭婚姻关系，你才能安心地投入自己的工作、事业中，背后才会有一个坚实的肩膀鼓励、支持你。让你无论什么时候都不怕，都感觉有希望。如果买错了婚姻这只股票，你的人生不仅没有爱情，没有幸福，甚至连自己的工作和事业都会受牵连。那么，什么样的婚姻股你必须警惕呢?

1. 花心的股

一个花心的人,绝不会甘心为一棵树而放弃整片森林,所以,别指望他会在和你结婚之后修身养性,从此只对你一个人专情。一个花心惯了的人,总是会情不自禁地被不同的异性吸引,这样的人成为结婚的对象,你会感觉很累。

2. 心理阴暗的股

这类人说话假仁假义,从外表看去并不觉得他有多大不妥,其实他为人残忍,不宽容,为达目的,可以使用卑劣手段而不以为耻。与这类人共同生活,会感到生活阴森可怕,危机四伏,心中蒙上阴影,终生无法抹去。

3. 狂妄自大的股

狂妄自大的人总是傲气十足、盛气凌人。这类人虽然看似优秀,骨子里却是一个不负责任的人。在现实生活中,他们往往高不成低不就,做不出任何成绩,诉说自己如何怀才不遇,如何壮志难酬。

4. 酗酒赌博的股

这类人自制力甚差,缺乏理智,容易被他人或环境摆布。他们对爱人自然缺少温存,在干他们喜欢的事时,会全然忘记爱人的存在。这类人往往易怒、好胜,爱用强制手段支配他人。做这类人的爱人,往往不但感受不到爱,而且还会受辱,令人难过。

5. 占有欲太强的股

当一个人对你说他因为太爱你所以不能忍受你和其他异性说话的时候,千万不要被他的深情打动。如果你与这样的人结婚,就等于亲手把自己送进一座无形的监牢,你的一举一动他都要过问。

所以,一个人在选择婚姻的时候,一定要擦亮眼睛,选好自己婚姻的股票。爱情是一种命运,而婚姻却是你可以选择的。不要因为爱情就忘记了一切。

面对自己的婚姻，每一个人都希望它美满、幸福。可我们婚后的日子往往在互相的指责和抱怨中度过，这样的抱怨又有什么意义呢？其实，仔细想想你的生活，其实并不是很糟糕，只是你的欲望太多，期望太多，所以常常抱怨。生活是自己的，面对的人也不是别人，是要拉着自己的手走一辈子的人，我们一定要擦亮眼睛，选对跟自己走一生的人。

忠告 4： 营造良好的家庭氛围

与诚实和慈悲心同样，不正直多半是由家庭开始的。最初形成孩子性格的是父母，不是别人。

——洛克菲勒

洛克菲勒曾说，父母酷爱打麻将，却让孩子好好学习；父母从来不看书，却要求孩子当个作家；父母消极厌世，却让孩子积极乐观。没有一个好的氛围，孩子怎么能向父母要求的方向发展？

洛克菲勒曾给约翰讲了这样一个故事：

在一所动物学校里，有只小袋鼠是学校里最坏的一个学生：它经常会把吐有唾沫的小纸团在教室里扔来扔去，把图钉放在老师的椅子上，把胶水倒在门把手上，还在厕所里放鞭炮。气愤的校长决定要去家访。

校长来到了袋鼠家，袋鼠先生客气地给它让座。

谁知，校长刚坐下去就"哎哟"一声跳了起来，说："椅子上有颗图钉！"

"对，我就喜欢把图钉放在椅子上。"袋鼠先生说。

"嗖"，一个沾有唾沫的小纸团正好打在校长的头上。

袋鼠太太走过了说："请您原谅，没办法，我就是喜欢扔东西玩。"

这时，一声巨响又传来。校长被吓了一跳。

"别怕，先生。那响声是洗漱台上的鞭炮声，我们就是喜欢听这样的声音。"袋鼠太太又说。

校长听后，赶紧起身准备离开，可他的手又被粘在了门把手上。

"我们家里每个门把手上都有胶水，用力拉就行了。"袋鼠太太说。

终于，校长把手拉了下来，急忙跑出了房间，头也不回地走了。

"这人怎么一句话没说就走了。"袋鼠先生说。

"别在意，可能是他另有约会。晚饭好了，开始吃饭吧。"袋鼠太太说。

于是，袋鼠一家人便高高兴兴地吃起了晚饭。

虽然只是一则寓言，但从中可以看出，一个孩子的行为是受其父母及家庭环境影响的。洛克菲勒就特别注意这方面。在洛克菲勒的家庭里，父母都会为孩子创建好一个教育环境。因为他们懂得教育环境的重要性。

一般来说，家庭气氛是两种环境关系的产物——家庭物质环境和家庭心理环境。

在洛克菲勒看来，家庭气氛是家庭教育中发挥重要作用的一个因素。所以，洛克菲勒总是竭尽全力给孩子营造出和谐、温馨的家庭氛围。

洛克菲勒不但给孩子爱的感觉，还给予孩子智力方面的熏陶。为了创造良好的家庭心理环境，他们夫妻相亲相爱，与子女关系融洽。比如，他不会当着孩子的面吵架，家庭成员之间关系不能紧张，要相互信任和体贴，以防给孩子精神上带来苦闷。为了创造家庭中良好的智力气氛，他本身要对知识具有巨大的兴趣和追求，给孩子的健康成长产生无形的巨大力量。有时也利用邻居、亲戚、朋友及请家教等外部环境的智力气氛来改变家庭智力气氛。

在洛克菲勒的眼里，家庭教育环境直接影响到孩子的成长与学习，每个家长都应该为孩子创造一个良好的教育环境，不要让环境影响到孩子的成长。

不难看出，在一个家庭中，家庭氛围是塑造孩子性格的重要一环，家庭环境对孩子的成长是多么重要，而决定这种环境氛围和习惯的正是孩子的父母。

孩子如果生活在某种氛围中，就会受到那种氛围的影响，天长日久，耳濡目染，就会塑造出某种气质。所以，作为家长，本着对孩子终生负责的态度，要注重营造良好的家庭环境氛围，教育孩子形成开朗的个性。一个乐观、开朗、热情、勇敢的家长造就的可能就是一个在工作中总给人生龙活虎的感觉的孩子；而一个沉默、内向、孤独、胆怯的家长，培养的孩子在工作中可能会给人一种畏畏缩缩的感觉。

孩子良好的个性多是需要父母用爱去塑造的：鼓励、赞扬、肯定、支持，会让孩子充满自信；批评、指责、打骂、否定，只会让孩子变得无所适从。正所谓，有什么样的父母，必会有什么样的孩子。在每一个家庭中，父母的一言一行、一举一动无一不在以身示范，也无时无刻不在潜移默化地影响着孩子。有时可以这么说，父母的正确言行，可以引导孩子走向成功；同样地，错误的言行，也必然会使孩子走向另一个反面，甚至是万丈深渊。每个人的言行，不管是好的，还是坏的，是对或是错，都是通过学习而得来的；而在家庭里，父母是孩子们学习的最好样板。

当你和孩子相处不愉快时，仔细想想是不是哪儿出现了问题。对于一个刚出生的孩子来说，他们不具备分辨是非的能力，也没有对错的价值和道德观念，他们思想中的价值观念的形成，有80%都是受父母的言行所影响。所以说，每一位家长的态度和言行都决定着孩子们以后的个性与观念。父母的变化会影响孩子的变化。有时孩子身上所表现出来的毛病，恰恰都是受父母影响所形成的，或是说，都是因为父母自身不良影响所致的。

可见家庭环境与父母对于孩子的影响是多么重要，洛克菲勒深知这一点，所以在教育孩子方面他营造良好的家庭氛围，使孩子健康成长，这也是洛克菲勒家族经久不衰的原因之一。

编者手记

爱尔维修曾经说过："人刚生下来时都一样，仅仅由于环境，特别是幼小时期所处环境的不同，有的人可能成为天才或英才，有的人则变成凡夫俗子甚至蠢材。即使是普通的孩子，只要教育得法，也会成为不平凡的人。"这其实就在告诉我们：家教环境的好坏将直接影响到孩子，因此每个家长都应该特别注意对孩子的家庭教育环境。

身教效果远远大于言传，其实孩子的心灵本来是一个没有杂质的净地，没有谎言，没有欺骗，一切都可以直来直去，他们的行为都是基于想满足自己一个单纯需要所导致的。如果父母不注意给孩子营造良好的家庭氛围，就会让孩子的心灵沾染到杂质，这对于他们的成长很不利。

所以，为了孩子的成长，为孩子营造一个良好的家庭氛围吧！

第二章

智慧高于一切

忠告5：智慧是一切品质的统帅

只要活着，智慧就永远跟着你。

——洛克菲勒

洛克菲勒曾经对他的子女们说："在我最贫困的时候，我唯一的财富就是智慧，当别人说一加一等于二的时候，我会想到那大于二。"这或许正是洛克菲勒能取得如此成就的秘诀。

洛克菲勒家的子女们都曾回答过父亲这样的问题："假如有一天，你住的房子着火了，顷刻间所有东西都会化为灰烬，那么你将带着什么东西逃命？"孩子们年少无知，自然会想到钱这个好东西，因为没有钱就没有好吃的、好玩的。女孩子们常常会叽叽喳喳地说要带着钻石、珠宝等财物逃跑。可是这些显然都不是洛克菲勒要的答案。他会问："有一种东西比你们所说的宝石、金钱更宝贵，你们猜猜是什么？""孩子们，你要带走的不是钱，也不是钻石，而是智慧。因为智慧是任何人都抢不走的。你只要活着，智慧就永远跟着你。"

在精明的洛克菲勒眼中，任何东西都是有价的，都能失而复得，只有智慧才是人生无价的财富，它引导人通向成功，而且永不会贫穷。

真理永远只在你的内心中，智慧也在于你的心中，外界的事物并不能真的左右你的信念。洛克菲勒告诉人们："要忠实于自己的灵魂，你能听到你灵魂发出的声音。这条路是正确的，沿着它坚定地走下去吧！"

在现实生活中，放着直路不走，走弯路，无疑是个十足的傻瓜蛋儿。然而，在漫漫人生中，两点间的最短距离往往不是直线，而是曲线。军事战争中最难处理的是把迂回的弯路当成直路，把灾祸变成对自己有利的形势。也就是说，在与敌的争战中迂回绕路前进，往往可以在比敌方出发晚的情况下，先于敌方达到目标。

学者、哲学家的智慧或许也可以称作智慧，但不是真正的智慧。在金钱的面前俯首帖耳的智慧，是不可能比金钱重要的。相反，一些人没有学者之类的智慧，但他却能驾驭金钱，却有聚敛金钱的智慧，却有通过金钱去役使学者智慧的智慧。这才是真正的智慧。

不过，这样一来，金钱又成了智慧的尺度，金钱又变得比智慧更为重要了。其实，两者并不矛盾，活的钱即能不断生利的钱，比死的智慧即不能生钱的智慧重要；但活的智慧即能够生钱的智慧，则比死的钱即单纯的财富——不能生钱的钱——重要。那么，活的智慧与活的钱相比哪一样重要呢？我们都只能得出一个回答：智慧只有化入金钱之中，才是活的智慧；钱只有化入智慧之后，才是活的钱。活的智慧和活的钱难分伯仲，因为它们本来就是一回事。它们同样都是智慧与钱的圆满结合。

一个人如果能够倾听内心发出的声音，那么所有的事情都会被赋予新的意义。我们自身也便能够在这种种意义的实现过程中达到智者的境界，我们将有能力摒弃对所有事物外表的关注，而是拂去表面的尘埃，关注更加本质的内核。

　　相信自己的智慧，因为你所有的慧根都凝聚其中，所以不要继续执着地向外界索取智慧，去寻找真正的智慧。只有从你的内心散发出来的那些还闪着金色光芒的羽毛，才凝结着世界上最伟大的智慧——世界上任何一位伟人告诉你的真理，都远远不及它们的作用，因为别人的经验无法取代你内心的需要。

忠告6：堂堂正正地保持精明

　　对于撒谎者最大的惩罚，就是当他说真话时也没人相信。

　　　　　　　　　　　　　　　　　　　　——洛克菲勒

　　"铁算盘"是人们对那些在经济问题上善于精打细算的人的一种称谓。在经商的过程中，"铁算盘"是事业成功的保证，亿万富豪洛克菲勒在很大程度上就是靠"铁算盘"成功的。

　　洛克菲勒的父亲是一个精明的商人，从小就给儿子灌输生意经。他教会儿子如何写商业文书，如何清晰地记账，如何准确而迅速地收付款。在父亲的熏陶下，洛克菲勒从小就养成了打"铁算盘"的习惯。7岁那年，他就自作主张做起了生意。他有一个存钱柜，已存下了省吃俭用积攒下来的零钱，他很想将存钱柜装得更满一些，时时打着赚钱的主意。

　　洛克菲勒是犹太人，犹太人的精明，世人皆知。

　　世界各民族中不乏精明之人，尤其是商人，然而，比较而言，犹太人更为突出，犹太人不仅极力欣赏和推崇精明，而且总能在商务活动中把精明发挥到极致。在犹太人的心目中，精明好比一种自在之物，时时刻刻都能收到实效。洛克菲勒继承了犹太人的优秀传统。

　　有一个叫菲勒的犹太人，活了77岁，弥留之际，他让秘书在报纸上登了一条消息，说他将要去天堂，愿意给逝去亲人的人带口信，条件是每人收费 100 美元。

这样一条看似荒唐的消息，却引起了很多人的好奇心，结果他赚了 10 万美元。假如他能在病床上多坚持几天，也许会赚得更多些。

他的遗嘱也很特别。他嘱咐秘书再登一则广告，说他是一位非常礼貌的绅士，愿意寻找一位有教养的女士共居一个墓穴。结果，真有一位贵妇人愿意出 10 万美元和他合葬。

这就是犹太人，即使是在生命的最后时刻也不放过任何可以赚钱的机会。洛克菲勒也如此。在他事业顶峰的时候，他拼命地挣钱，他挣钱的资本就是精明。

洛克菲勒的精明看起来很神奇，其实说开了，不过是换个角度思考问题而已。一个事物总是有其两面性，我们经常看到的不过是其中的一个方面，忽略了另一个方面。如果多从别人经常忽略的地方看问题，不要拘束在大家惯性思维的旧套路里面，往往就有出其不意的想法。

他理直气壮地告诉大家：精明就要堂堂正正，这没有什么错误，一些民族的人经常对精明的人怀有敌意，认为他们是不好对付的人，其实只是因为他的心志不如别人聪明，由佩服别人的机智转为敬畏别人精明。

精明既没有违反法律，也不会妨碍自己的道德。洛克菲勒只是用很巧妙的办法，解决了别人看起来很困难的事情，而这种精明是大家所接受的，大家也很欢迎这样的精明，这就是犹太人的精明。他们明明白白地告诉顾客"我要赚钱"，他们让别人清清楚楚地看着他们怎样赚钱。

然而这种精明不可投机取巧，而是有一定的原则的。有很多人遇到问题的时候，喜欢投机取巧、耍小聪明偷懒，明明可以做得更完善的事情却不去做，总认为差不多就行了；明明是自己的责任，却推卸给别人或设法掩盖。一个人的素质和能力往往体现在工作的细节上，自认为头脑灵活而沾沾自喜，却不知这会影响自己的前程。想成功，想要真正地解决问题，唯有诚信、负责、创新、积极进取等大智慧可取。

洛克菲勒的成功都是靠着自己的本事，并不是一些小聪明，而是大智慧。洛克菲勒认为，人生最忌讳的是耍小聪明。小聪明易被聪明误，小聪明得小利，大智慧得大益。有大智慧，才有大美丽、大人生。聪明人未必就是一个高效能的成功者，再聪明的人，要是缺乏好的思路，也容易和成功失之交臂。只有那些能够充分调动自己的智慧，懂得思考问题的人才能成为出色的高效能人士。因为如果思路不对的话，再聪明也是徒劳，因为此时他脑筋转得越快，往往失败得越快。

当今世界，对于想取得成功的人来说，已经不仅仅需要个人的努力，还需要知识的高度集结。因此，你越是善于从群体中求知，越是不断地开拓新的求知领域，你的智能结构就越完美，越富有应变能力，进而越能够应付社会发展和科学技术的发展。

那些真正做大生意、赚大钱的人大都是利用别人的智慧赢得财富的。借助别人的智慧来为自己办好事情，也是堂堂正正的精明，不需要什么事情都亲自去做。你只需要比别人知道的多一些，看到的问题多一些，然后安排人来解决这些问题。简而言之，不需要你亲自动手的就放手让别人去做。

精明的人善于用人。也许你可以凭借自己的勤奋和聪明才智获得一定的财富，但是如果能把自己和别人的想象力、智慧完美地结合起来，那不是更完美吗？这就是洛克菲勒的智慧。放弃可以借用的头脑和智慧，恰好证明自己没有头脑和智慧。聪明的人善于从别人身上吸取智慧的营养补充自己。从别人那里借用智慧，比从别人那里获得金钱更为划算。

编者手记

不要小聪明，但不要拒绝大智慧。耍小聪明、投机取巧，对自己是有害的。善用大智慧的人，前途才会充满光明，而一种好的思维方式就是引领你走向成功的快捷之路，变问题猎物为问题猎手。

忠告7：重视教育，更要重视家庭教育

一个不重视教育的民族是没有前途的民族。

——洛克菲勒

在洛克菲勒看来，学者的地位高于国王，教师甚至比父亲更重要……看似不可思议，但原因很简单，那就是因为他们极其重视学习。学习，是洛克菲勒家族成功的第一黄金定律；学习，是洛克菲勒家族智慧强大的最重要秘密！

在儿子对大学的选择方面，小洛克菲勒有意避免向任何一个儿子说明自己的倾向性，因为他相信这应当是他自己独立的选择，拒绝以任何形式来影响他的决定。结果，多少有些让小洛克菲勒失望，因为儿子们没有一个人进了小洛克菲勒的母校——布朗大学。在另一方面，小洛克菲勒的妻子希望儿子当中有一个人能念哈佛。她最喜欢的兄弟——温斯罗普·奥尔德里奇——就毕业于哈佛，希望自己有人会沿着他的足迹走。可见洛克菲勒家族对于孩子的教育是很重视的。

所谓有果必有因，很多家长，总是在无形中向孩子传递"知识无用"的观点，这样又怎么能要求孩子"争气"呢？相反，小洛克菲勒的态度和做法就很值得借鉴！他常给孩子们灌输教育的重要性，所以他给孩子们提供很多关于教育的名言。

为了教育孩子爱读书，洛克菲勒家族重视学习还表现在很多方面，比如洛克菲勒认为求知永无止境，比如洛克菲勒教育孩子要爱护书籍，他们从不焚烧书籍。还有一个重要的一点就是，洛克菲勒非常重视家庭教育。

洛克菲勒认为，家庭是塑造一个人的第一所而且也是最重要的一所学校。正是在家庭中，每一个人受到他最好的或者是最坏的道德熏陶，因为正是在家庭中他接受了贯穿其一生、直到生命结束才会放弃的行为准则。

家庭是所有学校中最重要的学校，家庭通过塑造人从而塑造了人类文明。家庭教育程度的高低决定了社会文明程度的高低，诚实、善良、勤劳、温和、谦恭、整洁、明智、责任感、深谋远虑、自我克制、富有同情心，以及其他一切的高贵品质，邪恶、专横、愚蠢、无知、不忠、放纵、奢侈、懒惰、缺乏仁慈之心，以及其他一切恶劣的品质，都是在家庭中造成的。家庭是一切幸福与不幸的根源，是一切美德与恶行的根源。

　　无法否认，洛克菲勒家族的辉煌与这种教育方式是分不开的。家庭是构成社会的细胞。如果家庭的气氛是积极健康、充满爱心、和谐美满的，那么国家也往往有进步的要求，充满人道关怀。如果家庭深谋远虑、管理有方，那么国家也往往能够有很好的规划，道路、公共事业、社会秩序往往就井然有序。

　　孩子一到人间所最先感受到的人际关系是父母亲的关系，如果父亲与母亲以礼相待，充满温情，互有责任心，那么这样的家庭环境造就的孩子对待别人也往往是友善、温和、仁慈的。这样的孩子首先学到的是人与人的良好合作，体会这种合作所能带来的巨大价值。充满恩爱气氛的家庭是造就积极合作者的摇篮。

　　洛克菲勒认为，在一个人的儿童时期，他的心灵大门是敞开的，他时刻准备接纳新鲜的事物，他的接受能力与记忆能力都很强。

　　比如，我们在很小时候经历的事情到今天可能还历历在目，我们在幼儿园学到的儿歌在今天唱来仍然是那么亲切。所以，每个人小时候接受的东西，会成为他一生的礼物，一直伴随一个人到老。对于任何一个人来说，在他的童年生活中第一次出现的事情也往往会影响其一生，比如，第一次喜悦、第一次悲伤、第一次成功、第一次失败、第一次打架、第一次受到委屈，等等，都构成了他这一生的生活背景，都对他的性格产生重要的影响。所以，童年的性格构成了我们性格的核心，虽然人在日后的发展中，具有一定的自我调节、自我发展的能力，对周围的环境也具有相对的独立性，对周围的生活具有一定的适应能力，但这种调整都是有限的，即使到了一个完全陌生的环境，我们也很难从童年时代已有的性格模型中超越出来。而那些根深蒂固、最重要的性格特征也往往扎根于我们的童年、我们在家庭中的经历。正是在童年时代的家庭生活中，我们第一次体会到了能决定我们一生品格的情感：美与丑，善与恶。

编者手记

　　教育可以影响人的一生。如果一个人成长在一个充满爱心和责任感的家庭，成长在一个日常生活中表现出美德的家庭，那么他的智力和心灵就能得到正确的引导，他也很可能会成为健康、有所作为、乐观向上的孩子。他就能获得成功的力量，走上一条正直、自制和乐于助人的道路。

忠告8： 智者比国王还伟大

　　才华并不等于能力，知识并不等于智慧，再高的才华也需要俯首在岗位的磨石上进行全力打磨，再丰富的知识也需要在工作中把理论转化为实践，成为真正属于自己的财富。

——洛克菲勒

　　什么是智慧，智慧是人的智力劳动成果。智慧贯穿于人生的始终，智慧为我们提供正确的思考方法，告诉我们以什么为发展动力，以什么来指挥行动，告诉我们把握人生的要领。智慧的思想使人生在顺境时旗开得胜，逆境时柳暗花明。经营人生离不开人生智慧。

　　当美国历史上发生最激烈的罢工惨案时，小洛克菲勒几乎遭千人所指，受万人唾骂，但是在那场公关危机中，小洛克菲勒却由一个不起眼的小人物一举变为声震美国的大人物，并且赢得了罢工者的尊重和信服。这就是智慧的力量。

　　小洛克菲勒没有盲目地对工人实施镇压和威胁，他花了好几个星期结交朋友，并向罢工者代表发表谈话。他充满感情的谈话不但平息了众怒，还为自己赢得了不少赞赏。

假如小洛克菲勒在那种非常的场景下缺乏智慧，与工人们争吵不休，甚至大打出手。想想结果会如何？只会招惹更多的怨愤和暴行。只有冷静的人，才能够控制自己的情绪，才可以"终成正果"。

遇到难以解决的问题时，与其据理力争，还不如另辟蹊径、另谋良策，这样既能避免正面冲突，让事情不致陷入无可挽回的境地，又能打动对方的心，让他在不知不觉中改变自己原有的想法。这才是真正的上上之策。做事的方法有时比事情本身更加重要，在哈佛人看来，只要调动智慧，就一定可以将事情做得完满。

知识、经验与智慧的关系就像是生活与艺术的关系一样，艺术来源于生活又高于生活，智慧来源于知识和经验，却又高出于它们。特赖因常常将知识和经验比作我们储存在银行中的金钱，必要的时候可以用来购买智慧，但金钱能够买到的东西却永远填充不满人的欲望。智慧却像为你创造了无穷财富的神奇秘方，是取之不尽、用之不竭的宝藏。

但是在现实生活中，被知识和经验蒙蔽了双眼的却大有人在，其中所受到的束缚尤其严重的，往往却是那些知识渊博、经验丰富的人，一个真正想要一览智慧真相的人，首先要学会的便是放弃心中一切成见，将所有的知识和经验当作起步的基础，而不是唯一的跳板。他会像一个刚刚懂事的孩子一样，好奇地观望着世间的一切，用新鲜的目光打量，却做出最单纯的判断，只有如此，才不会被沉甸甸的偏见砸了自己的脚。你是否已经被书本上和前辈们灌输的那些条条框框所束缚了呢？如果你不确定，不妨看一看那些用智慧而非用知识思考的人怎样解决问题。

生活中，劣势与优势常常是可以相互转变的。如果找到巧妙的方法，劣势就可以变成优势。因此，虽然每个人都希望成功，但只有那些勇于开拓思路、积极寻找方法、谋得有利于发展的资源的人，才能有美好的人生。

当你身处劣势时，可以选择两种表现：一是一味抱怨。抱怨自己生不逢时，有才华却毫无用武之地；抱怨天公不作美，陷自己于困顿之中。二是积极行动。面对劣势，积极思考，用灵活的思维、巧妙的办法解决问题。与之相对应，两种表现也会产生两种截然不同的结果：一味抱怨的仍在抱怨，因为他仍旧身处劣势而没有丝毫变化；积极行动的则会开怀一笑，因为他已经用头脑与行动化解了困难，甚至将劣势转化为了优势。这就是智慧，它比国王还要伟大。

编者手记 ⋯⋯⋯⋯⋯⋯⋯⋯⋯⋯⋯⋯⋯⋯⋯⋯⋯

无数社会精英都败在自己对镌刻在头脑中的知识和经验的无原则信任，他们过于相信知识和经验的力量，结果却不能从初心出发，而错失了发现真相的时机。

追求真正的智慧，我们需要遵守这样一条法则：无论何时，一个人如果过于执着于已有的知识和经验而将自我封闭，就会失去所有接受真相的来源而把真相拒之门外，所以，尽信书不如无书，智慧为上。有时候，复杂的不是问题，而是看问题的眼睛。所以，面对问题时，要如抽丝剥茧般发挥智慧的能量，在找出真相的那一刻，你将会破茧成蝶。

第三章

学习没有止境和边界

忠告 9： **没有人是贫穷的，除非他没有知识**

教育投资不仅仅是经济上的投资，因为知识是特殊形式的资本，它往往起到放大其他资本（土地、货币）的作用。知识，包括脑的知识——学习，手的知识——技能，同时也就是他们投资的浓缩和凝固形式。

——洛克菲勒

洛克菲勒说："财富不是很重要的东西，早上腰缠万贯，晚上就可能一贫如洗，这几乎成了他们的家常便饭。金钱可以被抢走和剥夺，唯有知识和获得知识的愉悦才是一旦拥有就永远不会失去的东西。在他们看来，没有人是贫穷的，除非他没有知识，拥有知识就拥有了一切。"

一个人对知识的需要，就应该像需要空气一样。所以，一个人获取的知识越多，他同时获得的快乐就越多，成绩也会越大。

每一个达到高峰或快达高峰的一流人物都是积极的，他们所以积极，是因为他们定期地以良好、有力、积极的精神思想充实心灵。就像食物成为身体的营养一般，他们不忘每天为心灵提供精神食粮。他们知道如果能充实颈部以上的部分，就永远不愁填饱颈部以下的部分，甚至不必忧愁老年的财务问题。

洛克菲勒说："一个人必须找到自己的家，才不至于去流浪或沦为乞丐。首要的，即使你要出卖心灵，也要卖给自己。我们要接纳自己。我们必须清楚，人是上帝以自己的心意创造的，其地位仅次于天使。上帝不会设下有关年龄、教育、性别、胖瘦、肤色、高矮或其他任何表面上的限制，上帝也没有时间创造没用的人，更不会忽略每个人。其次我们要有积极的态度。"

洛克菲勒认为，不爱学习、不去主动获取知识的人，除了没有恒心和毅力之外，最重要的是，还失去了拥抱成功的机会，永远都无法主宰自己的命运。人的所有知识都是从学习中得来的。一个人从生下来，就开始了自己的学习历程。

洛克菲勒认为"孩子不可能永远接受学校教育，孩子长大了，就必须有自教自学的能力，才能不断丰富自己的学识"，所以犹太人鼓励自己的孩子自学成才。他们通常会使用下面这套自学方法来丰富自己的知识：

（1）从小养成了良好的自学习惯，在固定的时间和地点进行自学；

（2）根据自身情况，制定相应的学习任务和计划，然后大量阅读，以开阔视野，使知识日渐广博；

（3）广泛阅读，结合精读，精读的这部分内容要选取对自己有价值的领域，深入研究，使之真正转变为自己的知识；

（4）通过别人的头脑学习，在阅读时，发现难以理解的内容时，犹太人习惯将书借给周围有学识的人读，通过参考别人的读书心得，来对知识进行深化理解并吸收；

（5）多种形式、多种渠道自学，比如与人交谈等，这样可以在无形中增长自己的见识。

洛克菲勒独特的教子方法让他的家族一代又一代地传承下去。每一种知识最终都会因为过时而变成错误的知识。知识如同新闻一样，当你还沉湎于昨天的事件中时，那个事件已经成为历史。如同所有应付过时的策略一样，只能一直朝前看，任何渴望拥有创新知识的人都需要做好一件事情：请在高度警醒下不停地学习。

从古至今，我们面临的是一个不断完善发展变化的环境，从西方文明成果的引进到全球经济一体化，企业要与时俱进，就要面对提升核心竞争力的问题。而学习力、创新力、竞争力是新形势下企业竞争和发展的三大要素。一个企业最持久的竞争优势就是具备比竞争对手学习更快的能力，构建学习型企业，提高员工个人学习力、团体学习力，进而提高组织学习力。

在学习新知的过程中，不仅需要有端正的学习态度和坚持不懈的毅力，还要掌握有正确的学习方法。"授人以鱼，不如授人以渔。"学习知识重要的是掌握学习知识的方法。要科学地制订学习计划，勤奋刻苦，一步一个脚印循序渐进，决不好高骛远、急于求成，用开阔的视野去发现和思索，用实际行动去体验和实践。

编者手记

德鲁克说："知识是一种容易消亡的商品。它自始至终必须重新确立自己，重新学习、重新实践，让你们必须连续不断地做出努力，去重新夺取自己特定的优势。"

知识仅次于美德，它可以使人真正地、实实在在地胜过他人。没有知识，就失去了拥有成功的机会，永远都无法主宰自己的命运。

忠告 10：做好的榜样，与孩子共同成长

孩子，要听你父亲的教诲，不可背弃你母亲的教导。

——洛克菲勒

很多人一边抽着烟、喝着酒，一边却告诉孩子抽烟喝酒不好；很多人一边打麻将、钓鱼，一边让孩子好好读书；很多人批评老师、批评学校，却让孩子见了老师问声好……什么花结什么果，什么行为、什么教育将教出什么样的孩子。所以，不要总希

望孩子成为什么样，只有你先作为榜样，你的孩子才能成为镜中的另一个你！洛克菲勒就以身作则，用自己教育孩子。

极强的商业意识和经营头脑让洛克菲勒成为世界上第一个亿万巨富，而这一切无不得益于父亲从始至终对他的灌输和影响。正是因为父亲就是一个商业意识极强的人，才有了影响洛克菲勒的可能；正因为父亲自始至终的鼓励和引导，才有了洛克菲勒的成功。这里并不是要求每一个父母都像洛克菲勒的父亲一样，让孩子辍学，及早进入商界，真正值得我们借鉴的是这样一种耳濡目染的作用。如果想让我们的孩子变得优秀，变得爱学习，那我们首先就应该给孩子做个榜样。

洛克菲勒认为，孩子是站在自己的肩膀上成长的，父母的高度决定了孩子未来的高度；自己能走多远，孩子才能走多远。父母是孩子最好的老师，只有通过自己的人格力量才能获得孩子的钦佩和敬爱，才能让孩子在自己的教育中成为未来社会的精英。

有位名人说过，无论什么教育，教育人（即教育者）要将自身做个样子给孩子看，不能以为只凭一张嘴，随便说个道理，孩子就会信的。尤其是在家里，"做父母的，一天到晚同儿女在一起，一举一动，儿女都把你监管着。比如教儿女不要吸烟，父亲就不能吸烟，如果父亲吸了烟，不但叫孩子疑心，还会让孩子从此不信任父母的话，看不起父母，做出不服父母、不孝父母的事"。

因此，他要求做父母，"要禁止儿女不要做哪件事，自己先不要去做；要教儿女做哪样事，要自己先去做"。

常言道，富不过三代。然而洛克菲勒家族已经辉煌了6代，这不仅仅是一种奇迹，更是洛克菲勒家族重视对于孩子的教育。

苏联教育学家马卡连柯曾经告诫父母："你们自身的行为在教育上具有决定意义。不要认为只有你们同儿童谈话，或教导儿童、吩咐儿童的时候，才是在教育儿童。在你们生活的每一瞬间，甚至当你们不在家的时候，都在教育着孩子。你们怎样穿衣服，怎样跟别人谈话，怎样谈论别人，你们怎样表示欢迎和不快，怎样对待朋友和敌人，怎样笑，怎样读报——所有这些对孩子都有很大的意义。"

所以说在孩子面前，父母是活的教科书。孩子犹如一张白纸，在他们幼小的心灵里，你灌输什么就会留下什么样的印记。

在这个世界上，孩子通过模仿而学习，他们的第一个模仿对象正是父母。孩子是父母的一面镜子，每个父母都可以从孩子身上看到自己的影子。因此，家长要求孩子相信的，自己必须相信；要求孩子做到的，自己必须身体力行；要求孩子全面发展，自己先要活到老、学到老；要求孩子少年早立志，自己的人生不能没有奋斗目标。

所以，洛克菲勒认为，以自身为榜样，与孩子共同成长，才是教育之根本。

在洛克菲勒的眼里，父母跟孩子之间的相处本来就是一个学习成长的过程。父母是孩子的第一任老师，除了对孩子言传身教，更要掌握教育孩子的多种方式方法。教育孩子的过程其实也是父母不断提高自身素质的过程。

洛克菲勒提倡父母与孩子一起成长这一教育方式，这样能使父母更加自觉地关注与直接地介入孩子的成长，不是把孩子的教育仅仅看成是学校的事情。希望让孩子拥有幸福快乐的生活方式，希望父母与孩子一起共读共写。因为只有这样，父母与孩子才会避免成为"生活在同一个房间的陌生人"。

父母是孩子榜样，孩子也以父母的行为作为成长的样本。在一起成长的路上，如果父母不爱学习，想让孩子爱学习、会学习，几乎是空想。想教出爱学习的孩子，父母首先要表现出对知识、对学习的爱好和渴望。除了辅导孩子功课，父母也应在工作、业务上多充电。父母不光看电视，也要看一些报纸书籍，多去图书馆、博物馆，不仅仅是陪孩子去。两代人互相学习、共同成长，是新世纪教育观念的重大变革，是家庭教育和学校教育走出误区的重要途径，也是化"代沟"为"桥梁"的幸福之路。

一个人在小时候总会情不自禁地模仿所看到的一切，仿佛一切东西都是孩子的榜样：父母的行为方式，人们的体态姿势，一个地方的语言与习惯，周围人的品格与道德观等。对于小孩子来讲，他们获取知识的主要渠道是眼睛和耳朵。不管他们看到什么，听到什么，都会进入他那幼小的心灵，他都会在不知不觉中模仿。慢慢地我们发现，这些小孩子与他们周围人的行为模式、说话的语气、思想性格开始接近，甚至变得一模一样了。在这些影响中，家庭的影响、父母的影响是最为重要的。

有位名人说的好："榜样的力量在于行动，行动比语言更能说服人、教育人、启示人。行动就是力量。与空洞的说教不同，榜样无时无刻不在影响一个人，鼓舞一个人，它给人一种潜移默化的影响，久而久之，成为习惯。一个人一旦在榜样的影响下形成了良好的习惯就能受益终生。一万个空洞的说教还不如一个实际的行动。"这也正是洛克菲勒育子的理念。

如果父母是勤劳、节俭、善良、有雄心壮志的，那么孩子自然也会养成勤劳、节俭、善良、有进取心等优良的品质；如果父母是懒惰、恣意挥霍、邪恶、堕落的人，那么孩子从他们身上自然也学不到什么好的品质，他们也会养成懒惰、邪恶的品质。因此，在小孩的模仿过程中，榜样是至关重要的。

编者手记

我们很难想象，一位终日喝酒、打牌的父亲，或一位每天把大量时间花在穿戴打扮、逛商场上的母亲能给孩子做出勤奋学习的榜样；我们也很难想象，一对连自己老人都不愿赡养的父母能教会孩子关心和爱；我们同样很难想象，整天琢磨怎样占人便宜的父母能培养出孩子健全的社会属性。为了孩子检点自己的言行吧，为了孩子提高自身的修养，为了孩子以更加积极的态度对待生活，为了孩子努力去拓展自己有价值的人生，让孩子在自己身边学会做人，父母必须先修正自身，给孩子一个良好的榜样。

因此，作为家长我们必须谨记：父母是孩子最好的老师，父母是孩子最好的榜样。

忠告11: 书籍是人类的精神食粮

事实上，精神食粮随处可得，例如书籍就是一个很好的途径。由伟大的心灵撞击而写成的书籍，没有一本不是洗涤并充实我们心灵的食粮，它们早已为后人指明了方向，而我们可以任意挑选其中我们想要的。伟大的书籍就是伟大的智慧树，是伟大的心灵之树，我们将在其中得以重塑。让我们学会既聪明又谦逊，既谦逊又聪明吧。

——洛克菲勒

洛克菲勒说："书籍可以把我们引入到一个神奇、美妙的世界，使我们的生活更加丰富多彩、乐趣无穷。同时，还可以使我们从书中获得人生的经验。因为人生短暂，不可能事事都去亲身体验，书中的间接经验，将有效地补充个人经历的不足，增添生活的感受。"

他还说："当然，我们不能读那些文字商人的书，他们的书就像瘟疫一般，散布无耻的邪念、讹误的消息和自负的愚蠢，他们的书只配捧在那些浅薄、庸俗的人的手里。我们需要的是能给我们带来行动的信心与力量，能够将我们的人生推到另一个新高度，和引导我们行善的书。例如《奋力向前》，这是一部激荡我们灵魂、激发我们生命热情的伟大著作，我相信美国人民都将因它的问世而备受惠泽，并在它的指引下，以最积极的方式运用自身的力量，抵达梦想的生命之境。我甚至相信，谁错过读它的机会，谁就很可能错过伟大的人生。我希望我的子孙都能去读这本书，它能为所有的人开启幸福快乐之门。"

约翰年轻的时候读了不少书，想借此拓宽自己的视野。洛克菲勒知道后，非常高兴。

这一天，父子俩在书房里，洛克菲勒翻开一本书，陷入了回忆中并对约翰说："记得我商科刚毕业时，我希望去生活、学习、成长。我打点好行囊，带着惠特曼的诗、托马斯·活尔夫的小说《你再不能返家》以及爱默生的书《论自立》，踏上了西行的未知之路。"

"读书的量即使很多，但是大部分的人只会阅读小说，他们认为这样可以使人生得到宽慰；也有不少人感觉到阅读非虚构性作品是他们的工作，很奇怪我在阅读非虚构性的作品时，从未感觉到它除了轻松还有什么效果。"

洛克菲勒很深刻地回忆着："我进入商界以后，切实感受到了读书的重要性。接受教育是我们生活中最大的快乐和慰藉。它是我们了解这个世界的基础，也是我们跨越时空、了解探索人类思想感情的一条通道。

"要成为一个真正受过教育的人，你必须采取这种态度。你必须敞开心扉，去体会丰富多彩的日常生活——面对天地的运动、鸟儿的歌声，抒发自己的感情；跨越时空俯视他人的成败；欣赏能工巧匠、天真孩童的艺术创造。我们要学习的东西太多了，每天我们都有上千次的机会充实自己的心灵。"

洛克菲勒认为，读书是人成才的必由之路，是人走向成功的钥匙。读书使我们获得了知识，增强了素养，提升了气质。我们可以发现，有些成功人士并不一定受过良好的教育，他们之所以能成功，除了有远大的志向、坚强的性格外，往往就在于他们勤奋好学，热爱读书，不断地更新自己的知识，充实自己。

对于洛克菲勒而言，任何停止学习的人都已进入老年，无论在 20 岁还是 80 岁。坚持学习的人则永葆青春。你必须广泛地阅读书籍，因为那是一个人生活上不可欠缺的知识来源。要做到多读书，首先要培养喜欢阅读的习惯。这是一种潜移默化的影响，平时要养成阅读的好习惯。要带着问题读书。在我们读书过程中，应先抽出时间，看看我们要看的书，提一些问题写在纸上，让我们仔细阅读，然后回答问题，这样避免囫囵吞枣。

在我们看了一定量的名著后，我们可以看一些名作欣赏作品，看看别人对名著的评价是什么。跟别人一起聊聊，看过的书都说了些什么，有哪些特点，这样我们就会从读过的书中慢慢受益。

洛克菲勒认为，我们需要那些与我们的年龄、兴趣及能力相适宜的图书，我们也喜欢图书题材的丰富色彩。我们可以多接触不同方面的读物，如报纸、杂志乃至街头标语广告、商品包装，等等。通过这些文字读物让我们懂得：语言文字在我们生活中的每一方面都是非常重要的。

青少年正处在人生的黄金时期，正是长身体、学知识的大好时光。如果能够充分利用这段时光，多读书，多学习，那么我们的前程就会一片光明。

一个人，从一生下来就开始学习说话、学习走路、学习做事，学习一切。如果不读书、不学习，就不能成为一个有本领的人。歌德说得好："人不是靠他生来就拥有的一切，而是靠他从学习中所得到的一切来造就自己。"所以，我们青少年一定要珍惜自己拥有的这一段美好的光阴，多读书、多学习，为自己美好的明天而奋斗。

编者手记

今天，人们越来越清楚地认识到了阅读的巨大价值，阅读渐渐走进了每一个人的生活。阅读不再只是学生的事，而是每一个想改变命运、想获取成功的人必做的事情。因此，"充电"一度成为最时髦的概念。在各式各样的培训班和继续教育学校，都塞满了"充电"的学员。因为人们已经知道只有不断地读书学习，我们的修养才会一步步提高。

所以，要想让自己的人生丰富多彩，就有必要抓住少年的时光，多读书、多学习，为自己将来的成功打下良好的基础。

忠告 12：学习没有止境和边界

> 积累的知识越多，成功的希望就越大。
>
> ——洛克菲勒

学习是终生的事业，有人做出这样的结论：按一个人工作45年计算，他的知识大约只有20%是在学校获得的，而其余的80%是一生的其他时间获得的。因而，我们必须有终生学习的准备。"活到老，学到老"不再是少数人的美德，而是社会对每个成员的普遍要求。

学习如逆水行舟一样，不进则退。要成为有学问的人，贵在勤勉和持之以恒的努力，取得一点成就就沾沾自喜、满足现状，再聪明的人也难免会有江郎才尽的一天。

有一句格言："只因准备不足才导致失败。"这句话可以写在无数可怜失败者的墓碑上。有些人虽然肯努力、肯牺牲，但由于在知识和经验上准备不足，做事大费周折，始终达不到目的，实现不了成功的梦想。

很多孩子学习不懂方法，所以，即使他们费尽力气，最后还是难以取得成绩。作为犹太人的洛克菲勒看来，学习是一件讲究方法的事情，并不是凭着蛮劲就可以学好的，为此，他总结了犹太人很多独特的方法：

1. 注重对阅读的培养

婴儿六个月就已经开始熟悉声音，并对纸上的东西发生兴趣，尽管他们不懂内容，只要朗读给他们听，就能使他们熟悉并喜欢父母的声音，这也为日后的教育打下基础。研究表明，孩子喜欢听故事，即使是重复的故事。通过听故事或者自己阅读，孩子可以自由发挥想象力，阅读也有助于孩子好奇心和专注力的培养。这为孩子日后的发展都打下了良好的基础。

2. 投入学习法，把书印到大脑里

研究《塔木德》的学生，很多都是从早到晚一直学习的，他们经常捧着书，口中不住地读着什么。这种学习方法就是"投入学习法"。在学习的时候，可以动用全身的器官进行辅助。比起我们通常的做法，如用彩笔标出需要背诵部分，这样的学习方法更有效。因为我们的做法是为了应付考试而进行的有效背诵，考试结束了，记忆的东西就被忘了大半。而"投入式学习"不同，如前面所描述的，犹太人学习是将眼睛看、口读、耳朵听等各种方式综合起来，而不是单纯地阅读。阅读时，他们还采取吟读。此外，洛克菲勒还教育孩子抑扬顿挫地朗读，并按一定的节律左右摇摆。他们一边手拿课本，一边动用全身的各种器官，按照文章的意思，将自己完全投入。

3. 扮演老师，让学习突飞猛进

一项脑力测试表明：学生只能吸收教师在课堂上所讲内容的10%左右。如果一个学生自己阅读材料，那么其吸收率将急速提高到70%左右。如果学生再将所学的内容教给别人，无论他是扮演一个教师的角色，还是在合作性的学习环境下讲授，他将掌握有关内容的90%。犹太人熟知这一点，所以在家庭中，他们经常创造环境，鼓励孩子通过扮演老师来提高学习效果。如家长扮作学生，虚心向孩子请教各种问题，或者给孩子购买数个娃娃，让孩子给这些娃娃上课。渐渐地，有一天你会发现，孩子掌握的东西比你所掌握的还要多。此外，通过这样的一个方法，孩子也能变得自信，并能认识到自己的价值。

你可能有很高的地位，可能拥有很多的财富，具有渊博的知识，但是当你想要获得更大成功的时候，你一定要有一个学习的心态。只有学习的心态你才能快速成长，才能学到更多的成功方法。

洛克菲勒认为，要想成就一番事业，首先必须要有资本。资本在哪里？它就在你自己身上，只要你肯不断学习，充实自己的知识库，就能为自己的事业成功增加砝码。

在洛克菲勒的眼里，成功无止境，学习无绝期。成功的人生，应当像河流，无论经过哪里，流到何时，只有矢志不渝地不断吸纳，不断积累，不断准备，才能始终拥有汹涌澎湃的波涛，保持奔腾浩荡的气势。

如果你想事业有成，如果你想使自己的人生富有意义，那么就从现在开始，将终身学习作为你一生的护照吧！

在工作和生活中，我们只有不断地学习才能保证自己优秀的能力。任何一个人，即使在某一方面的造诣很深，也不能够说他已经彻底精通、彻底研究全了。"生命有限，知识无穷"，任何一门学问都是无穷无尽的海洋，都是无边无际的天空……所以，谁也不能够认为自己已经达到了最高境界而停步不前、趾高气扬。如果是那样的话，则必将很快被同行赶上，很快被后人超过，自己优秀的地位也会逐渐丧失。

一个要求自己不断进步的人，无论处于职业生涯的哪个阶段都会把不断学习当成自己的一项重要习惯。因为他们清楚自己的知识对于所服务的机构而言是很有价值的。正因为如此，他们必须好好自我监督，不能让自己的技能落在时代后头。

因此，当你的工作进展顺利的时候，要加倍地努力学习；当工作进展得不顺利，不能达到工作岗位的要求，那你更要加紧自己学习的进度。在瞬息万变的现代社会里，"学习"是让我们能够为自己开创一片天地的利器。当我们试图通过学习超越以往的表现，我们才能真正走向成功。

编者手记 ·······

"活到老，学到老"不是一句夸夸其谈的话，而是一种智慧。不断学习的人才会保持自己头脑的灵活，才能保证自己的思想向前不断地跨越。因此，我们要养成不断学习的习惯，保持这种习惯会帮助你走向成功。

第四章

爱与贡献使你的人生圆满

忠告13：心存仁爱，你就是上帝

我从不认为我的财富是仅凭一己之力赚取的，诸位知道我是一个白手起家的人，我认为我的财富是神赐的，所以我想包括我在内的在座的各位都应当善用财富。不能好好利用财富，它就会变成我们的一项负担，利用财富胜于拥有财富。

——洛克菲勒

洛克菲勒，一个创造了自己商业帝国的豪商巨贾，一个将自私和冷漠演绎到极致的亿万富翁，却在功成名就之后醉心于公益事业。巨大的形象转变，让人们感受到了意外，也让他成为美国最具争议的公众人物之一。

快乐，在每个人的心中都有不同的定义。快乐的人总是以自己可以带给别人多少快乐作为快乐的标准，他们更在乎对别人的奉献，他们在付出的同时感受别人的快乐，并从别人的快乐中找到自己的快乐。当你怀揣着一颗热忱的心去爱、去奉献的时候，你会发现快乐其实就在你身边。

亿万富翁洛克菲勒就曾有过这样的心路历程。洛克菲勒年轻的时候唯利是图、自私冷漠，一心只想着如何赚钱。曾经有一段时间，大家最痛恨的就是洛克菲勒，充满火药味的信件每天都会如雪花般涌进他的办公室，信中充满了对他攻击与侮辱的语言，并且有人扬言要暗杀他。

为了防止遭人杀害，洛克菲勒雇了许多保镖。一开始洛克菲勒并没有觉得有什么不妥，可长时间生活在这样的精神压力下，他的意志慢慢崩溃了。他的身体也支撑不住了，疾病从内部向他发动攻击。失眠、消化不良、掉头发、烦恼等病症让他措手不及。后来，洛克菲勒开始考虑把数百万的财产捐出去。可是，当他向一座教堂捐献时，全国各地的传教士齐声发出抗议，拒绝接受他的捐赠，因为他们认为他的财产是"腐败的金钱"。

但是，洛克菲勒并没有因此而放弃捐赠。在获知密歇根湖岸的一家学院因为抵押权而被迫关闭时，他立刻展开援助行动，捐出数百万美元去援助那家学院，将它建设成为举世闻名的芝加哥大学。之后他一直坚持做善事，后来，又采取更进一步的行动，成立了一个庞大的国际性基金会——洛克菲勒基金会，致力于全世界的慈善事业。人们对他的态度渐渐有了转变，他也开始一点点享受到这种奉献的快乐。

洛克菲勒的善举在拯救别人的同时，也拯救了自己，笑容每天出现在他的脸上，快乐又回到了他的身边，他开始了自己崭新的生命旅程。

也许有人曾经讨论过这样一个问题：金钱能不能买到快乐？想必这也是人们最感兴趣的问题之一。从洛克菲勒的故事中，我们看到，当我们用自己的财富去帮助那些最需要帮助的人时，金钱也会买到快乐。因为在付出的同时也收获到了满盈的爱与幸福。

把心放宽，与人为善，更多地爱护和关心身边的人，送去你的温暖和祝福，这个时候你就会发现快乐已经长驻在你的心中了。

因为有爱的滋润，生命才更加色彩斑斓；因为有爱的催发，生命才更加旺盛坚强。爱是世间至高无上的法则，因为它是生命的支撑。每个人的心底都有一颗爱的种子，只有充分认识了这个寄居在所有生命中的伟大的情感，你才能用最真挚善良的心对待每个生命，才能摒除一切令人厌恶的偏见，抛弃固执灰暗的悲观，与别人分享自己的快乐，并感受他人的幸福带给自己的愉悦。你不能一个人过着孤独的生活还期待别人喜欢你，所以，不要吝惜自己的爱心，你要先去学会爱别人，才会理解爱的法则，拥有可爱的性格。

特赖因曾经说过："告诉我在你心中，有多少人值得你去爱，我便能猜测出你的生命中有多少贵人；告诉我你对他人的爱有多么强烈，我便能知道你距离成功还有多远。"一个人的成功总是与他对世人的爱相关联的，因为爱别人也能够给自己带来好运。

洛克菲勒认为，爱自己，也要爱别人，唯有如此才能发挥出生命的最大价值。无论世界上发生了什么，都要学会敞开心扉，真诚地去爱他人，安抚受伤的人，鼓励沮丧的人，安慰失意的人，帮助落魄的人。当你的仁爱之心像玫瑰一样散发出芬芳，当你用爱的温暖治愈了思想上的顽疾，当你用善良的微笑为心灵的创伤止痛，你便已经洞悉了世界上最伟大的秘密。这种世界上最伟大的情感总能给你的生活带来一些改变。

一个关爱的字眼，有时能把人从痛苦的深渊中拯救出来，并且带给他们希望；一个微笑，有时能让人相信他还有活着的理由；一个关怀的举动，甚至可以改变人的一生。仅仅一个关爱的刹那，就足以改变一切。

不要低估你心目中善良品质的力量，从而使你丧失很多行善的机会。不要以为你能够帮助别人的只是沧海一粟，不要以为你的能力不足以救人于水火。善行存在于为人处世的每一个细节中，它可能如烟花一样璀璨，也可能像清风一样平淡。只要你的行为源于最单纯的善的愿望，那么它就是一道最美丽的风景。

编者手记

法国文学家罗曼·罗兰说得很精彩："快乐和幸福不能靠外来的物质和虚荣，而要靠自己内心的高贵和正直。"只有发自内心地尊重一切生命，热爱一切生命，才能获得一颗高贵和正直的心。一件微不足道的小事，一次不经意的善举，都可以给另一个人带来温暖和快乐。

在别人最需要的时候，一声问候、一句话，甚至一个同情的眼神，都可以带给别人极大的关怀。所以，不要忽视你所能付出的一点一滴，在这点滴之中付出你的爱心，从身边小事给别人以关怀，因为所有的生命都是平等的，都值得关心。以平等仁爱之心去思索生命的意义，你就会成为一个善良而富有爱心的人。

忠告 14：给予就是爱

我不否认，在付出慷慨的援助时，我怀有功利心，但我更知道我的慷慨将换来雇员生活水准的提升，而这恰恰是我的职责之一，我希望每一个为我做事的人都因我而富有。

——洛克菲勒

给予，即是爱；占有、获取并不是爱的本质。只有心甘情愿的付出、尽心竭力的奉献、不需偿还的给予，才是爱。"只要人人都献出一点爱，世界将变成美好的人间。"只要自己先献出一点爱，生活就会增添一分光彩，只要人人献出一点爱，那么整个社会将会因此而更加温馨与幸福！

人性最基本的一面，就是渴望获得慷慨。洛克菲勒本人克勤克俭，却从没忘了要慷慨地向他人施以援手。美国经济大萧条时，洛克菲勒曾数次借债来帮助那些走投无路的朋友，让他们的工厂和家人平安度过了危机。而在洛克菲勒的记忆中，他从来没有催债和逼债的记录，因为他知道心地宽容的价值。

今天你帮助他人，给予他人方便，他可能不会马上报答你，但他会记住你的好，也许会在你不如意时给你以回报。退一万步来说，你帮助别人，他即使不会报答你，但可以肯定的是，他日后至少不会做出对你不利的事情。如果大家都不做不利于你的事情，这不也是一种极大的帮助吗？生活的目标是善良，这是我们的灵魂所固有的一种感情。行善是一种美德。善行既可以帮助身处困境中的人，又可以让自己得到心灵上的寄托，使自己的修养得到提升。

至于对雇员，洛克菲勒同样慷慨和体恤，洛克菲勒不但发给他们比任何一家石油公司都要高的薪金，还让员工享受退休金制度，这能保证他们老有所依。此外，洛克菲勒还给予他们每年约见老板要求为自己加薪的机会。

学会付出是人类光辉灿烂人性的体现，同时也是一种处世智慧和快乐之道。即使你拥有金钱、爱情、荣誉、成功和刺激，也许你还不会有快乐。快乐是人生的至高追求，只有给予和付出，你才能实现这一追求。

洛克菲勒年轻的时候曾经一无所有，像当时许多年少无知的人一样，到处流浪。不过，洛克菲勒怀有十分远大的理想，他期望自己有一天能够有一笔任由自己支配的巨大财富。

在一个小镇上，洛克菲勒认识了镇长杰克逊先生。杰克逊是一个好人，所有人都很喜欢他，洛克菲勒住的小旅馆离镇长杰克逊家不远。

每次遇到洛克菲勒时，镇长都会停下忙碌的脚步问洛克菲勒有什么需要帮忙的地方。当洛克菲勒需要一些生活用品时，热情的镇长夫人总是会十分高兴地给予帮助。平时镇长夫人还会给洛克菲勒一些吃的。

有一天，当他走出旅馆大门的时候，他看到镇上来来往往的人们已经把镇长家门前的花圃践踏得不成样子了。洛克菲勒为此感到气愤不已，他想，镇长对自己那么好，一定要为他做点事情。于是他站在那里指责那些路人的行为。

洛克菲勒以为这样就可以让人们不去践踏花圃了。可是第二天，路人依旧踩踏镇长家门前的那片可怜的花朵。

正当洛克菲勒愤怒之时，第三天，镇长拿着一袋煤渣和一把铁锹来到了泥泞的道路上，他用铁锹把袋子里的煤渣一点一点地铺到了路上。洛克菲勒明白了镇长的苦心，原来有了铺好煤渣的道路，那些路人再也不用踩着花圃走过泥泞的道路了。

当洛克菲勒离开小镇的时候，镇长送给他一句话，让洛克菲勒受益匪浅，那句话是"善待别人就是善待自己"。直到成为闻名于全美的石油大王，洛克菲勒依然牢牢地将这句话记在心中。

爱心能使人生更有意义。爱的反面不是恨，而是漠然。如果一个人没有爱的欲望，那么他的人生也会没有色彩，给别人以帮助和鼓励，自己不但不会有损失，反而会有所收获。并且，通常一个人给别人的帮助和鼓励越多，从别人那儿得到的收获也越多。给别人一颗善心，就能将对方感染，得到的回馈便是两颗爱心的跳动。

人与人之间奉献的力量一直感动着我们的心灵，那一份深沉的人间真情久久地温暖着每一颗尘封已久的心。

在人的一生中，都无法避免困难和问题：物质上需要帮助、支持；精神上需要理解、鼓励；兴趣上需要满足、发挥……如果我们能想他人之所想，急他人之所急，及时给他人以物质和精神的帮助和安慰，在他心里就会产生巨大的震撼力，而对自己，则减掉了许多原来扔也扔不掉的精神负担。

不但要给予他人，也要善于给予。只要善于给予，那么能够给予的东西就太多了。为别人奉献自己，牺牲时间，也是一种给予；为别人的幸运和成功而庆幸，也是一种给予；能从别人的立场看事物，容许别人有自己的意见和特色，也是一种给予；谨慎——避免鲁莽的言行，耐心——倾听别人的倾诉，同情——分担别人的悲痛等，都是一种给予。

生活中我们应该保持一颗仁爱之心，保持对真、善、美的追求。地位、财富固然重要，真正使人获得永久尊重和帮助的还是那颗善良的心。把你无私的爱献给周围的人——父母、同学、朋友以及那些陌生人，这样不管你有什么梦想，他们都会帮你实现。

或许你没有财富，没有盛名，但是你却能拥有善良的品性。生活中没有那么多大是大非，一句朴素的话语，一个看似简单平凡的行为，都可能包含着你对善良的理解与恪守。而很多时候，一个人的品格就蕴涵在那些简单的行为之中。如果你无法改变人类的命运，那就设法帮助身边的人；不能拯救身染恶疾的人，就尽力给他鼓励和安慰；不能改善他人的生活条件，却可以捐出自己节省下的小小积蓄……

把那些朴实和仁爱的想法时刻铭记在心里吧！行善不需要理由，那应该是你下意识的行为，它就是你想要的东西。因为自然赋予你的一切，必然有它的目的、符合它的本性，所以，顺从你那来自自然的善良的本性，做一个时刻关心他人的人吧！

忠告 15：爱心无价

我想人生有两件事可当作目标，首先是得到你要的东西，然后分享它，只有最明智的人才能做到第二点。到现在，我认为我的事业是成功的，我拥有了一定的金钱，我的集团规模也越做越大，但是我私下里认为真正的财富绝不仅仅是拥有金钱，它还包括健康、幸福、充裕、富庶、丰富、开心、学习、知道自己要什么、机会、享受、平衡，以及分享。

——洛克菲勒

在洛克菲勒之前，富有的捐赠人往往只是将捐助的目标锁定在自己喜爱的团体，或者馈赠几幢房子，上面刻着他们的名字用来显示其品行高尚。洛克菲勒的慈善行为则更多地致力于促进知识创造和改善公共环境，无疑其影响更为广泛，意义更加深远。他捐助的善款数额由于太过庞大甚至引发了慈善业的一场革命。

初始，洛克菲勒通过创立芝加哥大学来确定今后作为慈善家的工作方式。在芝加哥大学 5 周年校庆的美好日子里，一向为人低调的他终于被说服出席参加，并应邀做了热情洋溢的演说："我要感谢理事会，感谢校长先生，感谢今天所有来庆祝这一辉煌开端的朋友们。这只是一个开端——今后的事业将由你们来完成。你们有权利来完成这项事业，你们和你们的子女拥有这个权利。我相信你们会成功的。这是我一生中最明智的投资。人们怎会不把金钱、时间和最大的精力投在芝加哥大学呢？为什么不呢？哪里还会有比这儿更好的理事会、更好的老师呢？能与这所大学联系在一起，我感到非常荣幸。仁慈的主赐给我金钱，我怎么能不把它用在芝加哥大学呢？"

洛克菲勒的热情和真挚感动了在座的所有老师和同学，他们都称赞他是一个了不起的人。

虽然对于他一次次的慷慨资助，世人褒贬不一，但他的确成了慈善事业的一块奠基石。甚至在他死后，还得到了美国人这样的评价："除了我们敬爱的总统，洛克菲勒堪称我国最伟大的公民，是他用财富创造了知识。世界因为有了他而变得更加美好。这位美国首席公民将永垂青史！"

洛克菲勒认为，提供帮助是"富人的责任"，获得帮助是"穷人的权利"。洛克菲勒虽然见财如命，但他知道给予别人，帮助别人。最后接济贫穷成为洛克菲勒的一种习惯。

洛克菲勒成为当时世界首富的时候，别人劝他把这些钱留给他的孩子们，洛克菲勒回答："这些钱是从大众那里来的，因此也应该回到大众那里去，到它们应该发挥作用的地方去。"洛克菲勒成立了以自己名字命名的洛克菲勒基金会，他帮助成千上万的食不果腹的孩子，让他们可以吃上饭，让他们上学接受教育，让他们成为对社会有用的人。他主要投资在医疗教育和公共卫生上面。他的基金会先后投资达数亿美元，是世界上最大的慈善机构。

提供帮助不仅仅是富人的责任，无论你是贫还是富，只要你能够帮助到别人，就不应该吝啬自己的善心。普通人也可以成为令人尊敬的慈善家。

其实，在美国的慈善事业里，捐款的大部分都是来自平民。这并不是说美国富翁们没有捐出多少钱，而是因为富翁们的数量相比较更大范围内的普通人要少得多，所以即便是我们听到比尔·盖茨捐出了数百亿美元，这笔巨款在普通人积少成多的巨额捐款面前也显得微不足道了。

所以，年轻人不要把慈善视为有钱人的消遣，当灾祸降临在某些人的身上时，献出自己的一份爱心，这么大的力量，一定可以突破任何艰难。

应该相信，"我们的生活是由我们的思想造就的"，如果我们每个人都能爱护自己，爱护自己善良、朴实的天性，爱护自己懂得爱并珍视爱的心灵，让自己的内心始终保持一块纯净生动、仁爱无私的净土，永不放弃对真诚的情感、对善良的人性、对美好的人生毫不犹豫的、执着坚定的追求，即使不能使所有人的世界变得更美好，也能使自己的世界更美好。

请相信这个世界上有爱，加入传播爱的队伍，你慢慢就会发现，爱拥有传染的魔力，它可以进入任何人的心灵，即使是那些所谓的坏人，在他们灵魂的深处也还保留着一块温软的园地，可以感受爱，可以感动。谁不愿意生活在美好的世界里呢？所以在生活中，你经常能够看到各类"献爱心，送温暖"的活动，因为大家的心中有爱，爱心让这个世界充满了温馨。

洛克菲勒认为，品行映照的是人们的灵魂。一个人如果品行修炼不好，就会感到灵魂不安，容易犯下错误，即使是一次微不足道的错误行为，也会给以后的生活带来挥之不去的阴影。

这种不良记录终将受到应有的惩罚。有时，一个人的不良行为还会对社会造成伤害。一个人的名誉、能力要想得到社会公众长久的认同，必须持续地在每一件事上都为自己的态度负责。在我们的工作中，你今天种下什么种子，将来必定收获什么样的果实，这就是人们常说的因果定律。

善良仁爱具有无与伦比的力量，它能使人敞开心扉。人的一生应该是施与爱的一生，只有这样，我们才能活出真正的自我，获得一个充实而美好的人生。

善待社会，善待别人，并不是一件复杂、困难的事，只要心中常怀仁念，生活或工作中的小小善行不过是举手之劳，却能给予别人很大帮助，何乐而不为呢？

要想活得幸福，就必须学会无私奉献。拿破仑·希尔这样说："为你自己找到幸福最有保障的方法就是奉献你的精力，努力使其他人获得快乐。幸福是捉摸不定、透明的事物。如果你决心去追寻幸福，你将会发现它很难以捉摸；如果你把幸福带给其他人，那么幸福自然就会来到。"

我们可以在生活的每一天里，让别人感受到来自我们的付出，我们可以把节省下来的钱捐给贫困灾区，在同学生病的时候，帮助他们复习功课……付出你的爱心，才能拥抱世界，积极地探索和进取。也只有愿意付出爱心的人，才能使生命放出耀眼的光彩。英国大戏剧家莎士比亚曾经说过："上天生下我们，是要把我们当作火炬，不是照亮自己，而是普照世界。"无私奉献是一种美德，只有在无私奉献中才能超越自我，变得高尚，也只有在无私奉献中才能够找到幸福。

寄予同情就像馈赠其他礼物一样。重要的是内心，只要拥有一颗仁爱之心，就会发现自己离上帝又近了一步。人之行善，并不是体现在喋喋不休的说教中，有时一个小小的善举也可以让你成为拯救他人出苦难的上帝。上帝无处不在，只要我们拥有仁爱之心，用自己的行动去关爱周围的人，就会发现自己离上帝更近了。

洛克菲勒认为，帮助自己的唯一方法就是去帮助别人。为别人付出你的爱心，就种下一片希望，就会有硕果累累的一天，就能品尝到丰收的喜悦。

在父母的这种教导下，洛克菲勒的孩子早早明白了为人处世的道理。他们尊重别人的意愿，从来不会做强迫别人的事情。他们很早就明白，对别人抱以亲切、友善的态度，那么对方就会回敬你同样亲切、友善的态度。

生活的确是这样的，只有你付出爱心，你才能收获希望；只有在别人困难的时候，毫不犹豫地伸出救援的双手，在你困难时，你才能得到更多的帮助。

编者手记

保持一份爱心，在别人身处困境的时候，伸出援助之手。这似乎说起来容易。仔细想想，我们是否能够做到甘愿与别人分享呢？小时候有好玩的玩具，我们只是自己玩；有了好吃的，自己偷偷藏起来；上学时别人借笔记，我们却拒绝；买了一件漂亮的衣服穿给朋友看，朋友也想买一件我们却谎称卖完了；老板给了我们一个"肥差"，我们却拒绝别人的帮忙，想要自己独立完成……

忠告 16：把慈善当成事业来做

钱不应成为我们经营的唯一目的，我们应当学会奉献，为这个社会，为其他人，贡献一份我们应有的力量。

——洛克菲勒

金钱并不是唯一能够满足心灵的东西，虽然它能为心灵的满足提供多种手段和工具，但在现实生活中，你却不能只顾享受金钱而不去享受生活。片面享受金钱只能让自己早日堕落，而享受金钱带来的幸福却能够使自己感到身心愉悦。片面享受金钱会使自己的生活主题只有"金钱"两个字，整天为金钱所困惑，为金钱而难受，为金钱而痛苦，生活便会沦为围绕一张钞票而上演的闹剧。

懂得享受生活的人则不在乎自己有多少金钱，多可以过，少一样可以过，问题在于自己能否处处感悟到生活。享受金钱带来的幸福的人会感觉人生是无限美好的，于是越活越有劲。

洛克菲勒出身贫寒，在他创业初期，人们都夸他是个好青年。当黄金像贝斯比亚斯火山流出的岩浆似的流进他的口袋里时，他变得贪婪、冷酷。深受其害的宾夕法尼亚州油田附近的居民对他深恶痛绝。最后他的身体也吃不消了，他听了医生的劝解，把钱捐出去帮助需要帮助的人，他的身体不仅比以前好了，而且心里的焦虑也没有了。他不仅自己这样去做，还让孩子也这么去做。

有一天，小洛克菲勒找到爸爸说："我和安迪、华特，还有科比打算成立一个救助非洲贫困人口的基金会，我们4个人打算分别以各自的账户先捐助一笔资金，作为基金会的活动经费，今后我们要逐渐向社会各界募捐，号召有能力的人贡献自己的一分力量。"

洛克菲勒听到这个消息，非常高兴，这是一件好事，而且是对人们有帮助的大好事。洛克菲勒说："随着我年事的增长，我知道了为了在这个世界上生存，不少人是需要他人支援的。非洲的贫困人口是绝对需要国际援助施以人道主义的救助的，此外，社会上还有许多身体残障、低能等弱势群体需要我们去援助，你能成立这样一个基金，是给更多人希望，让更多的人感觉到温暖。"

洛克菲勒同意了儿子的建议，于是小洛克菲勒开始了他的筹备，经过一系列的筹备，1个月后，基金会正式成立了，小洛克菲勒顺理成章地成为基金会会长，其他3个发起者也分别担任基金会的组委会成员，洛克菲勒被特邀担任荣誉理事长。这不仅是一件好事，更是一件大事，所以各商场的人士都作为代表，还有许多记者都参加了会议，并且因为这个基金会是为非洲贫困人口募捐，所以甚至国际红十字会也派代表参加。

小洛克菲勒为大会致辞："我感谢今天到会的每一个人，因为你们的到来使我们的基金会又多了一分力量。几个月前我看了一部非洲贫民的纪录片，它让我深深地被震撼了，所以我决定帮助他们，因此，成立基金会的念头一直缠绕着我。它提供的是金钱无法买到的人间温馨：关怀和帮助，友情与爱心。"

洛克菲勒说："记得爱默生曾经说过：'金钱是一定数量的玉米和其他商品的代表。它是这么多温暖，这么多面包。'我想现在是将这些玉米和面包分享出去的时候了。我认为一个人的富有程度和他能放手出去多少事物成正比，将爱心传布于他人，是一件颇有价值的事，而这件事对施与者自己也有好处，'众乐乐会使喜悦加倍又加倍，因此，喜悦照亮我的朋友，也会弹回到我身上来，他的蜡烛越亮，也就更容易照亮我。'"

随后，小洛克菲勒还大量置身于慈善事业。

在洛克菲勒基金会成立后，小洛克菲勒凭他的牧师的神圣灵感和商业的敏锐性，已预见到洛克菲勒的慈善事业可能产生的国际影响了。

出于商业的考虑，1914年，有人建议创设中国医学会，并拟订计划在中国北京建立一些现代化的医学院。于是，北京协和医学堂诞生了，它是北京协和医院的前身。小洛克菲勒亲自到北京参加了落成仪式的典礼，并在讲话中称它是"亚洲第一流的医学院"。

在洛克菲勒的慈善机构中，小洛克菲勒最关注并最有情感的是社会卫生局。

1909年，纽约市长竞选活动中一个主要的争论问题是卖淫问题，结果成立了一个大陪审团调查买卖娼妓的生意。被人们看作"好好先生"的小洛克菲勒，应邀当上了这个大陪审团的陪审长。

他接受任务后，就把全部精力都用上去，不分白天黑夜地工作，几个月后，搞出了一份详细报告。报告建议组织一个委员会来处理这个社会弊病，但纽约市长拒绝成立委员会，于是小洛克菲勒决定自己干。

1911年，他建立了社会卫生局，投资50多万美元。

小洛克菲勒最大的一项义举是捐出5260万美元恢复和重建

了整整一个殖民期的城市——弗吉尼亚州殖民时期的首府威廉斯堡。那里的开拓者们曾经最早喊出"不自由，毋宁死"的口号。

对企业家来讲，做善人就是从事慈善事业。慈善事业既是经济事业发展的晴雨表，也是调节贫富差别的平衡器。个人出于自愿将可支配收入的一部分或大部分捐赠社会，乃是不可小觑的又一次收入分配。慈善事业虽不能为企业带来直接的利益，但是有助于缩小两极分化，有利于社会的和谐。这也是对天道对善人的反馈。

对于洛克菲勒及洛克菲勒家族来说，慈善里面没有富人与穷人的区别，只有有爱心和肯帮助人的人与需要帮助的和知道感恩的人，只有无穷无尽的爱，因为慈善是爱的舞台，是汇聚爱的大海，是充满爱的世界。

有这样一个情况，看到那些可怜的人，很多人都会去施舍。但善良者不是只打开钱包或拿出自己的面包给对方，而且是以一种平等的姿态给予，他们从未忽略对方的自尊；而那些标榜"善良"的人则高高在上地说："嗟，来食！"

同样是施舍，当孩子感染两个不同的行为时，他们的品质会走向不同的方向。有些父母为了教育孩子乐善好施，见了乞丐时，从钱包里拿出1元钱，让孩子伸着胳膊远远地投进乞丐的碗里，当孩子碰到乞丐的衣裳时，妈妈会赶紧拍拍孩子的衣袖，生怕乞丐的脏土沾到孩子身上。这哪里是"乐善好施"？这分明是家长在向孩子传递这样一种信息：咱们是高高在上的，施舍给他1元钱，会显得咱们的品格更高尚。

这样教育孩子，当然错矣！什么是乐善好施呢？当你拿着钱，不屑一顾地给那些需要钱的人时，这不叫乐善好施。当你把被施舍的人当作亲人，给他钱物而不要伤害他的自尊时，才是真正的乐善好施。

洛克菲勒常常对孩子说："别人接受你的恩惠通常是不得已而为之，你的施舍让别人对你感激不尽。但每个人都有自尊心，你不能忽视别人的自尊，让别人难以接受这种恩惠。如此，你的施恩不会得到被施舍者的感激，反而会让对方记恨。"

在犹太父母看来，施舍就是为了给予别人而放弃自己的财物，这本来是种善举，但是施舍时轻视对方，那么这种行为实际上比不施舍还要糟糕。

不懂得慈善的人都是吝啬的人，凡吝啬的人都是金钱的奴隶，而不是主人。对这类人来说，唯有金钱、财物才是最为重要的。吝啬的人一般都不懂人与人的感情。他们不懂得亲情，不懂得友谊，不懂得人与人之间的感情，若是有，也要以金钱的标准去衡量。他们的处世原则一般是，认钱不认人。我们应向洛克菲勒学习，把自己的积蓄捐献给慈善事业，造福人类。

编者手记 ·····························

慈善，是出于人的良知和对生命的责任感，是为了帮助每个人有尊严地在人生的道路上迈进而去帮助那些有困难的人，这才是慈善的真正含义。

洛克菲勒给世界上穷人的帮助和关爱，不是为了金钱，而是出于一颗善良的心，否则他不会不为名不为利建立基金帮助困难的人。他做的事业是慈善事业，不是为了寻求任何报答。这种慈善行为传递的不是金钱，而是爱。

所以，当我们知道某些人需要帮助时，不要以贫穷为借口而拒绝伸出援手，付出你的爱心，做你能做到的，你就是在做慈善。

忠告 17： **国难当头，勇于承担**

我没有将自己视为拯救者，更没有自命不凡、不可一世，只有傻瓜才会因为有钱而自命不凡，因为我是公民。我知道，我拥有巨大财富，我也因它而承担着巨大的公共责任，比拥有巨大财富更崇高的是，按照祖国的需要为祖国服务。

——洛克菲勒

金融危机席卷华尔街，处于恐慌之中的存款人排起长队要从银行取走存款。一场将导致美国经济再次进入大萧条的危机来临的时候，洛克菲勒预感到国家已陷入双重危机：政府缺乏资金，民众缺乏信心。此时此刻，"钱袋先生"必须要为此做些什么，洛克菲勒打电话给斯通先生，请美联社引用他的话，告诉美国民众：我们的国家从不缺少信用，金融界的有识之士更视信用为生命，如果有必要，我情愿拿出一半的证券来帮助国家维持信用。请相信我，金融地震不会发生。

最后，危机过去，华尔街走出困境。

而对于洛克菲勒来说，做了他该做事情，就像《华尔街日报》评论的那样，"洛克菲勒先生用他的声音和巨额资金帮助了华尔街"。然而有一点洛克菲勒永远都不会让他们知道，在克服这次恐慌中，他是出钱最多的人，这令他自己感到非常自豪。

在这场战争中，摩根是令洛克菲勒敬佩的人。摩根是这场战争中不折不扣的指挥官，他将一群商界名士聚集起来共同应对危机，用他不可替代的金融才能和果决的个性拯救了华尔街。所以，美国人民应该感谢他，华尔街的人应该感谢他，在洛克菲勒的眼里，西奥多·罗斯福更应该感谢他，因为摩根替他做了他本该做却没有做的事。

洛克菲勒说："如今，很多人，当然还有报纸，都对慷慨解囊的人们大加赞誉，但在我这里它一文不值。良心的平静才是唯一可靠的报酬，国难当头，我们本该当仁不让、勇于承担。我想那些真诚伸出援手的人们同我一样，我们只是想用自己的力量、信仰与忠诚照耀我们的祖国。"

他还说："但我并非没有可耻的记录。在46年前，当许许多多的美国青年听从祖国召唤，忠诚奔赴前线，为解放黑奴、维护联邦统一而战的时候，同样作为青年，我却以公司刚刚开业、我的家人要靠它养活为由，未去参战。"

这似乎是一个让人心安理得的理由，但那时国家需要他，需要他流血。这件事一直让洛克菲勒良心不安，直到那场经济危机的到来，他才得以有救赎的机会。当时，联邦政府无力保证黄金储备，华盛顿转而向摩根先生求助，但摩根无能为力，是洛克菲勒拿出巨资助政府一臂之力才平息了那场金融恐慌。这让洛克菲勒非常高兴，比赚到巨额资金都让他高兴。

编者手记 ┈┈┈┈┈┈┈┈┈┈┈┈┈┈┈┈┈┈┈┈┈┈┈┈┈┈┈┈┈┈

正如洛克菲勒所说，名誉和美德是心灵的装饰，如果没有它，即使肉体再美，也不应该称之为美。国家有难更需要有志之士站出来，为国而贡献出一分力量。

无论身处哪个行业，从事怎样的工作，我们肩负的都不只是一份工作，而是一份职业使命，这种使命不仅仅是为个人、为集体，更为国家。

忠告18：行为最正当的人，生活也过得最充实

思考最多、感觉最高贵、行为也最正当的人，生活也过得最充实！

——洛克菲勒

在洛克菲勒给约翰的信中曾写道：

约翰，在《马太福音》中记有一句圣言："你们是世上的盐。"

这个比喻平凡而又发人深省。盐食之有味，又能洁物、防腐。基督想以此教诲他的门徒们应该肩负怎样的使命和发挥怎样的影响，他们到世上来就是要净化、美化他们所在的世界，他们要让这个世界免于腐败，并给予世人更新鲜、更健康的生活气息。

盐的首要责任是有盐味，盐的盐味象征着高尚、有力、真正虔诚的宗教生活。那么，我们应该用我们的财富、原则和信仰做到什么呢？无疑，我们要做世上的盐，去积极地服务社会，使世人得福。这是我们每个也是最后一个社会责任。

我们现在的责任，就是完全献身于周围世界和众人，专心致志于我们的给予艺术。我想没有比这个更伟大的了。

洛克菲勒曾说，他见过一篇很伟大的演讲词，那是他一生中不多见的演讲词。它告诉洛克菲勒，人没有什么了不起，但没有什么比人更了不起的了，这要看你为你的同胞和国家做了什么。

1863年，洛克菲勒在伯克郡山的老家，那天牛市上挤满了人，还有当地的教堂和市政厅也都挤满了人。

他听到乐队的演奏声，看到国旗在飞扬，手帕在迎风招展。洛克菲勒对当天的情景记忆犹新。人群是来迎接一连士兵的，而那连士兵也正在列队前来。他们在内战中服完一期兵役，又要再延长一期，现在正受到家乡父老的欢迎。那时的洛克菲勒只是个年轻小伙，但他是那个连的连长。在那一天，洛克菲勒扬扬得意，像个吹足了气的气球——只要一根细细的针，就可以将他扎破。洛克菲勒走在队伍前列，他比世上任何一个人都骄傲。

他们列队走入市政厅，市政厅的人安排洛克菲勒的士兵坐在大厅中央，洛克菲勒则在前排就座，接着镇上的官员列队从拥挤的人群中走出来，官员们走到台上，围成半圆形坐下，市长随后在那个半圆形的位子中央坐下来。市长是个老人，头发灰白，以前从未担任过公职。市长认为，既然自己担任公职，就是一个伟大的人物。当市长站起来的时候，首先调整了一下他那副很有分量的眼镜，然后以无比威严的架势环视台下的民众。突然，市长的目光落在洛克菲勒的身上，接着这个好心的老人走向洛克菲勒，邀请他上台和那些镇上的官员坐在一起。

在洛克菲勒从军之前，没有一个市府官员注意到他。他坐在台前，让他的佩剑垂在地板上。他双手抱胸，等待接受欢迎，觉得自己就像是拿破仑五世！骄傲总在毁灭与失败之前出现。

这时市长代表民众发表演说，欢迎洛克菲勒这批凯旋的军人，市长从口袋里拿出演讲稿，小心翼翼地在讲桌上摊开，然后又调整了一下眼镜。先从讲坛后面退了几步，然后再走向前。

"各位亲爱的市民，"他开口说，"我们很高兴欢迎这些英勇参战的……不畏流血的……战士回到他们的故乡。我们尤其高兴，在今天看到跟我们在一起的，还有一位年轻的英雄（指的就是洛克菲勒）……这位年轻的英雄，在想象中，我们曾经看到他率领部队与敌人进行殊死搏击。我们看到他那把闪亮的佩剑……在阳光下发出耀眼的光芒，他对着他的部队大叫，'冲锋'。"

这位好心的老头子对战争一无所知。只要他懂一点战争，就会知道一个事实：步兵军官在危险关头跑到部属前面是极大的错误。洛克菲勒竟然拿着在阳光下闪闪发光的指挥刀，对部下大喊：冲锋！当时洛克菲勒心想，我从来没有这样做过。

当时洛克菲勒心想："在实际的战斗中，军官的位置就在士兵身后。因为是参谋，所以当叛军从树林中冲出，从四面八方向我方攻来时，我总是要骑着马对我方军队一路叫喊："军官退后！军官退后！"然后，每个军官都会退到战斗区后面，而且军阶愈高的人退得愈远。这不是因为他没有勇气，而是因为作战的规则就是这样。如果将军跑到前线，而且被打死了，这仗也就必输无疑，因为整个作战计划都在他的脑子里，他必须处在绝对安全的地方。"

多年后，洛克菲勒向约翰说起这个故事并说：我为什么被当作英雄？很简单，因为那位演讲者也掉进同样愚蠢的陷阱。这个小男孩是军官，其他的人只是士兵。我从这里得到了一个终生难忘的教训。一个人之所以伟大，并不是因为他拥有某种官衔。他之所以伟大，是因为他以些微的工具创下大业，以默默无闻的平民身份完成了人生目标。这才是真正的伟大。

编者手记

正如洛克菲勒所说的那样，个人只要能向大众提供宽敞的街道、舒适的住宅、优雅的学校、庄严的教堂、真诚的训诫、真心的幸福，只要他能得到当地居民的感谢，无论他到哪里，都是伟大的。但如果他不被当地居民所感谢，那么不管他到地球的哪个角落，都不会是个伟大的人物。

是的，付出不分多少，只要别人、集体，甚至国家感谢你，你就是伟大的人。

在现实生活中，有一些人大家都不爱与之打交道，因为他们心里只有自己，对于那些对自己有好处的人，他们可以阿谀奉承，当这些"贵人"没有利用价值以后，就一脚踢开，他们从不和人分享自己的快乐，自己的幸福，他们只会索取和控制。

这些人不懂什么是爱，不懂得什么叫友谊，什么叫作"情比金坚"，他们只知道，自己拥有的才是实实在在的，当他们老去，他们才会发现自己已经失去了人生中太多的东西，而这是财富和地位无法换来的。

第五章

寻找人生的捷径

忠告 19：善于思考是成功的基础

　　我认为在管理人员中特别优秀的人是一个星期用四天的时间与职员、顾客、银行家、研究者、政府官员等精神百倍地进行有关经营企业的经验交流；还有一天，他们用冷静的心情进行一段时间以来的反省，同时制订下一周或下个月的周密计划。这一天是他们的"思考日"，归根到底，思考是总经理的工作。

——洛克菲勒

　　美国早期的富豪，多半靠机遇成功，唯有洛克菲勒例外。他并非多才多艺，但异常冷静、精明，富有远见，凭借自己独有的魄力和手段，白手起家，一步一步地建立起他那庞大的石油帝国。在他漫长的一生中，人们对他毁誉参半，有人认为他只不过是极具野心、唯利是图的企业家，也有人恭维他是个慷慨的慈善家。但不管怎样，作为美国历史上第一个十亿富翁，作为石油巨子，他在相当一段时期控制着全美国的石油资源，并创设了托拉斯企业制度，在美国资本主义经济发展史上占有重要的一席之地。他是一个善于思考的人，所以他成功了。

　　洛克菲勒生于纽约州，后移居到俄亥俄州的克利夫兰。他自幼深受父亲的影响，显示出超人的商业天赋。

南北战争的阴影笼罩着美国的大地，人人都在忙着安排自己身边的事，而约翰·洛克菲勒却在运用他的全部智慧思考怎样利用这场战争。战争会使食品和能源缺乏，还会使交通中断，使市场价格急剧波动。那时的洛克菲勒仅有一个资金4000元的经纪公司，而且其中一半的资金属于英国人克拉克。

洛克菲勒决定向银行借很多的钱购进南方的棉花、密西根的铁矿石、宾州的煤，还有盐、火腿、谷物……在没有任何抵押品的情况下，洛克菲勒用他的设想打动了一家银行的总裁汉迪先生，筹到一笔资金。在第一笔生意结账后仅仅两周，南北战争爆发了。紧接着，农产品的价格又上升了好几倍。洛克菲勒所有的贮备都带来了巨额利润，财富像滚动的雪球跟随着战争的车轮。等到美国南北战争结束，洛克菲勒已不再是个小小的谷物经纪人，而是腰缠万贯的富翁。

洛克菲勒认为，思考的力量是巨大的。任何创新的成果，都是思考的馈赠。人世间最美妙绝伦的，就是思维的花朵。思考是才能的"钻机"，思考是创造的前提。因此，潜心思考总是为成功之士所钟情。

积极思考是一种智慧力量，如果一件事不经过思考就去做，那肯定是鲁莽的，除非你特别幸运。但幸运并不是时时光顾的，所以，最保险的办法是"三思而后行"。但"思"也并不是件简单的事，思考也有它的特点和方法。成大事者都有自己良好的思考方法。

对于洛克菲勒来说，他将一半时间用于思索，一半时间用于行动，这无疑是他的成功之道。因为他明白不懂得运用思索的人，是难以开掘出丰富的智慧矿藏的；不善于思考的人，就不能举一反三，触类旁通，享受创新的乐趣。赢得一切、拥抱成功的关键，在于积极地思考、持续地思考、科学地思考。

在工作中，要战胜困难，达到理想的效果，深思熟虑是不可缺少的条件。在科学、艺术创造中，在规划方案、产品设计、经营运筹中，在理论体系的构筑中，思考具有不可替代的功能。

唯有思考，才能开发出智慧的潜能，才能撞开才智的大门。当今，人类的知识总量已超过以往一切时代的总和。全部科学知识的四分之三是 20 世纪 50 年代以后发现的。"知识爆炸"的态势警策我们，光会积累知识，即使皓首穷经，充其量只不过是一个双脚书橱，难有多大作为。思维能力强的人，能再造知识，开发智能，将知识转化为现实的生产力。

心理学家说，如果你每天花费一个小时，完全思考某一问题，五年后你会成为那个领域的专家。"亡羊补牢，未为晚矣"，现在开始改掉坏习惯还不太晚。不管我们的年纪有多大，习惯有多顽固，只要有改正行为的意识和技巧，我们就能改变它。

洛克菲勒的成功秘密就是善于思考，去做那些失败者不喜欢或不愿做的事。或许，他也不愿做这样的事，但他还是去做了。

而那些失败者不愿意接受训练，不愿吃苦，不愿信守诺言；成功者也不喜欢受训，不愿吃苦，但不管怎样，他们还是那样做了，因为他们养成了去做失败者不喜欢做的那些事的习惯。一切习惯在刚刚形成的时候都是很不起眼的，但最终往往会变得难以打破。态度属于习惯，也是可以改变的，问题是要用新的良好习惯去破除和取代旧的不良习惯。

我们都应该有这样的感知，过马路之前，你肯定要先看清左右两边的车辆。如果你生长在美国，你会习惯先看左边，再看右边。如果你生长在英国，则习惯先看右边，再看左边，因为车子是靠左行驶。美国的游客在伦敦的街头往往无所适从。我们从小就学习并且养成习惯，几乎不需要思索，只是一种下意识的行动。

同样的，思考模式被输入到你的潜意识之中，造就现在的你。这些模式可以因为重新学习不同的、更有效的思考模式而改变。提升你想要改变的认知层次，在想象之中不断重复新的、你想要的学习经验。新的思考产生新的生活经验。

你大多数的行为（超过99%）反映出深藏在潜意识之中的信息。你所有的想法几乎都受到过去的感受和经验的影响。因此，你必须学习成为一个思考者，最好是一个原创的思考者，唯有如此，才能让理性战胜过去的阴影。

思想家爱默生说："伟人都知道用思想来掌握世界。"思想是世界上所有成功、富裕和快乐的来源，人类的所有智慧也都存在于思想之中。历史上所有伟大的发现和发明，都是灵感和思考的结果。思想主导着你的意识，决定你的个性、职业及生活中每一个层面。

古希腊哲学家苏格拉底曾说过："未经审视的生活是不值得过的生活。"思考如此重要，但它又是最辛苦的工作，难怪很少人认真去做。但是一个有智慧的人，往往能够通过思考摆脱窘困的状态，一步步实现自己的目标。

忠告20：做好准备，抓住机遇

如果忽视了准备，就不仅只是浪费了宝贵的时间，而且也没有珍惜最初的时间与劳动。如果不认真地进行选择，本来可以获得更好的职业却自欺欺人地投入某一无聊乏味的职业，将给你的一生留下不可抹除的阴影。

——洛克菲勒

"打先锋的赚不到钱"，洛克菲勒一贯坚持着这个信条和策略。宾州钻出石油一年以后，油井已达72座，日产原油1165桶。这一年的秋天，洛克菲勒沿着产油河走来了。昔日荒僻的小镇，如今已井架林立，黑色的石油槽散布在光秃秃的山坡丘陵之上。他沿着产油河向南走了8公里，向北走了24公里。洛克菲勒考察完宾州产油区，回来对他的合伙人说："现在动手为时尚早，并且我估计油价还会大幅度下跌。"那时，宾州油地的投资者已蜂拥而至，昔日的农田村镇已被人用高价一块块分割买走，油井产油量都在成倍地增加。承包的同伙一再催促洛克菲勒投资油井，然而他只是多次去勘察产油地。

南北战争结束后，洛克菲勒集中公司所有资金在宾州的伊利湖畔建造了他的石油精炼厂，他认准这黑色的液体能给他带来亿万的财富。这时的宾州产油地，由于无节制的开采，原油每桶的价钱已降到 0.35 美元。克利夫兰的报纸刊出"3 万桶原油在产地滞销"的惊人报道，洛克菲勒欣喜若狂。他的石油精炼厂开始用极低廉的价格与产油者签订合约，并逐步垄断了整个原油产地。用同样的方式，洛克菲勒成功而又简便地建起一条新的输油管道，全部取代了开往克利夫兰的送油马车。先行铺设的石油管道已有许多条，但洛克菲勒将这些管道所有技术上的缺陷均加以解决，使运输费用降到了最低点。洛克菲勒在转入石油经营过程中，一再等待，等待采油者蜂拥而至，等待别人尝试各种输油工具，然后他迎头赶上，最快地踏上了成功之路。

有许多人们终其一生都在等待一个足以令他成功的机会。而事实上，机会无所不在，重点在于：当机会出现时，你是否已经准备好了。我们耗去了过往的时光，却等不到机会的出现。从今天起，在等候的同时，我们可以开始做好准备，让自己保持最佳状态，以便机会出现时，你可以紧紧抓住，不让它溜过。

起初，你可以在每周三准备好，让自己迎接机会的来临，接着是每天、每时、每刻，到最后，就能让自己时时刻刻地做好准备，随时可以掌握住任何成功的绝佳机会。在这同时，你也将发现，由于你不断地用心预备，自己所获得的成长竟是如此之大。此刻的你，已然脱胎换骨，不再是昔日那个愿意终其一生等候的人了。你将蜕变成为翱翔于长空的巨鹰，而机会亦将随时出现在你锐利的眼光之中。

洛克菲勒认为，机遇是一位神奇的、充满灵性的但性格怪异的天使。它对每一个人都是公平的，但绝不会无缘无故地降临。

只有经过反复尝试，多方出击，才能寻觅到她。

　　机遇是一种重要的社会资源。它的到来，条件往往十分苛刻，且相当稀缺难得，它并非那样轻易得到。要获得它，需要极大的投入，才会有产出，需要高昂的代价和成本，这就是准备相当充足的实力、雄厚的才能功底。机遇相当重情谊，你对它倾心，它也会对你钟情，给你报答。但机遇绝不轻易光顾你的门庭，不愿意投入的人，也决然得不到它的偏爱与回报。

　　机遇绝非上苍的恩赐，它是创造主体主动争来的，主动创造出来的。机遇是珍贵而稀缺的，又是极易消逝的。你对它怠慢、冷落、漫不经心，它也不会向你伸出热情的手臂。主动出击的人，易俘获机遇；守株待兔的人，常与机遇无缘，这是普遍的法则。你若比一般人更显出主动、热情的话，机遇就会向你靠拢。

　　在我们的一生中，机会像流星一样极易逝去。它燃烧的时间虽然很短，却往往能带来巨大的能量。尤其是在追求财富的过程中，也许只有那么一次小小的机会，就能让我们大发其财，成为巨富。洛克菲勒总是鼓励员工说："试着去做一件自己早就想做但却始终没有勇气去做的事，你会拥有焕然一新的人生。"

　　机遇最喜欢有挑战性格的人，它最乐意为这样的人"效劳"。所以，在机遇面前，无疑需要敢于拼搏、锲而不舍的劲头，使自身的能量最大限度地发挥出来。只有勇于战胜那些看似难以克服的困难，才使机遇发挥出极大的效能。有些人为艰难所折服，就会使已到手的机遇未能得到充分利用，而使自己功亏一篑，也使机遇之水付诸东流。

　　在人生的旅途中，缺乏的并不是机遇，而是发现机遇的眼睛。因为，机遇无处不在，如果你不能发现它、捕捉它，那么它也只好无奈地和你擦肩而过。在追求财富的过程中，也是一样。要想抓住发财的机会，就得善于捕捉发财的机遇，方能相得益彰。

　　不要慨叹没有机遇，也不要在机遇面前彷徨无助。因为机遇就在你身边，就在等你发掘。不要白白地浪费了发财的机会，也不要在机遇面前麻木不仁。

洛克菲勒认为，当机遇出现时，立刻抓住它，也就抓住了本钱。此时，机遇已不再是机遇，而是一种成功的资本。

编者手记

每个人都懂得"有备无患""不打无把握之仗"的道理，几乎人人都有因准备而获得、因盲目而失去的经历。要做一个成功人士，就一定要具备准备意识，少一些冲动盲目。因为你多了一些准备，无论是工作中，还是生活中出现的问题就会一个个被轻松解决掉，剩下的事情自然也就变得简单了。

忠告 21：独立思考，方可成功

那些使我们做得更多的方法多半都在你积极思考的时候出现。

——洛克菲勒

在纽约的第五街上，坐落着一栋53层高的摩天大楼——洛克菲勒中心。1870年，洛克菲勒所创设的标准石油公司，已成为世界最大的集团经营企业，年收入达500 ~ 600亿元。当断崖上的输油管开始流出乌黑的石油时，洛克菲勒的石油精炼厂已在宾州站稳了脚跟，但洛克菲勒非常清楚，在众多的石油精炼厂之间迟早会发生激烈的竞争。洛克菲勒首先捕捉的目标是铁路。对于众多的石油公司来说，铁路是运输命脉。克利夫兰的所有石油产品必须通过铁路才能运往纽约、费城等大城市。

但这些石油公司与铁路都没有建立固定的业务关系，只是在需要时才去联系，使铁路经常无生意可做。洛克菲勒设想假如率先与铁路订下合约，固定每天的运输量，那么一定能得到折扣优惠，别的石油公司在这场运价争夺战中只能落后挨打。洛克菲勒派弗拉格勒去和两个大铁路公司谈判。洛克菲勒首先包租了产油河下游运输业拥有的全部油轮和货箱，让弗拉格勒拿着租用证去谈判，佯装随时准备再换铁路线路。洛克菲勒运用这一招很轻松地战胜了一位对经济一窍不通的将军迪贝尔，并以每天 60 辆、运费 35 美分的条件和迪贝尔签订了秘密协定。每桶原油运费省去了 50 美分。洛克菲勒从中获得了巨大利润。低廉的运费带来销售价的下降，销售市场获得迅速的拓宽和发展。等到其他石油公司发现这一秘密时，他们在销售上已一落千丈，只好以分股或合营的形式逐渐成为洛氏石油精炼厂的一部分。

洛克菲勒又把目光转向产油业者。为了维持石油价格，产油业者已成立了产地卡特尔，控制产量，定出每桶 4 美元的价格。洛克菲勒突然做出令人费解的决定，即以每桶 4.75 美元的超高价向产地者同盟收买原油。持续了两星期的收买热潮突然宣布中止，标准石油公司以"供过于求"为由，将原油价格修改为每桶 2.5 美元。此时，由于采油者的疯狂开采，日产原油已高达 5000 桶。他们在无法控制的情况下，只有接受标准石油公司的价格。其后，许多采油业者和经营者相继破产。控制了原产地的石油价格后，洛克菲勒又派兄弟威廉亲赴纽约，开拓欧洲石油市场。身负秘密使命的威廉只身踏上去纽约的路途，他要在纽约建立洛克菲勒公司，要在码头建起特有的仓库，还要建一座修理木桶的工厂，然后和华尔街的银行取得联系……后来，这位有点像德国皇帝的威廉，实现了哥哥的所有梦想，带有蓝色徽记的标准石油行销全世界。到 1937 年终结时，标准石油已独霸了世界石油市场。

这一切的一切都在于洛克菲勒的独立思考，他成功了，他走了人生的捷径。

为什么诺贝尔奖只有少数人能够获得？其实，答案很简单，当所有人的脑袋想的都是一个方向，所有人都想着常规，最后又怎能制胜？道理大家都明白，可还是有很多人照样进了大众思考的圈子。洛克菲勒就并非如此，他懂得独立思考。洛克菲勒倡导独立思考，在他看来，做事情要敢于提出自己的创见，具有独立精神和创新精神。

洛克菲勒思维的独立性表现为善于独立地提出问题、分析问题、解决问题，还有不迷信权威，不人云亦云。纵观成功人士的历史，我们可以看到很多成就显赫的名人、伟人都善于独立思考，他们也因此能从人们司空见惯的现象中发现问题，并大胆地追求，最后有所建树。

思考是大脑的活动，人的一切行为都受它的指导和支配。思考虽然看不见、摸不到，但它真实地存在。有什么样的思考方式，就有什么样的命运。一个人如果能够不断更新自己的思想，并将自己对人生新的领悟传递给他人，那么他就能够主宰自己的命运，并且开创属于自己的风格，但如果他总觉得自己没有独立做事的能力，不可能超越其他的人，那么他就真的不会独立，只能跟在别人后面。

编者手记

伟大的哲学家叔本华曾经说过："不加思考地滥读或无休止地读书，所读过的东西无法刻骨铭心，其大部分将消失殆尽。"一个人没有独立思考的能力，很难领悟人生的真谛，而且会丧失主见，很容易别人一开口就变得惊慌失措。独立思考问题、独立解决问题的能力是保持个性的重要方面，也是一个人立足于世不可缺少的条件。

独立思考，要有无拘无束的自由空间，没有杂事的纷扰，没有物欲的冲击，没有他人的强求，这种思考环境才是最为珍贵的。在这种环境下，我们用心灵看到的东西往往比用眼睛看到的还要多。

第六章

培养孩子也是人生重要的一课

忠告 22: 乐观：对生活充满美好希望

那些积极向前的人，肯定自己有更大的价值，他就能得到很大的回报。他所做的每一件事情，他的待人接物，他的个性、想法和见解，都显示出他是专家，他是一位不可或缺的重要人物。

——洛克菲勒

盖茨先生曾为洛克菲勒引荐过一位大学教授，他是一个博学多才的人，他喜欢自由与旅行，然而他在一次旅行中不幸失去了一条手臂。一个人失去了一条手臂肯定会痛苦，但是这个大学教授却是一个十足的乐观者，他还是经常微笑，并且经常帮助别人。那天在谈及他的残障问题时，他告诉我说："那只是一条手臂而已，当然，两个总比一个好。但是切除的只是我的手臂，我的心灵还是百分之百的完整而且正常。我实在是要为此表示感谢。"

面对生活，也许你有点疲惫不堪，但这种不幸的境界，又何尝不是你每天积累的？也许，你的确有难言的忧愁，以致你对以后的人生失去兴趣；但是，你却可以用另外一把钥匙去打开快乐之门，而一改你忧愁不堪的形象。

有一次，卡尔·荣格先生与洛克菲勒不期而遇，这位心理学家给洛克菲勒讲了一个故事：

有一个人被洪水困住了，他只得爬到屋顶上避难。邻居中有人漂浮过来说道："查斯，这次大水真是可怕，难道不是吗？"

查斯回答道："不，它并不怎么坏。"

邻居有点吃惊，就反驳说："你怎么说不怎么坏？你的鸡舍已经被冲走了。"

查斯说："是的，我知道，但是6个月以前我已经开始养鸭了，现在它们都在附近游泳。每一件事情都还好。"

"但是，查斯，这次的水毁了你的庄稼。"邻居坚持说。

查斯回答说："不，并没有。我种的庄稼因为缺水而受损，就在上周，还有人告诉我，我的土地需要更多的水，所以这下就解决了。"

那位悲观的邻居再次对满脸微笑的约翰说："但是你看，查斯，大水还在上涨。就要涨到你的窗户上了。"

乐观的查斯笑得更开心了，说道："我希望如此，这些窗户实在太脏，需要清洗一下。"

这听起来像个玩笑。但显然这是一种境界——决定以积极的态度来应对这个纷繁复杂、顺逆起伏的世界。

洛克菲勒认为，乐观是一个人获得美好生活的源泉。在这个世界上，唯有一种心情，能让人们感觉到一切都是美好的，那就是保持乐观的心态。乐观的人生，带给你的是永远的自信和脸上抹不去的微笑。

人生有成功也有失败，这是必然的。面对失败，你如果不能昂首挺胸，它们会不断扩展，直到取代人生的所有理想与信念，控制你的心，并使你充满挫败感，开始怀疑自己的能力，对所尝试的事情缺乏成功的信心。面对挫折和失败，唯有乐观、积极地面对，才是正确的选择。

如果失败了，不妨对自己说："那好呀，没有什么了不起，失败已经包含着走向成功的因素。""假如生命给我一次失败的机会，它同时也会给我面对失败的勇气和信念，走出失败的陷阱。"

或者，转移注意力。把注意力转移到自己喜爱和感兴趣的活动上来，当感情投入到新的情境中后，自然容易摆脱挫折所带来的消极情绪，如听听音乐，看看文学书籍等。或者适当地发泄内心的痛苦和忧伤。将这种压抑的情感向亲朋好友痛快地倾诉出来，寻找慰藉，或者做运动，或把某些无用的东西当作泄愤对象，这样心情会舒畅一些。

世界上有无数强者，即使丧失了他们所拥有的一切东西，也不能把他们叫作失败者，因为他们仍然有不可屈服的意志，有一种坚忍不拔的精神，有一种"笑一笑，十年少"的乐观心态，而这些足以使他们从失败中崛起，获得更大的成功。

生活并不像我们所想象的那样，总是充满了阳光和坦途。当你对生活失望的时候，不妨抬头看看蓝天，感受一下生命的可贵与生活的温暖，或许你就能够找到重新走下去的勇气。哈佛告诉学生，不论处于何种境地，都不要对生活绝望，要用一种积极的心态来面对生活中的一切挫折和磨难。

积极的心态，是无论在任何情况下，都应具备的正确心态。这种心态具有正性的特点，诸如信心、正直、希望、乐观、勇气、慷慨、亲切和高度的通情达理。

积极的心态是成功的基本要素，消极的心态是人类致命的弱点。消极的心态会蒙蔽你的想象力，降低你的合作意愿，使你失去自制能力，容易发怒，缺乏耐性。它只会为你树立敌人，摧毁你的成就和朋友。你必须培养积极的心态，没有积极的心态你就无法成就大事。

的确，无论什么时候，我们都要有一个积极的心态，因为心态具有无比神奇的力量，它既可以使一个人在浑噩中奋起做事，也可以使一个人在安逸清闲中腐化堕落。你的未来将走哪一条路，决定于你的心态，决定于你是在快乐或是颓废的心态支配下的人生选择。每个人都被不同的心态所驱使。

不管生活中有哪些不幸和挫折，你都应以欢悦的态度微笑着面对。人生的光阴只有短短几十年，但我们常常浪费很多时间，为一些一年内就能被遗忘的事情发愁，这是多么可怕的损失！除了不能改变过去，你可以改变的事情很多，包括你的现在和未来。所以，换一个角度，换一种思维，换一份心情去生活。

人生在世，谁都难免会遭受一些意外的打击，当事情已经发生，并且无法挽回时，最好的办法是学会遗忘，改变心情，不要沉浸在没完没了的痛苦中。有些痛苦是外力强加的，但更多的痛苦是自己选择的，比如，强迫自己去反复回忆痛苦的往事，这就是给自己强加的另一种痛苦。

忠告 23：自信：用成功的信念取代失败的念头

只要相信我们能够成功，我们就会赢得成功。

——洛克菲勒

关于自信，洛克菲勒常常讲起这样一个故事：

一位父亲带着儿子去参观凡·高故居，在看过那张小木床及裂了口的皮鞋之后，儿子问父亲："凡·高不是位百万富翁吗？"父亲答："凡·高是位连妻子都没娶上的穷人。"

第二年，这位父亲带儿子去丹麦。在安徒生的故居前，儿子又困惑地问："爸爸，安徒生不是生活在皇宫里吗？"父亲答："安徒生是位鞋匠的儿子，他就生活在这栋阁楼里。"这位父亲是一个水手，他每年往来于大西洋各个港口，儿子叫伊东布拉格，是美国历史上第一位获普利策奖的黑人记者。

20 年后，在回忆童年时，伊东布拉格说："那时我们家很穷，父母都靠卖苦力为生。有很长一段时间，我一直认为像我们这样地位卑微的黑人是不可能有什么出息的。好在父亲让我认识了凡·高和安徒生，这两个人告诉我，上帝没有轻看卑微。"

不论是什么人，只要他能够不懈地奋斗，那么他就一定能够实现自己的理想，从而获得成功。因为上帝从来不会轻看卑微的人，会给他们相等的机遇。

坚定的信心，能使平凡的人做出惊天动地的事业。一个人如果在心里就已经在暗示自己不行了，那么在不太理想的客观环境和现实条件等各种因素中总是容易败下阵来；而如果始终对自己有信心，把它作为自己的精神支柱，就能够更加坚定地奔向自己的目标。并不是说自信的人最终都会获得成功，但是他们往往生活得很精彩，因为他们在努力将不可能变成可能，敢于去奋斗、去创造生命中的奇迹！

有人在研究当代世界名人成长经历后发现，这些名人对自我都有一种积极的认识和评价，从而产生一种相当的自信。这种自信是在客观认清自己的现状之后仍保持的一种昂扬斗志，是成功者必须依赖的精神潜能。这种自信是这个世界上你最可依靠的力量，它能把你从失意和自卑中挽救出来。对于一名前途光明、未来充满了无数成功可能的青少年来说，只要相信自己，充分激发出自己的潜能，你就可以创造奇迹。

自信是成功之源，只要你能时刻都充满自信地去面对任何情况，你就能化解任何障碍，解决各种困难，你的生命也会得到升华。

自信是成功之源，自信能充分发挥才能.一个人的自信力，能够控制他自己的生命的血液，能够坚持自己的方向，坚定自己的步伐，这样的人一定会有一个很精彩的人生。如果一个人能够了解坚定的力量，能够把他所希望的东西在心里牢牢地把握住，然后向着这理想目标艰苦不懈地努力，那么，他一定可以排除种种的不幸与困难，达到理想中的最高峰。

编者手记 ··

一个人可以没有资本，可以没有地位，但他不能没有信心。如果连信心都没有，不管怎么样，这个人都不会有所成就，相反，如果拥有坚强的信心，即使现在身陷低位，也只是暂时的，坚强的信心终究会为他带来成功。

忠告 24：独立：从小培养独立自主的性格

我曾张开怀抱鼓励孩子从桌子上跳下来，可当孩子跳下来的时候我并没有去接住孩子，而是让孩子记住："凡事要靠自己，不要指望别人，有时连爸爸也是靠不住的！"

——洛克菲勒

在工作中，很多人总是倾向于去依赖别人的帮助，把自己的全部工作往其他同事身上压，结果不但变成了其他同事避而远之的拖油瓶，自己也无法在工作中得到实际的锻炼。当离开其他同事的帮助时就像失去了骨架的软体动物一样什么事情也做不好。再或者是太相信别人，把所有的希望都寄托在别人身上，最后被敌方往背后戳一刀而毙命。

洛克菲勒认为，自己才是最可靠的，自己的幸福是把握在自己手中的，是需要自己去创造的。内因才是根本，当我们在工作中遇到困难的时候，我们不拒绝外界的帮助，但是最主要的还是要依靠自己。

生命当自主，一个永远受制于人，被人或物奴役的人，享受不到创造之果的甘甜。人的发现和创造，需要一种坦然的、平静的、自由自在的心理状态。自主是创新的激素、催化剂。人生的悲哀，莫过于别人替自己选择，结果成为被别人操纵的机器，从而失去自我。所以，在洛克菲勒看来，最令人鼓舞的事实，莫过于人类能主动努力以提升生命价值。

只有积极主动地寻求自我提升的人，才能够更快地在这个快节奏的社会中确定一个有提升空间的位置。而一切的成长，都必须依靠自己的努力。积极主动不仅指行事的态度，还意味着为人一定要对自己的人生负责。

美国石油家族的洛克菲勒非常主张培养个人的独立性。有一次他带着他的儿子爬梯子玩，可当儿子爬到不高不矮（不至于摔伤的高度）时，他原本扶着儿子的双手立即松开了，于是儿子就滚了下来。这不是洛克菲勒的失手，更不是他在恶作剧，而是要儿子的幼小心灵感受到：做什么事都要靠自己，就是连爸爸的帮助有时也是靠不住的。

在中国，"富不过三代"俨然成了富人家族中铁一般的定律，可是，洛克菲勒家族从发迹至今已经绵延6代，仍未出现颓废或没落的迹象。洛克菲勒家族的节俭是出了名的，除此之外，还有很重要的一点，那就是洛克菲勒家族非常重视对子女独立精神的教育。

洛克菲勒家族告诉孩子不要过分依附别人，甚至包括父母。洛克菲勒家族教育孩子不要希望得到别人的保护，还会有意让他们亲身去经历、发现和体验生活中的困难和挫折，尝试可能涉及的危险。

不仅是洛克菲勒，整个犹太群体都非常推崇个人的独立精神，在他们看来，独立精神是一个人拥有一切优秀品质的基础。所以，在犹太人的家庭教育中，培养孩子的独立精神是重中之重。

巴拉尼年少时患了一种骨结核病。因为家庭贫困，没有医治好，他的膝关节永久性僵硬了。一般情况下，父母都会格外地疼爱这样的孩子，可是巴拉尼的父母却很"冷酷"。凡是巴拉尼自己可以做的事情，父母绝对是"袖手旁观"，偶尔表扬他一两句。18岁时，巴拉尼的父母就不再给巴拉尼经济上的支持。后来，巴拉尼的人生充满了坎坷，父母也从来都只是在背后默默地支持。巴拉尼立志学医，在遭遇了无数次失败后，终于在1914年获得了诺贝尔生理学或医学奖。

也许很多人觉得巴拉尼父母的做法过于残酷，但客观地说，这样的做法是理智的，就像在巴拉尼15岁生日那天，父亲说的：

"孩子，我们从不把你当成一个残疾的孩子看待，我们不会给你特殊的呵护，因为我们知道没有人能呵护你一辈子，除了你自己。只有当你养成自理的习惯，你才有自立的能力，才能在未来掌握自己的命运。孩子，我们希望你能明白，我们是爱你的。"正是"残酷"的教育，让巴拉尼独立自强，走上了自己的成功之路。

人，要靠自己活着，而且必须靠自己活着。在洛克菲勒人生的不同阶段，他都应竭尽全力达到理应达到的自立水平，拥有与之相适应的自立精神。他认为，这是立足社会的基础，也是形成自身独立的基石。

缺乏独立自主个性和自立能力的人，连自己都管不了，还能谈发展或成功吗？即使你的家庭环境所提供的是处于天堂之乡，你也必须先降到凡尘大地，从头爬起，以平生之力练就自立自行的能力。

因为不管怎样，你终将独自步入社会，参与竞争，你会遭遇到比学习要复杂得多的生存环境，随时都可能出现或面对你无法预料的难题与处境。你不可能随时动用你的"生存支援系统"，而是必须得靠顽强的自立精神克服困难，坚持前进。

待在家里、总是得到父母帮助的孩子一般都没有太大的出息，就是这个道理。而一旦让他们不得不依靠自己，不得不动手去做，或是在蒙受了失败之辱时，他们通常就能在很短的时间内发挥出惊人的能力来。

你必须始终保持自己的独立性，这样别人将会永远需要你，想要得到你的帮助。别人对你的依赖性越大，你的自由空间也就越大。让别人依靠你去获得他们想要的幸福和财富，你就没有什么好害怕的了。

年轻的父母要以洛克菲勒为榜样，来教育自己的孩子。从小就应该让自己的孩子明白：一个人的成功，主要取决于他自己。尽管有时候能获得外界的扶助、有所依靠，但是不要养成依赖的心理。如果一个人总是依靠他人，将永远也坚强不起来，永远也不会有独创力。试想一下，如果每次遇到一个稍微有点难度的数学题，孩子都不愿意动脑子自己思考，而是急忙跑去问老师或者同学，这样他的数学成绩又怎么会得到大幅度的提高呢？

对于成大事者而言，拒绝依赖他人是对自己能力的一大考验，洛克菲勒就是这样的人，他也是这样教育下一代的。因为洛克菲勒知道依附于别人，是把命运交给别人，从而会失去做大事的主动权。孩子如果将自己的发展依赖于别人的定位，而失去自己的人生目的，没有自我实现的欲求，就不可能做出一番事业。人的生命，要靠自己去雕琢，一个人的价值只有通过自己的努力才能够得到证明。年轻的父母就应该让孩子从小清楚地认识自己，凭借自己的努力去取得一定的成绩。

编者手记

年轻的父母一定不要溺爱自己的孩子，事事代劳只会遏制孩子的发展，要给他们成长的空间和机会，培养他们独立生活的能力，这才是我们要树立的正确的教育观念。

生活中最大的危险，就是依赖他人来保障自己。将希望寄托于他人的帮助，便会形成惰性，失去独立思考和行动的能力；将希望寄托于某种强大的外力上，意志力就会被无情地吞噬掉。只有独立才能逐步走向自主、自强。

忠告 25：坚持：成功贵在意志坚定

与其生活在既不胜利也不失败的黯淡阴郁的心情里，成为既不知欢乐也不知悲伤的懦夫的同类者，倒不如不惜失败，大胆地向目标挑战！

——洛克菲勒

洛克菲勒认为，功成名就是一连串的坚持。

成功离你并不遥远，它就在你的前方，一步一步向前走就对了。有些人之所以在中途放弃，是因为觉得这段路太漫长，认为自己坚持不到那里。而成功的人，只是埋头前进，因为只要走一步，就能靠近一步。成功是不会自己跑掉的。

英国著名哲学家罗素说，伟大的事业根源于坚韧不拔地工作，以全部精神去从事，不避艰苦。美国著名诗人和外交家约翰逊也说，成大事不在力量的大小，而在于能坚持多久。

三百六十行，行行出状元。为什么有些人能够脱颖而出呢？其中一个很重要的原因就是他们能够坚持到底。成功者，总是在自己从事的领域中坚持不懈，做到最棒，然后才会做其他事。同样，在做其他事情时，他们还是会持之以恒。

任何人的成功都绝非偶然，这些人身上一定有其不同于常人的优点。洛克菲勒这种坚持不懈的精神就是成功的必要条件。所有这些事例都告诉我们，坚持不懈的精神在日常工作中是非常重要的。做点事并不难，难的是坚持不懈地做下去。谁能够坚持到底，谁就能最先看到曙光，谁就能夺取最后的胜利果实。

中国有句古话，那就是"水滴石穿，绳锯木断"，这个道理我们每个人都懂得，然而为什么微不足道的水能把石头滴穿？柔软的绳子能把硬邦邦的木头锯断？说透了，这还是坚持。一滴水的力量是微不足道的，然而许多滴水坚持不断地冲击石头，就能形成巨大的力量，最终把石头滴穿。绳子把木头锯断也是同样道理。功到自然成，成功之前难免有失败，然而只要能克服这些折磨，坚持不懈地努力，那么，坚持之后，你就会看到成功。

俄国化学家门捷列夫说："天才只意味着终身不懈地努力。"英国政治家迪斯雷利说："成功的奥秘在于坚持不懈地奔向目标。"是的，我们每一个人的人生都有许多付出，但是这些付出如果在最后要收获的那关键一步却不坚持到底，那么再大的丰收也永远不会属于你。

坚持下去，已经成为所有卓越人物的共同点，成为他们生活中的一个基调。每一个成功的人，在确定了自己的正确道路后，都在不屈不挠地坚持着，忍耐着，直到胜利。

永不屈服、百折不挠的精神是获得成功的基础。许多青年人的失败都可以归咎于恒心的缺乏。很多青年颇有才学，也具备成就事业的能力，但他们的致命弱点是缺乏恒心，没有忍耐力。

恒心称得上是世间的最有价值的美德，只要凭着恒心，就能使个人的生命力量发挥得淋漓尽致。

滴水可以穿石，锯绳可以断木。如果三心二意，哪怕是天才，终有疲惫厌倦之时。只有仰仗恒心，点滴积累，才能看到成功之日。

天才的力量总比不上勤奋工作含辛茹苦的力量。才华固然是我们所渴望的，但恒心与忍耐力才能让我们获得成功。

我们绝不考虑失败。要将暂停、不能、没有办法、不可能、有问题、未必、失败、不能用、没希望，以及撤退等字眼和词句，从心中删除。我们要避免绝望，我们要朝着目标昂首阔步，勇往直前。因为，干涸的沙漠尽头，就是绿洲甘草。

人们在实现自己所追求的目标过程中，不可能不遇到困难，从某种意义上讲，人的一生就是不断战胜困难、化解挫折从而获得发展的过程。而在这种过程中你必须具备的就是意志力，如果你想成功，你必须具有坚定的意志力。如果没有意志力，你不可能战胜挫折，如果没有坚定的意志力，你不可能实现既定目标。

编者手记

爱迪生曾说过："伟大人物最明显的标志，就是他坚强的意志，不管环境变换到何种地步，他的初衷与希望仍不会有丝毫的改变，并能终于克服障碍，达到期望的目的。"给自己一个坚持下去的理由，借此坚定我们的意志，最终我们必将取得成功。

一个人做事没有耐心、没有恒心是很难成功的。因为任何一件事的成功都不是偶然的，它需要你耐心地等待。同样，一个人没有坚定的意志力，他就很难看到成功，因为他在成功到来之前就放弃了。

一个人的意志决定我们在面对困难、失败、挫折、打击时，是倒下去还是屹立不动。一个人如果想把任何事进行到底，单单靠着一时的冲劲是不行的，还需要意志坚定方能成事。意志坚定的人，不达目标绝不中止。

忠告 26： 宽容：人恒爱之

要永葆身心的和谐，善待自己的一生，爱家人和朋友，知道其可贵之处，这恐怕是无可比拟的良药吧。

——洛克菲勒

洛克菲勒本来有一个很好的机会可以好好教训一个冒犯了他的职员，但事实上他并没有那样做。

事情是这样的，年轻的洛克菲勒空闲的时间很少，所以他总是将一个可以收缩的运动器——一种手拉的弹簧，放在随身的袋子里。

有一天，他走到自己的一个分行里去，这里的人都不认识他。他说要见经理。有一个神色傲慢的职员见他衣着随便，回答说："经理很忙。"洛克菲勒便说，等一等不要紧。

当时待客厅里没有别人，他看见墙上有一个适当的钩子，便把那运动器拿出来，很起劲地拉着。弹簧的声音打搅了那个职员，职员急忙跳起来，气愤地瞪着他，冲着他大声吼道："喂，你以为这里是什么地方啊，健身房吗？这里不是健身房。赶快把东西收起来，否则就出去。懂了吗？""好，那我收起来。"洛克菲勒和颜悦色地回答，把东西收了起来。

5分钟后，经理先生来了，很客气地请他进去坐。那个职员马上蔫了，觉得自己在这里的前程肯定是断送了。洛克菲勒临走的时候，还客气地和那个职员点了点头，对方则是一副不知所措的惶恐样子。他觉得洛克菲勒肯定会惩罚自己的无礼举动，于是便忐忑不安地等待着处罚。

但是过了几天什么也没有发生。又过了一星期，再过一星期，还是没有事。过了三个月之后，他忐忑不安的心才慢慢平静下来。很明显，洛克菲勒没有把这件事放在心上，宽容了那个职员。

一个胸襟宽阔的人是不会因为他人的冒犯和无礼而勃然大怒的，相反，他们会很温和谦恭地对待那些冒犯他们的人，学会用宽广的胸襟来克服狭隘，这才是一个成功者应该具备的高尚品质。

一位著名的女作家说："人总是有缺点的，但是你要尽量往一个人的可爱处看，慢慢你就会觉得，那些缺点也都是可原谅的。"

在洛克菲勒看来，学会谅解要把握住两点：一是要懂得，世界上总有人想靠伤害人悦己。二是要明白，多想想那些人的难处、长处、可怜无奈处，便会消气。

在日常生活工作中，我们总是要和朋友、同事相处并发生各种关系，总要不可避免地产生这样或那样的矛盾。在这种情况下，究竟应当采取什么态度？在朋友之间，还是以"严于律己、宽以待人"为好。

"宽以待人"，是古今中外优良道德传统，在今天仍然应当加以继承和发扬。一个有道德的人，在同别人的相处中，由于他能够很好地关心别人、尊敬别人，所以，他也就能够得到别人的关心和尊重。这也就是"爱人者，人恒爱之；敬人者，人恒敬之"的道理。

一个人，在社会生活中如果受到了别人非礼的待遇，他首先要反躬自问，检查自己在处理问题时，是不是有什么不妥当的地方。如果自己有不对的地方，就应当坚决改正，如果自己并没有不对的地方，也就不要再去同这种人计较了。

所以，在同他人的交往中，时时都要有一种"设身处地"的思想，来理解别人、体贴别人。提倡在人和人相处时，要拿自己做譬喻，推己及人，从而达到更好地关心别人的目的。当自己有困难或遭到不幸时，总是希望能得到他人的帮助，因而，在别人遭到困难和不幸时，自己就应当主动地去关心他人。一味地责怪他人不关心自己而不知道关心别人的人，是永远也不会处理好人和人之间的相互关系的。

"宽以待人"既是一种待人接物的态度，也是一种高尚的道德品质，它能够化解人和人之间的许多矛盾，增强人和人之间的友好情感，有利于我们所从事的事业的共同发展。同时，一个人如果能够养成"宽以待人"的优良品德，就一定可以在同他人的相处中，严格要求自己，宽容地善待他人，不断提高自己的思想境界，使自己成为一个道德高尚的人。

洛克菲勒认为，一个懂得宽容的人对别人不苛求，"能容人处且容人"。每个人都有自己的思维、工作、学习、生活习惯，既有其长处，也有其短处。在社会生活中，人们总要同各种各样的人打交道。换个角度，多注意别人的好处，用理解、同情和爱心去影响别人，使他既能认识自己的缺点，又能心悦诚服地改正，你的人际关系也会因此得到很好的发展。

处处宽容别人，绝不是代表软弱，绝不是面对现实的无可奈何。在短暂的生命里程中，学会宽容，你的心情因此更加快乐。

宽容别人的同时，自己也就把怨恨或嫉恨从心中排掉了，才会怀着平和与喜悦的心情看待任何人和任何事，才会愉快地生活。所以，在生活的磨难中逐步学会宽容，能宽容他人的人，心里的苦和恨比较少；或者说，心胸比较宽阔的人，就容易宽容他人。当你对别人宽容时，也是对你自己宽容。明明是对方错怪了你、欺骗了你，对方伤害了你，心中没有怨恨。看到这里，也许你会问：对坏人也宽容？正确的回答是，你不以牙还牙，这就是宽容。

所以，要让自己快快乐乐地生活在充满爱的世界里，自己首先要做一个宽宏大量的人。要真正做到宽容并不容易，如果你心里有恨和苦，宽容不了他人，或者，如果你认同宽容是很高尚的行为，不过难以时时做到，你应该远离品头论足的人，随着时间的推移，你会发现，你的宽容多了，你心里的喜乐也多了。

编者手记 ···

　　一个宽容的人保持着一种恬淡、安静的心态，做着自己应该做的事情。一个善意的微笑，一句幽默的话语，也许就能化解人与人之间的怨恨和矛盾，填平感情的沟壑。宽容是一种非凡的气度、宽广的胸怀，是对人对事的包容和接纳。有人曾说过："世界上最宽阔的是海洋，比海洋宽阔的是天空，比天空更宽阔的是人的胸怀。"

　　大海因为能够容纳百川，所以可以成为浩瀚的海洋。莎士比亚忠告人们说："不要因为你的敌人而燃起一把怒火，那只会烧伤你自己。"假如别人伤害了自己，千万不要只会怨恨，关键是要学会宽容，并避免被别人再次伤害。

第七章

不是什么人都可以做朋友

忠告 27：朋友是最大的财富

　　坚强有力的同伴是事业成功的基石。不论哪种行业，你的伙伴既可能把事业推向更高峰，也可能导致集团的分裂。

——洛克菲勒

　　林肯是洛克菲勒非常佩服的总统，他的成功就在于"朋友"这个财富。

　　在美国内战爆发之前，人们经常在茶余饭后谈论几位总统候选人的条件。有一次，在提到林肯时，一个人说道："林肯一无所有，他唯一的财富就是众多的朋友。"的确，林肯非常贫困，当他当选为所在州的议员时，他特地借钱买了一套比较高档的服装，以便在公众场合抛头露面时显得比较正式，并且由于坐不起车，他还徒步走了一百英里去就职。

　　还有这样一则轶事，那就是在林肯当选为美国总统之后，他为了把家人迁移到华盛顿，竟然不得不向朋友借钱。然而，就是这样一个在物质上窘迫困顿的人，在友谊上却是非常富有。尽管他具有非凡的个人能力，但是，如果没有来自他朋友们强有力的、无私的和热心的帮助，他是根本不可能取得这么大的成就的。

　　拥有真挚热心的朋友是一件让人幸福的事。朋友总是细心地关注着我们的每一个兴趣爱好，无时无刻不在为我们服务。他们会抓住每一个机会赞扬我们的优点，无私地支持我们。

洛克菲勒认为，真正的朋友，在我们不在的场合，他们会毫不犹豫地代表和维护我们的利益，他们会帮助我们克服自身的缺陷与不足，在听到有可能伤害我们的流言蜚语或无耻谎言时，他们会果断地予以制止和反驳。他们还会努力地扭转他人对我们的消极印象，给我们公正的评价，并想方设法地消除由于某些误解，或者是由于我们在某些场合恶劣的第一印象而导致的偏见。总之，朋友在漫漫的人生之路上总是推动着我们前进直到走向成功。

单单从经营事业的角度来看，朋友帮助的价值，已经不可轻视了。如果没有许多朋友为我们带来客户和生意，如果没有朋友始终如一地尽己所能为我们开辟道路和提供方便，我们中的许多人不会那么容易成功。

洛克菲勒认为，一个人的成功应该由他所交的朋友的数量和质量来衡量。因为不管他积聚了多么庞大的财富，如果他没有众多朋友的话，那他的某些地方肯定是存在巨大缺陷的，这样的人缺乏所谓的纯正品质。孩子们必须接受这样的教育，即这个世界上最神圣的事就是交一个真正的朋友，他们必须从小接受训练来培养交友的能力。这种训练所起的作用是其他任何东西都无法代替的，它将极大地丰富他们的个性，有助于发展优良的品质，并使得他们的生活更加幸福。

编者手记

当你成为别人的朋友时，你就拥有了朋友。德国小说家歌德说："一个人总不可能跟所有的人生活在一起，因此，他也就不可能为每一个人而活着。若能真正认识到这个真理，人就会极度珍视自己的朋友。"

地狱和天堂的差别就在于，在天堂里面，每个人都相互信赖，相互依靠，都愿意主动给他人提供食物，也乐意接受别人的帮助。而那些地狱里的人，就是不愿意成为朋友的陌生人，他们不愿意给别人食物。

其实，只要他们给别人递上手中的勺子，别人也会给他们送上食物。美国著名作家爱默生说，获得朋友的唯一办法是自己先成为别人的朋友。那些没有朋友的人，就像是那些身处地狱的人，他们总是羡慕别人的友情，哀叹自己形单影只，却不想想自己是否给别人带去了友谊。

忠告 28： 与积极人士加强来往

消极人士只会哀叹时运不济，也从不用带有欣赏性的眼光把自己看成是更有分量、更有价值的人，他们失去了让自己全力以赴的念头以及自我鼓励的功能，反让消极占满了自己的内心。明智的人绝不会停顿在对时运不济的哀叹中。

——洛克菲勒

在洛克菲勒的孩子成长的时间，洛克菲勒很担心，因为受到孩子那些朋友的影响，孩子的某些思想和观念正在发生转变。洛克菲勒当然不反对孩子扩大自己的社交圈，这可以增加孩子的生活情趣，扩展孩子的生活领域，甚至可以帮孩子找到知己或者实现人生理想的人。但有些人显然不值得孩子与之交往，比如，那些拘泥于卑微、琐碎的人，这是洛克菲勒非常担心的。在洛克菲勒的眼里，与积极人士加强来往，可以使自己获益，而与那些消极人士交往，只会让自己退后。

在洛克菲勒的眼里，有两种人是他坚决拒绝与之交往的：

第一种人是那些完全对现实投降以及安于现状的人。他们深信自己完全没有足够的条件去创造伟大的成就，那只是幸运儿的专利，而自己不具备这个福气。这种人愿意守着一个有一定保障但是却平凡无奇的职位，得过且过，年复一年，最终碌碌无为。他们也知道自己需要一份更有挑战性的工作，这样才能得到更好的发展与成长，但是碍于许多的阻力与挫折，他们在打击中悲观地认为自己不适合做大事，最终选择敷衍一生。

"现状"每一瞬间都在成为历史，正如时光每一瞬间都在逝去。绝不安于现状，是所有成功规则中的元规则。不安于现状，保持进取激情，才是生存的根本保证。价值是一个变数。今天，你可能是一个价值很高的人，但如果你故步自封、满足现状，明天，你的价值就会贬值，被一个又一个智者和勇者超越。

今天，你也可能做着看似卑微的工作，人们对你不屑一顾，而明天，你可能通过知识的不断丰富和能力的提高，以及修养的升华，让世人刮目相看。在时代发展日新月异的今天，只有抱着不断超越平庸、绝不安于现状的心态，不断实现自我从优秀到卓越的跨越，你才能不断提升自己，成为职场中的常青树。

洛克菲勒认为，如果一个人没有丝毫的进取心，只求安于现状，那么他的结局只能是平庸，他的职业生涯也许永远都不会有亮点。

第二种人是不能坚持挑战到底的人。这些人曾经有着成就大事的决心和希望，也曾为此做过多方面的准备和筹划。但是过去几十年或十几年后，随着工作阻力的慢慢增加，为更上一层楼需要艰苦努力的时候，他们就会觉得这样下去实在不值得，因而放弃努力，变得自暴自弃。

半途而废者经常会说"那已足够了""这不值""事情可能会变坏""这样做毫无意义"。而能够持之以恒者会说"做到最好""尽全力""再坚持一下"。所以，巨大的成功靠的往往不是力量而是韧性，竞争常常是持久力的竞争。有恒心者往往是笑在最后、笑得最好的胜利者。

在洛克菲勒的眼里，成功者的特征是：绝不因受到任何阻挠而颓丧，只知道盯住目标，勇往直前。那些遇事迟疑不决、优柔寡断的人很少能够登上成功的巅峰。一个人有了持久心，其他人就会对他赋予完全的信任；有了持久心的人到处都会获得别人的帮助。而那些做事三心二意、常常半途而废的人，在他人眼中是靠不住的，没有人会选择相信他们，更不会轻易施以援手。

洛克菲勒说，这两种人身上有着共同的思想毒素，极易感染他人，那就是消极。积极的人绝不让悲观左右一切，绝不屈从各种阻力，更不相信自己只能浑浑噩噩虚度一生。他们活着的目的就是获得成就。这种人都很乐观，因为他们一定要完成自己的心愿。这种人很容易成为各个领域的佼佼者。他们懂得享受真正的人生，也真正了解生命的可贵与价值。他们都盼望每一个新的日子，以及跟别人之间的新接触，因为他们把这些看成是丰富人生的历练，因此热烈地接受。

　　我们同样需要学会交朋友。在人的各种基本生活技能中，如何建立及保持友谊，是一种至关重要的生活技能。良好的人际关系是树立自信心的根本，也是修养品德的重要支撑。它在很大程度上影响了我们的个人发展。所以在交朋友时要学会一些鉴别朋友的技巧。

　　一个人结交的朋友不可能是同一类型的，有温和稳重的、豪爽豁达的、机智潇洒的，也不排除有轻浮虚伪、刻薄势利的。因此我们必须能鉴别出他是个什么样的朋友，知道了他的品行好坏，我们才能选择对应的策略与之交往，知道一个朋友常常说谎，就不要轻信他的话；知道有的朋友是心直口快的人，就不要和他计较。

　　对一个人还不太了解时，我们可以先了解他周围的人，看看他周围的人都是一些什么样的人。"物以类聚，人以群分"，性情相近的人容易交往，因此他周围关系密切之人主要是与他性情相近的。比如说，在与一个人关系密切的人中，势利小人占了一大部分，那么，这个人性情也好不到哪里去，与这样的人交朋友，你要注意他可能比较重视权势、利益。一个人周围有一帮阿谀奉承之辈，那么这人肯定虚荣、喜欢被人吹捧，与之交友，要注意不要轻易直言相谏。

　　朋友多多益善，但是也要学会分别。同时，我们还要知道一个问题，那就是人各有志。如果和你从小一起长大的玩伴突然拒绝你的邀请，而要和另外的朋友去参加聚会；如果昔日在一起说悄悄话的好伙伴不再对你的想法感兴趣；如果曾经总是鼓励你的人突然开始取笑你的短处，都不要太过伤心。就像孔子说的，不同的朋友适合在一起做不同的事情，同一个朋友在不同的时期也会做不一样的事情。坦然地接受这样的变化，我们才能交到更好的朋友。

不幸的是，消极的人随处可见，他们把自己禁锢在消极的心态下，原本具有的能力也发挥不出来，以致办事不力。

你要重视你的环境。就像食物供应身体一样，精神活动也会滋润你的心理。要使你的环境为你的工作服务，而不是拖累你。不要让那些专门扯你后腿的消极人士成为你前进的阻力，让环境在你的成功过程中起到正面作用的办法是：多接近那些积极的成功人士，拒绝同消极人士来往。

如果你陷入绝望了，不妨结交一些积极人士。积极的人不相信失败，他们将失败视为学习和发展新技能的机会。有人认为失败一无是处，只会给人生带来阴暗。其实恰恰相反，人们从每次失败中可以学习到很多东西，并调整自己的路线，重新回到正确的道路上来。错误和失败是不可避免的，甚至是必要的；它们是行动的证明——表明你正在做着事情。你犯的错误越多，你成功的机会就越大，失败表示你愿意尝试和冒险。积极的人应该明白：每次的失败都使你在实现自己梦想的道路上前进了一步，所以不必绝望。

我们不能阻止他人成为那些无聊的消极人，但我们要保证自己不被那些消极人士影响，导致我们的思想水准有所降低。你要让他们自然溜过，就像水鸭背后的水一样自然滑过。时时跟随思想积极的人前进，跟着他们一起成长、一起进步。

编者手记

放弃于你不利的关系，建立与他人的良好关系有助于增加你生活中的积极因素。没有人能在完全孤立的环境中生存。我们所有人都需要得到别人的关心和支持，以保持我们积极乐观的态度。然而并不是所有的关系都是值得珍惜和保留的，有的关系有助于我们进步，但有的关系却也会拖我们的后腿。当保持关系让我们感到消沉和劳累，而我们试图改善却没有任何结果时，我们就可以考虑结束或疏远这样的关系，以保持我们的快乐。

正如洛克菲勒说的，我相信人人都希望跻身于积极的人之中，因为只有这些人才能成功，也只有这些人才真正做出实际行动，并且能得到他们期盼的结果。

忠告 29：友谊是事业成功的助动力

> 朋友比世上所有的钱都珍贵。
>
> ——洛克菲勒

洛克菲勒的儿子约翰与摩根先生合作，这是美国经济史上最伟大的一次合作，正如《华尔街日报》所说，它标志着"一艘由华尔街大亨和石油大亨共同打造的超级战舰已经出航，它将势不可挡，永不沉没"。

合作，在那些妄自尊大的人眼里，它或许是件软弱或可耻的事情，但在洛克菲勒眼中，合作永远是聪明的选择，前提是必须对自己有利。

洛克菲勒对他的儿子说："如果我们不与摩根先生联手，这个假设很有可能成为现实，我们双方就很可能会拼个两败俱伤，而我们的对手卡内基先生则会从中坐收渔利，让他在钢铁行业始终以一枝独秀的姿态继续下去。但现在，卡内基先生一定要捶胸顿足了，想想看，谁会在对手蚕食自己领地的时候还能泰然自若呢？除非他是躺在坟墓里的死人。"

在洛克菲勒看来，朋友比世上所有的金钱都珍贵。这是一个古老的故事，但是洛克菲勒还记得，因为他认为，友谊是他事业的助推器。

有个富翁生了十个儿子，他计划自己去世的时候给他们每人一百金币。

可是，随着时光流逝，他只剩下九百五十金币。所以他给前九个儿子每人一百金币，对最小的儿子说：

"我只剩下五十金币了，我还得留出三十金币做丧葬费。我只能给你二十金币。不过，我有十个朋友，准备都给你，他们比一百个金币好多了。"

他把最小的儿子介绍给朋友们，不久就死去了。

那九个儿子各自谋生，最小的儿子也慢慢地花光了父亲留给他的那点钱。当他只剩下最后一个金币的时候，他决定用它请父亲的十个朋友美餐一顿。

他们一起吃啊喝啊，纷纷说："在这么多兄弟中他是唯一还记得我们的人，让我们报答他对我们的好意。"

于是，他们每个人给了他一只怀了牛犊的母牛和一些钱。母牛产下小牛，他卖了牛犊，开始用换回来的钱做生意，最后他比自己的父亲还富有。

然后他说："我父亲说朋友比世上所有的钱都珍贵，这话一点都不假。"

朋友的可贵之处在于，他总在你最需要帮助的时候出现，救你于水火。患难见真情。对洛克菲勒来说，广结人缘就是多开致富的门路，为自己将来的发展开拓财源的空间。

在现实生活中，人们常会发现有些人很有才华和能力，却经常失败，其重要原因就是缺乏良好的人际交往。

无论从事什么职业，只要学会处理人际关系，你就在成功路上走了85%的路程，在个人幸福的路上走了99%的路程。所以，洛克菲勒说："我愿意付出比天底下得到其他本领更大的代价去获得与人相处的本领。"

人际关系专家曾从各个不同的角度做了大量研究，结果都证明：越是懂得良好人际交往的重要性，人们在与人交往的过程中就越主动积极，其人际关系也越融洽，越能适应社会，其工作业绩也越大。

编者手记

友谊是事业成功的助动力，洛克菲勒认为良好的人际关系是一个人成大事的主要因素，友谊在一切事业里都极其重要。一点没错，拥有良好的人际关系是我们事业成功的必备条件，是我们一笔不可多得的无形资产。

忠告30：交"好"朋友

我从不尝试去买卖友谊，因为友谊不是能用金钱买来的。友谊的背后需要真情的支持。

——洛克菲勒

成功的决心和热情并不能取代科学的方法。谁都不希望走冤枉路，谁都想能够事半功倍。你也可以花十年、二十年，甚至穷尽一生的精力和时间，自己慢慢摸索成功之道，但那毕竟不是最好的方法。

在洛克菲勒的眼里，成功很重要的秘诀之一，就是要用已经证明有效的成功方法。已经证明有效的成功方法在哪里？在成功人士那里。因此，向成功的人学习成功的方法，可以说是追求成功的捷径。

因为，向成功的人学习成功的方法，可以肯定这个方法是经过实践检验的、行得通的、可操作的；另外，向成功的人学习成功的方法，就必然要直接或间接与成功者为伍，受他们的世界观、思维方法的影响而积极上进。

美国的一个机构经调查后认为，一个人失败的原因，90%是因为这个人的周边亲友、伙伴、同事、熟人都是些失败和消极的人。正所谓近朱者赤，近墨者黑，没有正确的方法指导，没有积极的思想引导，走向失败是在所难免的。因此，向成功的人学习成功的方法，不仅能成功，而且能早日成功。

所谓成功者成功的方法，一定是他们穷数年之功，历经无数次失败的经历。我们不必完全走他们的老路，而是直接学习、借鉴他们的经验、原则。做成功者所做的事情，了解成功者的思维模式，并运用到自己身上。

任何一位成功者，之所以在某一方面高人一筹、出类拔萃，必定有其与众不同的方法。只要科学地学习他的做法，你也可以做出和他相似的成就。学习成功之人身上闪光的地方、成功的方法，是使我们能够迅速提升自我，弥补自己身上的不足之处的有效手段之一。善于向成功之人学习，可以提高自己的做事效率，达到成功的目的，所以，洛克菲勒认为，交朋友要交成功、积极的人，不可与污秽者为伍。

在洛克菲勒的眼里，朋友是有好坏之分的，他认为交朋友，就要交好朋友。在工作中有好朋友的人，投入工作的热情比一般人要高很多倍，因为心情愉快，比较少发生意外，也乐于帮助同事，事业也就越来越成功。

真正的朋友是那些并非有意识接近你的人，而是因为相互欣赏才在一起的。中国有句古话，君子和而不同，小人同而不和。君子之间可以相互持有自己的意见，同时相互尊重成为好朋友，他们并没有想通过结交朋友为自己谋利，也不想为此放弃自己的立场。而小人就不同了，他们总是习惯于从对方身上取得最大的利益，所以会在意自己被谁利用得多一点。在这些人身上，看不到友谊的光辉。

洛克菲勒认为，经商需要诚信，但拒绝轻信。轻信只会使我们失去判断力，被他人牵着鼻子走，甚至被引入歧途乃至深渊。

那么，什么样的朋友能为自己的生活添光增彩呢？应该怎样挑选朋友呢？洛克菲勒认为，一些人现在可能没有多大的成就，但是他身上具备相当的潜力，将来一旦时机成熟，他一定可以成就一番事业。而且更关键的是，他是真心待你好、在你有难时都不会离弃你的朋友。

对于他而言这样的朋友一般具备以下三个特征：

1. 他是有能力的人

看一个人是什么样的人，就看他的朋友是什么样的人。确实，洛克菲勒所交的朋友的水准直接影响到他的水准。所以，提高自己的交友水准，可以让自己找到自身的不足，学习朋友身上的优点，而且也可以进入自己所没有涉足过的圈子，丰富自己的知识面。与强者做朋友，时间长了，你才会有一个成功者的思维，你才会用一个成功者的思维去思考。

2. 他是一个正直的人

朋友为人要正直，要有一种朗朗人格，不能有谄媚之色。因为朋友的人格可以映照你的人格，他可以在你怯懦的时候给你勇气；他可以在你犹豫不前的时候给你一种果断，让你有所发展，获得成功。

3. 他是一个宽容的人

当我们不小心犯了过错或者对他人造成伤害的时候，过分的苛责和批评，都不如宽容的力量来得恒久。其实，有时候最让我们感动的是一个人在忏悔的时候没有得到他人的怨气反而得到淡淡的包容。宽容的朋友不会使我们堕落或者更多的放纵，而是给我们内心增加一种自省的力量，让我们从他人的内心包容上找到自己的弊病和缺失。

在选择朋友时，我们要努力与那些乐观肯定、富于进取心、品格高尚和有才能的人交往，这样才能保证你拥有一个良好的生存环境，获得好的精神食粮以及朋友的真诚帮助。这正是孔子所说的"无友不如己者"的意思。

相反，如果你择友不慎，恰恰结交了那些思想消极、品格低下、行为恶劣的人，你会陷入这种恶劣的环境难以自拔，甚至受到"恶友"的连累。要结交懂得自尊自爱的朋友。因为一个人如果不自尊，便无法尊敬别人。近朱者赤，近墨者黑，假使我们所结交的朋友都是懂得自尊自爱的人，相信大家都会互相尊重的。与身心健全的人交往，不仅可以使自己得到别人的尊敬，而且也可以促进自己的身心健康，提高品德修养。

在你的生活中，特别是在你为成功而奋斗之初，不要结交那些对你有害无益的朋友，不要被拖入他们的浑水之中。

编者手记 ┄┄┄┄┄┄┄┄┄┄┄┄┄┄┄┄┄┄┄┄┄┄┄┄┄┄┄┄┄

人的一生不能没有朋友，但是交朋友是需要慎重选择的。正直的朋友可以指出自己的缺点，诚实的朋友不会暗害自己，多闻的朋友可以使自己增长见识；而阿谀奉承的朋友会使自己忘乎所以，当面温柔背后诽谤的朋友常常会对你使绊子，花言巧语的朋友更是容易出卖你。交到好朋友可以使你的道德品质、学业事业都有所进步；而交到不好的朋友，不但对你的道德、事业等没有帮助，更有甚者，会使你走向犯罪的深渊。

爱默生说过一句经典的话："一个真挚的朋友胜于无数个狐朋狗友。"确实，除了自己的力量之外，再也没有别的力量能像真挚的朋友那样，帮助你去实现成功。几乎所有的年轻人，均渴望能和才华横溢的人物成为知己。总认为假使自己也小有才气，那更是如鱼得水。即使达不到此目的，也能满足自己与其共荣的心理。然而，即使是和这些才气纵横、魅力十足的人物交往，也不可不顾一切地全身心投入。不丧失判断力，才是最适当的交往方法。有些朋友不会带给你正面的效应，反而会让你染上一些不好的脾气或者行为，这样的友谊，不要也罢。

第八章

生活不相信什么奇迹

忠告31：人生大都是迂回曲折中前进的

　　我不知道是不是勇气。一个人往往进入只有一件事可做的局面，并无供选择的余地。他想逃，可是无路可逃。因此他只有顺着眼前唯一的道路朝前走，而人们称它为勇气。

——洛克菲勒

　　人生就像登山，不是为了登山而登山，而应着重于攀登中的观赏、感受与互动，如果忽略了沿途风光，也就体会不到其中的乐趣。人们最美的理想、最大的愿望便是过上幸福生活，而幸福生活是一个过程，不是忙碌一生后才能到达的一个顶点。

　　洛克菲勒生在贫寒之家，全家居无定所，颠沛流离。父亲又长期在外，身为长子的他，深深感受到了生活的艰辛，年纪轻轻的他就挑起了养家的重担。洛克菲勒的人生起点不高，甚至可以说很低，但是他没有屈服于命运的曲折，通过自己的努力奋斗，终究成就自己的伟大事业。

　　著名成功学家温特·菲力说："失败，是走向更高地位的开始。"许多员工之所以获得成功，备受上司的青睐，一个很重要的因素就是他们的屡败屡战。没有经受过大的失败的人，也不会获得大胜利。

成功与失败如同人生发展的两个轮子。在实际生活中，只有自信主动、心态积极、坚持开发自己潜能的人才能真正领会它的含义。你做一件事情失败了，这意味着什么呢？无非有三种可能：一是此路不通，你需要另外开辟一条路；二是某种故障作怪，应该想办法解决；三是还差一两步，需要你进行更多的探索。

这三种可能都会引导你走向成功。失败有什么可怕呢？成功与失败，相隔只有一线。即使你认为失败了，只要有"置之死地而后生"的心理态度、自信意识，还是可以反败为胜的。如果你不是怕丢面子，怕别人说三道四，那么失败传递给你的信息只是需要再探索、再努力，而不是你不行。不敢再试一次，是导致事业和人生失败的致命原因。再坚持一下，成功就在拐弯处。

在洛克菲勒看来，许多人最终没有成功，不是因为他们能力不够，而是缺乏一颗雄心。对每一个不甘平庸的人来说，养成每一时刻检视自己抱负的习惯并永远保持高昂的斗志非常重要。要知道，一切的成功都取决于你的抱负。一旦它变得苍白无力，所有的生活标准都会随之降低。你必须让理想的灯塔永远燃烧，让那火焰的光芒照亮你前行的道路。

雄心不仅意味着向往某样东西，还有那种想实现头脑中的某些理想的深层欲望。要成功，就必须先有雄心；而要有雄心，必须先有渴望，才能促使雄心表现出来以满足这渴望。因而任何能刺激人的心理渴望的事物都会激起雄心，并使人急于行动、急于成功。那么如何让自己产生出这种心理渴望呢？

心理学上有这样一条法则——要使心理渴望表现为雄心，就必须将理想呈现到头脑之中。只要看到、闻到、想到食物，胃部就会受到刺激，而分泌胃液。同理，只要看到、想到所需要的事物，这种心理渴望也会不由自主地产生。假若你对目前的生活很满意，不求过得更好，那主要是因为你不知道、没见过、没听过任何更好的，或者是你懒于思想，四体不勤。无知的野人如果不知道有铁犁或其他农业工具，他就只会想着用削尖的木棒去耕地，而不会渴望使用别的工具。他只是继续用着前人的老办法，而不向往更好的工具。但是不久有人带着铁犁出现了，野人惊奇地看着这神奇的东西。要是他有眼光，他就会开始产生兴趣，看看它比他那粗糙的尖木棒到底好用多少。要是他还有进步意识，他便会开始希望自己也有一把这样奇特的新工具，而当他非常想要时，他就会开始体验到一种对这东西的新奇的心理渴望，这种渴望强烈到一定程度，就会萌发出雄心。

这是关键时刻，在这之前他感到的是先于雄心出现之前的强烈渴望，但是现在雄心开始出现了，意志也就被激发起来。这就是雄心，由强烈欲望引起的强烈意志。

两者缺一，意志就无从谈起。缺乏意志的欲望不叫雄心。如果一个人只有很强的欲望，却没有强烈的意志与其积极合作，他的雄心便会"死于襁褓之中"。即使一个人有钢铁般的意志，若没有强烈的欲望去激活它，这意志也不能算是雄心。

在洛克菲勒看来，要充分体现雄心，首先必须有热切的渴望，不仅仅是"向往"或"希望"，而是强烈的、不达目的不罢休的渴望；然后必须激起足够强烈的意志全力争取欲望之所需。这两个成分便组成了雄心的全部内容。

看看世界上那些在任何方面取得成功的人士，你会发现他们都有强烈的雄心。他们有强烈的欲望，而那坚定的意志则不会让欲望的满足受到任何干扰。研究一下恺撒、拿破仑、现代各国首脑、20世纪的工业巨头们的生平，你便会发现他们心中都熊熊地燃烧着强烈的雄心。

编者手记

成大事者身上最可贵的个性之一就是坚定执着，有一颗雄心。他们也有感到疲倦的时候，但他们能用恒心和忍耐渡过难关。有很多人就是因为少了恒心和忍耐而被拒于成功门外的。

忠告 32： 成功需要坚忍与意志力

在成功的道路上，你如果没有足够的意志力等待成功的到来，那么，你只好用一生的意志力承受失败。

——洛克菲勒

人类的意志具有某种无法破解的神秘力量。作为人类思维的一种能力，意志对我们每个人来说无疑是一种熟知而又实用的东西。尽管有些人否认人类具有精神性，但却从来没有人对意志的力量产生过怀疑。尽管很多人对意志的源泉、原理、功能、局限性及其积极性作用有着不同的看法，但所有人都认同这样一个看法：意志是人类精神领域一个不可分割的组成部分，进一步讲，在我们每个人的生命之中，意志都发挥着异常重要的作用，它甚至可以决定我们一生的成败。

有一次，小洛克菲勒在工作上出现了错误，使公司损失了很多财产，心情很不好，他不知道应该怎么去做，他想找父亲去说，可是又怕父亲责备自己。所以他一直矛盾着，洛克菲勒似乎看出了儿子的烦恼，便去问他怎么了。小洛克菲勒才跟父亲说明，因为自己的一次投资失误而导致公司受到严重的损失，自己无心工作，没有毅力了。

洛克菲勒笑了笑说，没关系，错误往往是正确的开始，人生最重要的是需要意志力。我给你讲一个成功的案例吧。

一位洛克菲勒备受推崇的著名推销大师，即将告别他的推销生涯，应行业协会和社会各界的邀请，他要在该城最大的体育馆，作告别职业生涯的演说。

那天，会场座无虚席，人们在热切地、焦急地等待着的精彩演讲。当大幕徐徐拉开，人们看到舞台的正中央吊着一个巨大的铁球。为了这个铁球，台上搭起了高大的铁架。

一位老者在人们热烈的掌声中走了出来，站在铁架的一边。

他穿着一件红色的运动服，脚下是一双白色胶鞋。人们惊奇地望着他，不知道他要做出什么举动。

这时两位工作人员抬着一个大铁锤，放在老者的面前。主持人对观众讲："请两位身体强壮的人，到台上来。"好多年轻人站起来，转眼间已有两名动作快的跑到了台上。老人告诉他们游戏规则，请他们用大铁锤，敲打那个吊着的铁球，直到把它荡起来。一个年轻人抢着拿起铁锤，拉开架势，抡起大锤，全力向那吊着的铁球砸去，一声震耳的响声，吊球动也没动。他用大铁锤接二连三地砸向吊球，很快他就气喘吁吁了。另一个人也不示弱，接过大铁锤把吊球打得叮当响，可是铁球仍旧一动不动。台下逐渐没了呐喊声，观众们好像认定那是没用的，就等着老人做出解释。

会场恢复了平静，老人从上衣口袋里掏出一个小铁锤，然后认真地对着那个巨大的铁球敲打起来。他用小锤对着铁球敲一下，然后停顿一下，再一次用小锤敲一下。人们奇怪地看着，老人就那样敲一下，停顿一下，再敲一下，就这样持续地做。

10分钟过去了，20分钟过去了，会场开始骚动，有的人干脆叫骂起来，人们用各种声音和动作发泄着他们的不满。老人仍然敲一小锤停一下地工作着，他好像根本没有听见人们在喊叫什么。人们愤然离去，会场上出现了大片大片的空位。留下来的人好像也喊累了，会场渐渐安静了下来。

大概在老人敲打了40分钟的时候，坐在前面的一个妇女突然尖叫一声："球动了！"刹那间会场鸦雀无声，人们聚精会神地看着那个铁球。铁球以很小的幅度动了起来，不仔细看很难察觉。老人仍旧一小锤一小锤地敲着，吊球在老人一锤一锤的敲打中越荡越高，它拉动着那个铁架"咣咣"作响，它的巨大威力震撼着在场的每一个人。终于会场中爆发出一阵热烈的掌声，老人转过身来，慢慢地把那把小锤揣进兜里。

老人开口讲话了，他只说了一句话："在成功的道路上，你如果没有足够的意志力等待成功的到来，那么，你只好用一生的意志力承受失败。"

洛克菲勒认为，学问本身并不代表能力。人需要将你所具备的学问巧妙地运用到实践当中，才能发挥学问的作用。要成为能够活用学问的人，你必须首先成为具有实行能力的人。

那么实行能力从哪里来呢？在洛克菲勒看来它就潜藏在吃苦的过程中。他的经验告诉我们，走过艰难之路——布满艰辛、不幸、困难和失败的道路，不仅会铸就我们坚强的性格，我们赖以成就大事的实行能力也将从中得到锻炼。在苦难中向上攀爬的人，知道什么叫千方百计地去寻找方法、手段，让自己得救。处心积虑地去吃苦，是他笃信的成功信条之一。

在洛克菲勒看来，很多事情都是来得快去得也快，那些实现了一夜成名、一夜暴富梦想的人们，有谁不是很快就销声匿迹了？吃苦所得到的，是将你的事业大厦建立在坚实的地面上，而不是流沙里。人要有远见，只有长时间的吃苦，才有长时间的收获。

如果一个人意志品质的表现在他身上具有了稳定性，那么，这种意志品质，就构成了他的性格特征。此时，人的意志品质就对其一生的成就水平，在某种程度上具有了决定意义。如果一个人以消极的不良的意志品质为基本倾向，那么，他的人生多是失败；如果一个人以积极的良好的意志品质为基本倾向，那么，他的人生则多是成功。

心灵之光照耀四方，意志的力量会通过你的身体传达。一个意志力坚定的人，为了实现自己的目标，总是在心中对自己说：我要努力，我要振作起来！其实身体能够听懂心灵的话语，并且会积极地配合，促使你向目的地跑去。

编者手记

有志者事竟成。由于对新大陆持之以恒的探索决心，哥伦布把西班牙王国的旗帜插在了新大陆上。持之以恒是所有成就伟业者的共同个性特征。他们可能在其他方面有所欠缺，可能有许多缺点和古怪之处，但是对一个成功者来说，持之以恒的个性则是必备的。不管遇到多少反对，不管遭遇多少挫折，成功者总会坚持下去。辛苦的工作不能使他退让，阻碍不能使他气馁，劳动不能使他感到厌倦。无论遇到多大困难，他总是坚持不懈。这是他天性的一部分，就像他无法停止呼吸一样，他也永不会放弃。

忠告33：耐心是成功的奠基石

除非你放弃，否则你就不会被打垮。

——洛克菲勒

洛克菲勒认为人的一生不是随便就能成功的，而是需要有准备的，然而这个准备包括意力、执着，等等。

在这个世界上，能够爬上金字塔的动物除了人，就只有两种：一种是雄鹰，被赋予了有力的翅膀，是天生的征服者；另外一种，就是蜗牛，它弱小、缓慢，却有其他动物没有的品质，那就是耐心。无论目标和梦想有多么遥远，只要我们不懈怠、不放弃，充满耐心地走下去，困难总会被我们征服，我们的梦想也总会有实现的那一天。

洛克菲勒的商场之道其中有一条就是"等"，这个"等"是创造财富必不可少的要素。如果你以足够的耐心，摆出一副打持久战的架势与时间对垒，以守对攻，足以守得云开见月明。所以，要想富，先学会沉住气。

对于洛克菲勒来说，成功不是可以一蹴而就的事情，它就像一盘永远也下不完的棋，需要你有足够的耐心。有了耐心，你就获得了一大笔人生财富。在人生的道路上，只有有足够耐心去等待的人，才能获得最后的成功。

其实，生活中有很多东西是需要等待的，但等待不能过于被动，而要积极主动，等待的过程中最需要的就是耐心。在电视上，我们经常可以看到蟒蛇捕食的惊心动魄的场面，蟒蛇的身体很庞大，所以它的行动速度不是很快。它为了吃到食物，唯一的办法只能是埋伏在丛林间，等待猎物经过。有时候猎物一天不经过，两天不经过，甚至十天半月不经过，但是它知道，只要在那儿等待，就一定会有猎物经过。关键时刻猎物出现了，它就一跃而起，一口把猎物咬住，绝不放过任何机会。

从表面上看，大蟒蛇在那儿一动不动完全是被动的，但实际上它每时每刻都很警觉，即使睡觉的时候都感受着周围的变化。蟒蛇比任何动物都更加清楚等待的重要性。我们任何人对自己的机会、对自己的未来，也都需要等待，当机会到来的时候，就要十分敏捷地去捕捉。为赢得机会而耐心等待，这是一种大格局，这样的人生、波澜不惊，却成竹在胸。

每一个人都有这样的经历，那就是不耐烦时，往往变得粗鲁无礼，固执己见，使人感觉难以相处。这种行为是有害无益的，尤其在求人办事的过程中。俗话说："心急吃不了热豆腐。"当一个人失去耐心时，同时也就失去了明智的头脑去分析事物。

怎样使自己变得有耐心，在紧张的情况下也能心平气和，控制住情绪呢？你应当给自己一些心理暗示。

比如说，如果你觉得自己异常急躁，就不妨对自己说"没什么可急躁的，平静下来"。同时去想一些平静的画面或事，将思绪带离现在的处境，你就会有耐心，保持平静，成功的把握也就多了几分。

要记住，急躁使人偏离正确的方向，容易给人留下不易接近的印象。当你丧失耐心时，同时也丧失了别人对你的支持。不要总是暴躁易怒，暴躁易怒的人，朋友会越来越少。

保持平静的心态还有一个诀窍，那就是充满幽默感。善于将尴尬转化为幽默的人总是招人喜爱。有耐心的人向人显示的不仅是平静，还是一种修养。

"心急吃不了热豆腐。"在我们的工作、生活和学习中，有很多的事是不会一步到位、极顺利地完成的，我们可能会"急得像热锅上的蚂蚁"，但是急是急不来的，我们需要耐心等待，等待时机的到来。

忠告 34：成功人士都是从做小人物开始的

从最底层干起，一点一点地获得成功，我认为这是搞清楚一门生意的基础的最好途径。

——洛克菲勒

伟大的人物总是愿意被当成小人物看待，当他坐在占有优势的椅子中时会昏昏睡去，当他被摇醒、被折磨、被击败时，便有机会可以学习一些东西了；此时他必须运用自己的智慧，发挥他的刚毅精神，他会了解事实真相，从他的无知中学习经验，治疗好他的自负精神病。最后，他会调整自己并且学到真正的技巧。

因此，无论经历怎样的失败和挫折，你都要从精神上去战胜它，别把它当一回事，甩甩手从头再来，成功终究会来临。

小洛克菲勒在商业实践中一直做推销员，这是他给自己的一个定位，然而，这是一个很不好的角色，因为这是一个小人物，这种角色让小洛克菲勒也不适应，他很苦恼，常觉得里外不讨好，所以，小洛克菲勒开始对自己的这个角色产生怀疑，渐渐地他产生了放弃的念头。

一连好几天，小洛克菲勒都没有从这个困扰中走出来，他想不明白，所以他很颓废，他常躲在房间里听音乐或者外出泡酒吧，而没有出去工作。这种状态让洛克菲勒很着急，见到儿子这样，他决定把自己的日记拿给儿子看。

"×年×月×日　星期一　晴

"一个人告诉我，10点钟这家公司将有一次求职面试。

"尽管时间尚早，我还是决定去碰碰运气。因为我不想放过一次机会，10点钟一过，排队的人群开始稳步地向前移动。不久，轮到我面试了。

"'你想找个什么样的工作？'一位人事官员问道。

"'我要你们所有的工作中薪水最低的工作。我急需要一份工作，所以我会认真地工作。'我说。

"'好吧，我们雇用你了，雇用你是因为你的真诚。我们相信你会干好的。'

"我十分高兴，这是我生活中的低潮阶段。我无业、无家，可以说在这个世界上孤孤零零。我需要一个起点，甚至是最底层的一个起点。"

读到这里，小洛克菲勒叹了口气，认为父亲的成功并不是偶然的，而是自己从小人物做起的。看来苦难确实会炼出真金，今日成功的父亲在昔日不也是个小人物吗？

从那以后，小洛克菲勒不再沉迷下去了，父亲知道后找他谈话，洛克菲勒说："有一位将军，在大军撤退时总是断后，回到京城后，人们都称赞他很勇敢，是人们的骄傲，但是这个将军却说：'并非吾勇，马不进也。'将军把自己断后的无畏行为说成是由于马走得太慢。其实，在人们心目中，'马走得太慢'绝对无法抵消将军的英雄形象。那些深谙做人之道的人，大都是在社会群体中能够摆正自己位置的人，而把自己看成比别人高人一等的人，一定是世界上最愚蠢的人。"

洛克菲勒对儿子说："曾经有一个教授对自己说：'在我多年来的教学实践中，发现有许多在校时资质平凡的学生，他们的成绩大多在中等或中等偏下，没有特殊的天分，有的只是安分守己的诚实性格。这些孩子走上社会参加工作，不爱出风头，默默地奉献。他们平凡无奇，毕业后，老师同学都不太记得他们的名字和长相。但毕业后几年、十几年后，他们却带着成功的事业回来看老师，而那些原本看来会有美好前程的孩子，却一事无成。这

是怎么回事？'

"我常与同事一起琢磨，认为成功与在校成绩并没有什么必然的联系，但与踏实的性格密切相关。平凡的人比较务实，比较能自律，所以许多机会落在这种人身上。平凡的人如果加上勤能补拙的特质，成功之门必定会向他大方地敞开。"

洛克菲勒的这个教授朋友想告诉人们，一个人需要从平凡的小人物开始，然后脚踏实地不断学习的主动性，并积极为一技之长下功夫，成功就会变得容易起来。一个肯不断扩充自己能力的人，总有一颗热忱的心，他们甘于做凡人小事，肯干肯学，多方向人求教；他们出头较晚，却在各种不同职位上增长了见识，扩充了能力，学到许多不同的知识。

洛克菲勒认为，人生需要从小人物开始，因为大人物往往是从小人物开始的。小人物会认认真真地走好每一步，踏踏实实地用好每一分钟，甘于从基础工作做起，在平凡中孕育和成就梦想。

在洛克菲勒看来，小人物在岗位上也一样可以做到卓越，普通的工作一样可以实现从平凡到杰出的跨越。也许，我们许多人可能都抱怨过自己因缺少资源而失去前进的动力，但只要自信，其实你什么也不缺，因为大人物都是从小人物开始的。

编者手记

洛克菲勒天生平凡，但幸运的是，上天如此公平，给了他好性格与奋斗的精神。洛克菲勒在困难、坎坷面前始终如一，不懈地坚持着自己的信念与诺言。无论经历亲情、友情和爱情，他尽情地享受爱，施与爱，摒弃一切杂念，这让他屡屡创造出在常人眼里被认为是奇迹的事情。

平凡中见伟大，不因自己的平凡而自暴自弃，反而努力地、本分地做好每件事。一种持之以恒的力量，一种脚踏实地的精神，一种守信的品质，一种善良的美德……洛克菲勒身上有着太多值得我们学习东西。

第九章

享受生活比创造业绩更难

忠告 35：远离毒品和酒精

毒品和酒精并不能带给你更多，它们只是使你们更远离生活，接近不真实的幻想。它们可能会带给你片刻的喜悦，可这种感觉不会生根，它很快会从你的生活中消失。毒品和酒精根本无法扩展你的胸怀和气概

——洛克菲勒

有一句老话说得好："我一直在为自己的破鞋子懊恼，直到我遇见一位没有脚的人。"庆幸自己的健康比抱怨哪里不舒服要好得多。为自己拥有的健康感谢，能有效地预防各种病痛与疾病。洛克菲勒经常提醒自己：累坏自己总比放着朽坏要好。生命是要我们来享受的，如果浪费光阴去担忧自己的健康而真的想出病来，那才是真正的不幸。

洛克菲勒虽然有钱，但是他很注重身体，他不吸毒，他教育儿女远离毒品和酒精。洛克菲勒曾说："受人尊敬，就意味着你的道德财富受到高度评价。不用说，像小偷、妓女、酒精中毒患者、吸毒者，不管怎么样，因为想要钱或者好玩，就虐待自己和他人，对于堕落者人们是很难尊敬起来的。"

在洛克菲勒年轻的时候，他有很多吸毒的朋友。那时他们

总是说毒品使他们的生活从黑白变成彩色，它们让自己重新认识了这个世界，能够远离自我，正视生活的真谛，然后重新设定生活的道路。他们相信自己做什么事都是初次的，很享受这样的生活，感觉着微风的吹拂，一切都新鲜而且乐趣无穷。同时他们怂恿洛克菲勒去尝试，因为他们认为只有尝试的人才能知道里面的快乐。可最后，洛克菲勒也没有去尝试，因为他知道毒品是什么样的东西。一旦上瘾，此生也很难摆脱这个东西。

所以，对于我们来说，要接受毒品基本知识和禁毒法律法规教育，了解毒品的危害，懂得"吸毒一口，掉入虎口"的道理；"远离毒品，关爱未来"，对每一个人而言，这绝不仅仅是一句简单的口号。无论是出于主观还是客观，有些路，永远不能走；有的错，永远都不能犯！

正如洛克菲勒所说："幸福有时很简单，鸟儿将头伏在翅膀下沉沉睡去；滔滔海水东流而过；站在风声呼啸的山头听到永恒的寂静之声——这些感受就足够了。毒品和酒精并不能带给你更多，它们只是使你们更远离生活，接近不真实的幻想。它们可能会带给你片刻的喜悦，可这种感觉不会生根，它很快会从你的生活中消失。毒品和酒精根本无法扩展你的胸怀和气概。"

编者手记

酒精只会让自己更加麻痹，生活继续沉沦，不会给人们带来希望与美好的未来，所以我们从现在开始远离它、摒弃它，给自己一个健康的身体。

毒品已成现今困扰社会生活最大的祸患，多少人因此失去了学习的机会、工作的能力，出卖了自己的良心，背弃了家人与朋友，甚至失去了活在世上的意义，更为严重的是有人就因这小小的药丸献上了年轻且无价的生命！

可见，酒精与毒品对人们的身心健康是多么大的伤害，所以，我们要远离毒品，珍爱生命。

忠告 36：享受生活最重要

万贯家财未必能带来幸福。

——洛克菲勒

洛克菲勒认为，只有懂得珍惜和完善自己，也才真正有能力去帮助别人。因此我们不遗余力地从知识、能力、财富等方面增强自身，同时，我们非常在意自己的身体健康，对饮食、休息、消遣娱乐都很注重。在对待共同体及公益事业上，我们都首先要求自己尽责尽力做好而不大在意其他人做得怎样。

洛克菲勒活到了 98 岁。他是在 1937 年 5 月 23 日，一个星期天的清晨抛弃他的亿万家财长辞人世的。医生说他是患心肌梗死抢救无效而死亡的。归天时刻，他显得平静、安详，好像是长睡不醒。

洛克菲勒的一生是传奇的一生，人们在对他获取的巨大财富表示震惊的同时，也很想了解他是怎样从一个"石油恶魔"变成一个大慈善家的。他们看见的是洛克菲勒在宽广的草坪上打高尔夫球，看见九十几岁的老人追着几个孙子玩。

19 世纪 90 年代以后，随着他计划中的退休年龄的临近，他一直在寻找一个可供度假、休息的理想住所，在他退休后居住。1893 年，他终于选中了一块地方：位于哈得孙河和它的支流的分水岭上。这是一幢杂乱无章的两层楼木结构的房屋，楼顶有一个阁楼。它坐落在被称为波坎蒂科的小山丘上，在纽约市北约 30 英里。洛克菲勒花 16.8 万美元买下了这幢楼房。

他喜欢这幢房子，因为四周有宽阔的回廊和阳台，站在视野广阔的西面阳台上，可以看见滚滚奔流的哈得孙河、新泽西的峭壁悬崖和郁郁葱葱的锯木厂河流域的景色。

洛克菲勒又花钱买下了四周不少的土地，到了 19 世纪末，庄园的面积已经扩大到 1600 英亩。洛克菲勒花费了许多气力来改造他的庄园。但不幸的是，这幢房子1902年毁于一场大火，于是，他又在原址新建了一座完美的庄园。

这座新庄园建造得非常舒适，不仅体现在主宅上，庭院中风景的布置也极为自然、悦目。除了喷泉、假山和花园，洛克菲勒还雇上百的人整修草坪，每年都用几十吨的肥料使修剪过的草坪呈现出一片自然的碧绿。他喜欢园艺，退休后的晚年，装饰庭院、修剪树木成了他生活中重要的一部分内容。他常常会骄傲地告诉客人，哪些是他栽的树，哪些是他铺的路。

在基库伊特山建造这座新宅的时候，小洛克菲勒和他的妻子艾比也把他的家庭迁入了这一世界。

在孙儿们成长的过程中，他们的父亲和母亲所起的重要作用自然是不言而喻的，但作为祖父的洛克菲勒所起的作用更是整体教育更为细致的一部分。

孙儿们都很喜欢他，也绝对敬慕他，他们知道是祖父白手起家，创下了如此大的一份家产，而且他和他们在一起时，使他们感到有趣，不像和他们严肃的父亲在一起时的情形。比如说，他家中的祷告总比自己家的短，好动的孩子们自然喜欢，对待精力充沛的男孩子的顽皮淘气的花招，他能付之一笑，远比他们的父亲宽容。

洛克菲勒喜欢打高尔夫球，每天都打，其热情经久不衰，或许打高尔夫球能代表他的性格：沉着、准确和稳重。那是19世纪末年，高尔夫球刚刚开始在美国风行，一次宴会上，洛克菲勒和妻子劳拉在友人的鼓励下，玩了几杆高尔夫球。学了几次以后，洛克菲勒竟爱不释手，于是波坎蒂科庄园的主宅旁边，建了一个四个洞的小型球场。他不但请了名师来教授，而且想尽各种办法提高球艺。他曾对友人说："我希望打得愈多愈好。"

孙儿们还都记得，当祖父85岁高龄时，他还能把高尔夫球从发球处打进一百多码外的球穴。十几岁的时候，这些孙儿们都有机会与祖父对打过。这些精力充沛的孩子力气很大，能打出较多的左曲球和斜击球，祖父与他们平等比赛，只不过在记分时利用一下他的年龄特权。当一个球打得不如意时，他就对替他背球棒的球童说："奥古斯丁诺，我想我要再打一下。"谁也不敢计算他打坏的那一下。当他进入80岁和90岁时，他依然坚持每天的活动。他的生日成了当地居民的一件大事。每年的生日那一天，他便会出现在新闻摄影机面前，斜戴着草帽，笑眯眯地露面，偶尔也发表一番严肃的祝词："上帝保佑标准公司，上帝保佑我们大家。"在他的心目中，标准公司就是上帝的宠儿，他酷爱的每一个儿女。孩子们在他生日那天都会跑出来，一边观看乐队演奏，一边高兴地把冰淇淋和蛋糕吃个干净，就像过节一样。

洛克菲勒欣慰地看着自己家族繁衍昌盛，超过了他的弟弟威廉的一系。他的几个儿女都是在又严格又慈爱的环境中长大的，小洛克菲勒曾经说过："我从来不记得爸爸妈妈大声地叱责或抱怨我们。"

所以，我们更要像洛克菲勒这样，在赚钱之余不忘享受美好的人生，对他们来说，钱只是一种符号，人生中还有比钱更重要、更美的东西。

生活本是丰富多彩的，除了工作、学习、赚钱、求名外，还有许许多多美好的东西值得我们去享受：可口的饭菜、温馨的家庭生活、蓝天白云、花红草绿、飞溅的瀑布、浩瀚的大海、雪山与草原等。此外还有诗歌、音乐、沉思、友情、谈天、读书、体育运动、喜庆的节日，甚至工作和学习本身也可以成为享受，如果我们不是太急功近利，不是单单为着一己利益，我们的辛苦劳作也会变成一种乐趣。

编者手记

做一个快乐的人，就要学会感受生活，学会品味生活中的每时每刻的内容。一方面勤奋工作，一方面使生活充满乐趣，才是和谐的人生。

我们说享受生活，不是说要去花天酒地，也不是要去过懒汉的生活，吃了睡，睡了吃。这样的"享受生活"，叫糟蹋生活。

享受生活，是要努力去丰富生活的内容，努力去提升生活的质量。愉快地工作，也愉快地休闲。散步、登山、滑雪、垂钓，或是坐在草地或海滩上晒太阳。像洛克菲勒那样，懂得享受生活。

忠告37：做一个有风度的人

如果你想从人际交往中得到真实的情感体验，就应当在领导商会的过程中，使自己的聪慧、自信、能力，以及善待他们的良好特质形成一种吸引人的光芒。

——洛克菲勒

洛克菲勒认为，一个人的风度不仅表现在他的仪表、衣着、装饰上，更重要的是他的行为所表现出来的美。只有真正有气度的人才能有这样的风度。

在一个既脏又乱的候车室里，靠门的座位上坐着一个满脸疲惫的老人，身上的尘土及鞋子上的污泥表明他走了很多的路。列车进站，开始检票了，老人不慌不忙地站起来，准备往检票口走。忽然，候车室外走来一个胖太太，她提着一个很大的箱子，显然也是赶这班列车，可箱子太重，累得她气喘吁吁。胖太太看到了那个老人，冲他大喊："喂，老头，你给我提一下箱子，我一会儿给你小费。"那个老人想都没想，拎过箱子就和胖太太朝检票口走去。

他们刚刚检票上车，火车就启动了。胖太太抹了一把汗，庆幸地说："还真多亏你，不然我非误车不可。"说着，她掏出一美元递给那个老人，老人微笑地接过。这时，列车长走了过来："洛克菲勒先生，你好，欢迎你乘坐本次列车，请问我能为你做点什么吗？"

"谢谢，不用了，我只是刚刚做了一个为期三天的徒步旅行，现在我要回纽约总部。"老人客气地回答。"什么，洛克菲勒！"胖太太惊叫起来，"上帝，我竟让著名的石油大王洛克菲勒先生给我提箱子，居然还给他一美元小费，我这是在干什么啊！"她忙向洛克菲勒道歉，并诚惶诚恐地请洛克菲勒把那一美元小费退给她。

"太太，你不必道歉，你根本也没有做错什么。"洛克菲勒微笑地说道，"这一美元，是我挣的，所以我收下了。"说着，洛克菲勒把这一美元郑重地放在了口袋里。

从这个故事可以看出，洛克菲勒是一个有风度的人。风度让他与众不同，让他脱颖而出。

风度，是一个广义的概念，是人们对于美的形体、美的心灵、美的谈吐、美的装饰打扮、美的品德修养的一种肯定的审美尺度，是人的全部生活姿态所提供给他人的综合印象。翩翩风度指的是风度美，是人的外在美与心灵美的统一，是作为自然人的形体美和作为人的性格美的融合。青年人多崇拜那些温文尔雅、风流倜傥的外交家，总希望自己也能以翩翩风度出现在社交场合。那么洛克菲勒认为如何在社交场合表现出自己的翩翩风度呢？

1. 脱俗的审美观

脱俗的审美观是在社交场合展现翩翩风度的首要前提，可见脱俗的审美观是十分重要的。而一个人脱俗审美观的形成是各种知识综合作用、良好情趣交互作用的结果。脱俗的审美观是内在的，它支撑着外在的、感性的风度。

2. 恰当规范性的语言表达

在社交场合，因环境不同而要求不同的语言表达。在较轻松的场合，要能用幽默、风趣、生动、明快的语言表达你的心情；在较严肃的场合，要注意语言抑扬顿挫、凝重简洁，语句的整体对仗。如果不分场合，语言运用不当，引起周围人们反感厌恶，哪有风度可言？为了吸引众人，还应巧设悬念，注意对比、渲染等技巧的应用。

3. 得体的辅助语言

尽管你的语言中包含有无限风趣、无限热情、无限睿智，如果没有音调、音量的变换，那也不会引起人们的注意。如果没有面部表情的变化，举手投足的动作，干净利落的身体摆动与规范语言表达的协调，如果没有眼睛的信息传递，那无疑就像是使社交对象面对一台收音机。可以想象，面沉似水的人讲出幽默笑话后听众会做何反应。

4. 适宜的服装穿着及颜色调配

在轻松欢快的场合，尽量穿色调明快的服装；在严肃的场合，尽量穿色调凝重肃穆的服装。再者，服装的色调要讲究对比，突出层次，这样容易引起人们的注意。

5. 良好的行为习惯

良好的行为习惯直接影响人的风度。要想真正具有高雅风度，必须注意培养自己良好的言谈举止习惯。好的语言习惯特点是：说话和气、文雅、谦逊、幽默。好的行为习惯特点是：站立时正直、庄严，具有稳定感；行走时从容不迫，快慢自然，矫健轻快；坐下时双腿稍稍并拢，轻松自然。

风度是一种高尚的人格修养，一种成大事的大将的气量。是否拥有风度，关键看三点：一是平等的待人态度，不自认为高人一等，保持一颗平常心，平视他人，尊重他人；二是宽阔的胸襟，胸怀坦荡，虚怀若谷，闻过则喜，有错就改；三是宽容的美德，能够仁厚待人，容人之过。

编者手记

风度实际上反映了一个人的素养和品性。风度的真正内容是宽容，用宽容的态度对待他人，就等于给自己送了一份价值不菲的礼物。生活里多一点风度，生活就多一分温暖和阳光。所以亮出你的风度，你会收到别人对你的充分肯定。

忠告38：缩小欲望，享受生活

> 如果一个人每天醒着的时候把时间全用在为了钱而挣钱上面，我不知道还有比这样的人更可鄙、更可怜的了。
>
> ——洛克菲勒

洛克菲勒认为即使你拥有整个世界，但你一天也只能吃三餐。这是人生思悟后的一种清醒，谁真正懂得它的含义，谁就能活得轻松，过得自在，白天知足常乐，夜里睡得安宁，走路感觉踏实，蓦然回首时没有遗憾！

卡耐基曾说："要是我们得不到我们希望的东西，最好不要让忧虑和悔恨来苦恼我们的生活。且让我们原谅自己，学得豁达一点。"根据古希腊哲学家艾皮科蒂塔的说法，哲学的精华就是：一个人生活上的快乐，应该来自尽可能减少对外来事物的依赖。

洛克菲勒出身贫寒，在他创业初期，人们都夸他是个好青年。当黄金像贝斯比亚斯火山流出岩浆似的流进他的口袋里时，他变得贪婪、冷酷。深受其害的宾夕法尼亚州油田地方的居民对他深恶痛绝。有的受害者做出他的木偶像，亲手将"他"处以绞刑，或乱针扎"死"。无数充满憎恶和诅咒的威胁信涌进他的办公室。连他的兄弟也十分讨厌他，而特意将儿子的遗骨从洛克菲勒家族的墓地迁到其他地方，他说："在洛克菲勒支配下的土地内，我的儿子变得像个木乃伊。"

由于洛克菲勒为金钱操劳过度，身体变得极度糟糕。医师们终于向他宣告一个可怕的事实，以他身体的现状，他只能活到50多岁；并建议他必须改变拼命赚钱的生活状态，他必须在金钱、烦恼、生命三者中选择其一。这时，离死不远的他才开始省悟是贪婪的魔鬼控制了他的身心，他听从了医师的劝告，退休回家，开始学打高尔夫球，上剧院去看喜剧，还常常跟邻居闲聊，经过一段时间的反省，他开始考虑如何将庞大的财富捐给别人。

于是，他在 1901 年，设立了"洛克菲勒医药研究所"；1903年，成立了"教育普及会"；1913 年，设立了"洛克菲勒基金会"；1918 年，成立了"洛克菲勒夫人纪念基金会"。他后半生不再做钱财的奴隶，喜爱滑冰、骑自行车与打高尔夫球。到了 90岁，依旧身心健康，耳聪目明，日子过得很愉快。他逝世于 1937年，享年 98 岁。他死时，只剩下一张标准石油公司的股票，因为那是第一号，其他的产业都在生前捐掉或分赠给继承者了。

老年的洛克菲勒对于欲望已经看得很淡，他也常教育孩子们，他给孩子们讲过这样一个真实的故事。

1856 年，俄亥俄州的亚历山大商场发生了一起盗窃案，共失窃 8 只金表，损失 16 万美金，在当时，这是相当庞大的数目。

就在案子尚在侦破中时，纽约商人罗森到此地批货，随身携带了 4 万美元现金。当他到达下榻的酒店后，先办理了贵重物品的保存手续，接着将钱存进了酒店的保险柜中，随即出门去吃早餐。

在咖啡厅里，他听见邻桌的人在谈论前阵子的金表盗窃案，因为是当时的新闻，这个商人并没有太在意。中午吃饭时，他又听见邻桌的人谈及此事，他们还说有人用 1 万美元买了两只金表，转手后净赚 3 万美元，其他人纷纷投以羡慕的眼光说："如果让我遇上，不知道该有多好！"

然而，罗森听到后，却怀疑地想："哪有这么好的事？"到了晚餐时间，金表的话题居然再次在他耳边响起，等到他吃完饭，回到房间后，忽然接到一个神秘的电话："你对金表有兴趣吗？老实跟你说，我知道你是做大买卖的商人，这些金表在本地并不好脱手，如果你有兴趣，我们可以商量看看。品质方面，你可以到附近的珠宝店鉴定，如何？"

罗森听到后，不禁怦然心动，他想这笔生意可获取的利润比一般生意优厚许多，于是便答应与对方会面详谈，结果以 4 万美元买下了传说中被盗的 8 只金表中的 3 只。

但是第二天，他拿起金表仔细观看后，却觉得有些不对劲。罗森将金表带到熟人那里鉴定，没想到经鉴定，这些金表居然都是假货，全部只值2000美元而已。直到这帮骗子落网后，商人才明白，从他一进酒店存钱，这伙骗子就盯上了他，而他一整天听到的金表话题，也是他们故意安排设计的。

歹徒的计划是，如果第一天罗森没有上当，接下来，他们还会有许多花招准备诱骗他，直到他掏出钱为止。

因为贪私，迷失方向的人比比皆是；因为贪图，丧失天良的人也随处可见。洛克菲勒虽然是一个对欲望很强烈的人，但是到老他还是知道生活的重要性。所以，我们需要有一种放弃欲望的清醒。其实在物欲横流、灯红酒绿的今天，摆在每个人面前的诱惑都有许多。唯有保持一颗清凉心，并能善待欲望的人，才不会误入歧途。

编者手记

在追名逐利唯恐不及的现代社会中，一颗庸俗的心灵对物质的追求是永远没有止境的，事实上，人对精神的追求和对物质的追求都是无止境的。但是脱离了前者的后者，就只会是一种虚空、堕落，物质上无止境的追求，其结果是对精神自由的无止境的否定。

人的痛苦是从生命的欲望中产生的，人的欲望是永远无法满足的，痛苦与生命是无法分离的。欲望容易蒙蔽人的眼睛，使其是非难辨，幻想与现实不分，过度的欲望，只能令人陷于痛苦的深渊。

第十章

经商做人都需要诚实

忠告39：诚信：商道之魂

的确，相当多的人不想诚实地进行商品交易，而且那种人看来似乎多数都是每次背叛别人后就逃之夭夭。可是根据我的经验，你很快就会明白，那些人不可能会永远这样混下去。在企业界，没有比欺诈和违反道德伦理的商品交易的消息传得更快了。

——洛克菲勒

有人说："一个人有几分德行，就能做几分事情。"的确，大德之人必有大誉，大誉之人必可成大事。洛克菲勒认为，商者要有社会责任感和使命感，否则即使他能发财，也不能赢得人心。显然，洛克菲勒所说的品德，是他一贯提倡的企业的使命、责任、信念和绩效精神。

对于一个商者而言，根本的问题在于虚心学习、端正自我道德取向，从为别人提供了什么产品和服务的角度去认识自己的创业计划和创业诉求，而不要将目的仅仅局限在利润、资本的原始积累等浅层的问题上。

洛克菲勒认为，作为一个商者要重视修德，要将眼光放远，切莫蝇营狗苟，贪图小利。你现在所做的一切，都是在为你未来的事业打基础。无德即无财，这是被无数成功创业者所证明的基本经验。

身为犹太人的洛克菲勒认为诚实为经商的第一要务，这是犹太人的经商法则。他们对于善于欺骗的人的态度是非常激烈的，并认为他们是不可饶恕的。犹太人认为不贪图小便宜、不偷税漏税、做一贯诚实的人是很好的。

犹太先知把做生意是否诚实、遵守信誉放在第一条，把做生意的诚实摆在学习、工作、信仰和智慧之前，可见犹太先知对诚信经商的重视程度。各民族皆有"经商应童叟无欺"的说法，当然，洛克菲勒也继承了犹太人这一优良传统。

当眼前利益对你来讲唾手可得的时候，一定要静下心来，不要盲从大众，不要向投机取巧妥协，而应坚定地选择诚实负责的道路。播撒诚实才能收获成功。

不要轻易向别人承诺，一旦承诺了就要坚决做到。被称为"日本电子之父"的松下幸之助曾说过："长期守信得来的信用，很可能因为一次失信就信用破产。所以，爱惜信用的人一定谨慎行事，千万不可走错一步。"一个人要想赢得别人的信任，一定要下极大的决心，花费大量的时间，不断地坚持和努力才能做到。

洛克菲勒崇尚商德，这是让人赞叹不已的，他在创业初期曾遇到很多困难，但他唯一不变的就是诚信，他不甘失败、与人为善、积极进取的精神值得商者们仔细揣摩。他认为做事德为先，即使别人侮辱了你，也要考虑对方的感受，这样你才能赢得真正的朋友，赢得真正的合作者。商者必须有这种精神。

成大事业者，先要有大德行。商者要以成大事业的标准来要求自己，因为没有人可以保证说，他比你更有道德优势。只有严于律己，宽以待人，才能真正获得别人的信任，你才能在商海中如鱼得水，游刃有余。

洛克菲勒认为商者要警惕投机取巧、不择手段的创业方式的危害。不要为达到目的而滥用手段，手段的不正当性会扭曲目的。任何企业，一旦存在了污点，就可能毁了企业。因为，一旦有一天你的企业做大了，人们的道德拷问会使你的企业颜面扫尽、形象尽失。

对于洛克菲勒来说，诚信，是自己的活字招牌，也是对个人行为评价的准则。他不会为了现在的利益而损害未来的利益。他清楚地知道自己的目标是成就大事业，创建大企业，为了自己事业不受道德问题的困扰，他让自己挣的每一份钱都是干净的，这体现出他的真正所能达到的高度。洛克菲勒的精神告诉人们：先修炼你的德行，因为你要成就大事业！

编者手记

环顾很多企业，坑蒙拐骗、尔虞我诈，不择手段屡见不鲜，不将诚信作为其事业的基点，他们都成不了大事业，因为大事业需要大胸怀、大德行、大境界。

一个斤斤计较、缺少信誉的人不配做商者，也无法在商场上生存。商者需要坚韧，需要站在别人的立场上考虑问题，因为不能让别人赚钱你自己也就不能赚钱，没有人愿意和一个极端自私的人合作创业。创业者要修炼自己的德行，要与人为善，以和为贵。

忠告 40：诚实是在商界中长期成功的生命力

具有诚实的人格的人，就是有道德且品质高尚的人。也就是说，他在日常生活中总是正直、坦率的。在企业界，具备这种品质是带来长期成功的生命力。

——洛克菲勒

一诺千金，就是自己说话一定要算数，自己许下的诺言一定要去实现它。遵守诺言就像保卫你的财富一样重要，一旦失去了信用，就会一无所有。诚信是一项彼此信任的无字约定，也是一种具有约束力的心灵契约，比任何法律条文都具有更强的约束力，是赢得人生成功的重要法宝。

洛克菲勒认为，一个人如果获得了别人的信任，要比拥有千万财富更足以自豪，承诺便应守诺。在许诺的时候，都应慎重地对待，因为你的诺言价值千金，无论对于任何人都是这样。一个人既然做出郑重的承诺，就应该想方设法地实现它，不应该寻找任何不能兑现的理由。

曾经有人问过洛克菲勒："在商界生存最重要一点是什么？"洛克菲勒没有任何犹豫地回答：是诚信，这是他的朋友包括对手对他敬佩的一点。

洛克菲勒说："不要把诚实说成是一种白送的礼物或最贵重的优点之一，而要把它看成是生命力。这是带来长期性成功的真正的'生命气息'。"

当小洛克菲勒还小的时候，洛克菲勒就给他灌输诚实这一品质，下面是洛克菲勒给小洛克菲勒讲述的一个故事：

有位老锁匠想把自己的技艺传给两个年轻的徒弟。但两个人中只能有一个人得到真传，老锁匠决定对他们进行一次考试。

老锁匠准备了两个保险柜，分别放在两间房子里。老锁匠告诉这两个徒弟："你们谁打开保险柜用的时间最短，谁就是我的传人。"结果大徒弟只用了不到5分钟就打开了保险柜，而二徒弟则用了10分钟，众人都以为大徒弟必胜无疑。老锁匠问这两个徒弟："保险柜里有什么？"大徒弟抢先说："师傅，里面放了好多钱，都是百元大票。"

师傅看了看二徒弟，二徒弟支吾了半天说："师傅，您只让我打开锁，我没注意里面有什么。"

老锁匠十分高兴，郑重宣布二徒弟为他的继承人。众人不解，老锁匠微微一笑说："不管干什么行业，都要讲一个'信'字，尤其是我们这一行，要有更高的职业道德。我的衣钵传人不仅是一个高超的锁匠，而且要做到心中只有锁而无其他，对钱财视而不见。否则，心有杂念，稍有贪心，登门入室或打开保险柜取钱易如反掌，最终只能害人害己。"听了老锁匠的话，大徒弟的脸红了。

因一时的贪念而将诚信抛之脑后，这是人性的通病。然而，无论做什么事情心中都应该有个"信"字，老锁匠明白这一点，作为一个技艺高超的锁匠，必须做到心中只有锁而无其他，否则稍有私念就会自己害了自己。

洛克菲勒说：信用有着不可估量的价值，你也应像我长期以来所感觉的那样，当自己不是欺骗对方，而是设法战胜对方，诚实地去迎接企业的挑战时，一定感到精神焕发吧，这就是守信用。要加强你的公司的信誉，让别人评价说这是一家可靠的公司，就不要忘记你本身和在你手下工作的职员的诚实。

一个人可以做错事，但不能不诚实，我们可以原谅一个人的错误，但却不能随便原谅一个人的不诚实。就像考试的时候，你由于课前没有认真复习，做错了一道题，老师或许会怪你不认真，但是他会原谅你；但是假如你因为担心成绩不好而抄了其他同学的，即便你考试得了满分，老师也不会原谅你的。一个不诚实的人，是没有人喜欢的！

洛克菲勒的诚实使他赢得了事业的成功以及每个人的尊重，也正是这种诚实的品质使他能够在天才的光环下仍然保持谦虚认真、勤奋不懈的态度，为后世留下了大量的经商经验与做人的道理。

编者手记

不轻易许诺的最大益处是能够获得他人的支持与信任。当一个人夸夸其谈，说一些不着边际的话或者夸耀自己并不具备的能力时，是多么的错误，因为他将因此而永久地失去他人的信赖。

华盛顿曾说："一定要信守诺言，不要去做力所不能及的事情。"这位先贤告诫他人，开"空头支票"不仅仅增添他人的无谓麻烦，而且损害自己的名誉。

也许我们也会发现，同样的一件小事情，一个守信誉的人去办和一个不守信誉的人去做，结果迥异。这就是来源于人们对于诚信的尊重与信任。任何一个希望有所作为的人，都别忘了提醒自己做一个信守诺言的人，否则将无法走上成功的道路。